Ullstein

ÜBER DAS BUCH:

»Im Mittelpunkt des Werkes von Michael Balfour stehen die Persönlichkeit Wilhelms II., ihre Entwicklung und vor allem auch die Wirkung, die das Verhalten des letzten deutschen Kaisers hervorgerufen hat. Er fesselt durch Beherrschung des Stoffes, und er entwirft ein breites Panorama jener politischen und sozialen Welt, die durch die industrielle Welt entscheidend verändert wurde. So wird er dem hohen Anspruch, der an eine Biographie gestellt werden sollte, gerecht, indem er nämlich Individuelles und Allgemeines in wechselseitiger Beziehung und Durchdringung schildert.«

Historische Zeitschrift

MICHAEL BALFOUR

DER KAISER

WILHELM II. UND SEINE ZEIT

Mit einem einleitenden Essay von
Walter Bussmann

Ullstein

Ullstein Buchverlage GmbH,
Berlin
Taschenbuchnummer: 35651
Titel der englischen Originalausgabe:
The Kaiser and His Times
Übersetzt von K. H. Abshagen

Neuauflage von UB 27501
Mit 21 Abbildungen
November 1996

Umschlagentwurf:
Jutta Schneider
Unter Verwendung einer Abbildung vom
Archiv für Kunst und Geschichte, Berlin
Mit freundlicher Genehmigung von
Huis Doorn

Printed in Germany 1996
Gesamtherstellung:
Ebner Ulm
ISBN 3 548 35651 6

Gedruckt auf alterungsbeständigem
Papier mit chlorfrei
gebleichtem Zellstoff

Die Deutsche Bibliothek – CIP-Einheitsaufnahme

Balfour, Michael:
Der Kaiser : Wilhelm II. und seine Zeit /
Michael Balfour. Mit einem einl. Essay von Walter Bussmann.
[Übers. von K. H. Abshagen]. – Neuaufl. von UB 27501. –
Berlin : Ullstein, 1996
(Ullstein-Buch ; Nr. 35651 : Ullstein-Sachbuch)
Einheitssacht.: The Kaiser and his times <dt.>
ISBN 3-548-35651-6
NE: GT

Inhaltsverzeichnis

»Aber, nicht wahr, lieber Lyncker, nicht nur trokkene Vorträge; hin und wieder eine kleine lustige Geschichte.«

Der Kaiser zu Freiherrn von Lyncker, 1908

Einleitung

Diese Biographie Wilhelms II. aus der Feder eines englischen Historikers von Rang ist in besonderem Maße geeignet, den deutschen Leser zu interessieren: Zwischen Geschichte und Politik besteht bei Michael Balfour, der politisch als Diplomat, wissenschaftlich an der Universität Oxford seit den dreißiger Jahren tätig ist, eine glückliche Wechselbeziehung. Er wurde vor allem durch sein Werk »Four Power Control in Germany« bekannt, das ebenso aus gelehrter Forschung wie aus eigenen Erfahrungen in Deutschland von 1945–47 entstanden ist.

Die Beziehungen zwischen Deutschland und England schwankten im Laufe des 19. Jahrhunderts auf den verschiedenen Feldern der Politik, der Kultur und der Gesellschaft zwischen Anziehung und Abstoßung. Die Voraussetzungen für ein wechselseitiges gutes Verständnis schienen gerade bei diesen beiden Völkern gegeben zu sein; aber das Interesse füreinander und sogar die Kenntnis voneinander haben gleichwohl eine Fülle von Mißverständnissen hervorgerufen. Es kommt hinzu, daß von den Beziehungen zwischen London und Berlin die in den Weltkrieg hineinführende Entwicklung wesentlich abhängig war – eine Feststellung, durch welche weder diese Beziehung isoliert noch der Entwicklung bis 1914 nachträglich eine Zwangsläufigkeit zugeschrieben werden soll. In der Bereitschaft, aus den Katastrophen unserer jüngsten Geschichte Lehren zu ziehen, sollten wir uns nicht gelegentlichen und fatalistischen Anschauungen hingeben, als ob die Katastrophe des Ersten Weltkrieges unvermeidbar gewesen sei.

Wilhelm II. gehört zu den Schicksalsfiguren deutscher Geschichte vor 1914. Seine Persönlichkeit spiegelt die Chancen, die Hoffnungen und das Verhängnis in der Geschichte des englischen und des deutschen Volkes wider. Es ist kaum möglich, von einem »Zeitalter Wilhelms II.« zu sprechen; denn der letzte deutsche Kaiser hat seiner Epoche durchaus nicht sein Gepräge verliehen. Und sein fairer Biograph, Michael Balfour, hat den gelungenen Versuch unternommen, den Monarchen in seiner Zeit und aus seiner Zeit heraus verstehend zu schildern. Er fesselt durch Beherrschung des Stoffes, und er entwirft ein breites Panorama jener politischen und sozialen Welt, die durch die industrielle Revolution entscheidend verändert wurde. So wird er dem hohen Anspruch, der an eine Biographie gestellt werden sollte, gerecht, indem er nämlich Individuelles und Allgemeines in wechselseitiger Beziehung und Durchdringung darstellt.

Über Kaiser Wilhelm II. hat Eduard VII. einmal das harte Urteil gefällt, sein Neffe sei »the most brilliant failure in history«. Balfours Buch könnten mannigfache Belege für dieses »Familienurteil« entnommen werden, aber mit der Fairneß des Biographen verbindet sich die Fähigkeit zu differenzieren und zu nuancieren. Er bestätigt dem Kaiser guten Willen und die guten Absichten und weist zugleich nach, wie seine Sprunghaftigkeit, seine Taktlosigkeit und seine Unbeherrschtheit dazu beigetragen haben, das Deutsche Reich zu isolieren. Er widersteht der Versuchung, die kaiserlichen Reden »zu wörtlich« zu nehmen; er stellt Proportionen her, die den deutschen Leser verblüffen, und erzählt zugleich, wie sich der Kaiser vom Augenblick hinreißen ließ und wie auf dem Boden seiner Phantasie bunte Blumen wuchsen. Aus der Fülle der Reden hat die Erinnerung der Menschen bis in unsere Gegenwart hinein vor allem eine Rede aufbewahrt, nämlich jene »Hunnenrede«, mit der der Kaiser die Ostasientruppe zur Niederschlagung des chinesischen Boxeraufstandes am 27. Juli 1900 in Bremerhaven verabschiedete. Die Rede bewies in der alliierten Propaganda des Weltkrieges begreiflicherweise ihre Verwendbarkeit. In ihr heißt es: ». . . Ihr wißt es wohl, ihr sollt fechten gegen einen verschlagenen, tapferen, gut bewaffneten, grausamen Feind. Kommt ihr an, so wißt: Pardon wird nicht gegeben, Gefangene werden nicht gemacht . . .« Balfours kühler Kommentar enthält geradezu einen Musterfall seiner nüchternen und gelassenen Betrachtung. Er registriert den verhältnismäßig geringen Eindruck dieser oftmals zitierten Rede und wiederholt eine zeitgenössische englische Stimme, nämlich den *Daily Telegraph,* der gemeint habe, der Befehl, keinen Pardon zu geben, sei vielleicht die einzige Formel, welche die Asiaten verständen und auf die die Engländer während des Sepoy-Aufstandes in Indien hätten zurückgreifen müssen.

Es scheint oftmals, als ob sich der englische Historiker über die phantasievollen Reden des deutschen Kaisers mehr amüsiert als entrüstet – wie es ein Teil der Zeitgenossen übrigens auch getan hat. Er ist auch zu nüchtern, um die Wirkung etwa der Krüger-Depesche zu überschätzen. Es handelt sich um jenes berühmt-berüchtigte Telegramm vom 3. Januar 1896 an den Präsidenten des Burenfreistaates Transvaal, das damals und später als ein Indiz des sogenannten »persönlichen Regiments« gewertet wurde und das im Gegenteil auf konstitutionellem Wege zustande gekommen ist. Wilhelm II. hätte gern persönlich regiert, aber für ein »persönliches Regiment« reichten Kraft und Können eben nicht aus. Im Augenblick der Absendung jubelte das deutsche Volk und war stolz auf seinen jungen Kaiser. Es schrieb ihm zu einem späteren Zeitpunkt die ungeteilte Verantwortung für das Telegramm zu, das die Entfremdung Großbritanniens von Deutschland beschleunigt hatte. Die Geschichte pflegt indessen nicht geradlinig zu verlaufen, und Balfour zitiert Joseph Chamberlains Biographen Garvin: »Das Schicksal kommt immer seitwärts auf einen zu.« Auf die schwere Trübung der deutsch-englischen Beziehungen folgten die sogenannten Bündnisgespräche um die Jahrhundertwende. Balfours Fähigkeit und die Neigung zur nüchternen Betrachtung, gefördert sicherlich durch seine eigene Teilnahme an politischen Geschäften, bewährten sich gerade in der Darstellung dieses oft behandelten Themas. Er findet durchaus Verständnis für die Gründe des deutschen Verhaltens, und es kann ihm gleichwohl nicht widersprochen werden, wenn er den Engländern die klügere politische Lagebeurteilung zuschreibt oder wenn er von den Franzosen sagt, sie hätten die Briten mit größerem Geschick zu behandeln verstanden und dafür gesorgt, »daß sich die Ereignisse für und nicht gegen sie auswirkten«.

Wenige Bemerkungen nur mögen die außenpolitischen Entwicklungslinien einer Epoche andeuten, in der Wilhelm II. deutscher Kaiser war: Zu den verhängnisvollen Versäumnissen der deutschen Politik seit 1890 gehörte es bekanntermaßen, die Möglichkeit einer Verbindung Englands mit dem Zweibund nicht hinreichend zu würdigen und zu durchdenken. Die Verantwortlichkeiten für diese Versäumnisse sind gestuft, aber einen großen Anteil an ihnen hatte der Geheime Rat Baron von Holstein; die Politik der Wilhelmstraße wurde in steigendem

Maße von ihm abhängig. Er war nicht etwa ein Dämon, sondern ein arbeitsamer, mit Scharfsinn begabter, zugleich auch von krankhaftem Mißtrauen erfüllter und doktrinärer Mann. Seine Akten- und Personenkenntnis, sein Fleiß im Büro sollten die Bequemlichkeit, zu der vor allem der greise Hohenlohe-Schillingsfürst und der elegante, wendige Bülow neigten, ausgleichen. Der Kaiser hat übrigens Holstein, dessen Einfluß noch über seine dienstliche Stellung weit hinausging, nur einmal gesprochen. Holsteins politische Lagebeurteilung ging von der Überzeugung aus, daß der englisch-russische Weltgegensatz, der der deutschen Politik bis zu einem gewissen Grade den Vorteil der »freien Hand« geboten hatte, unüberbrückbar und von bleibender Dauer sei, daß sich »Walfisch und Bär« niemals verständigen könnten. Bei diesem politischen Dogma konnte man sich sicherlich auf geschichtliche Erfahrungen berufen; denn der russisch-englische wie der französisch-englische Gegensatz begleiteten die europäische Geschichte des 19. Jahrhunderts. Die weltpolitischen Reibungsflächen zwischen Rußland und England reichten von den Meerengen über den Vorderen Orient, Persien, Afghanistan bis nach Ostasien. Frankreich und England rivalisierten besonders an der Mittelmeerküste Nordafrikas.

Diese Gegensätze stellten die Voraussetzungen dar, unter denen Bismarck eine kontinental bedingte Weltpolitik betrieben hatte. Der englisch-russische Weltgegensatz kam der deutschen Politik zugute, solange das Deutsche Reich weltpolitisch enthaltsam blieb. Das sollte sich in der Ära Wilhelms II. jedoch grundsätzlich ändern, und damit mußte die politische Berechnung der Wilhelmstraße brüchig werden. Diese flüchtig angedeutete Problematik enthält bereits die Grundzüge der Vorweltkriegsentwicklung. Für ein gerechtes Verständnis der deutschen Teilnahme an der Weltpolitik muß jedoch auf folgenden Sachverhalt hingewiesen werden: Die stürmische Ausdehnung von Wirtschaft und Industrie, die rapide Bevölkerungsvermehrung, das überall vorhandene Bedürfnis nach Besitznahme und Erschließung der noch »freien Plätze« der Erde mußten es fraglich erscheinen lassen, ob sich das kleindeutsche Kaiserreich von dieser allgemeinen Entwicklung in bewußter Enthaltsamkeit ausschließen könne. Diese Problematik wird vom Autor durchaus gewürdigt. Eine andere Frage war es jedoch, welche Formen und Mittel die deutsche Weltpolitik wählen sollte, um die Gefahrenzonen der internationalen Politik zu vermeiden. Sucht man nach einem Grundfehler der außenpolitischen Gestaltung, so kann man einen Gesichtspunkt besonders hervorheben: Die Außenpolitik des Deutschen Reiches litt vornehmlich unter dem Mangel an Koordination zwischen Flottenpolitik und sogenannten weltpolitischen Aktionen in Afrika, im Vorderen Orient oder in Ostasien. Der Ausbau einer Flotte hätte weltpolitische Unternehmungen geradezu ausschließen müssen, damit er sich ungestört vollziehen konnte.

Für den deutschen Kaiser selbst aber war der Bau einer Schlachtflotte eine rein deutsche Angelegenheit, eine Frage der nationalen Ehre, die keine auswärtige Macht berühren und angehen konnte. Michael Balfour verschweigt jedoch nicht, daß Wilhelm II. im Verlauf der »Bündnisgespräche« und Sondierungen seinen konstitutionellen Ratgebern gelegentlich an realistischer Einsicht überlegen war; so äußerte er einmal die Sorge, das Deutsche Reich könne sich zwischen zwei Stühle setzen.

Michael Balfour will jedoch nicht Diplomatiegeschichte schreiben, und so ist der Schwerpunkt auch nicht im diplomatischen Bereich zu suchen. Er schildert, wie Wilhelm II. geworden ist und wie er sich in seiner Zeit verhalten hat. Er hütet sich, die Persönlichkeit ausschließlich aus der Kindheit und aus der Jugend zu erklären. Indem sich der Biograph der psychologischen Methode bedient, bleibt er doch erzählender Historiker. Seine Erzählung verzichtet nicht auf die Anekdote; ja, die Anekdote ist ein Stilmittel dieser Biographie, und sie wird das Werk einem breiteren Lesepublikum zugänglich und verständlich machen. Und doch ist es gerade bei Wilhelm II. – unter dem Vorbehalt der angedeuteten Einschränkung – legitim, bei der Herkunft und den Erfahrungen des Prinzen zu verweilen.

Es ist wohltuend, zu beobachten, wie Balfour den verkrüppelten linken Arm bei der Beurteilung von Wesen und Verhalten des Kaisers wohl in Rechnung stellt, aber die Bedeutung dieser körperlichen Mißbildung weder übertreibt noch überschätzt. Gewiß hat sie die der Persönlichkeit innewohnende Neigung begünstigt und verstärkt, so zu tun, als ob er fehlerlos und jeder Kritik entzogen sei. Das »als ob« ist ja überhaupt ein Stichwort, mit dessen Hilfe wir Gesellschaft, Politik und offizielle Kunst in der Zeit Wilhelms II. beschreiben könnten. »Als ob« ist eigentlich das, was wilhelminisch genannt werden kann. Die deutsche

Gesellschaft von 1914 trug viele wilhelminische Züge, aber gerade in der bürgerlichen Oberschicht protestierten viele führende Zeitgenossen gegen den Wilhelminismus. Balfour wird der Belastung gerecht, die der linke Arm für den Reiter, Jäger, Offizier und Monarchen bedeuten mußte, und er stellt zugleich mit Recht fest: »Es gibt jedoch Menschen, die auch an Verkrüppelungen litten, ohne daß sich daraus Verzerrungen ihres Charakters ergaben.«

Der Biograph erkennt in Wilhelm II. »das Erzeugnis von zwei Kulturen, nicht von einer. Ihm wurden zwei Ideale vorgehalten, das des preußischen Junkers und das des liberalen englischen Gentleman.« In dieser Erläuterung liegt sicher ein Schlüssel, der den Zugang zur widersprüchlichen, spannungserfüllten Persönlichkeit dieses Monarchen öffnen kann. Der junge Prinz war ein glühender Verehrer des Reichsgründers gewesen. Er fühlte sich zunächst und vor allem als Enkel Wilhelms I., dem er als Monarch den Beinamen des »Großen« verlieh – eine Handlung, die dem schlichten, vornehmen Wesen dieses menschlichen Fürsten überhaupt nicht gerecht wurde und die der Ausgangspunkt einer vergiftenden dynastischen Legende werden sollte. Er nahm für sich in Anspruch, die friderizianische Tradition fortzusetzen, und tat doch in Wirklichkeit alles, was geeignet war, diese sogenannte Tradition in höfischen und militärischen Spielereien zu verfälschen.

Balfour unterscheidet hier in seiner Einführung deutlich zwischen den Idealen des Preußentums selbst und den Attitüden der Wilhelminischen Ära; aus dem heimlichen Gefühl der Preußen im Kaiserreich, von den harten Begriffen der »Aufopferung, Pflichterfüllung und Selbstdisziplin« überfordert zu sein, erklärt er die Rettung in das Übertreiben eines nachgeahmten Heldenbildes.

Der Kaiser befand sich in tiefem Gegensatz zu seinen Eltern, besonders zu seiner Mutter, einer Tochter der Queen Victoria. Er pflegte sie eine Engländerin zu nennen, die niemals Deutsche werden könne und die Preußen hasse. Solange er die Abneigung seiner Mutter und der englischen Verwandtschaft spürte, lehnte er alles »Englische« ab. In dem Augenblick aber, in dem er als Souverän seiner Großmutter den Antrittsbesuch machte, sollte sich diese Haltung grundsätzlich ändern. Bei diesem Besuch – 1889 – wurde er zum englischen Admiral ernannt, und seit er die englische Admiralsuniform tragen durfte, glaubte er sich – so soll er im Glücksgefühl über diese Ernennung gesagt haben – auch in britischen Marineangelegenheiten zuständig. Bismarck hat das Kapitel über Wilhelm II., das selbstverständlich keine gerecht abwägende historische Würdigung enthält, mit dem lapidaren Satz geschlossen: die Uniform des Admiral of the Fleet könne als das Symbol eines Abschnittes in der auswärtigen Politik des Reiches angesehen werden. Aber Balfour spricht ja vom Ideal des »Gentleman, vor dem Wilhelm einen in der Kinderstube eingeimpften Respekt« behalten habe. Er teilte mit vielen seiner Landsleute die Bewunderung für englische Ideale und Lebensgewohnheiten. Das Bedürfnis, so wie die Engländer zu sein und zu leben, reichte vom täglichen Leben bis zu den Ambitionen der Weltpolitik, mit deren Hilfe man aus der Enge der Kaserne, des Gutshofes sowie aus der kontinentalen Beschränktheit und Enthaltsamkeit herauszustreben trachtete. Das charakteristische Bedürfnis ist indes durchaus nicht einer Annäherung und einem Verständnis zwischen beiden Völkern zugute gekommen. Wilhelm II. wollte nicht nur ein Gentleman, sondern auch ein moderner Herrscher sein. Er blieb aber ein von seiner höfischen und militärischen Umgebung geprägter und gefangener preußischer Prinz. Die mystischen Vorstellungen des Kaisers von seinem Amt, seine Vorstellung vom Gottesgnadentum und sein romantisierendes Denken haben dazu beigetragen, ihm den Zugang zur Wirklichkeit zu versperren, mochte er gelegentlich deren Details auch schärfer als seine Berater erkennen. Er habe sich »zum Gefangenen einer veraltenden Oberschicht« gemacht, stellt Balfour fest. »Er hatte nicht die Charakterstärke, sich in Gegensatz zu dem Kodex der Lebensregeln zu setzen, an den sie ihn zu fesseln suchte, ja er bewies seine Treue zu diesem Kodex, indem er dessen Forderungen noch übertrieb.« Balfour wird sicherlich nicht die Berechtigung der Frage bestreiten, ob Wilhelm II. von den Voraussetzungen seines Erlebens her, aus seinem Zeitgefühl und aus seinem Selbstverständnis heraus fähig und in der Lage sein konnte, solche an ihn gestellten Erwartungen zu erfüllen. Er war vor allem nicht der Aufgabe gewachsen, die ihm nach der Reichsverfassung von 1871 zugefallen war: Dieser Hohenzoller war am wenigsten geeignet, die Spannung zwischen politischer und sozialer Verfassung im Deutschen Reich auch nur zu mildern. Wenn man solche allgemeinen und oftmals erhobenen Vorwürfe wiederholt, darf man allerdings nicht die Möglichkeit ausschließen, daß bei einer Vermeidung der Erschütterung durch den Ersten Weltkrieg auch die gesellschaftlich-politische Entwicklung in Deutschland durchaus nicht ohne Chancen gewesen wäre.

Es wurde schon gesagt, daß Wilhelm II. in und aus seiner Zeit erklärt wird. Der Kreis der Zeitgenossen Wilhelms II. wird in seiner Ähnlichkeit und Verschiedenheit geschildert. Es entsteht ein farbiges Bild des monarchischen Deutschlands vor 1914. Das Panorama reicht von den Fürstlichkeiten, Kanzlern, Ministern, Generälen, Hofbeamten bis zum diplomatischen Personal der Wilhelmstraße und zu den Abgeordneten. Oftmals würde dabei der deutsche Leser die Akzente in der Beurteilung dieser Personenkreise anders setzen.

Es ist unbestritten, daß nicht nur die Höflinge das Selbstbewußtsein des Kaisers gesteigert haben. Ein alter Mitarbeiter des Kanzlers stellte gleich nach der Thronbesteigung Wilhelms fest: »Es rächen sich jetzt vielleicht manche Lehren, welche Bismarck dem jungen Herrn in früheren Jahren gegeben hat, seine Souveränitätsrechte vor allem wahrzunehmen, die größte Rücksichtslosigkeit zu üben gegen Beschlüsse von Ministerien und Parlamenten.« In dieser Äußerung liegt nicht die ganze Wahrheit, aber gleichwohl haben es die Bismarcks, Vater und Sohn, versäumt, das monarchische Selbstgefühl des Prinzen Wilhelm auf ein vernünftiges Maß zurückzuführen. Sie haben aus mannigfachen Gründen lieber die Regierung eines unerfahrenen Prinzen als das liberale Regiment des mit einer Engländerin verheirateten Kronprinzen in Kauf genommen. Von den Einzelheiten in den Beziehungen zwischen Wilhelm II. und Bismarck jedoch abgesehen, kann im Blick auf die Epoche gesagt werden: Weil Bismarck seit 1862 die Autorität der Krone in Preußen so befestigt hatte und weil er auch seit Gründung des Deutschen Reiches von 1871 das monarchische Prinzip unversehrt aufrechterhalten hatte, wurde es möglich, daß selbst ein schwacher Träger der Krone den Kanzler ohne Widerstand entlassen konnte.

Wenn Balfour an Bismarck mehr die negativen als die positiven Züge sieht, so kann er sich auf eine Reihe bedeutender deutscher Zeitgenossen des Reichsgründers berufen. Daß Bismarck nicht nur ein »alter Schlauberger« und »Hexenmeister«

war, weiß auch er. Solche Ausdrücke gehören auch mehr zu seinem oft ungezwungenen, anekdotenhaften Stil.

Einem Urteil Balfours über Bismarck sollte allerdings die ganz andere Auffassung eines deutschen Historikers gegenübergestellt werden. An Bismarcks Ausspruch in der Reichstagsrede vom Februar 1888: »Wir Deutsche fürchten Gott, aber sonst nichts in der Welt«, knüpft er den Kommentar: »Diese Worte sind berühmt, an ihrer Richtigkeit sind aber Zweifel erlaubt. Denn Bismarcks Gottesfurcht war eher fraglich als seine Furcht vor Koalitionen, vor Kaiserinnen, Sozialisten, vor Alexander von Battenberg und einer Menge anderer wirklicher oder eingebildeter Gefahren.« Bismarck gehörte ohne Zweifel zu den Staatsmännern, die sich noch gefürchtet haben, auch wenn die Furcht zugleich ein *arcanum regni* war. Mit der Furcht schwand auch die Fähigkeit zur illusionslosen Lagebeurteilung aus dem deutschen politischen Denken. In Bismarcks Lebensgeschichte kommt der »Bekehrung« große Bedeutung zu. Sie rief eine Frömmigkeit hervor, die für den Betrachter sicherlich nicht gleichmäßig sichtbar bleibt und die oftmals Gegenstand subtiler Untersuchungen geworden ist. Ein Bestandteil dieser Frömmigkeit war die Gottesfurcht. Es ist kennzeichnend und begreiflich zugleich, daß der eine mehr als der andere Teil des berühmten Ausspruchs in der Erinnerung aufbewahrt wurde.

Für den englischen Biographen, der die Beziehungen des Kaisers zu seiner britischen Verwandtschaft sorgfältig und interessant schildert, hätte es naheliegen können, nicht ohne Wunschvorstellungen über die glücklichen Chancen einer längeren Regierungszeit Kaiser Friedrichs zu reflektieren. Er folgt dieser Versuchung aber nicht, sondern weist auf das fürstliche Selbstgefühl und die imperialen Reichsvorstellungen des Kronprinzen hin, der kaum gewillt war oder in der Lage gewesen wäre, die Gefahren der Weltpolitik zu meistern oder gar zu vermeiden.

In der Darstellung Balfours wird auch das Zurücktreten Wilhelms II., die gelegentlich an persönliche Isolierung sich annähernde Situation, die im Grunde mit Agadir beginnt und sich bis zu der vielen wichtigen Entscheidungen fernen Zeit von Spa vertieft, in neuer Form deutlich.

Je mehr Wilhelm II. zum »Schattenkaiser« wurde, desto mehr verliert er an historischem Interesse. Die Biographie, deren Held in den Hintergrund der Bühne rückt, wird auf diese Weise zu einer politischen und militärischen Geschichte des Weltkrieges. In der kriegsreifen Situation von 1914 hat bekanntermaßen die Abhängigkeit von der *military timetable* eine verhängnisvolle Rolle gespielt. Das Versagen der politischen und militärischen Führungsschichten kann indes nicht einseitig am deutschen Bereiche nachgewiesen werden. Es bleibt bis zum Schluß des Buches fesselnd zu beobachten, wie Balfours Mitgefühl mit dem Kaiser immer wieder durchbricht und sich mit herber Kritik an der deutschen Oberschicht verbindet. Die Berechtigung zu dieser Kritik soll durchaus nicht bestritten werden, wenn auch oftmals die Art ihrer Begründung mit Fragezeichen versehen werden muß. In einem der abschließenden Kapitel des Buches heißt es in einer Betrachtung über den Weltkrieg: »Das Versagen lag aber in der Tat nicht so sehr bei den Politikern oder selbst bei den Soldaten, als vielmehr bei einem System, einer Weltanschauung. So oft hatte das deutsche Volk gesehen, wie sein begeistertes Streben durch das Fehlen von Blut und Eisen vereitelt worden war, daß es einer unkritischen Bewunderung der Gewalt verfallen war.« Die Menschen werden nach Katastrophen nicht aufhören, die Schuldfrage zu stellen. Es kann leichter fallen, die historische Schuld im »System« oder in der »Weltanschauung« als im Versagen von Persönlichkeiten in bestimmten Situationen zu suchen. In dem zitierten Satz liegen Verständnis und Mißverständnis dicht nebeneinander. Der deutsche Leser sollte jedoch mehr das Bemühen um Verständnis als irgendeine Polemik erkennen. Bei noch so kritischer Beurteilung der deutschen Entwicklung zwischen 1871 und 1914 wird man nicht die Ansicht vertreten können, daß das Deutsche Reich von 1871 nur an der preußischen Armee, nicht aber an der öffentlichen Meinung einen Rückhalt gehabt hätte. Kaiser und Reich gehörten vielmehr zu den Selbstverständlichkeiten des deutschen Lebens vor 1914, und die Entwicklungsfähigkeit des deutschen Staates kann – trotz Wilhelms II. – nicht geleugnet werden.

In der Verbindung einer Fähigkeit zur anschaulichen Erzählung mit einer Begabung zum vernünftigen Raisonnement liegt das Eigentümliche und Anziehende des Buches. Es sucht nicht nach dem »Bösen« in der deutschen Geschichte, die es behandelt, sondern nach Unzulänglichkeiten und unklugem Verhalten. Das rechte Maß historischen Urteils liegt der Einsicht zugrunde: »Wir sollten es uns aber überlegen, ob wir frühere

Generationen nach Kriterien beurteilen dürfen, um deren Durchsetzung wir selber noch kämpfen.« Es sind auch die Bemerkungen über die Rolle Preußens in der neueren deutschen Geschichte, die den künftigen Verfasser einer noch nicht geschriebenen Geschichte Preußens zum Nachdenken anregen können, einerlei, ob er ihnen zustimmt oder widerspricht.

In der Historiographie über Wilhelm II. und seine Zeit schwanken die Urteile zwischen vereinfachender Verdammung und genauso vereinfachender Rechtfertigung. Balfour hat die Extreme gemieden und das *juste milieu* einer Darstellung gesucht und gefunden.

Berlin-Grunewald Walter Bußmann

Einführung für den deutschen Leser

Dieses Buch will nicht als eine Biographie Kaiser Wilhelms II. im üblichen Sinne des Wortes verstanden werden; vielmehr wird angesichts des Lebens und der politischen Bedeutung des Kaisers eine Interpretation bestimmter Aspekte der europäischen Geschichte zu Ende des letzten und zu Beginn unseres Jahrhunderts entwickelt.

Die englische Ausgabe dieses Buches beginnt mit einem Kapitel, das den englischen Lesern, die mit deutscher Geschichte kaum sehr vertraut sein dürften, die Kenntnis gewisser wesentlicher Tatsachen in die Hand geben soll, ohne die die Bedeutung Kaiser Wilhelms II. nicht erfaßt werden kann. Vor allem versuchte ich, einige entscheidende Unterschiede deutlich zu machen zwischen der Geschichte Deutschlands und der Englands. Gerade in der hier behandelten Periode spielte das Verhältnis dieser beiden Länder zueinander eine entscheidende Rolle, nachdem die Beziehungen des Bismarckschen Reiches zu Frankreich nach 1870 und dem Frieden von Frankfurt kaum Aussichten auf eine deutsch-französische Annäherung zuließen.

Ich will hier nicht auf die dem deutschen Leser vertrauten Vorgänge deutscher mittelalterlicher Geschichte eingehen, die Entwicklungen, in deren Verlauf die verschiedenen deutschen Stämme in das Reich der deutschen Kaiser eingegliedert wurden, und die Ursachen, auf Grund derer die kaiserliche Macht immer schwächer wurde, statt sich zu festigen. Ebenso will ich hier nicht meine Thesen über die Umstände entwickeln, die zwischen 1815 und 1866 eine deutsche Einigung verhinderten. Auch mit der Verfassung des Deutschen Reiches, mit den Ereignissen der sozialistischen Gesetzgebung, der Bismarckschen Zollpolitik, des Kulturkampfes und des österreichisch-deutschen Bündnisses von 1879 will ich mich hier nicht im einzelnen befassen. Es scheint mir dagegen sinnvoll zu sein, hier einige Gedanken zu dem verschiedenen Gang englischen und deutschen geschichtlichen Werdens, zur politischen und geistigen Situation in Deutschland und Preußen zwischen dem Westfälischen Frieden von 1648 und den Bewegungen von 1848, zu den Voraussetzungen der kleindeutschen Einigung sowie zu der verfassungsrechtlichen und außenpolitischen Lage des Deutschen Reiches nach 1871 darzulegen, die meine allgemeine Sicht klar hervortreten lassen und auf deren Kenntnis das Verständnis mancher Teile des Buches beruht.

Die spätere Geschichte Deutschlands wurde von der Tatsache bestimmt, daß während des Mittelalters der Prozeß politischer Festigung im Innern nicht durchgeführt wurde. So wirkte der als Reformation bekannte Säkularisierungsvorgang, während er in Westeuropa die Macht der zentralen königlichen Regierung stärkte, in den Ländern deutscher Sprache auflösend. England und Frankreich besaßen überhaupt gewisse Vorteile der gegebenen Voraussetzungen, die Deutschland abgingen – ein gleichmäßigeres Klima, deutlicher umrissene Grenzen, eine Lage längs der neuen Handelswege. Die Faktoren jedoch, denen Britannien den beherrschenden Vorteil verdankte und die es gerade hier zu dem als die »industrielle Revolution« bekannten technologischen Durchbruch kommen ließen, gingen auf die Errungenschaften der Normannen, der Plantagenets und der frühen Tudors zurück.

Als die drei wesentlichen Antriebskräfte lagen dieser »industriellen Revolution« die Ansammlung von Kapital – mit den Einrichtungen zu seiner Vermittlung an lohnende Anlagen –, technische Erfindungen – die einen bestimmten Stand des Wissens voraussetzten und besonders bedeutend in ihrer Anwendung auf Kommunikationsmittel sind – und der Bevölkerungsdruck zugrunde. Die lebenswichtige Voraussetzung dieser drei Entwicklungen ist ein gesichertes und wirkungsvolles Regierungssystem mit all seinen möglichen Vorteilen der Sicherheit, des Friedens und eines klaren, zuverlässigen Rechtswesens. Die Zufälle oder, wenn man will, der Schicksalswille der Geschichte versetzten England in eine besonders glückliche Lage zur Errichtung einer solchen Regierung und der damit zusammenhängenden Einrichtungen. Ihre stetig raschere Entwicklung brachte ein frühes Ansteigen der Zahl der städtischen Kaufleute und Techniker mit sich, einer Klasse also, die durchaus über dem Existenzminimum lebte und eine eigene individualistische Bildung besaß.

Dies wiederum bedeutete, daß der entscheidende Gegensatz zwischen einer zum Absolutismus neigenden Monarchie und dem Bürgertum als dem Träger der Anfänge zu einer Herrschaft des Volkes in England in einem vergleichsweise frühen Stadium ausgefochten und endgültig zugunsten des Volkes entschieden worden ist. Diese Machtverlagerung verstärkte das Bewußtsein, in die öffentlichen Dinge mit einbezogen zu sein, das unter der verhältnismäßig aufgeklärten königlichen Herrschaft seit dem Mittelalter gewachsen war. Der sich ergebende gesellschaftliche Zusammenhalt, oder mit einem einfacheren Wort, der Patriotismus, erweiterte erheblich die Möglichkeit des Staates, sich international durchzusetzen. Wohl wurde die königliche Macht für eine gewisse Zeit durch die Macht einer Oligarchie ersetzt. Diese Oligarchie aber war nie eine in sich abgeschlossene Schicht, verdankte einen großen Teil ihrer Einkommen dem Handel und ließ niemals ganz den Funken ihres liberalen Bekenntnisses erlöschen. Als die gesellschaftliche Umschichtung im Gefolge der industriellen Revolution Platz zu greifen begann, gab es in der herrschenden Oberschicht genügend Anhänger des Freiheitsprinzips, um den Unzufriedenen einen Anhaltspunkt und überhaupt die später gerechtfertigte Hoffnung zu geben, daß die notwendigen Veränderungen eher durch eine Reform von innen her als durch eine Revolution von außen erreicht werden könnten.

Im Gegensatz dazu fehlten in Deutschland die Voraussetzungen für derartige Entwicklungen. Die Ausbildung neuer Handelswege, die England so viele Anreize boten, hat Deutschland auf ein wirtschaftliches Nebengleis geraten lassen, und dies gerade in dem Augenblick, als der Mittelstand »die beherrschende politische Kraft geworden sein dürfte, da er bereits die beherrschende wirtschaftliche Kraft war.«[1] Die Unsicherheit von Leben und Eigentum war offenkundig; Recht zu erhalten war schwer; die Bevölkerung ging zurück, statt zu wachsen; der Handel lag danieder und mit ihm die Handel treibenden Schichten. Bewußtsein öffentlichen Interesses, ein Gefühl, Herr des eigenen Geschickes zu sein, ein Glaube an die Fähigkeit, die eigene Umwelt in der Hand zu haben, all dies fehlte. Während England in die erregendste Periode seiner Geschichte eintrat und sich über die ganze Welt ausdehnte, konnte Deutschland bestenfalls stagnierend genannt werden. Die Folgen waren von weittragender Bedeutung.

Deutschland brauchte mehr als ein Jahrhundert, um sich vom Dreißigjährigen Krieg zu erholen. Während dieser Periode standen die politischen Verhältnisse unter der Einwirkung ausländischen, besonders französischen Eingreifens; auf kulturellem Gebiet herrschte der italienische Einfluß vor. Dies war die Zeit des unumschränkten Herrschertums, das von stehenden Söldnerheeren getragen wurde; in der Neubildung des sozialen Gefüges eine notwendige Episode, aber kaum eine belebende. Zu den wichtigsten Gegenständen, die der Entscheidung des Herrschers unterlagen, gehörte die religiöse Einstellung seiner Untertanen. Die Kämpfe, die auf Grund der Beeinflussung der Politik durch die Religion entstanden waren, wurden geschlichtet, indem man die Entscheidung über das Bekenntnis eines Menschen den Zufälligkeiten seiner Staatsangehörigkeit überließ. Diese Lösung verstärkte jedoch noch die Gegensätze zwischen den verschiedenen Teilen Deutschlands. Im vorherrschend protestantischen Norden und Osten wurde Religion auf die persönliche Beziehung des einzelnen zu seinem Gott beschränkt und ihr Einfluß auf die Beziehungen der Menschen untereinander zurückgedrängt. Daraus ergab sich mehr persönliche Frömmigkeit als christlicher Handlungswille, jedenfalls eine geistige Situation, die nicht gerade soziale Reformer hervorzubringen geeignet war. Im Süden und Osten erwarb der Katholizismus seine Geltung zurück; unterstützt durch die Treue der Habsburger zum römischen Glauben und durch das angstvolle Bemühen der Handelsstädte, die im Lebenskampf gegen das Abfließen des Verkehrs zur Nordsee und zum Atlantik um jeden Preis ihre Verbindungen mit dem Mittelmeerraum aufrechterhalten wollten. Diese Teile Deutschlands gerieten so in die Sphäre der Gegenreformation, als diese Bewegung sich von Spanien und Italien her über das ganze katholische Europa ausdehnte, und der ihr eigenen künstlerischen Ausformung, des Barock.

Mit der herausragenden Ausnahme Preußens hatte keiner der deutschen Staaten eine Kette so namhafter Erfolge vor Augen zu führen, als daß er bei seinen Untertanen – die in der überwiegenden Mehrzahl ohnehin von jeder Teilnahme an den öffentlichen Gewalten ausgeschlossen waren – starke Gefühle des Stolzes oder der Loyalität hätte wecken können. Der Mittelstand blieb schwach und setzte sich mehr aus Beamten, Lehrern und Angestellten zusammen als aus Kaufleuten oder gar Fabrikanten. Trotzdem zeichneten sich in ebendiesen Kreisen die ersten Zeichen eines wieder auflebenden Nationalgefühls ab, in der Form allerdings eines akademischen Protestes gegen den französischen Kosmopolitismus, einer neuen Festigung der Werte deutscher Gelehrsamkeit und des deutschen kulturellen Erbes. Die gemeinsame Sprache und die Erinnerung an eine gemeinsame Geschichte, die beiden großen Vermächtnisse des mittelalterlichen Reiches an das moderne Deutschland, wurden allmählich als die wesenhaften Verbindungen erkannt, die die Bewohner der vielen politischen Teilgebiete einten, in die das Reich zersplittert war. Bei einem Rundblick in die Außenwelt stellten diejenigen, die ihrer selbst genügend bewußt geworden waren, um zu vernünftigen Überlegungen kommen zu können, fest, daß dort die Gemeinsamkeit von Sprache und Kultur zum Grundpfeiler der erfolgreichsten politischen Gebilde geworden war, die bis dahin hervorgebracht worden waren. In Frankreich und England – in geringerem Grade auch in Spanien, Holland und Skandinavien – war Nationalgefühl spontan aus der Loyalität gegenüber einer homogenen Gesellschaftsstruktur erwachsen, die unter einem gesicherten zentralen Regierungssystem entstanden war und sich der äußersten Prosperität erfreute, die die Welt je gesehen hatte. Mehr und mehr bekamen die Deutschen das Gefühl, daß, da sie doch gemeinsame Sprache und Kultur hatten, ihnen von Natur eigentlich auch eine gemeinsame Regierung zugedacht sei und daß deren Fehlen ein Hauptgrund ihrer Benachteiligung sei. Der deutsche nationale Geist war so vielmehr im Bewußtsein seiner selbst gewachsen, fußend auf der bewußten Nachahmung eines woanders nicht absichtsvoll herbeigeführten Geschehens; er zog seinen emotionalen Schwung aus der Unzufriedenheit mit ebendiesem Kontrast. In Frankreich und England ging die Tatsache der Theorie voraus und schaffte die Grundlage für sie; in Deutschland wurde die Theorie als ein fertiges Produkt von den Intellektuellen übernommen und zu einem Ideal gemacht, dem die Tatsachen verändernd angepaßt werden müssen. Von hier aus war es nur ein Schritt zu dem Gefühl, daß gewissermaßen das Geschick Deutschland schlecht behandelt hatte und daß darum das Geschick bezwungen werden mußte. Treitschke beklagte das Fehlen des »Sonnenscheins« in der deutschen Geschichte und das Zerfallen des mittelalterlichen deutschen Kaiserglanzes »wie ein Sommernachtstraum«.[2]

Inzwischen hatte sich Preußen in einer anderen und in manchem dem übrigen Deutschland entgegengesetzten Richtung ausgebildet. Der Großmeister des Deutschritterordens zur Zeit der Reformation hatte einer Nebenlinie des Hauses Hohenzollern angehört. Luther lehrte ihn, auf seine Gelübde zu verzichten, den Orden aufzulösen, zu heiraten und eine Dynastie zu gründen. Dieses bedeutsame Programm verwirklichte er in allen seinen Teilen. Im frühen 17. Jahrhundert starb seine Linie jedoch aus, und das Herzogtum Preußen wurde mit dem Kurfürstentum Brandenburg vereinigt. Während man einst die Bauern, die man zur Kolonisierung des slawischen Landes brauchte, durch das Angebot außergewöhnlicher Befreiungen von den üblichen Pflichten gegenüber den Feudalherren hatte anlocken müssen, waren gegen Ende des Mittelalters verschiedene Kräfte am Werke, sie wieder zu schollengebundenen Leibeigenen zu machen. Auch die Städte sanken ab, außer den wenigen Häfen, in denen der Getreideüberschuß, der mit der großflächigen Bewirtschaftung adliger Güter erzielt wurde, nach Westen verschifft wurde. Das Fehlen eines Bürgertums war besonders auffallend, und für etwa zwei Jahrhunderte regierte der Adel der Junker unumschränkt.

Mit der Regierung des großen Kurfürsten, 1640 bis 1688, begannen die Hohenzollern, nach und nach die Oberhand zu bekommen. 1701 wurde sein Sohn, Friedrich I., »König in Preußen«. Dieses Haus gründete seine Stärke auf dem Grundsatz, daß ein Staat von bescheidener Größe wie der seine nur gedeihen könne, wenn er stark genug sei, um die Gegensätze zwischen seinen größeren Nachbarn auszunutzen. Angesichts der beschränkten Mittel Preußens konnte die entscheidende minimale Stärke, die eine solche Politik erforderte, nur durch äußerste Sorgfalt und Aufmerksamkeit beim Gebrauch dieser Mittel erreicht werden. Die Lage entsprach in verschiedener Hinsicht der Rußlands in den dreißiger und vierziger Jahren dieses Jahrhunderts und anderer Entwicklungsländer im heutigen Asien und Afrika. Das Hauptbetätigungsfeld, dem die Früchte dieses sparsamen Wirtschaftens zuflossen, war das Kriegshandwerk; und da im ganzen

Söldner zu teuer waren, nahm Preußen eine Erfindung der Französischen Revolution vorweg und brachte eine nationale Armee hervor. Hierauf verwandte Friedrich der Große zwei Drittel seiner Einkünfte, und ein Sechstel der männlichen Bevölkerung hatte in dieser Armee zu dienen. Bei seinem Tode war sie praktisch so groß wie die französische. Sein Offizierskorps war von einem hohen Pflichtgefühl geprägt. Die zivile Verwaltung stellte im Grunde einen Unterbereich der Armee dar. Ihre obersten Beamten wurden aus demselben Adel ausgewählt, und von ihnen wurde derselbe unbedingte Gehorsam gegenüber ihrem König erwartet wie von den Offizieren.

Der Absolutismus war in drei Hinsichten ein gemäßigter. Zunächst gehörte die Regierung zu den modernsten ganz Europas; sie lebte aus den spätesten Gedanken des Rationalismus des 18. Jahrhunderts und duldete fast jede religiöse Einstellung. Freilich war dem Individuum keine Mitsprache eingeräumt. Aber Rationalisten sind immer fähig, eine gute Regierung einer Selbstverwaltung vorzuziehen. Sodann beugte sich der König demselben Gesetz, das er auferlegte, und betrachtete sich selbst als den ersten Diener seines Volkes. War der Herrscher an der Spitze des Staates mittelmäßig, so funktionierte das System schlecht – die Hohenzollern aber brachten es fertig, mehr überdurchschnittliche als mittelmäßige Herrscher hervorzubringen. Schließlich war Preußen ein erfolgreicher Staat und wuchs schnell an Größe und internationaler Bedeutung. Schon die menschliche Abneigung, sich von Siegern abzuwenden, erklärt genug, warum es gerade dem autokratischten deutschen Staat als einzigem gelang, bei seinen Untertanen Loyalität und ein Gefühl nationaler Unabhängigkeit zu wecken.

In dieser Umwelt wurde die Philosophie Kants formuliert, den Wilhelm II. einmal zu Recht »unseren größten Denker« nannte – wobei man darüber streiten kann, ob er recht hatte, ihn weiter auch »den klarsten« zu nennen.[3] Kant, der selbst Schwierigkeiten mit den Behörden hatte, kämpfte darum, unter den Umständen im Preußen des 18. Jahrhunderts die beiden Werte von Freiheit und Ordnung miteinander zu versöhnen, ebenso wie er auf dem Gebiet der Erkenntnistheorie Freiheit mit der universalen Kausalität zu versöhnen suchte, die er überall in der Natur fand. Für den wichtigsten, den Menschen vom Tierreich unterscheidenden Faktor erklärte er das intuitive Bewußtsein eines inneren moralischen Gesetzes, das den Sinn für die Vernunft einschloß. Das menschliche Verhalten sollte nicht nach Art und Folgen von Handlungen beurteilt werden, sondern nach den diesen zugrunde liegenden Motiven. Eine Handlung war danach moralisch in dem Maße, in dem sie vernunftmäßig motiviert war. Diese Motivierung fand ihre Probe darin, ob der entsprechende Grundsatz allgemeine Anwendung finden könnte. Denn konnte der Grundsatz nicht in dieser Weise angewandt werden, so war die aus ihm sich ergebende Handlung nicht vollkommen desinteressiert; und dies wurde von jeder wahrhaft moralischen Handlung gefordert. Der kategorische Imperativ, dem der Mensch unterlag, sollte immer zu Handlungen führen, die zur Grundlage eines allgemeinen Gesetzes gemacht werden konnten. Sympathie und Mitleid mußten als Motive moralischer Handlungen ausgeschlossen werden, weil sie die Anwendung der Vernunft störten. Der Ausgangspunkt des Kantschen Denkens mag sein Haß auf die Tyrannei gewesen sein. Bei der Anstrengung jedoch, äußere Tyrannen überflüssig zu machen, wurde von dem einzelnen verlangt, daß er sich ein noch strengeres Gesetz auferlegte als der König von Preußen seinen Untertanen. Einem Menschen konnte Freiheit nur gestattet werden, insofern er vollkommen einer inneren Kontrolle unterworfen war.

Bei Kant konnte Widerstand gegen den Staat noch gerechtfertigt werden, wenn die Grundsätze des Staates selbst als nicht allgemein angewandt erwiesen werden konnten. Es blieb nur noch der Schritt zu tun, mit dem der Sitz der Vernunft von dem Gewissen des Einzelnen auf die Gemeinschaft übertragen wurde; Hegel tat ihn, und der Welt wurde das Paradox vor Augen gestellt, daß das Individuum nur in seinem Gehorsam gegen den Staat wahrhaft frei zu sein vermöchte. Möglicherweise weil im westlichen Europa das Regierungssystem stark und wohl gesichert war, neigten dort die politischen Theoretiker dazu, die Betonung auf Freiheit und individuelle Rechte zu legen. Im mittleren und östlichen Europa, wo man die Notwendigkeit starker Regierungen leicht einsah, gaben sie der Ordnung und den Rechten des Staates den Vorrang.

Nun führt die Übertreibung der individuellen Rechte auf Kosten der Autorität klar zu Selbstsucht und Anarchie, während die Übertreibung der Regierungsautorität ohne Betracht der Individualrechte zu Despotismus und Ungerechtigkeit führt. Die Idee, beide miteinander im Gleichgewicht zu halten, ist leichter gefaßt als durchgeführt. Ein Ausgleich kann verbal mit der Formel erreicht werden, die höchste Freiheit bestehe in dem Gehorsam gegen das Gesetz als die Verwirklichung der Vernunft, und soziale Freiheit sei konstituierender Bestandteil, weniger Beeinträchtigung der Staatsgewalt. Aber diese Formel ist trügerisch – zumal wenn sie sich in einer für den einfachen Mann schwer verständlichen Sprache niederschlägt – und wird leicht bei der praktischen Anwendung in der einen oder anderen Richtung schief ausgelegt. Entweder wird das bestehende Gesetz als eine offensichtlich unangemessene Verwirklichung der Vernunft angegriffen, oder im Namen der Vernunft wird Gehorsam für ein Gesetz verlangt, das den jeweiligen Absichten der Regierung angeglichen wird, selbst wo dies deutlich auf Kosten des einzelnen geht. Beide Irrwege konnte man im Deutschland des 19. Jahrhunderts beobachten. Der große Strom des Denkens glitt immer mehr in eine unkritische Bestätigung der Rechtmäßigkeit dessen, was gerade bestand. Die Gegner des Status quo, behindert durch Mangel an politischer Erfahrung, gaben sich viel zu lange mit dem bloßen Verlangen nach Freiheit zufrieden.

Der Kaiser sprach einmal von den Erniedrigungen, die der »korsische Parvenu«[4] Deutschland beigebracht habe. Diese Beschwerde erläutert ein Ressentiment, das in seinem Lande über das ganze 19. Jahrhundert hin weit verbreitet war. Die Französische Revolution lieferte Deutschland – und in der Tat der ganzen Welt – eine beispiellose Demonstration dessen, was eine entschlossene und fanatische Regierung zu erreichen vermochte, die fähig war, ihr Volk zum Enthusiasmus zu entflammen und so alle Reserven des Landes zu mobilisieren. Angesichts dieses Sturmes erwiesen sich der kosmopolitische Rationalismus des goetheschen Weimar wie die spartanische Disziplin des friderizianischen Potsdam als vergeblich. Das Ergebnis waren eine Welle romantischer Unzufriedenheit mit der »Aufklärung« und das weitverbreitete – wenn auch keineswegs allgemeine – Bedürfnis, es Frankreich in der Nutzung der nationalen Idee für politische Zwecke gleichzutun, so sogar zur Einigung Deutschlands zu gelangen. Die Revolution muß mit ihren eigenen Mitteln bekämpft werden. Die Patrioten befaßten sich mit dem Problem, wie man die Bevölkerung begeistern und eine Entschlossenheit wecken könne, die über alle Hindernisse triumphieren werde. Die Ansichten von Clausewitz, die um diese Zeit formuliert wurden, gingen von der Frage aus, »wie eine bloße Kulturgemeinschaft zu einer politischen Willensgemeinschaft umgeschaffen werden könne – zu einer selbstbewußten, wehrhaften, auf ihre Freiheit und ihr äußeres Ansehen eifersüchtigen Staatsnation«.[5]

Als ein Schritt auf dieses Ziel zu wurde in den Jahren nach der preußischen Niederlage von Jena im Jahre 1806 eine Überholung des preußischen Systems von Grund auf angegangen – hauptsächlich von Nicht-Preußen im Dienste des Königs. Veraltete wirtschaftliche Einschränkungen wurden beseitigt, den Städten wurde eine gewisse Selbstverwaltung gegeben und die Leibeigenen wurden selbständig. Das stehende Berufsheer, dessen Stärke Napoleon beschränkt hatte, wurde reorganisiert und durch einen kurzen Dienst der Bevölkerung in der Landwehr ergänzt. Die Anfänge eines Generalstabs wurden geschaffen. Die Reformer suchten alle anderen Werte der Wiederherstellung Preußens als unabhängiger europäischer Macht aufzuopfern.

Dieselbe Atmosphäre begünstigte die Entwicklung jener Betonung der Eigenart von Völkern, die das deutsche politische Denken während des folgenden Jahrhunderts auszeichnete. Das akademische Interesse an nationalen Besonderheiten erhielt politische Relevanz. Dies kam als Reaktion auf den Universalismus der Aufklärung auf, gegen die Vorherrschaft Frankreichs in den deutschen Angelegenheiten und gegen den Versuch Napoleons, Europa zu einigen. Eine solche Einstellung gewannen die Deutschen leichter, da die Lehrsätze des Naturrechts mit ihrer Betonung des Universalismus, der Verstand und das Individuum als solche niemals in Mitteleuropa so hoch bewertet worden waren wie im westlichen Europa.[6] Jedes Volk wurde als ein Wesen für sich mit deutlich unterschiedenen Charakteristika und Fähigkeiten gesehen; die Unterschiede waren wichtiger als die Ähnlichkeiten. Mehr noch war der Staat mehr als der Einzelne die Verwirklichung der nationalen Identität und als solche der Ort höchster Werte. Es konnte keine höhere, universellere Autorität geben, und der letzte Schiedsrichter zwischen Staaten mußte deshalb die Gewalt sein – allerdings wurde der Weg zu dieser Schlußfolgerung oft durch einen leichtfertigen Optimismus geglättet, die Staaten, in denen der nationale Wille und nicht so sehr die Willkür eines Herrschers im Besitze der Souveränität sei, würden dieselbe Einstellung zu den Fragen der Weltpolitik haben und somit miteinander in Frieden leben. In dieser Entwicklung war wiederum Hegel die Schlüsselfigur.

»Seine Staatsphilosophie ist der entschiedenste Ausdruck jener Geistesbewegung, die aus den alten Bindungen und Idealen eines europäischen Universalismus zu schroffer Individuation der Staatenwelt hindrängte ...«[7]

Hegel war an sich von Geburt Schwabe, lehrte aber an der Berliner Universität, die 1890 Wilhelm von Humboldt als wesentlichen Teil der Wiederbelebung Preußens gegründet hatte. In einem Land, in dem der Nationalismus als eine intellektuelle Übung begonnen hat, spielten die Universitäten eine offensichtlich politische Rolle. Berlin verdiente sich jedoch redlich seinen Namen eines »ersten Garderegiments des Lernens«. Denn es stellte die intellektuelle Kraftzentrale dar, in der Denker wie Hegel, Ranke, Droysen und Treitschke die besondere und charakteristische Sicht entwickelten, die Deutschland als seine Lehre anbot, geschlossen und umfassend in der Alternative zu dem rationalen Individualismus aus der griechisch-römischen Tradition. »Die Wiedergeburt des deutschen Volkes begann nicht an den Altären, sondern an den Kathedern.«[8]

Eine der wichtigsten verfassungspolitischen Situationen im Preußen des 19. Jahrhunderts bildete der Heereskonflikt von 1862. Aus dieser unangenehmen Lage wurde König Wilhelm nicht nur gerettet, nach dem kurzen Zeitraum von acht Jahren wurde er vielmehr zum deutschen Kaiser erhoben. Der Hauptverantwortliche für diesen Wandel war ein neurotisches Genie mit rotem Schnurrbart, Otto von Bismarck. Er hatte das Verständnis, zu erkennen, daß die deutsche Einheit in der einen oder der anderen Form unumgänglich war und daß Preußen nicht vor der Frage des Ob, sondern vor der des Wie stand. Gezwungen zu vermeiden, daß von anderen gesetzte Bedingungen angenommen werden mußten, bewerkstelligte er in einer Reihe von Improvisationen, was schließlich die Eroberung von Deutschland durch Preußen bedeutete. Im Krieg von 1866 überwand er, mit Hilfe von Moltkes strategischer Begabung und der neugebildeten preußischen Armee, Österreichs Widerstand gegen eine Einigung Deutschlands unter preußischer Führung, im Krieg von 1870 den Frankreichs. Er verstand es darüber hinaus, diese beiden Kriege isoliert zu halten und so einen europäischen Zusammenstoß darüber zu verhindern. Dazu führte er Preußen zu einer Stellung, in der es sich nicht länger weigern konnte, die Führung in Deutschland zu übernehmen und angesichts derer weder die deutschen Fürsten noch die Liberalen sich gegen die Annahme der preußischen Hegemonie stemmen konnten.

Der Ausschluß der österreichischen Deutschen von dem vereinigten deutschen Staat verstärkte noch die Aussichten dieses Staates, eher unter dem vorherrschenden Einfluß des protestantischen Nordens als des katholischen Südens zu stehen; dies wiederum half, die Bedenken in Preußen gegen ein Aufgehen im Gesamtstaat abzuschwächen. In der Verfassung des Norddeutschen Bundes von 1866, die 1871 zur Verfassung des Deutschen Reiches umgewandelt wurde, brachte Bismarck dann einen Kompromiß zustande, der allen Seiten genug von dem gab, was sie wünschten, um für die meisten von ihnen annehmbar zu sein. Dennoch kann man dieses epochemachende Ergebnis schwerlich betrachten, ohne über die Wendung des Glücks oder des Schicksals nachzudenken, die, als der geniale Mann erschien, ihn aus dem konservativen Bereich auftauchen ließ. Hätten die Liberalen 1848 einen Bismarck oder einen Lenin gehabt, wie anders dürfte die Welt sich entwickelt haben! Aber war das Fehlen eines solchen Mannes hauptsächlich den Zufällen der Vererbung zuzuschreiben oder hatte das deutsche kulturelle Klima Züge, die es Realisten unmöglich machten, Liberale zu sein?

Mit einem System, in dem die politischen Faktoren und Komponenten des Reichs miteinander verbunden und voreinander gesichert wurden, erreichte Bismarck das Unmögliche. Er schuf eine Verfassung, die den Eindruck erweckte, als sei sie zugleich autokratisch und liberal, deutsch und preußisch, bundesstaatlich und zentralistisch. Aber so groß Bismarcks Genie auch war, selbst ihm war es nicht möglich, die den Fortschritt aufhaltenden Kräfte in den Hintergrund zu drängen. Er hatte die eher diplomatische Aufgabe, Lösungen zu ersinnen, in denen die anderen dazu gebracht werden konnten, zusammenzuarbeiten. Ein momentaner Kompromiß hätte jedoch nicht ausgereicht. Bismarck mußte allen Interessengruppen eine gewisse Sicherheit geben, daß die Situation sich nicht zum Nachteil für eine von ihnen verschieben könne. Seine Institutionen tendierten aber wie alle Föderationen dazu, das Gleichgewicht der Kräfte, das zu einem bestimmten Zeitpunkt geherrscht hat, erstarren zu lassen. Politische Kräfte aber sind lebendig und werden sich aus diesem Zustand der Erstarrung bald befreien. Das Problem der Zukunft lag darin, wieweit dieses System dem bevorstehenden Wachstum angepaßt werden könnte, besonders in einem Land, in dem der traumatische Prozeß des wirtschaftlichen Aufschwungs gerade eingesetzt hatte.[9] Vorläufig deutete manches auf kommende Schwierigkeiten hin.

Gemäß der Verfassung »ernannte der Kaiser die Beamten des Reiches«, auch den Kanzler. Ihre Amtsdauer hing also nicht von dem Vertrauen einer Mehrheit im Reichstag, sondern von dem Willen, man könnte fast sagen, der Laune des Kaisers ab. Wie Bismarck selbst im Reichstag einmal sagte: »Die Aufgabe des Ministers ist es, auszuführen und vorzuschlagen. Der königliche Wille ist und bleibt allein entscheidend.« Es trifft zwar zu, daß eine andere Klausel in der Verfassung vom Kanzler verlangt, alles gegenzuzeichnen und die Verantwortung für alle königlichen Erlasse und Befehle zu übernehmen, die ohne eine derartige Bestätigung ungültig gewesen wären. Aber, um Bismarck noch einmal zu zitieren: »Wenn der Kaiser einen Kanzler hat, der sich nicht in der Lage sieht, alle kaiserliche Politik gegenzuzeichnen, kann dieser ihn jeden Tag entlassen. Der Kaiser hat eine wesentlich freiere Hand als der Kanzler, der keinen Schritt ohne kaiserliche Bewilligung unternehmen kann.«[10] Es sollte selten an Kandidaten fehlen, die bereit waren, die Stellung des Kanzlers einzunehmen, besonders wenn keine Übereinstimmung mit dem Reichstag erzielt werden konnte. Praktisch wurde diese Handlungsfreiheit des Kaisers im wesentlichen durch die Überlegung beschränkt, was die Öffentlichkeit zu einem zu häufigen Wechsel des Kanzlers sagen würde. Theoretisch natürlich wäre der Reichstag in der Lage gewesen, den Kaiser in seinen Unternehmungen durch eine Verweigerung der Zustimmung zu dem Vorgehen des Kanzlers einzuschränken, sofern dieser nicht vom Reichstag gewählt war. So aber war schon 1862 der preußische Landtag in eine schwierige Lage geraten, als er versuchte, keine Steuern zu bewilligen, bis Bismarck die ihm nicht genehmen Armeereformen einstellte. Die meisten Abgeordneten würden jedoch bei dem Gedanken, dem Kaiser einen Kanzler ihrer Wahl aufzuzwingen, zurückgeschreckt haben. In dieser Hinsicht ähnelte die deutsche

Politik eher der Englands im Jahre 1760 als der des Jahres 1870. Es wurde als Pflicht eines jeden loyalen Untertanen angesehen, dem höchsten Beamten des Kaisers respektvoll gegenüberzustehen, wenn nicht sogar für ihn zu stimmen. Zur Entscheidung darüber, wer das Land regiert, waren die Politiker nicht befugt.

Die Abhängigkeit vom Kaiser war bei weitem nicht das einzige Problem, dem sich der Mann gegenübersah, der die Ämter des Kanzlers und preußischen Ministerpräsidenten innehatte. Er mußte zu gleicher Zeit mit zwei parlamentarischen Versammlungen arbeiten, dem Reichstag und dem preußischen Landtag, die auch nach unterschiedlichen Regeln gewählt wurden. Wie sollte er das schaffen, wenn deren politische Strömungen wesentlich voneinander abwichen? Dazu hatte der Kanzler trotz seiner großen außenpolitischen Aufgaben – aus ersichtlichen Gründen in der Konstitution als Bundesangelegenheit bezeichnet – kein Recht, eine Kontrolle über die Streitkräfte auszuüben. Die Streitkräfte unterstanden direkt dem Kaiser. Befehle, die die Armee oder die Marine betrafen, waren von der vorgeschriebenen Gegenzeichnung durch den Kanzler ausgenommen. Im Jahre 1859 schrieb Prinz Wilhelm, der spätere Kaiser: »In einer Monarchie wie die unsrige darf der militärische Gesichtspunkt durch den finanziellen und staatswirtschaftlichen nicht geschmälert werden; denn die europäische Stellung des Staates, von der wieder so vieles andere abhängt, beruht darauf ...«[11]. Roon sagte: »Mein preußisches Soldatenherz kann es nicht ertragen, daß mein König und Herr einen anderen Willen über den eigenen stellt.«[12]

Während der Kriege zwischen 1866 und 1870 hatte Bismarck trotz seiner Bereitschaft, die Kürassieruniform zu tragen, große Schwierigkeiten, Zugang zu den Plänen der Militärs zu erhalten, um sich zu vergewissern, ob diese Pläne mit der jeweiligen diplomatischen Situation übereinstimmten. Trotz allem befürwortete er den Ausschluß des Kanzlers von der Mitsprache bei Fragen der Armee und der Marine. Er war der Ansicht, daß andernfalls eine Einmischung des Reichstags in Angelegenheiten der Strategie höchst gefährlich für die nationale Sicherheit werden konnte.[13] Da also dem Kanzler die Macht, militärische und politische Aktionen aufeinander abzustimmen, vorenthalten war, blieb der Kaiser die einzig mögliche verfassungsmäßige Institution zur Koordinierung.

In der Außenpolitik bestand wenig Hoffnung, daß Frankreich jemals die Niederlage von 1870 und den Verlust von Elsaß und Lothringen vergessen oder vergeben würde. Die Sozialistenführer Liebknecht und Bebel, auch Karl Marx in London, verurteilten die Annexion als einen gewaltigen Fehler. Bismarck hatte auch nicht geplant, den französisch sprechenden Teil Lothringens zu annektieren; er wurde dazu von den Militärs gezwungen. Später sagte er, daß es sein ständiges Bemühen gewesen sei, Frankreich dazu zu bewegen, Sedan zu vergeben, wie es nach 1815 Waterloo vergeben hatte.[14] Dieser Krieg, der Bismarck annehmbar, wenn nicht sogar als eine willkommene Lösung vieler Schwierigkeiten erschien, erwies sich am Ende als Ursache neuer und ebenso unlösbarer Probleme.

Von 1870 an mußte Deutschland Frankreich in der Isolation halten und aus diesem Grunde jede Streitigkeit mit anderen Nationen vermeiden. Die Alternative war das Risiko eines Zweifrontenkrieges.

Der Erfolg dieser Politik stand in direktem Zusammenhang mit den Beziehungen der verbleibenden Mächte untereinander. Falls bei Auseinandersetzungen beide Seiten deutsche Unterstützung erbaten, würde derjenige, der diese Unterstützung nicht erhalten zu haben meinte, sofort ein potentieller Verbündeter Frankreichs sein. Die Lage wurde noch dazu durch weniger augenfällige Ergebnisse des Jahres 1870 kompliziert. Die Einigung des deutschen Volkes in einem einzigen Staat wies einen auffallenden Mangel auf: Preußische und habsburgische Opposition hatten es unmöglich gemacht, die in Österreich und Ungarn lebenden Deutschen mit einzubeziehen; das deutsche Beispiel gab jedoch unvermeidlich Anlaß zum Anwachsen der Nationalgefühle in Osteuropa. Die Habsburger hatten nicht vermocht, in ihren Völkern eine Treue zu Österreich zu erwecken oder wenigstens die Volkstumsverbände der Deutschen, Ungarn, Tschechen, Polen, Serben und so weiter aufzulösen. Jeder machtvolle Wunsch nach Selbstverwaltung auf nationaler Ebene war daher, auf lange Sicht gesehen, unvereinbar mit einem reibungslosen Funktionieren, ja mit einer Existenz des Österreich-Ungarischen Staates. 1876 hatte Ungarn eine Selbstverwaltung erhalten: Die Aussichten der Deutsch-Österreicher, die Vorherrschaft über die Slawen zu behalten, waren zweifelhaft geworden. Habsburgs Schwäche und das französische Streben nach Rache erwiesen sich in der späteren Entwicklung als unglückbringende internationale Gegenkräfte zu dem Werk Bismarcks.

Jedoch nur wenige Deutsche betrachteten die Bedrohung von außerhalb als ernste Gefahr für das neue Kaiserreich. Das kann von der Tatsache herrühren, daß wohl die meisten Deutschen zusammengeschlossen, aber noch weit davon entfernt waren, eine wirklich integrierte Gemeinschaft zu bilden. Das Reich verdankte seine Existenz Preußen und der preußischen Armee, nicht aber dem Druck der öffentlichen Meinung. In der Vergangenheit hatten sich schon oft zentrifugale Kräfte als zu stark erwiesen. Würde man ihrer jetzt Herr werden? Würde es gelingen, Preußen und Süddeutsche zur Gemeinsamkeit des Handelns zu bewegen? Würde man überdies die Arbeiter von der Notwendigkeit des Fortbestehens der herrschenden Gesellschaft überzeugen können? Die marxistische Lehre von der proletarischen Revolution schien das unmöglich zu machen. Tatsächlich wurde die Gefahr einer derartigen Entwicklung überschätzt. Auch waren die Worte der Arbeiterführer weitaus schärfer als ihr Vorgehen. Bebel wies 1871 darauf hin, daß die Kommune nur eine milde Vorstufe dessen gewesen sei, was sich in Deutschland in Zukunft ereignen werde.

Die herrschende und besitzende Schicht hatte ernstliche Befürchtungen, besonders seit mit der rapiden Industrialisierung noch größere Teile der Bevölkerung in die Städte gezogen wurden und sich jährlich die Arbeiterzahl erhöhte. Diese Entwicklung erforderte bewegliche Institutionen und Ausdehnungsmöglichkeiten – die Umstände jedoch, in denen das Reich entstanden ist, gaben der führenden Schicht die Möglichkeit, gegen jede formelle Änderung ein Veto einzulegen. Es fehlte nur noch ein Führer, der die Massen an sich binden konnte, indem er deren Anschauungen kraftvoll vertrat. *»Pour chasser les démons il faudrait un prophète«*, sagte Louis Philippe zu Guizot.[15] Aber Bismarck war kein Prophet; er verband eine geniale Begabung für Manipulationen mit einer unvergleichlichen Fähigkeit, das Mögliche richtig einzuschätzen. Seine Verachtung der öffentlichen Meinung drückte sich in seiner ständigen Bestechung der Presse aus – die Mittel des Welfenfonds waren ihm dafür sehr willkommen. Um es offen zu sagen, er war philosophisch kaum interessiert. Als leichte Lektüre bevorzugte er sentimentale französische Romane und Werke der deutschen Romantik.[16] Bagehot sagte

1875 ganz richtig über ihn: »Es ist ihm unmöglich, moralische Einflüsse abzuwägen wie wirkliche Kräfte.«[17] Die von ihm bekannten Aussprüche sind auch eher Kernsätze als schöpferische Ideen. Sie sind viel mehr auf die Gegenwart als auf die Zukunft bezogen. Dies kann vielleicht erklären, warum er in den zwanzig Jahren seiner Regierung nach 1870 so wenig für die Lösung der innenpolitischen deutschen Probleme tat.

Im politischen Gefüge Deutschlands im Jahre 1880 wurde die Rechte von den *Konservativen* beherrscht, also von den Männern, die Bismarcks deutscher Einigungspolitik und Preußens Eintritt in das Kaiserreich entgegengestanden hatten. Danach hatten sie den Kulturkampf mit höchstem Mißtrauen verfolgt und waren zum Teil für den erzwungenen Abbruch verantwortlich. Von ihrem Standpunkt aus hatten sie vollkommen recht: wenn man überhaupt hoffen konnte, die alten Traditionen Preußens in der modernen Welt unverändert aufrechterhalten zu können, so wurde diese Hoffnung mit Preußens Aufgehen in Deutschland zunichte. General von Manteuffel, eine tonangebende Persönlichkeit in diesen Kreisen, war ernstlich beunruhigt, als er hörte, daß der Kommandeur der Kölner Garnison in gutem Verhältnis zu einigen ansässigen Kaufleuten stand. Er sprach darüber zu einem seiner Offiziere, der ihm versicherte, man müsse doch nicht gleich annehmen, daß der Kommandeur unloyal sei, nur weil er mit Zivilisten gesehen werde. »Sehr gut«, sagte Manteuffel, »dann können wir auf ihn rechnen, wenn die Schießerei losgeht.«[18] Treue zur alten Ordnung war der Schlüssel ihres Denkens, und ihre Unterstützung einer Person oder Organisation hing davon ab, ob diese Loyalität vorhanden war oder nicht. Ihre Stellung zur Krone kommt in dem Ausspruch zum Ausdruck: »Wir legen unser Schicksal in die Hände unseres Monarchen, solange er das tut, was wir wollen.« Ereignisse sollten beweisen, daß dieser unbedingte Vorbehalt keine leere Drohung war. Wie die englischen Konservativen nach 1832 oder die französischen Royalisten nach 1870 hatten diese Männer den Anschluß an die Ereignisse der sich ändernden Welt verloren. Aber im Gegensatz zu solchen Ausländern glitten sie nicht in politische Bedeutungslosigkeit ab, sondern fanden Unterstützung. Sie sahen auch ein, daß alle Strömungen des Jahrhunderts dahin liefen, ihre Macht zu reduzieren, zogen es aber vor, sich der Entwicklung entgegenzustellen, anstatt Kompromisse zu schließen. Sie merkten wohl, daß sie auf verlorenem Posten standen; sie handelten aus dem Gefühl der Furcht und verschlossen sich allen vernünftigen Argumenten in der Bestrebung, ihre Stellung nicht noch weiter zu schwächen. Es gab viele Stimmen, die erklärten, man dürfe das Reich nicht zu einer »Wohltätigkeitsanstalt für verarmte Agrarier« werden lassen. Die Stellung der Landbesitzer wurde weiter geschwächt durch den Hang der Landbevölkerung, in die Städte abzuwandern, während an ihre Plätze Polen nachrückten. All dies machte die Konservativen tief besorgt, und schwere Befürchtungen ließen ihre Reaktionen heftig werden. Trotzdem war ihre Stellung am Hofe und in der Armee noch stark, sogar im hohen Beamtentum. Bis 1914 waren alle preußischen Innenminister bis auf eine Ausnahme Junker, und dieser eine war Mitglied der konservativen Partei. Sie war von rein preußischem Ursprung und wurde dann 1876 neu gegründet, um Anziehungskraft auch auf die übrigen Deutschen ausüben zu können. Dieses Bemühen hatte auch einigen Erfolg, der Schwerpunkt blieb aber aus offensichtlichen Gründen in Ostelbien, wo man auch eine Menge von Kleinbauern, Landarbeitern und Handwerkern dazu brachte, ihren Interessen am besten durch Stimmabgabe für die Konservativen gedient zu sehen. Sie versuchten schließlich, ihre Vorurteile rational zu begründen, und schmähten die Werte der städtischen und demokratischen Gesellschaft. Einige der Tüchtigsten unter ihnen hatten ihre Güter verschuldet, um ihre Landwirtschaft zu modernisieren, und waren wirtschaftlichen Krisen besonders ausgeliefert. Die Importe billigen Getreides aus Übersee machten sie in zunehmendem Maße abhängig vom Eingreifen des Staates, und man fragte sich zu Recht, wie lange eine Klasse in dieser Lage die Herrschaft über die Gesellschaft aufrechterhalten könne.

Die *Freikonservativen*, eine 1866 gegründete Partei, zeichneten sich in erster Linie durch die Tatsache aus, daß sie sich mit der Unvermeidbarkeit der Industrialisierung abfanden, dabei jedoch die alten deutschen – oder preußischen – Prinzipien unter veränderten Bedingungen aufrechterhalten wollten. Zu ihren Führern gehörten von Kardorff, der 1876 den Zentralverband deutscher Industrieller gründete, und von Stumm-Halberg, ein Industrieller von der Saar, der bereit war, Wohltaten auf seine Arbeiter regnen zu lassen, vorausgesetzt, sie taten, was man ihnen sagte. Die Freikonservativen verdankten ihren Einfluß mehr dem hohen Ansehen ihrer Führer als der Zahl ihrer Mitglieder. Ihre politischen Anschauungen lehnten sich meistens eng an diejenigen Bismarcks an, und so waren sie auch seine zuverlässige Stütze. Ihrer Meinung nach besagte das Grundprinzip Preußens, das *suum cuique*, jedem das zukommen zu lassen, zu dem er berechtigt ist, und nicht mehr; demgemäß konnte allein der Staat das Machtmonopol über die Individuen innehaben. Der Gedanke, den Gewerkschaften der Arbeiter irgendwelche Rechte zuzugestehen, zum Beispiel Einschreiten gegen Streikbrecher, war ihnen zuwider, obwohl sie dabei geflissentlich übersahen, daß ihre eigenen Vereinigungen solche Machtmittel besaßen und auch benutzten. »Die deutschen Unternehmer«, sagte der Sekretär eines Verbandes 1889, »werden niemals mit den Arbeitern auf der Basis der Gleichberechtigung verhandeln.«[19]

Wenn sie an dem Wohlergehen der Arbeiter nicht desinteressiert waren, so zeigten sie sich jedoch nicht bereit, deren Selbstbewußtsein zu stärken. Es war jener Geist, in dem Bismarck 1881 seine Entwürfe für eine Pflichtversicherung – ohne Beiträge der Arbeiter – gegen Unfall und Krankheit aufstellte – ein Teil der Gesetzgebung, die einen Präzedenzfall in Europa schaffen sollte. Die Schwäche dieser Anschauung lag darin, daß man von den Arbeitern Loyalität in Angelegenheiten verlangte, in denen sie nichts zu sagen hatten, und daß man zudem die Anerkennung des Status quo zum Prüfstein für treue Gesinnung machte. Das Wesentliche bei den Forderungen des Volkes bildete jedoch gerade ein nationales Mitspracherecht, mit anderen Worten, eine der Volksvertretung verantwortliche Regierung. Ein derartiges Zugeständnis hätte direkt zur Gewährung von Rechtsgleichheit geführt, und da die industrielle Oberschicht den Zusammenhang dieser beiden Forderungen erkannte, war sie nicht bereit, darauf einzugehen. Ihre Führer brachten dagegen vor, daß eine Regierung der Parteien eine Herrschaft materieller Interessen bedeute und in gewissem Grade innere Auseinandersetzungen nach sich ziehe, die sich ein Land wie Deutschland – von äußeren Feinden umgeben – nicht leisten könne. Ihnen fehlte die Einsicht, oder sie gaben wenigstens nicht offen zu, daß das Wesen der Politik darin liegt, Kompromisse zwischen widerstreitenden materiellen Interessen zu erreichen. Wenn die Einführung einer verantwortlichen Regierung wirklich zu einem Bürgerkrieg geführt hätte, so nur deshalb, weil sie selbst nicht bereit waren, ihre eigenen materiellen Interessen an die zweite Stelle zu setzen. Solange Gruppen mit einer Schlüsselposition im Staat an dieser Haltung festhielten, war eine friedliche Lösung der inneren Probleme Deutschlands nicht möglich, konnte die Anpassung Deutschlands an die sozialen Konsequenzen der Industrialisierung nicht bewältigt werden, sondern mußte Stückwerk bleiben.

Die *Nationalliberale Partei*, 1866 von Liberalen gegründet, die Bismarck bei der nationalen Einigung unterstützen wollten, wurde hauptsächlich von der Schwerindustrie gefördert, wenn auch viele ihrer Stimmen und die meisten ihrer Führer aus Intellektuellen- und Professorenkreisen kamen. Die Ereignisse von 1870/71 brachten allerdings nur die Erfüllung ihres unmittelbaren nationalen Programms, nicht des liberalen. Es war die Frage der folgenden Jahrzehnte, wieweit sie sich mit dem Erreichten zufriedengeben würden. Welcher der beiden Bestandteile ihres Namens sollte als der entscheidende gelten? Es gab natürlich viele Deutsche, deren Interesse am Liberalismus in erster Linie auf dem Glauben beruht hatte, daß die Deutschen allein in einem liberalen Staat zur Einheit gelangen könnten. Als Bismarck ihnen das Gegenteil bewies, überließen sie sich einer unkritischen Bewunderung seines Erfolges und hörten auf, nach weiteren Reformen zu streben. Diese Tendenz wurde durch die Haltung der besitzenden Klassen verstärkt, die etablierte Ordnung angesichts der wachsenden Forderungen der Arbeiter wieder zu festigen, besonders, als sich ihr Besitz vervielfältigte. Zur gleichen Zeit, als in England die liberalen Anhänger der vierziger und fünfziger Jahre zur – von Disraeli – reformierten konservativen Partei überwechselten, begann das reiche Bürgertum in Deutschland, sich mit den führenden Schichten zu arrangieren. Dieser Prozeß wurde ideologisch mit der Theorie gerechtfertigt, daß die persönlichen Freiheiten des einzelnen und die kommunale Selbstverwaltung von größerer Bedeutung seien als parlamentarische und ministerielle Institutionen. Die Existenz von Gesetzen zu ihrer Sicherung gab dem Liberalismus in Deutschland sein eigenes Gepräge. Der autoritäre Obrigkeitsstaat war durch einen Staat ersetzt worden, der unter die Herrschaft des Rechtes getreten war, den Rechtsstaat, und der jedem Staatsbürger seine Rechte und Pflichten zuwies. Die Verwirklichung dieser Theorie war freilich begrenzt: Die 1872 und 1875 in Preußen gesetzlich gewährte lokale Selbstverwaltung tat nur wenig, die Macht des Adels und der Bürokratie einzuschränken. Aber all dies führte zur Entstehung der These einer spezifisch deutschen Lösung jener Probleme, vor die sich Mitteleuropa durch die Neuerungen aus dem Westen gestellt sah. Andere Liberale rechtfertigten die Untätigkeit mit dem Argument, daß eine Pause notwendig sei, damit das gehobene Bürgertum in der kommenden Verwaltung die Erfahrungen sammeln könne, die ihm allzusehr fehlten.

Die harte Prüfung des nationalliberalen Standpunktes kam 1878, als Bismarck die Einführung von Schutzzöllen vorschlug und den Sozialisten das Versammlungsrecht entziehen wollte. Diese endete schließlich mit der Spaltung der Partei, ein Ergebnis, das der erklärten Absicht Bismarcks zu rücksichtslosem Vorgehen entsprach. 1880 schieden achtundzwanzig Mitglieder des linken Flügels aus, um den Kern der Fortschrittspartei zu bilden. Der Rest stimmte den Zolltarifen zu – die natürlich in den Kreisen der Unternehmer der Schwerindustrie willkommen waren – und fuhr fort, Bismarck zu unterstützen. Die Gegensätze zwischen ihnen und den Freikonservativen schwächten sich ab, und beide wurden die Parteien der etablierten Ordnung im Zweiten Reich, obwohl sich gelegentlich ein Streit erhob, der die Unterschiede ihres Ursprungs offenbar werden ließ. Als das »national« in ihrem Etikett über das »liberal« triumphiert hatte, wurden sie zur Partei der nationalen Vergrößerung; von ihrer Seite wurde am meisten davon geredet, daß Deutschland des Durchbruchs zur Weltmacht bedürfe. In den folgenden Jahren waren sie es, die den stärksten Nachdruck hinter die deutsche Marine setzten. Statt die Siege von 1866 und 1870 auf höhere politische Gewandtheit und bessere militärische Organisation zurückzuführen, erfanden die Professoren und Publizisten, die so stark unter den Nationalliberalen vertreten waren, nicht nur die irrige Legende, die preußische Hegemonie sei durchweg unvermeidbar, sondern sie begaben sich auch in eine gefährliche Pervertierung der Vernunft. Sie sahen in der Tatsache des deutschen Erfolges einen Beweis für die Überlegenheit der deutschen Kultur und Sitten über alle anderen und leiteten daraus nicht bloß den Besitz des Rechtes zum Herrschen ab, sondern auch die Gewißheit, daß Deutschland zuversichtlich künftigen Siegen entgegenblicken könne.

Als nachfolgende Generationen und soziale Gruppen innerhalb des deutschen gehobenen Bürgertums zur politischen Reife gelangten, neigten sie dazu, sich den vorgeformten Begriffen einzufügen, die sie als die herrschenden vorfanden, statt solche Maßstäbe zu verwerfen und eigene zu schaffen. Dazu hatten der leidenschaftliche Wunsch nach nationaler Einheit und eine Nervosität im Hinblick auf die Arbeiterschichten in weitem Maße beigetragen. Das gehobene Bürgertum aber, ängstlich um Anpassung bemüht, trieb seinen Verhaltenskodex bis zur Übertreibung und setzte sich ein Ideal, das zuviel von der menschlichen Natur verlangte. Die bewunderte Form der Gesellschaft war ihrem Wesen nach eine männliche und legte übertriebenen Wert auf Härte, Aufopferung und Selbstdisziplin. Diese Werte haben natürlich in allen realistischen Lebensphilosophien ihren Platz. Wenn sie aber nicht durch die Wertschätzung auch anderer Aspekte ausgeglichen werden, führen sie zu Forderungen, denen die meisten Menschen nicht nachzukommen vermögen. Jede Gesellschaft, in der sie vorherrschen, neigt zu einer Fülle von Spannungen, die im Grunde daher kommen, daß eine ganze Reihe ihrer Mitglieder eine Strenge des Verhaltens anstrebt, die sie nicht durchhalten zu können fürchtet. Daraus entstehen wiederum hektische Versuche, einen Mangel an Vertrauen zu unterdrücken. Die Menschen zwingen sich in Haltungen, die, wie sie meinen, von ihnen erwartet werden, und überdrehen so unausweichlich diese Entwicklung.

Entsprechend der Regel, daß materielle Hilfsquellen ohne die Absicht zu ihrer Auswertung nutzlos sind – sie wurde theoretisch zwischen 1807 und 1813 begründet und zwischen 1864 und 1870 in besonders deutlicher Form verwirklicht –, entstand die Überzeugung, daß alle Dinge durch besessene Anstrengungen erreicht werden können. Natürlich hatte es in Preußen immer einen Hang zur Überbetonung dieser Seite des Lebens gegeben; aber im Preußen früherer Jahre war sie für die Grundbesitzer, die noch ein Leben weitgehend feudalen Stils führten, keineswegs ganz unangemessen. In der Nachahmung durch den bürgerlichen Geschäftsmann und Intellektuellen des mittleren europäischen 19. Jahrhunderts verwandelte sie sich aber nicht nur in eine Bedrohung für die anderen, sondern brachte ihre Anhänger zu einer vollkommen irrigen Vorstellung von den Realitäten der sie umgebenden Welt. Da im übrigen Zärtlichkeit ein natürliches Gefühl ist, so schlug ein Nebenergebnis ihrer Unterdrückung in das andere Extrem außergewöhnlicher Sentimentalität um. Darüber hinaus trug das Sicherheitsbedürfnis des einzelnen gegenüber der Furcht, daß er im kritischen Augenblick versagen könnte, zur Bestärkung des preußischen Dogmas vom fraglosen Gehorsam gegenüber dem Staat bei. Indem man die Weisungen des Staates ausführte, hoffte man die Gefahr zu verringern, daß man zum Niedergang des Vaterlandes beitragen könnte. Selbstverständlich war dieser Hang zur Angleichung und zur Übertreibung nicht allgemein. Viele Deutsche standen in verschiedenem Maße einer viel ausgeglicheneren Vorstellung vom Leben nahe, während andere Charakter genug bewiesen, die vorherrschenden Maßstäbe herauszufordern – allerdings ist es bezeichnend, wie viele von ihnen ins Ausland gingen. Im Gegensatz zu einigen anderen Ländern aber waren sie nicht zahlreich oder einflußreich genug, das geistige Klima wirklich zu beeinflussen. Der einfachste Ausweg war, sich unnachgiebig zu zeigen, und die meisten Deutschen, die ihn wählten, gaben wahrscheinlich den Nationalliberalen ihre Stimme.

Auf der Kehrseite der Medaille, sozusagen, standen die *Fortschrittler*, sie lehnten es ab, liberale Grundsätze nationalen Interessen aufzuopfern. Wie früher schon England hatten sie den Grundsatz übernommen, daß der einzelne das Recht haben sollte, seinen eigenen Weg zu gehen, frei von Eingriffen des Staates und der Kirche in sein Privatleben oder seine geschäftlichen Angelegenheiten. Das Profil der Partei wurde zum größten Teil von Intellektuellen und kleinen Unternehmern bestimmt, wenn zu ihren Führern auch ein Mann wie der Bankier Georg von Siemens zählte. Da sie im wesentlichen Individualisten und Männer mit Prinzipien waren, neigten sie leicht zu internen Meinungsverschiedenheiten, die die Wirksamkeit ihres politischen Einflusses beeinträchtigten. Sie hätten am liebsten wie die konservativen Großgrundbesitzer, jedoch in anderer Absicht, die Uhr zurückgestellt, um das Reich, wie Bismarck es geschaffen hatte, zu beseitigen und an seine Stelle einen Verfassungsstaat nach britischem Vorbild zu setzen. Hätte sich ihnen jemals eine Gelegenheit dazu geboten, wären sie sofort in Konflikt mit den Parteien rechts von ihnen geraten, die im Unterschied zu ihnen ihre Opposition wahrscheinlich nicht auf konstitutionelle Mittel beschränkt hätten. Es ist deshalb höchst unwahrscheinlich, daß sie an die Macht hätten kommen können, ebensowenig, wie ihnen zwischen 1848 und 1870 der Weg zur Regierung gelang. Jedoch zählte zu den schlimmsten Alpträumen Bismarcks der Gedanke an die Möglichkeit einer Regierung mit einem Kanzler der Fortschrittspartei an der Spitze, und er bemühte sich, dies durch die Bezeichnung »das deutsche Kabinett Gladstone« lächerlich zu machen.[20] Lange Zeit neigten sie mehr dazu, dem nachzutrauern, was es nicht gab, als sich für Ziele einzusetzen, die sich in dem Gefüge des Zweiten Reiches verwirklichen ließen. Nur allmählich begann sich gegen Ende des Jahrhunderts dieser Stand der Dinge zu ändern.

Die *Zentrumspartei* war für das 19. Jahrhundert eine ungewöhnliche Erscheinung, eine Partei, die auf religiösen Grundsätzen beruhte und die politische Organisation der katholischen Kirche darstellte. Obwohl es eine beachtliche Zahl von Katholiken in Schlesien und Posen gab, hat das Schwergewicht des deutschen Katholizismus immer im Süden und Westen gelegen. Das Zentrum war deshalb antipreußisch und widersetzte sich jeder neuen Ausweitung der Bundesgewalt. In der Ansicht, daß ein dem Reichstag verantwortliches Ministerium zur Stärkung dieser zentralen Institution auf Kosten der Länder führen würde, standen sie den Reformvorschlägen der Linken mißtrauisch gegenüber. Ihre katholischen Prinzipien drängten sie in die Opposition zum Liberalismus und Individualismus und machten sie aufgeschlossen für korporative Ideen. Bismarck konnte sich nicht überwinden, einer Organisation zu vertrauen, die auf eine Autorität außerhalb Deutschlands sah, und besonders nach 1880, als die antikatholischen Gesetze allmählich außer Kraft traten, sträubte er sich dagegen, seine Mehrheit von den Stimmen des Zentrums abhängig zu machen. Es gab jedoch nur geringe wirkliche Unterschiede zwischen katholischen Grundbesitzern in Schlesien und Süddeutschland, die zu dieser Zeit die herrschende Stellung in der Partei einnahmen, und den Gruppen, die sich ausdrücklich als Konservative bezeichneten. Die Kirche hatte schon immer dazu geneigt, die Autorität gegen die Revolution zu unterstützen. Um sich zu behaupten, mußte das Zentrum Zugeständnisse der Regierung gegen seine Stimmen einhandeln. Bei diesem Vorgang war die Verhandlungsposition der Parteiführer davon abhängig, daß die Partei geschlossen hinter ihnen stand. Dadurch wurde es die bestdisziplinierte aller deutschen Parteien. In dem Maße, wie die Sozialisten und Fortschrittler Stimmen auf Kosten der Konservativen und Liberalen gewannen, gewann das Zentrum an Anziehungskraft als Regierungspartei. Bismarcks Instinkt aber war richtig. Immerhin waren viele der süddeutschen Katholiken kleine Leute, und viele von den Arbeitern im Rheinland und in Schlesien gehörten zur katholischen Bevölkerung. Überdies verschloß sich der Katholizismus nicht einem tätigen und lebendigen sozialen Bewußtsein. Die Struktur des Zentrums war daher selbst Veränderungen unterworfen, als sich die gesellschaftlichen Grundlagen Deutschlands umformten. So mußte entsprechend ein linker Flügel gebildet werden, der zwar nicht so aussah, als werde er Revolutionsbarrikaden bevölkern, aber auch ebensowenig, als werde er bis zum letzten Blutstropfen für die etablierte Ordnung kämpfen.

Es blieben noch die *Sozialdemokraten.* Mit neun Abgeordneten im Reichstag von 1878 stellten sie eine winzige Wolke am Horizont dar, jedoch eine Wolke, die einen Hurrikan ankündigte. Die Partei entstand auf der Gothaer Konferenz von 1875 durch die Verschmelzung der Anhänger von Lassalle und Marx. Von beiden betrachtete nur Marx ausdrücklich die Revolution als ein Mittel zur Erreichung seiner Ziele. Die große Ungewißheit bei den Sozialdemokraten blieb immer, in welchem Maße sie wirklich an die Revolution glaubten. Die Ereignisse sollten zeigen, daß tatsächlich nur wenige ordnungsliebender und friedlicher waren als der durchschnittliche deutsche Arbeiter. Ihn als einen gefährlichen Anarchisten anzusehen paßte natürlich in das Konzept der Rechten. Dennoch kann man der Rechten keinen ungeteilten Vorwurf dafür machen, wenn sie glaubte, daß die Sozialisten auch meinten, was sie sagten. Denn zum einen waren die meisten Sozialisten selbst davon überzeugt. Dieser Eindruck wurde durch die epidemisch verbreitete Ansicht bestärkt, die Revolution sei nötig und werde unausweichlich kommen. Eine derartige Auffassung war natürlich, zumal sie ja bedeutete, daß Stimmen für die sozialistische Partei nur das Unvermeidliche beschleunigten, ein zu guter Stimmenfänger, als daß man sich leicht von ihr getrennt hätte. Sogar die unmittelbaren Ziele der Partei im Jahre 1891 – Forderungen wie die nach allgemeinem, gleichem Wahlrecht, proportionaler Vertretung, progressiver Einkommenssteuer, dem Achtstundentag und uneingeschränktem Koalitionsrecht – müssen der Oberschicht jener Zeit ebenso drastisch erschienen sein, wie sie uns heute selbstverständlich vorkommen. Man ist versucht, Überlegungen anzustellen, wie die Geschichte verlaufen wäre, wenn man diesen Forderungen auf der Stelle entsprochen hätte. Aber das Akademische dieser Spekulationen liegt offen zutage.

Michael Balfour

Hintergrund der deutsch-englischen Beziehungen Handel und Kolonien

Die innenpolitischen Verzerrungen in Deutschland, Folgen der eben vergangenen Periode, mußten sich um so ungünstiger auswirken, als das gesellschaftliche Gefüge sich nicht nur einer, sondern zwei Revolutionen anzupassen hatte: der industriellen und der Französischen Revolution. Um 1870 begann Deutschland gerade, die volle Auswirkung jener besonders angespannten Phase zu spüren, die jedes Land zu Anfang seiner Industrialisierung durchläuft und die ein amerikanischer Historiker *take-off*, soviel wie Absprung, genannt hat.[1] Um angemessen würdigen zu können, was geschah, müssen wir fast um ein Jahrhundert zurückgehen.

Kurz nach dem Ende des amerikanischen Unabhängigkeitskrieges überholte in England die Zuwachsrate der Produktion zum erstenmal die Bevölkerungszuwachsrate, die ihrerseits nun rascher anstieg als die absolute Bevölkerungszahl. Diese scheinbar so simple Feststellung enthält den Schlüssel zu dem weltgeschichtlichen Geschehen der letzten zweihundert Jahre. Was sich in Großbritannien abspielte, hatte es niemals vorher gegeben, aber nachdem es sich einmal ereignet hatte, war es »unumkehrbar, wie der Verlust der Unschuld«.[2] Die Tatsache, daß sich diese Entwicklung in England ereignete, war die Folge einer Anzahl konvergierender historischer Kausalreihen, von denen einige hier erwähnt seien.

I. Eine wesentliche Begleiterscheinung steigender Produktionsleistungen ist eine Erhöhung der Einsatzrate von Maschinen, und dann – weil ja Maschinen Geld kosten – eine erhöhte Investitionsrate. Dies wiederum erfordert:

1. daß Kapital angesammelt worden ist von Menschen, die mehr Geld haben, als sie für ihre unmittelbaren Bedürfnisse verbrauchen, und es sich also leisten können zu sparen.
2. daß die Entwicklung des Bankwesens eine Stufe erreicht hat, auf der das von den einen angesammelte Kapital anderen zur

Verfügung gestellt werden kann, die in der Lage sind, es produktiven Zwecken zuzuführen.

3. daß es Menschen gibt, die gewillt sind, beim Verleihen ihres Kapitals in der berechtigten Erwartung auf privaten Gewinn Risiken zu übernehmen, während andere bereit sind, mit der Einführung von Neuerungen voranzugehen.

Die Entwicklung aller dieser Faktoren in Großbritannien war zum großen Teil dem Bestehen einer stabilen Regierung seit mindestens einem Jahrhundert mit einem Rechtssystem zu danken, das zuverlässig war und ohne Ansehen der Person entschied, so daß die Menschen Vertrauen in die Zukunft hegen konnten.

II. Hauptsächlich dank seiner günstigen Lage an den von den Seefahrern des 16. Jahrhunderts eröffneten Handelswegen, dank auch dem Unternehmungsgeist, mit dem diese Handelswege genutzt wurden, hatte sich Großbritannien ganz dem Überseehandel gewidmet. Dieser hatte eine größere Vielfalt an materiellen Hilfsquellen erschlossen und die erforderlichen Kredit- und Handelsinstitutionen entstehen lassen. Die Engländer waren es allmählich gewöhnt, Lösungen für noch nicht dagewesene Situationen zu ersinnen. Ein Neuerungsgeist und die Bereitschaft zum Risiko verbreiteten sich weiter denn je in früheren Jahrhunderten.

III. Die Übernahme der Regierungsmacht durch den Mittelstand und den kleineren Landadel im 17. Jahrhundert räumte, bereit zum Risiko und zu wirtschaftlichen Neuerungen, bürokratische Hemmungen für den Handel aus dem Wege. Kaufmännische Sicht durchdrang das politische Leben in dem Maße, wie erfolgreiche Kaufleute in die Aristokratie eindrangen.

IV. Die im Frühstadium der Industrialisierung am dringendsten benötigten Rohstoffe – Kohle, Eisen, Wolle und Baumwolle – waren entweder in England vorhanden oder konnten leicht eingeführt werden.

V. Die naturwissenschaftliche Forschung hatte eine Stufe erreicht, auf der sie für die Produktionsprozesse nutzbar gemacht werden konnte. Vor allem die Erfindung des Dampfzylinders revolutionierte die Lage hinsichtlich der Energieversorgung. Hinter dieser praktischen Entwicklung aber steckte ein grundsätzlicher Wandel in der geistigen Haltung. Jahrhundertelang hatten die meisten Menschen die physische Welt als etwas außerhalb ihrer Macht Stehendes, Geheimnisvolles betrachtet, dessen Wirken man nicht voraussagen konnte. Jetzt erschien sie erkennbaren Gesetzen unterworfen und deshalb geeignet zu kontrollierbarer Manipulation. Hierbei spielte wiederum der Antrieb, den innerer Friede und geordnete Regierung der Erziehung und Forschung verliehen, eine bedeutsame Rolle. Zwei besonders wichtige Anwendungsgebiete dieses Prinzips waren:

1. Das Verkehrswesen, das die in Betracht kommenden Märkte gewaltig erweiterte. Als Sir Robert Peel im Jahre 1834, so schnell es damals ging, von Rom nach London reiste, dauerte die Fahrt dreizehn Tage, ungefähr ebensolange, wie sie sechzehn Jahrhunderte früher auch gedauert hätte; zwanzig Jahre später hätte er die Strecke in drei Tagen zurücklegen können.
2. Die Medizin. Hier führten klarere Vorstellungen über die Ursachen der Krankheiten zu einem erheblichen Fortschritt in ihrer Bekämpfung – und dadurch zum raschen Anwachsen der Bevölkerung.

VI. Dieser letzte Faktor fordert Aufmerksamkeit als einer der wichtigsten. Das plötzliche Hochschnellen der Bevölkerungszahl bedeutete wohl ein Problem wegen des sich daraus ergebenden Druckes auf die vorhandenen Hilfsquellen, bot aber gleichzeitig auch Chancen – dank der Zunahme der verfügbaren Arbeitskräfte und der Erweiterung des potentiellen Marktes.

Die maschinelle Massenproduktion wurde nicht nur technisch möglich, sie wurde wegen der beträchtlich größeren Wirtschaftlichkeit, die sie mit sich brachte, auch finanziell reizvoll. Aber ihre volle Auswirkung wäre nicht spürbar geworden, wenn nicht gleichzeitig die Zahl der Verbraucher gestiegen wäre und die Märkte sich nicht ausgeweitet hätten. Schließlich konnten die für den Produktionsprozeß bestimmten Maschinen nur aufgestellt werden, weil ersparte finanzielle Mittel vorhanden waren und verfügbar gemacht werden konnten.

Die industriellen Wandlungen hatten eine Umformung der Gesellschaft zur Folge, deren hauptsächliche Zeichen eine Erhöhung von Lebensstandard und Freizeit waren, dazu eine weitreichende Verbreitung der Fähigkeit des Lesens und Schreibens; letzteres teilweise auf Grund des Verlangens der Arbeiterschaft, die in der Schulbildung den Schlüssel zu sozialem Aufstieg sah, zum Teil aber auch, um ein Bedürfnis der Industrie nach geschulten Facharbeitern und Technikern zu befriedigen. Die Verwendung von Maschinen bei der Herstellung der Medien für den geistigen Austausch beschleunigte die Verbreitung von Lesen und Schreiben; dahinter lag aber ein tiefgreifender Wandel in den Auffassungen, die der Übergang von einer statischen, überwiegend an Brauchtum gebundenen zu einer neuen Gesellschaft mit sich brachte, in der ein volkstümlich als »Fortschritt« angesehener Wechsel als die normale Lebensordnung galt. Damit breitete sich auch die Vorstellung der Menschen von dem, was möglich ist, weiter aus, ein Prozeß, der noch gefördert wurde durch das Bewußtsein von der Existenz andersartiger Gesellschaftsformen – in Raum oder Zeit – und der damit alle bisher als gültig angesehenen Werte in Frage stellte. Dies wiederum fand Ausdruck in einem Wandel der Vorstellungen über die durch gemeinsames Handeln im Gemeinschaftsleben zu erreichenden Ziele, mit anderen Worten: über die Politik. Dank der Verbesserung der Kommunikationsmittel standen den so erweiterten Interessen und dem Bewußtsein der Möglichkeiten auf seiten der Individuen größere Möglichkeiten, von zentraler Stelle aus zu kontrollieren, und des staatlichen Handelns überhaupt gegenüber. Es gab mehr Dinge, die die Menschen tun wollten, und mit wachsenden Gelegenheiten wuchs auch das Maß dessen, was ein Mann vollbringen konnte; man begann, intensiver zu leben. Vor allem bestand der Fortschritt in einer stetigen Ausdehnung der Sachgebiete, deren Probleme auf die Bewußtseinsebene gebracht wurden, wo sie analysiert werden konnten – der entscheidende erste Schritt zu ihrer Lösung.

Aus diesen Wandlungen in den Auffassungen entstand, was man gewöhnlich mit dem allerdings abstoßenden Etikett »der moderne Geist« versieht. Das erstrangige innere wie internationale Problem der letzten hundert Jahre war es nun, diesem Geist in der Gesellschaft einen entsprechenden Rahmen zu schaffen. Es kann nicht überraschen, daß dieser Prozeß durch Mißverständnisse gehemmt wurde. Eines der folgenschwersten Mißverständnisse, das besonders in Deutschland vorherrschte, betraf die Verbindung von liberaler Demokratie, verantwortlicher parlamentarischer Regierung und Industrialisierung. Diejenigen westeuropäischen Staaten, die den Prozeß der industriellen Entwicklung anführten, paßten sich politisch jenem Prozeß in Form der liberalen Demokratie an, und man vermutete deshalb, daß diese Form nicht etwa nur einem bestimmten Gebiet und einer bestimmten Zeit entsprach, sondern eine unvermeidliche Begleiterscheinung der Industrialisierung war. Ein Industrieland müsse stets eine liberale parlamentarische Verfassung haben. Es gab allerdings auch die entgegengesetzte Auffassung, daß man den sozialen Konsequenzen der Industrialisierung entgehen werde, wenn man die Einführung einer liberalen Demokratie verhindern könne. Dann könne sich eine kleine, abgeschlossene Oberschicht der Vorteile der Industrialisierung erfreuen, ohne ihre gesellschaftlichen Privilegien einbüßen zu müssen. Das aber war das Gegenteil der Wahrheit. Denn lange Erfahrung hat gezeigt, daß es wohl auch andere politische Formen gibt, die mit dem »modernen Geist« vereinbar sind, daß sich eines aber nicht mit ihm vereinen läßt, nämlich die unveränderte Beibehaltung der Privilegien einer Oberschicht, deren Stellung auf Geburt und Tradition beruht. Wäre die deutsche Oberschicht klug beraten gewesen, hätte sie gut daran getan, sich dem Unvermeidlichen zu beugen. Sie hätte dann einige ihrer Vorrechte geopfert in der Hoffnung, die übrigen zu retten, und sich bemüht, eine neue politische Ordnung zu schaffen, in der sie sich ein Maximum an Einfluß hätte sichern können. Ihr hartnäckiger Widerstand gegen die liberale Demokratie schloß aber eine derartige Politik aus und beschwor schließlich ihre Niederlage herauf.

Die Industrialisierung hatte aber noch andere, unheilvollere Konsequenzen. Die Maschinen wurden nicht immer nur für friedliche Zwecke verwendet. Ihre Anwendung im Krieg veränderte die Geschwindigkeit und das Ausmaß der Kampfhandlungen, den Wirkungsgrad, mit dem man die Feinde zu töten versuchte, und den Anteil der Bevölkerung, dessen bereitwillige Beteiligung an den Kriegslasten bedeutsam wurde. Es war Moltke, der den Begriff der »strategischen Eisenbahnen« prägte und die Mobilmachung zu einer Sache von Fahrplänen machte. Die zunehmende Verwendung neuer Rohstoffe und deren über die ganze Welt verstreute Vorkommen ließen die nationalen Wirtschaften voneinander abhängig werden. Das Anwachsen der Industriegebiete mit Bevölkerungsmassen, die nicht mehr von der eigenen Landwirtschaft ernährt werden konnten, machte Europa von überseeischen Lebensmitteleinfuhren abhängig. Das erhöhte natürlich die Bedeutung der Blockade als Kampfmittel. Während sie aber immer abhängiger wurden, ja vielleicht gerade deswegen, wurden die sich in Sprache, Kultur und Tradition unterscheidenden Gesellschaften ihrer eigenen Existenz, gegenüber dem Andersartigen, bewußt. Dem Prozeß wachsenden Selbstbewußtseins des Individuums entsprach wachsende Bewußtheit der unterschiedlichen Identität auf seiten der Völker, die jeweils hervorstechende Unterscheidungsmerkmale gemeinsam hatten, mit anderen Worten: der Nationen. Die Verfechter des nationalen Fortschritts aus gemeinsamer Anstrengung aller Kräfte auf Kosten anderer gleichrangiger, aber deutlich unterschiedener Gesellschaften sprachen ihre Ansichten mit bis dahin unbekannter Deutlichkeit aus. Hand in Hand damit ging die Sorge um die nationale Sicherheit, ein fast instinktives Bestreben, den Wirkungen der internationalen Abhängigkeit dadurch zu begegnen, daß man sich der Kontrolle über die Hilfsquellen und die Transportwege versicherte. Die meisten neuen Versorgungsgüter kamen zu Wasser von Übersee – ob es anderweitige Quellen und Transportwege für sie gegeben hätte, ist eine andere Frage. Keine noch so starke Armee konnte ihre Einfuhr sicherstellen. Die Bedeutung der Kriegsflotten und der Seemacht wurde jedermann klar, und natürlich konzentrierte sich die Aufmerksamkeit auf das Land, das für sich die Vorherrschaft zur See in Anspruch nahm und eine Flotte zu unterhalten entschlossen war, die stärker sein sollte als die der beiden nach ihm stärksten Seemächte zusammen. Und das war das Land, das der neuen sozialen Ordnung den Weg gebahnt hatte und dessen Anteil am Welthandel, wenngleich er zurückging, noch immer größer war als der irgendeines anderen Landes. Sobald die Deutschen das Problem ihrer Einheit als gelöst betrachten konnten und über Europa hinaus zu blicken begannen, gewannen ihre Beziehungen zu Großbritannien neue Bedeutung.

In England hatte die Textilindustrie auf dem Weg zur Mechanisierung die Führung übernommen. Die Nachfrage nach verbesserter Energieerzeugung zum Antrieb der neuen Spindeln und Webstühle führte zur Entwicklung der Dampfmaschine. Als diese bei den Eisenbahnen Verwendung fand, ursprünglich, um die in den Spinnereien zur Dampferzeugung benötigte Kohle dorthin zu befördern, revolutionierte sie das Verkehrswesen. Der Bedarf an Maschinen, Lokomotiven und vor allen Dingen an Schienen verursachte eine Umwandlung in der Eisenindustrie. Die Schlüsselindustrien der ersten Entwicklungsphase waren also Kohle, Eisen, Textilien, Eisenbahn- und Schiffsbau. In diesen Industriezweigen war um 1870 die Hauptarbeit für den Ausbau Großbritanniens bereits geleistet. In diesem Jahr war beispielsweise das gegenwärtig bestehende Schienennetz der Eisenbahnen zu zwei Dritteln fertiggestellt. Aber die Produktion der britischen Maschinen ging nicht allein ins eigene Land. Andere europäische Länder folgten sehr bald dem britischen Beispiel. Bevor dies möglich war, brauchten sie jedoch sowohl das Kapital und die Kapitalinstitute als auch die grundlegenden Betriebsanlagen. Bei beiden Einrichtungen, ebenso wie bei der Belieferung mit Fertigwaren, spielte England eine beträchtliche Rolle. Schon um 1840 verschiffte beispielsweise die Firma Robert Stephensons Lokomotiven nach Frankreich, Belgien, Österreich, Deutschland, Italien und Rußland.[3] Die Mitte des Jahrhunderts brachte den britischen Einfluß auf dem europäischen Kontinent auf seinen Höhepunkt. Im Laufe der Zeit aber bauten die Länder, deren soziale Bedingungen denen Englands am nächsten kamen, ihre eigenen Eisenbahnen, Textilfabriken und Lokomotivwerke. Obgleich man sich die britische Erfahrung zunutze machte, verging einige Zeit, ehe man auf den jenseits des Kanals erreichten Stand gelangte. Deutschland beispielsweise mußte sowohl Straßen wie Eisenbahnen bauen, und erst gegen 1860 erreichte es die Entwicklungsstufe, auf der England bereits 1830 angelangt war. Aber England brauchte einen größeren Absatzmarkt als Westeuropa.

Unter diesen Umständen wandte sich Großbritannien von 1870 an zunehmend den neuen Ländern in Übersee zu. Nach wie vor blieben Eisenbahnen eine beliebte Investition, aber sie entstanden – von England finanziert – in immer größerer Entfernung von London. Die Anziehungskraft dieser Länder als Siedlungsgebiete für den Bevölkerungsüberschuß und als Rohstoffquellen war durch die Zugänglichkeit, die ihnen das Dampfschiff und später der Telegraph verschafften, enorm gestiegen. Daraus folgte aber ein Bedarf an zusätzlichem Kapital nicht nur »für die marginalen Mehrausgaben, die die Auswanderer im eigenen Lande benötigt hätten, sondern darüber hinaus für das gesamte Betriebsmaterial einer neu begründeten Gemeinschaft«.[4] Während der Jahre 1870–74 gingen 36,4 Prozent der britischen Investitionen ins Ausland, und obwohl die Zahl in schlechten Jahren zurückging, hielt sich der Durchschnitt bis 1914 erheblich über einem Viertel. Kein anderes Land kam dem auch nur annähernd gleich, und auf lange Zeit war kein anderes Land so wohlhabend wie Großbritannien.

Das Kapital, das England investierte, kam zum größten Teil in Form von Aufträgen, die den britischen Fabriken die Arbeit sicherten, wieder zurück. In den überseeischen Gebieten, die von Menschen britischer Abstammung kolonisiert waren, wurden die Aufträge natürlich an Großbritannien vergeben; dies ist einer der Vorteile des Kolonisierens, deren sich England auch in Ländern erfreute, in denen die Regierungsgewalt nicht tatsächlich in britische Hände überging wie in Südamerika. Der wesentlichste Vorteil einer tatsächlichen Beherrschung kolonialer Gebiete in einer Zeit mehr oder weniger freien Welthandels lag in der sich daraus ergebenden zusätzlichen Sicherheit und Stabilität. Aber der große Nutzen, den England gewann, indem es einen so bedeutenden Teil seiner Mittel in Übersee anlegte, war die dadurch erzielte Minderung der Kosten für die Beschaffung von Rohstoffen und Nahrungsmitteln. Von 1873 an sank der britische Preisindex ziemlich stetig bis 1896, und die Folge war, daß die Reallöhne zwischen 1860 und 1900 um 77 Prozent anstiegen. Um dies zu bewirken, wurden allerdings die Entwicklung und Modernisierung der industriellen Ausrüstung Großbritanniens vernachlässigt – mit anderen Worten: man zog es vor, die Kostensenkung durch Beschaffung billiger Rohstoffe zu erreichen und nicht durch Erhöhung der Leistungsfähigkeit der einheimischen Produktionsmethoden. Nach vorherrschender Meinung der Sachverständigen wäre der Nutzen, der erreicht worden wäre, wenn man die Mittel zu Hause eingesetzt hätte, niedriger gewesen, so daß sich der Preis gelohnt hat. Sicherlich deutet die Prüfung der Zinssätze in die gleiche Richtung, da der entscheidende Grund, weshalb das Geld ins Ausland ging, die – nicht immer gerechtfertigte – Aussicht war, dort mehr einzubringen als in England, sofern das Investieren in beiden Bereichen als gleich einfach gelten durfte. Die Wahl in dieser Alternative entsprang nicht gründlicher Überlegung, sie folgte vielmehr der Wirtschaftstheorie, nach der das Geld die Freiheit haben sollte, dorthin zu gehen, wo sich die größere Gewinnchance bot. Je mehr Geld aber ins Ausland ging, um so weniger blieb für die Investitionen im Lande. Nahm einmal die Konkurrenz anderer Länder ernste Formen an, so konnte Großbritannien am ehesten hoffen, ihr erfolgreich zu begegnen, wenn es immer einen Schritt Vorsprung behielt, was die Entwicklung neuer Produktionsprozesse und die Errichtung neuer Fabrikanlagen erforderte, das heißt also die Investition neuen Kapitals. Der deutschen Industrie muß im Gegensatz zu England die Tatsache zugute gekommen sein, daß so viel Kapital und ausgebildete Arbeitskräfte im eigenen Land verfügbar waren, anstatt nach Übersee zu gehen, um dort ein Imperium aufzubauen.

Aus den bereits dargelegten Gründen setzte die wirtschaftliche Entwicklung Deutschlands ungefähr fünfzig Jahre später ein als die britische. Die vier bedeutendsten deutschen Banken wurden beispielsweise zwischen 1853 und 1872 gegründet. Aber wie immer schritt der Nachahmer rascher voran als der Pionier. Die Vollendung der Reichseinheit gab einen großen Antrieb, und in den folgenden drei Jahrzehnten war die deutsche Wirtschaft, und mit ihr die Gesellschaftsordnung, einem Wandel unterzogen. In dem Jahrzehnt 1860/70 stieg die britische Produktion noch rascher als die deutsche – um 32 % gegenüber 24 % –, dann aber kehrte sich dieses Verhältnis deutlich in sein Gegenteil um – 1870/80 war das Verhältnis des britischen zum deutschen Produktionszuwachs 23 zu 43 %, 1880/90 16 zu 64 %, 1890/1900 22 zu 60 %. Als Deutschland die wirtschaftliche Weltbühne betrat, nahm gerade die zweite Phase der Industrialisierung ihren Anfang. Die Schlüsselindustrien waren nicht mehr Textilien und Eisen, sondern Stahl, Elektrizität, Chemikalien und optische Erzeugnisse. Auf diesen Gebieten hatte Großbritannien keinen ausgesprochenen Vorsprung gegenüber Deutschland. Praktisch keine der wichtigen Erfindungen in jener Phase stammte von einem Engländer; den deutschen Anteil daran illustrieren vertraute Namen wie Daimler, Diesel und Siemens. In der ganzen Periode von 1870 bis 1914 ging jedoch ein sehr viel größerer Teil des britischen als des deutschen Nationalprodukts in den Export. Bis etwa 1900 blieb Deutschland ein ärmeres Land als England, und selbst nach diesem Zeitpunkt war das britische Durchschnittseinkommen höher. Überdies zeigte England eine höhere Leistungsfähigkeit in der Produktion, trotz der kürzeren Arbeitszeit. In jeder Beziehung aber holte Deutschland schnell auf. Das braucht nicht zu überraschen, noch verdient es besondere Anerkennung, es folgt vielmehr automatisch aus der Tatsache, daß das Tempo des Wachstums im Frühstadium der Industrialisierung größer ist als dasjenige, das man halten kann, wenn einmal die »Infrastruktur« im wesentlichen aufgebaut worden ist. Deutschlands ausschlaggebende Beeinträchtigung lag wahrscheinlich in dem hohen Bevölkerungsanteil, der weiterhin in der Landwirtschaft arbeitete. Seine Streitkräfte beanspruchten verhältnismäßig mehr Männer, wenn auch die finanzielle Belastung durch die Landesverteidigung sich in den beiden Ländern nicht sehr unterschied – eine Flotte kostet mehr als eine Armee, bedarf aber weniger Menschen. Andererseits muß das deutsche Wirtschaftsleben wertvolle Führungskräfte durch die Schwierigkeit für Politiker, im damaligen Deutschland Minister zu werden, gewonnen haben.

Doch der auffallendste Unterschied zwischen der Wirtschaft beider Länder lag auf dem Gebiet der Investitionen; obwohl die deutsche Investitionsrate, soweit sich feststellen läßt, nicht sehr weit hinter der britischen im Rückstand gewesen sein kann und sie später sogar überholte, wurde erheblich mehr im Lande investiert. Darin spiegelt sich nicht nur das sich aus dem späteren Start ergebende größere Bedürfnis. Die Zinssätze in Deutschland scheinen annähernd doppelt so hoch gewesen zu sein wie die britischen[5], was die Anziehungskraft überseeischer Anleihen verminderte. Während die englischen Großbanken der Industrie so gut wie gar keine Mittel für langfristige Investitionen zur Verfügung stellten und die britischen Privatbankhäuser fast ausschließlich Geschäfte in Übersee machten, betrachteten die deutschen Banken es als ihre Aufgabe, langfristige Kredite zu gewähren. Sie zogen es aber vor, das im wesentlichen im Inland zu tun, wo sie besser überwachen konnten, was mit ihrem Gelde geschah. Tatsächlich hatten das die Deutschen, wahrscheinlich mehr als ihnen bewußt war, der Rolle zu verdanken, die die Londoner City mit ihren mannigfaltigen Märkten bei der Erleichterung und dem Ausbau ihrer überseeischen Ausfuhren spielte.

Während der Jahre 1880 bis 1913 verdoppelten sich ungefähr die britischen Exporte, selbst wenn man die Veränderung des Geldwertes berücksichtigt. Das Ergebnis war ein Eindruck gedeihlicher Expansion. In absoluten Zahlen mag dies wohl zutreffend gewesen sein; der Eindruck führte jedoch irre, denn in der gleichen Zeit verdreifachte sich nahezu der Umfang des Welthandels. Daß der britische Anteil daran von 38,2 auf 27,2 Prozent sank, konnte nicht überraschen, da aus einer ganzen Reihe von Gründen Großbritannien niemals hatte hoffen dürfen, auf lange

Sicht den Vorsprung aufrechterhalten zu können, den es als Bahnbrecher im Industrialisierungsprozeß gewonnen hatte. Dies erklärt auch das Paradox, daß das britische Volk glaubte, immer stärker zu werden, während die übrige Welt meinte, die britische Macht sei im Schwinden. Besonders Deutschlands Export stieg auf 240 Prozent und sein Anteil am gesamten Welthandel von 17,2 auf 21,7 Prozent. Die Deutschen konnten also mit gutem Grund annehmen, daß sie im Begriff stünden, einen älteren, weniger unternehmungslustigen und weniger tüchtigen Rivalen einzuholen.

In der zweiten Hälfte der achtziger Jahre hatte eine allgemeine Überinvestition zur Folge, daß die Produktionskapazität vorübergehend die Nachfrage der Verbraucher überstieg. Die Ausweitung des Welthandels wurde gehemmt, wovon der britische Export stärker betroffen war als der deutsche. 1885 überholten die deutschen Ausfuhren nach Holland zum erstenmal die britischen; das gleiche geschah auch in Schweden und Rumänien.[6] Die Konkurrenz begann, den englischen Fabrikanten Sorgen zu bereiten. Nicht zum ersten- und nicht zum letztenmal neigten sie dabei zu der Annahme, daß jeder Vorteil, den andere Länder errangen, das Ergebnis bösartiger Einflüsse sein müsse und nicht aus größerer Tüchtigkeit bei Produktion oder Verkauf entstanden sei. In Wirklichkeit arbeiteten manche britischen Produzenten auf Grund von Entwicklungen im Ausland nicht mehr wirtschaftlich, und das Land sah sich vor die Notwendigkeit gestellt, sein Kapital in andere Betätigungsfelder zu leiten. Der Trend in dieser Richtung entsprach ohnehin dem normalen Wachstumsverlauf. Obgleich beispielsweise der britische Export an Baumwoll- und Wollwaren sich in der Zeit von 1840 bis 1880 um das Vierfache erhöhte, stieg die Gesamtausfuhr in diesem Zeitraum auf das Fünffache, so daß der Anteil an Baumwolle und Wolle von 56 auf 43 Prozent fiel. Zwischen 1880 und 1900 fiel zudem infolge einer zwanzigprozentigen Preissenkung der Wert dieser Woll- und Baumwollausfuhren um sechs Prozent, während die Ausfuhr von Eisen, Stahl und Maschinen um 40 Prozent anstieg.[7] Es gab keinen zwingenden Grund, weshalb Deutschland seine Ausfuhren nur auf Kosten Großbritanniens hätte ausweiten können. Die Produktionskapazität beider Länder hat schließlich seit jenen frühen Tagen gewaltig zugenommen, und doch sind beide heute in der Lage, Absatz für ihre Erzeugnisse zu finden. Wie die Exportzahlen der beiden Länder zeigen, gab es vor 1914 reichlich Raum für beide, vorausgesetzt – und das ist ein schwerwiegender Vorbehalt –, daß die mit dem Ausgleich von Angebot und Nachfrage verknüpften Finanz- und Organisationsprobleme erkannt und dann auch gelöst werden konnten. Aber säkulare Trends werden nur selten von denen richtig eingeschätzt, die eigentlich die Grundlage für allgemeine Urteile liefern sollten. Und die betroffenen Firmen suchen, anstatt bei sich selbst die notwendigen, wenn auch schmerzlichen Korrekturen vorzunehmen, eifrig nach Alternativlösungen, deren einleuchtendste offenbar die Reglementierung der wirtschaftlichen Kräfte durch die Regierung ist.

Als die Wirkungen der deutschen Konkurrenz spürbar wurden, machte man viel Aufhebens von der Weigerung Deutschlands, die Konvention der 1883 gegründeten *Industrial Property Union* zu unterzeichnen. Gerüchte gingen um, daß minderwertige deutsche Fabrikate unter falschem Etikett als britische vertrieben würden und den Ruf Englands für hohe Qualität schädigten. Unzweifelhaft waren solche Fälle vorgekommen. Winke von offiziellen Stellen, Deutschland möge doch die Konvention unterzeichnen, blieben unbeachtet, und im Jahre 1887 verabschiedete das Parlament ein Warenzeichengesetz, das falsche Angaben über Herkunftsort und Land unter Strafe stellte und vorschrieb, daß alle im Ausland hergestellten, aber von Kaufleuten des Vereinigten Königreiches vertriebenen Waren entsprechend gekennzeichnet werden müßten. Diese Bestimmung enthüllte sehr schnell die Tatsache, daß die Beschwerden zum Teil das Vorgehen britischer Händler betrafen, die billige ausländische Waren aufkauften und zum Weiterverkauf mit britischen Etiketten versahen, um den Eindruck zu erwecken, daß sie aus England kamen. Sobald nun der wahre Ursprung der Güter erkennbar war, ließen die Käufer die englischen Zwischenhändler fallen und kauften direkt von den Fabrikanten – was kaum darauf deutet, daß die Waren minderwertiger Qualität waren.[8]

Eine amtliche Untersuchung wegen der Unzulänglichkeit der britischen Ausfuhr löste einen langen Briefwechsel zwischen der Regierung und den Handelskammern aus, auch sammelte man durch britische Amtsstellen im Ausland viel Beweismaterial, wovon manches noch heute seltsam vertraut klingt:

»Der britische Fabrikant geht nicht mit der Zeit, noch berücksichtigt er genügend den Geschmack und die Wünsche der ausländischen Kunden.«

»Die Briten erforschen den Markt nicht eingehend genug.«

»Die Fabrikbesitzer Großbritanniens ... neigen dazu, ein kleines Geschäft auszuschlagen und wollen ihre Produktion nicht ändern, um einer Nachfrage zu entsprechen, die nicht die Gewißheit umfangreicher künftiger Geschäfte bietet.«

»Die Gründe für die erfolgreiche ausländische Konkurrenz liegen anscheinend in dem höheren Stand der technischen Ausbildung, der größeren Aktivität beim Einsatz von Vertretern, die die Landessprache beherrschen, der größeren Beachtung des Marktes und dem größeren Entgegenkommen in Lieferbedingungen und Zahlungsweise.«

»Die häufigen Streiks, die in den letzten Jahren in Großbritannien vorgekommen sind, haben mitgeholfen, die Konkurrenz zu fördern.«[9]

»Es ist nicht zu leugnen, daß die jungen Leute, die von Belgien oder Deutschland ins Ausland gehen, um dort ihr Glück zu machen, besser ausgerüstet sind als unsere Jugend, vor allem hinsichtlich der Sprachkenntnisse und der Geschäftsmethoden. Sie sind eher bereit, einfach zu leben, als die Engländer, für weniger Geld zu arbeiten und sich weniger Vergnügungen zu gönnen ... Sie sind sich deutlich der Ergebnisse bewußt, die durch Beachtung der Kleinigkeiten erreicht werden, und achten vielleicht mehr auf neue Möglichkeiten, wie sie der Fortschritt der Wissenschaften bietet.«[10]

Nicht nur die Gründe des deutschen Fortschritts erwiesen sich also als relativ harmlos; ein amtlicher Bericht reduzierte auch das Ausmaß dieses Fortschritts auf die richtige Proportion. »Deutschland hat in den jüngstvergangenen Jahren auf den gemeinsamen Märkten keine Vorteile auf Kosten des englischen Handels errungen. Unser Übergewicht bleibt im wesentlichen das gleiche, wie es vor zehn Jahren war.«[11] Das stimmte nicht ganz, wie Anhang I, Tafel VIII zeigt. Ob diese amtlichen Versicherungen für sich genügt hätten, den Schrei nach Zollschutz zum Schweigen zu bringen, ist schwer zu sagen. Aber um diese Zeit erholte sich der Handel, und sobald eine Ausweitung wieder in der Luft lag, fanden die Behauptungen, Deutschland könne Großbritannien um seinen Lebensunterhalt bringen, weniger Glauben. Als wichtigstes Erbe hinterließ diese Zeit wesentlich verbesserte Handelsabteilungen in den britischen diplomatischen Missionen in Übersee und ein Gefühl von Mißtrauen und Mißverstehen in beiden Ländern. Die Deutschen waren zu glauben geneigt, daß man sie zu Unrecht verleumdet habe, und machten viel Aufhebens davon, daß die zwangsweise eingeführte Kennzeichnung *Made in Germany* sich eher als Empfehlung denn als Brandmal erwies. In England aber beharrten manche Kreise in dem Glauben, hinter so viel Rauch müsse doch ein Feuer gebrannt haben.

Als einige Jahre später General von Caprivi die Frage der Handelskonkurrenz erörterte, erklärte er, der steigende Bedarf an Importen stelle Deutschland vor die Wahl, entweder Waren oder Menschen auszuführen. Zwischen 1689 und 1914 sind sechs Millionen Menschen ausgewandert, mehr als die gesamte Bevölkerung Deutschlands im Mittelalter[12]; 800 000 davon emigrierten im ersten Jahrzehnt nach der Reichsgründung. Die meisten zog es in geordnete Länder, wie die Vereinigten Staaten von Amerika oder Brasilien; sie waren damit endgültig für das Vaterland verloren. Dieser Verlust an Menschen beunruhigte die Patrioten ebenso wie die Generale, und die Hoffnung, Gebiete zu finden, in die sowohl Menschen wie Waren zum Nutzen des Landes hinausgehen konnten, war es, die in Deutschland das Interesse an den Kolonien weckte. Während England die Herrschaft über verschiedenste Gebiete in Amerika, Afrika, Asien und Australien »in einem Anfall von Geistesabwesenheit« erworben hatte, war Deutschlands Aufmerksamkeit anderweitig in Anspruch genommen, und eine Reihe von Möglichkeiten, die sich boten, waren vernachlässigt worden oder unbeachtet geblieben. Mexiko hatte 1842 Friedrich Wilhelm IV. von Preußen Kalifornien zum Kauf angeboten; zwei Jahre später schickte eine deutsche Gesellschaft als Vorhut siebentausend Siedler nach Texas, das zu jener Zeit noch unabhängig war. Aber das mexikanische Angebot wurde abgelehnt, und 1845 wurde Texas von den Vereinigten Staaten annektiert.[13] Zwischen 1833 und 1871 errichteten deutsche Geschäftsleute Faktoreien in Südwestafrika, Sansibar, Liberia, Gabun, Kamerun, auf Samoa und auf der Neuguinea vorgelagerten Insel Neupommern, heute New Britain. Aber keines dieser Gebiete wurde unter staatlichen Schutz gestellt oder nahm Siedler in nennenswerter Anzahl auf. Friedrich List bezeichnete im Jahre 1841 Kolonien als das beste Mittel, um Industrie, Binnen-

und Außenhandel zu entwickeln und schließlich auch eine achtbare Flotte aufzubauen.[14] Aber die in dieser These liegenden Bestrebungen wurden durch die Tatsache vereitelt, daß Auswanderer aus Europa Länder mit gemäßigtem Klima vorzogen und alle Staaten mit einem derartigen Klima mittlerweile feste Regierungen besaßen. Die noch nicht in Besitz genommenen tropischen Gebiete konnten nur mit erheblichem Kapitalaufwand für den Handel nutzbar gemacht werden. Treitschke wird den Antideutschen Munition geliefert haben, als er schrieb: »Der nächste erfolgreiche Krieg muß zum Erwerb von Kolonien durch Deutschland führen[15]«, aber wenigstens hat er den Tatsachen ins Auge gesehen.

Die meisten Deutschen, die das Thema Kolonien erörterten, wünschten sie in erster Linie als Statussymbole und ferner, weil sie folgerten: die Mächte, die Kolonien besitzen, sind reich, also sind Kolonien die Ursache von Reichtum. Bismarck, der nicht nur Realist war, sondern sich auch scheute, sich noch weitere Nachbarn zu Gegnern zu machen, lieh dem Gedanken, überseeische Gebiete zu erwerben, wenig Unterstützung, obgleich er dafür eintrat, daß sich dort deutsche Kaufleute niederließen. 1871 wies er den Vorschlag zurück, daß Frankreich an Stelle von Lothringen Cochinchina abtreten solle; 1876 verwarf er den Plan, eine Kolonie in Südafrika zu gründen; 1880 ignorierte er ein Projekt für die Kolonisierung Neuguineas; 1881 versicherte er, solange er Kanzler sei, werde sich Deutschland nicht kolonial betätigen; 1882 erklärte er, die politische Lage erlaube es der Regierung nicht, sich an der Arbeit der Kolonialgesellschaft zu beteiligen; 1884 proklamierte er dann binnen kurzer Zeit die deutsche Souveränität über fünf Kolonialgebiete.

Für diesen Frontwechsel sind verschiedene Gründe angeführt worden. Der englische Historiker A. J. P. Taylor hat ihn einmal auf den Wunsch Bismarcks zurückgeführt, sich dem konservativen Kabinett Ferry in Frankreich zunächst mit einer Demonstration zu nähern, die England abstoßen mußte.[16] Der Frontwechsel mag wohl dazu bestimmt gewesen sein, England zu verärgern und gleichzeitig anderweitige Zugeständnisse zu erlangen – England hatte 1882 Ägypten besetzt, obwohl sein Vorgehen völkerrechtlich fragwürdig war. Herbert Bismarck hat später gesagt, als Deutschland in die Kolonialpolitik eintrat, habe man mit einer langen Regierungszeit des Kronprinzen rechnen müssen, während welcher der englische Einfluß dominieren würde. »Um diesem vorzubeugen, mußte die Kolonialpolitik eingeleitet werden, welche volkstümlich ist und jeden Augenblick Konflikte mit England herbeiführen kann.«[17] Der amerikanische Historiker des deutschen Kolonialreiches, Townsend, glaubt, Bismarck habe die erste politisch günstige Gelegenheit ergriffen, um eine Politik einzuleiten, die ihm schon immer sympathischer gewesen sei, als er zugab, und die seinen Gesinnungswechsel in der Zollfrage zu einem verständlichen Schritt der Regierung machte. Sicherlich bedeutete dies auch ein Zugeständnis an die Rechte, das wahrscheinlich dem Kanzler die schwierige Aufgabe erleichterte, mit dem Reichstag fertig zu werden. Es gefiel sogar dem alten Kaiser, der sagte, nun könne er dem Denkmal des Großen Kurfürsten ins Auge schauen, wenn er über die Lange Brücke in Berlin reite.[18] Aber Bismarck tat selten etwas nur aus einem Grunde, und diese Episode dürfte keine Ausnahme von der Regel darstellen. Dank langer Praxis und der Preisgabe aller sonstigen Rücksichten hatte er eine derartige Fähigkeit entwickelt, Situationen richtig zu beurteilen, daß er jedes Ereignis zu manipulieren wußte und gleichzeitig einer ganzen Reihe von Zwecken dienstbar zu machen verstand. In dieser Fähigkeit liegt einer der Hauptgründe für seinen geschichtlichen Ruhm.

Deutsch-englische Diskussionen über koloniale Fragen hatten ihre besonderen Tücken. Als der deutsche Botschafter in London, Graf Münster, Gladstones Außenminister Lord Granville um Anerkennung des soeben, April 1884, proklamierten deutschen Protektorats über Südwestafrika ersuchte, fügte er seiner Instruktion gemäß die Anregung hinzu, daß auch Helgoland an Deutschland abgetreten werden möge. Granville antwortete, die britische Regierung – die die Bedeutung Südwestafrikas unterschätzt hatte und dadurch in eine schwache Position geraten war – beabsichtige nicht, das Protektorat anzuerkennen. Auf die Frage wegen Helgoland bemerkte Granville, möglicherweise werde die Abtretung Gibraltars Englands Beziehungen zu Spanien verbessern. Werde man nicht aber, wenn England sich auf einen solchen Handel einlasse, den Verdacht hegen, es wolle damit in Wahrheit Deutschlands Beistand in einer anderen Angelegenheit erkaufen (General Gordon wurde zu diesem Zeitpunkt in Khartum belagert)? Obgleich der Botschafter jeden Gedanken dieser Art schleunigst ausschloß, ist kaum daran zu zweifeln, daß es genau das war, was Bismarck im Sinne hatte.[19] Als London der australischen Regierung vorstellte, die Deutschen würden im Pazifik keine sehr nahen und deshalb auch keine sehr gefährlichen Nachbarn sein, erhielt es zur Antwort, die Australier würden es vorziehen, überhaupt keine Nachbarn zu haben. Derartige Reaktionen lösten – wahrscheinlich inspirierte – Artikel in der deutschen Presse aus, die etwa besagten, wenn John Bull sich einbilde, er könne die deutsche Kolonialpolitik durch allerlei albernen Unsinn blockieren, dann sei das verlorene Liebesmüh. Deutschland sei entschlossen, zu halten, was es besitze, und werde ihm in eigener Münze heimzahlen.[20] Bei anderer Gelegenheit veröffentlichten die Deutschen ein Weißbuch über die Kolonialpolitik, in dem ein Brief abgedruckt war, der das britische Kabinett ins Unrecht setzte. Allerdings war das nachfolgende Telegramm ausgelassen, das den Botschafter anwies, den Brief nicht zu übergeben.[21] Bismarck hatte schon seit langem im Umgang mit Sir John Russell einen entschiedenen Ton als wirksam herausgefunden, und seine Gehilfen scheinen daraus den Schluß gezogen zu haben, daß dies die richtige Art war, mit allen englischen Außenministern umzugehen. Als Lord Rosebery 1886 diesen Posten übernahm, sah er sich genötigt, dem deutschen Botschafter »einen deutlichen Wink zu geben, daß man in Berlin auf den Stil der Mitteilungen zu achten habe, der gelegentlich etwas nach Drohung klinge«.[22] Trotz solcher Artigkeiten wurde das deutsche Kolonialreich errichtet – die Erweiterungen in späteren Jahren waren unbedeutend –, ohne daß es zu einer ernsteren Krise mit England gekommen wäre. Dies hatte Bismarck hauptsächlich seiner *bête noire*, Gladstone, zu danken. Die liberale Regierung war an Kolonien nicht sehr interessiert und auch abgeneigt, einen Streit vom Zaune zu brechen. Die deutsche Souveränität in Südwestafrika wurde schließlich 1884 anerkannt, und auf weiteres deutsches Betreiben kam es 1885 zu einem Abkommen, nach dem Deutschland Togo, Kamerun, einen Teil Neuguineas, die Salomon- und die Marschallinseln und nicht genau abgegrenztes freies Gebiet in dem später als Tanganjika bezeichneten Teil Ostafrikas erhielt. Der nördliche Teil Ostafrikas ging an England, desgleichen die Insel Sansibar, obgleich dort Deutschland noch gewisse Rechte blieben.

Bismarcks Interesse an Kolonien verschwand so rasch, wie es aufgekommen war. Um 1889 ließ er erkennen, daß er im Grunde nicht auf Kolonien erpicht sei. Der wiedererwachende Nationalismus in Frankreich ließ die Aussichten auf eine deutsch-französische Aussöhnung schwinden, und angesichts eines drohenden Frankreich war ein Zusammengehen mit England wieder bedeutsam geworden. Herbert Bismarck schrieb an den deutschen Botschafter in London, Lord Salisburys Freundschaft sei für Deutschland wertvoller als ganz Ostafrika, sein Vater sei der gleichen Meinung.[23] Das hinderte den Vater allerdings nicht daran, Ansprüche auf Teile Ostafrikas zu erheben, als sie recht ungelegen kamen; er weigerte sich jedoch, die grandiosen Pläne von Forschern wie Emin Pascha zu unterstützen.

In diesem Zwischenspiel hatte Deutschland trotzdem koloniale Gebiete von der vierfachen Fläche seines eigenen Territoriums erworben. Teile davon, besonders Südwestafrika, konnten von Weißen besiedelt werden, aber es waren dürre, unentwikkelte Gebiete; wären sie das nicht gewesen, hätten andere Mächte sie sich schon früher angeeignet. Alles in allem erwiesen sie sich als eine bittere Enttäuschung, sie nahmen relativ wenig Menschen auf, lieferten verhältnismäßig geringe Einfuhren und erforderten beträchtliche Ausgaben. Um 1914 lebten zusammen weniger als 25 000 Deutsche einschließlich der Schutztruppen in allen Kolonien. Hanf und Phosphate waren die einzigen Güter, mit denen die Kolonien den deutschen Bedarf in gewissem Maße, wenn auch nicht einmal leidlich ausreichend, zu decken vermochten – allerdings produzierten sie um 1914 ein Fünftel des Bedarfs an Rohgummi und Kakao –, und es gab keinen Grund, weshalb diese Güter nicht ebenso billig und mit erheblich weniger Aufwand aus nicht in deutschem Besitz befindlichen Gebieten hätten eingeführt werden können. Gewiß, bis 1906 wurden die Kolonien schlecht verwaltet, aber das war nicht die Wurzel des Übels. In kolonialen Dingen waren die Deutschen die Opfer trügerischen Denkens geworden, aber die Trugschlüsse hatten ihren Ursprung nicht bei ihnen. Wir beginnen jetzt einzusehen, wie vergänglich die koloniale Episode Europas der Natur der Dinge nach sein mußte. Aber es wäre müßig, ableugnen zu wollen, daß Großbritannien dank seinem Glück und dem Unternehmungsgeist, mit dem es voranging, dank auch der Mühe und dem Geld, das es dabei aufwendete, in seinen Kolonien nutzbringende Märkte und billige Rohstoffquellen in einem Ausmaß fand, das Deutschland verwehrt blieb. Andererseits unterschätzten die Deutschen die Bedeutung der Investitionen für den Überseehandel ebenso beharrlich, wie sie die Bedeutung territorialen Besitzes überschätzten. Hätten sie den gleichen Anteil ihres Volkseinkommens wie Großbritannien in Übersee investiert, hätten sie sich bald der gleichen Vorteile erfreuen können, obwohl die daraus folgende Einschränkung der Investitionen im eigenen Land möglicherweise ihre Konkurrenzfähigkeit hätte beeinträchtigen können.

Als die Kolonien die von Deutschland in sie gesetzten Erwartungen nicht erfüllten, rief die Enttäuschung den Argwohn hervor, daß Deutschland wieder einmal zu spät begonnen habe. Und als die Deutschen beharrlich fragten, warum die Aufteilung der Welt ausgerechnet in einem Augenblick zum Stehen komme, da es für die anderen günstiger war als für sie selbst, da hätte es mehr Einsicht erfordert, als die Menschen damals besaßen, um die rechte Antwort zu finden. Nämlich, daß dieser Vorgang selbstverständlich niemals zum Stehen kommen werde, weil die Geschichte sich ebenso dagegen sträubt, einen Punkt zu machen, wie sich die Natur gegen ein Vakuum sträubt. Sicherlich hätte nur ein Seher in jenen Tagen vorausahnen können, daß der Kurs, den die Ereignisse nahmen, zwar Großbritannien zu schwächen bestimmt war, daß aber keinem Staat in Europa daraus ein Nutzen erwachsen würde.

Die Familie

»Wären wir vier als Söhne eines kleinen Beamten geboren, so würde ich Architekt geworden sein, Wilhelm Feldwebel, Karl wäre ins Gefängnis gekommen und Albrecht verbummelt«[1], sagte Friedrich Wilhelm IV.

Er mag damit seine Brüder ziemlich genau geschildert haben, seine eigenen Talente hat er aber unterschätzt. Allerdings zeugen zahlreiche Schlösser und Kirchen in nachgeahmtem mittelalterlichem oder Frührenaissance-Stil von seiner Leidenschaft für das Bauen, ebenso wie zahllose Skizzenbücher sein Talent als Zeichner erkennen lassen. Aber er hatte auch von seiner Mutter, der anmutigen und geistvollen Königin Luise, charmante Manieren und die Gewandtheit der Rede geerbt. Treitschke hat gesagt, er sei nur glücklich gewesen, wenn er eine Flut von Gedanken und Gefühlen habe ausströmen lassen können. Er konnte keine Ruhe finden, bevor er gesprochen hatte. Er war ein Hohenzoller, der Scherze machen konnte, der durch seine Intelligenz und Beredsamkeit eine Zuhörerschaft zu fesseln vermochte. Er war auch ein Hohenzoller, der nicht gut reiten konnte und dessen Anspruch auf militärischen Ruhm hauptsächlich auf einem von ihm persönlich entworfenen Helm beruhte. Eine seiner Hauptinteressen galt der Errichtung eines protestantischen Bistums in Jerusalem. Unglücklicherweise waren bei ihm, wie bei seinem Großneffen, die Talente nicht gepaart mit Charakterstärke und Stehvermögen. Die Freigebigkeit mit Ausrufungszeichen und Unterstreichungen in seinen Briefen deutet auf ein flatterhaftes und schwärmerisches Temperament. Hochgespannt, nach innen gekehrt und romantisch, flüchtete er sich vor den Vorurteilen gewöhnlicher Menschen in die Welt der Ideen. »Der König«, sagte einer seiner Freunde, »hat leider die Gabe, die ausführbare Seite einer Sache zu entdecken und sie ebendeshalb zu verachten«.[2]

Er fiel stets den Eindrücken des Augenblicks zum Opfer, und

doch ließ er diese Eindrücke nicht seine grundsätzlichen Auffassungen beeinflussen. Das führte nicht nur zu Unentschlossenheit, es trug ihm auch den Vorwurf der Unzuverlässigkeit ein.

Er war ein Mann von Herzensgüte, er wünschte seinen Untertanen Gutes zu tun, und er begann seine Herrschaft mit einer Reihe von Reformen. Aber seine Jugenderfahrungen während der napoleonischen Kriege hatten bei ihm einen Abscheu vor allem hinterlassen, was auch nur entfernt mit der Französischen Revolution verbunden schien. Von dem Prinzregenten Albert ist ihm einmal gesagt worden, er erwarte, daß seine Nation sich so langsam und allmählich fortentwickeln werde, als lebe sie noch im Mittelalter.[3] Die Idee, daß er ein konstitutioneller Monarch werden solle, schien ihm an Blasphemie zu grenzen. Im Jahre 1848 sagte er, daß er es »nun und nimmermehr zugeben (werde), daß sich zwischen unsern Herrgott im Himmel und dieses Land ein beschriebenes Blatt gleichsam als eine zweite Vorsehung eindränge, um Uns mit seinen Paragraphen zu regieren und durch sie die alte heilige Treue zu ersetzen«.[4] Als ihm 1849 das Frankfurter Parlament die deutsche Kaiserkrone anbot, lehnte er ab mit der Begründung, er könne nicht aus den Händen von Revolutionären annehmen, was auf göttlichem Rechte beruhe. 1850, als sich die Lage wieder beruhigt hatte, meinte er, die Liberalen hätten dem König von Preußen ein Halsband umlegen und ihn an die Volkssouveränität ketten wollen, und bemerkte nebenbei, »gegen Demokraten helfen nur Soldaten«.[5] Während der 1848er Revolution aber hatten sich seine Offiziere wie »begossene Pudel« gefühlt, weil er seinen Glauben an seine »treuen Berliner« betonte, gleichzeitig aber seinen Standpunkt im Prinzip preisgab, indem er einem Mitglied der Parlamentsabordnung in einem Augenblick der Unüberlegtheit sagte, Friedrich der Große hätte vielleicht die angebotene Kaiserkrone annehmen können, er selbst sei dazu als Herrscher nicht groß genug. Der Mittelkurs, den er zwischen den Demokraten und den Soldaten steuerte, wobei er zuerst von der einen und dann von der anderen Seite beschimpft wurde, könnte immerhin, mehr durch Unterlassungen als durch Entscheidungen, bewirkt haben, daß das Land vor offenem Bürgerkrieg bewahrt wurde.

Seit jener Zeit fühlte er sich »wie ein Mann, der durchs Examen gefallen ist«; im Jahre 1857 erlag sein Geist schließlich seinen inneren Spannungen. Sein Bruder Wilhelm, der zunächst

Regent wurde und ihm 1861 als König nachfolgte, war ein viel einfacherer Charakter. Er erzählte später einmal, wie er beim Siegesbankett, das der russische Zar nach der Völkerschlacht bei Leipzig 1813 gab, als Junge von sechzehn Jahren auf Hummer verzichtet habe, weil er ihn noch nie gegessen hatte und nicht wußte, wie man damit umgehen sollte. Noch als er König war, gab es in seinem Haushalt keine Eierbecher; man benutzte statt dessen Likörgläser. Nach jeder Mahlzeit nahm der König persönlich einen Bleistift, um auf der Weinflasche den Stand des Weines anzuzeichnen. Noch bis in die letzten Jahre seines Lebens gab es kein Badezimmer in dem von ihm bewohnten Palais Unter den Linden, gegenüber dem Denkmal Friedrichs des Großen. Wenn der alte Kaiser ein Bad nehmen wollte, mußte er sich eine Wanne von dem gegenüberliegenden *Hotel de Rome* holen lassen.[6] Wenn er mit der Eisenbahn fuhr, reiste er in einem kleinen Waggon. Um Mittag ließ er an einem Bahnhof halten und nahm die Mahlzeit in der Bahnhofswirtschaft ein, wobei er einen Höchstpreis für den Verzehr je Mitglied des Hofstaates festsetzte. Sein Hauptinteresse galt dem Heer, seine Lieblingsentspannung war Unterhaltungsmusik, die er sich des Abends häufig anhörte. Er wohnte der Erstaufführung des »Ringes« in Bayreuth bei, reiste aber mitten drin ab, um ins Manöver zu fahren.[7] Als ihn eines Tages ein Kammerherr unmittelbar nach dem Abendessen dringend zu sprechen wünschte, bat ihn der Diener zu warten, bis der Kaiser seine Hosen gewechselt habe. Als der Hofbeamte seinem Erstaunen über diesen Kleiderwechsel zu so später Stunde Ausdruck verlieh, antwortete der Diener: »Nu, er wird doch nicht mit de gute Dinerhosen ins Theater gehen, so etwas macht unser alter Herr nicht.«[8] Friedrich Wilhelm war ein Schüler Humboldts und Niebuhrs und der Freund Rankes gewesen. Von Wilhelm erzählte man sich, er habe 1881 noch niemals etwas von Mommsen gehört.[9]

Eine Zeitlang nannte man ihn »Kartätschenprinz«, weil er darauf bestanden hatte, daß die Truppe, wenn man sie auf der Straße gegen politische Unruhestifter einsetzte, von der Waffe Gebrauch machen müsse, um der Masse zu zeigen, daß es sinnlos sei, dem Militär Widerstand zu leisten. Das machte ihn höchst unpopulär, und 1848 mußte man ihn aus Berlin hinausschmuggeln, um ihn vor dem Mob in Sicherheit zu bringen. Er mußte sich mehrere Tage lang auf der Pfaueninsel bei Potsdam versteckt halten, ein Erlebnis, das er niemals vergaß. Er verkleidete sich mit Hilfe seines kleinen Sohnes und schnitt sich seinen Vollbart ab. Man sandte ihn dann unter dem Vorwand eines Sonderauftrages nach London, um ihn außer Gefahr zu wissen. Dort gaben sich Victoria und Albert große Mühe, seinen Horizont zu erweitern, allerdings ohne nachhaltige Wirkung; nach seiner Rückkehr schlug er an der Spitze von zwei preußischen Armeekorps unter beträchtlichem Blutvergießen die badische Demokratie nieder.

In seiner Jugend hatte sich Prinz Wilhelm heftig in Prinzessin Elisa Radziwill verliebt. Aber ihre Familie war nach den Begriffen des preußischen Hofes nicht ebenbürtig und – in den Worten seines Enkels – bewährte »auch er . . . so den hohenzollersch-preußischen ›kategorischen Imperativ der Pflicht‹ . . .«.[10] Er heiratete statt dessen Augusta von Sachsen-Weimar, eine zierliche, lebhafte Brünette, deren Großvater Zar Paul I. gewesen war. Als junges Mädchen war sie am Hofe ihres Vaters unter dem Einfluß Goethes aufgewachsen. Ihr Vater hatte unter dem Regiment seiner Frau gestanden, und so wollte sie selbst eine Ehe in ähnlichen Verhältnissen führen. Dieses Streben wurde zunichte gemacht, zunächst dank den männlichen Traditionen des preußischen Hofes und nach 1862 noch entschiedener durch Bismarck, dessen beherrschender Einfluß auf den König immer weniger Raum für ihre liberalisierenden Tendenzen ließ. Sie und der Kanzler wurden »intime Feinde«. Noch in den achtziger Jahren soll Bismarck ihr gesagt haben, sie möge den Kaiser nicht erregen, indem sie versuche, ihm ihre Ansichten aufzudrängen. Augusta soll die Unterredung zornig mit den Worten abgebrochen haben: »Unser allergnädigster Reichskanzler ist heute sehr ungnädig!«[11]

Ein sehr lebendiges Bild der Königin Augusta aus dem Jahre 1868 gewinnt man aus einem Brief ihrer Schwiegertochter, der Kronprinzessin Friedrich, deren Verhältnis zu ihr nicht ohne Spannungen war:

> »Die Königin kann mehr Ermüdung, Aufregung und Strapazen aushalten als irgendeiner meiner Bekannten. Sie verfügt über größere Körperkräfte und hat stärkere Nerven als jeder andere. Sie zermürbt alle, die zu ihrem Hofstaat gehören, auch die Herren, setzt sich nie nieder, redet vierzehn bis fünfzehn Stunden unausgesetzt laut und lang über aufregende Themen mit Dutzenden verschiedenster Personen . . . spaziert, ißt, klei-

det sich um und schreibt in schrecklichster Hast, gibt jeden Abend Gesellschaften, ist niemals allein! Sie nimmt nie ein Buch oder ein beschriebenes Blatt zur Hand, da sie keine Zeit dazu hat, liest höchstens beim Frühstück die Zeitung laut vor, macht dann unzählige Besuche, inspiziert alle öffentlichen Einrichtungen, gibt unablässig Audienzen. Wirklich, der bloße Gedanke an ihren Tagesablauf macht mich ganz schwindlig, und während sie all das tut, klagt sie den ganzen Tag über ihre Gesundheit ... Diese Art von Existenz ist ein Gift, das ihr allen Frieden und Ruhe benimmt und sie aufgeregt und reizbar macht. Da sie von Natur aus heftig veranlagt ist, bringt solche Lebensweise ihre Stimmung zu einem Hitzegrad, der für die Umgebung wirklich schwer zu ertragen ist. So entsteht eine Leere um sie herum, die sie manchmal unglücklich und bedauernswert macht, weil sie merkt, daß der Wirbel, in dem sie lebt und den sie Fürstinnenberuf nennt, sie im Grunde nicht befriedigt ...«

»Nur wenn man mit ihr allein ist«, meint die Kronprinzessin weiter, »ist sie ganz anders. Liebenswürdig und ruhig, so leicht zu behandeln, daß das Zusammensein ein wahres Vergnügen ist.«[12]

Des Kaisers andere »Großmama« hatte eine schwere Jugend durchgemacht. Ihr Vater, der spät im Leben, und nur um einen Erben zu bekommen, geheiratet hatte, starb kurz nach ihrer Geburt. Ihre Onkel, das heißt auch ihre beiden Vorgänger auf dem Throne – Georg IV. (1820–1830) und Wilhelm IV. (1830–1837) –, hatten zahlreiche Kinder, die aber alle illegitim waren. Ihre Mutter war lobenswerterweise entschlossen, die »bösen Onkel« von ihr fern zu halten, war aber weniger lobenswert in ihrem Bestreben, die Macht hinter dem Thron zu werden. Die junge Prinzessin bewies bemerkenswerten Scharfblick und gleich bemerkenswerte Zurückhaltung. Sie behielt ihre Meinungen für sich, bis sie mit achtzehn Jahren Königin wurde. Sobald die Macht in ihren Händen lag, schob sie die Mutter entschlossen beiseite. Der durch diese Erfahrungen entwickelte Eigensinn blieb einer ihrer vorherrschenden Charakterzüge, er war aber begleitet von gesundem Menschenverstand. »Die Ansicht der Königin verdient immer angehört zu werden, auch wenn man mit ihr nicht einverstanden ist«, sagte ihr langjähriger Außenminister Lord Clarendon.

Gleichzeitig jedoch war sie starken Gefühlsregungen unterworfen, die sie sich kaum zu kontrollieren bemühte und die sie an irgendeinen Menschen richten mußte. Die erste Persönlichkeit, deren sie sich zu diesem Zweck bediente, war der Whig-Politiker Lord Melbourne, der bis 1841 ihr Premierminister war. An seine Stelle trat aber bald ihr Vetter Albert von Sachsen-Coburg, den sie 1840 heiratete. Ihre ursprüngliche Absicht, ihm keinen Anteil an den Regierungsgeschäften einzuräumen, wurde allerdings dank seines Takts, seiner Kenntnisse und der geistigen Fähigkeiten, die er an den Tag legte, allmählich hinfällig. Fast zwanzig Jahre lang übte er all den Einfluß aus, den die besten Privatsekretäre zu besitzen pflegen. Sein Tod im Jahre 1861 beschwor eine tiefe Gefühlskrise herauf, von der die »Witwe von Windsor« sich nur allmählich erholte. Die Beschwerden, die sie manchmal zu seinen Lebzeiten gegen ihn erhoben hatte, gerieten in Vergessenheit, und sein Andenken wurde von ihr zu so erhabener Höhe gesteigert, daß es sowohl ihrer Familie wie ihren Untertanen einigermaßen lästig fiel. Obgleich bemerkenswert frei von Klassenbewußtsein, nahm sie die Einschränkungen der königlichen Macht übel, die mit der Entwicklung der demokratischen Regierungsform verbunden waren, und besonders als sie zwischen 1874 und 1880 unter den Einfluß des konservativen Premierministers Disraeli geriet, ließ sie manchmal emotionale Vorurteile jene politische Überparteilichkeit beeinträchtigen, die für einen konstitutionellen Monarchen wesentlich ist. Sie war weder schlau noch intellektuell und auch nicht besonders fromm; doch gab sie sich unter Alberts Einfluß beträchtliche Mühe, einen intellektuellen und künstlerischen Geschmack zu kultivieren. »Du bist ganz deines heißgeliebten Papas Kind«, sagte sie zu ihrer ältesten Tochter. »Du bist so gelehrt und so vernarrt in philosophische Bücher, daß du mir weit über den Kopf gewachsen bist; sicherlich hast du diesen Geschmack nicht von mir geerbt, denn, wenn ich die Wahrheit sagen soll, beunruhigt mich der Anblick eines Professors oder Gelehrten und ist mir nicht *sympathique.*«[13] In vieler Hinsicht setzte sie damit ihrem Volke ein Beispiel, das es gern befolgte. Lord Salisbury sagte einmal, wenn er wisse, was die Königin denke, dann wisse er ziemlich genau, welche Ansichten ihre Untertanen hegten, und speziell der Mittelstand.

Albert ist eine Figur, die fast zu bewunderungswürdig ist, um wahr zu sein. Staatsmann, Komponist, Künstler und Naturwissenschaftler, war er der Inspirator der Großen Ausstellung von 1851, die das Vorbild für viele Weltausstellungen wurde. Durch die Ausschaltung von alten Mißbräuchen und umsichtige Geschäftsführung vervierfachte er binnen zwanzig Jahren die Einkünfte aus dem königlichen Grundbesitz. Er war so unabhängig vom Zeitgeschmack, daß er »Cosi fan tutte« und die Gemälde Duccios bewunderte. Am Vorabend seines Todes wendete er einen Krieg zwischen Großbritannien und Amerika dadurch ab, daß er auf der Neufassung einer Note an Washington bestand. Daß er in England nicht populär war, spricht nicht notwendigerweise gegen ihn, da er sich bewußt bemühte, eine Gesellschaft umzugestalten, deren Ruf manches zu wünschen übrigließ. Lord Granville, der erheblich mehr über die Welt und erheblich weniger über Europa wußte, hat gesagt, Albert sei unbeliebt gewesen, weil er alle die Tugenden besessen habe, die den Engländern gewöhnlich fehlten. Er war übertrieben ernsten Sinnes, und es fiel ihm schwer, sich gelöst zu geben. Er konnte wohl über einen Scherz lachen, aber die Gabe, über sich selbst zu lachen, besaß er wahrscheinlich nicht. Daß er unter starken inneren Spannungen litt, zeigte seine beinahe kindische Reizbarkeit über Nichtigkeiten und ein nervöses Zaudern, ehe er sich entschließen konnte Die inneren Spannungen mögen durch Überarbeitung verstärkt worden sein, aber das wiederum war ein Zeichen für die ihm angeborene Gewissenhaftigkeit, die Haupttriebfeder seines Handelns.

> »Wenn ein Gott über die Welt herrscht, wie ich es glaube, dann müssen gemeine und schlimme Taten böse Früchte tragen, die oft nicht sofort, sondern erst viel später sichtbar werden, wie uns die Bibel erzählt, daß er ›heimsucht der Väter Missetat an den Kindern bis in das dritte und vierte Glied‹. Wenn das so ist, frage ich mich, was die Pflichten derer, die danach kommen, sind in bezug auf eine solche Drachensaat? Und ich sehe mich genötigt zu sagen, daß sie anbefohlen sind durch die Moral, das Gewissen und die Vaterlandsliebe.«[14]

Alberts Wunsch, die Welt zu verbessern, galt in gleichem Maß seinem Geburtsland wie dem Lande, in dem er durch seine Heirat heimisch geworden war. Als er 1840 nach England kam, schwor er, »ein treuer Deutscher, Coburger und Gothaer« zu bleiben. Es war sein Herzenswunsch, zu erleben, daß beide Länder eine gleichlaufende Politik des aufgeklärten Liberalismus verfolgen würden, um im Bunde miteinander einen entscheidenden Einfluß auf das Weltgeschehen ausüben zu können. In seinem Herzen empfand er tiefe Sympathie für die nationale Einheit der Deutschen und hielt es für eine heilige Pflicht, »das Volksempfinden, das Nationalgefühl« zu respektieren. Er wünschte, Preußen Deutschland zur Einheit führen zu sehen, aber er gehörte zu denen, die glaubten, daß Preußen sich zuvor liberalisieren müsse. So schrieb er an seinen Freund, König Wilhelm:

»Die innere Schwäche dem liberalen Regierungssystem gegenüber, der gezeigte, leider bekannte Widerwille aller höheren Klassen und Regierungen gegen Volksrechte, volkstümliche Regierungen und so weiter, macht es Preußen unmöglich, der Champion für die Volksrechte zu sein.«[15]

Er brandmarkte die starke Partei der Junker und Bürokraten, die sich in der Armee und besonders in der Garde zusammenfinde und entschlossen sei, die Verfassung und eine verfassungsmäßige Regierung nicht aufkommen zu lassen und dazu weder vor List und Betrug noch vor Gewalttaten zurückschrecke, um eine Revolution oder einen Staatsstreich zu provozieren.[16] Es war Albert klar, daß der König gefühlsmäßig und der Tradition entsprechend dieser Gruppe angehörte, aber gerade aus diesem Grund setzte er seine ganze Überredungskunst im entgegengesetzten Sinne ein. Und doch, als um die Zeit der Krönung Wilhelms I. die *Times* sich in ständigen heftigen und herabsetzenden Angriffen gegen alles, was deutsch, und besonders, was preußisch war, erging, war es vermutlich der Prinzgemahl, der Königin Viktoria veranlaßte, Lord Palmerston um Hilfe bei der Zähmung solcher Gehässigkeit zu ersuchen. Der von Palmerston zur Rede gestellte Chefredakteur des Blattes, Delane, antwortete kühl, er würde »sehr gern den Preußen jene grausamste aller Heimsuchungen, nämlich guten Rat, erspart« haben, wenn nicht König Wilhelm so »erstaunliche Anachronismen über das göttliche Recht« (der Könige) geäußert hätte.[17]

Ein glückliches Familienleben hatte Albert schon bei früherer Gelegenheit König Wilhelm gegenüber als das einzige Glück bezeichnet, dessen man sich auf Erden erfreuen könne. Man müsse es sich schaffen und darin die sichere Grundlage für Liebe, Freundschaft und Vertrauen finden.[18] Seinen eigenen Kindern widmete er sich mit aller Aufmerksamkeit und Zuneigung und bewog seine Freunde, ein Gleiches zu tun. Es war daher verständlich, daß er 1851 Wilhelm und Augusta aufforderte, ihre beiden Kinder, Fritz und Luise, nach England zu schicken, damit sie die Weltausstellung besichtigen könnten – obgleich König Friedrich Wilhelm so sehr durch die Geschichten beeindruckt war, die gegen den für die Ausstellung erbauten Kristallpalast verbreitet wurden, daß er beinahe seine Erlaubnis verweigert hätte. Fritz, schmal, blond und gehorsam, sah bei dieser Gelegenheit nicht nur die Ausstellung, er traf auch die älteste Tochter seiner Gastgeber, Prinzessin Victoria, die damals elf Jahre alt war. Fünf Jahre später kam er auf Königin Victorias schottischen Sommersitz Balmoral – als sein Adjutant begleitete ihn ein schweigsamer Oberst namens Helmuth von Moltke – und gestand der Prinzessin auf dem Hang von Lochnagar seine Liebe. Die beiden schienen wunderbar zueinander zu passen. Die Eltern waren miteinander befreundet, die Verlobten ehrlich ineinander verliebt, und alles sah aus, als sollten die Träume des Prinzgemahls in Erfüllung gehen. Fritzens Vater war schon fast sechzig Jahre alt, und so konnte man mit einigem Recht erwarten, daß der Sohn in nicht allzuferner Zeit den preußischen Thron besteigen werde. Dank seiner englischen Frau und seiner Bewunderung für die englische Lebensart würde er, unter der wohlwollenden Anleitung seines Schwiegervaters, die beträchtliche Machtfülle der preußischen Krone zugunsten liberal gesinnter Minister und eines Bündnisses mit England einsetzen. Wäre Preußen dann reformiert, würden die Einwände gegen eine deutsche Einheit unter preußischer Führung hinfällig und der Friede Europas gesichert sein.

Wir wissen heute, daß diese Hoffnungen durch die Willkür, mit der der Tod seine Schläge austeilt oder zurückhält, zunichte wurden. Hätten Wilhelm I. und der Prinzgemahl beide die siebzig Jahre gelebt, wie sie der Psalmist uns Menschen zugesteht, oder hätte Fritz ebensolange gelebt wie sein Vater, dann wäre sicherlich vieles anders gekommen. Aber läßt sich sagen, wie anders? Kann der Lauf der Geschichte wirklich von einer so begrenzten Zahl von Herzschlägen abhängen? Waren nicht in Deutschland Kräfte genug am Werk, die Friedrich Einhalt geboten hätten, selbst wenn er ihnen in seiner vollen Kraft hätte entgegentreten können? Wenn man alle Möglichkeiten abwägt, so kann man sich kaum dem Schlusse entziehen, daß sich der Prinzgemahl – so wünschenswert seine Ziele auch gewesen sein mögen – schwärmerischen Träumen hingab, wenn er glaubte, er werde sie unter den Verhältnissen im Deutschland des 19. Jahrhunderts verwirklichen können. Richtig ist, daß das einzige, was not tat, um der Verwirklichung seiner Visionen den Weg zu ebnen, ein entsprechend tiefgehender Wandel der Anschauungen war. Aber die Bedingungen und die Kräfte, die einen solchen Wandel hätten bewirken können, fehlten. Es ist auch keineswegs gesagt, daß ein unter einer liberal gesinnten, verantwortungsbewußten Regierung vereintes Deutschland notwendigerweise mit Großbritannien Hand in Hand gearbeitet hätte.

Der Kronprinz nahm sich seinen Schwiegervater zum Vorbild. Im Jahre 1870 schrieb er nieder, wieviel er von den Plänen hielt, die Albert für Deutschland entworfen hatte, und wie vieles anders gelaufen wäre, wenn dieser noch am Leben wäre. Fritz litt unter Anfällen von Depression und Jähzorn, die er dem Vernehmen nach von seinen russischen Vorfahren geerbt hatte; auf sie ging wohl auch seine körperliche Anfälligkeit zurück, wahrscheinlich der Schlüssel zu seinem Charakter. Er war ehrenhaft, vernünftig und rücksichtsvoll, hatte aber weder die Neigung zum Herrschen noch das dazu nötige Stehvermögen. Doch bewies er im Kriege, daß er für hohe Kommandostellen sehr wohl geeignet war. Obwohl kein großer Feldherr, gab er sich doch alle Mühe in Organisationsfragen und verstand es, seine Untergebenen zu guter Zusammenarbeit anzuleiten. In Krisen behielt er einen klaren Kopf, stand zu einmal gefaßten Entscheidungen, und es gelang ihm, seinen Truppen das Bewußtsein einzuflößen, daß er ehrlich um ihr Wohlergehen besorgt war. Es heißt, er habe, wenn er fotografiert werden sollte, eine besonders ernste und kraftvolle Pose eingenommen, die nicht seiner Natur entsprach, die er aber zur erfolgreichen Ausübung seines hohen Amtes für notwendig hielt. So trieb ihn sein Pflichtgefühl dazu, Eigenschaften an den Tag zu legen, die er zu bescheiden war in eigener Sache sichtbar werden zu lassen.

Er verehrte seine Frau und schätzte ihre Fähigkeiten sehr; infolgedessen gab er, wenn sie ihre Ansichten mit Nachdruck vorbrachte, so häufig nach, daß es vielen Menschen, auch seinem ältesten Sohn, verächtlich erschien. Im Jahre 1874 hatte Königin Victoria ihren Schwiegersohn als aufrecht und ehrlich und gutmütig, wenn auch als etwas weich und dabei eigensinnig beschrieben, aber zugleich seinen »albernen Stolz« auf seine Familie, die Hohenzollern, bemängelt, die sich einbildeten, daß es nichts Größeres und Höheres gäbe als ihr Haus.[19] Aber als er starb, schrieb sie, der Tod keines ihrer eigenen Söhne habe ein schwererer Verlust sein können. Er sei so gut, so weise und so liebevoll ihr gegenüber gewesen.[20] Am bemerkenswertesten aber ist vielleicht die Anerkennung, die ihm sein Schwager Eduard zollte. Er schrieb an seinen Sohn, den späteren König Georg V., nach Friedrichs Tod: »Versuche, niemals Onkel Fritz zu vergessen. Er war einer der trefflichsten und nobelsten Charaktere, die man je gekannt hat. Wenn er einen Fehler hatte, war es dieser: er war zu gut für diese Welt.«[21]

Die *Princess Royal* – die älteste Tochter des regierenden Monarchen in England – hatte von ihrem Vater den zielbewußten Ernst und das gewissenhafte Streben nach geistigen Dingen geerbt. Ein hoher Hofbeamter meinte, sie habe sich bemüht, jedermann in ihrer Umgebung zu erziehen. Ihr Sohn sah sie von einem »Hauch von Poesie« umgeben.[22] Von ihrer Mutter hatte sie ein erregbares Gemüt und Starrsinn mitbekommen. Als Kind kam sie eines Tages zu ihrer Mutter, während diese mit einigen Ministern sprach. Als ihre Versuche, die Herren zum Fortgehen zu bewegen, erfolglos blieben, stampfte sie wütend mit den Füßen und sagte: »Queen, Queen, sie sollen mir gehorchen!«[23] Der amerikanische Gesandte in London sagte von ihr, als sie sechzehn Jahre alt war, sie habe einen ausgezeichneten Kopf und ein Herz, so groß wie ein Berg.[24] »Pussy« war ihres Vaters Liebling, sowohl als Kind wie als Schülerin, und sie erwiderte seine Zuneigung. Er ließ sie, als sie noch ganz jung war, einen »kurzen Abriß der römischen Geschichte« schreiben und Droysens »Herzog von Sachsen-Weimar und die deutsche Politik« ins Englische übersetzen.[25] Der Hauslehrer, der die Prinzessin und den Prinzen von Wales in den Grundlagen von Politik und Wirtschaft zu unterrichten hatte, stellte die raschere Auffassungsgabe des Mädchens fest und meinte, ein literarischer Lehrplan habe durchaus ihren Neigungen entsprochen.[26] Die ihr in jungen Jahren eingeprägten Gewohnheiten hatten Bestand. Sie erzählte später Sir Henry Ponsonby, sie lese regelmäßig mehrere politische Zeitschriften und ein Blatt, das sich mit dem Bergbau und der Metallurgie beschäftige. Bei einem Besuch der Pariser Weltausstellung verweilte sie die längste Zeit, um die chirurgischen Instrumente zu besichtigen.[27] Sie war wohl das erste Mitglied einer königlichen Familie, das das »Das Kapital« studierte. Sie las es im Jahre 1879 und ließ den Verfasser bald darauf durch einen Sonderbeauftragten in Augenschein nehmen*.[28] Alles interessierte sie, ob es sich nun um Politik, um Kunst oder Wissenschaften, Medizin, Musik, Religion oder Gartenbau handelte; auf allen Gebieten betätigte sie sich und hatte ihre eigenen Ansichten. Ihr Geschmack war in allen Fällen scharf pointiert. Wagner war ihr ein Greuel, Schillers Ode an die Freude fand sie »furchtbar übertrieben und bedauerte, daß »die schreckliche Marseillaise« jetzt die französische Nationalhymne sein sollte, da sie doch mit den Greueln der Revolution zusammenhänge und von den Sozialisten als Symbol der Gewalttätigkeit und im Sinne ihrer verrückten Prinzipien für die Arbeiterschaft ausgelegt werde.[29] Sie sprach außer Englisch drei Sprachen, doch alle, wie es heißt, mit einem die Ausländerin verratenden Akzent. Sie brachte einmal ihr Bedauern zum Ausdruck, Mark Aurel nicht im lateinischen Original lesen zu können. Als man ihr taktvoll zu verstehen gab, daß der kaiserliche Philosoph seine »Selbstbetrachtungen« auf griechisch geschrieben habe, antwortete sie, natürlich sei der Urtext griechisch, und sie habe nie damit gerechnet, ihn zu verstehen, aber sie habe immerhin hoffen können, eine zeitgenössische lateinische Übersetzung des Werkes zu lesen.[30]

Ihren großen Fähigkeiten standen gleich große Mängel gegenüber. Ihr Intellekt wurde allzuleicht das Opfer ihrer Gemütsbewegungen. Sie kam aus ihren Gefühlen heraus zu Entschlüssen und brachte sich dann nachträglich zu der Überzeugung, sie aus Vernunftgründen gefaßt zu haben. Sie wechselte rasch und heftig von Zuneigung zu Abneigung, was häufig zu Enttäuschungen führte und den Verlust wertvoller Verbündeter zur Folge hatte. Ihr fehlte auch Einfühlungsvermögen. Sie begriff weder, daß andere Leute anderer Ansicht sein konnten, noch gab sie sich die Mühe zu überlegen, warum das so war. Sie hatte daher, wie ihre eigene Mutter zugab[31], eine schlechte Menschenkenntnis und war außerordentlich taktlos. Lord Clarendon hat von ihr

* Der Beauftragte berichtete allerdings, Karl Marx sei nicht der Mann, der, ob er es nun wünsche oder nicht, die Welt auf den Kopf stellen werde.

gesagt, sie habe alles verspielt, nur weil sie die üblichen Höflichkeiten des Lebens außer acht ließ. Ein Adjutant ihres Mannes meinte, sie habe Talent, aber keinen gesunden Menschenverstand, während Lord Granville sie als *»very clever but not wise«*, sehr gescheit, aber nicht klug, bezeichnete.[32] Der britische Botschafter in Berlin, Lord Ampthill, sagte, *»she would write her head off«*.[33]

Zu ihrem Unglück verlangte die Position, in die sie im Alter von achtzehn Jahren einrückte, gerade die Eigenschaften, die sie nicht besaß. Nach dem Plan ihres Vaters sollte sie mitwirken, Preußen zu liberalen Methoden zu bekehren. Die Preußen hegten auch den starken Verdacht, daß es solche Pläne gab. Als man Bismarck fragte, was er von der Heirat halte, antwortete er, wenn die Prinzessin die Engländerin zu Hause zu lassen und eine Preußin zu werden vermöge, könnte sie ein Segen für ihr neues Vaterland werden. Aber gerade das konnte die Prinzessin nicht, wenn sie nicht alle die Grundsätze preisgeben wollte, nach denen sie erzogen war. Alles, was sie trotz bester Absichten fertigbrachte, war, daß sie in England zur Preußin wurde, in Preußen aber Engländerin blieb. So schrieb ihr Sohn siebzig Jahre später:

> »Sie kam aus einem Lande, das mit dem Kontinent innerlich wenig zu tun hatte, das seit Jahrhunderten ein eigenes Leben geführt und eine eigene Entwicklung gehabt hatte – anders, als die Überlieferungen und das Wachstum des Landes waren, in das sie einzog ... Die Preußen waren keine Engländer. Sie hatten eine andere Geschichte, andere Vergangenheit, andere Überlieferungen, ihr Staat war anders gewachsen und geworden als der englische Staat, sie waren Kontinentale. Sie hatten einen anderen Königsbegriff, die Klassenbegriffe und die Klassenunterschiede waren andere als in England ... Mit Feuereifer ging meine Mutter daran, in der neuen Heimat alles für den Bau eines Volksglückes vorzubereiten, was nach ihrer englischen Erziehung, Überzeugung und Weltanschauung allein das Volksglück ausmachen konnte.«[34]

Die Hochzeit, am 25. Januar 1858 im dichtesten Londoner Nebel, bedeutete an sich schon einen Affront für den preußischen Nationalstolz; denn noch nie zuvor hatte ein künftiger Kronprinz seine Hochzeit im Ausland begangen. Aber Königin Viktoria hatte den Vorschlag, sie in Berlin zu feiern, kurzerhand abgelehnt. Bei ihrer Ankunft in ihrem neuen Heim mit einer großartigen Brautausstattung, zu der unter anderem zwanzig

Paar Gummigaloschen und zwei Schubladen voll Schwämme gehörten, fand die Prinzessin manches an der traditionellen Frugalität des preußischen Hofes auszusetzen. Obgleich sie und ihr Mann über zwei Jahre lang verlobt gewesen waren, war nichts unternommen worden, um ein Palais für sie einzurichten. Sie mußten die ersten Wintermonate im alten Berliner Schloß zubringen, in dem seit dem Tode Friedrich Wilhelms III. achtzehn Jahre zuvor kaum jemand gewohnt hatte und an dem auch seitdem nichts getan worden war. Das Sterbezimmer Friedrich Wilhelms, nach deutscher Tradition unverändert erhalten geblieben, bildete die einzige Verbindung zwischen dem Schlafzimmer der Prinzessin und ihrem Boudoir. Änderungen durften nicht ohne Zustimmung Friedrich Wilhelms IV. vorgenommen werden, der um diese Zeit immer exzentrischer wurde. Die Prinzessin beschwerte sich bitter über die deutschen Stiefel, über das Fehlen von Badezimmern, das kümmerliche Tafelsilber und die stumpfsinnige Hofetikette. Bei einer Gelegenheit sagte sie Bismarck, es gebe mehr Silbergeschirr in Birmingham als in ganz Preußen.[35]

Die Angewohnheit, verletzende Vergleiche anzustellen, konnte sie sich nur schwer abgewöhnen. Viele Jahre später sagte sie zu einem englischen Diplomaten, der auf dem Wege zu einem Besuch bei ihr seinen Hut verloren hatte: »Armer Sir Edward! Und in einem solchen Lande können Sie sich nicht einmal einen neuen kaufen!«[36] Etwa um die gleiche Zeit bat sie ihren Sohn, leiser zu sprechen, und fügte seufzend hinzu, die Deutschen hätten oft die schlechte Angewohnheit, sehr laut zu reden.[37] »Sie hatte über alles ein Urteil, fand alles bei uns schlecht und in England, das sie gewöhnlich ihr ›*home*‹ nannte, besser.«[38] Auch wenn ihre Vorliebe für England berechtigt gewesen sein mag, so gewann sie sich jedenfalls dadurch keine Freunde.

Nur wenige Monate nach Victorias Hochzeit besuchte der Prinzgemahl seine Tochter. Zwei Monate später erschien er wieder, diesmal in Begleitung der Königin, dreier Minister und des Barons Stockmar. Der Eindruck, England versuche Preußen zu dirigieren, erregte fast ebensoviel Verstimmung, wie der Gedanke, Preußen suche Englands Kurs zu bestimmen, dort ausgelöst haben würde. Es war vielleicht ein Glück, daß kein Deutscher etwas erfuhr von einer langen Denkschrift über die Vorteile eines Gesetzes zur Schaffung ministerieller Verantwortlichkeit vor dem Parlament, die so abgefaßt war, daß sie die Besorgnisse des preußischen Hofes gegen die Zweckmäßigkeit einer solchen Maßnahme überwinden sollte[39], und die die Prinzessin im Dezember 1860 ihrem Vater schickte. Die Ansicht, daß ihr Geschlecht in der Politik nichts zu sagen habe, war zwar in Preußen vorherrschend, aber die Prinzessin lehnte sie selbstverständlich als irrtümlich ab. Ihrem Mann schrieb sie im Jahre 1864:

> »Das Regieren eines Staates ist nicht ein Geschäft, das der König und einige bevorzugte Männer allein zu besorgen hätten und das andere Leute nichts angeht . . . während es Recht und heilige Pflicht jedes einzelnen wie des ganzen Volkes ist, daran teilzunehmen. Die bisher übliche Prinzenerziehung in Preußen ist nicht dazu angetan, um den Bedürfnissen der Neuzeit zu genügen, und obgleich die Deinige durch die treue Fürsorge Deiner Mama eine weit bessere war als die der übrigen . . . Doch die alten liberalen und konstitutionellen Begriffe waren Dir weder klar noch geläufig, und dies war noch der Fall, als wir heirateten. Welch großen Sprung Du in diesen Jahren gemacht hast!«[40]

Daß sie ihren Gatten in einer liberalen Einstellung bestärkte, war weithin bekannt. Nach dem Tode des Prinzgemahls im Dezember 1861 betrachtete sie das als ein dem Andenken ihres Vaters geweihtes Vermächtnis. Auf dem Höhepunkt des Verfassungsstreits in Preußen im Jahre 1862, unmittelbar vor der Ernennung Bismarcks zum Ministerpräsidenten, unternahm Friedrich einen letzten Versuch, seinen Vater zu einem Kompromiß mit dem Landtag zu überreden. Der König sah sich außerstande, die Argumente seines Sohnes zu widerlegen, war aber entschlossen, nicht nach ihnen zu handeln, und bot deshalb seine Abdankung an. Die Kronprinzessin trat für die Annahme des Angebotes ein, aber ihr Gatte fand das unvereinbar mit seinen Pflichten als Sohn und Untertan. Er hatte allerdings geglaubt, sein Vater habe zugesagt, niemals Bismarck zu berufen. Als dieser drei Tage später doch an die Spitze der Regierung trat, begann der Kronprinz einzusehen, daß seine Frau recht gehabt hatte. Als 1863 Bismarck dem Parlament trotzte und der Presse das Maul verband, verwahrte sich der Kronprinz in einer Rede in Danzig öffentlich gegen diese Politik. Dabei folgte er, wie ihm wahrscheinlich bewußt war, einem Rat des Prinzgemahls, den dieser acht Jahre vorher seinem Vater gegeben hatte für den Fall, daß Friedrich Wilhelm IV. verfassungswidrige Methoden anwenden sollte. Aber jetzt verlangte der König von ihm einen öffentlichen Widerruf dessen, was er gesagt hatte. Friedrich aber bot, unterstützt von seiner Frau, den Verzicht auf alle seine Ämter an, lehnte es aber ab, irgend etwas zurückzunehmen. Der Festungshaft entging er nur, weil Bismarck dem König zurief: »Verfahren Sie säuberlich mit dem Knaben Absalom!« Es wurde ihm aber auferlegt, niemals wieder seine Ansichten vor der Öffentlichkeit zu äußern, ein Befehl, dem er pflichtgemäß gehorchte. Bismarck schrieb er aber in Worten, die sein Schwiegervater gebilligt haben würde:

»Loyale Handhabung der Gesetze und Verfassung, Achtung und Wohlwollen gegen ein leicht zu führendes, intelligentes und tüchtiges Volk – das sind die Prinzipien, von denen meiner Meinung nach jede Regierung in ihrem Verfahren gegen das Land geleitet sein muß ...

... Ich aber meine, daß eine Regierung ein stärkeres Fundament bedürfe als mindestens höchst zweifelhafte Auslegungen, die dem gesunden Menschenverstande des Volkes nicht einleuchten ... «[41]

Friedrichs Kampf mit Bismarck dauerte lange. In den Jahren 1865 und 1866 war der Kronprinz das einzige Mitglied des Preußischen Kronrates, das für die Rechte des Herzogs von Augustenburg eintrat und sich gegen einen »deutschen Bürgerkrieg« mit Österreich aussprach.[42] Bismarck erwiderte, wenn man einen Krieg im Bund mit Frankreich gegen Österreich ausschließe, dann sei keine preußische Politik mehr möglich. Führe man aber Krieg gegen Österreich, müsse der nicht nur die Annexion der Herzogtümer Schleswig und Holstein ergeben, sondern auch zu einer Neuregelung der Beziehungen zwischen Preußen und den kleineren deutschen Staaten führen. Friedrich konnte sich nicht den Gedanken zu eigen machen, daß Krieg der richtige Weg zur Einigung Deutschlands sei. Königin Victoria schrieb aus eigener Initiative einen persönlichen Brief an König Wilhelm, in dem sie ihn warnte, sich von Bismarck irreleiten zu lassen, und ihn beschwor, sich zu besinnen, *»if you have any regard for my affection and friendship«* (wenn Ihnen meine Zuneigung und Freundschaft etwas bedeutet).[43] In einem Privatbrief sprach sie von den Preußen als einem hassenswerten Volk.[44] Die Kronprinzessin verteidigte aber Deutschland; die Politik Englands betrübe sie sehr, schrieb sie 1864. »Es empört mich immer nebenbei, daß sie sich in alles mischt, was sie nichts angeht, wozu sie nicht das geringste Recht hat. Kinder, die ihre Finger immer in etwas hineintun, kriegen schließlich eins drauf. Diese stupide englische auswärtige Politik wird sich eine empfindliche Ohrfeige holen, die dann das Land einstecken muß.«[45] Ihre Haltung hatte zur Folge, daß sich ihr Verhältnis zu ihrem Bruder und dessen dänischer Frau, wenn auch nur vorübergehend, merklich abkühlte. Sie erntete aber für ihr Verhalten auf keiner Seite Dank, denn Bismarck sagte später, nach der Annexion von Schleswig und Hannover im Jahre 1866 habe die Kronprinzessin seinen Anblick kaum ertragen können.[46]

Der Kronprinz war nicht nur ein Liberaler, er war auch überzeugt national. Er pflegte seinem Sohn als besonderes Vergnügen ein Buch mit farbigen Illustrationen der mittelalterlichen Kronjuwelen und Beschreibungen der Krönungszeremonie in Aachen zum Lesen zu geben. Zum Schluß sagte er dann immer: »Das alles muß wiederkommen, die Macht des Reiches muß wiedererstehen, und der Glanz der Kaiserkrone muß wieder aufleuchten. Barbarossa muß aus dem Kyffhäuser wieder erlöst werden.«[47] Er war auch ein überzeugter Zentralist und hielt die kleineren deutschen Fürsten nach 1866 für das Haupthindernis für die deutsche Einheit. Er soll einmal gesagt haben, sie seien, mit Ausnahme seines Schwagers, des Großherzogs von Baden, »alle wie Wespen, denen man einen Flügel ausgerupft hat; solange sie kriechen können, stechen sie«.[48] Daher mäßigte sich nach dem Sieg von Königgrätz – zu dem er nicht unerheblich beigetragen hatte – und angesichts von Bismarcks großmütigem Eintreten für einen sofortigen Friedensschluß mit Österreich – allmählich Friedrichs Opposition. Das Übereinkommen, das den Militärhaushalt innerhalb des Norddeutschen Bundes regelte – durch das zugleich der Verfassungsstreit vom Jahre 1862 ein Ende fand –, war zu guten Teilen seiner Vermittlung zu danken. 1870 wurden ihm süddeutsche Truppen unterstellt, die er mit Auszeichnung führte, doch lehnte er eine ihm nach Kriegsende angebotene Dotation mit der Begründung ab, er habe ja keine wirkliche Verantwortung getragen. Es kam zu Zusammenstößen zwischen ihm und Bismarck über die Art und Weise, wie der Krieg geführt werden und auf welchem Wege das Kaiserreich entstehen sollte. Bei der letztgenannten Frage spielte Friedrich eine maßgebende Rolle, besonders bei der Überwindung des Widerstrebens seines Vaters, der den ihm angebotenen Titel »Deutscher Kaiser« als unbefriedigend betrachtete und mit einem »Charaktermajor« verglich. Gleichwohl hatte der Kronprinz noch seine Zweifel hinsichtlich der Methoden, die angewandt wurden. Er notierte in seinem Tagebuch: »Bismarck hat uns groß und mächtig gemacht, aber er raubte uns unsere Freunde, die Sympathien der Welt und – unser gutes Gewissen. Ich beharre noch heute fest auf der Ansicht, daß Deutschland ohne Blut und Eisen, allein mit seinem guten Rechte, ›moralische Eroberungen‹ machen und einig, frei und mächtig werden konnte.« Und die Reichsverfassung erschien ihm als »ein kunstvoll gefertigtes Chaos«.[49] Gemeinsam mit seinem Schwager, dem Großherzog von Baden, widersetzte er sich der Annexion französischsprachiger Gebiete.

Die Kronprinzessin war ungehalten darüber, daß England Preußen nicht aktiv unterstützte, und es gab deswegen neue Verstimmung mit ihrem Bruder, der aus seiner Sympathie für Frankreich kein Hehl machte. Sie war eifrig beschäftigt mit der Organisation von Militärlazaretten – ganz in der Tradition der aus der Zeit des Krimkrieges in dieser Beziehung berühmten Florence Nightingale –, aber sie geriet bald in Konflikt mit den medizinischen Autoritäten und fand nicht die Anerkennung, die sie verdient hätte.

Der Kronprinz und die Kronprinzessin teilten die Anschauungen der Fortschrittspartei, und Bismarck befürchtete, daß sie, falls der alte Kaiser – er war in den Siebzigern – sterben sollte, einen ihrer Führer zum Kanzler machen würden. Gegen eine solche Wendung suchte er sich dadurch zu sichern, daß er den Kronprinzen aus allen Stellungen, in denen er hätte Einfluß nehmen können, heraushielt und mit nicht immer fairen Mitteln seine Popularität zu untergraben suchte. Die Kronprinzessin stand nach einer Äußerung ihrer Mutter in ihren religiösen Anschauungen ganz unter dem Einfluß des vom französischen Episkopat bekämpften Religionsforschers Ernest Renan[50] und dürfte deshalb mit dem Kulturkampf sympathisiert haben, aber das reichte nicht aus, um die Streitaxt zu begraben. Ihre Briefe an ihre Mutter sind voll bitterer Klagen über das System und die Intrigen und Verdächtigungen, denen sie und ihr Gatte ausgesetzt waren.

»Ich wundere mich«, schrieb die Kronprinzessin im Jahre 1881, »daß er (Bismarck) nicht geradeheraus sagt: ›Solange ich lebe, sind die Konstitution und die Krone entmachtet‹; denn in der Tat ist es so.« Richtig wäre das aber nur gewesen, wenn die »Konstitution«, das heißt die Reichsverfassung, die Form erhalten haben würde, die die Prinzessin ihr gern gegeben hätte. Sie gab später einmal zu, daß die meisten Preußen und Konservativen das liebten, was ihr selbst ein Greuel war, und die reiche Bourgeoisie zu feige sei, um eine Änderung zu erstreben.[51] Sie und ihr Mann befanden sich in der für führende Oppositionelle in Zeiten allgemeinen Wohlstandes typischen und wenig beneidenswerten Lage, beinahe hoffen zu müssen, daß sich die Verhältnisse verschlechtern würden.

Und doch, in den Schwierigkeiten, die zum Berliner Kongreß führten, unterstützten sie aus Überzeugung Bismarcks Politik, und der Kronprinz half wieder einmal dem Kanzler, seinen Vater zu überreden; diesmal zur Unterzeichnung des Bündnisvertrages mit Österreich. Es gab sogar eine merkwürdige Episode im Jahre 1877, als die Kronprinzessin sich bereit fand, Bismarcks Politik zu unterstützen, die darauf hinauslief, England zum Eingreifen in Ägypten zu ermutigen, um es dadurch in Konflikt mit Rußland und Frankreich zu bringen. Dies war ein gutes Beispiel für die Lieblingstaktik Bismarcks, dafür zu sorgen, daß jede Macht, die nach irgendeiner Richtung vorzudringen suchte, sich stets einer starken Koalition dritter Mächte gegenübersah, so daß es Deutschland erspart blieb, selber die Opposition zu stellen. Aber nicht immer gingen dritte Mächte in die Falle, und dies war nun eine solche Ausnahme. Königin Victoria antwortete ziemlich schroff, es sei nicht englische Art, Länder zu annektieren, wie manche anderen Regierungen das vielleicht täten, es sei denn, daß England hierzu verpflichtet sei und gezwungen werde. Disraeli bemerkte: »Wenn die Königin von England in Ägypten die Regierung zu übernehmen wünscht, bedarf sie dazu nicht der Anregung oder Erlaubnis des Fürsten Bismarck.«[52] Das Ergebnis dieses Versuchs, den Bestrebungen des Kanzlers dienstbar zu sein, war kaum geeignet, Bismarck der Prinzessin sympathischer zu machen, und sie wiederholte das Experiment auch nicht.

Ihre Ansichten über Rußland brachte sie weiterhin mit großer Schärfe zum Ausdruck:

»Je mehr ich höre und je mehr Zeit vergeht, desto mehr bedauere ich, daß die englische Flotte und die englischen Truppen nicht schon lange in Konstantinopel, Gallipoli und den Dardanellen sind.«

»Ich habe das feste Vertrauen, daß im Foreign Office genug Energie und Entschlußkraft zu finden sind, um den richtigen Schritt zu tun und nicht zu warten oder zu zögern; in 14 Tagen würde es zu spät sein. Die Russen werden bei der ersten Gelegenheit plötzlich in Konstantinopel auftauchen! (Ihre Interessen) sind nur selbstsüchtig und unmenschlich, sie kümmern sich aber niemals um die Zivilisation, um die Ehre und den Ruhm von Freiheit und Fortschritt . . .«[53]

Der Ton dieser Äußerungen ist im wahrsten Sinne des Wortes familiär. Hören wir ihre Mutter:

»Kein Moment ist zu verlieren, sonst wird unsere ganze, seit Jahrhunderten verfolgte Politik, wird unsere Ehre als große europäische Macht einen nicht wiedergutzumachenden Schlag erleiden. Oh, wäre die Königin ein Mann, dann würde sie gern ausziehen und diesen Russen, an deren Wort man nicht glauben kann, solche Prügel versetzen!«[54]

Und wie ein Echo klingen die Ansichten ihres Sohnes:

»Diese faulen, lügenhaften Russen nehmen eine dummdreiste Haltung ein, schwören ein paar Meineide, lügen noch was hinzu, um ihr Gesicht zu retten.«[55]

»Schlapp, lau, launig, unbestimmt, unaufrichtig: Slawe!«[56]

Einen lehrreichen Kommentar zu diesen Äußerungen liefern einige Betrachtungen Bismarcks:

»Sympathien und Antipathien in Betreff auswärtiger Mächte und Personen vermag ich vor meinem Pflichtgefühl im auswärtigen Dienst meines Landes nicht zu rechtfertigen, weder an mir noch an anderen; es ist darin der Embryo der Untreue gegen den Herrn und das Land, dem man dient. Insbesondere aber, wenn man seine stehenden diplomatischen Beziehungen und die Unterhaltung des Einvernehmens im Frieden danach zuschneiden will, so hört man meines Erachtens auf, Politik zu treiben, und handelt nach persönlicher Willkür.«[57]

Kindheit und Jugendjahre

Prinz Friedrich Wilhelm Viktor Albert von Preußen aus dem Hause Hohenzollern wurde am 27. Januar 1859 in Potsdam geboren. Einhundertdrei Jahre vorher war am gleichen Tage ein anderer ruheloser Geist zur Welt gekommen, aber Mozart hatte sich in das Reich der Musik flüchten und dort seine Vollendung finden können. Des Prinzen hundertachtundzwanzig Vorfahren bis zur siebenten Generation waren tatsächlich nur achtzig Einzelpersonen, was immerhin auf eine ziemlich bemerkenswerte Inzucht deutet. Von diesen achtzig Vorfahren dürften sechsundsiebzig als Muttersprache Deutsch gesprochen haben, einer Schwedisch, einer Russisch, während dabei auch eine litauische Bäuerin war, die es zur Zarin von Rußland gebracht hatte.[1] Im Jahre 1859 waren Marx einundvierzig, Clemenceau achtzehn, Foch acht, Woodrow Wilson und Freud drei Jahre alt. Bergson wurde im gleichen Jahre geboren, in das auch die Veröffentlichung von Darwins *Origin of Species* fällt. Lloyd George wurde erst vier Jahre später geboren, Georg V. sechs und Lenin elf Jahre danach. Mit einigen der Genannten sollte der kleine Hohenzollernprinz enger in Verbindung kommen, mit anderen weniger.

Der Beginn von Wilhelms Erdenlaufbahn wurde mit einer Geste angekündigt, die sich als ein Vorzeichen für die schlimmste Seite seiner politischen Fähigkeiten erweisen sollte. Der alte Feldmarschall Wrangel, der sich im Schloß aufhielt, wollte nicht warten, bis das Fenster geöffnet wurde, er zerschmetterte die Scheibe mit seiner Faust und rief der unten stehenden Menge zu: »Kinder, es ist ein Prinz und ein strammer Rekrut dazu!« Wilhelms Großvater, damals Prinzregent, hatte der Artillerie genaue Befehle erteilt, wie das freudige Ereignis angekündigt werden sollte, alle Eventualitäten waren vorgesehen, auch die Möglichkeit von Zwillingen. Aber die erste Salve erregte ihn so sehr, daß er aus dem Hause stürzte, in dem er sich gerade befand, nicht auf seinen Wagen wartete, sondern – ohne Rücksicht auf die Kosten

– eine Droschke nahm, um möglichst schnell nach Hause zu kommen. Als er dort eintraf, mußte er feststellen, daß der Feldmarschall übereilt gesprochen hatte. Die Spannungen, die mit der Ankunft der Prinzessin Viktoria in Deutschland verbunden gewesen waren, hatten ihr die Schwangerschaft nicht eben erleichtert, und es wurde eine schwierige Geburt. Geraume Zeit hatte die ganze Aufmerksamkeit des aus diesem Anlaß von Königin Viktoria nach Deutschland entsandten englischen Arztes der Mutter gegolten, und erst später stellte man fest, daß der linke Arm des Babys fast aus dem Gelenk gerissen war.[2] Trotz schmerzhafter Behandlung und langwierigen Übungen erholten sich Arm und Hand nie mehr vollständig. Wohl waren sie normal geformt und gesund, aber sie erreichten nicht die volle Größe. Stets mußte der linke Ärmel bei gleicher Weite kürzer zugeschnitten werden als der rechte. Die kleine Hand reichte gerade bis zur linken Jackentasche, in der sie gewöhnlich steckte. Wilhelm konnte kein gewöhnliches Tischbesteck benutzen. Er hatte eine Kombination von Messer und Gabel, die sein persönlicher Bedienter immer bei sich führte und mit der er recht gut fertig wurde. Aber sein Tischnachbar schnitt ihm häufig das Fleisch, was ihn jedoch nicht zu genieren schien.[3] Aber diese Schwäche und die sich daraus ergebende Beeinträchtigung des körperlichen Gleichgewichts erschwerte sein Leben in mancher Hinsicht. Dank Übung und Entschlossenheit wurde er indes ein guter Reiter, wenn auch das Aufsitzen ein Problem blieb. König Georg V., der wußte, wovon er sprach, bemerkte einmal, »Wilhelm schoß beachtlich gut, wenn man bedenkt, daß er nur einen Arm hat«. Er spielte auch Klavier und Tennis, das er von den Töchtern eines britischen Gesandten im Haag lernte; er ruderte und schwamm.[4]

Einige Historiker haben den Schlüssel zu Wilhelms Charakter in seiner körperlichen Behinderung zu finden gemeint, und ohne Zweifel hat sein Bestreben, zu zeigen, daß er sich wirklich in nichts von anderen Menschen unterschied, seinen Teil dazu beigetragen, das Unterscheidende in seinem Wesen zu bestärken. Hinzu kam, daß sich die Beschwerden nicht auf den Arm beschränkten, sondern sich in gewissem Umfang auf die ganze linke Seite, insbesondere das linke Ohr erstreckten. Das Ausmaß dieser Beschwerden mag übertrieben worden sein, aber wahrscheinlich verursachten sie eine gewisse nervöse Reizbarkeit und, wenn sie sich plötzlich bemerkbar machten, rasche Stimmungswechsel.[5] Jedoch litten auch andere Menschen an körperlichen Mängeln, ohne daß sich daraus Verzerrungen ihres Charakters ergaben. Lord Halifax beispielsweise, Außenminister zur Zeit des Kriegsausbruches 1939, hatte einen verkrüppelten Arm. Man kann also sagen, daß die körperliche Behinderung ein Element, aber doch nur eine unter den komplexen Ursachen der Persönlichkeitsbildung Kaiser Wilhelms II. war. Immerhin ist man versucht, sich zu fragen, was geschehen wäre, wenn ein deutscher Arzt sich in erster Linie um das Baby gekümmert und die Mutter hätte sterben lassen.

Das Kind zeigte bald Züge des künftigen Mannes. Als der Junge einen Monat alt war, schrieb seine Mutter, er sei erst zufrieden, wenn man immerzu mit ihm umhertanze. Bei seiner Taufe schien er sich sehr für die Orden an der Brust des Prinzgemahls Albert zu interessieren und bewegte seine Hände, als wolle er mit ihnen spielen. Mit zwanzig Monaten wurde er nach Coburg mitgenommen, um seiner Großmutter mütterlicherseits gezeigt zu werden. Sie fand, er sei »ein lieber kleiner Junge, sehr intelligent und niedlich, gut und liebevoll«.[6] Wieder ein Jahr später kam er zum erstenmal nach England, wo ihn der Prinzgemahl in einer Windel schaukelte, ein Ereignis, das er seinen englischen Verwandten immer wieder vorhielt. 1863 kam er anläßlich der Hochzeit seines Onkels Bertie wieder nach England. Seine stärksten Eindrücke bei dieser Gelegenheit waren die Trommel, die ein Mann auf seinem Rücken trug und ein anderer schlug, und die Schönheit von Mendelssohns Hochzeitsmarsch; diese Passage aus der Musik zum »Sommernachtstraum« scheint übrigens bei der Hochzeit von Wilhelms Mutter, der *Princess Royal*, zum ersten Male als Hochzeitsmarsch gespielt worden zu sein. Er trug bei den Hochzeitsfeierlichkeiten die schottische Nationaltracht, den Kilt genannten karierten Rock, mit Dolch und allem Zubehör und war in der Kirche von den Verwandten nur schwer ruhig zu halten. Seinen Onkel Leopold biß er dabei ins Bein, woran ihn die Familie noch häufig erinnerte. Der angesehene Maler W. P. Frith, damit beauftragt, die Trauungszeremonie im Bilde festzuhalten, fand es sehr schwierig, den unruhigen kleinen »Schelm« zu porträtieren, und sagte von ihm, er sei von allen kleinen Türken der schlimmste gewesen.[7] Der »Schelm« verband in späteren Jahren mit dem Buckingham Palast die Erinnerung an die natürlichen Folgen zu reichlich genossenen Puddings.[8] Mit besonderer Hartnäckigkeit hielt sich eine Geschichte, die allerdings wohl nur auf Hörensagen beruht. Danach soll Wilhelm einmal beim Mittagessen unter den Tisch gekrochen sein und sich dort aller Kleider entledigt haben. Seine Großmutter, Königin Viktoria, habe ihn darauf zu allgemeinem Erstaunen mit Küssen bedeckt.

Wilhelms erstes Kindermädchen war eine Engländerin, seine erste Gouvernante ein Fräulein von Doberneck, die er selbst später als eine große hagere Dame von festem Charakter beschrieben hat, deren Methoden gelegentliche Ohrfeigen nicht ausgeschlossen hätten. Sein Vater nahm ihn öfters auf Fahrten durch die Mark Brandenburg mit und zu Picknicks in den Wäldern und an den Seen in der Umgebung von Potsdam, ein Familienbrauch, den Friedrich Wilhelm IV.[9] eingeführt hatte. Nach Ansicht seiner Frau hatte der Kronprinz aber niemals viel Zeit für seine Kinder, und sie selbst warf sich nach dem Tode ihres dritten Sohnes Sigismund im Jahre 1866 vor, sie habe sie vernachlässigt. Nach diesem Schock suchte sie frühere Vernachlässigung dadurch wettzumachen, daß sie jede Einzelheit, auch die geringste, von Wilhelms Erziehung überwachte. Königin Viktoria bemerkte dazu scharfsinnig: »Ich bin überzeugt, daß du über euren lieben Jungen mit der größten Sorgfalt wachst, aber ich denke oft, daß zu große Sorgfalt, zuviel Beaufsichtigung gerade die Gefahren heraufbeschwören, die man zu vermeiden sucht.« Die Königin hatte den Wunsch, daß der junge Prinz mit allen Schichten der Bevölkerung in Kontakt käme. »Sich unter sie begeben, wie wir es immer getan haben und noch tun und wie es hier jeder respektable Herr und jede Dame tut, ist von so unermeßlichem Vorteil für den Charakter derer, die später herrschen sollen.« In ihrer Antwort brachte die Tochter ihren »Horror vor schlechter Gesellschaft« zum Ausdruck, und die Mutter mußte – vielleicht mit einem Seitenblick auf den Prince of Wales – erläutern, daß Schauspieler und Schauspielerinnen, Musikanten und Barbiere das letzte seien, was sie im Auge habe. Aber »im Verkehr nur mit Soldaten kann man dies (wirklichen Kontakt mit dem Volke) niemals erreichen, oder vielmehr man erreicht das Gegenteil, da Militärpersonen gezwungen sind, zu gehorchen, und Unabhängigkeit des Charakters in ihren Reihen nicht zu finden ist«.[10] Und im Jahre 1865 sagte sie: »Erziehe ihn einfach, schlicht, nicht mit jenem schrecklichen preußischen Stolz und Ehrgeiz, der dem lieben Papa so viel Kummer bereitete und von dem er immer sagte, er werde Preußen im Wege stehen, wenn es, wie er immer wünschte, in Deutschland die Führung übernehmen wolle. Stolz und Ehrgeiz sind nicht nur an sich sehr falsch, sie untergraben auch die Zuneigung und sind in jeder Beziehung großer Fürsten – und großer Nationen – unwürdig.«[11]

Großen Einfluß übte auf den jungen, gut aussehenden Prinzen Georg Hinzpeter aus, der Sohn eines Bielefelder Professors, der 1866 im Alter von neununddreißig Jahren auf den Rat des englischen Gesandten in Darmstadt, Sir Robert Morier, als Hauslehrer angestellt wurde. Hinzpeter war seiner ganzen Natur nach Lehrer, ein wohlwollender Despot, der glaubte, der beste Weg, seinem Zögling Toleranz und Mitleid beizubringen, sei das strikte Gebot. Aus diesem Grunde war Ernst von Stockmar, dessen Vater Berater bei Prinzgemahl Albert und der daher zum Sekretär für die Kronprinzessin bestimmt worden war, mit Hinzpeters Wahl nicht einverstanden.[12] Dieser wurde vom Kronprinzen beauftragt, seinem Schüler die geistige Ausrüstung »der intellektuellen Crème« zu vermitteln. Dreißig Jahre später erklärte Hinzpeter rückblickend, er habe sich ohne Rücksicht auf andere Erwägungen für einen Lehrplan entschieden,

> »der die sicherste Gewähr biete für eine harmonische Ausbildung der Geisteskräfte des jungen Knaben mit Beiseitesetzung jeder anderen Rücksicht. Es konnte kein Zweifel darüber bestehen, daß zur Erreichung dieses Zieles nur die altklassische Gymnasialbildung gewählt werden konnte. Er sollte dort suchen die strenge Disziplin des Geistes, die der altsprachliche Unterricht des Gymnasiums allein schon imstande schien zu gewähren, er sollte suchen eine gewisse Übung in der Lösung geistiger Aufgaben und ein gewissenhaftes Streben nach wahrem Erkennen und Wissen. Daneben hoffte man auch, es sollte sich in ihm eine historische Weltanschauung ausbilden«.[13]

Die Erinnerungen des Schülers deuten auf eine eher vertraute Kluft zwischen Absicht und Erfolg:

> »Wir quälten uns durch 1000 Seiten Grammatik, wir wandten sie an und gingen mit einer Lupe und Seziermesser an alles heran, von Phidias bis Demosthenes, von Perikles bis Alexander und gar an unseren lieben großen Homer! Und wäh-

rend aller der hundertfachen ›Zerlegungsoperationen‹, die ich an den Erzeugnissen der Hellenen vornehmen mußte, von wegen der ›klassischen Bildung‹, da bäumte sich mein Herz in mir auf, das auch in mir so lebendige Gefühl für Harmonie schrie in mir auf: ›Das ist es doch nicht, das kann es nicht sein, was wir aus dem Hellenentum für die Förderung des Germanentums brauchen!‹«[14]

Hinzpeter erwartete also, daß sein Lehrplan bei dem Schüler einen Sinn für die Weltgeschichte entwickeln werde. Daß Wilhelm sich einen solchen Sinn aneignete, steht außer Zweifel, aber inwieweit er das im Schulzimmer vermochte, erscheint fraglich, da dort der Geschichtsunterricht mit dem Jahre 1648 aufgehört zu haben scheint. Die Mathematik meisterte er nie. Eine Mademoiselle D'Arcourt wurde angestellt, um ihm Französisch beizubringen, und ein Mister Dealtry lehrte Englisch. In dieser Sprache las der Prinz zahlreiche Bücher, darunter Shakespeare, Dickens, Walter Scott, Byron, Macauley, Tennyson, Marryat. *Robinson Crusoe* und Bischof Hebers *Palestine*. Seinen Fennimore Cooper kannte er auswendig, und das Indianerspielen mit dem Sohn eines amerikanischen Botschafters führte zu lebenslanger Freundschaft.[15] Man hat später gesagt, er habe Deutsch und Englisch gleich gut sprechen können und sei sich oft gar nicht bewußt gewesen, ob er sich der einen oder der anderen Sprache bediente. Das mag stimmen, obgleich er in der schwer zu erfassenden englischen Sprache gelegentlich Schnitzer machte. Späterhin eignete sich Wilhelm auch oberflächliche Kenntnisse im Italienischen und Russischen an.

Hinzpeter blieb bei dem Prinzen, bis dieser das zwanzigste Jahr erreichte, und er versuchte als überzeugter Calvinist seinem Schüler ein starkes Pflichtgefühl einzuflößen und ihn von der Notwendigkeit zu überzeugen, daß man in unablässiger harter Arbeit ohne Hoffnung auf Lohn oder Anerkennung nach Erlösung von der Erbsünde zu streben habe. Die Lehre wurde vom Schüler aufgenommen, wenn auch nicht immer beherzigt. »Leben«, sagte der Prinz einmal, »heißt arbeiten, arbeiten heißt schaffen, schaffen bedeutet wirken für andere.«[16] In der Praxis bedeutete Hinzpeters These, daß der Unterricht im Sommer um sechs und im Winter um sieben Uhr morgens begann und bis zu zwölf Stunden dauerte. Um seinem Schüler Selbstbeherrschung einzuimpfen, ließ er eines Tages Wilhelm schöne Früchte, die

Kaiser Wilhelm I. mit Kaiser Friedrich als Kronprinz, dem damaligen Prinzen Wilhelm und dem späteren Kronprinzen Wilhelm

Der Kaiser als Junge mit seiner Mutter, der Kaiserin Friedrich, um 1875

Kaiserin Auguste Viktoria (»Dona«)

Dr. Georg Hinzpeter, der Erzieher Kaiser Wilhelms II., 1869

ihm eine liebende Tante geschickt hatte, seinen Spielkameraden anbieten, nahm den Rest aber weg, ehe der Prinz selbst etwas davon nehmen konnte.[17] In seinen Erinnerungen schildert Wilhelm auch, wie Hinzpeter ihn das Reiten lehrte: Er setzte ihn ohne Steigbügel auf ein Pony, und so oft er herunterfiel, ließ er ihn wieder aufsteigen, bis er allmählich das Gleichgewichtsgefühl erlangte, das ihm wegen seiner körperlichen Behinderung von Natur aus fehlte. Derartige Methoden hätten leicht Widerwillen erzeugen können, aber Wilhelm bewahrte seinem Hauslehrer Achtung und Zuneigung; er bemühte sich, freilich ohne viel Erfolg, ihm eine Stellung im öffentlichen Leben zu verschaffen. Er nahm noch an seiner Beisetzung im Jahre 1907 teil. Gleichwohl war diese lichtlose, nüchterne Erziehung kaum geeignet, einen gelösten, ausgeglichenen Menschen heranzubilden. Andererseits beschwerte sich Königin Viktoria im Jahre 1874 bei der Kaiserin Augusta, daß Willy durch zu viel Freundlichkeit verwöhnt werde.

Hinzpeters Aufsicht beschränkte sich nicht auf akademische Fächer. Mittwochs und samstags gingen Lehrer und Schüler aus, um Museen und Bildergalerien, Fabriken und Bergwerke zu besichtigen. Zum Abschluß eines jeden Besuches mußte Wilhelm auf den für die Besichtigung verantwortlichen Herrn zugehen, den Hut abnehmen und eine kleine Dankansprache halten. Hinzpeter ging häufig mit dem Prinzen spazieren und forderte ihn auf, seine Meinung über alle Leute zu sagen, denen sie begegneten. Er bestand auch darauf, daß ein Monarch sich niemals dem beherrschenden Einflusse eines anderen, auch nicht dem seiner verantwortlichen Ratgeber, unterwerfen dürfe.[18] Da der Schüler, als er heranwuchs, die Neigung zu vorschnellem Urteil entwickelte und jedem, der plausibel zu reden verstand, anheimfiel, kann man kaum behaupten, der Lehrer habe bei diesen Unterweisungen eine besonders glückliche Hand bewiesen.

Dies waren bekanntlich die Jahre, in denen das Deutsche Reich im Entstehen begriffen war. Zu den frühesten Erinnerungen des Prinzen gehörte eine Parade des ungarischen Husarenregiments, dessen Chef der König von Preußen war, vor seinem Großvater in den weißen Uniformen, als es sich 1864 auf dem Wege zum dänischen Kriegsschauplatz befand. Er erinnerte sich auch an die Rückkehr seines Vaters und des siegreichen Heeres aus dem Krieg von 1866. Im Jahre 1869 – zehn Jahre alt – wurde er von seinem Großvater zum Leutnant ernannt. In der Uniform des 2. (Pommerschen) Grenadierregiments nahm er an der letzten Korpsbesichtigung vor dem Krieg gegen Frankreich im Jahre 1870 teil.[19] Als der neue Kaiser 1871 an der Spitze der deutschen Fürsten im Triumph durch das Brandenburger Tor in Berlin einzog, war Prinz Wilhelm auf seinem Pony das jüngste Mitglied dieser Gruppe. Es muß ein erregender Augenblick für den Knaben gewesen sein, in einem Alter, in dem man für Eindrücke besonders empfänglich ist, und er mag nur schwer begriffen haben, weshalb sich seine Eltern Sorgen um die Zukunft machten. Noch vor dem Krieg mit Frankreich hatte ihn seine Mutter zusammen mit seinen Geschwistern auf einer Reise nach Villefranche und Cannes mitgenommen, um den Vater, der von der Eröffnung des Suezkanals zurückkam, zu begrüßen.

Im Jahre 1874 wurde Prinz Wilhelm konfirmiert. Sein Onkel Bertie kam zu der Feier und brachte als Geschenk von Königin Viktoria ein großes Porträt des Prinzgemahls. Die Eltern hatten die Unterweisung des Prinzen einer protestantischen Vereinigung übertragen wollen, aber der Großvater hatte darauf bestanden, daß sie entsprechend der im Königshause herrschenden Sitte ein Hof- und Domprediger vornehmen sollte.[20] Im folgenden Jahre wurde Wilhelm zusammen mit seinem Bruder Heinrich auf das Gymnasium in Kassel geschickt, wo er neben seinen Schularbeiten eine Tragödie über Hermione, die Tochter des Menelaos und der Helena, verfaßte.[21] Der Besuch einer solchen Schule bedeutete für preußische Prinzen etwas Neues, normalerweise genossen sie in diesem Alter eine militärische Ausbildung. So gab es auch Gerede deswegen. Man erzählte sich, die Eltern wollten auf diese Weise die Absicht des Großvaters durchkreuzen, daß Wilhelm sich möglichst viel in der Öffentlichkeit zeige, ein Vorgehen, dem sich Königin Viktoria zweifellos energisch widersetzte.[22] Als Wilhelm später Kaiser geworden war, erklärte er auf einer Konferenz über Erziehungsfragen, er könne als ehemaliger Gymnasiast auf Grund persönlicher Erfahrungen sprechen und wisse, wie es auf solchen Schulen zugehe. Die dort gewonnene Erfahrung habe ihn gelehrt, daß die Philologen zuviel Nachdruck auf die alten Sprachen und den Lernstoff, aber zuwenig auf die Charakterbildung und die Bedürfnisse des täglichen Lebens legten. Daß diese Meinung nicht eben neu war, bedeutet nicht notwendigerweise, daß sie auch falsch gewesen wäre, aber man mag sich fragen, ob die Tatsache, daß er nur den zehnten Platz unter den siebzehn Schülern seiner Klasse erreichte, zu dieser Auffassung beigetragen hat.[23] Manche Leute behaupteten, der Prinz sei unfähig gewesen, sich auf irgend etwas zu konzentrieren, und Hinzpeter selber räumte ein, daß dies seine größte Schwierigkeit gewesen sei. Andere wieder meinten, seine Mutter und sein Erzieher hätten den Prinzen zu sehr belastet. Vielleicht blieb ihm nach den Anstrengungen, die die Überwindung seiner natürlichen Schwächen von ihm forderten, nicht genug Energie, um auch die anderen Dinge zu meistern.

Im Jahre 1877, mit Vollendung des achtzehnten Lebensjahres, wurde er großjährig. Seine Großmutter, die wohl einsah, daß er nun zu erwachsen war, um mit Porträts abgefunden zu werden, verlieh ihm das Großkreuz des Bathordens. Im Vergleich mit der Behandlung, die ihm die Kaiser von Rußland und von Österreich angedeihen ließen und die seinen Onkeln von seinem Großvater gewährt wurde, fühlte er sich jedoch schäbig behandelt und veranlaßte seine Mutter zu sagen, wenn auch Willy mit dem Bathorden zufrieden gewesen wäre, die Nation hätte den Hosenbandorden erwartet.[24] Man weiß nicht, ob die alte Königin sich darüber im klaren war, daß es in Wirklichkeit umgekehrt stand, jedenfalls handelte sie dem Wink gemäß. Etwa um diese Zeit bemühte sich der berühmte *Master* des Balliol College der Universität Oxford, durch Sir Robert Morier zu erreichen, daß Wilhelm als Student an sein College kam, wo er Schüler des bedeutenden, einige Jahre später gestorbenen Sozialreformers Arnold Toynbee geworden wäre.[25] Aber auch Balliol hätte wahrscheinlich die Kompliziertheit von Wilhelms Charakter kaum zu lösen vermocht, vielleicht hätte es sie sogar noch verstärkt. Jedenfalls kam es nicht zur Verwirklichung dieser reizvollen Möglichkeit, denn im Jahre 1877 ging der Prinz auf vier Semester an die Universität Bonn, wo auch sein Vater studiert hatte.

Hier hörte er Vorlesungen über Geschichte, Philosophie, Jura, Kunstgeschichte, Politik, Volkswirtschaft, Verwaltungslehre und Naturwissenschaften. Es wäre interessant, zu erfahren, ob wohl jemand die Aufmerksamkeit Wilhelms auf die Werke der sogenannten Kathedersozialisten, Adolph Wagner, Brentano und Schmoller, gelenkt hat, die gerade um jene Zeit begannen, die These in Frage zu stellen, daß die Nationalökonomie auf unabänderlichen Gesetzen beruhe, an denen zu rühren unsinnig sei.

Die Reichweite seiner Studien war in jedem Falle sehr groß für jemand, der sich schlecht zu konzentrieren vermochte, und Wilhelm litt sein ganzes Leben lang unter der Tatsache, daß er ein zu weites Feld nur oberflächlich kannte. Rudolf Gneist, der deutsche Sachverständige für Englandfragen, der ihn in Verfassungsrecht unterrichtete, sagte, dem Prinzen sei wie allen Mitgliedern herrschender Häuser in seiner Jugend zu viel Weihrauch gestreut worden, und er habe daher geglaubt, alles zu wissen, ohne irgend etwas wirklich gelernt zu haben.[26] Kaum hatte er etwas erfahren, hatte er es auch schon wieder wie überflüssigen Ballast vergessen. Auch seine Mutter klagte, er habe keine Lust, irgend etwas anzusehen, zeige kein Interesse an Kunstwerken, bewundere nicht die schöne Landschaft und schaue weder in einen Reiseführer noch in andere Bücher hinein, die ihn über sehenswerte Plätze unterrichten könnten.[27]

Wilhelm trat der feudalsten studentischen Verbindung, dem Corps Borussia, bei, doch wurde ihm die Pflicht zu Mensuren erlassen. Um diese Zeit hielt er auch seine erste öffentliche Rede auf dem Kölner Karneval, einen Trinkspruch auf einen als Feldherrn verkleideten Redakteur.[28] Im Frühjahr 1878 reiste er nach Paris zur Weltausstellung. Er sollte diese Stadt, in der sein Onkel Eduard sich so heimisch fühlte, nie wiedersehen. Dies mag jedoch mehr auf die Weigerung der Franzosen zurückzuführen sein, den Herrscher ihrer Besieger einzuladen, als auf dieses Herrschers mangelndes Interesse an den Schönheiten ihrer Hauptstadt.[29] Dagegen besuchte er England des öfteren. 1877 kam er um die Zeit der Segelregatten nach Cowes und Osborne, dem Sommersitz der Königin Viktoria, und 1878 machte er eine Rundfahrt, die ihn bis nach Ilfracombe führte. Er fuhr dann nach Balmoral, wo er wieder einmal einen schottischen Kilt trug und auf die Pirsch ging.

Bis dahin war sein Charakter zumeist günstig beurteilt worden. Als er acht Jahre alt war, schrieb seine Mutter, Willy sei ein lieber, interessanter und charmanter Junge, gescheit, amüsant und so anziehend, daß man ihn ein wenig verwöhnen müsse. Er werde hübsch, seine großen grauen Augen hätten hin und wieder einen nachdenklichen, träumerischen Ausdruck, aber dann leuchteten sie gleich wieder vergnügt und lustig auf.[30] In Wilhelms zwölftem Jahr schrieb sie in ähnlichem Sinne:

»Du wärest sicher zufrieden mit Wilhelm, wenn Du ihn sehen

würdest – er hat Berties freundliches, liebenswürdiges Wesen und kann sehr anziehend sein. Er besitzt nicht gerade glänzende Fähigkeiten, aber er ist ein lieber Junge und wird, wie ich glaube und vertraue, wenn er erwachsen ist, seinen Posten gut ausfüllen ... Schon jetzt hat ihn jeder gerne, da er lebhaft und von gesundem Menschenverstand ist. Er ist eine Mischung aus all unseren Brüdern – von seinem Vater hat er wenig, wie überhaupt von der preußischen Familie.«[31]

Im gleichen Jahr fand ihn seine Großmutter nicht nur liebenswürdig und angenehm, sondern auch bereit, auf zarte Winke einzugehen. 1874 schrieb die Frau des britischen Botschafters:

»Jeder, der die Freude hat, mit Prinz Wilhelm zu sprechen, wird durch seinen natürlichen Charme und sein liebenswürdiges Wesen, seine große Intelligenz und seine bewunderungswürdige Erziehung gefangen.«[32]

Immerhin bemerkte man auch gewisse Mängel. Seine Mutter beschwerte sich über seine Neigung, selbstsüchtig, gebieterisch und stolz aufzutreten. Hinzpeter sprach von ihm als von seinem heißgeliebten Sorgenkind.[33] Um die Zeit, da er Bonn verließ, begannen auch erste Zeichen von Aufsässigkeit gegen die bestehenden Autoritäten Schwierigkeiten zu bereiten. Während des Berliner Kongresses 1878 hielt Wilhelm – wie übrigens auch sein Großvater, der alte Kaiser – Bismarcks Politik für verfehlt. Er war nicht einverstanden mit seines Vaters Widerstand gegen die Einfuhrzölle. Seine politischen Neigungen und Abneigungen verschärften sich, als er im Jahre 1879 nach Potsdam übersiedelte und das Leben eines Leutnants in einem Garderegiment aufnahm. Zur Zeit seines 22. Geburtstages entdeckte seine Mutter schließlich, daß er niemals wirklich ihr Sohn gewesen sei.[34]

Es muß gesagt werden, daß sich gewisse Spannungen ergeben mußten aus dem unnatürlich strengen Benehmenskodex, dem das männliche Geschlecht im Deutschland jener Tage unterworfen war. In diesem gesellschaftlichen Milieu mußte der Druck naturgemäß erheblich stärker auf dem Thronerben lasten als auf dem Durchschnittsbürger, und die Gefahr, daß sich innere Spannungen daraus entwickelten, war entsprechend größer. Einer der Söhne Wilhelms hat gesagt, »um nicht ›weich‹ zu werden oder zu erscheinen, zwang er sich manchmal zu einer gewissen ›schneidigen Schärfe‹, die seinem grundgütigen Wesen nicht entsprach.«[35] Wilhelms amerikanischer Zahnarzt berichtete, der

Kaiser habe seine Gesichtszüge völlig in der Gewalt gehabt und seine Muskeln nach Belieben entspannen können. Auf der Straße und in der Öffentlichkeit habe er das grimmigste, gebieterischste Gesicht aufgesetzt, das er zu Gebote hatte, sobald er aber außer Reichweite des Publikums war, sei er gelassener geworden.[36] In dieser Hinsicht glich er seinem Vater, der, wie bereits erwähnt, auch eine unnatürlich strenge Haltung einzunehmen pflegte. Vom Urgroßvater des Kaisers auf mütterlicher Seite, dem Herzog von Kent, wird berichtet, er sei geneigt gewesen, sich »aus mißverstandenem Pflichtgefühle« heraus aus einem freundlichen, liebenswürdigen Mann in einen »gewalttätigen, sadistischen Wahnsinnigen« zu verwandeln.[37]

»Bei offiziellen Anlässen pflegt der Kaiser eine sehr starre Haltung und einen strengen, um nicht zu sagen abstoßenden Gesichtsausdruck anzunehmen. Monsieur Jules Cambon (der französische Botschafter) war betroffen über diese Haltung, die der Kaiser während des offiziellen Teiles der Audienz, bei der er sein Beglaubigungsschreiben übergab, annahm, und er ging weg mit dem Eindruck, daß es S. M. große Mühe, ja sehr große Mühe gekostet hatte, die sich für einen Souverän gebührende strenge und würdevolle Haltung zu bewahren, und daß es für ihn eine große Erleichterung war, als der offizielle Teil der Audienz vorüber war, sich zu entspannen und angenehmer und sogar scherzhafter Unterhaltung zu frönen, die, wie er (der Botschafter) glaubte, viel mehr der wahren Natur S. M. entspräche.«[38]

Ein Mitglied von Wilhelms Umgebung erwähnt eine Art von Befangenheit, die er oft durch brüske Scherzhaftigkeit zu überwinden trachtete, was wiederum leicht mißverstanden oder übelgenommen wurde.[39] Bei einer Gelegenheit rief er fast einen internationalen Zwischenfall hervor, als er den König von Bulgarien in den Hintern kniff.[40] Eine solche Veranlagung wurde bei Wilhelm natürlich durch die Belastung mit dem verkrüppelten Arm noch bestärkt. An ihn wurden höhere Anforderungen gestellt als an andere Menschen, für deren Erfüllung er zudem schlechter ausgerüstet war.

Aber das war noch keineswegs das ganze Problem. Wilhelm war das Produkt nicht nur einer, sondern zweier Kulturen. Ihm wurden zwei Ideale vorgehalten, das des preußischen Junkers und das des liberalen englischen *gentleman*. Jedes dieser Ideale hatte sich in einer besonderen Umwelt entwickelt, und obwohl diese wie die andere im selben Jahrhundert und in demselben Erdteil nebeneinander existierten, übersah man allgemein, daß sie jeweils verschiedene Phasen der sozialen Entwicklung darstellten. Wohl verlangte jedes Ideal Eigenschaften, die vom anderen respektiert wurden; aber man war auf beiden Seiten überzeugt, daß die eigene Vorstellung ein wesentlich höheres Maß an Wahrheit in sich verkörpere als die andere. Dies erschwerte das gegenseitige Verständnis. Englands Leistungen um die Mitte des 19. Jahrhunderts waren so augenfällig, daß man sich hier dem Glauben hingeben konnte, eine Lösung für die sozialen Probleme nicht nur einer bestimmten Epoche und eines Landes, sondern ein für allemal gefunden zu haben. Die Neigung, zu reden, als habe Gott die englische Staatsangehörigkeit angenommen, und alle anderen Völker als mindere Rasse zu behandeln, erregte ebenso sehr Unwillen, wie sie auch Nachahmer im Ausland fand. Wilhelm beklagte sich einmal bitter über »den alten Übermuth, die alte Selbstüberhebung«.[41] In Deutschland war, wie wir gesehen haben, die englische Haltung eine Frage der Innenpolitik geworden. Sie wurde auch in Wilhelms Elternhaus durchgefochten. Sie war der Brennpunkt der Auseinandersetzung zwischen Wilhelm und seiner Mutter. Zugleich war sie die Ursache einer tiefgreifenden Spaltung seiner eigenen Persönlichkeit.

Die Kronprinzessin Friedrich war ähnlich wie Königin Viktoria eine entschlossene und herrische Frau, die – wie das häufig geschieht – den Charakter ihres Sohnes formte, indem sie ebensosehr seinen Widerwillen erregte, wie sie ihn auch unmittelbar beeinflußte. Sie konnte Wagner nicht leiden, und er heuchelte prompt eine Vorliebe für diesen Komponisten; nach seiner Thronbesteigung kühlte sich übrigens diese Begeisterung erheblich und schließlich ganz ab.[42] Die Versuche der Kronprinzessin, ihrem Sohn die eigenen Auffassungen und Wertmaßstäbe als die selbstverständlich besten aufzudrängen, erzeugten wie bei jedem eigenständigen jungen Mann eine Reaktion im entgegengesetzten Sinne, und dies um so eher, als sich eine andere Möglichkeit im preußischen Standpunkt anbot, den er sich zu eigen machen konnte und den ihm auch viele Leute dringend anempfahlen. Die Geschichten, nach denen seine Mutter ihrer Abneigung gegenüber seinem verkrüppelten Zustand Ausdruck verliehen habe, sind nicht zuverlässig belegt. Aber die Umstände, unter denen die Beeinträchtigung zustande kam, und die schmerzhafte Behandlung bei dem Bemühen, sie zu heilen, müssen das ihre zu der Unbehaglichkeit im Verhältnis zueinander beigetragen haben.

Und doch hinterließ seine Mutter bei Wilhelm einen tiefen und nachhaltigen Eindruck. Von ihr erbte er, fast ohne es zu spüren, eine ganze Reihe kleinerer Vorlieben und Charakterzüge – eine Vorliebe für die frische Luft und für Leibesübungen, für Sauberkeit, Frühaufstehen, die Passion, in die bildenden Künste hineinzupfuschen, ja sogar die Anfälligkeit für Seekrankheit.[43] Als ihm gegenüber jemand bemerkte, daß es besser sei, Krankheiten vorzubeugen, als sie zu kurieren, antwortete der Kaiser: »Seife ist die Hauptsache!«[44] Aber Wilhelm erbte von seiner Mutter auch wesentlichere Eigenschaften – eine kräftige körperliche Verfassung, ohne die er kaum seinen anstrengenden Tagesablauf hätte durchstehen können, eine rasche, forschende Auffassungsgabe, eine Intelligenz, die ständig das Opfer der Gemütsbewegungen wurde, ein Vertieftsein in sich selbst, das ihn den Ansichten anderer Menschen gegenüber gleichgültig machte, und die Unfähigkeit zur Menschenbeurteilung. Sein engster Freund, Fürst Eulenburg, sagte einmal, sein völliger Mangel an Einsicht in dieser Beziehung sei seine schwache Stelle. Wilhelm selbst sagte kurz nach seinem Regierungsantritt zu dem britischen Botschafter:

> »Meine Mutter und ich haben den gleichen Charakter. Ich habe ihren geerbt. Das gute, eigensinnige englische Blut, das nicht nachgeben will, fließt in unser beider Adern. Die Folge ist, daß, wenn wir uns nicht einigen können, die Situation schwierig wird.«[45]

Ebenso wie dieses Erbe, trotz all seines Bemühens, sich davon zu befreien, sein Wesen bestimmte, vermochte Wilhelm niemals sich von dem ihm in der Kinderstube eingeflößten Respekt vor den englischen Idealen und Lebensgewohnheiten zu befreien. Noch 1911 erklärte er dem amerikanischen Präsidenten Theodor Roosevelt, er liebe England leidenschaftlich.[46] Er wünschte von den Engländern als ihresgleichen akzeptiert zu werden und nahm es ihnen sehr übel, daß er damit kein Glück hatte – so zeigte er seinen Ärger häufig in der Form, daß er die englische Art lächerlich zu machen suchte.

»Der Kaiser kritisierte England oft; er tat es aber so gereizt und ungeduldig, wie man seine Verwandten tadelt, die man besonders liebt und bewundert und von denen man fühlt, daß sie einen nicht gern haben oder nicht verstehen. Das war der wahre Kummer! Der Kaiser fühlte, daß er nie recht verstanden und geschätzt wurde, weder von der Königin Viktoria noch von König Eduard, König Georg oder dem britischen Volk. Da er es aufrichtig meinte und von seinem eigenen Wert überzeugt war, trachtete er, sich England aufzudrängen. Wie ein geschickter Schauspieler manchmal in Ermanglung feinerer Mittel den Beifall und die Bewunderung des Publikums zu erringen sucht, indem er seine Lieblingsrolle outriert, so versuchte der Kaiser oft, die britische Meinung durch Taten zu beherrschen, die Widerspruch erregten oder – was noch schlimmer war – langweilten oder komisch wirkten.[47]

Der Wunsch, der *gentleman* zu sein, wechselte bei Wilhelm ständig mit dem anderen, als preußischer Prinz aufzutreten; so machte das eine immer das andere zunichte. Die Spannungen zwischen diesen beiden Welten verstärkten noch die Folgen seiner physischen Behinderung und der in der preußischen Gesellschaft ohnehin endemischen Spannungen und liefern den entscheidenden Schlüssel zu seinem Charakter: starrsinnig, ruhelos, ohne Selbstvertrauen, das sich aus dem Sicheinfügen in die Umwelt ergibt – alles in allem die lebende Verkörperung von John Drydens *Zimri.* Sein Pflichtgefühl, das ihm durch seine Erziehung eingegeben worden war und das er niemals beiseite ließ, hinderte ihn noch zusätzlich daran, gelassen zu sein. Gelassenheit und die Bereitschaft, die Dinge laufen zu lassen, fanden sich in der Familie nicht eben häufig, das Gegenteil konnten wir beim Prinzgemahl und der Kaiserin Augusta feststellen, während bei dem Großonkel Friedrich Wilhelm und bei zwei Urgroßvätern, König Georg III. von England und Zar Paul, die Ruhelosigkeit in geistiger Zerrüttung geendet hatte.

Es ist häufig zu beobachten, daß innere Spannungen zur Flucht aus der Realität führen, und ohne Zweifel lebte Wilhelm zum guten Teil in einer Welt, die er sich selber geschaffen hatte. In seinem Fall aber handelte es sich nicht um eine Flucht in eine Traumwelt, sondern um eine abgewandelte wirkliche Welt, die jedoch nur in einem losen Verhältnis zur Realität stand. »Er war ein so guter Schauspieler, daß er alles fertigkriegte«, sagte Fürstin Daisy von Pless.[48] Als jemand Sarah Bernhardt fragte, wie sie mit ihm ausgekommen sei, antwortete sie, ausgezeichnet, sie seien ja beide Komödianten.[49] Wilhelm spielte in der Tat ständig Theater. Aus seinem umfangreichen Repertoire bevorzugte er drei Rollen: Friedrich den Großen, den *milord* und Bismarck. Für einen Privatmann wäre das vielleicht eine anziehende Schwäche gewesen, für einen Mann aber, der in einem der wichtigsten Staaten Europas zu einer Zeit, da Europa das Zentrum der Welt war, eine Schlüsselstellung einnahm, brachte sie gewisse Schwierigkeiten mit sich. Und es kamen natürlich Augenblicke, in denen die Illusion unsanft erschüttert wurde, wenn das Rampenlicht erlosch, der von einem Schwarm gefälliger Höflinge mit großem Fleiß errichtete Proszeniumsbogen zusammenbrach und sich der kaiserliche Poseur unversehens im hellen Tageslicht vorfand, umgeben nicht von applaudierenden Zuschauern, sondern von kühlkritischen Männern und Frauen, mit deren Leben er gespielt hatte. Der größte Teil seines Lebens war wie bei so vielen Menschen eine Illusion, eine Art nie endender Taschenspielerei, die sein *ego* stützen und den wahren Zustand der Dinge verbergen sollte. Er konnte sich leicht glauben machen, was immer er wollte, ohne sich der damit verbundenen Heuchelei bewußt zu sein. Manchmal, wenn auch selten, kam er dahin, die Situation zu durchschauen; dann geriet er an den Rand eines Nervenzusammenbruchs. Zu seinem Glück jedoch – vielleicht auch nicht zum Nachteil anderer – setzte sich seine Entschlossenheit, die Welt durch die eigene Brille zu betrachten, immer wieder durch, und er starb in der nicht eben seltenen Überzeugung, zu Unrecht verlästert worden zu sein. Einmal brachte er es fertig, inmitten einer flammenden Anklage, man habe ihn stets mißverstanden und ihm niemals die Wahrheit gesagt, eine dicke Träne auf seine Zigarre fallen zu lassen.[50] Dieser Vorfall in seiner Mischung von Aufrichtigkeit und Schauspielerei, von Unglück und Überfluß beleuchtet scharf seinen Charakter.

Obwohl man sich leicht über diese Situation einfach lustig machen könnte, stellt sich dem Historiker die Frage, ob in Anbetracht des gesamten Hintergrundes ein anderes Ergebnis erwartet werden konnte. Wilhelm war, wie ein sozialdemokratischer Reichstagskandidat aus dem Elsaß auf einer Wahlversammlung von ihm sagte: »e Produkt von sine Milieu«[51].

Viel hängt davon ab, welche Frau ein solcher Mann heiratet,

und in dieser Beziehung setzte Wilhelm auf Sicherheit. Im Februar 1880 verlobte er sich mit Auguste Viktoria von Schleswig-Holstein-Sonderburg-Augustenburg, die in ihren Kreisen unter dem Namen Dona bekannt war. Ihr Vater war der Herzog von Augustenburg, den Bismarck in den Jahren 1864/65 mit seinen diplomatischen Manövern um den Anspruch auf Schleswig-Holstein gebracht hatte und den um jene Zeit Kronprinz Friedrich und die Kronprinzessin unterstützten. Ihre Großmutter war eine Halbschwester der Königin Viktoria aus der ersten Ehe der Herzogin von Kent, und ihr Onkel, Prinz Christian, war mit Königin Viktorias Tochter Helena verheiratet und dadurch Wilhelms angeheirateter Onkel. Wilhelm heiratete jung, um mehr Freiheit zu erlangen, Dona war älter als er. Wilhelms Mutter tat später, als habe sie die Heirat arrangiert, und Wilhelm selber äußert sich in seinen Memoiren etwa im gleichen Sinne.[52] Zur Zeit der Verlobung jedoch wünschte sie, daß Willy erst etwas von der Welt sehen sollte. Auch wunderte man sich in Hofkreisen über die Wahl, weil die Prinzessin nicht ganz für voll angesehen wurde. Die »armen Holsteins« seien »*mal vu*«, schrieb die Kronprinzessin, und die Idee, sie seien nicht ebenbürtig, sei zwar falsch, aber weit verbreitet.[53] Das junge Paar scheint sich aber von Anfang an gemocht zu haben, und als sie im Sommer zu einem Besuch ihres gemeinsamen Onkels und ihrer Tante nach England kamen und Dona in deren Heim Cumberland Lodge von Königin Viktoria in Augenschein genommen wurde, hatte die Tante von ihr einen angenehmen Eindruck.

Dona war eine schlichte, phantasielose Person mit geringen intellektuellen Interessen und wenigen Talenten. Prinzessin Radziwill schildert sie als eine gute und liebenswürdige Frau, die nie eine Zeitung lese und keine Idee habe, was in der Politik passiere.[54] Daisy von Pless fand sie nett, aber töricht.

> »Was für eine einfältige Frau ist sie doch. Kleider und Kinder sind ihr hauptsächliches Unterhaltungsthema und das einzige, wovon sie wirklich etwas versteht. Wir waren ganz allein, nur sie, eine Hofdame, ich und die Kinder; dazu trug sie ein Chiffonkleid mit einer langen Schleppe und einen großen häßlichen Hut, der ganz mit Federn bedeckt war. Ein häßliches Kleid hatte sie auch zum Lunch auf der ›Hohenzollern‹ in Kiel getragen – statt eines einfachen, schicken Marinekostüms . . . Ich habe nie eine Frau in solcher Stellung gesehen,

die so absolut keinen eigenen Gedanken und keinerlei Einfall oder Verständnis hatte. Sie ist wie eine stille, sanfte Kuh, die Kälbchen hat und Gras frißt und sich dann niederlegt und wiederkäut. Ich blickte ihr direkt in die Augen, ob ich nicht dahinter irgendein Gefühl entdecken könne, wenn auch nur Freude oder Traurigkeit, aber die Augen waren wie Glas.«[55] Die fescheren Geschlechtsgenossinnen sind jedoch im allgemeinen keine unvoreingenommenen Zeuginnen, und in Berlins konservativen Kreisen galt Dona als eine ausgezeichnete Frau.[56] Ein alter Diplomat rühmte Dona ihrer Schwiegermutter gegenüber nach, daß sie »unter dem Landadel« gelebt habe und »deshalb die wahren Wurzeln unserer Kraft« kenne, eine Anspielung auf die englische Abstammung der Kronprinzessin, die dieser nicht entging.[57] Sie langweilte Wilhelm, und sie allein um sich zu haben, ermüdete ihn. Entschlossen, sich nicht wie sein Vater von einer Frau beherrschen zu lassen, ließ er es gelegentlich in Kleinigkeiten an Rücksichtnahme ihr gegenüber fehlen.[58] Aber Dona blieb ihm treu ergeben und ließ ihn ungern aus den Augen. Sie bildete den ruhenden Punkt in seinem ruhelosen Leben. Zwischen 1882 und 1892 schenkte sie ihm sechs Söhne und eine Tochter und tat, was sie konnte, um ihn zur Ruhe kommen zu lassen. Als Hinzpeter ihr zum ersten Male begegnete, brachte er seine Erleichterung darüber zum Ausdruck, daß Wilhelm sich mit einem Menschen verbinden werde, der ihn begreife und ihm in seinen Schwächen mit Sympathie zur Seite stehe. Dona selbst schrieb an Hohenlohe, trotz seiner außergewöhnlichen Begabung – und sie sei als seine Frau stolz, sagen zu können, daß sich wahrscheinlich kein anderer europäischer Monarch in dieser Hinsicht mit ihm messen könne – sei Wilhelm doch noch sehr jung, und solange man jung sei, neige man eben zu spontanem Handeln.[59]

Der Einfluß, den Dona auf Wilhelm ausübte, wurde noch dadurch verstärkt, daß sie sein sexuelles Verlangen zu befriedigen vermochte. Es besteht kein Anlaß, an Bismarcks Versicherung zu zweifeln, daß dieses Verlangen stark war, denn Wilhelm war sicherlich ausgesprochen emotionell veranlagt. »Es war sehr viel Feminines im Kaiser«, er »konnte ohne weibliche Sympathie und weibliches Verstehen einfach nicht leben«, sagt Fürstin Pless.[60] Er war reichlich streng gegenüber seinen Söhnen, aber seine einzige Tochter verwöhnte er. Sein Verhältnis zu einigen seiner

Freunde – wie Graf Eulenburg – zeigte emotionale Elemente, er liebte es, jungen Männern in die Backen zu kneifen und seinen Freunden auf den Hintern zu schlagen.[61] Derartige Angewohnheiten mögen für einen Herrscher unangebracht sein, sie sind jedoch kaum ein Beweis für eine abartige Veranlagung. Und es fehlen auch glaubwürdige Beweise, daß er jemals seiner Frau untreu war, was um so bemerkenswerter ist, wenn man bedenkt, wie viele es gern erreicht haben würden, ihn bei einem Fehltritt zu ertappen. Jede Art von Abwegen hätte Dona bestimmt schwer erschüttert; denn sie war von tiefer Frömmigkeit, eine große Kirchenbauerin und außergewöhnlich prüde. Als sie dem Papst einen Besuch abstattete, bestand sie darauf, statt des üblichen schwarzen Spitzentuchs einen Hut zu tragen.[62] Den Intendanten der Berliner Königlichen Oper, den Grafen Hochberg, veranlaßte sie zum Rücktritt, weil er in Wildenbruchs »König Laurin« eine »leichtbekleidete Schauspielerin« hatte auftreten lassen, und verlangte die Absetzung der »Salome« von Richard Strauss vom Spielplan, weil sie das Stück für gotteslästerlich hielt.[63] Anfangs kümmerte sie sich kaum um Politik, aber ihre Ansichten waren konventionell, und soweit sie Einfluß hatte, richtete er sich gegen Neuerungen. Sie hielt den Liberalismus für Schwindel, Schutzzölle für eine Notwendigkeit und Großbritannien für eine verderbliche Bedrohung. Ihr Mann hatte oft genug Gelegenheit, festzustellen, daß sie in Primkenau und nicht in Windsor aufgewachsen war. Im Laufe der Zeit verschwanden die anderen Ratgeber, und er fühlte sich mehr und mehr auf ihre Gesellschaft angewiesen. Er konnte sich immer darauf verlassen, daß ihm ihr Rat zur Verfügung stand, auch wenn er nicht immer auf ihre Klugheit bauen konnte. Das war ein Unglück für ihn und für Deutschland, doch Wilhelm wäre der letzte gewesen, der dies zugegeben hätte.

Dona traf am Freitag, dem 25. Februar 1881, zu ihrer Hochzeit in Berlin ein, am nächsten Tage hielt sie mit höfischem Zeremoniell ihren Einzug und wurde am Brandenburger Tor von Schwärmen weißer Tauben begrüßt. Der einzige störende Zwischenfall bei dieser feierlichen Gelegenheit war dem Eifer eines Werbeagenten zu danken, dem es gelang, in die Prozession einen Wagen einzuschleusen, der auf einem Schild die Vorzüge von Singers Nähmaschinen pries.[64] Die Trauung fand am Sonntagabend statt, worauf der traditionelle Fackelzug zum Weißen

Saal des Berliner Schlosses folgte, demselben Saal, in dem dreiunddreißig Jahre später Wilhelm den Reichstagsabgeordneten mitteilen sollte, daß sich Deutschland im Kriegszustand befinde. Zuerst mußte der junge Ehemann, voran Pagen mit Leuchtern in den Händen, alle anwesenden Prinzessinnen rund um den Saal führen, wobei er und sie, wenn sie an Kaiser und Kaiserin vorbeischritten, sich zu verbeugen hatten; dann mußte der Brautführer die junge Frau herumgeleiten, der alle anderen Mitglieder der herrschenden Häuser folgten. Nach endlich fast hundert derartigen Umgängen müssen die Gäste wohl ebenso gelangweilt wie ermüdet gewesen sein. Dann zog sich die junge Ehefrau zurück und schickte ihr »Strumpfband« zur Verteilung unter die Gesellschaft. Dieser altertümliche Brauch hatte die elegante Form angenommen, daß den Hochzeitsgästen kleine Abschnitte von weißem Seidenband, etwa wie ein Lesezeichen, bestickt mit Initialen, Krone und Datum, überreicht wurden.[65] Am nächsten Tage folgten ein Festessen und eine Aufführung von Glucks *Armida.* Erst am Mittwoch durfte das junge Paar abreisen, und dann ging die Reise nur bis Potsdam.

Hier war ihnen das Marmorpalais im Norden der Stadt zur Wohnung bestimmt worden, das aber erst noch umgebaut werden mußte, und so verbrachten sie, ganz ähnlich wie Wilhelms Eltern, einen großen Teil ihres ersten Ehejahres in einer vorläufigen Unterkunft, einem unbenutzten Schlosse. Im Herbst 1881 wurde der Prinz zum Major befördert und ein Jahr später von der Gardeinfanterie zu den Husaren versetzt. Während des Winters 1882/83 arbeitete er an den meisten Vormittagen der Woche zwei Stunden lang beim Oberpräsidenten der Provinz Brandenburg. Das war neben seinen juristischen Studien an der Bonner Universität fast die einzige Ausbildung, die er in den Künsten und Methoden des Regierens erhielt. Man sagt, er habe mehrere militärische Denkschriften verfaßt, darunter eine über die Nutzlosigkeit zeremonieller Paraden. Er führte ein vergnügtes, geselliges Leben, zu dem auch Bierabende im Hause des Generals von Versen gehörten. Bei solchen Gelegenheiten traf er eine gemischte Gesellschaft. So befand sich einmal darunter Mark Twain, den Wilhelm nicht sehr amüsant fand[66], während er eine Vorliebe für Bret Harte hatten. Er schloß zu dieser Zeit aber auch zwei einflußreichere Bekanntschaften: Graf Philipp zu Eulenburg und General Graf Waldersee.

Mit Eulenburg traf er zum ersten Male bei einer Jagdgesellschaft im Jahre 1885 zusammen. Eulenburg war zwölf Jahre älter als der Prinz und ein Mann mit vielen Talenten und mit vielen Feinden, der persönlichen Charme mit einem hohen Maß an Allgemeinbildung verband. Als Edelmann, Diplomat und schöpferischer Künstler stand er viele Jahre lang Wilhelm näher und übte einen nachhaltigeren Einfluß auf ihn aus als irgend jemand sonst:

> »Seine Dichterphantasie war zu allem fähig. Wie oft habe ich Sonette von ihm gelesen, in denen er Herzenssachen mit Frauen mit einer Leidenschaft schilderte und besang, daß ich dachte, mein Gott, was hat der Mann alles ausgestanden. Frug man näher nach, so war es eine einfache *bonne fortune* ohne allen tragischen Beigeschmack. Er selbst aber glaubte fest an ein wirkliches Erlebnis solcher Art. Geschichten, die er erzählte, wurden allmählich ganz anders; darauf aufmerksam gemacht, konnte er ganz wütend werden, überzeugt, daß er richtig erzählt hatte.«[67]

Die ursprünglich auf eine gemeinsame Vorliebe für nordische Balladendichtung und bayerische Kunst begründete Freundschaft vertiefte sich allmählich und führte zu einem Meinungsaustausch über das ganze zeitgenössische Geschehen und Geistesleben, vom Spiritismus bis zum Zionismus. Eulenburg war keineswegs blind für Wilhelms Schwächen, und er war einer der wenigen, die zu sprechen wagten, wenn sie sahen, daß Fehler gemacht wurden, und denen es doch gelang, Wilhelm zu kritisieren, ohne seine Zuneigung zu verlieren. Da er zu intelligent war, um Reaktionär zu sein, machte er sich bei denen unbeliebt, die er zu überlisten verstand. Es wurden Geschichten in Umlauf gesetzt über den ungehörigen Einfluß einer geheimen Camarilla und deren Zentrum in Eulenburgs Schloß in Liebenberg, wo Wilhelm häufiger Gast war. Dazu ist zu sagen, daß Eulenburg, obwohl glücklich verheiratet und Vater mehrerer Kinder, aller Wahrscheinlichkeit nach seine homosexuellen Phasen hatte und daß feminine Züge in seinem Charakter erkennbar waren. Aber niemand hat jemals schlüssig zu zeigen vermocht, daß diese Schwäche seine Ratschläge, die er Wilhelm gab, im negativen Sinne beeinflußt hätte. Wenn er gelegentlich seine Position dazu benutzte, seine Freunde in Amt und Würden zu bringen, stand er nicht allein mit seiner Meinung, sie seien für die ihnen übertragenen Posten geeignet. Eulenburg nahm die Dinge zu leicht, um ein großer Künstler zu sein, und ihm fehlte die Entschlußkraft eines großen Staatsmanns. Im ganzen diente er Wilhelm aber getreu und klug und erhielt bemerkenswert wenig dafür.

General Graf Waldersee, dem seine Vorliebe, im Untergrund zu wühlen, den Spitznamen »der Dachs« eingetragen hatte, war eine ältere Bekanntschaft Wilhelms und zugleich eine unheimlichere Figur.[68] Die Neigung zu politischen Intrigen unterschied ihn von der Mehrzahl seiner militärischen Kameraden. Im Jahre 1882 war er zum Generalquartiermeister, also praktisch zum Stellvertreter des Generalstabschefs, ernannt worden und erwies sich als ein aktiver, ehrgeiziger Vorkämpfer für den militärischen Einfluß im allgemeinen und für den eigenen im besonderen. Er bemühte sich nicht nur, Wilhelm seine Ansichten aufzudrängen, er griff zugleich nach dem Erbe Moltkes, falls dieser als Generalstabschef zurücktreten würde. Waldersee war entscheidend daran beteiligt, den Kriegsminister 1883 zum Rücktritt zu zwingen, weil er zu nachgiebig gegenüber dem Reichstag gewesen sei. Er trat dafür ein, daß der Nachfolger sich vor seiner Ernennung verpflichten müsse, dem Chef des Generalstabes direkten Zugang zum Kaiser zuzugestehen. Ferner sollte er die Verantwortung für alle Personalfragen des Heeres dem Chef des Kaiserlichen Militärkabinetts abtreten. Diese beiden Neuerungen hatten nicht nur die angestrebte Wirkung, den Einfluß des Reichstags in militärischen Angelegenheiten noch weiter einzuschränken, als ein Nebenerfolg ergab sich auch, daß das Heer von nun an drei Spitzen anstatt wie bisher nur eine hatte. Waldersee hatte schon früher einmal gesagt, wenn nicht der Generalstab aus der Abhängigkeit vom Kriegsministerium befreit würde, werde man schließlich zu ähnlichen Zuständen kommen wie in Frankreich, wo der Minister die Armee kommandiere.[69] Waldersee wurde gestützt und angetrieben durch seine energische amerikanische Ehefrau, die in erster Ehe mit einem inzwischen verstorbenen Großonkel Donas verheiratet gewesen war und die frömmelndes Gerede mit dem Verfolgen eigener Ziele zu verbinden verstand. Wilhelm war noch niemals einer derartigen Persönlichkeit begegnet und verfiel ganz ihrem Zauber. Sie hatte einen günstigen Einfluß auf seine Gewohnheiten, sie war gegen Zigarren, gegen unanständige Bilder und loses Gerede, sie beeinflußte aber auch Wilhelms politische Meinungen auf mannigfaltige Weise. Sie gab ihm die beiden Dinge, die er am nötigsten hatte, einen verständnisvollen Zuhörer und das Gefühl, beschützt zu sein. Begreiflicherweise zeigte diese Freundschaft emotionelle Züge – angesichts der Charaktere der beiden Persönlichkeiten konnte das gar nicht anders sein –, aber die Tatsache, daß Dona, solange diese Freundschaft andauerte, die herzlichsten Beziehungen zu der Gräfin unterhielt, macht es schwer, zu glauben, daß die Grenzen der Schicklichkeit je überschritten wurden.[70] Obgleich Wilhelm im Laufe der Zeit begann, die beiden Waldersees zu durchschauen – und sie ihn –, war der General anfänglich entzückt über seinen Schützling.

»Prinz Wilhelm ist schon jetzt ein Charakter und bildet sich bestimmte Ansichten. So weich, wie der Vater ist, so unbeugsam wird der Sohn sein ... Er ist voller Verständnis für große Fragen, faßt schnell auf und hat auch großes Geschick, seine Gedanken zu verbergen ... Zu seinem Schmerz ist es ihm nachgerade klar, daß seine Mutter nicht preußische Prinzeß geworden, sondern Engländerin geblieben ist ... namentlich politisch ... bei seinem durchaus preußischen Gefühl kränkt ihn das tief.«[71]

Die Waldersees unterhielten einen Salon in ihrer Dienstwohnung im Generalstabsgebäude nahe dem Brandenburger Tor, und bei diesen Treffen waren Wilhelm und auch Dona, wenn sie nicht gerade ein Kind bekam, häufige Gäste. Die interessierenden Themen beschränkten sich dabei keineswegs auf die Dinge dieser Welt. Jeden Mittwochabend versammelte sich eine Gruppe der Großen und Guten zu einer Betstunde unter der Anleitung des Direktors der Berliner Stadtmission, Dr. Adolph Stökker. Die Stadtmission repräsentierte die ersten Regungen des protestantischen Gewissens angesichts der sozialen Folgeerscheinungen der industriellen Revolution. Sie stellte die lutherische Tradition in Frage, nach der die Religion Sache des Individuums sei und sich nicht in die Angelegenheiten des Staates einzumischen habe. Sie trat auch dem bequemen Liberalismus der Fabrikanten entgegen, wonach der Staat sich nicht um die wirtschaftlichen Dinge kümmern dürfe. Parteipolitisch suchte diese Gruppe die Konservativen von jedem Bündnis mit den Liberalen abzuhalten. Sie weigerte sich, die Ergebenheit der Arbeiterschaft dem Sozialismus gegenüber als unabänderlich zu betrachten. Sie war jedoch in keiner Weise revolutionär. Ihre führende Gestalt,

Stöcker, nunmehr Hofprediger, kam niemals darüber hinweg, daß er in den frühen Jahren seiner geistlichen Tätigkeit als Militärpfarrer gedient hatte. Eher wohlmeinend als klar denkend, ging es ihm mehr darum, die oberen Schichten zu einer humaneren Behandlung der Arbeiter zu bewegen, als Einfluß auf die Arbeiter selbst zu gewinnen. Wenn er in verschwommenen Ausdrücken von christlichem Sozialismus sprach – die Bezeichnung hatte er anscheinend von England entlehnt –, lag deshalb der Nachdruck mehr auf christlich als auf Sozialismus. Trotz alledem erregten seine Ideen Unruhe unter denen, die sich ihrer Grenzen nicht bewußt waren – eine Unruhe, die vielleicht insofern nicht ganz unberechtigt war, als der Name des Kreises andere zu einer radikaleren Haltung bewegen konnte. Als Stöckers Freund Weber evangelische Gewerkschaften gründete in der Hoffnung, dadurch Arbeiter aus den sozialistischen Gewerkschaften abzuziehen, bezeichnete ihn der Industrielle Stumm-Halberg als gefährlichen Agitator. Und die möglichen Wirkungen von Stöckers Ansichten auf die konservativ-liberale Allianz veranlaßten Bismarck zu einer Animosität gegen ihn, die sich auch auf seine Förderer, die Waldersees, erstreckte.

Über die Beziehungen Wilhelms zu seinen Eltern waren Bismarck und die Waldersees einer Meinung. Waldersee sagte einmal: »Wenn es sich jemals um einen Staatsstreich gegen die Frau Kronprinzeß handeln sollte, wird auf mich zu rechnen sein.«[72] Bismarck übertrug seinem Sohn Herbert die Aufgabe, dem künftigen Herrscher den rechten Schliff zu geben. Ein Zuschauer erinnerte sich, wie der Prinz bei einer von Herbert gegebenen Herrengesellschaft mit kritischer Miene sich vor die Tür zurückgezogen hatte, als das Programm des zur Unterhaltung engagierten Varietésängers zu anzüglich wurde.[73] Aber es ist nicht daran zu zweifeln, daß die Schmeicheleien und Lobhudeleien derer ihre Wirkung auf den Prinzen hatten, die es als überzeugte Verteidiger preußischer Traditionen für ihre Pflicht hielten, Wilhelm in seinem Widerstand gegen seinen Vater und seine Mutter zu bestärken. Ein anderes Moment, das sich in der gleichen Richtung auswirkte, war die sich jetzt anbahnende Freundschaft zwischen dem Prinzen und seinem Großvater, von dem der junge Mann in höherem Maß als von seinen Eltern auch finanziell abhängig war. Der alte Herr hatte ihn als kleinen Jungen gern gemocht; dann waren ihm aber gewisse Zweifel gekommen, weil er fürchtete, der Enkel werde sich zu einem pro-englischen Liberalen entwickeln. Als er entdeckte, daß das Gegenteil eintrat, war er entsprechend entzückt.[74] Mit seinem eigenen Sohn jedoch konnte er nicht recht einig werden. Dem Kronprinzen wurde wenig Einfluß auf die Staatsgeschäfte eingeräumt, er wurde nicht einmal über sie unterrichtet. Dafür war er nicht immer diskret in seiner Kritik an der kaiserlichen Politik und der Umgebung des Kaisers. Die sich daraus ergebende Lage erläutert ein Brief der Kronprinzessin an ihre Mutter:

»Wilhelm hat mehr Verstand als Ernst Günther (Herzog zu Schleswig-Holstein) und kann, wenn er will, sehr freundlich und liebenswürdig sein! Sie sind beide eitel und selbstsüchtig und haben beide die alleroberflächlichsten, törichtesten politischen Ansichten – dank allem möglichen rückständigen und chauvinistischen Unsinn, den sie in ihrer kindischen Unwissenheit fanatisch lieben und der sie jeden nach seiner Art handeln läßt, wie sie es tun. Dem Kaiser, Bismarck und seiner Clique sowie dem Hof gefällt es, so daß sie sich sehr groß und erhaben dünken. Bismarck ist ein großer Mann, und Du weißt, daß ich immer bereit bin, ihm zu geben, was ihm gebührt, und mich bemühe, möglichst gut mit ihm auszukommen, aber sein System ist verderblich, das jungen Leuten nur in jeder Weise schaden kann – nämlich seinen blinden Gefolgsleuten und Bewunderern und allen denen zu schmeicheln, die durch Servilität und beständiges Nachgeben allen seinen Wünschen und Launen gegenüber vorwärtskommen wollen. Alle diese sind jetzt Wilhelms Freunde, mit denen er auf dem besten, intimsten und familiärsten Fuße steht. Es ist leicht zu sehen, wie schlecht und gefährlich dies für ihn und uns ist . . . Wilhelms Urteil wird dadurch verkehrt, sein Geist vergiftet. Er ist nicht klug oder erfahren genug, um das System und die Menschen zu durchschauen. Infolgedessen tun sie mit ihm, was sie wollen. Er ist so dickköpfig, kann nicht die geringste Kritik außer der des Kaisers vertragen und ist so argwöhnisch gegen jeden, der Bismarck nur mit halbem Herzen bewundert, daß es ganz unnütz ist, ihm eine bessere Meinung beizubringen oder ihn überreden zu wollen, auf andere Leute und Meinungen zu hören. Die Krankheit muß ihren Lauf nehmen, und wir müssen auf spätere Jahre und veränderte Umstände hoffen, die ihn heilen können. Fritz nimmt es sehr ernst, während ich geduldig bin und den Mut nicht verliere.«[75]

Das Los des Kronprinzen und der Kronprinzessin war hart, auch wenn seine ganze Tragik sich erst später enthüllen sollte. Es war mehr als das nicht seltene Schauspiel, daß ein tätiger Mann zum Warten verdammt ist. Geboren als Erbe eines Amtes, von dem immer noch bedeutende politische Macht ausging, und fest davon überzeugt, daß er mit dieser Macht seinen Landsleuten und der Welt auf die Dauer Gutes würde tun können, mußte er nicht nur viel länger auf den Erbgang warten, als man vernünftigerweise hätte voraussehen können, er mußte auch noch mit ansehen, wie diese Macht auf eine Weise eingesetzt wurde, die er mißbilligte. Mehr noch, die deutsche Gesellschaft entwickelte sich in einer Richtung, die die Einführung der Veränderungen, die er erstrebte, zunehmend erschweren mußte. »Er gedachte mit dem dritten Stande und für diesen zu regieren, der mehr und mehr vordrängende vierte Stand setzt ihn in Verlegenheit, für diesen neuen *casus* reichen seine Formeln nicht aus.«[76] Kein Wunder also, daß er mehr und mehr von Schwermut heimgesucht wurde. Besonders quälen mußte ihn in dieser Situation das offenbare Scheitern seiner Bemühungen, seinen ältesten Sohn und Erben von den eigenen Wertmaßstäben zu überzeugen. So schien nicht nur des Kronprinzen eigene Aussicht auf Einfluß zu schwinden; wenn es ihm nicht gelang, der Entwicklung zu seinen Lebzeiten seinen Stempel aufzudrücken, dann bestand offenbar wenig Hoffnung, daß seine Ansichten nach seinem Tode verwirklicht werden würden.

Wilhelm war oft impulsiv und unbesonnen, aber die Schuld lag nicht immer nur auf seiner Seite. Der Vater zeigte ebensowenig Bereitschaft, einen fremden Standpunkt zu verstehen, und ging so weit, sich in aller Öffentlichkeit über die Unreife, die Taktlosigkeiten und törichten Ansichten des Sohnes zu beschweren. Der sei nichts als ein Gardeoffizier, wie er im Buche stehe, sagte er einmal. Zu einem außerordentlich ernsten Zusammenstoß kam es ein oder zwei Jahre später, 1886. Bismarck hatte den alten Kaiser veranlaßt, Wilhelm auf ein paar Monate im Auswärtigen Amt arbeiten zu lassen, damit er einen Einblick in Deutschlands Beziehungen mit dem Ausland gewann. Der Vater fühlte sich tief verletzt, daß dem Sohn, dessen Ansichten er verachtete, eine Gelegenheit geboten wurde, die ihm selber niemals gewährt worden war, und er beging den Fehler, sich schriftlich zu beschweren; sein Sohn sei zu unreif und unerfahren, sei anmaßend und eingebildet, man könne es nicht riskieren, ihn sich mit auswärtigen Angelegenheiten befassen zu lassen. Man könnte meinen, das, was später geschah, habe nachträglich dieses Urteil des Kronprinzen bestätigt. Doch angesichts der Erbfolgegesetze stellte der Brief einen Versuch dar, zu umgehen, was unumgänglich war, und der Vorwurf der Unreife dürfte kaum als stichhaltiger Einwand gegen das Bemühen gelten, Erfahrungen zu vermitteln. Übrigens lassen die Briefe der Kronprinzessin wenig Zweifel daran, daß der wahre Grund des Einspruches in der Sorge lag, die Arbeit im Auswärtigen Amt werde den Einfluß Bismarcks auf den Prinzen verstärken. Da der Protest des Kronprinzen erfolglos blieb, war die einzige Folge eine allgemeine Verstimmung. Es muß jedoch Wilhelm zugute gehalten werden, daß er eine ganze Reihe von Kränkungen in der Öffentlichkeit hinnahm, ohne deswegen seinen Respekt vor seinen beiden Eltern oder seine Zuneigung zu ihnen zu verlieren. Als einmal die Beziehungen besonders gespannt waren, beschwerte sich der Kronprinz, Wilhelm meide seine Eltern und erzähle ihnen nichts über das, was zwischen ihm und dem Kaiser vorgehe. Wilhelm erwiderte, die Kronprinzessin werde ja nur dann ärgerlich, wenn er eine von der ihren abweichende Meinung vertrete. Der Kronprinz bezeichnete diese Antwort als »unerhört« – aber es gibt Beweise genug dafür, daß sie nur zu wahr war.[77] Bei einer Gelegenheit soll die Kronprinzessin das Haus verlassen haben, als sie ihren Sohn durch die Haustür eintreten sah. Beide waren hartnäckige Charaktere, die unbeirrt an ihrem Standpunkt festhielten. Der Kammerherr der Kronprinzessin sagte einmal, was sie brauche, sei, daß man ihr energisch widerspreche. Da es auf beiden Seiten an Nachsicht gebrach, kam es unweigerlich zu Feindseligkeiten. Herrscht aber Feindschaft in der Familie, dann wird fast zwangsläufig jeder Schritt von der anderen Seite falsch ausgelegt und verschärft die Lage noch zusätzlich. Selbst Aussöhnungsversuche können leicht mehr Schaden als Gutes stiften, denn die versöhnliche Stimmung herrscht selten auf beiden Seiten gleichzeitig – und die Zurückweisung eines Ölzweiges wirkt doppelt verletzend, wenn es große Überwindung gekostet hat, ihn auszustrecken.

Der bereits erwähnte Kammerherr sagte auch, die Kronprinzessin reagiere nur auf grobe Behandlung und ziehe sich zurück, wenn sie auf eine Mauer treffe. »Aber sie verträgt nicht, daß man sie ganz umgehen will. Sie verträgt, daß man ihr sagt, sie sei Engländerin geblieben und habe kein Herz für Deutschland, wenn man nur einräumt, daß sie ein politischer Kopf und auf dem klassischen Boden der Politik erzogen worden sei. Aber jede Andeutung, welche ihr politisches Verständnis anzweifelt, würde sie wütend machen.«[78] Das Leben der Prinzessin war ein Kampf gegen viele Widerstände gewesen, und sie hatte nur wenige der glanzvollen Hoffnungen in Erfüllung gehen sehen, die einst vor ihr zu liegen schienen. Leidenschaftlicher als ihr Mann, empfand sie die Enttäuschungen schärfer, und die unterdrückten Wünsche fanden unweigerlich ihren Ausdruck in unüberlegten Handlungen und nutzlosen Worten. Ihr Schicksal gemahnt an die Worte Hofmannsthals:

> Leicht muß man sein,
> mit leichtem Herz und leichten Händen
> halten und nehmen, halten und lassen . . .
> Die nicht so sind, die straft das Leben, und
> Gott erbarmt sich ihrer nicht.

Eine gewisse Anglophobie war die natürliche Folge von Wilhelms gespanntem Verhältnis zu der »englischen Prinzessin«. Wieweit sie auf echter Überzeugung beruhte und wieweit sie aus dem Affekt geboren war, war dem Prinzen wahrscheinlich selber nicht bewußt. Sie war die unvermeidliche Folge des Bestrebens, ihm England und das englische Wesen als Vorbild hinzustellen. In seiner Schülerzeit hatte er in einem Buch über Bismarck alle antienglischen Erklärungen des Kanzlers unterstrichen, und in gereizter Stimmung pflegte er von seinen englischen Verwandten als von der »verfluchten *family*« zu sprechen.[79] Aber Herbert Bismarck, der kräftig mitgeholfen hatte, Wilhelm gegen England aufzubringen, meinte, der Prinz könne zwar nie genug unfreundliches Gerede über jenes Land hören, aber hinter seinem Haß verberge sich machtvoll eine unbewußte Zuneigung.[80] Eine besondere Facette dieses Haß-Liebe-Verhältnisses, das in den achtziger Jahren zutage trat, zeigte sich in Wilhelms Einstellung zu seinem Onkel Bertie. Auch hier wurde wieder der Antagonismus von manchen Ähnlichkeiten genährt. Im ganzen ist es bemerkenswert, daß zwischen dem Prince of Wales und seiner älteren Schwester, abgesehen von einer Wolke in der Folge der preußischen Politik während der Jahre 1864–1870, so enge Beziehungen herrschten. Das Mädchen war ihres Vaters Lieblingskind und seine beste Schülerin gewesen, der Junge dagegen hatte den Prinzgemahl enttäuscht und mit seinem lockeren Lebenswandel unmittelbar zu seinem Tode beigetragen. »Bertie«, schrieb seine Mutter, »ist eine Karikatur von mir, das ist ein Unglück, und bei einem Manne ist es um so schlimmer.« Das Mädchen war eine Intellektuelle mit einem Sendungsbewußtsein; der junge Mann schlug nur selten ein Buch auf und gab seinen Vergnügungen den Vorrang. Als er zu einem Besuch seiner Schwester bald nach deren Hochzeit nach Berlin fuhr, schrieb Prinzgemahl Albert an die Prinzessin:

> »Bertie wirst Du erwachsen vorfinden. Versäume ja nichts, ihn zu tüchtiger Arbeit anzuhalten. Darin sollten unser aller Anstrengungen sich vereinigen. Er nimmt leider an gar nichts Anteil als Dreß und immer wieder Dreß ... Selbst auf der Jagd ist er mehr mit seinen Hosen befaßt als mit dem Wilde! ... Für Gesellschaft hat Bertie erkennbares Talent, der Geist ist lebendig, schnell und scharf, wenn er wirklich auf etwas gerichtet ist, doch das ist selten ... So aber ist der Geist ebenso nützlich wie eine Pistole, die man tief unten im Reisekorb verpackt hat, während man durch den von Räubern heimgesuchten Apennin reist ...«[81]

Die Zuneigung und Achtung, die Bruder und Schwester füreinander empfanden, gepaart mit Wilhelms tiefer Verehrung für seine Großmutter, verhinderten es, daß Onkel und Neffe sich durch die Tatsache zueinander hingezogen fühlten, daß sie beide mit ihren Müttern in Fehde lagen. Und doch hatten Eduard und Wilhelm auch sonst noch vieles gemeinsam. »Beide hatten eine bemerkenswerte Auffassungsgabe, beide konnten außerordentlich liebenswürdig sein und Güte mit Charme verbinden. Keiner von beiden konnte als belesen gelten, denn sie hatten sich niemals daran gewöhnen können, gründlich zu lesen. Aber beide verfügten über einen riesigen Vorrat an Tatsachenwissen, das sie im Gespräch oder bei der Lektüre diplomatischer Dokumente oder sonstiger Akten rasch aufgelesen hatten, und schließlich besaßen beide jene seltene Gabe, rasch die inneren Zusammenhänge der Dinge zu begreifen.«[82] Beide konnten sich nicht lange auf eine Sache konzentrieren. Die Menschen in ihrer Umgebung beklagten sich über die bissigen Antworten, die sie einstecken mußten, wenn ihr Herr sich plötzlich etwas anderem zuneigte.[83] Im Grunde waren die beiden Herrscher gutherzig und gewissenhaft, bestrebt, ihren Völkern und der Welt im allgemeinen Gutes zu erweisen. Bei alledem aber fanden sie es außerordentlich schwer, mit den Dingen fertig zu werden.

Wilhelm war ohne Zweifel der Fähigere von den beiden. Auch er hätte den Fehler begehen können, dem Mann, mit dem er zu verhandeln hatte, die vertrauliche Instruktion über das, was er sagen und was er nicht sagen sollte, in die Hand zu drücken; aber ihm wäre das aus Begeisterung, nicht aus Zerstreutheit, passiert. Man erzählte sich von Eduard, er habe recht gut Bridge gespielt, wenn sein Partner Strohmann war und er daher alle seine Karten vor sich auf dem Tisch sah; aber er war unfähig, sich auszurechnen, welche Karten die anderen Spieler hatten. Wilhelm dagegen sagte einmal, ein guter Whistspieler müsse nach dem fünften Stich wissen, wo sämtliche Karten stecken.[84] Wilhelm war auch der moralischere von beiden. Aus diesen Gründen muß er das Gefühl gehabt haben, von Rechts wegen der erfolgreichere sein zu müssen. Statt dessen sah er sich immer wieder scheitern, während seinem Onkel alles in den Schoß zu fallen schien. Der grundlegende Unterschied zwischen Wilhelm und Eduard betraf zweifellos ihr Temperament. Der Deutsche war egozentrischer, was nicht unbedingt heißt, daß er egoistischer war. Er hatte eine höhere Meinung von seiner Begabung und stellte höhere Ansprüche an andere Menschen. Er mußte immer etwas tun, und es fiel ihm schwer, sich nicht einzumischen. Der Engländer besaß neben seiner größeren Weltklugheit auch jene Spur Trägheit, ohne die niemand in hoher Stellung erfolgreich sein kann. Als er bei seinem ersten Staatsbesuch in Paris vom Publikum mit Buhrufen begrüßt wurde, antwortete er auf die Bemerkung aus seinem Gefolge: »Die scheinen uns nicht zu mögen« mit der Frage: »Warum sollten sie auch?«* Ein andermal bestand er den Bedenken französischer Minister zum Trotz darauf, am ersten Mai nach Paris zu kommen. »Es interessiert mich, eine Revolution mit anzusehen.«[85] Die charmanten Manieren des Neffen wirkten etwas berechnend und ließen zu deutlich den

* 1958 soll Bundespräsident Heuss bei seinem Staatsbesuch in London ähnliche Weitherzigkeit bekundet haben.

Wunsch zu gefallen erkennen. Seine Geschäftigkeit und Gespanntheit deuteten im Grunde auf Mangel an Selbstvertrauen. Die Gelassenheit des Onkels spiegelte eine genuin ausgeglichene Persönlichkeit wider, eine Persönlichkeit freilich, die wohl eher errungen als ererbt war. Den Hintergrund dieser Verschiedenheit bildete wohl die Tatsache, daß der eine alte, fest etablierte Großmacht repräsentierte, die es verstanden hatte, ihre Anschauungen und Wertmaßstäbe dem Zeitalter aufzuprägen, während der andere ein aufstrebendes Land vertrat, das sich bemühte, für seine politische Position und für seine Denkart Anerkennung zu finden.

Aus diesen frühen Jahren gibt es keinerlei Anhaltspunkte für Unfreundlichkeiten oder versteckte Kritik des Onkels an dem Neffen. Der Prince of Wales hatte bei der Konfirmation Prinz Wilhelms von diesem einen guten Eindruck mitgebracht. Während Wilhelms ersten Englandbesuches mit Dona aber erregte er Anstoß dadurch, daß er Sandringham vorzeitig, am Tage vor dem Geburtstag des Prince of Wales, verließ und nach Cumberland Lodge zurückkehrte.[86] Dieser Vorfall muß einen Grund gehabt haben, doch er ist nicht überliefert worden. Merkwürdige Aufnahme bei Wilhelm scheint im Jahre 1883 ein Geschenk gefunden zu haben, eine vollständige schottische Tracht mit dem Muster des Königshauses der Stuarts. Er verteilte Fotografien von sich in der Verkleidung eines Hochländers mit der rätselhaften Inschrift: *»I bide my time«* (»Ich erwarte meine Zeit«).[87] Die Wurzel des Übels war jedenfalls die Weigerung des Älteren, sich die hohe Meinung des Jüngeren von sich selbst zu eigen zu machen. Wilhelm hatte das Gefühl, von dem Manne gönnerhaft behandelt zu werden, dem er insgeheim nachzueifern strebte. Dieses Gefühl bestärkte ihn in seiner Entschlossenheit, sich nach Englands eigenen Maßstäben bewundern zu lassen, was aber dann oft – vor allem, wenn ein Versuch in diesem Sinne gescheitert war – in grimmige Ablehnung englischer Wertungen zugunsten der preußischen umschlug. Ein solches Verhältnis hatte fast zwangsläufig zur Folge, daß man sich gegenseitig mißverstand und gekränkt war, selbst wenn, was keineswegs immer zutraf, gar keine Kränkung beabsichtigt gewesen war. Die Ehefrauen verschärften die Feindschaft noch, statt sie zu mildern. Die eine schwache Seite an der liebenswerten Natur der Prinzessin (später Königin) Alexandra war ihr erbitterter Haß auf Preußen, dem sie nicht die Demütigung ihrer dänischen Heimat im Jahre 1864 verzeihen konnte – ein Ereignis, zu dem der Herzog von Augustenburg seinen Teil beigetragen hatte. Dessen Tochter, Dona, teilte die Abneigung der Junker gegen England und mißbilligte Eduards weltmännische Lebensart.

Im Jahre 1884 wurde Wilhelm zu einem Besuch nach Rußland geschickt, das damals in England verhaßt und gefürchtet war. Bismarck hatte mit seinen Bemühungen, das deutsch-österreichische Bündnis nicht zu einer Entfremdung zwischen Rußland und Deutschland führen zu lassen, bemerkenswerte Erfolge erzielt, und im Jahre 1881 hatten der deutsche, der russische und der österreichische Kaiser einen Neutralitätsvertrag mit dreijähriger Dauer abgeschlossen. Die Aussichten auf dessen Erneuerung verminderten sich jedoch wegen der österreichisch-russischen Streitigkeiten über Bulgarien. Als diesem Staat im Jahre 1878 die Unabhängigkeit gewährt wurde, hatte man erwartet, daß es ein russischer Satellit werden würde, aber fünf Jahre später hatte es versucht, seine Unabhängigkeit zu verwirklichen, indem es die russischen Berater hinauswarf. Fürst von Bulgarien war Prinz Alexander von Battenberg geworden, ein Sohn des Großherzogs von Hessen und Neffe der Zarinwitwe. Viele in Deutschland rechneten damit, daß Bismarck als guter Patriot einen deutschen Fürsten stützen würde. Aber der Kanzler setzte sich klug über derartige Erwägungen hinweg und bemühte sich, in allererster Linie Rußlands Vertrauen in die guten Absichten Deutschlands zu stärken. Im März 1884 gelang es ihm, den Drei-Kaiser-Vertrag noch einmal um drei Jahre zu verlängern, hielt es aber trotzdem für nötig, diesen Erfolg weiter zu konsolidieren. Unter diesen Umständen wurde Prinz Wilhelm dazu ausersehen, seinen Großvater bei der Großjährigkeitsfeier des russischen Kronprinzen Nikolaus zu vertreten. Diese Wahl erregte Anstoß, denn Wilhelms Vater war der Ansicht, dies sei eine Angelegenheit des Kronprinzen. Andere dagegen hielten die Ähnlichkeit des Alters für wichtiger als die Gleichheit des Ranges. Allem Anschein nach jedoch war Wilhelm in Petersburg ein voller Erfolg. Er glaubte, im russischen Thronerben einen Freund fürs Leben gewonnen zu haben, der allerdings, wenn man ihm gönnerhaft begegnete, zu scheu war, die Verstimmung zu zeigen, die bei seiner Empfindsamkeit in ihm aufkam. Jedenfalls erntete Wilhelm hohes Lob vom Zaren, der ihm das Du anbot, und an Kaiser Wilhelm schrieb, alles was der Prinz gesagt habe, habe ihm enorm gefallen. Da dem Prinzen von Bismarck sorgfältig eingeprägt worden war, was er sagen sollte, scheint er sich an seinen Auftrag gehalten zu haben, eine Neigung, die bei ihm nicht immer festzustellen war. Er sagte dem Zaren, die drei Kaiserreiche sollten wie eine dreiseitige Bastion gegen die wütenden Anschläge von Freiheit und Demokratie zusammenstehen. »Ja«, sagte der Zar nachher zu seinem Außenminister Giers, »wir brauchen einen Dreibund als Deich gegen die Flut der Anarchie.« Da Giers sich seit über sechs Monaten bemüht hatte, seinem Herrn derartige Gedanken nahezubringen, fand er die Leistung des deutschen Besuchers erstaunlich, was Bismarck in gebührender Form berichtet wurde.[88]

Nach seiner Rückkehr gedachte der Prinz, den errungenen Erfolg noch zu erhöhen, indem er eine regelmäßige Korrespondenz mit den neu gewonnenen Freunden aufnahm. Wenn man sowjetischen Quellen trauen darf, so glaubte er dies am besten auf Kosten anderer tun zu können:

> »Der Besuch des Prince of Wales hat außerordentliche Früchte getragen und trägt sie weiter. Sie werden sich unter den Händen meiner Mutter und der Königin von England noch vervielfachen. Aber diese Engländer haben zufällig vergessen, daß ich existiere.«[89]
>
> »Ich erbitte von Dir nur, um keinen Preis meinem englischen Onkel zu vertrauen. Sei nicht beunruhigt durch irgend etwas, was Du von meinem Vater hören magst. Du kennst ihn, er ist gern eigensinnig und steht unter dem Einfluß meiner Mutter, und sie wird ihrerseits von der Königin von England gegängelt und läßt ihn alles durch englische Augen sehen.«
>
> »Heute ... gab es einen plötzlichen Zornesausbruch meines Vaters, der sich in ganz unglaublichen Ausdrücken über die russische Regierung und die infame Weise ausließ, in der dieser ›ausgezeichnete‹ Fürst (Alexander von Battenberg) behandelt werde. Er (der Vater) ergoß einen Strom von Worten wie Lügen, Verrat und so weiter über die Regierung, es gibt tatsächlich kaum ein gehässiges Schimpf- oder Beiwort, das er nicht gebraucht hätte, um die (russische) Regierung verächtlich zu machen. Vergebens suchte ich, die Schläge zu parieren ... Daraufhin nannte er mich russophil und russifiziert und sagte, man habe mir den Kopf verdreht und Gott weiß was

noch ... Alles in allem, mein lieber Vetter, der Fürst von Bulgarien, hat – mit anständigen oder unredlichen Mitteln – meine Mutter in die Tasche gesteckt und infolgedessen auch meinen Vater ..., aber diese Engländer haben mich nicht in Rechnung gestellt ... Wir werden den Prince of Wales in ein paar Tagen hier erleben; wir sind über sein Erscheinen gar nicht glücklich – verzeih, er ist Dein Schwager –, mit seiner Doppelzüngigkeit und Lust an Intrigen wird er zweifellos versuchen, entweder den Bulgaren zu ermuntern – möge Allah ihn in die Hölle verbannen – oder mit den Damen hinter den Kulissen Politik zu diskutieren. Ich werde mein Bestes tun, sie im Auge zu behalten, aber ich kann unmöglich überall sein.«[90]

Man mag durchaus zu Recht anderer Meinung sein als die eigene Familie, aber man kann derartige Meinungsverschiedenheiten auf zweckmäßige und auf weniger zweckmäßige Weise zum Ausdruck bringen, und man tut stets gut, sich zu vergewissern, daß der Empfänger vertraulicher Mitteilungen sie auch vertraulich behandelt. Diese Briefe waren keine sehr erbauliche Lektüre, und ihre Bedeutung entging dem Zaren nicht.

Die englische Verwandte, die Wilhelm am meisten Zuneigung entgegenbrachte und für die er gewöhnlich Respekt bezeigte, war seine Großmutter. Doch im Jahre 1885 brachte er es fertig, selbst ihre Geduld zu erschöpfen. Ihre jüngste Tochter verlobte sich mit Heinrich von Battenberg, Alexanders Bruder. Die politischen Komplikationen, die diese Verbindung mit sich brachte, ergaben keineswegs den einzigen Einwand, der in Deutschland gegen die Heirat erhoben wurde. Die beiden Prinzen standen nämlich in der falschen Abteilung des Gotha, denn ihr Vater hatte nur eine schlichte polnische Gräfin geheiratet, deren Mutter, wie man munkelte, eine französische Gouvernante gewesen sein soll. Daß ein Mann, der auf diese Weise die höfischen Regeln mißachtet hatte, seine Schwester an den Zaren verheiraten konnte und einen Sohn auf dem bulgarischen Thron hatte, schmerzte alle korrekt Gesinnten, und die Aussicht, daß Heinrich nun ein Schwiegersohn der Königin von England werden sollte, machte in ihren Augen die Sache nicht besser. Obgleich Wilhelms Heirat ähnlicher Kritik ausgesetzt gewesen war – oder vielleicht gerade deswegen –, nahmen er und Dona eine hochmütige Haltung ein, von der seine Mutter taktloserweise der Königin Viktoria berichtete mit der Bemerkung, ihr eigener Mann sympathisiere mit dieser Haltung. Die Königin aber hatte für Snobismus nichts übrig. Sie schrieb:

»Dein Brief ... mit dem Du mir von der außerordentlichen Impertinenz und Unverschämtheit und, ich muß noch hinzufügen, großen Unfreundlichkeit Willys mir gegenüber und (von) dieser dummen Person Dona erzählst, zwingt mich zu sagen, daß ich weder ihm noch ihr schreiben werde. Was Dona betrifft, diese armselige, kleine, unscheinbare Prinzessin, die nur durch Deine Liebenswürdigkeit in die Stellung gekommen ist, die sie heute einnimmt – fehlen mir die Worte! ... Was nun diesen albernen, pflichtvergessenen und – ich muß sagen – gefühllosen Willy betrifft, kann ich keine Geduld mehr aufbringen und würde hoffen, daß er, wie die Schotten sagen, ein gutes *skelping* (eine Tracht Prügel) und den Kopf zurechtgesetzt bekomme ...«[91]

Die Königin gab ferner zu verstehen, daß in Anbetracht des Geschehens ein Besuch Wilhelms in Windsor nicht willkommen sein werde. Der Prince of Wales fügte hinzu, da es unpassend sein würde, ihn in Sandringham zu besuchen und Windsor zu meiden, werde er auf das Vergnügen verzichten müssen, seinen Neffen auf seinem Landsitz in Norfolk zu begrüßen. Wilhelm war sehr ärgerlich, sprach von der Königin als »dem alten Reff« und suchte vergebens, seine Mutter zu seinen Gunsten einzuspannen. Sie schrieb:

Wilhelm ... »ist fast immer sehr erstaunt, wenn man ihn unliebenswürdig und grob findet ... er hält seine Meinung für ganz unfehlbar, sein Benehmen stets für einwandfrei und verträgt nicht den leisesten Tadel, obwohl er seine Vorgesetzten und Verwandten kritisiert und über sie schimpft ... Dazu wird er von Dona und allen, die ihn umgeben, nur noch ermutigt. Ich vertraue aber darauf, daß sich diese Fehler, die es so schwierig machen, mit ihm auszukommen, verlieren werden, wenn er älter und klüger wird, vor allem, wenn er mit überlegenen Menschen zusammenkommt. Jetzt kann ich nur lachen über viele seiner albernen Ideen.«[92]

Die Situation wurde dadurch noch komplizierter, daß Wilhelms Schwester Viktoria sich leidenschaftlich in Prinz Alexander verliebte. Dem Hofklatsch zufolge war Wilhelm, als er auf Umwegen durch einen enttäuschten Bewerber von den Gefühlen seiner Schwester hörte, der erste, der diese besonders peinliche Angelegenheit zutage brachte.[93] Es ist aber durchaus möglich, daß die Kronprinzessin die ganze Affäre angestiftet hat. Jedenfalls scheute sie, nachdem die Sache einmal angefangen hatte, keine Mühe, um sie zu fördern. Wilhelm hatte ganz recht, wenn er sagte, Alexander sei ein Günstling seiner Mutter. Auch Königin Viktoria war ihm wohlgesinnt, hatte sie doch veranlaßt, daß ihre Tochter Beatrice mit ihrem Mann, dem Bruder Alexanders, im Buckingham Palast Wohnung nahm. Bismarck war wütend, nicht nur weil es ihm nach einer solchen Heirat sehr schwer fallen würde, die Russen davon zu überzeugen, daß Deutschland an Alexander von Battenberg nicht interessiert sei. Er hatte sich ferner in den Kopf gesetzt – soweit sich feststellen läßt, übrigens ohne jeden Grund –, Kronprinz Friedrich habe die Absicht, nach seiner Thronbesteigung Alexander an die Spitze einer liberal gesinnten Regierung zu stellen. Wenn es um die Frage eines etwaigen Nachfolgers in der Kanzlerschaft ging, wurde Bismarcks Mißtrauen geradezu pathologisch.[94] Er hatte außerdem den Plan, die Prinzessin Viktoria entweder an einen Russen oder an einen Portugiesen zu verheiraten – auch an eine Ehe mit seinem Sohn Herbert soll er gedacht haben. Tatsächlich hatten Verhandlungen mit Portugal stattgefunden, waren aber an der konfessionellen Frage gescheitert. Als die Kronprinzessin aus zweiter Hand davon erfuhr, war sie außer sich vor Ärger über eine derartige, ihrer Meinung nach unberechtigte Einmischung in ihre Familienangelegenheiten.[95] Tatsächlich mag ihr Eifer, die Heirat mit Alexander zustande zu bringen, durch den Wunsch, Bismarck eins auszuwischen, noch angestachelt worden sein. Die in keinem rechten Verhältnis zur Bedeutung der ganzen Sache stehende Flut von Leidenschaft und Streitsucht, die diese Heiratsgeschichte auslöste, ist wohl nur im Lichte der schon vorher zwischen den Beteiligten bestehenden gespannten Beziehungen zu verstehen. Aber vor diesem Hintergrund zeigt sie nur allzu deutlich, wie viel Groll sich angesammelt hatte.

Inzwischen bestätigte Bulgarien seinen Ruf als Unruhestifter auf dem Balkan. Im Herbst 1885 gab es einen Aufstand in Ostrumelien, das im Jahre 1878 den Status einer halb unabhängigen Provinz der Türkei erhalten hatte. Fürst Alexander leistete dem Aufstand bewaffnete Hilfe. Rußland hätte wohl nichts gegen ein vergrößertes Bulgarien einzuwenden gehabt, sofern es hätte sicher sein können, es unter seiner Kontrolle zu behalten: Aber es widersetzte sich einer Stärkung von Alexanders Position und zog deshalb alle seine Offiziere aus der bulgarischen Armee zurück. Serbien drang auf österreichisches Betreiben in Rumelien ein, erlitt aber durch Alexanders Truppen eine schwere Niederlage. Im Jahre 1886 ließ sich dann der Sultan dazu herbei, »den Fürsten von Bulgarien« auf fünf Jahre zum Generalgouverneur von Rumelien zu bestellen. Der Grund, weshalb er nicht ausdrücklich sagte, wer der »Fürst von Bulgarien« war, zeigte sich bald danach, als Alexander durch einen von Rußland angezettelten Armeeputsch festgenommen und außer Landes gebracht wurde. Kaum hatte eine Gegenrevolution seine Rückkehr erzwungen, als Rußland in einem Ultimatum seine Abdankung forderte. Er fügte sich ohne viel Widerstreben und kehrte nach Deutschland zurück. Man kann sich leicht vorstellen, welche Spannungen diese Folge von Ereignissen in den Beziehungen zwischen Rußland, Österreich und Großbritannien hervorrufen mußte, wo man sich zu dieser Zeit seltsamerweise besonders heftig für Bulgarien engagierte. Königin Viktoria teilte die Gefühle ihres Volkes und fand kaum die Worte, ihrer Entrüstung über die Handlungsweise des »barbarischen, asiatischen, tyrannischen Zaren« Ausdruck zu verleihen.[96] Die Panslawisten in Rußland richteten scharfe Angriffe gegen Deutschland, das ihrer Meinung nach die russische Sache nicht ehrlich unterstützt hatte. Die Wahrung des Friedens wurde immer schwieriger, und bei Bismarck steigerte sich die Sorge um die Erhaltung der guten Beziehungen zu Rußland fast zur Besessenheit.

Der Kronprinz sah die Gefahren, die mit der in Aussicht genommenen Heirat seiner Tochter verbunden waren, und lieh ihr deshalb – trotz des starken Drucks von seiten seiner Frau – nur laue Unterstützung. Die Haltung seines Sohnes dagegen war nichts weniger als unentschieden, was aber nur zum Teil auf außenpolitischen Erwägungen beruhte. Wilhelm litt noch immer unter der Aufnahme, die seine Ansichten über die Battenbergs gefunden hatten, weshalb ihm ein Widerstand gegen die Heirat ebenso ein Vergnügen war wie eine Pflicht. Auf dem Höhepunkt des Streits traf in Berlin eine Einladung für einen deutschen Prinzen zur Teilnahme an den russischen Manövern ein. Bismarck konnte nicht darauf vertrauen, daß der Kronprinz den Zaren von dem Desinteresse Deutschlands an Bulgarien überzeugen würde. Deshalb schlug er vor, diese Mission wieder Wilhelm anzuvertrauen. Der Kronprinz bat seinen Vater, die Zustimmung zu verweigern, mit der Begründung, sein Sohn besitze zuwenig Erfahrung und sei nicht reif genug, Entscheidungen in so wichtigen politischen Fragen zu fällen. Bismarck aber vertrat den Standpunkt, daß der Kronprinz mit seinen liberalen Anschauungen in St. Petersburg suspekt erscheinen könnte, und der Kaiser entschied sich für Wilhelm. Daraufhin erklärte Wilhelm, der um diese Zeit unter Ohrenschmerzen litt, die Haltung seines Vaters würde ihm auf dieser Reise zuviel Verlegenheiten bereiten, und war erst zur Reise zu bewegen, als man ihm klarmachte, daß er keine Wahl habe und dem kaiserlichen Befehl gehorchen müsse.[97] Sein Besuch in Rußland war weniger erfolgreich als der vorige. Wilhelm hatte zwar keine Schwierigkeiten, seine Ansichten über den Fürsten Alexander vorzubringen, als er aber in Bismarcks Auftrag Rußland freie Hand an den türkischen Meerengen anbot, bemerkte der Zar – wie Disraeli einmal in bezug auf Ägypten –, er könne nicht sehen, daß Bismarcks Zustimmung eine unerläßliche Voraussetzung für deren Besetzung sei.

Dies war die Lage zu Beginn des Jahres 1887. Obgleich Alexander nicht mehr im Wege stand, erwies sich die provisorische bulgarische Regierung als unerwartet schwerhörig für russische Ratschläge, und in dieser Haltung fand sie sich sowohl von österreichischer wie auch von britischer Seite ermutigt. In Frankreich näherte sich die nationale Erregung im Zusammenhang mit General Boulanger ihrem Höhepunkt, und die Revanche für 1870 schien fast ein Programmpunkt der offiziellen Politik geworden zu sein. In Deutschland hatten die Wahlen des Jahres 1884 eine Mehrheit im Reichstag ergeben, die Bismarcks Politik ablehnend gegenüberstand und nur mit allerlei Kunstgriffen fügsam gemacht werden konnte. Der alte Kaiser stand vor seinem neunzigsten Geburtstag und ließ allmählich doch Zeichen der Schwäche erkennen. Eine entscheidungsschwere Periode stand Deutschland bevor, und nicht Deutschland allein. Wie die Ereignisse zeigen sollten, brachten die nächsten sechs Jahre eine vollständige Wandlung der Situation.

Machtantritt

Das erste bemerkenswerte Ereignis des Jahres 1887 waren Neuwahlen im Reich, die vorzeitig wegen eines neuen Streites zwischen der Regierung und dem Reichstag über Heeresfragen ausgeschrieben worden waren. 1874 hatte Bismarck dem Reichstag eine Vorlage unterbreitet, die der Regierung nicht nur das Recht einräumen sollte, auf unbegrenzte Zeit die Mittel für den Unterhalt des Heeres in beträchtlichem Umfang aufzuwenden, sondern sie auch ermächtigt hätte, die Heeresstärke ohne Befragung des Reichstages zu erhöhen. Der Reichstag aber hatte eine so weitgehende Delegierung seiner Vollmachten abgelehnt, und nur mit Mühe war ein Kompromiß zustande gekommen, der für sieben Jahre die Heeresstärke festlegte und die entsprechenden Mittel bewilligte – das sogenannte Septennat. 1880 war diese Regelung ohne große Schwierigkeiten erneuert worden, obgleich die Armee vergrößert werden sollte. Im November 1886 hatte Bismarck eine neue Vorlage unterbreitet, die auf eine weitere Erneuerung abzielte, hatte aber nicht verhindern können, daß der Reichstag in einer Zusatzklausel die siebenjährige Dauer auf drei Jahre zu verkürzen trachtete. Da sie mit der Legislaturperiode des Reichstages zusammenfiel, mag das Verlangen der parlamentarischen Körperschaft nicht unvernünftig erscheinen. Aber der Kaiser und die Generalität, die sich grundsätzlich jeder parlamentarischen Kontrolle widersetzten, waren entrüstet, und Bismarck wartete die endgültige Abstimmung über die Klausel nicht erst ab, sondern veranlaßte die Auflösung des Reichstags durch kaiserliches Dekret. Im Wahlkampf beschuldigte er die Opposition, die nationale Sicherheit zum Gegenstand der Parteipolitik zu machen. Wieweit er das ehrlich glaubte, mag fraglich erscheinen, jedenfalls haben manche Publizisten ihm vorgeworfen, er habe bewußt die Gefahren übertrieben und eine vorzeitige Neuwahl erzwungen, um einen ihm ergebenen Reichstag zu bekommen und die Fortschrittlichen Liberalen zu schwächen, bevor der

Kronprinz die Thronfolge antreten würde. Aber Bismarck tat, wie schon gesagt, selten etwas aus einem einzigen Grunde. Der gerissene alte Intrigant mit der hohen Stimme und dem ungeheuren Durst hat es einmal als die Aufgabe des Staatsmannes bezeichnet, warten zu können, »bis man den Schritt Gottes durch die Ereignisse hallen hört; dann vorspringen und den Zipfel seines Mantels zu fassen, das ist alles«.[1] Zweifellos mußte er bei seinen innerpolitischen Schwierigkeiten diese Chance, die Situation zu nutzen, begrüßen. Aber man hat keinen Grund, anzunehmen, daß er seine Befürchtungen wegen eines Angriffes übertrieb, denn die außenpolitische Lage sah ohne Frage böse aus.

Während des Wahlkampfes fanden die regierungsfreundlichen Konservativen und Liberalen zueinander, und das also entstandene Kartell kehrte verstärkt in den Reichstag zurück. Bismarck erklärte, der neue Reichstag sei der wahre Ausdruck des zeitgenössischen Deutschlands – der Junker und der katholischen Kirche, die sehr deutlich wüßten, was sie wollten, und eines Bürgertums mit kindlicher Unschuld und politischer Einfalt, das weder Gerechtigkeit noch Freiheit erstrebe.[2] Aber das Abstimmungsergebnis (227 zu 31), mit dem der neue Reichstag die Heeresvorlage verabschiedete, war nicht so sehr dem Wahlergebnis als dem Papst zuzuschreiben. Nach dem Abklingen des Kulturkampfes hatte Bismarck gute Beziehungen zum Vatikan angesponnen und noch vor der Reichstagsauflösung den Verzicht auf eine antikatholische Gesetzgebung im Tausch für die Unterstützung der Heeresvorlage durch das Zentrum angeboten. Doch das Geschäft war nicht zustande gekommen, weil die Zentrumsführer sich weigerten, dem Rat des Papstes zu folgen. Während des Wahlkampfes hatte Bismarck den Brief des Papstes an ihn veröffentlicht, und die Führer des Zentrums hatten zweifellos den Schritt Gottes in den Wahllokalen hallen gehört, denn sie beschlossen, sich der Stimmen zu enthalten, als die Vorlage zur Abstimmung kam. Solange er gegen die Katholiken gekämpft hatte, hatte Bismarck dem Zentrum vor allem vorgeworfen, es gehorche einer außerdeutschen Autorität. Als er dann aber seine Unterstützung brauchte, zögerte er keinen Augenblick, diese außerdeutsche Autorität auf seine Seite zu ziehen. Dieser Vorfall wirft ein bezeichnendes Licht auf die politischen Methoden Bismarcks. Er zeigte aber auch, wie wertvoll die Unterstützung des Zentrums sein konnte.

Noch während der Wahlkampf im Gange war, hatten sich zwei bemerkenswerte diplomatische Ereignisse abgespielt. Am 20. Februar 1887 war der Dreibund zwischen Deutschland, Österreich-Ungarn und Italien erneuert worden, allerdings erst nachdem Deutschland in langwierigen Verhandlungen Italien mehr Unterstützung für dessen nationale Bestrebungen zugesagt hatte. Als zweites hatten auf Bismarcks Initiative hin die britische, die deutsche und die österreichische Regierung Noten ausgetauscht, in denen sie vereinbarten, sich gemeinsam allen Veränderungen im Mittelmeer und im Schwarzen Meer zu widersetzen, ausgenommen solchen, mit denen sie selbst einverstanden wären. Damit hatte Bismarck eine Koalition geschaffen, die stark genug war, um französischen Abenteuern im Mittelmeer und russischen auf dem Balkan einen Riegel vorzuschieben, ohne Deutschland in Streitigkeiten zu verwickeln, an denen es kein unmittelbares Interesse hatte. Kurz nach diesen Geheimabkommen wurde in Rußland neu gegen Deutschland agiert und im Elsaß zu Unrecht ein französischer Nachrichtenoffizier verhaftet. Bismarck distanzierte sich zwar von diesem Vorgehen, aber das französische Kabinett beabsichtigte, ein Ultimatum an Berlin zu richten. Der französische Präsident veranlaßte jedoch die Deputiertenkammer, ein neues, weniger kriegerisches Kabinett zu bilden. So wurde die Klippe sicher umfahren, aber die Lage blieb noch einige Monate lang gespannt.

Das waren die Umstände, unter denen Bismarck seinen heftig umstrittenen Schritt unternahm und in aller Heimlichkeit den Rückversicherungsvertrag abschloß. Dieses deutsch-russische Geheimabkommen trat an die Stelle des Drei-Kaiser-Vertrags, der 1887 erneuert werden sollte, aber wegen der österreichisch-russischen Spannungen über Bulgarien seinen Sinn verloren hatte. Bismarcks Ziel hierbei war wie immer, Rußland nicht in die Arme Frankreichs fallen zu lassen, und er war sich klar darüber, daß dies nur gelingen konnte, wenn er bereit war, Sympathie für die russischen Ziele an den Tag zu legen. Liefen diese Ziele jedoch auf einen direkten Angriff auf Österreich hinaus, dann konnte Bismarck sie nicht unterstützen, sondern mußte Österreich den Rücken stärken. Aber die Russen erkannten diese Einschränkung, wenn auch widerwillig, an. Ihre Bestrebungen zielten vor allem in andere Richtung, auf den Balkan und den Bosporus. Bismarck hatte einmal gesagt: »Für uns liegt ein

Kriegsmotiv niemals in den Balkanfragen«, und Deutschland dürfe die Versuchung nicht verstärken, in der Österreich sich ohnehin befinde, »die deutsche Heereskraft für ungarische oder katholische Ambitionen im Balkangebiet zu verbrauchen.«[3] Er war bereit, Österreich gegen einen direkten russischen Angriff zu verteidigen, und glaubte, daß schon die Kenntnis dieser Tatsache einen derartigen Angriff unwahrscheinlich machen werde. Aber er war nicht bereit, Österreich auf dem Balkan zu unterstützen. Das wurde durch den Rückversicherungsvertrag demonstriert, der vorsah, daß Rußland und Deutschland neutral bleiben würden, wenn der eine oder der andere Partner in einen Krieg mit einer dritten Macht verwickelt werden sollte, ausgenommen ein von Rußland begonnener russisch-österreichischer oder ein von Deutschland begonnener deutsch-französischer Krieg. Die Dauer des Vertrages betrug drei Jahre, denn Bismarck glaubte, daß allein langfristige Ziele klug seien, langfristige Verträge dagegen hätten Unbeweglichkeit zur Folge und seien bei dem ständigen Wandel der Situation unerwünscht.[4]

Auf diese Weise sicherte Bismarck sich das lang ersehnte Versprechen, daß Rußland im Falle eines französischen Angriffs Deutschland nicht in den Rücken fallen werde. Er hatte dies erreicht, ohne Österreich zu verraten, denn er hatte sich die Freiheit bewahrt, ihm im Falle eines russischen Angriffs zu Hilfe zu kommen, und hatte stets klargemacht, daß er ihm bei einem Angriff auf Rußland keinen Beistand leisten würde. Es war natürlich anzunehmen, daß, falls ein russisches Vorgehen auf dem Balkan zu einem österreichischen Eingreifen führen und in dem sich daraus ergebenden Krieg Österreich in die Gefahr geraten würde, geschlagen zu werden, Deutschland sich gezwungen sehen könnte, ihm trotz des Rückversicherungspaktes beizuspringen. Aber Bismarck glaubte, er habe sich gegen diese Möglichkeit bereits durch das mit England, Österreich und Italien abgeschlossene Mittelmeerabkommen gesichert, das eine hinreichend starke Koalition darstellte, ein russisches Vordringen auf dem Balkan zu verhindern, ohne Deutschland in einen Konflikt zu verwickeln. Man könnte sagen, er habe die Russen durch den Rückversicherungsvertrag in ihrem Glauben bestärkt, sie hätten auf dem Balkan freie Bahn, obwohl er wußte – was ihnen verborgen blieb –, daß für sie der Weg dorthin in Wirklichkeit versperrt war. Aber man wird der Bismarckschen Politik nicht gerecht, wenn man nur die Schwierigkeiten sieht, die sich unter bestimmten Umständen ergeben konnten. Man wird ihm vielmehr zugute halten müssen, in welchem Ausmaß die von ihm getroffenen Vorkehrungen das Eintreten dieser Umstände unwahrscheinlich machten. In einem anderen Zusammenhang hatte er gesagt, es komme nicht darauf an, im Fall eines Krieges der Stärkere zu sein, sondern zu verhindern, daß es überhaupt zum Krieg komme. Ein preußischer Diplomat sprach einmal von Bismarcks Begabung zum »haarscharfen Vorbeilügen an der Wahrheit«;[5] aber in diesem Fall müssen die offensichtlichen Widersprüche durch den Wert seines vornehmsten Zieles gerechtfertigt werden. Dieses Ziel war die Erhaltung des Friedens – nicht weil er dem Frieden einen besonderen Wert beimaß, sondern weil er nicht glaubte, daß Krieg im Interesse Deutschlands lag. Dem von ihm geschaffenen weitverzweigten Vertragssystem lag das Konzept zugrunde, jedes auf Angriff sinnende Land nicht im Zweifel darüber zu lassen, daß es sich einer bedrohlich starken Koalition gegenüber sehen werde. Sein Ideal war eine politische Situation, in der alle Länder – außer Frankreich – auf Deutschland angewiesen und durch ihre Beziehungen untereinander der Möglichkeit beraubt sein würden, sich gegen Deutschland zusammenzuschließen. Lord Salisbury bezeichnete das weniger freundlich als »seine Nachbarn dazu zu benutzen, sich gegenseitig die Zähne auszuziehen«.[6]

Zu der Zeit, als der Vertrag unterzeichnet wurde, befanden sich Wilhelm und Dona in London, um das goldene Regierungsjubiläum seiner Großmutter zu begehen. Sie waren nicht sehr begeistert über den Empfang, den man ihnen dabei bereitete; man behandelte sie »mit ausgesuchter Kühle . . . kaum höflich – er hat die Großmutter nur ein paarmal im großen Kreise gesehen, sie ist immer hinter der schwarzen Königin von Hawaii placiert worden!!«.[7] Sein Vater dagegen ritt in dem Zug in weißer Kürassieruniform mit, was die Menge zu einem Vergleich mit Lohengrin bewog. In Wirklichkeit aber lag ein düsterer Schatten über seiner glänzenden Erscheinung.

Im Laufe des Frühlings hatten die deutschen Ärzte in der Annahme, die Ursache seiner zunehmenden Heiserkeit sei Krebs, ohne die Zustimmung des Patienten einzuholen, eine gefährliche Operation in Erwägung gezogen, die ihn auf die Dauer der Sprache beraubt hätte. Vor einer endgültigen Entscheidung beschlossen sie jedoch, auf eigene Initiative eine auswärtige Autorität hinzuzuziehen, ein Schritt, dem auch Bismarck zustimmte. Denn er lehnte es ab, daß der Thronerbe in der ins Auge gefaßten Weise behandelt wurde, und bewog den Kaiser, die Verschiebung der Operation anzuordnen. Unter den vier in die engere Wahl gezogenen Koryphäen entschieden sich die Ärzte, wohl im Hinblick auf die Kronprinzessin, für einen Engländer, Morell Mackenzie. Offenbar wußten sie dabei nicht, daß Mackenzie ein überzeugter Gegner der operativen Behandlung war. Nach seiner Ankunft weigerte er sich, die Diagnose ohne die Bestätigung eines Pathologen zu akzeptieren, der sie – es war der berühmte Virchow – aber nicht geben konnte. Den Sommer über schien sich der Patient unter Mackenzies Behandlung zu erholen, und er vermochte ein normales Leben zu führen. Nach einem zweimonatigen Besuch in England ging er im Oktober nach San Remo, wo die Beschwerden wieder auftraten, aber in einem anderen Teil der Kehle. Mackenzie zog nun einen österreichischen und zwei deutsche Ärzte hinzu, die definitiv Krebs diagnostizierten und erklärten, die Erkrankung sei schon seit mindestens sechs Monaten im Gange. Obgleich Krebs unzweifelhaft die Todesursache Friedrichs war, wurde der Verlauf der Krankheit als ganz untypisch beschrieben, und es heißt, Mackenzie sei der festen Überzeugung gewesen, »daß der Kaiser Syphilis des Kehlkopfes gehabt habe, ehe der Krebs auftrat«. Aber der Kronprinz stand keineswegs in einem Ruf, der eine solche Behauptung wahrscheinlich machte, doch es gibt Geschichten von überströmender orientalischer Gastlichkeit anläßlich der Eröffnung des Suezkanals.[8] Sollten sie wahr sein, dann würde das Werk Lesseps' noch größere Bedeutung in der Geschichte des 19. Jahrhunderts gewinnen, als ihm ohnehin zukommt. Aber könnte man von Friedrich sagen, was Amonasro von Aida in Verdis Beitrag zu den Feierlichkeiten sagt:

»No, tu non sei colpevole, era voler del fato«?[9]
(Nein, du bist nicht schuldig, der Zufall hat's gefügt.)

Der Kronprinz nahm den Spruch der Ärzte mit »ungekünsteltem Heroismus«, allerdings nur nach außen gefaßt, auf, weigerte sich aber auch weiterhin, sich einer Operation zu unterziehen. Selbst wenn er sie überlebt hätte, wären ihm aller Wahrscheinlichkeit nach kaum mehr als zwei Jahre verblieben, das Höchste, was die Ärzte zu hoffen wagten. Die Nachricht, durch das offizielle Bulletin bekanntgegeben, veränderte die politische Lage von Grund auf. Sie bezeichnet zugleich einen historischen Wendepunkt und eine persönliche Tragödie. Nun war die Möglichkeit, daß Deutschland durch kaiserlichen Willensakt eine dem Parlament verantwortliche Regierung erhalten würde – abgesehen von revolutionärem Druck, der einzige Weg, diese Regierungsform einzuführen –, so gut wie ganz geschwunden. Die Probe, auf die der Kronprinz gestellt war, konnte nun nicht mehr darin bestehen, ob er fähig sein würde, seine Ideale in die Tat umzusetzen, sondern in der Notwendigkeit, sich mit einem Leben abzufinden, das fast völlig fruchtlos gewesen war. Diese Probe bestand er mit einer Würde, die das Bedauern über sein trauriges Schicksal noch steigern muß. Für seine ehrgeizige, hartnäckige Frau war der Kelch zum Überlaufen voll. Der Sohn schrieb sehr viel später von ihr:

»In den schweren Gram gräbt sich zugleich die Verbitterung. Das Lebensglück ist verloren und auch die Lebensarbeit ... Was an sie herankam, wirkte doppelt schwer. Sie war empfindlich. Alles verwundete sie. Sie war an schnelle Worte gewohnt und schrieb sie nieder. Sie sah alles düster, alles feindlich, sah Teilnahmslosigkeit und Kälte, wo nur machtloses Schweigen war, sie sagte scharfe Worte aus ihrem Temperament heraus über alle ... An Geist und edlem Wollen über den meisten ihrer Zeit, war sie die ärmste, unglücklichste Frau, die jemals eine Krone trug.«[10]

Zu dem Scheitern ihrer Hoffnungen und dem Verlust des Mannes gesellte sich noch die Grausamkeit ihrer Nächsten und ihres Sohnes. Die Tatsachen über das Leiden des Kronprinzen waren nur ungenügend bekannt gewesen, und eine Fülle von Gerüchten machte die Runde. Man glaubte, die Kronprinzessin habe in ihrer Entschlossenheit, sich und ihren Mann auf dem Wege zur Macht nicht behindern zu lassen, die Wahrheit unterdrückt. Ihr wurde auch die Verantwortung für die Berufung Morell Mackenzies zugeschoben, dem seinerseits vorgeworfen wurde, auf ihre Veranlassung hin voreingenommen beraten zu haben. Bismarck, der die Sache hätte richtigstellen können, zog es vor zu schweigen, und die deutschen Ärzte waren vornehmlich darum bemüht, auf Kosten des englischen Spezialisten, der die Behandlung von ihnen übernommen hatte, ihr fachliches Ansehen zu verteidigen, und soweit sie geneigt waren zuzugeben, daß sie Mackenzie zugezogen hatten, wurde ihnen dies durch dessen Entschlossenheit, die gegen ihn erhobenen Vorwürfe nicht schweigend hinzunehmen, unmöglich gemacht. Alle die Deutschen schließlich, die durch die Berufung des Engländers in ihren patriotischen Gefühlen verletzt worden waren, waren nur zu bereit, ihn schuldig zu sprechen. Der unglückselige Mann im Mittelpunkt der Szene verbrachte seine letzten Tage in Berlin in einer Atmosphäre von Anklage und Gegenanklage, von Mißtrauen und Intrigen.

Der älteste Sohn tat nichts, um die Lage zu entspannen, sondern erklärte nur, es wäre besser gewesen, wenn Friedrich 1870 gefallen wäre. Um Wilhelm Gerechtigkeit widerfahren zu lassen, muß man sagen, daß er seinem Vater Zuneigung entgegenbrachte und so sich etwas zu leicht die weitverbreitete Meinung zu eigen machte, daß bei der Behandlung Fehler unterlaufen seien. Auch er kam zu der Ansicht, man habe den deutschen Ärzten nicht freie Hand gelassen; vielleicht hätte das Leben seines Vaters gerettet werden können, wenn sie hätten operieren dürfen. Erregt über die sich ihm plötzlich eröffnende Aussicht auf die Macht, suchte er seinen Einfluß in einer Richtung geltend zu machen, die ihm angemessen schien, und geriet damit sofort in Gegensatz zu seiner Mutter, die sich nie gern Einmischungen gefallen ließ und damals ohnehin sehr gereizt war. Wilhelm kam zur Zeit der entscheidenden ärztlichen Konsultation nach San Remo und war dabei anwesend – sie dagegen nicht. Ein Brief von ihr an Königin Viktoria illustriert die sich daraus ergebende Stimmung:

> »Du fragst mich, wie Willy sich benahm, als er hier war. Er war so roh, unangenehm und frech wie nur möglich, als er ankam. Aber ich habe ihm mit, wie ich fürchte, beträchtlicher Heftigkeit den Standpunkt klargemacht, so daß er ganz nett und höflich und liebenswürdig (für seine Verhältnisse) geworden ist – wenigstens ganz natürlich, so daß wir ganz gut miteinander auskamen. Er sagte anfangs, daß er nicht mit mir spazierengehen wolle, ›da er zu viel zu tun habe‹ – er müßte mit den Ärzten sprechen. Ich erwiderte ihm, daß die Ärzte mir und nicht ihm zu berichten hätten, worauf er antwortete, er habe Befehl vom Kaiser, auf der richtigen Behandlung zu bestehen, darauf zu achten, daß die Ärzte nicht beeinflußt würden und dem Kaiser über seinen Papa zu berichten! Ich meinte, das sei nicht

nötig, da wir dem Kaiser selber Nachricht gäben. Er sprach vor anderen und drehte mir dabei halb den Rücken zu, so daß ich ihm sagte, ich würde seinem Vater davon Mitteilung machen, wie er sich benähme, und ihn bitten, daß ihm das Haus verboten würde – und verließ das Zimmer. Darauf sandte er mir sofort den Grafen Radolinsky nach, um mir zu sagen, daß er nicht hätte unhöflich sein wollen und mich zu bitten, Fritz nichts zu sagen, ›aber es sei seine Pflicht, darauf zu achten, daß des Kaisers Befehle ausgeführt würden‹. Ich erwiderte sofort, daß ich ihm nichts nachtrüge, aber keine Einmischung dulde; so ging alles gut aus, und wir hatten viele nette kleine Spaziergänge und Gespräche zusammen ... Wilhelm ist natürlich viel zu jung und unerfahren, um all das zu verstehen. Er ist bloß in Berlin dazu gebracht worden und glaubte, er müsse seinen Papa vor meiner schlechten Behandlung bewahren!! Wenn ihm nicht in Berlin aller mögliche Unsinn in den Kopf gesetzt wird, ist er ganz nett und traitabel, und wir freuen uns dann auch, ihn hier zu haben; ich kann nur nicht vertragen, wenn er mir Vorschriften machen will – der Kopf auf meinen Schultern ist genausogut wie seiner.«[11]

Die Unstimmigkeiten beschränkten sich jedoch nicht auf die Frage der ärztlichen Behandlung. Der alte Kaiser erreichte einen Gesundheitszustand, der die Bestellung eines Vertreters für die Unterzeichnung amtlicher Dokumente erforderte. Es war nur vernünftig, diese Verantwortlichkeit dem Prinzen Wilhelm zu übertragen, der sich an Ort und Stelle befand, und nicht seinem Vater, der weit vom Schuß war. Die Kronprinzessin wurde davon verständigt, hielt es aber für richtig, diese Information nicht an ihren Mann weiterzugeben, der infolgedessen das *fait accompli* einer amtlichen Drucksache entnahm und sich sehr darüber erregte.[12] Es gab auch eine Bewegung mit dem Ziel, den Kronprinzen für regierungsunfähig zu erklären und Wilhelm zum direkten Nachfolger seines Großvaters zu machen. Es fehlen jedoch die schlüssigen Beweise, daß Wilhelm selbst dieser Bewegung Vorschub leistete, aber sein Freund Philipp Eulenburg berichtete, daß er gesagt habe, es sei sehr fraglich, ob ein Mann, der nicht sprechen könne, von Rechts wegen König von Preußen werden könne.[13] Sollte er derartige Worte gebraucht haben, dann wäre kaum je eine herzlose Bemerkung so drastisch vergolten worden. Denn die Bevölkerung Preußens sollte sich sehr bald wünschen, dem Urheber dieser Bemerkung wäre, ehe er König wurde, die Gabe der Sprache genommen worden.

Die europäische Lage machte Bismarck auch weiterhin Sorgen. Die Bulgaren hatten als Nachfolger Alexanders einen anderen deutschen Fürsten, Ferdinand von Coburg, gewählt, der trotz der russischen Mißbilligung im August 1887 sein Amt antrat. Eine Zeitlang schien eine russische Intervention unmittelbar bevorzustehen, was einen europäischen Krieg hätte auslösen können. Bismarcks Antwort darauf war eine Stärkung der anglo-österreichisch-italienischen Koalition. Um dies zu erreichen, mußte er erst die Befürchtungen des britischen Premierministers Lord Salisbury zerstreuen, daß Wilhelm, wenn er Kaiser würde, der deutschen Politik eine antibritische Wendung geben könnte. Bismarck erklärte dazu, dies werde Wilhelm ebensowenig tun können, wie sein Vater ihr eine probritische hätte verleihen können. Jede Politik, für die die ganze Kraft der deutschen Nation mobilisiert werden müßte, bedürfe allgemeiner Unterstützung, und die sei nur für einen Verteidigungskrieg zu erreichen, der allenfalls die Verteidigung Österreichs, nicht aber die der Türkei betreffen könnte. »Die deutsche Politik schreitet auf einem durch die politische Lage Europas zwangsläufig vorgeschriebenen Kurs vorwärts, von dem sie weder die Antipathien noch die Sympathien eines Monarchen oder eines leitenden Ministers ablenken können.«[14] Im Licht dieser Gedankengänge stimmte Salisbury der Unterzeichnung einer verstärkten Fassung des bestehenden Vertrages zu; obgleich ihr Text geheim blieb, wurde die Tatsache, daß sich die drei Mächte über einen gemeinsamen Widerstand geeinigt hatten, bekannt.

Um die gleiche Zeit traf Zar Alexander III. zu einem Besuch in Berlin ein, und Bismarck, der sich jetzt immer häufiger auf seinem Landsitz aufhielt, kam ebenfalls. Auf dem Bahnhof ereignete sich ein kleiner Zwischenfall. Der Zug des Zaren hielt an der falschen Stelle, und der Reichskanzler, dem nichts anderes blieb, als den Bahnsteig entlangzulaufen, rief: *»Je suis le prince Bismarck!«* Ein russischer Hofbeamter, der sich nicht zurechtfand, bemerkte dazu: *»Ça explique, mais ça n'excuse pas.«*[15] Die einzige Persönlichkeit aber, mit der sich der Zar ernsthaft unterhielt, war der französische Botschafter, und noch im selben Monat untersagte Bismarck der Reichsbank, russische Wechsel zu diskontieren – das »Lombardverbot« – aus Sorge, daß die Russen mit deutschem Geld einen Krieg gegen Deutschland führen könnten. Die Folge dieses Verbots war aber, daß die Russen mit ihren Wechseln nach Paris gingen und so die Grundlage für eine finanzielle Verbindung schufen, die von nicht geringer Bedeutung für die Entwicklung der europäischen Politik werden sollte. Im Februar 1888 veröffentlichte Bismarck, ohne die Österreicher zu fragen, den Text des deutsch-österreichischen Bündnisses von 1879, um über die deutsche Haltung im Falle eines russischen Angriffes keine Zweifel zu lassen. Er gab eine lange Erklärung zu seiner Politik im Reichstag ab, die in den Worten gipfelte: »Wir Deutsche fürchten Gott, aber sonst nichts in der Welt.« Diese Worte sind berühmt, doch nicht ganz im gleichen Maße zutreffend, denn Bismarcks Gottesfurcht war sehr viel fragwürdiger als seine Furcht vor Koalitionen, Kaiserinnen, Sozialisten, vor Alexander von Battenberg und einer Menge anderer wirklicher oder eingebildeter Gefahren. Fünf Tage später brachte er eine Vorlage ein, nach der die Kriegsstärke der deutschen Streitkräfte auf siebenhunderttausend Mann erhöht werden sollte. Aber er unterstützte Waldersee auf keine Weise, der einen Präventivkrieg gegen Rußland befürwortete. Allmählich begannen der Zar und seine Ratgeber einzusehen, daß es allzu kostspielig sei, ihre eigenwillige Politik weiterzuverfolgen, und daß sie besser daran täten, ihre Ambitionen zu zügeln.

Was den Kern von Salisburys Frage an Bismarck gebildet hatte, kam offenbar Wilhelm zu Ohren; denn durch den ihm befreundeten britischen Militärattaché in Berlin bemühte er sich im Dezember 1887, dem Eindruck, er sei antienglisch, entgegenzutreten. Nicht zum ersten oder zum letzten Male spielte er die Rolle eines vielfach mißverstandenen Mannes. Seine englischen Verwandten gäben sich keine Mühe, seine wirklichen Ansichten in Erfahrung zu bringen, die ebensowenig russophil wie anglophob seien. Er fühle sich persönlich dem Zaren verbunden, weil dieser ihn denkbar freundlich behandelt habe und ihm, immer wenn er mit ihm zusammen sei, das Gefühl gebe, er befinde sich in Gesellschaft eines Fürsten seiner eigenen Nationalität – was Onkel Bertie offensichtlich nicht tat. Aber er glaube, und damit bestätigte er den Prinzgemahl, daß England und Deutschland in allen politischen Fragen Hand in Hand arbeiten und, da sie stark und mächtig seien, den Frieden Europas aufrechterhalten sollten. »Ihr mit einer guten Flotte und wir mit unserer großen Armee können das tun. « Die Stellungnahme der Königin Viktoria zu diesem Annäherungsversuch war fair, aber unnachgiebig. Die englischen Verwandten des Prinzen hätten nicht die Absicht, feindselig zu sein, aber sie seien schmerzlich berührt von seinem Benehmen gegenüber seinen Eltern, besonders in San Remo. Wenn er wieder mit der alten Zuneigung behandelt werden wolle, brauche er sich nur als pflichtgetreuer Sohn zu benehmen. »Was sein antienglisches Gefühl anbelangt, so kommt das von vielen Seiten der Königin zu Ohren.«[16]

Seine englischen Verwandten waren nicht die einzigen, die Wilhelm nicht so verstanden, wie er sich das wünschte. Im November 1887 hatten er und Dona an einer Versammlung in der Wohnung Waldersees teilgenommen, bei der die Erweiterung der Stöckerschen Stadtmission auf andere Städte eingeleitet werden sollte. Wilhelm besaß zu dieser Zeit eine unverdient hohe Meinung von Stöcker, von dem er sagte: »Der Stöcker hat doch etwas von Luther.«[17] Im Verlauf der Verhandlungen hatte der Prinz gesagt:

> »Gegenüber den grundstürzenden Tendenzen einer marxistischen und glaubenslosen Partei ist der wirksamste Schutz von Thron und Altar in der Zurückführung der glaubenslosen Menschen zum Christentum und zur Kirche und damit zu der Anerkennung der gesetzlichen Autorität und der Liebe zur Monarchie zu suchen. Der christlich-soziale Gedanke ist deshalb mit mehr Nachdruck als bisher zur Geltung zu bringen.«[18]

Nach Meinung von Wilhelms Mutter war dies »eine sehr törichte Rede«.[19] Sie ärgerte auch Bismarck, dem es mißfiel, daß die Kirche eigene Ideen über soziale Fragen entwickelte, und der befürchtete, daß die Stöckergruppe – der er den Spitznamen »das evangelische Zentrum« gegeben hatte[20] – sich auf unkontrollierbare politische Experimente einlassen könnte. Er mag auch begriffen haben, daß Stöckers Vorschläge viel zu milde waren, um die Arbeiterschaft zu gewinnen, und deshalb nur die Wirkung haben könnten, die Einigkeit der besitzenden Klassen zu schwächen. Ein offenbar inspirierter Aufsatz in der »Norddeutschen Allgemeinen Zeitung« stellte Wilhelm scharf zur Rede, weil er sich in die Parteipolitik eingemischt habe – Bismarck hatte einmal gesagt, er sei für Höflichkeit in der Diplomatie, aber für Grobheit in der Presse.[21] Wilhelm wußte, von welcher

Stelle diese Kritik kam und nahm sie übel, denn er hatte geglaubt, die Ziele der Stadtmission seien ganz im Sinne Bismarcks. Er sagte zu Hinzpeter, er glaube nicht, daß er so behandelt zu werden verdiene, zumal von einem Mann, um dessentwillen er sich sozusagen aus seinem Elternhaus ausgeschlossen habe.[22] Er schrieb an Bismarck einen langen Rechtfertigungsbrief. Die Antwort erinnert etwas an Wotans übertriebene Höflichkeit gegenüber Mime, war aber in der Sache unnachgiebig. Der Prinz erregte bei Bismarck auch Anstoß mit dem Entwurf einer Proklamation an alle deutschen Fürsten für den Fall seiner Thronbesteigung.[23] Die Fürsten als widerspenstige Vasallen zu betrachten, wie das sein Vater gern tat, so argumentierte er, sei ein Fehler. Sie seien eigentlich Kollegen, deren Ansichten gehört zu werden verdienten, besonders von einem Kaiser, der jünger sein würde als die meisten von ihnen. Parieren müßten »die alten Onkels« natürlich, aber es sei besser, wenn sie es aus Überzeugung und Vertrauen täten als gezwungen. Die dem zugrunde liegende Absicht war anerkennenswert, trotz der Naivität, mit der er sie zum Ausdruck brachte, und so bedeutete Bismarcks Rat, den Brief, in dem sie erläutert war, zu verbrennen, eine neue schwere Kränkung. Bisher hatte Wilhelm die Vorstellungen, die von seinen Ansichten abwichen, Einflüssen zuschreiben können, die dem wahren deutschen Geist fremd waren; diesen Glauben mußte er nun revidieren, ein Vorgang, der praktisch auf eine völlig neue Lebenseinstellung hinauslief.* Er begann, davon zu reden, daß es notwendig sei, den Kanzler zu der Einsicht zu bringen, daß in Deutschland der Kaiser der Herr sei. Er neigte auch dem Antisemitismus zu, den Stöcker in steigendem Maß an den Tag legte, und versuchte, die öffentliche Kritik an seinem Vorgehen damit abzutun, daß er sie dem Einfluß der Juden auf die Presse zuschrieb, die sich gegen jeden Eingriff in ihre Freiheit, Geld zu verdienen, zur Wehr setzten. Als Wilhelm die Absicht äußerte, dem nach seiner Thronbesteigung ein Ende zu setzen, sah sich der Innenminister, obwohl als Reaktionär bekannt, veran-

* 1894 stellte Wilhelm den Prinzen Ludwig von Bayern energisch zur Rede, weil er in Abrede gestellt hatte, daß die deutschen Fürsten »Vasallen« des Kaisers seien, und 1896 erklärte er von Stumm-Hallberg, ein politischer Pastor sei eine Ungeheuerlichkeit und christlicher Sozialismus Unsinn. So änderte er bezeichnenderweise seine Meinung an den beiden Streitpunkten mit Bismarck innerhalb von zehn Jahren völlig.

laßt, darauf hinzuweisen, daß ein solches Vorgehen gegen die Verfassung verstoßen würde. Die Antwort war: »Dann schaffen wir sie ab.«[25]

Inzwischen hatten in San Remo die zunehmenden Atembeschwerden des Kronprinzen eine zweite Operation nötig gemacht. Einen Monat später, am 9. März, starb Wilhelm I., bis zuletzt überzeugt von der Notwendigkeit guter Beziehungen zu Rußland.[26] Der Tod des Mannes, der in den Befreiungskriegen gekämpft und die Revolution von 1848 durchgemacht hatte und schließlich der erste Deutsche Kaiser geworden war, bedeutete das Ende eines Zeitalters. Als Lord Salisbury die Todesnachricht erfuhr, schrieb er, daß das Schiff in See gehe. »Jetzt kreuzt es die Barre, ich kann sehen, daß die See mit weißen Schaumköpfen bedeckt ist.«[27]

Der Kronprinz, der sich Kaiser Friedrich III. nannte, erließ eine würdige Botschaft an das deutsche Volk und eine herzliche an seine Schwiegermutter.[28] Er verließ San Remo und fuhr nach dem kalten Norden. Sogleich ließ er deutlich erkennen, daß Bismarck Kanzler bleiben würde, und während der neunundneunzig Tage seiner Herrschaft wurde kein ernsthafter Versuch unternommen, den Hofstaat zu liberalisieren. Um das Spionagenetz, das den kranken Kaiser umgab, zu täuschen, wurden Schritte, sich des Rats eines unabhängigen Politikers zu versichern, so sorgfältig getarnt, daß sie erst kürzlich ans Licht gekommen sind. Das bemerkenswerteste Ergebnis dieser Kontakte war der erzwungene Rücktritt des Innenministers von Puttkamer unter Begleitumständen, die darauf hindeuteten, daß, wäre der Kaiser damals noch ein gesunder Mann gewesen, die Verfassungskrise nicht lange hätte auf sich warten lassen.[29]

Die Krise, die dann ausbrach, war von der Kaiserin vom Zaun gebrochen worden, die verlangte, daß der Vorschlag, ihre Tochter mit Alexander von Battenberg zu verheiraten, von neuem vorgebracht wurde. Alexanders Vater widersetzte sich der Verlobung, Alexander selbst hatte inzwischen eine delikat als »zärtliches Verhältnis« bezeichnete Verbindung mit einer Dame vom Theater geschlossen – die er später auch heiratete –, und die Prinzessin scheint sich als gehorsame Tochter aufgeführt zu haben.[30] Es kann also kaum Zweifel darüber bestehen, daß es der Kaiserin, an der Schwelle der Fünfzig stehend und in höchst erregbarem Zustand, in erster Linie darauf ankam, ihre Macht geltend zu machen, solange noch eine Grundlage dafür bestand. Aber das war ein Spiel, an dem sich zwei beteiligen konnten. Alexander hatte keine amtliche Position mehr, nachdem er den bulgarischen Thron verloren hatte. Aber Bismarck behauptete nach wie vor, seine Einheirat in die kaiserliche Familie würde die deutsch-russischen Beziehungen vergiften, und drohte mit seinem Rücktritt, falls die Verlobung angekündigt werden sollte. Da der russische Außenminister, aufgefordert, diese Behauptung zu bestätigen, das in betonter Form ablehnte, kann man annehmen, daß Bismarck die Streitfrage bewußt zuspitzte, um der Kaiserin eine Niederlage zuzufügen.[31] Daß ihm dies gelang, war zu guten Teilen der prompten Unterstützung Wilhelms zuzuschreiben, der Alexander gegenüber erklärte, er werde jeden, der für die Heirat eintrete, als einen Feind nicht nur seines Hauses, sondern auch des Vaterlandes betrachten und entsprechend behandeln.[32] Die Tragweite von Wilhelms Erklärung entging seiner Mutter nicht, und so herrschte am Krankenbett eine gespannte Stimmung. An Bismarcks 75.Geburtstag hielt Wilhelm eine Rede, in der er das Reich mit einem Regiment in der Schlacht verglich, dessen Kommandeur gefallen und dessen Stellvertreter schwer verwundet sei, womit er den Appell verband, sich um den jungen Leutnant zu scharen. Der Kaiser sah darin eine unmißverständliche Anspielung auf seine beschränkte Fähigkeit zu regieren und machte seinem Sohne Vorwürfe, der sich später bemühte, die Kränkung dadurch wiedergutzumachen, daß er eine Gardebrigade auf dem Rückmarsch vom Manöver unter den Augen ihres Monarchen vorbeiziehen ließ.

Dies war die Lage, in der sich Königin Viktoria vorfand, als sie nach Ferien in Italien im April 1888 beschloß, über Berlin nach Hause zu fahren und ihren Lieblingsschwiegersohn noch einmal wiederzusehen. Da Bismarck es so dargestellt hatte, als sei sie der wirkliche Urheber des Heiratsplanes gewesen, und angesichts der durch Mackenzie – den die Königin auf Veranlassung ihrer Tochter geadelt hatte – in Deutschland erzeugten antibritischen Stimmung, war Lord Salisbury besorgt und riet ihr von dem Besuch ab. Aber die Königin ließ sich nicht davon abbringen:

> »Vielleicht wird Sir Henry (Ponsonby) so gut sein, an Lord Salisbury über das unerhörte Benehmen des Prinzen Wilhelm und über den schrecklichen *cercle vicieux* zu schreiben, der den

unglücklichen Kaiser und die Kaiserin umgibt, und der Bismarcks Benehmen wirklich illoyal, schlecht und äußerst töricht erscheinen läßt! ... Es ist für uns anständige und ehrliche Engländer unmöglich zu verstehen, wie Bismarck und noch mehr Wilhelm ein so doppeltes Spiel spielen können. Gott sei Dank! Wir sind Engländer!«[33]

Bei ihrer Ankunft demonstrierte sie in eindrucksvoller Weise, wie man seinen Kopf oben behält, wenn andere ihren verlieren. Sie tröstete ihre Tochter, der sie den klugen Rat gab, nur dann den Heiratsplan weiterzuverfolgen, wenn Wilhelm seine volle Zustimmung gäbe, und suchte den Streit zwischen Mutter und Sohn zu schlichten. – Man kann wohl annehmen, daß sie auch von Wilhelms Seite die Geschichte gehört hatte. – Noch bemerkenswerter aber war, daß zwei hervorragende Gestalten des 19. Jahrhunderts sich begegneten und das einzige Mal in ihrem Leben miteinander sprachen – obwohl er sie im Jahre 1855 in Versailles von fern gesehen hatte. Charles Francis Adams hat zwar, als er während des amerikanischen Bürgerkrieges Gesandter der Vereinigten Staaten in London war, die Königin als »nichts weiter denn eine eher unbequeme Person« bezeichnet, aber Bismarck geriet in der Aussicht auf eine Audienz bei ihr in hochgradige Nervosität. Adams setzte seinen ganzen Charme ein, und zu seiner Erleichterung benahm sich »Großmama ... ganz vernünftig«. Hinterher sagte er, das sei eine bemerkenswerte Frau, mit der man Geschäfte machen könne.[34] Sie reiste dann ab und kam nie wieder nach Berlin. Ihre Tochter, anstatt ihrem Rat zu folgen, bewog den Kaiser, in sein Testament einen Passus aufzunehmen, der es Wilhelm zur Sohnespflicht machte, die Verlobung der Prinzessin mit Alexander zu erreichen. »Ich rechne darauf, daß Du Deine Pflicht als Sohn erfüllst, indem Du meinen Wunsch genau achtest und als Bruder Deiner Schwester ihr Deine Hilfe nicht entziehst.[35]

Die dank der Königin Viktoria gebesserten Beziehungen zwischen Mutter und Sohn waren nicht von langer Dauer; innerhalb Monatsfrist schrieb die Kaiserin:

»Was ich über Wilhelm sagte, ist keineswegs übertrieben. Ich erzähle Dir nicht ein Drittel von dem, was vorgekommen, damit Du, die Du nicht hier bist, nicht glaubst, daß ich mich beklage. Er ist in einem ›Ring‹, einer Koterie, deren Hauptbestreben es ist, Fritz in jeder Beziehung lahmzulegen. Wilhelm ist sich dessen nicht bewußt. Die Dinge müssen ertragen werden, bis Fritz stark genug ist, sie selbst abzustellen. Du hast keine Vorstellung von den Quälereien und Besorgnissen, den Unruhen und Schwierigkeiten, die ich zu erdulden habe ...«[36]

Aber Fritz wurde schwächer, nicht stärker, und er starb am 15. Juni, nachdem er die Hand seiner Frau in die Bismarcks gelegt hatte. Am Tage zuvor hatte die Kaiserin den Berliner Korrespondenten des *New York Herald* zu sich kommen lassen, und in ihrer Gegenwart übergab Sir Morell Mackenzie ihm ein Paket, das, wie es hieß, die Tagebücher des Kaisers über die letzten zehn Jahre enthielt. Ihm wurde bedeutet, er solle es zur britischen Botschaft bringen, wo der Militärattaché die Weiterleitung nach Windsor übernehmen werde.[37] – Schon im vergangenen Herbst waren die Tagebücher des Kaisers aus den Jahren 1870/71 auf ähnliche Weise von San Remo nach Windsor geschmuggelt worden. Kaiser Wilhelm forderte die Zustimmung seiner Großmutter dafür, daß einige Dokumente wieder nach Deutschland zurückgebracht und dort geprüft würden. Aber am Ende ihres Lebens veranlaßte die Kaiserin Friedrich ihr Patenkind, Sir Frederick Ponsonby, ihre Korrespondenz mit ihrer Mutter in aller Heimlichkeit mit nach England zu nehmen.[38] – Das Testament Kaiser Friedrichs, das seine Witwe finanziell unabhängig machte, wurde ebenfalls in Sicherheit gebracht. Diese wohlüberlegten Schritte zur Umgehung der Zensur, im Zusammenhang mit der Tatsache, daß – von den wenigen Vertrauten des verstorbenen Kaisers abgesehen – niemand wußte, welche Ansprüche oder Erklärungen seine Papiere enthielten, sollte man berücksichtigen, wenn man ein Urteil über Wilhelms erste Aktion nach seines Vaters Tod fällen will. Er ließ das Schloß mit Militär umstellen und verbot allen Bewohnern, vor allem seiner Mutter, es zu verlassen, ehe es durchsucht worden war. Da nichts von Belang gefunden wurde, muß diese Aktion ein ziemlich gleiches Maß von Erbitterung auf beiden Seiten hinterlassen haben.

Eine der ersten Pflichten eines neuen deutschen Kaisers war die Entgegennahme des Fahneneides der Truppen, und in einem Tagesbefehl an sie äußerte sich Wilhelm zum ersten Male als Kaiser in der Öffentlichkeit; er schloß mit den Sätzen:

»So gehören wir zusammen – Ich und die Armee –, so sind wir füreinander geboren, und so wollen wir unauflöslich fest zusammenhalten, möge nach Gottes Willen Friede oder Sturm sein. Ihr werdet mir jetzt den Eid der Treue und des Gehorsams schwören, und Ich gelobe, stets eingedenk zu sein, daß die Augen Meiner Vorfahren aus jener Welt auf mich herniedersehen und daß Ich ihnen dermaleinst Rechenschaft über den Ruhm und die Ehre der Armee abzulegen haben werde.«[39]

Eine weitere Pflicht eines Hohenzollern bei der Thronbesteigung verlangte, daß er ein Geheimdokument las, das Friedrich Wilhelm IV. seinen Nachfolgern hinterlassen hatte und das ihnen, Berichten zufolge, empfahl, die ihm 1848 abgerungene Verfassung zu zerreißen. Wilhelm zog es vor, statt dessen dieses Dokument zu zerreißen.[40] Die Botschaft des Kaisers an sein Volk erging, anders als die seines Vaters, erst später, zeugte aber von bewundernder Anerkennung des Sohnes für den Verstorbenen. Seine im Gegensatz hierzu stehende Mißachtung der väterlichen Instruktionen in bezug auf die Battenbergheirat – die er sofort untersagte – ist eher verzeihlich als der Umstand, daß er das Verbot mit dem »bisher von meinem hochseligen Herrn Großvater und Vater innegehabten Standpunkt« begründete. Bald darauf hörte er bei einem Essen mit Bismarck und anderen Ministern von Alexanders Entschluß, seine Opernsängerin zu heiraten, und bemerkte spöttisch, die Nachricht dürfte seiner Mutter ihr Mittagessen versüßt haben.[41]

Der Sohn glaubte, er sei in den letzten Stunden seines Vaters bewußt von diesem ferngehalten und vor allem um die Möglichkeit gebracht worden, ihn allein zu sehen. Dies war wahrscheinlich wohlbegründet. Gute Gründe könnte man aber auch der Mutter zu gestehen, wenn sie zu ihrer Verteidigung angeführt hätte, der Sohn sei nur so behandelt worden, wie er es angesichts seines Verhaltens seinem Vater gegenüber verdiente. Eine Verständigung war so gut wie ausgeschlossen, weil beide von ganz verschiedenen Voraussetzungen ausgingen. Nun spielte zwar die Mutter bald keine Rolle von irgendwelcher politischen Bedeutung mehr, unglücklicherweise übertrug sich aber der Gegensatz in den Auffassungen in wachsendem Maß vom Persönlichen auf das Familiäre und schließlich auf das Verhältnis von Nation zu Nation. Einen bösen Anfang gab es bereits, als Onkel Bertie zu der in Heimlichkeit und ohne viel erkennbare Zeichen echter Trauer vollzogenen Beisetzung eintraf. Des Prinzen Stallmeister berichtet darüber:

»Die ersten vierundzwanzig Stunden ging alles glatt, aber der Kaiserin Friedrich gelang es so sehr, den Prinzen von Wales mit ihrer eigenen persönlichen Animosität anzustecken, daß er sehr wahrscheinlich mehr zu Herbert Bismarck und dem Kanzler sagte, als klug war. Wir müssen alle Nachsicht üben gegenüber dem seelischen Zustand der Kaiserin Friedrich, wenn wir bedenken, was sie in jeder Beziehung verloren hat. Aber die Deutschen üben keine Nachsicht gegenüber dem brüderlichen Gefühl des Prinzen von Wales um seiner Schwester willen. Er brachte nicht nur den Topf zum Überkochen, sondern er blieb länger, als erwünscht war, und der Topf kochte weiterhin über. All seine persönlichen Bemerkungen kamen dem Kanzler vertraulich zu Ohren.« – Darunter auch die, daß das Benehmen der Deutschen der Kaiserin gegenüber »eine Schmach für eine zivilisierte Nation« sei.[42]

»Bismarck ist groß, aber *sehr* nachtragend. Sein Sohn ist eine Karikatur des Vaters. Er hat außerdem noch das Mißgeschick, früher einmal der verhätschelte Freund des Prince of Wales gewesen zu sein ... Jeder Fehler, den die Kaiserin Friedrich beging – sie machte wahrscheinlich ungefähr zwei große an jedem Tag –, wurde dem englischen Einfluß bei ihres Bruders kürzlichem Besuch zur Last gelegt ... Bei seiner Rückkehr umging Seine Königliche Hoheit Talleyrands Sprichwort, daß uns die Zunge gegeben wurde, um unsere Gedanken zu verbergen, und war sehr offenherzig. Alles dies ging zurück nach Berlin und kam vertraulich dem Kanzler zu Ohren. Der alte Bismarck war machtlos gegen den Prince of Wales, aber wie Maria ›behielt‹ er diese Worte und übte Vergeltung durch den Neffen, den neuen Herrn, der wie frisches Wachs in seinen Händen ist. Das Spionagesystem, das einer der Pfeiler kontinentaler Regierungen ist, gab ihm die Handhaben. Lügen ohne Zweifel, aber hie und da eine unvorsichtige wahre Bemerkung.«[43]

Besonderen Anstoß erregte eine Geschichte, derzufolge Kaiser Friedrich erwogen haben sollte, Grenzberichtigungen zugunsten Frankreichs und Dänemarks vorzunehmen und dem Herzog von Cumberland seinen Privatbesitz in Hannover zurückzugeben, der 1866 von Preußen beschlagnahmt worden war und den Bismarck zur Bestechung der Presse benutzte (der sogenannte Welfenfonds). Der Prince of Wales hörte davon und fragte Herbert Bismarck, ob etwas Wahres daran sei. Herbert mißverstand die Frage als Anregung, und in kürzester Zeit lief in Berlin die Geschichte um, der Prinz sei der Meinung, Deutschland sollte das Elsaß zurückgeben. Es wurde sogar behauptet, die Kaiserin Friedrich habe »den Prinzen von Wales angestachelt, den deutschen Stolz auf diese Weise zu verletzen«.[44] Der Kaiser griff die Idee begierig auf, das Andenken seines Vaters sei verunglimpft worden, und als Antwort auf seinen Onkel Bertie attakkierte er in einer Rede in Frankfurt an der Oder, ohne Namen zu nennen, Leute, die sagten, Deutschland solle preisgeben, was es in den Einigungskriegen gewonnen habe. Bald darauf erfuhr der Kaiser, daß während seines bevorstehenden Staatsbesuchs in Wien auch sein Onkel sich dort aufhalten werde. Er gab zu verstehen, daß sie nicht gut beide gleichzeitig dort sein könnten, und so mußte der Prince of Wales nach Bukarest weiterreisen, was er nur widerwillig tat. In diese Episode spielte die Schwierigkeit hinein, daß Wilhelm erwartete, er müsse als gekröntes Haupt von einem bloßen Thronfolger mit Ehrerbietung behandelt werden. Der Onkel dagegen sah keinen Anlaß, seine Haltung seinem Neffen gegenüber zu ändern.

»Kein englischer Gentleman würde sich so benehmen wie Kaiser W. gegenüber seinem Onkel oder Bismarck, Vater und Sohn. Aber wir dürfen nicht vergessen, daß sie alle keine *English Gentlemen* sind und daß wir sie nehmen müssen, wie sie sind, reine Preußen ... Ein wenig verständiges Lügen wird wahrscheinlich eine oberflächliche Heilung bringen, aber darunter wird es weiter schwelen. Alle Herzlichkeit und echte Freundschaft in Berlin ist für immer vorbei. Der wahre Anfang und Grund *ist die Kaiserin Friedrich* – als deren Vorkämpfer der Prinz von Wales in Berlin betrachtet wird.«[45]

Für die formelle Bekanntgabe seiner Thronbesteigung an seine Großmutter wählte der Kaiser in der Person des Generals von Winterfeldt einen Mann, der aus seiner Befriedigung darüber, daß die liberalen Grundsätze Kaiser Friedrichs keine Zeit zur Entfaltung gehabt hatten, kein Hehl machte. So konnte es kaum überraschen, daß der General in England kühl empfangen wurde, was wiederum in Berlin Überraschung auslöste, und der britische Militärattaché berichtete, der Kaiser fühle sich verletzt. »Die Königin wünschte einen kühlen Empfang«, war ihre Randnotiz auf dem Brief, »sie hatte den General zuletzt als Adjutanten ihres Schwiegersohns gesehen. Bei seiner Anwesenheit fand er kein Wort der Trauer über den Tod des Kaisers und freute sich über die Thronbesteigung seines neuen Herrn.«[46] Kaum zwei Monate nach der Thronbesteigung begab sich Wilhelm zu einem Staatsbesuch nach Petersburg, dem noch viele andere folgen sollten. Die Königin Viktoria war gekränkt wegen dieser übereilten Mißachtung des Gebotes der Trauer, und sie schrieb ihm in diesem Sinne. Als Bismarck sich erbot, eine Antwort zu entwerfen, erklärte ihm Wilhelm, er glaube, er werde schon selbst einen Mittelweg finden zwischen dem Souverän und dem Enkel. Er machte dann seine Sache gar nicht schlecht, wenn auch vielleicht auf Kosten der Aufrichtigkeit:

»Ende dieses Monats werde ich die Flotte besichtigen und eine Fahrt in der Ostsee unternehmen, bei der ich den Zaren von Rußland zu treffen hoffe, was gut für den Frieden Europas und die Beruhigung meiner Bundesgenossen sein wird. Ich wäre später gefahren, wenn es möglich gewesen wäre, aber das Staatsinteresse geht persönlichen Gefühlen vor, und das manchmal über den Nationen hängende Schicksal wartet nicht, bis die Etikette der Hoftrauer erfüllt worden ist. Ich halte es für nötig, daß Monarchen oft zusammentreffen und gemeinsam Rücksprache halten, um Ausschau zu halten nach den Gefahren, die das monarchische Prinzip von seiten der demokratischen und republikanischen Parteien in allen Teilen der Welt bedrohen.«[47]

Die alte Königin war jedoch nicht so leicht zu beschwichtigen. Sie verlangte, daß die Korrespondenz mit ihrem Enkel und mit Bismarck, die beide nach ihrer Meinung eine Rückkehr zu veralteten Regierungsmethoden anstrebten, zwar höflich, aber »sehr kühl« gehalten werde.[48] Aber Salisbury hatte kein Zureden nötig. Auf die Frage, warum er so wenig Bereitwilligkeit zeigte, den deutschen Vorschlägen entgegenzukommen, antwortete der alte Staatsmann mit leiser, niedergeschlagener Stimme: »Er ist falsch.«[49]

Wilhelms Haltung gegenüber seinem Onkel war eine andere Quelle der Verstimmung auf seiten der Königin.

»Die Behauptung, daß der Prinz seinen Neffen nicht als Kaiser behandele, ist wirklich zu vulgär und absurd – und dazu noch unwahr –, um nicht fast unglaubhaft zu erscheinen.

Wir sind immer sehr intim mit unserm Enkel und Neffen ge-

wesen, und zu verlangen, daß er persönlich so wie in der Öffentlichkeit als ›Seine Kaiserliche Majestät‹ behandelt werden müsse, ist *vollendeter Wahnsinn*! Er ist genauso behandelt worden, wie wir seinen geliebten Vater und sogar seinen Großvater behandelt haben würden und wie die Königin selber stets von ihrem lieben Onkel, König Leopold, behandelt worden ist. Wenn er solche Vorstellungen hat, wäre er besser *nie hierher* gekommen . . .
Die Königin wird diese Beleidigung nicht schlucken . . .
Er sagte auch zu dem Kronprinzen (von Österreich), daß er, wenn sein Onkel ihm einen sehr freundlichen Brief schriebe, diesen *vielleicht beantworten* würde! All dieses deutet auf einen sehr ungesunden und unnatürlichen Geisteszustand; und es muß ihm fühlbar gemacht werden, daß seine Großmutter und sein Onkel solche Unverschämtheit nicht hinnehmen werden. Der Prinz von Wales darf sich solche Behandlung *nicht* gefallen lassen . . .
Was die politischen Beziehungen der beiden Länder anbetrifft, so ist die Königin durchaus einverstanden, daß diese (wenn möglich) nicht durch diese kläglichen persönlichen Zänkereien berührt werden sollten; aber die Königin *fürchtet* sehr, daß bei einem so hitzköpfigen, eingebildeten und verschrobenen jungen Mann das in jedem Augenblick *unmöglich* werden kann.«[50]

Salisbury wirkte wie ein Echo seiner Herrin, wenn er Wilhelm Englands gefährlichsten Feind in Europa nannte und zu dem französischen Botschafter sagte: »Dort ist die dunkle Wolke.«[51]

Mittlerweile hatte die *Deutsche Rundschau* ohne Quellenangabe in zwanzig Seiten Auszüge aus dem Kriegstagebuch Kaiser Friedrichs veröffentlicht, die die allgemeine Wirkung hatten, daß dem verstorbenen Kaiser das Verdienst für vieles gebühre, das man bisher Bismarck zugeschrieben hatte. Der Kanzler wandte sich anklagend an die Witwe, was aber in diesem Fall unbegründet war. Ihr Leugnen jeglicher Kenntnis der Zusammenhänge war diesmal ganz ehrlich. Bismarcks Taktik lief zunächst darauf hinaus, das Tagebuch als Fälschung hinzustellen, obgleich er sehr wohl wußte, daß es keine war. Weitere Ermittlungen ergaben, daß der Artikel die Arbeit eines Rechtsanwalts namens Geffcken war, der sich Teile des Buches abgeschrieben hatte, als es ihm im Jahre 1873 vorgelegt worden war. Bismarck ließ daraufhin in

Geffckens Haus einbrechen, seine Papiere beschlagnahmen und Strafanzeige wegen Landesverrats gegen ihn erheben. Die Folgen davon zeigen, daß Eifersucht ein schlechter Ratgeber ist, denn das Gericht lehnte es ab, das Hauptverfahren gegen Geffcken zu eröffnen. Geffcken war zwar ruiniert, aber das Ansehen Wilhelms und seiner Ratgeber war auch nicht gerade gestiegen. In dieser Atmosphäre kam die Kaiserin Friedrich im November zu ihrer Mutter auf Besuch. Lord Salisbury wie der Prince of Wales machten Bedenken geltend, ihre Anwesenheit in England werde nur Öl ins Feuer gießen. Aber die alte Königin bewies wieder einmal, wie störrisch sie sein konnte.

»Die Absicht ist zweifellos wohlgemeint, aber es wäre unmöglich, herzlos und grausam, meine arme Tochter mit ihrem gebrochenen Herzen daran zu hindern, daß sie bei ihrer Mutter Frieden, Schutz und Trost sucht . . . Es wäre nutzlos und würde den Kaiser und die Bismarcks in ihrer Feindseligkeit gegen uns noch bestärken. Ihr scheint alle Angst vor ihnen zu haben, und das ist nicht der richtige Weg, sie zu bessern.«[52]

Sie hoffte in der Tat auf irgendeine öffentliche Sympathiekundgebung für die Kaiserinwitwe, aber es war vielleicht ein Glück, daß es dazu nicht kam. Ihre Stimmung aber hielt sich bis ins Jahr 1889 hinein. »Wilhelm darf in diesem Jahr nicht kommen«, schrieb sie dem Prince of Wales, »Du könntest nicht mit ihm zusammentreffen, und ich könnte es nicht nach allem, was er gesagt und getan hat.«[53] Und doch kam er im August, als ob nichts geschehen wäre und obgleich Versuche, ihn zu einer Entschuldigung wegen seines Benehmens in Wien zu bewegen, nichts weiter ergeben hatten als eine Erklärung, man könne den Vorfall als abgeschlossen betrachten. Trotz der Tatsache, daß er mit 2½ Stunden Verspätung eintraf, fuhr sein Onkel – der sehr auf Pünktlichkeit hielt – hinaus, um die kaiserliche Jacht zu erwarten. Wilhelm blieb mehrere Tage bei der Königin in Osborne und erhielt den Ehrenrang eines *Admiral of the Fleet.* Er war sehr stolz, nun die Uniform eines St. Vincent und eines Nelson tragen zu können, und meinte, dieser Gedanke mache ihn ganz schwindelig.[54] Die Ernennung betrachtete er übrigens nicht nur als eine äußere Ehrung, er bedrängte seinen Onkel vehement mit seinen Ansichten über Schiffsartillerie, und nur die plötzliche Entdeckung, daß dieser Schmerzen an seinem Knie habe, die seine Teilnahme an einer Truppenparade in Aldershot verhinderten, bewahrte Eduard davor, eine ähnliche Vorlesung über militärische Fragen anhören zu müssen. – Es ist nur fair, hinzuzufügen, daß Wilhelm zu dieser Zeit auch deutsche hohe Militärs in mildes Erstaunen versetzte durch seine Neigung, seinen Kriegsminister darüber zu belehren, was er zu tun habe.[55] Zwei Monate später, nach einem Besuch in Athen, schrieb Wilhelm, die englische Mittelmeerflotte habe zwölf statt fünf erstklassige Schlachtschiffe nötig, und im nächsten Jahr verkündete er, die Flotte müßte verdreifacht werden, um es mit den Flotten Frankreichs und der Vereinigten Staaten aufnehmen zu können. Lord Salisbury leitete eine Botschaft dieser Art an den Marineminister weiter mit der Bemerkung:

»Sie werden wahrscheinlich geneigt sein zu fluchen, wenn Sie lesen, wie freundschaftlich besorgt der Kaiser um die gute Führung Ihres Ministeriums ist. Aber es wäre klüger, milde zu antworten. Bitte schicken Sie mir eine höfliche, beweiskräftige Entgegnung ... Fast scheint es mir, als sei er nicht ›ganz da‹.«[56]

Im Jahre 1890 wurde in Windsor ein Denkmal für Kaiser Friedrich enthüllt. Niemand hatte seinen Sohn davon unterrichtet, der erst aus den Zeitungen von der Feier erfuhr. Mit einer gewissen Würde verzichtete er aber auf eine offene Beschwerde und schickte einen Adjutanten, der einen Kranz niederlegte. Trotz dieser und ähnlicher Ärgerlichkeiten scheint sich nach den persönlichen Kontakten die Situation entspannt zu haben, und etwa ein Jahr lang blieben die deutsch-englischen Beziehungen ziemlich reibungslos.

Mittlerweile belebte der Kaiser seinen Hof mit neuer Spannkraft und gab mit großzügiger Hand das Geld aus. Sein Großvater hatte in der wahren Tradition der preußischen Monarchie durch sorgfältige Haushaltsführung zweiundzwanzig Millionen Mark erspart. Doch jetzt hatte es der König von Preußen und schon gar der Deutsche Kaiser nicht mehr nötig, wie ein bedürftiger Landedelmann zu leben. Obgleich Bismarck murrte und die Altmodischen Kritik erhoben, standen die Reformen des Kaisers durchaus im Einklang mit dem Stil der Zeit. Fünf Monate nach seinem Regierungsantritt verlangte er eine Erhöhung seiner Zivilliste um jährlich sechs Millionen Mark. Als auf die Reise nach Petersburg weitere nach Stockholm, Kopenhagen, Wien und Rom folgten, nahm er als Geschenke 80 Diamantringe, 150 silberne Orden, 50 Busennadeln, 3 goldene Photographierahmen, 30 goldene Uhren nebst Ketten, 100 Dosen und 20 mit Diamanten besetzte Adlerorden mit.[57] Ein neuer kaiserlicher Sonderzug mit zwölf Wagen in Blau, Crème und Gold lackiert und eine neue Jacht wurden in Auftrag gegeben. Persönliche Diplomatie war Trumpf, auch wenn man in Kabarettvorstellungen von »dem greisen Kaiser, dem weisen Kaiser und dem Reisekaiser« sprach und witzelte, die Nationalhymne sei in »Heil Dir im Sonderzug« abgeändert worden.

Eine der Kaiserreisen hatte nicht unbedeutende Folgen. Im Jahre 1889 verlobte sich Wilhelms Schwester Sophie mit dem Herzog von Sparta, dem griechischen Thronfolger. Das bedingte ihre Aufnahme in die Orthodoxe Kirche, und Dona, die darin ein Spiel mit ernsten Dingen sah, veranlaßte Wilhelm, Schwierigkeiten zu machen. Er ging so weit, zu drohen, wenn sie nicht Protestantin bliebe, würde er ihr nie mehr die Rückkehr nach Deutschland erlauben. Die Prinzessin wandte sich scharf gegen die Kaiserin und warf ihrem Bruder Heuchelei vor. Der Streit wurde aber beigelegt, und Wilhelm und Dona gaben nicht nur der Heirat ihren Segen, sondern nahmen sogar an der Hochzeit teil. Von Athen fuhren sie auf vier Tage nach Konstantinopel, um die Stadt zu besichtigen. Bismarck befürchtete, daß der Zar mehr hinter dem Besuch vermuten könnte, als für ihn erkennbar war; und das wäre auch nicht ganz ungerechtfertigt gewesen, denn wenn es auch nicht zu politischen Gesprächen kam, so lag das nicht daran, daß sich der Sultan nicht darum bemüht hätte. Das kaiserliche Paar wurde üppig empfangen und erhielt einen reizvollen Einblick in den asiatischen Luxus, obgleich Dona erst bei einer späteren Gelegenheit einen Harem besichtigte, wo sie sich abgestoßen fühlte durch »eine Menge sehr dikker Frauen in Pariser Toiletten, die ihnen schlecht standen, die Konfitüren und Pralinés aßen und furchtbar gelangweilt aussahen«.[58] Der Besuch in Konstantinopel hinterließ bei Wilhelm freundschaftliche Gefühle für die Türkei und ein bleibendes Interesse an nahöstlichen Angelegenheiten, das nicht gerade zu einer Verbesserung der russisch-deutschen Beziehungen beitrug. Eine Unternehmung unterließ Wilhelm jedoch. Er fuhr nicht zur Beisetzung des österreichischen Thronfolgers Rudolf. Er war tief schockiert durch dessen melodramatischen Selbstmord in Mayerling und konnte auch nicht vergessen, daß Rudolf ziemlich häufig mit dem Prince of Wales zusammen gewesen war.[59] Was würde er gesagt haben, hätte er den Brief gekannt, den Rudolf kurz zuvor über ihn geschrieben hatte?

»Der Kaiser dürfte bald eine große Konfusion in Europa anrichten; er ist ganz der Mann dazu ... energisch und eigensinnig, sich selbst für das höchste Genie haltend, er wird im Verlauf weniger Jahre das Hohenzollernsche Deutschland auf den Standpunkt bringen, den es verdient.«[60]

»Der Kaiser«, sagte Bismarck im Jahre 1888, »ist wie ein Ballon, wenn man ihn nicht fest am Strick hielte, ginge er wer weiß wohin.«[61] Aber der Kanzler handelte nicht, wie es seine Diagnose erfordert hätte. Im Juli 1888 zog er sich auf seinen Landsitz zurück und blieb dort bis zum Jahresende. Dann erklärte er, es sei notwendig, daß er zweimal wöchentlich mit dem Kaiser spreche.[62] Er kehrte zwar im Januar 1889 nach Berlin zurück, blieb aber nur bis Mai und ging dann wieder aufs Land und blieb dort, mit Ausnahme von ein paar Tagen im August und im Oktober, bis zum Januar 1890. Später sagte er, Wilhelm habe ihm klar zu verstehen gegeben, daß er in Berlin nicht erwünscht sei,[63] aber die plausiblere Erklärung ist wohl, daß er zu viele Möglichkeiten für Zusammenstöße sah und seinem Temperament mißtraute. Während einer Unterredung soll Wilhelm Bismarck so geärgert haben, daß der Kanzler sein Tintenfaß ergriff und mit solcher Wucht auf den Schreibtisch setzte, daß der Inhalt über den hohen Herrn spritzte.[64] Bismarck mag wohl geglaubt haben, daß sein Sohn, der dem Kaiser im Alter näher stand, eine bessere Chance habe, mit dem Problem fertig zu werden. Aber der »verhaßte Herbert«, wie Lord Salisbury ihn nannte[65], hatte seines Vaters Barschheit ohne dessen Charme geerbt, dessen Verachtung für Ideen ohne dessen Fähigkeit, das Wesentliche einer Situation zu erfassen, und wenn es darauf ankam, war er unfähig, Wilhelm unter seinen Einfluß zu bekommen. Bismarck hatte zahlreiche Leute gefunden, die bereit waren, den jungen Herrn gegen seine Eltern aufzubringen, er hatte in jener Zeit aber nicht bedacht, daß dieselben Einflüsse eines Tages sich gegen ihn selbst auswirken könnten. Im August 1888 schrieb Stöcker an den Chefredakteur der konservativen *Kreuzzeitung* und riet ihm zu einer indirekten Strategie. Wenn man zu offen versuche, Streit zwischen dem Kaiser und dem Kanzler zu säen, könne man leicht das Gegenteil des gewünschten Erfolges erzielen. Man solle deshalb alles Persönliche aus dem Spiel lassen, vielmehr Wilhelm zu politischen Zielen überreden, die zu Zusammenstößen führen müßten. Der Kaiser sollte ohnehin gesagt haben, er werde den alten Mann sechs Monate verschnaufen lassen und dann selbst regieren. Die *Kreuzzeitung* schürte emsig das Feuer der Unzufriedenheit, und obgleich Bismarck im April 1889 den Kaiser veranlaßt hatte, Stöcker zum Ausscheiden aus der aktiven Politik zu bewegen, hatte er damit nur eines der Häupter der Hydra getroffen, die ihm gegenüberstand. Die Ansichten der Christlich-Sozialen wurden dem Kaiser unentwegt von Hinzpeter und einer Anzahl anderer Theoretiker in aller Eindringlichkeit nahegebracht. Waldersee, dessen Ambition auf den Posten des Generalstabschefs befriedigt worden war, erklärte, er befürchte einen unmittelbar bevorstehenden russischen Angriff, und bekämpfte Bismarck wegen dessen Weigerung, einen Präventivkrieg ins Auge zu fassen. Er prägte das boshafte Wort, wenn Friedrich der Große einen Kanzler wie Bismarck gehabt hätte, wäre er nie der Große geworden.[66] Waldersees Frau brannte darauf, ihren Mann als Reichskanzler zu sehen. Hofstein, der im Auswärtigen Amt hinter den Kulissen großen Einfluß ausübte, war unzufrieden mit einer Rußlandpolitik, die er nicht begriff. Der angeheiratete Onkel des Kaisers, der Großherzog Friedrich von Baden, bekämpfte durch seinen Berliner Gesandten, Freiherrn Marschall von Bieberstein, Bismarck als einen Reaktionär. Miquel, der Führer der Nationalliberalen, begrüßte in dem jungen, begabten Herrscher den Sammelpunkt für alle diejenigen, die hofften, eine Revolution durch maßvolle Reformen vermeiden zu können. Wo solche Einflüsse am Werke waren, konnte es nur zu einem Zusammenstoß kommen.

Der Anblick dieser Wolken am politischen Horizont muß einer der Gründe gewesen sein, die Bismarck im Januar 1889 dazu brachten, an Lord Salisbury zu schreiben und ihm ein deutsch-englisches Defensivbündnis gegen Frankreich vorzuschlagen. Sein ganzes Leben lang, schrieb er, habe er Sympathien für England und seine Bewohner gehegt – dachte er vielleicht an die Miß Russell, die er vor vielen Jahren beinahe geheiratet hätte? –, und zu gewissen Zeiten sei er immer noch nicht frei davon.[67] Eine dieser Zeiten war 1879 gewesen, als er ein Bündnis wie ein As Disraeli vor Augen gehalten hatte, nur um es rasch wieder im Ärmel verschwinden zu lassen, sobald er mit dem österreichischen Vertrag den Stich gemacht hatte. Seitdem hatte ihn die Sorge vor dem Übergreifen des englischen Liberalismus auf das deutsche politische Leben veranlaßt, Distanz zu halten; nachdem aber Salisbury an Gladstones Stelle getreten war und Wilhelm an die seines Vaters, hatte der Gedanke wieder an Reiz gewonnen. Ein Abkommen mit England, das Frankreich isolieren würde, wäre der Schlußstein seines Baus gewesen. Aber Salisbury schilderte die britische Außenpolitik als ein Sich-treiben-Lassen in einem trägen Strom, bei dem man nur von Zeit zu Zeit einen diplomatischen Bootshaken ausstreckt, um Zusammenstöße zu vermeiden.[68] Ein so betontes *understatement* ließ zum mindesten erkennen, daß man in London keine Eile hatte, und Salisbury war in diesem Fall nicht zum Handel bereit. Er wies darauf hin, daß ein Bündnis, um wirksam zu sein, der parlamentarischen Billigung bedürfe, die in der derzeitigen Situation wahrscheinlich nicht zu haben sei. So bekannte er zwar, daß er für seine Person die Idee begrüße, erklärte sich aber gleichzeitig für außerstande, mehr zu tun, als sie auf dem Tisch zu lassen und weder Ja noch Nein zu sagen.[69] Hinter diesen Entschuldigungen verbarg sich ein Zweifel an der Notwendigkeit einer deutschen Hilfe gegen Frankreich. Ein Bündnis gegen Rußland wäre eine andere Sache gewesen, aber das konnte Bismarck nicht anbieten.

In jenem Herbst kam der Zar nach Berlin. Aus diesem Anlaß kam Bismarck nicht nur in die Hauptstadt, er erschien sogar zu der Galaaufführung von »Rheingold«. Der Zar seinerseits bat den Kanzler, sich zu setzen, während er selbst stehen blieb, aber er fragte Bismarck auch, ob er sicher sei, im Amt bleiben zu können. Die ersten Monate des neuen Jahres brachten die Antwort. Der grundsätzliche Widerstreit der Persönlichkeiten und Methoden von Kaiser und Kanzler fand seinen Ausdruck in nicht weniger als sechs Streitfragen zur gleichen Zeit.[70]

Als der Kaiser fünfunddreißig Jahre später seine Erinnerungen aufzeichnete, schrieb er den Streit fast ausschließlich den Meinungsverschiedenheiten über die Sozialgesetzgebung zu. Es ist auch nicht zu bezweifeln, daß dies der erste Punkt war, der zur Sprache kam, und einer von besonders grundlegender Bedeutung. Wilhelm hatte im Jahr zuvor bei der Beilegung eines Streiks im Ruhrbergbau einen beträchtlichen persönlichen Erfolg errungen. Bei dieser Gelegenheit war er mit den Zechenbesitzern streng ins Gericht gegangen, während er mit den Bergleuten wie ein alter Onkel redete. Er war bestrebt, die deutsche Arbeitsgesetzgebung zu reformieren. Bismarck hatte das Gefühl, das alles schon einmal erlebt zu haben. Seine Sozialgesetzgebung hatte es nicht vermocht, die Arbeiterschaft mit dem Regime zu versöhnen, und das machte ihn skeptisch hinsichtlich der Möglichkeit, durch Freundlichkeit Erfolge zu erzielen. Er war immer dagegen gewesen, die Arbeitsbedingungen durch Gesetz zu regeln, und die Rückständigkeit der deutschen Gesetzgebung in dieser Richtung stand in betontem Gegensatz zu den bahnbrechenden Neuerungen auf dem Gebiet der Sozialversicherung. Voll Verachtung für Leute, die ihm humanitätstrunken schienen, verfiel er auf die alte Ausrede, daß die Beschränkung der Arbeitszeit für Männer und Frauen einen Eingriff in die persönliche Freiheit darstelle. Zunächst weigerte er sich also, die Verordnung abzufassen, die der Kaiser haben wollte, und als dieser darauf bestand, entwarf er sie so, daß sie viel größere Hoffnungen erwecken mußte, als irgend jemand zu erfüllen beabsichtigte. Dann verweigerte er die Gegenzeichnung, so daß sie der Kaiser allein zu verantworten hatte. Er intrigierte mit ausländischen Diplomaten, um den Wunsch des Kaisers nach einem Internationalen Arbeiterkongreß zu hintertreiben; natürlich erfuhr der Kaiser von diesen unterirdischen Machenschaften. Als trotz allem der Kongreß zusammentrat, machte Bismarck seinem Ärger dadurch Luft, daß er ihn mit Räumlichkeiten, Personal für das Sekretariat, ja selbst mit Schreibmaterial kurzhielt. Der Kaiser dagegen vertrat die Meinung, daß die meisten Revolutionen nur deshalb ausbrächen, weil man nicht rechtzeitig reformiert habe. Mütterliche Einflüsse zeigten sich, als er England als Beispiel anführte, um zu beweisen, daß Deutschland sich auf dem falschen Weg befinde, wobei die Argumente, die er vorbrachte, zwar geschickt, aber nicht ganz zutreffend waren. Es kann jedoch kein Zweifel daran bestehen, daß im ganzen Wilhelms Haltung größere Chancen für den Fortschritt bot als die sture Weigerung Bismarcks, Zugeständnisse auch nur in Erwägung zu ziehen. Die Arbeiter mit ihrem steigenden Lebensstandard waren nicht mehr weit davon entfernt, das Dogma zugunsten der Praxis preiszugeben, wie die revisionistische Bewegung innerhalb der Sozialdemokratischen Partei anzeigte. Die Sozialversicherungsgesetze hatten ihre Wirkung getan, wenn sie auch nicht sofort sichtbar wurde. Hätte die Regierung nachzuweisen vermocht, daß sie nicht allein die Interessen der besitzenden Klassen förderte, hätte sie in zunehmendem Maß Unterstützung in der Arbeiterklasse gefunden, und manche späteren Schwierigkeiten hätten vermieden werden können. Das Schlimme war, daß Wilhelm, nachdem er Bismarck in ebendiesem Punkte bekämpft hatte, später selbst dessen Haltung übernahm und des Wohltuns müde wurde.

Eng verknüpft mit dieser Frage war eine andere, die des Sozialistengesetzes, das zur Erneuerung anstand. Bismarck hätte wahrscheinlich seine Geltung auf unbegrenzte Zeit durchsetzen können, wenn er zu einem Kompromiß bereit gewesen wäre. Besonders unbeliebt war eine Bestimmung des Gesetzes, die die Polizei ermächtigte, Agitatoren aus dem Gebiet, in dem sie sich betätigten, auszuweisen, was die unerwünschte Nebenwirkung hatte, daß ihre umstürzlerischen Ansichten noch weiter in Deutschland verbreitet wurden. Bismarck bestand auf der Beibehaltung der Bestimmung, obgleich er dadurch einen Keil zwischen die Konservativen, die ihr zustimmten, und die Nationalliberalen und das Zentrum trieb, die sie bekämpften. Er vertrat den Standpunkt, daß man, falls das Gesetz nicht angenommen werde, auch so auskommen müsse und dann aber die Wellen des politischen Kampfes höher schlagen würden, was zu bewaffneten Zusammenstößen führen könne.[71] Das war wieder die alte Bismarcksche Taktik, eine Krisis heraufzubeschwören, um seine Unentbehrlichkeit zu beweisen. Daß die Krise nicht kam, ließ den dieser Taktik zugrunde liegenden Zynismus um so deutlicher erkennen.

Eine Frage, die mit ziemlicher Sicherheit zu hitzigen politischen Auseinandersetzungen führen mußte, war die Heeresgesetzgebung. Bismarck empfahl denn auch, obgleich erst drei Jahre der siebenjährigen Laufzeit der Gesetze vergangen waren, eine Vergrößerung des stehenden Heeres um achtzigtausend Mann zu fordern. Wilhelm aber umging die Forderung, indem er eine sehr viel eher erreichbare Vermehrung der Artillerie verlangte, und stellte das übrige für eine spätere Diskussion zurück.

Während die Meinungsverschiedenheiten noch im Gange waren, fanden Reichstagswahlen statt. Zum guten Teil wegen Bismarcks Verhalten in der Frage des Sozialistengesetzes gingen die Kartellparteien, die 1887 triumphiert hatten, alles andere als einig in den Wahlkampf und erlitten daher schwere Verluste. Die künftige Entwicklung begann sich abzuzeichnen angesichts der Erfolge der Sozialdemokraten, die mehr Stimmen erhielten als irgendeine der anderen Parteien – obwohl sie wegen der Wahlkreiseinteilung nicht die ihrem Stimmenanteil entsprechende Anzahl von Sitzen erreichten. Dicht hinter ihnen lag das Zentrum, so daß alles in allem viereinhalb von insgesamt sieben Millionen Wahlstimmen auf die Bismarck feindlichen Parteien entfielen. Dieser Umstand verschärfte noch die Auseinandersetzungen über das Sozialistengesetz, er gab aber zugleich dem Zentrum eine Schlüsselposition und veranlaßte Bismarck, den Zentrumsführer, Ludwig Windthorst, zu sich zu bitten. Die Aussprache hatte keine unmittelbaren Ergebnisse, Windthorst erklärte hinterher, er komme von dem politischen Totenbett eines großen Mannes. Aber sie veranlaßte den Kaiser zu der ärgerlichen Bemerkung, der Kanzler habe ihn gefälligst um Erlaubnis zu fragen, ehe er mit Parteiführern verhandele. Dieses Verlangen wurde von Bismarck ebenso ärgerlich zurückgewiesen. Bismarck soll gesagt haben, die Autorität eines kaiserlichen Befehles reiche nur bis an die Schwelle des Salons seiner Frau – wo aber, soweit bekannt, diese Aussprache gar nicht stattgefunden hatte.[72] Eine derartige Forderung hätte niemand einem dem Parlament verantwortlichen Premierminister stellen können, doch einem Kanzler gegenüber, der dem Fordernden verantwortlich war, konnte ihre Berechtigung schon eher eine offene Frage bleiben.

Ein bedeutsameres Verfassungsproblem, das sich dann auch als entscheidend erwies, warf Bismarck selber auf, als er eine von Friedrich Wilhelm IV. im Jahr 1852 erlassene Verordnung bei den Ministern zirkulieren ließ. Sie besagte, daß sich die Minister, wenn sie sich schriftlich oder mündlich an den König wenden wollten, zuerst mit dem Ministerpräsidenten ins Benehmen zu setzen hätten – nicht notwendigerweise, um seine Zustimmung einzuholen. Ohne eine derartige Anordnung oder eine Gesamtverantwortung des Kabinetts schien – zumal angesichts eines Königs, der seine Berater gegeneinander auszuspielen liebte – die Stellung des Ministerpräsidenten offensichtlich untragbar zu sein. Obgleich Bismarcks Nachfolger dann einen angeblich revidierten Text der Ordre herausgab, blieb deren Prinzip so gut wie unverändert erhalten. Aber Bismarck selbst hatte 1882 gesagt,

»der wirkliche Ministerpräsident in Preußen ist und bleibt S. M. der König«.[73] Wilhelm hatte sich bereits über die »Fahnenflucht« der Minister beschwert, weil sie in einer entscheidenden Sitzung Bismarck, nicht ihn unterstützt und damit angedeutet hätten, daß ihre Loyalität in erster Linie dem Kanzler und nicht ihrem königlichen Herrn gelte. Er hatte auch die nicht ganz unberechtigte Frage aufgeworfen, wie die in Frage stehende Beschränkung der Minister funktionieren solle, wenn der Kanzler mehr als die Hälfte des Jahres nicht in Berlin sei. Er veranlaßte eine neue Kabinettsordre, die die von seinem Großonkel dem Regierungschef eingeräumte Vollmacht aufheben sollte. Anstatt aber diesem Auftrag nachzukommen, bat Bismarck am 18. März 1890 in einem sechs Seiten langen Brief, der mehr auf Wirkung denn auf Richtigkeit abgestellt war, um seinen Rücktritt.

Bei all diesen Auseinandersetzungen hatte die Außenpolitik kaum eine Rolle gespielt. Bismarcks Abschiedsgesuch stellte allerdings die Sache so dar, als ob die beiden wichtigsten Streitpunkte die Ordre von 1852 und die Politik gegenüber Rußland gewesen seien. Tatsächlich aber kam die russische Frage erst auf, nachdem Bismarck bereits vor die Alternative gestellt war, entweder das Dekret von 1852 zu widerrufen oder zurückzutreten, und es ging dabei auch nur um einen Streit über Berichte aus Kiew, in dem keine Seite mit richtigen Fakten operierte.[74] Die wichtigste unmittelbare Folge von Bismarcks Sturz, nämlich die Entscheidung gegen die Erneuerung des Rückversicherungsvertrages, kam in den zur Entlassung des Kanzlers führenden Ereignissen überhaupt nicht zur Sprache.

Natürlich hatte keine der strittigen Fragen nennenswerte Bedeutung im Vergleich zu den Männern, die miteinander stritten. Man könnte sogar argwöhnen, daß Bismarck, wie schon so oft, sich für eine bestimmte Linie entschied, nicht so sehr, weil er sie sachlich für richtig hielt, sondern weil sie ihm ein gutes Kampffeld zu bieten schien. Die Frage, um die es wirklich ging, war, wer im Land regieren sollte. Bismarck entfaltete alle seine Möglichkeiten. Er bat sogar die Kaiserin Friedrich, ihren Einfluß auf ihren Sohn zu seinen Gunsten einzusetzen. Aber der alte Hexenmeister hatte seinen Zauber verloren. Seine Beschwörungen waren machtlos geworden, weil sie Menschen galten, die nicht an sie glaubten, er, der so deutlich das Kantsche Sittengesetz im Umgang mit seinen Mitmenschen mißachtet hatte, konnte nun nicht auf die Loyalität dieser Mitmenschen rechnen. Wie Lord Salisbury zu Königin Viktoria sagte: »Gerade die Eigenschaften, die Bismarck beim Kaiser gefördert hat, um seine eigene Stellung zu stützen, als Kaiser Friedrichs Thronbesteigung bevorstand, haben jetzt seinen Sturz herbeigeführt.«[75] Die Kaiserin Friedrich erklärte ihm, wohl mit einer Mischung von Mitleid und Triumph, ihr Einfluß auf ihren Sohn könne ihm nicht mehr helfen, denn er selbst habe ihn zunichte gemacht.[76] Das deutsche Volk hatte bei den Wahlen seine Meinung klar zum Ausdruck gebracht. Vielleicht ist Bismarck durch seinen Sturz vor einer Niederlage im neuen Reichstag bewahrt worden. Die Treue der Armee galt wie stets mehr dem Kaiser als dem Politiker. Und zu den Dingen, die Wilhelm von Bismarck gelernt hatte, gehörte das Sprichwort: *»A gentilhomme, gentilhomme! A corsaire, corsaire et demi!«*[77] Diese Lehre beherzigte er nun, als er Bismarcks Rücktrittsgesuch unterdrückte und statt dessen seine Antwort darauf veröffentlichte, die so abgefaßt war, daß sie den Eindruck erwekken mußte, der alte Mann habe einem widerstrebenden Herrn aus Gesundheitsgründen seinen Abgang abgerungen. Er überschüttete den angeblichen Invaliden mit Ehrenbezeigungen, unter anderen einer Rangerhöhung. Er schickte sogar ein Telegramm an Hinzpeter des Inhalts, er fühle sich so betrübt, als wenn er nochmals seinen Großvater verloren hätte:

> »Es ist mir aber von Gott einmal bestimmt, also habe ich es zu tragen, wenn ich auch darüber zugrunde gehen sollte! Das Amt des wachthabenden Offiziers auf dem Staatsschiff ist mir zugefallen. Der Kurs bleibt der alte, und nun Volldampf voraus!«[78]

Bei seiner Verabschiedung auf dem Bahnhof sagte Bismarck, dies sei eine Beerdigung erster Klasse. Er verließ den »ärarischen Wartesaal Erster Klasse«, wie man das Reichskanzlerpalais zu der Zeit, da er es bewohnte, einmal genannt hatte, und zog sich in sein Landhaus in Friedrichsruh, ein ehemaliges Hotel, zurück.[79]

Bismarcks Abgang war ein großes historisches Ereignis, das aber seine Bedeutung nicht den Begleitumständen oder dem Zeitpunkt verdankte, an dem es sich abspielte. Noch fünf Jahre weiter, und die Ausrede der schlechten Gesundheit hätte der Wahrheit entsprochen, aber er hätte in dieser zusätzlichen Zeit kaum noch wesentlich Neues beisteuern können. Tatsächlich verlor sich bei dem alten Mann schon um sein fünfundsiebzigstes Lebensjahr die politische Geschicklichkeit, und er ließ es geschehen, daß seine Reizbarkeit über seine Urteilskraft die Oberhand gewann. Schon 1889 hatte Holstein zu Herbert Bismarck gesagt: »Wenn Ihr Vater Schweninger* nicht gekannt hätte, wäre er tot, aber er wäre untergegangen wie eine große, glänzende Sonne. Jetzt lebt er noch, aber er wird alt wie andere Menschen auch.«[80] Er selbst hatte die Fähigkeit zu anhaltender harter Arbeit verloren, doch er mochte nur ungern die Aufgaben anderen übertragen, denn er befürchtete, sie könnten zu viel Anerkennung dafür ernten.[81] Eine Reihe von Angelegenheiten – das Lombardverbot etwa oder die Stöcker-Versammlung und die Verfolgung Geffckens – hatte er nicht eben geschickt behandelt. In den verschiedenen Fragen, über die er sich mit Wilhelm gestritten hatte, war er ebensooft im Unrecht gewesen wie im Recht. Einer der berühmtesten Zwischenfälle hatte sich ergeben, als durch eine Nachlässigkeit der Kaiser schon um neun Uhr morgens bei ihm erschien und Bismarck aus dem Bett geholt werden mußte.

Trotz der Eile fand Bismarck die Zeit, einen Brief aus London herauszusuchen, den er dann während der Aussprache so ostentativ in der Hand behielt, daß Wilhelm ihm befahl, ihn vorzulesen. Er weigerte sich zwar, gab aber dann dem Verlangen des Kaisers, den Brief herauszugeben, zu gern nach und ließ ihn selbst lesen, daß sein vielgepriesener Besuch in Petersburg den Zaren zu der Bemerkung veranlaßt hatte, er sei *»un garçon mal élevé et de mauvaise foi«*. Man mag die Geschicklichkeit bewundern, mit der er es zuwege brachte, diese Enthüllungen seinem Herrn in die Hand zu spielen, man wird sich aber ebenso fragen, weshalb er es gerade in diesem Augenblick für zweckmäßig hielt, seines Herrn Eitelkeit zu verletzen.

Sechs Wochen vor Bismarcks Rücktritt hatte der Kaiser schon den zur Nachfolge Auserwählten darüber verständigt, was bevorstand. Einem Politiker eine Position zu übertragen, die in des Kaisers Augen ähnlich befehlsgebunden war wie die eines Chefs des Generalstabs, kam nicht in Frage. Der Reichskanzler war in der Tat des Kaisers höchster ziviler Generalstabsoffizier. Es gab nur die Wahl zwischen einem Höfling, einem Beamten oder einem Soldaten, und zur bitteren Enttäuschung der Waldersees

* Ernst Schweninger, 1850–1924; Leibarzt Bismarcks.

entschied er sich für den General Leo von Caprivi, der als Chef der Admiralität in den Jahren 1883 bis 1888 schon hatte Regierungserfahrungen sammeln können. In dieser Eigenschaft hatte er einmal ausgerufen: »Himmel, Himmel, wie wird das nur werden, wenn Prinz Wilhelm jetzt schon herankommt? Er glaubt, daß er alles versteht, sogar Schiffsbau.«[82] Bald nach seinem Regierungsantritt ließ Kaiser Wilhelm den Leiter der Schiffsbauabteilung zu sich kommen, ohne den Chef der Admiralität, Caprivi, davon zu verständigen, der daraufhin prompt zurücktrat und ein Armeekorps in Hannover übernahm.[83] Als Bismarck ein paar Wochen zuvor erwog, das Amt des preußischen Ministerpräsidenten aufzugeben und nur das des Reichskanzlers beizubehalten, hatte er Caprivi für den preußischen Posten in Aussicht genommen. Caprivi galt auch als potentieller Nachfolger des alten Moltke an der Spitze des Großen Generalstabs.[84] Er war also für ein hohes Amt durchaus qualifiziert – was jedoch nicht entsprechend bekannt war –, und dies beruhte in erster Linie auf seiner Integrität und seinem gesunden Menschenverstand. Ungewiß war dagegen, wie er mit einem Vorgesetzten zusammenarbeiten würde, der für sich das Privileg, Entscheidungen zu fällen, in Anspruch nahm, ohne bereit zu sein, auch die damit verbundene Routinearbeit auf sich zu nehmen.

Die technischen Schwierigkeiten in den Beziehungen zwischen dem Kaiser und Caprivi stellten sich nur zu bald heraus. Wilhelm hatte einfältigerweise geglaubt, er könne den Senior der Bismarcks loswerden, ohne dadurch sein Verhältnis zu dessen Sohn in Mitleidenschaft zu ziehen, und mit dem Verbleiben Herbert von Bismarcks im Amt des Staatssekretärs des Auswärtigen gerechnet. Herbert war der einzige, mit dem sein Vater in einiger Offenheit zu sprechen pflegte, und dies bedeutete eine unvergleichliche Befähigung zur Führung der deutschen Außenpolitik.[85] Aber Herbert stand und fiel mit seinem Vater und ließ sich auch nicht durch Wilhelms Hinweis beeinflussen, daß er von Rechts wegen doch mit seinem König stehen und fallen sollte. Als die Bismarcks aufgefordert wurden, jemand anderen für das Auswärtige Amt vorzuschlagen, nannten sie den Grafen von Alvensleben, den Gesandten in Brüssel, der aber ablehnte. Irgend jemand – später nahmen Eulenburg, Holstein und Waldersee die Urheberschaft für sich in Anspruch – schlug den langen, amüsanten badischen Gesandten in Berlin, Marschall von Bieberstein, vor. Caprivi hätte einen Preußen und vor allen Dingen einen Mann mit außenpolitischen Erfahrungen lieber gehabt, ließ sich aber überreden und bot im Auftrag des Kaisers Marschall das Amt an. Doch als er am nächsten Morgen zum Kaiser kam und Marschalls Einwilligung übermitteln wollte, erfuhr er, daß inzwischen der Adjutant des Kaisers und Herbert Bismarck nachdrücklich auf das in Marschalls Unerfahrenheit liegende Risiko hingewiesen hätten und Wilhelm unter ihrem Einfluß von neuem an Alvensleben appelliert habe. Die an sich peinliche Situation löste sich nur dadurch, daß Alvensleben nach wie vor ablehnte. Auf diese Weise geriet die deutsche Außenpolitik in die Hände zweier Männer, die nichts davon verstanden, unter einem Monarchen, der sich nur dann und wann dilettantisch mit ihr befaßte.

Als Marschall das Auswärtige Amt übernahm, waren jedoch, was den Rückversicherungsvertrag betraf, die Würfel bereits gefallen. Etwa im gleichen Augenblick, da Bismarck sein Rücktrittsgesuch entwarf, war Graf Schuwalow, der russische Botschafter, mit der Vollmacht des Zaren, den Vertrag zu erneuern, nach Berlin zurückgekehrt. Bismarck hörte davon und erzählte ihm, er werde aus dem Amt entfernt, weil er zu rußlandfreundlich sei, während Herbert dem Kaiser berichtete, Schuwalow glaube, der Kanzlerwechsel werde zwangsläufig die Haltung des Zaren ändern. Aber der Kaiser bat Schuwalow zu sich, und sehr bald stellte sich heraus, daß die Haltung beider Seiten falsch dargestellt worden war. Schuwalow erklärte, er habe lediglich um neue Instruktionen nachgesucht, und der Kaiser erläuterte, daß Bismarck nur aus Gesundheitsgründen gehe und daß nichts geschehen sei, was die Beziehungen Deutschlands zu Rußland ändern müsse. Schuwalow berichtete dies schleunigst nach Hause.

Unglücklicherweise hatte niemand daran gedacht, Caprivi von diesem Gespräch zu verständigen. Als er bei seiner Amtsübernahme die Erneuerung des Vertrages als dringlichste Aufgabe auf seinem Schreibtisch vorfand, stand ihm nichts zu Gebote als der Rat der Beamten im Auswärtigen Amt und des deutschen Botschafters in St. Petersburg. Von diesen Ratgebern aber hatte keiner die Ziele Bismarcks richtig begriffen, denn der Kanzler hatte sich niemals die Mühe gemacht, sie ihnen zu erläutern. Das Geheimnis seiner Macht bestand ja zum Teil gerade darin, daß nur er alle Tatsachen kannte.[86] Er hatte allerdings im Jahre 1888 seine Vorstellungen über die Außenpolitik in zwei langen Denkschriften dem Kaiser auseinandergesetzt; aber Wilhelm scheint nicht daran gedacht zu haben, sie Caprivi zur Einsicht zu geben. Die Armee hegte tiefes Mißtrauen gegen Rußland, und der redliche, alles andere als spitzfindige Caprivi hatte das Gefühl, daß die Kniffligkeiten der Bismarckschen Politik sein Fassungsvermögen überstiegen. Das Auswärtige Amt verwies auf die Unvereinbarkeit des Vertrages mit den anderweitigen Verpflichtungen Deutschlands und auf die Gefahren für die deutschen Beziehungen zu den anderen Nationen, falls die Russen den Vertragstext veröffentlichen sollten. Diese Stellungnahme übersah indessen, daß es die Russen waren, die gebremst hatten, als Bismarck die Veröffentlichung anregte. Doch die Argumente des Auswärtigen Amts wirkten auf den ersten Blick auf alle die überzeugend, die unvorbereitet mit der Frage konfrontiert wurden, wenn auch ihre Verfechter nicht ganz unbeeinflußt waren von dem Gedanken, daß, wenn man die Bismarcksche Politik fortsetzte, die Bismarcks bald wieder im Amt sein würden, um sie selbst weiterzuverfolgen. Caprivi unterbreitete dem Kaiser seine Schlußfolgerungen in dieser Sache. Wilhelm soll darauf geantwortet haben: »Nun, dann geht es nicht, so leid es mir tut.«[87] Er bestand aber auf weiteren Schritten, um den Russen zu versichern, daß die Entscheidung keinen Wechsel in der Politik ihnen gegenüber bedeutete.

Inzwischen hatte aber Schuwalow erfahren, daß der Zar die Versicherungen des Kaisers über die Kontinuität der Politik begrüßt habe und bestrebt sei, den Vertrag zu erneuern. Die Nachricht, daß dies nun nicht geschehen sollte, wirkte daher wie ein Schlag ins Gesicht und schien die wohlüberlegte Entscheidung der »neuen Männer« gegen den Willen des Kaisers zu sein. Kein Wunder, daß der Beamte, der Schuwalow zu unterrichten hatte, in sein Tagebuch schrieb, seine Unterredung mit dem russischen Botschafter sei peinlich und dieser über die Wendung der Dinge konsterniert gewesen. In diesem Sinne berichtete er auch an den Reichskanzler Caprivi.[88] Der Kaiser hätte anscheinend gern das Steuer nochmals herumgeworfen, aber Caprivi war nicht dazu zu bewegen und konnte auch kaum eine Woche nach seiner Ernennung nicht wieder entlassen werden. So erlosch der Rückversicherungsvertrag.

Später im Jahr kamen die Russen mit neuen Anregungen für

ein revidiertes, weniger verbindliches Abkommen, doch von deutscher Seite widersetzte man sich allem, was schriftlich und geheim abgefaßt werden sollte. Caprivi ging sogar so weit, daß er die formelle Bestätigung des russischen Berichts über die Gespräche verweigerte, die bei Wilhelms Besuch in Petersburg im August 1890 stattgefunden hatten. Tatsache war eben, daß der Vertrag das Werk kleiner Gruppen in beiden Hauptstädten gewesen war, die sehr wohl wußten, daß sie nicht auf die Gefühle der breiten Öffentlichkeit bauen konnten – eine Situation, die als Grundlage der Außenpolitik bisweilen notwendig ist, aber niemals ganz befriedigt. Oberflächlich betrachtet, besaß das Argument beträchtliche Anziehungskraft, daß Deutschland hinfort eine friedliche, klare und loyale Politik verfolgen und nicht mehr den Eindruck erwecken werde, es lasse seine formellen Verbündeten im Stich. Manches sprach auch dafür, daß nur Bismarck in der Lage war, eine Bismarcksche Politik zu betreiben, eine Auffassung, die anläßlich der späteren Versuche Wilhelms, Holsteins und Bülows, ebenso scharfsinnig zu sein wie Bismarck, eine gewisse Bestätigung findet. Wer jedoch daraus schließen wollte, man habe unter solchen Umständen Bismarck nicht zum Rücktritt treiben sollen, müßte wohl daran erinnert werden, daß auch die Bismarcks nicht unsterblich sind. Tatsache bleibt aber, daß es eines der vorherrschenden Ziele Bismarcks war, Rußland aus den Armen Frankreichs herauszuhalten. Siebzehn Monate nach der versäumten Erneuerung des Rückversicherungsvertrags besuchte ein französisches Geschwader Kronstadt; der Zar salutierte feierlich, während die Kapelle die revolutionäre »Marseillaise« spielte. Ein Vertrag wurde unterzeichnet, der Frankreich und Rußland im Falle einer Bedrohung des Friedens zu gemeinsamem Vorgehen verpflichtete. Es mag sein, daß eine ständige Zusammenarbeit zwischen Deutschland und Rußland, zwischen Germanen und Slawen, untunlich ist. Wenn dem aber so wäre, müßten sich daraus gewisse Konsequenzen für die Außenpolitik Deutschlands ergeben; zumal eines Deutschlands, das sich Frankreich entfremdet hatte und daher unter der steten Drohung eines Zweifrontenkrieges lebte. Diese Konsequenzen bezogen sich ganz besonders auf das Verhältnis Deutschlands zu England. Im folgenden wird denn auch immer wieder zu prüfen sein, welche Aufmerksamkeit die späteren Regierungen in Deutschland diesem politischen Aspekt widmeten.

Der Kaiser, 1909

Der Kaiser und Bismarck in Friedrichsruh, 1888

Der Kaiser in schottischer Tracht. Er verteilte diese Photographie mit der Unterschrift: »I bide my time.« 1883

Der deutsche Kaiser war nach der Verfassung durchaus berechtigt, den Reichskanzler zu entlassen, und brauchte dies nicht einmal zu begründen. Dazu hatte niemand mehr beigetragen als Bismarck selbst, der, wie ihm Lord Rosebery erklärte, mit der von ihm selbst gelegten Bombe in die Luft gegangen war – *»was hoist with his own petard«.*[89] – Daß die innenpolitische Entwicklung Deutschlands durch den Abgang Bismarcks unmittelbar Schaden genommen hätte, ist eher unwahrscheinlich. Denn er hatte seine Zeit überlebt und verstand die Gegenwart nicht mehr, für die er auch nicht mehr viel hätte tun können. Man muß sogar fragen, ob er nicht früher hätte gehen sollen. Ganz anders sind die Auswirkungen auf die Außenpolitik zu beurteilen; besonders in der Frage des Rückversicherungsvertrages ist schwer zu entscheiden, in welchem Falle die Entwicklung günstiger gewesen wäre. Aber die Verantwortung für den Entschluß, ihn nicht zu erneuern, lag, wie wir gesehen haben, eher bei Caprivi und dem Auswärtigen Amt als beim Kaiser, der sich hierin nur von seinen verfassungsmäßigen Beratern leiten ließ. Aber selbst wenn man annimmt, daß die getroffene Entscheidung richtig war, wurde sie doch unzweifelhaft auf falsche Weise gefällt. Wäre Wilhelm klüger oder erfahrener gewesen, dann hätte er darauf bestanden, diese Entscheidung mit so offensichtlich großer Tragweite so lange zurückzustellen, bis seine neue Mannschaft eingearbeitet war, er hätte sich auch vergewissert, daß man die Gründe, aus denen heraus Bismarck den Vertrag abgeschlossen hatte, genau überdachte, ehe der Entschluß gefaßt wurde. Anlaß zur Kritik an Wilhelm findet sich also bei genauerer Prüfung nicht auf dem hohen, umstrittenen Feld der Politik, sondern in einem auf den ersten Blick geringfügig scheinenden Einzelzug. Und doch ist dies wiederum ein Teil des Preises, den Deutschland für Bismarck zu zahlen hatte.

Der neue Herr

Die Weltöffentlichkeit bemächtigte sich sofort des auffallendsten Kennzeichens in der äußeren Erscheinung des jungen Kaisers, seines Schnurrbarts. Sie verkannte jedoch, daß es sich um ein Kunstgebilde handelte. Denn die aggressiv aufwärtsgerichteten Bartspitzen, die an ein Porträt von Velasquez, dem Lieblingsmaler des Vaters, gemahnten, entsprachen nicht dem natürlichen Wachstum des menschlichen Haars. Herr Haby, der Hoffriseur, mußte jeden Morgen um sieben Uhr im Schloß erscheinen – er hatte den Hohen Herrn auch auf all seinen Staatsbesuchen zu begleiten –, um dem Bart seine künstliche Form zu verleihen. Hoffen wir, daß er für seine Mühen durch den ausgezeichneten Verkauf seiner Bartpomade »Es ist erreicht« entschädigt wurde.[1] Wiewohl beabsichtigt, lenkte diese martialische Äußerlichkeit von der klugen Empfindsamkeit des Gesichtes ab. In seiner Stimme und seinem Ernst erinnert Wilhelm den Fürsten Chlodwig Hohenlohe an den Großvater, Prinzgemahl Albert.[2] Seine Sprache war klar und knapp, mit einem leicht schnarrenden Unterton; später wurde sie nach einer Halsoperation im Jahre 1903 flach, klang tonlos und unlebendig.[3] Er bewegte sich abrupt und kraftvoll.

> »Wenn er lacht, was er mit Sicherheit ziemlich häufig tut, lacht er völlig unbeherrscht, wobei er den Kopf zurückwirft, den Mund, so weit es geht, aufreißt, sich schüttelt und oft dabei mit einem Fuß aufstampft, um seine maßlose Freude an jedem Witz zu zeigen . . . Er läßt in seinen Zügen in ungewöhnlichem Maße die verschiedensten Gemütsbewegungen aufleuchten, von denen er besessen ist, und er hat manche merkwürdigen Angewohnheiten. So fuchtelt er zum Beispiel fortgesetzt mit seinem rechten Zeigefinger vor dem Gesicht eines jeden herum, den er überzeugen will, oder er wiegt sich langsam auf seinen Zehen vorwärts und rückwärts. Bei anderen Gelegenheiten ›jackelt‹ er heftig auf einem Bein.«[4]

Sein blondes Haar war gewellt und begann nach seinem fünfzigsten Lebensjahr zu ergrauen; sein Gesicht hatte einen hellen Teint, den er, wie es hieß, von seiner russischen Urgroßmutter geerbt hatte, und zeigte eine dicke Nase und volle rote Lippen. Seine Zähne waren gut, von gelblicher Farbe und, wahrscheinlich auch dank seiner tüchtigen amerikanischen Zahnärzte, wohlerhalten. Aber was die Menschen, die mit ihm sprachen, am meisten beeindruckte, waren seine Augen, die normalerweise kalt und grau waren, aber immer wieder interessiert oder amüsiert aufleuchteten, bis sie fast himmelblau erschienen.[5]

In seiner Jugend galt er trotz seiner verkümmerten Hand und des mangelnden Gleichgewichts, das sie bedingte, als gut aussehend. Er maß 1,76 Meter und wog etwas über 70 Kilogramm.[6] Einer Tendenz in den frühen Jahren seiner Regierung zu wachsender Körperfülle trat er entgegen und erreichte nie die damals in Deutschland traditionelle füllige Behäbigkeit.[7] Dies war teilweise seiner Leidenschaft für Leibesübungen zuzuschreiben – beispielsweise stand ein Ruderapparat in seinem Schlafzimmer[8] –, hauptsächlich aber seinem ruhelosen, leicht erregbaren Wesen und dessen Folgen für den Stoffwechsel. Er zeigte keinen großen Appetit, und das Essen setzte bei ihm nicht an. Königin Alexandra sagte einmal zu ihm, als sie bemerkte, daß er bei einem Staatsbankett verschiedene Gänge unberührt ließ: »Du reitest, du arbeitest, du hast so viel zu tun. Warum ißt du nichts? Essen ist doch gut für den Verstand.«[9] Seine Gäste im Schloß und auf der kaiserlichen Jacht pflegten über die magere Kost zu murren.[10] Seine einzige gastronomische Leidenschaft seien, wie Prinzessin Marie Luise mitteilt, *Mince Pies*, Törtchen, gefüllt mit gehackten Rosinen und Orangeat, und brennende Kognaksoße gewesen, da aber ihr Bericht unbestätigt blieb, mag Höflichkeit mehr als Schlemmerfreude bei ihrem Lob im Spiele gewesen sein.[11] In seinen frühen Jahren trank er gelegentlich mehr, als ihm gut tat, was aber bei den gesellschaftlichen Sitten der Zeit nicht sonderlich bemerkenswert war.[12] Im allgemeinen hielt er sich im Trinken wie im Essen zurück und begnügte sich oft mit Sprudel oder Zitronenlimonade. Er hatte eine Vorliebe für roten Schaumwein[13] und behauptete, als Junge sei ihm der verboten worden. Er bemühte sich, in der Armee das Trinken und andere Formen aufwendigen Lebenswandels einzuschränken. Er rauchte wenig, hauptsächlich Zigaretten.

Als Folge seiner Verkrüppelung hatte sich sein rechter Arm besonders stark entwickelt, und beim Händedruck griff er zu wie ein Schraubstock. Fast sadistisch verstärkte er die Wirkung noch, indem er seine Ringe mit den Edelsteinen nach innen aufsteckte.[14] Er trug zumeist Uniform und bestand darauf, daß alle Offiziere das gleiche taten, eine höchst unpopuläre Anordnung, weil sie der Unauffälligkeit bei schlechtem Benehmen im Wege stand. Als ihm zu Ohren kam, daß die Mitglieder eines Offizierskasinos in Zivil an einer anrüchigen Gesellschaft teilgenommen hatten, setzte er sie unter Hausarrest und das Regiment vierzehn Tage lang außer Aktion.[15] Doch er kehrte von der Beisetzung seiner Großmutter in derart englandfreundlicher Stimmung zurück, daß er eine Zeitlang die englische Sitte, schlicht Zivil zu tragen, übernahm und dies in gewissen Abständen auch bis zum Kriegsausbruch 1914 beibehielt. Von Schlichtheit im Auftreten hatte er übrigens seine eigenen Vorstellungen, die Armbänder und edelsteinbesetzte Krawattennadeln durchaus noch einbezogen. Er brachte es fertig, zu einer inoffiziellen Teegesellschaft im Frackhemd unter einem mit Goldborte eingefaßten grünen Rock zu erscheinen[16] oder zu einem Diner in einem ähnlichen Rock mit Kniehosen, wobei er sich offenbar die Möglichkeit schuf, den Schwarzen Adlerorden, das Goldene Vlies und den Hosenbandorden gleichzeitig tragen zu können.[17] Darin war er ganz der Urgroßneffe eines Mannes, der zu spät zur Völkerschlacht bei Leipzig kam, weil er sich nicht hatte entscheiden können, ob er preußische oder russische Uniform anlegen sollte,[18] und der Urenkel eines Mannes, der häufig mit der Krone auf dem Haupt zu Abend speiste.[19] Er entging auch der Berufskrankheit gekrönter Häupter nicht, sich über Gebühr Gedanken über korrekten Anzug zu machen. In den ersten sechzehn Jahren seiner Regierung änderte er in siebenunddreißig Fällen die Uniformen des Heeres.[20] Die Geschichte, daß er zu einer Aufführung des »Fliegenden Holländers« in Großadmiralsuniform erschienen sei, mag im Kabarett entstanden sein, doch es steht fest, daß er zu einem Diner des Kaiserlichen Automobilklubs in Berlin die Uniform eines Generals der Pioniere anlegte.[21] Kein Wunder also, daß Holstein meinte, der Kaiser habe mehr dramatischen als politischen Instinkt.[22]

Kurz vor Wilhelms Thronbesteigung sagte Eulenburg: »Seine Natürlichkeit und seine unbefangene Freundlichkeit ... haben einen ganz eigenartig bezaubernden Reiz, und er gehört den Menschen an, die durch ihr Wesen zündend Sympathien erwekken.«[23] Viele, darunter vielleicht am bemerkenswertesten die Königin Mary, die Frau Georgs V.[24], sprachen von seiner Begabung, zu gefallen. – Königin Alexandra, Eduards VII. Gemahlin, hielt ihn allerdings für einen Narren.[25] Man sagte, er verfüge über die Gabe, Menschen, mit denen er sprach, dazu zu bringen, sich im besten Licht zu zeigen und ihnen den Eindruck zu vermitteln, sie hätten seine volle Aufmerksamkeit – dies freilich nur dann, wenn sie ihm sympathisch waren.[26] Schwerfällige, steife, allzu gründliche Menschen gingen ihm auf die Nerven.[27] In der Unterhaltung habe er außerordentlich überzeugend gewirkt und dank einer gewissen magnetischen Kraft Menschen entgegen ihren vernunftmäßigen Einwänden für seine Ansichten gewinnen können.[28] Arthur Balfour, der konservative Staatsmann, hat einmal gesagt, Wilhelm und Georg V. seien die einzigen Fürsten gewesen, mit denen er von Mann zu Mann habe reden können.[29] Hofstein nannte den Kaiser nach seiner einzigen Begegnung mit ihm »einen großen Konversationskünstler«.[30] Am ehesten zeigte er sich im Familienkreise zu seinem Vorteil. Dona verwahrte sich dagegen, daß ihre Damen Ansichten über öffentliche Angelegenheiten äußerten. Dispute und Erörterungen seien ja leider häufig im Leben unvermeidlich, deshalb sollte man sich nicht unnötig darauf einlassen. Infolgedessen schlief die Konversation an ihrem Tisch leicht ein oder verlor sich in Gemeinplätzen, wenn nicht der Hausherr sie in Gang hielt – was er für gewöhnlich auch tat.[31] Das Leben in Potsdam war schlicht und gemütlich,[32] vielleicht einer der Gründe dafür, daß der Kaiser so viel auf Reisen war. Abends nach Tisch saßen die Kaiserin und ihre Damen mit Stickerei oder Strickarbeit beisammen, während der Kaiser, die Eintönigkeit belebend, vorlas.

> »Schließlich las uns der Kaiser gestern noch aus einem englischen Journal einen Artikel vor über eine neue Weltentstehungstheorie, so daß wir bis 12 Uhr zusammen blieben . . . Dabei interessierten ihn diese Dinge ganz erstaunlich, und er lebte während des Vorlesens und bei den von ihm gegebenen Erläuterungen nur noch in dieser neuen Weltentstehungstheorie.«[33]

> »An den Abenden plauderten wir – oder vielmehr der Kaiser plauderte. Ich habe nie einen Mann gesehen, der sich gleich

ihm zu gleicher Zeit an Millionen Dinge erinnern kann, sogar an gewisse irische Geschichten, die er vielleicht in England gehört hat. Er erzählte sie auf deutsch, und ich starb fast vor Lachen. Wenn er erzählt, mimt er alles, fast wie auf dem Theater. An einem Abend sprach er von elf bis drei Viertel eins.«[34]

Er hatte einen starken, aber eigenwilligen Sinn für Humor, und manche Mißverständnisse ergaben sich dadurch, daß die schwerfälligeren Mitglieder seiner Umgebung häufig nicht begriffen, daß er sie aufzog.[35] Einmal bemerkte Wilhelm auf dem Teppich, vor dem drei der Herren miteinander sprachen, Zigarrenasche. »Natürlich, das sind so meine Hofmarschälle«, rief er mit erhobenem Zeigefinger, »statt meine Sachen in Ordnung zu halten, sind sie es, die am meisten verderben . . . ich werde ihnen aber gehörig beibringen, wie man sich hier benimmt.« Als einer der Herren am nächsten Tage zu erklären versuchte, daß er nicht für die Asche verantwortlich gewesen sei, erwiderte er: »Ich weiß gar nicht mehr, wovon Sie eigentlich sprechen.«[36] Als eine Amerikanerin ihm sagte, er könne mit einem freundlichen Empfang in Paris rechnen, wenn er Elsaß-Lothringen an Frankreich zurückgeben würde, platzte er heraus: »Ach, darauf war ich noch nicht gekommen!«[37] Den jüngeren Moltke pflegte er als den »kleineren Denker« zu bezeichnen, im Gegensatz zu dessen großem Onkel. Ein Mitglied des Hofstaates stieß auf einen Zigarrenfabrikanten namens Julius Denker, und der Kaiser ärgerte den General von da an immer, indem er ihn mit »Julius« anredete.[38] Als der Kaiser einmal den ganzen Tag auf der Jagd gewesen war und das Auswärtige Amt darauf drängte, daß er ein Telegramm las, erwischte ihn der Verbindungsoffizier des Amtes zwischen Bad und Teetisch. Wilhelm überflog das Telegramm, sagte aber zu dem Diplomaten: »Es paßt sich nicht, dem deutschen Kaiser aufzulauern.«[39] Während einer Reise mit seinem Stabe auf dem Balkan gegen Ende des Krieges ging er einmal früh zu Bett und ließ die Herren, Sekt trinkend, im Speisewagen zurück. Nach etwa einer halben Stunde kam er wieder, öffnete die Tür und sagte mit allen Zeichen des Erstaunens: »Wie, sind denn die Herren noch immer hier beisammen?« Der Adjutant von Platen übernahm es zu antworten: »Ja, Euer Majestät, es gefiel den Herren so gut, da sind sie noch ein wenig geblieben.« – »Und was trinken die Herren denn?« war die nächste Frage. – »Seewasser, Euer Majestät. Das ist sehr gut für die Gesundheit.« – »Na, wenn es Seewasser ist, da kann ich nur wünschen, daß es allen gut bekommt. Gute Nacht, meine Herren!«[40] Kurz nach dem »Schwarzen Tag« des deutschen Heeres im August 1918 las er fast den ganzen Abend lang einen Artikel über die Entzifferung der hethitischen Schrift vor. Als jemand anzuregen wagte, daß es vielleicht wichtigeren Gesprächsstoff gäbe, erklärte der Kaiser, wenn sich die Welt mehr mit den Hethitern beschäftigt hätte, dann hätten England und Frankreich erkannt, daß die Gefahr immer aus dem Osten komme, sie hätten sich dann niemals mit Rußland verbündet und wären schließlich nicht in eine Lage geraten, aus der sich der Krieg ergeben habe.[41]

Tatsächlich konnte er dank seines gutes Gedächtnisses und seiner raschen Auffassungsgabe die meisten, mit denen er es zu tun hatte, leicht überspielen. Er sprach fließend, ohne Vorbereitung oder Notizen.[42] Seine Interessen und Kenntnisse erstreckten sich über ein weites Gebiet. Er stand in huldvoller Beziehung zu Gelehrten der Altertumswissenschaft wie Mommsen und Wilamowitz, Theologen wie Harnack und Naturwissenschaftlern wie Koch und Röntgen. Er begründete die Kaiser-Wilhelm-Gesellschaft zur Förderung der naturwissenschaftlichen Forschung und trat für vernünftige Reformen im Bildungswesen ein. Wie es sich für den Sohn des Mannes gehörte, der für die Ausgrabung des Hermes des Praxiteles verantwortlich war, begeisterte er sich für die Archäologie. Er hielt Reichstagsabgeordneten Vorträge über den Flottenbau in den verschiedenen Ländern und veröffentlichte – unter einem Pseudonym – Artikel über Seekriegsführung.[43] Als leidenschaftlicher Segler gab er der Admiralität Anweisungen über den Kriegsschiffsbau und wurde von einem kompetenten Beobachter als »der wahrscheinlich beste Kavallerieführer im deutschen Heere« bezeichnet.[44] Bertie und Nicky erteilte er Ratschläge, wie sie ihre Kriege zu gewinnen hätten. Unter Eulenburgs Anleitung begann er auch zu komponieren. Er fand das Tempo falsch, in dem eine Kavalleriekapelle »Funiculi, funicula« spielte, ergriff den Taktstock und zeigte, wie man das in Italien mache. Ihm machte das so viel Spaß, daß er fast den ganzen Abend dirigierte.[45] Bei einem Musikfest legte er Regeln fest, nach denen Männerchöre zu komponieren seien. Er setzte den Chef seines Marinekabinetts in Erstaunen durch das Ausmaß seiner Kenntnisse über die Nibelungen[46] – zweifellos wird der Intendant der Königlichen Theater ebenso verblüfft gewesen sein über des Kaisers Sachkunde in Flottenangelegenheiten. Er skizzierte die Bilder, die er gemalt haben wollte, und gab den Künstlern genaue Anweisungen, wenn er auch die Kunstwerke nicht selber vollendete. Das berühmteste dieser Werke war die allegorische Darstellung der »Gelben Gefahr« mit der Devise »Völker Europas, wahret Eure heiligsten Güter«, von dem Drucke an alle möglichen Leute verschenkt wurden. Er entwarf eine Kapelle für eines seiner Schlösser[47] und änderte die Pläne des Architekten für den Altonaer Hauptbahnhof und das Hauptpostamt in Memel ab.[48] Er bestimmte, von welchen brandenburgisch-preußischen Fürsten und großen Männern Statuen auf der Siegesallee im Berliner Tiergarten aufgestellt werden sollten, die, nach Bülow, in der Meinung des Kaisers »einen ganz überwältigenden Eindruck« auf die Fremden machten.[49] Die Betrachtung der Gipsabgüsse für einige dieser oder anderer Statuen veranlaßte ihn, sich in einem Vortrag anderthalb Stunden lang über den Ursprung, die Entwicklung und den Verfall der Ritterrüstungen auszulassen, wobei er sich auf irgendein Buch stützte, das er eben erst gelesen hatte. Es widerstrebte ihm auch nicht, beim Sonntagsgottesdienst auf seiner Jacht die Kanzel zu besteigen und die Predigt zu halten. Er empfahl dem Kölner Stadtrat, den Namen der Stadt mit einem C zu schreiben.[50] »Schon frühmorgens ging es per Auto nach Frankfurt«, schrieb bei anderer Gelegenheit der Chef des Zivilkabinetts von Valentini, »um dem Wettsingen zahlloser Gesangvereine in der mächtigen Festhalle beizuwohnen, eine entsetzliche Aufgabe für einen nicht musikbegeisterten Zuhörer, der sich aber der Kaiser mit nie ermüdender Passion von morgens 10 Uhr, bis abends 6 Uhr unterzog.«[51] »Wir hörten ein Lied nicht weniger als fünfunddreißigmal«, seufzte die erschöpfte Kaiserin.[52]

Jedoch war Wilhelms rasche Auffassungsgabe, zumal in Verbindung mit seiner Energie und seiner Ungeduld, eher eine Last als ein Gewinn. »Man muß verstehen abzuwarten. Das versteht S. M. gar nicht.«

»Bei S. M. hat entschieden die autokratische Idee seit vorigem Jahre erheblich zugenommen ... Und dabei ... kein ernstes Prüfen und Abwägen der Verhältnisse, sondern das Sichhineinreden in eine Anschauung; wer dafür ist, wird dann als Autorität zitiert, wer anderer Ansicht ist, ›läßt sich etwas weismachen ...‹.«[53]

Der Kaiser »zeigt heute (1903) noch dieselbe jugendliche Frische, dieselbe rasche Auffassungsgabe, denselben persönlichen Mut und denselben Glauben an die Sicherheit seines Urteils und seines Könnens. Diese an sich für einen Monarchen wertvollen Eigenschaften werden aber leider auch heute noch zum Teil paralysiert durch die Abneigung, sich zu konzentrieren, und sich in die Dinge zu vertiefen, durch ein fast krankhaftes Bedürfnis, in jeder Lage, ohne die berufenen Ratgeber zu hören, sofort zu entscheiden, und durch den Mangel an Augenmaß und eigentlichem politischen Gefühl.«[54]

»Wilhelm II. will glänzen und alles selbst machen und entscheiden. Was er selbst machen will, geht leider oft schief aus«, schrieb Philipp Eulenburg an Bülow.[55]

Der Admiralstab hatte die wenig beneidenswerte Aufgabe, dem Kaiser klarzumachen, daß das von ihm entworfene Schiff ja alle Vorzüge habe, nur schwimmen würde es nicht. Steuerte er seine Jacht »Meteor« selbst, dann stieß er gelegentlich beim Runden der Bojen an und wurde disqualifiziert.[56] Seine brillanten Ideen darüber, wie der Burenkrieg zu gewinnen sei, hatten höchst peinliche Folgen. Als er mit dem englischen Minister Haldane über militärische Organisationsfragen diskutierte, mußte er zugeben, daß er niemals über dieses Thema gründlich nachgedacht hatte.[57]

»Des Kaisers Angewohnheit, nach militärischen Besichtigungen Kritik zu üben und in einer Rede den versammelten Generalen zu sagen, was sie richtig und was sie falsch gemacht hätten, wurde in militärischen Kreisen viel belacht.«[58]

»Aber es tritt in der Leitung von Heer und Flotte ein gewisser dilettantischer Zug störend auf. Kaiser Wilhelm I. war ein guter Soldat, aber kein Führer und war sich darüber klar. Wilhelm II. ist weniger Soldat, weil ihm der sichere Blick, den nur gründliche Arbeit erwirbt, fehlt. Er glaubt aber nicht nur, diesen Blick zu besitzen, sondern auch Führer zu sein.«[59]

Die Architektur der Wilhelminischen Zeit ist heute zum Inbegriff geschmackloser Extravaganz geworden – freilich nicht nur in Deutschland –, und die Statuen im Tiergarten gehören zu den Kriegsverlusten, die niemand zu beheben wünscht. Der Kaiser erzählte König Eduard, Kartoffelspiritus sei der beste Betriebsstoff für Kraftwagen, und schickte eine Probe davon nach England.[60] Beim Skatspielen verlor er gewöhnlich. 1891 konnte man ihn nur mit Mühe davon abhalten, den deutschen Botschafter in Paris durch einen General ablösen zu lassen, denn er war wilden Geschichten über angebliche französische Kriegsvorbereitungen aufgesessen, die ein ehemaliger Militärattaché zusammengebraut hatte, weil er gern seinen Posten wiederhaben wollte, und die von zwei amerikanischen Waffenhändlern und einem italienischen Spekulanten an der Pariser Börse in die Welt gesetzt worden waren.[61]

Wilhelms Redseligkeit bedeutete, daß er zu allen Fragen etwas zu sagen fand. Eines Tages kam ein Hauptmann Natzmer zu Caprivi und teilte ihm mit, er sei am vergangenen Abend bei einem kaiserlichen Empfang zum Gouverneur von Kamerun ernannt worden. Zunächst hielt man ihn für ein Opfer eigener Wahnvorstellungen, mußte bei Rückfrage aber feststellen, daß er bei vollem Verstand war.[62] Auf einer Mittelmeerfahrt hörte ein Mitglied des Gefolges von seiner Kabine aus, wie der Kaiser sich höchst vertraulich mit einem unbekannten Dritten unterhielt. Ein wenig besorgt, unbefugt gelauscht zu haben, fragte der Hofmann ein Mitglied der Besatzung, wer der Fremde sei. Die Antwort war: »Der Lotse, den wir in Bari an Bord genommen haben ...«[63] Eine beiläufige Bemerkung des Kaisers in einer Audienz während des Krieges veranlaßte die Bulgaren zu behaupten, ihnen sei die ganze Dobrudscha versprochen worden, womit die deutsche Diplomatie ein wertvolles Verhandlungsobjekt verlor.[64]

> »Man hätte«, schrieb ein britischer Botschafter, »bisweilen gern die Möglichkeit, eine Antwort zu Ende auszuführen oder eine These zu entwickeln – aber ich fand sie niemals – ein oder zwei eruptive Bemerkungen – ein momentaner Wirbelsturm von Worten – und ehe man Zeit hat, auch nur zur Antwort anzusetzen, spricht S. M. schon mit jemand anderem.«[65]

Der Kaiser war seiner Natur nach unfähig, sich zu zügeln und nicht alles zu sagen, was ihm gerade einfiel, vorausgesetzt allerdings, daß er meinte, es werde dem Eindruck förderlich sein, auf den es ihm im Augenblick ankam, sei es der eines wohlwollenden Despoten, eines vielseitigen Denkers, eines geschickten Diplomaten oder eines unbarmherzigen Führers. »Aber wie das Drama begonnen hatte, da erwachte der Schauspieler in ihm, und er betäubte seine Angst mit Reden.«[66] Die Folge davon war, daß die Kette »rednerischer Entgleisungen« nicht abriß.[67]

»Der Kaiser«, schrieb Holstein, »hat ... die unglückliche Gewohnheit, um so schneller und unvorsichtiger zu reden, je mehr eine Sache ihn interessiert. So kommt es, daß er meistens sich schon festgelegt hat, oder wenigstens, daß die Umgebung ihm beibringt, er habe sich schon festgelegt, noch bevor die verantwortlichen Ratgeber bzw. die Leute vom Fach ihre Ansicht ihm haben unterbreiten können.«[68]

Noch schlimmer war es, wenn eine vorübergehende Laune in einem Brief oder Telegramm Ausdruck fand und dadurch der Öffentlichkeit bekannt wurde. Denn Wilhelm beharrte ja keineswegs auf den Urteilen, die er immer wieder fallenließ. Wurde dieselbe Frage unter einem anderen Gesichtspunkt erneut vorgebracht, so hatte man meist mit der Äußerung einer völlig anderen Meinung dazu zu rechnen. Resigniert schrieb Holstein einmal: »Das ist also das dritte auswärtig-politische Programm in 6 Monaten.«[69]

Diese Inkonsequenz war es vor allem anderen, wodurch das Vertrauen der verantwortlichen Deutschen in seine Führungsqualitäten untergraben wurde. Sie sahen Bismarcks Urteil – »Kein Augenmaß«[70] – immer wieder bestätigt, je mehr Zeit verging. Ein anderer Grund zur Besorgnis war Wilhelms Taktlosigkeit. So schrieb Holstein an Eulenburg, der Kaiser sei sich der Wirkung seiner Reden und seines Tuns auf Fürsten, Staatsmänner und die Massen in keiner Weise bewußt. »Wir haben es eben mit einem sensitiven Naturell zu tun, welches persönliche Mißempfindungen in sachlichen Fragen zum Ausdruck bringt.«[71]

Der Kaiser setzte immer wieder die guten Beziehungen zu Menschen, deren Freundschaft ihm hätte wertvoll sein können, dadurch aufs Spiel, daß er nicht auf ihre Gefühle Rücksicht zu nehmen verstand. Er »tut . . . tausenderlei Dinge, die (seine Mutter) verletzen und schmerzen . . . Ich bin aber sicher, daß er aus Gedankenlosigkeit, bestimmt nicht aus Vorbedacht handelt.«[72] Er setzte den britischen Botschafter durch die Art und Weise in Erstaunen, wie er über den kleinen König von Italien sprach, den er immer nur den »Zwerg« nannte; die Königin – deren Vater der Fürst von Montenegro war – bezeichnete er als Bauernmädchen und »Tochter des Hammeldiebes in den Schwarzen Bergen«.[73] Wilhelms Vorliebe, sich mit hochgewachsenen Männern zu umgeben, womit er König Friedrich Wilhelm I. zu gleichen suchte, war eine verzeihliche Schwäche – aber es wäre wohl nicht nötig gewesen, eine Auswahl davon mit nach Rom zu nehmen, wo sie natürlich Viktor Emanuels kleine Gestalt noch besonders betonten.[74] Er brachte es fertig, auf einem Empfang für Ferdinand von Bulgarien den Fürsten als den schlauesten und skrupellosesten Herrscher in Europa zu bezeichnen und sich später über ihn lustig zu machen, weil er wie ein Weihnachtsbaum mit Orden behängt sei – wobei er offenbar die Menge der eigenen Dekorationen vergessen hatte.[75] Bei deutsch-russischen Begegnungen liebte es Wilhelm, mit seinem Talent für Stegreifreden zu glänzen, und brachte damit den Zaren unverkennbar in Verlegenheit, der nur mühsam einen vorbereiteten Text ablesen konnte.[76]

Wilhelms Beziehungen zu den deutschen Fürsten waren eher besser als die seines Vaters. Aber im Jahre 1890, als das bayerische Mißtrauen gegenüber Preußen noch sehr lebendig war, äußerte er den Wunsch, bayerische Truppen in München zu besichtigen. Prinzregent Luitpold, der ungern zu Pferde stieg, war daraufhin so beunruhigt von der Aussicht, neben Wilhelm reiten und vielleicht sogar galoppieren zu müssen, daß er an einen Rücktritt dachte.[77] Wilhelms Auseinandersetzung mit Prinz Ludwig von Bayern über dessen Weigerung, die deutschen Fürsten als Vasallen des Kaisers zu betrachten, wurde schon erwähnt. Im Jahre 1896 fühlten sich die Sachsen so schlecht behandelt, daß Prinz Georg vorzeitig aus den Kaisermanövern nach Hause fuhr und im folgenden Jahre zu Kaisers Geburtstag nicht nach Berlin kam. Als 1898 in Lippe-Detmold der fürstliche Thronfolgestreit geschlichtet war, obwohl ein Schwager des Kaisers dem Regenten die Ansprüche streitig gemacht hatte, bestätigte Wilhelm den Detmolder Brief in derart barscher Form, daß er der guten Sache nur schadete und die deutschen Fürsten gegen sich aufbrachte.[78] Man hörte ihn einmal bei einem Essen sagen, wenn die Süddeutschen weiter so störrisch seien, werde er ihnen den Krieg erklären. Bei einer anderen Gelegenheit meinte er, die Katholiken seien alle Heiden, sie beteten ja ihre Heiligen an.[79] Ihm war eben, um wieder Holstein zu zitieren, die Gabe politischen Taktes versagt. Initiative ohne Takt aber ist wie eine Flut ohne Deich.[80] Der Kaiser war so eingesponnen in seine Ideen und Ziele, daß er die Ansichten anderer Menschen nicht zu würdigen vermochte. In dieser Hinsicht ähnelte er vielen seiner Untertanen, die der französische Botschafter in Berlin als *inconscients* bezeichnete.[81]

Schlußfolgerungen waren nicht das einzige, womit Wilhelm es eilig hatte. Im August 1894 rechnete ein Berliner Blatt aus, daß er 199 Tage des vergangenen Jahres auf Reisen zugebracht habe.[82] Er war der Vorläufer der modernen Staatsmänner mit ihrer Gewohnheit, sich auf große Fahrt zu begeben; seine Reise in den Nahen Osten im Jahre 1898 wurde übrigens von der Firma Cook organisiert. Jeden Juli nahm er eine erlesene Gesellschaft an Bord seiner Jacht zur Fahrt an die norwegische Küste – mit Freiübungen an Deck vor dem Frühstück und Vorträgen im Rauchsalon an regnerischen Tagen. Eine Frühlingsfahrt im Mittelmeer wurde später üblich. Im Juni ging er nach Kiel zu den Regatten der Kieler Woche, oft mit anschließender Kreuzfahrt auf der Ostsee, im August nach Wilhelmshöhe bei Kassel und im September zur Jagd nach Rominten in Ostpreußen, im November dann nach Donaueschingen zum Fürsten Fürstenberg. In Berlin war gängiger Witz, daß der Kaiser keine Zeit habe zum Regieren. Er würde sich aber energisch gegen den Vorwurf verwahrt haben, diese Reisen bedeuteten reine Erholung. Wohin er auch fuhr, folgten ihm die Akten und Telegramme, und er sagte einmal zum Zaren: »Wir armen Herrscher haben keinen Anspruch auf Ferien wie gewöhnliche Sterbliche.«[83] Die Ruhelosigkeit, die seinem stetigen Verlangen nach Reisen und Abwechslung zugrunde lag, hatte ohne Zweifel sowohl körperliche wie psychologische Ursachen. Die Natur der Spannungen in seinem Charakter ist schon besprochen worden. Zu den Anstrengungen, die ihm die Überwindung seiner körperlichen Behinderungen abforderte, kam noch das Streben hinzu, mit dem Geiste Friedrichs des Großen Schritt zu halten. Zudem waren Wilhelm in seiner Energie moralische Grenzen gesetzt, intellektuelle Neugier mußte daher die Mätressen ersetzen. Daß der unkomplizierte König Eduard für derartige Probleme kein Verständnis hatte, hat gewiß seinen Teil zu den starken Gegensätzen zwischen ihnen beigetragen.

Seine Unsicherheit und die sie begleitende Schüchternheit waren wahrscheinlich auch die Gründe dafür, daß er immer wieder auf unanständige Geschichten und plumpe handgreifliche Scherze verfiel. Es mochte wohl Leute geben, die es freute, wenn ihnen einmal in ihrem Leben ein Kaiser auf den Rücken schlug, aber mindestens ein Engländer, der von hinten einen Schlag mit dem Tennisschläger erhielt, fand seine Freude über diese Auszeichnung dadurch beeinträchtigt, daß er ihn nicht erwidern konnte.[84] Wenn Wilhelm nicht recht wußte, was zu tun, neigte er zu übersteigertem Tun. Sein ewiges Witzeln über den »Fuchs Ferdinand« – von Bulgarien – war sicher von der Sorge bestimmt, daß dieser ihn überlisten werde. Erzherzog Franz Ferdinand war alles andere als amüsiert, als Wilhelm beim Empfang auf dem Bahnhof im Scherz zu ihm sagte: »Bilde dir nicht ein, daß ich zu *deinem* Empfang gekommen bin – ich erwarte den Kronprinzen von Italien.«[85] Ältere Herren, gezwungen, ungewohnte Leibesübungen auf einem kalten Schiffsdeck vor dem Frühstück auszuführen, fanden es kaum ebenso komisch wie Wilhelm, wenn er sie aus der Hocke oder Kniebeuge von hinten unversehens durch einen Stoß zu Boden beförderte. Kiderlen-Wächter schrieb von einer solchen Reise, Graf Görtz habe jeden Abend sein Tierstimmen-Repertoire vortragen müssen. »Die Abende ... teils musikalisch, teils zaubert Hülsen etwas vor, teils muß man irgend etwas aufführen; ich habe schon den Zwerg aufgeführt und zu allergrößtem Gaudium des Kaisers das Licht ausgelöscht ... In einem improvisierten Tingeltangel habe ich mit G. die Siamesischen Zwillinge gemacht, zusammengewachsen waren wir mit einer großen Zervelatwurst.«[86] Es soll aber fairerweise erwähnt werden, daß auch König Eduard handgreifliche Scherze liebte, die seinem Premierminister Asquith nicht eben als die besten Familienspäße vorkamen, dabei hatte der Engländer weniger zu seiner Entschuldigung anzuführen.

Hinter Wilhelms Lieblingspose eiserner Entschlossenheit verbarg sich ein akuter Mangel an Selbstvertrauen, verbunden mit dem hartnäckigen Verlangen, seinen Willen durchzusetzen. Er vermied es nach Möglichkeit, Menschen in die Augen zu sehen, die ihn in Verlegenheit brachten oder ihm widersprachen. »Wenn er durchaus dringend etwas tun möchte, sagt er es, wenn er fühlt, daß seine Berater ihn warnen würden, gar nicht vorher, oder nur so, daß sie eine Ansicht nicht äußern können.«[87] »Was sagte der Kaiser, als Sie ihm (1917) Bülow als Reichskanzler vorschlugen?« – »Er sagte nichts.« – »Dann sehen wir uns besser nach jemand anders um, denn das ist ein sicheres Zeichen, daß S. M. ihn nicht haben will.«[88] Um seine eigenen Worte über den Zaren zu gebrauchen: Er war nicht so sehr falsch wie schwach.[89] Wenn es kein Ausweichen mehr gab, lenkte er mit großer Wahrscheinlichkeit ein, oder er wählte den Weg des geringsten Widerstandes, was bedeuten konnte, daß er Vorschlägen zu gewaltsamem Vorgehen zustimmte. Die Anstrengung, sich zu dem zu zwingen, was er für nötig hielt, führte gelegentlich zu akuten Anfällen von Neuralgie. In kritischen Augenblicken, beispielsweise in den Jahren 1907, 1908 und 1918, steigerte sich dieser Mangel an Selbstvertrauen und Stehvermögen zu völligen Nervenzusammenbrüchen, mit Symptomen wie Schwindelanfällen und Schüttelfrost. Manche Beobachter gingen so weit, den Kaiser für geistesgestört zu halten, doch sein späteres Leben bietet den ziemlich eindeutigen Beweis, daß die Ereignisse seines Lebens keinen organischen Schaden verursacht haben.

Um sein seelisches Gleichgewicht zu wahren, bedurfte Wilhelm ständig der Stützung durch andere Menschen. Darüber schrieb Eulenburg an Bülow:

> »Vergiß niemals, daß S. M. ein Lob hin und wieder braucht. Er gehört zu den Naturen, die ohne eine Anerkennung hin und wieder, aus bedeutendem Munde, mißmutig werden. Du wirst immer Zugang zu allen Deinen Wünschen haben, wenn Du nicht versäumst, Anerkennung zu äußern, wo S. M. sie verdient.«[90]

Wenn andere versagten, mußte er sich selber aufrichten. Wie eine Schauspielerin, die der Beifall vor den Vorhang ruft, erklärte er stets, daß die Aufnahme, die er soeben gefunden habe, die prachtvollste seines ganzen Lebens gewesen sei. Zweifellos wollte er mit seinem Prahlen zum guten Teil sich selbst Mut machen.

In Anbetracht der zahllosen Fälle, in denen sein Ungestüm und sein Mangel an Einfühlungsvermögen ihn zu Fehlern verleiteten, machte es sein Bedürfnis, sich immer wieder aufrichten zu lassen, schwierig, ihn richtig zu behandeln. Wie konnte man ihn auf dem rechten Wege halten, wenn jede Kritik eine Nervenkrise hervorzurufen drohte? Man hat zudem oft gehört, daß er für Kritik überempfindlich war und dazu neigte, die Kritiker sein Mißfallen spüren zu lassen. Er, der sich so wenig Mühe gab, einen anderen Standpunkt anzuerkennen, nahm schweren Anstoß an denjenigen, die ihn ohne Rücksicht auf seinen Standpunkt kritisierten oder auf irgendeine Weise in seiner Würde vor der Öffentlichkeit herabsetzten. Als Waldersee während einer Manöverkritik die allgemeine Aufmerksamkeit auf Fehler des Kaisers lenkte, brachte dies den Kelch zum Überlaufen und führte zu seiner Ablösung als Chef des Generalstabes durch Schlieffen.[91] Hindenburg erhielt 1911 aus dem gleichen Anlaß wegen Mangels an Takt vorzeitig seinen Abschied.[92] Es hing aber stets sehr davon ab, auf welche Weise die Kritik zum Ausdruck gebracht wurde. Eulenburg hat gesagt: »Wilhelm II. nimmt alles persönlich. Nur persönliche Argumente machen ihm Eindruck.«[93] Besonders übel nahm er Kritik aus zweiter oder dritter Hand, zumal wenn er sie schwarz auf weiß erhielt. Das erklärt seine heftige Reaktion auf Presseangriffe, vor allem die in englischen Zeitungen. Zahlreiche Beispiele zeigen – hervorzuheben sind Äußerungen Eulenburgs und der Königin Viktoria –, daß Kritik, mit Sympathie und Respekt vertraulich vorgebracht, von Wilhelm durchaus zur Kenntnis genommen und beherzigt wurde. Er werde zufrieden sein, sagte er 1906, wenn die Leute nur verstehen wollten, was er zu tun versuche, und ihn dabei unterstützten.[94] Er schätzte sogar Menschen, die das Selbstbewußtsein besaßen, ihre Meinung zu sagen, anstatt sich nur in höflichen Phrasen zu ergehen. Prinzessin Feodora von Schleswig-Holstein, seine Schwägerin, schätzte er besonders hoch, obwohl ihre und seine Ansichten fast immer entgegengesetzt waren.[95] Graf Reischach verzeichnet, »daß er sich Entgegenhaltungen bei richtiger Begründung und in richtiger Form nicht verschloß«.[96] Tirpitz sagte, man müsse mit Wilhelm unter vier Augen sprechen, denn die Anwesenheit Dritter führe stets dazu, daß der Drang des Kaisers, sich im besten Lichte zu zeigen, sein eigenes Urteil trübe.[97] Es gehört zu den Verdiensten Eulenburgs, daß es ihm mit Hilfe dieser Grundsätze gelang, Wilhelm gelegentlich von bestimmten Ansichten und Plänen abzubringen. Eines Tages deutete er an, Wilhelms häufige Erfolge bei den Manövern seien von der Generalität eingeplant worden. Als Wilhelm dies als einen schweren Affront seinen Generalen gegenüber bezeichnete, die ihn, wie er meinte, als ihresgleichen ansahen, antwortete Eulenburg, er würde sich sehr freuen, wenn er eines Tages hören könnte, daß S. M. besiegt worden sei.[98] Als von Moltke 1906 Chef des Generalstabes wurde, wagte er, den im voraus festgelegten Ablauf der Manöver zu kritisieren. Wilhelm akzeptierte seine Argumente sofort, und die Dinge wurden geändert. Ein anderer Kritiker, der gewöhnlich Gehör fand, war der jüdische Reeder Albert Ballin.

Dieser Umstand belastete die Umgebung des Kaisers mit schwerer Verantwortung, die um so schwieriger zu tragen war, als sich Wilhelm nur selten von ein und derselben Person über längere Zeit beeinflussen ließ. Im ganzen läßt sich kaum sagen, daß man diese Verantwortung wirklich auf sich nahm. Es gab natürlich Ausnahmen, wie Lucanus und Valentini, die nacheinander an der Spitze des Zivilkabinetts standen und dank ihrer Kontakte zu Ministern und Abgeordneten einen größeren Wirklichkeitssinn entwickelten. Doch die meisten in der Umgebung des Kaisers beklagten sich zwar bitter über die Unberechenbarkeit ihres Herrn, bestärkten ihn aber dabei in seinen schlimmsten Neigungen. Man darf sich aber bei dieser Feststellung nicht durch die häufigen Beschwerden über die »Hydra«, wie die kaiserlichen Kabinette genannt wurden, irreführen lassen, Beschwerden, die oft von Leuten stammten, deren eigennützige Ambitionen vom Verwaltungsapparat vereitelt worden waren. Eine Verurteilung hat sich in erster Linie gegen die reaktionäre Tendenz der bei Hofe herrschenden Vorstellungen und gegen die kriecherische Schmeichelei zu richten, die dort geduldet wurde. Daß bei Hofe die Einstellung allgemein reaktionärer war als die der Mehrheit des Reichstags, kann kaum überraschen. Aber sie war auch reaktionärer als die Ansichten der meisten Minister, dies vor allem, weil die Notwendigkeit, sich eine Mehrheit im Reichstag zu sichern, die Minister zwang, mit beiden Beinen auf dem Boden der Realität zu bleiben, während die Höflinge über den Wolken schwebten. General von Plessen, der Kommandant des Hauptquartiers während der meisten Regierungsjahre Wilhelms II., bestand darauf, daß sich die Armee vor dem zivilen Leben abschloß; nach Eulenburg sprach er von nichts anderem als vom Schießen.[99] Ein besonders schlimmes Beispiel war Admiral von Senden-Bibran, von 1890 bis 1909 Chef des Kaiserlichen Marinekabinetts und ein Alptraum sowohl für König Eduard wie für Eulenburg. Von Senden-Bibran verdankte seine Stellung beim Kaiser seiner Begabung, für die maritimen Gelüste seines Herrn eine brauchbare Form zu finden. Man erzählt sich von ihm, er habe von einer guten deutschen Außenpolitik verlangt, daß sie für Deutschland eine Insel im Golf von Mexiko erwerben sollte, ohne die Beziehungen zwischen dem Reich und Amerika zu belasten. Im Jahre 1896 sagte er ganz offen, die deutsche Flotte müsse sich auf einen Krieg gegen England vorbereiten. Sein Ideal war eine starke Regierung, die ohne den Reichstag wirtschaften könne. In den Berliner Klubs erklärte er wiederholt, der

Reichstag müsse 300 Millionen Mark für den Flottenbau bewilligen und notfalls so lange aufgelöst werden, bis er das tue.[100] Es mag sehr wohl sein, daß Wilhelm nicht alles für bare Münze nahm, was Senden von sich gab. Gleichwohl ermunterte ihn der Umstand, daß er von derartigen Menschen umgeben war, dazu, so zu reden, daß sie ihm Beifall spendeten.

1915 wurde, als große Konzession, Matthias Erzberger – der als führender Zentrumsmann zu jener Zeit eine politische Schlüsselstellung innehatte – eine Audienz gewährt; vorher aber sagte Plessen dem Abgeordneten, er hoffe zuversichtlich, daß er S. M. nur gute Nachrichten überbringen werde.[101] Kritiker wurden in dem Bemühen, ihre Sache in gebührender Form vorzutragen, eher entmutigt als unterstützt. Der österreichische Außenminister Graf Czernin, der dem kaiserlichen Hof während des Krieges einen Besuch abstattete, stellte empört fest, daß es üblich war, dem Kaiser beim Abgang die Hand zu küssen. Sosehr der Habsburger Hof auf Zeremoniell hielt, wäre das bei Kaiser Franz Joseph niemals vorgekommen. Es heißt, daß dieser Brauch von General von Mackensen im Jahre 1904 eingeführt worden sei.[102] Der 1897 zum Gesandten in China ernannte Herr erzählte Tirpitz, er habe Wilhelm geraten, einen Stützpunkt in Amoy zu annektieren. Auf die Frage von Tirpitz, wie er über einen Ort reden könne, den er niemals gesehen habe, antwortete der Diplomat: »Ich konnte doch Seine Majestät nicht ohne eine positive Antwort lassen.«[103] Als Wilhelm leichthin davon sprach, an einem Essen auf einer Insel in der Alster in Hamburg teilnehmen zu wollen, machten ihn die Stadtväter nicht darauf aufmerksam, daß ihr Gästehaus auf einer Halbinsel stände, sondern bauten einen neuen Pavillon mit Blumenbeeten auf einer künstlichen Insel.[104] Wilhelm brauchte zu Bülow nur zu sagen: »Sie verderben mit Ihren hellen Hosen noch die besten Wetteraussichten«, und der Reichskanzler eilte davon, um sich umzuziehen.[105] Wenn der Kaiser in Donaueschingen zu Besuch war, ließ der Fürst von Fürstenberg sich jeden Morgen von Wien den neuesten Börsenwitz telegraphieren, um ihn dem Kaiser beim Frühstück vorzusetzen und ihn in gute Laune zu bringen.[106] – Auf ähnliche Weise kämmte der Marquis von Soveral die Londoner Klubs nach Witzen durch, bevor er zu Eduard nach Sandringham fuhr. – Kein Wunder also, daß einer von Wilhelms Beamten im Jahre 1912 an einen Minister schrieb:

»Wir wissen ja, daß wir uns mit manchen Eigentümlichkeiten Seiner Majestät abfinden müssen, von denen man unsern Herrscher gern frei sähe, für deren Vorhandensein aber nicht er allein verantwortlich ist, sondern auch vor allen Dingen die Schlappheit seiner Umgebung, die solche schlechten Manieren durchgehen ließ, als er noch jung war.«[107]

Deutschland ging nicht nach Canossa, es ging nach Byzanz.

Man kann nicht sagen, daß Wilhelm sich frei unter seinen Untertanen bewegt hätte. Der Bereich derjenigen, die bei Hofe empfangen wurden, war eng begrenzt. Die meisten Minister sprachen ihren Monarchen nur einmal im Jahr, und die Gelegenheit dazu bot sich seltsamerweise auf der Kieler Woche.[108]

Die Regel war, daß sie Vorschläge oder Petitionen an den Kaiser schriftlich dem Zivilkabinett einzureichen hatten. Die Staatssekretäre des Auswärtigen und des Reichsmarineamtes und der Kriegsminister wurden von Zeit zu Zeit persönlich empfangen. Der Reichskanzler hatte gewöhnlich, wenn auch nicht immer, einmal wöchentlich eine Audienz beim Kaiser – Bülow allerdings sah ihn, solange er in Gnade war, fast jeden Tag. Die Chefs des Generalstabes und des Admiralstabes wurden auch, mit großer Regelmäßigkeit, wöchentlich empfangen. Der Chef des Militärkabinetts hatte in der Regel drei, die Chefs des Marine und des Zivilkabinetts jeweils zwei Audienzen in der Woche.[109] Diese drei Kabinettschefs mit ihren Ämtern bildeten den normalen Kanal für alles, was an politischen und verwaltungsmäßigen Dingen an den Kaiser herangebracht werden sollte. Sie waren bei den in ihr Sachgebiet fallenden Audienzen zugegen, auch bei den Vorträgen der verantwortlichen Ressortminister, und besprachen nach deren Weggang jeweils die Angelegenheit noch mit dem Kaiser unter vier Augen.[110] Das Militär und das Marinekabinett waren für die Besetzung der oberen Kommandostellen in Heer und Marine zuständig.

Dieser Apparat war nicht für einen konstitutionellen Monarchen zugeschnitten, dessen Handeln ja zum großen Teil rein formeller Natur ist. Nach dem damaligen System in Deutschland waren Heer und Marine – von einigen begrenzten finanziellen und administrativen Fragen abgesehen – der Kontrolle des Reichstags und der zivilen Minister entzogen, wodurch der Kaiser die einzige Instanz darstellte, die die Zivilverwaltung und die beiden Zweige der bewaffneten Macht, auch deren Oberkommandos, kontrollierte – und auch, wenigstens in der Theorie, koordinierte. Hätte Wilhelm seine Pflichten wirklich ernst zu nehmen versucht, dann wäre er von der Last der Arbeit erdrückt worden. Praktisch hatte er jedoch nur eine vage Vorstellung von dem, was er tun sollte, und versuchte auch gar nicht erst, es zu leisten. Bismarck hatte gesagt, Wilhelm wünsche sich, daß alle Tage Sonntag sei.[111] Sein Zeitplan ließ – sofern nicht Reisen dazwischenkamen – nur etwa zwei Stunden täglich für Audienzen und kaum mehr für Arbeit an den Akten übrig.[112] Lucanus, Chef des Zivilkabinetts von 1888 bis 1908, der den Spitznamen »der Apotheker« trug, weil es hieß, sein Vater habe diesen Beruf gehabt, sagte einmal zu Beginn seiner Amtszeit zu Wilhelm, alle für einen bestimmten Fall notwendigen Unterlagen befänden sich in den beiliegenden Akten – die einen beträchtlichen Packen ausmachten. Der Kaiser warf das Aktenbündel auf den Tisch, ging ans Fenster, trommelte mit den Fingern auf die Scheiben und bedeutete dem Kabinettschef, wenn er auf sein Amt Wert lege, solle er ihm nie wieder derartige Aktenstöße vorlegen, dazu habe er keine Zeit.[113] Er las die Zeitungen niemals selbst, sondern nur die vom Auswärtigen Amt für ihn zusammengestellten Presseauszüge und einen tendenziösen, von einer Privatfirma im Telegrammstil abgefaßten Überblick über die Nachrichten aus dem In- und Ausland.[114] Als einer der ersten kaiserlichen Kraftwagen versagte, suchte der Stallmeister seinen Herrn mit der Erklärung zu beruhigen, daß bei dem (damaligen) Stand der Technik Maschinenpannen unvermeidlich seien. Der einzige Ausweg sei, die hohen Kosten nicht zu scheuen und mehr Automobile anzuschaffen. Wilhelms Antwort lautete: »Was das kostet, was ich verlange, ist ganz gleichgültig. Ich verlange, daß alles klappt, und Sie sind mir dafür verantwortlich.«[115] Die Folge dieses wohlgemeinten Versuches, nicht in Einzelheiten zu ertrinken, waren Verschwendung im Haushalt und in der Politik ein Vorurteil, das zuweilen bis zur Selbsttäuschung ausartete. Er schalt das Auswärtige Amt, weil es ihm Depeschen nicht schnell genug vorlegte, scheint sich aber gar nicht klargemacht zu haben, daß ihm gelegentlich, in den Jahren 1905, 1909, 1911 und 1914 etwa, wichtige Berichte überhaupt nicht unterbreitet wurden.[116] Ein Hofbeamter sagte zum Chef des Militärkabinetts: »Es ist doch merkwürdig, daß der Kaiser überall einen Menschen braucht, der ihn betrügt.«[117] Die täglichen Regierungsgeschäfte blieben praktisch ganz den Beamten überlassen, aber es wurde kein Versuch unternommen, ihre Funktionen abzugrenzen oder die Fragen aufzuführen, in denen der Herrscher sich die Entscheidung vorbehielt. Wie ein Mitglied seiner Umgebung meinte, liebte es der Kaiser nicht, wenn man ihm Fragen stellte, es könne aber sehr wohl passieren, daß er höchst ärgerlich werde, wenn man in diesem oder jenem Punkt nicht gefragt hatte.[118] Er griff dann und wann in die Geschäfte ein, oft intelligent, aber selten wohlinformiert und keineswegs immer konsequent auf der gleichen Linie. Inwieweit der Kanzler oder zuständige Minister vorher konsultiert wurde, hing zumeist von Zufällen ab. War dies nicht geschehen, dann blieb ihnen nur die Wahl zwischen Nachgeben, Rücktritt oder dem Versuch, ihren Herrn umzustimmen. Die Deutschen standen damals – wie auch heute noch – in dem Ruf außerordentlicher Tüchtigkeit. Aber ein Komplex überholter Einstellungen gegenüber Monarchie und Politik hatte sie mit einer kaum vorstellbaren Untüchtigkeit gerade in einem lebenswichtigen Abschnitt ihres Systems belastet.

Wilhelm selber ließ in nichts erkennen, daß er, soweit es um seine Person ging, nicht alles ganz in der Ordnung gefunden hätte. Eine seiner frühen Äußerungen deutete seine bleibende Einstellung an: Demokratische Grundsätze, meinte er, könnten nur schwache und oft korrupte Stützen der Gesellschaft hervorbringen. Eine Gesellschaft sei nur stark, wenn sie die Tatsache natürlicher Auslese, insonderheit durch Geburt, anerkenne.[119] Trotz allem, was der Kaiser tat und womit er Lächerlichkeit und Kritik hervorrief, hatte er eine sehr hohe Auffassung von seinem Amt. Er sprach von dem »Königtum von Gottes Gnaden ... mit seiner furchtbaren Verantwortung vor dem Schöpfer allein« als einem »Kleinod«.[120] Als Leopold II. von Belgien den Vorschlag, das Herzogtum Burgund wiederzuerrichten – womit sein Land in das deutsche Lager eingegangen wäre –, mit der Begründung ablehnte, weder sein Kabinett noch sein Parlament würden eine solche Idee auch nur einen Augenblick lang in Erwägung ziehen, brauste der Kaiser auf, daß er »einen Monarchen nicht achten könne, der sich Deputierten und Ministern verantwortlich fühlte, anstatt allein unserem Herrgott im Himmel«.[121] Im Jahre 1915 wurde ihm bedeutet, daß Viktor Emanuel, sosehr er sich auch gegen ein Bündnis Italiens mit der Entente sträuben möge, von seinen Ministern zur Unterschrift gezwungen werden könnte. Wilhelm antwortete, der König werde sich auf diese Weise vor dem Jüngsten Gericht seiner Verantwortung nicht entziehen können. Der liebe Gott werde ihm dann sagen: »Ne, Männeken, damit kommst du bei Mir nicht durch! Wer hat dich zum König gemacht? Deine Minister? Dein Parlament? Ich allein habe dich zu dieser Stellung erhoben, mir allein bist du verantwortlich, herunter mit dir in die Hölle oder wenigstens ins Fegefeuer!«[122] 1917 ging es darum, einen deutschen Prinzen für den rumänischen Thron zu suchen, und der Kaiser schlug nach einer Unterhaltung mit seinen Damen seinen jüngsten Sohn Joachim vor. Als jemand meinte, Joachim besitze vielleicht doch nicht alle die dafür nötigen Fähigkeiten, antwortete er: »Fähigkeiten sind dazu gar nicht notwendig.«[123] Dem Zaren sagte er einmal, der französische Präsident und dessen Ministerpräsident seien ja wohl erfahrene Staatsmänner, aber sie seien weder Fürsten noch Kaiser, und daher wäre er »nicht in der Lage, sie – in einer Verantwortung wie dieser – auf dieselbe Ebene zu stellen wie dich, meinesgleichen, meinen Vetter und Freund.«[124]

Sein mystischer Glaube an die gekrönten Häuptern zugängliche göttliche Lenkung wurde keineswegs dadurch gemildert, daß für ihn selbst eine Krönungszeremonie nie stattgefunden hatte.

> »Dazu kommt das Gefühl der Verantwortung unserm obersten Herrn dort oben gegenüber und meine felsenfeste Überzeugung, daß unser Alliierter von Roßbach und Dennewitz mich dabei nicht im Stich lassen wird. Er hat sich solche unendliche Mühe mit unserer alten Mark und unserem Haus gegeben . . .«[125]
>
> Er fasse seine Aufgabe so auf, sagte der Kaiser, daß, wenn er dereinst zum himmlischen Appell berufen werde, »ich mit gutem Gewissen vor meinen Gott und meinen alten Kaiser treten kann . . . Aus derselben Quelle, aus der mein Herr Großvater zu seinem Tun und Schaffen, mein Herr Vater zu seinen Siegen und Leiden die Kraft schöpfte, schöpfe auch ich sie und ich gedenke, meinen Weg weiter zu wandeln und das Ziel, das ich mir gesetzt habe, weiter zu erreichen, in der Überzeugung, die ich auch Ihnen allen nur ans Herz legen kann, die für uns, für einen jeden Menschen die maßgebende sein muß: Ein feste Burg ist unser Gott! *In hoc signo vinces.*«[126]

»Es ist für mich keinem, auch nicht dem leisesten Zweifel unterworfen, daß Gott sich immerdar in Seinem von Ihm geschaffenen Menschengeschlecht andauernd offenbart. Er hat dem Menschen ›Seinen Odem eingeblasen‹, das heißt ein Stück von sich selbst, eine Seele gegeben. Mit Vaterliebe und -interesse verfolgt Er die Entwicklung des Menschengeschlechtes; um es weiter zu führen und zu fördern, ›offenbart‹ Er sich bald in diesem oder jenem großen Weisen, oder Priester oder König, sei es bei den Heiden, Juden oder Christen. Hammurabi war einer, Moses, Abraham, Homer, Karl der Große, Luther, Shakespeare, Goethe, Kant, Kaiser Wilhelm der Große.* Die hat Er ausgesucht und Seiner Gnade gewürdigt, für ihre Völker auf dem geistigen, wie auf dem physischen Gebiet nach Seinem Willen Herrliches, Unvergängliches zu leisten. Wie oft hat mein Großvater dieses nicht ausdrücklich betont, er sei ein Instrument nur in des Herrn Hand. Die Werke der großen Geister sind von Gott den Völkern geschenkt, damit sie an ihnen sich fortbilden, weiterfühlen können durch das Verworrene des noch Unerforschten hienieden.«[127]

In einer Rede am hundertsten Geburtstag seines Großvaters gab der Kaiser seiner Überzeugung Ausdruck, daß der alte Kaiser sich im Geiste unter den Versammelten befinde, und fügte mit einigem Nachdruck hinzu, der Verblichene habe bestimmt in der vergangenen Nacht den Fahnen einen Besuch abgestattet, die er, der Nachfolger, am Vortage in das Palais Wilhelms I. gebracht hatte. Es ging sogar die Geschichte um, Wilhelm habe aus Anlaß des Jahrhunderttages sich selbst zum Flügeladjutanten seines Großvaters ernannt.[128]

Die Grenze zwischen Verantwortungsbewußtsein und dem festen Glauben an die göttliche Eingebung ist gemeinhin wenig scharf, und Wilhelm hat sie nicht als einziger überschritten. Die Politik erschien ihm deshalb als eine Angelegenheit, die nicht der allgemeinen Diskussion offenstand, sondern direkt zwischen ihm und seinem Schöpfer durch die Vermittlung seiner Ahnen geregelt zu werden hatte. Seine Empfänglichkeit für äußere Einflüsse vergessend, stellte er sich gern als starken Mann hin:

* Die Verehrung Wilhelms für seinen Großvater beruhte auf echter Zuneigung, war aber auch wohl von dem Bestreben inspiriert, dem Bild von Bismarck einigen Glanz zu nehmen. Dabei hatte Wilhelm I. nur insoweit Anspruch auf Größe, als er großen Männern freie Hand ließ.

»*Suprema lex regis voluntas*«, trug er ins Goldene Buch der Stadt München am 7. 9. 1891 ein.[129]

»Einer nur ist Herr im Reich, keinen anderen dulde ich.«[130]

»*I am the sole master of German policy and my country must follow me whereever I go*« (Ich bin der alleinige Herr der deutschen Politik, und mein Land muß mir überallhin folgen, wohin ich gehe), sagte Wilhelm 1899 zu dem Prinzen von Wales.[131]

»Als Instrument des Herrn mich betrachtend, ohne Rücksicht auf Tagesansichten und Meinungen, gehe ich meinen Weg ...«[132]

»Es ist in mir ein unbeugsamer Wille ..., den einmal als richtig erkannten Weg allem Widerstand zum Trotz unbeirrt weiterzugehen.«[133]

»Was das Publikum darüber sagt, ist mir ganz gleichgültig. Ich entscheide nach meiner Überzeugung, erwarte allerdings dann, daß meine Beamten darauf das Ihrige tun, irrigen Auffassungen des Volkes in geeigneter Form entgegenzutreten.«[134]

»Als Herrscher, die Gott für das Wohlergehen der ihnen anvertrauten Völker verantwortlich sind, haben wir daher die Pflicht, die Genesis und Entwicklung der ›öffentlichen Meinung‹ genau zu studieren, ehe wir durch sie unsere Handlungen beinflussen lassen.«[135]

»Die Verfassung habe ich nie gelesen und kenne sie nicht.«[136]

Theodor Roosevelt hatte eine Erklärung für Wilhelms Posieren:

»Im Grunde seines Herzens wußte er (der Kaiser) sehr gut, daß er kein absoluter Monarch war. Er hatte niemals die Chance, das ernsthaft auf die Probe zu stellen ... im Gegenteil, wenn Deutschland sich entschlossen hatte, eine bestimmte Richtung einzuschlagen, konnte er nur die Geschäfte in der Hand behalten, wenn er schleunigst in jener Richtung die Führung übernahm. Im tiefsten Grunde erkannte er das und wußte auch, daß selbst diese ziemlich beschränkte Macht, die er besaß, der großen Mehrheit seiner Mitsouveräne abging. Aber Hand in Hand mit dieser untergründigen Einsicht in die realen Tatsachen ging eine seltsame Selbsttäuschung, daß jeder Souverän sein Land noch in dem Sinne repräsentiere, wie das vor zwei oder drei Jahrhunderten geschehen wäre.«[137]

Winston Churchill hat versucht, sich vorzustellen, was Wilhelms Umgebung gesagt haben würde, wenn er sich anders benommen hätte:

»Wir haben einen Schwächling auf dem Thron. Unser Kriegsherr ist ein Pazifist. Soll das neugegründete, zu spät gegründete Deutsche Reich mit all seinen gewaltigen und ins Weite strebenden Kräften von einem Vorsitzenden des Christlichen Vereins Junger Männer geführt werden? Haben dafür der unsterbliche Friedrich und der große Bismarck geplant und gestritten?«[138]

Tatsächlich fielen 1911 in Deutschland ganz ähnliche Äußerungen.

Den Traditionen getreu folgte Wilhelm seinen Thesen von Festigkeit und Disziplin auch in der Innenpolitk und übersteigerte »Blut und Eisen« bis an die Grenze des Absurden:

»Der Soldat und die Armee, nicht Parlamentsmehrheiten und -beschlüsse haben das Deutsche Reich zusammengeschmiedet. Mein Vertrauen beruht auf der Armee ...«[139]

»Ihr (Rekruten) habt mir Treue geschworen ... es gibt für Euch nur einen Feind, und der ist mein Feind. Bei den jetzigen sozialistischen Umtrieben kann es vorkommen, daß ich Euch befehle, Eure eigenen Verwandten, Brüder, ja Eltern niederzuschießen – was ja Gott verhüten möge –, aber auch dann müßt Ihr meine Befehle ohne Murren befolgen ...«[140]

Als im Jahre 1900 Militär gegen streikende Straßenbahner eingesetzt wurde, gab Wilhelm in einem Telegramm der Hoffnung Ausdruck, daß mindestens fünfhundert Streikende von den Truppen umgelegt werden würden, und die Soldaten, die von der Waffe Gebrauch gemacht hatten, wurden besonders belobigt.[141]

1904 wurde Rußland aufgefordert, den Zwischenfall auf der Doggerbank dem Haager Schiedsgericht zu unterwerfen und seine Seeoffiziere zu bestrafen, wenn dieses Gericht sie für schuldig befinden sollte; aber Wilhelm fand den Gedanken unerträglich, daß man die eigenen Offiziere wegen Handlungen, die sie in Erfüllung ihrer Pflicht vollbracht hatten, der Rechtsprechung durch Ausländer unterwerfen sollte. Trotzdem schrieb er dem Zaren: »Ich möchte noch bemerken, daß ich Deinen meisterhaften politischen Instinkt bewundere, der Dich veranlaßt hat, den Zwischenfall in der Nordsee an das Haager Tribunal zu verweisen.«[142] Aber 1914 sagte er, über lebenswichtige Ehrenfragen konferiere man nicht mit anderen.

In internationalen Fragen war es die gleiche Geschichte:

»Ich bin nicht der Meinung, daß unser deutsches Volk vor 30 Jahren unter der Führung seiner Fürsten gesiegt und geblutet hat, um sich bei großen auswärtigen Entscheidungen beiseite schieben zu lassen. Geschähe das, mit der Weltmachtstellung des deutschen Volkes wäre es ein für allemal vorbei, und ich bin nicht gewillt, es dazu kommen zu lassen. Hierfür die geeigneten und, wenn es sein muß, auch die schärfsten Mittel rücksichtslos anzuwenden ist Meine Pflicht nur, Mein schönstes Vorrecht.«[143]

»Die Aufgaben für unser Deutsches Reich und Volk sind in mächtigem Umfange gewachsen und erheischen für Mich und Meine Regierung ungewöhnliche und schwere Anstrengungen, die nur dann von Erfolg gekrönt sein können, wenn einheitlich und fest, den Parteiungen entsagend, die Deutschen hinter uns stehen.«[144]

Und zu einem Amerikaner:

»*The only nations which have progressed and become great have been warring nations. Those which have not been ambitious and gone to war have been nothing.*« (Vorwärts gekommen und groß geworden sind nur kriegerische Nationen. Aus denen, die keinen Ehrgeiz hatten und keine Kriege führten, ist nichts geworden.)[145]

»Brandenburger, zu Großem sind wir noch bestimmt, und herrlichen Tagen führe Ich euch noch entgegen.«[146]

Die ablehnende Haltung der Fortschrittler und Sozialdemokraten einem solchen Verständnis von Gesellschaft und Politik gegenüber war der Grund, weshalb der Kaiser diese Parteien so erbittert angriff:

»Für mich ist jeder Sozialdemokrat gleichbedeutend mit Reichs- und Vaterlandsfeind.«

». . . eine Rotte von Menschen, nicht wert, den Namen Deutscher zu tragen . . . Möge das gesamte Volk in sich die Kraft finden, diese unerhörten Angriffe zurückzuweisen! Geschieht es nicht, nun, dann rufe ich Sie, um der hochverräterischen Schar zu wehren, um einen Kampf zu führen, der uns befreit von solchen Elementen.«[147]

Bei einer Feier des Brandenburger Provinziallandtages im Februar 1897 sprach der Kaiser von den Sozialdemokraten als der »Pest, die ausgerottet werden müßte bis auf den letzten

Stumpf«.[148] Als ihm bei einer Kolonialausstellung das Haus eines Negerfürsten gezeigt wurde, vor dem auf Pfählen die Köpfe seiner Feinde steckten, rief Wilhelm plötzlich: »Wenn ich doch den Reichstag so aufgereiht sehen könnte!«[149]

Die gleiche Grundeinstellung ist in den zahlreichen Randglossen spürbar, die Wilhelm – obgleich er sich einmal als »Feind aller Tinte« bezeichnete[150] – auf alle möglichen Aktenstücke kritzelte, darin Friedrich den Großen und Bismarck nachahmend. Aus dem Zusammenhang ergibt sich häufig, daß er seine Meinung niederschrieb, ehe er auch nur den Abschnitt zu Ende gelesen hatte. Viele seiner Bemerkungen bestanden aus Schimpfworten, wie »Quatsch!«, »Freche Lüge!«, »Donnerwetter, welche Frechheit!«, »Olle Kamellen«, »Faule Fische«, ». . . unsere dämliche Presse . . .«; die Engländer wurden häufig als »dämlich«, die Franzosen als »verlogen« bezeichnet, niemandem, nur sich selber, traute er redliche Motive zu. Auch hinter den sachlichsten und klarsten Vorschlägen witterte er stets finstere Beweggründe. Er war entschlossen, sich von niemandem übertölpeln zu lassen, versäumte aber seinerseits keine Gelegenheit, die geeignet war, die anderen Nationen irrezuführen, einzuschüchtern oder miteinander zu entzweien. So trug er Bülow einmal auf, das amerikanische Mißtrauen gegen Rußland und Frankreich zu schüren; als man ihm berichtete, daß der amerikanische Botschafter in Petersburg glaube, die Meinungsverschiedenheiten zwischen China und Japan seien zu groß, als daß sie überbrückt werden könnten, sagte der Kaiser, er hoffe, daß der Botschafter recht habe. Bei anderer Gelegenheit äußerte er in einer Randnotiz die Meinung, die Reibungen zwischen den Vereinigten Staaten und Japan wüchsen, und das sei gut so.[151] Wie die menschliche Natur nun einmal ist, waren solche Bemerkungen gelegentlich klug gedacht und trafen den Nagel auf den Kopf, aber im ganzen sind sie nichts anderes als ein kläglicher Beweis für niedrige Gesinnung, Kurzsichtigkeit und ungeschliffenen Humor. Er versuchte, sich als scharfsichtigen Diplomaten zu geben, aber was dabei herauskam, war nicht viel mehr als ein zu groß geratener Schuljunge. Die Folge davon war nicht nur, daß ihm, eben wegen seines Mißtrauens gegen andere, langsam alle Welt mißtraute, sondern auch, daß er wesentlich zu dem falschen Bild beitrug, das sich die deutsche Oberschicht von ihrer eigenen Stellung machte.

Der Kaiser stellte ganz zu Recht Verantwortungsbewußtsein und Entschlossenheit, Selbstlosigkeit und Treue als Ideale hin. Aber im Gegensatz zu Wahrheitsliebe und Nächstenliebe sind dies zweitrangige Tugenden, bei denen alles darauf ankommt, welchen Zwecken sie dienen. Die Bestimmung dieser Zwecke nahm Wilhelm für sich in Anspruch, und obgleich seine Auswahl den Ideen entsprach, die damals in den oberen Gesellschaftsschichten herrschten, kann man nicht umhin, sich Theodor Fontanes Vorwurf zu eigen zu machen, daß der Kaiser versuchte, »Modernes aufzurichten mit Rumpelkammerwaffen«.[152] Die Gesellschaftsordnung, um derentwillen er Opfer forderte, war die Ordnung seiner Ahnen. Die Institutionen und sozialen Beziehungen sollten nach Möglichkeit so bleiben, wie sie waren, ungeachtet der Wandlungen, denen Deutschland und die ganze Welt ausgesetzt waren. Der einzige Wandel, der in Betracht kam, galt der grenzenlosen Ausbreitung deutscher Bräuche nach Übersee, um schließlich der kaiserlichen Position eine neue Erhabenheit zu verleihen. Traditionen sind zwar wertvoll, und Wilhelm tat gut daran, die Geschichte hochzuschätzen. Aber die Würdigung der Leistungen vergangener Generationen ist nur ein Teil der Arbeit des Historikers. Ebenso wichtig ist, daß er sich der Vergänglichkeit aller menschlichen Einrichtungen bewußt ist und damit auch der Notwendigkeit, sich auf den ständigen unausweichlichen Wandel einzustellen. Zu erwarten, daß aller Wandel nun jedesmal begrüßenswert sei, hieße Unmögliches erwarten und wäre selbstsüchtig. Hier macht es gesunder Menschenverstand, wenn nicht gar christliche Nächstenliebe unerläßlich, auch die Ansichten der anderen zu berücksichtigen. Wenn neue soziale Schichten sich zu artikulieren beginnen, sind ihre Vorstellungen mit in Rechnung zu stellen: Der Versuch, sich auf unbeschränkte Zeit dem Ansturm des Wandels zu widersetzen, fordert dazu heraus, das Bestehende umzustürzen. Bismarck, so reaktionär er auch war, hatte diesen Tatbestand begriffen, wovon unter anderem seine Antwort an Salisbury zeugt über die Gründe, aus denen Deutschland zu einem Kampf bereit sei (vergleiche S. 132). Wilhelm dagegen, obwohl bestrebt, ein moderner Herrscher zu sein, wollte die neuen Ideen auf die Naturwissenschaften und die Industrie beschränkt sehen. Auf dem politischen Felde waren seine Ideen der Vergangenheit verhaftet, weil eine Vorausschau die Anpassung an das Neue verlangt und damit ihn in einen schmerzlichen Konflikt mit seiner nächsten Umgebung gestürzt hätte.

Seine Grenzen traten auch in seinem literarischen und künstlerischen Geschmack zutage. Sein Lieblingsgedicht soll Rudyard Kiplings *If* gewesen sein, und als der Dichter erkrankte, schickte ihm der Kaiser ein Telegramm, in dem er sich als »ein begeisterter Bewunderer Ihrer unvergleichlichen Werke« bezeichnete – man fragt sich, wie viele der antideutschen Stellen in Kiplings Werken er wohl gelesen hat. Andere englische Lieblingsautoren des Kaisers waren Dickens, Walter Scott, Marryat, Longfellow, Bernard Shaw, Kenneth Grahame, Warwick Deeping und später P. G. Wodehouse.[153] Dagegen fanden Liliencron, Dehmel und Thomas Mann bei Hofe keinen Beifall. Er nahm es als persönlichen Affront der Richter, daß das Kammergericht das Verbot einer Aufführung von Gerhart Hauptmanns »Die Weber« wieder aufhob, und sprach dafür, entgegen dem Urteil der Jury, den Schifferpreis nicht Hauptmann für dessen »Versunkene Glocke« zu, sondern Ernst von Wildenbruch für ein unbedeutendes historisches Drama.[154] Wilhelms rasche Auffassungsgabe verleitete ihn, das Oberflächliche dem Tiefgründigen vorzuziehen, also etwa Houston Stewart Chamberlain mehr zu achten als einen Mann wie Max Weber. Die moderne Malerei lehnte er entschieden ab und versuchte, den Direktor der Berliner Nationalgalerie zum Rücktritt zu zwingen, weil er Liebermann gefördert hatte.[155] Vielleicht hat er auch nie von Klee oder Kandinsky gehört. Die Geschmacklosigkeit der wilhelminischen Architektur erklärt sich zum Teil aus der Tatsache, daß während der Regierung des Kaisers viele Leute Reichtümer erwarben, ehe sie Zeit fanden, sich auch den Geschmack anzueignen, doch zum Teil spiegelt sie ebenso sein Bestreben, das kaiserliche Amt mit soviel Pomp wie möglich zu umgeben. Seine Vorliebe auf dem Gebiet der Oper galt in erster Linie Komponisten wie Lortzing und Meyerbeer. Er kümmerte sich persönlich um die verschwenderisch ausgestattete Inszenierung der »Hugenotten« und brach dabei in Vorwürfe gegen die Katholiken aus, weil sie seinen Vorfahren, den Admiral Coligny, getötet hatten.[156] Ein anderes Lieblingsstück war »Sardanapal«, das mit einer so realistisch dargestellten Feuersbrunst endete, daß König Eduard, der ein wenig eingenickt war, erschreckt hochfuhr in dem Glauben, das Theater stehe in Flammen. Nach der ersten Berliner Aufführung der »Salome« von Richard Strauss aber meinte der Kaiser, da habe er ja eine schöne Schlange an seinem Busen genährt.[157] – Diese kaiserliche Äußerung trug Strauss im Freundeskreis den Spitznamen »die Hofbusenschlange« ein.

Seine Eingriffe in Fragen des guten Geschmacks machten ihn in Künstlerkreisen höchst unpopulär. Das wurde ihm allmählich bewußt, und wenigstens bei einer Gelegenheit suchte er sich mit der Begründung zu entschuldigen, daß all seine Kenntnisse in Dingen der Kunst von seiner Mutter stammten und in jugendlichen Jahren erworben seien, er aber seit seiner Thronbesteigung zuviel zu tun gehabt habe, um sich auf dem laufenden zu halten.[158] Diese Erklärung mag ein Körnchen Wahrheit enthalten, aber Wilhelm neigte ja dazu, anderen Leuten die Schuld zu geben, und seine wirklichen Mängel lagen tiefer. Er betrachtete die Kunst nicht als ein Mittel, Gefühle auszudrücken, sondern als eine Quelle moralischer Erhebung, als eine Waffe im Kampf gegen den Materialismus. In einer Festrede anläßlich der Vollendung der Siegesallee im Tiergarten sagte er im Dezember 1901: »Wenn nun die Kunst, wie es jetzt vielfach geschieht, weiter nichts tut, als das Elend noch scheußlicher hinzustellen, wie es schon ist, dann versündigt sie sich damit am deutschen Volke. Die Pflege der Ideale ist zugleich die größte Kulturarbeit.«[159] Bei anderer Gelegenheit sagte er: »Mit dem viel mißbrauchten Wort ›Freiheit‹ und unter seiner Flagge verfällt man gar oft in Grenzenlosigkeit, Schrankenlosigkeit und Selbstüberhebung.«[160] Er hatte keinerlei Verständnis für das, was die modernen Schriftsteller und Künstler wollten, ein schwerwiegender Nachteil, zumal in einer kritischen Phase der kulturellen Entwicklung, bei einem Mann, der sich zur Autorität in solchen Dingen aufwarf.

Die Welt der Kunst durchlebte eine Revolution, gleichlaufend und aufs engste verknüpft mit jener in der Welt der Produktion und des Verkehrs. Das Sich-seiner-selbst-bewußt-Werden, einer der wichtigsten Schlüssel zum Verständnis der Menschheitsgeschichte, empfing starken Auftrieb durch das sich ausbreitende Wissen und die zunehmende Einsicht in die Andersartigkeit der Bräuche und des Denkens fremder Völker, die vom Europa des Neunzehnten Jahrhunderts durch Zeit und Raum getrennt waren. Dieses wachsende Sich-seiner-selbst-bewußt-Werden und besonders die Entdeckung des Unbewußten erweiterten den Spielraum von Literatur und Kunst beträchtlich, und dies in einem

Augenblick, da die traditionellen Themen erschöpft schienen. Dank den Reisen, den naturwissenschaftlichen Untersuchungen und der Erforschung fremder Länder, dank vor allem der Photographie und der mechanischen Wiedergabe des Tons wurde es möglich, die kulturellen Leistungen aller Länder und aller Jahrhunderte an einzelnen Punkten, etwa in Paris oder Berlin, zu sammeln. Aber dieser *embarras de richesses* wirkte zugleich hemmend auf den schöpferischen Künstler. Was immer der Mühe wert war, schien bereits früher getan. Originalität war nur noch durch grundlegenden Wandel in den Zielen und Themen erreichbar. Die Romanliteratur verinnerlichte sich, es ging ihr mehr um Denken und Weltanschauung denn ums Erzählen. Die Dichtung wandte sich dem Symbolismus zu, sie erging sich in Anspielungen mit ganz persönlichen Gedankenassoziationen. Die bildenden Künste kehrten sich ab von der lebensgetreuen Darstellung, bevorzugten die Impression und studierten die abstrakten Formen. Die Musik begann, bis an die Grenzen des Rhythmus und der Tonalität vorzustoßen. Solche schwierigen Experimente mögen die beunruhigen, denen die alte Sicht vertraut ist, aber sie bilden den unumgänglichen Weg, die schöpferische Einbildungskraft zu erhalten. Wer in Fragen des Geschmacks Maßstäbe setzen will, wird sie verstehen müssen. Wilhelm durfte mit gutem Recht »wissen, was ihm gefällt«. Es ist keineswegs einfach zu entscheiden, in welcher Form die Künste königliche Förderung erfahren sollten. Was aber nicht leichthin entschuldigt werden kann, selbst wenn es häufig vorkommt, sind Versuche der Beeinflussung ohne ernsthaftes Bemühen um Verständnis.

Und doch, wenn all diese Kritik ausgesprochen ist, bleibt das Gefühl, daß man damit nur den halben Mann erfaßt hat, daß es eine zweite Hälfte gab, die sich der eigenen Schwächen und Fehler ebenso bewußt war wie irgendeiner seiner Kritiker. Sein Schnurrbart war typisch für ihn, nicht nur, weil er arrogant wirkte, sondern weil er in eine Form gezwungen war, und es war nicht das einzige an seiner Person, dem das widerfuhr. Man hat ihn einmal als »von Natur aus nicht großzügig und doch bisweilen rücksichtsvoll gegenüber anderen« bezeichnet.[161] Es gibt eine Menge von Geschichten über kleinere Freundlichkeiten. Er machte sich gelegentlich beträchtliche Mühe, um anderen Menschen eine Freude zu bereiten, aber wehe denen, die sich dann nicht freuten! Die tyrannische Erziehung Friedrichs des Großen durch seinen Vater überschattete Wilhelms Verhältnis zu seinen Söhnen, aber seine Tochter konnte ihn um ihren kleinen Finger wickeln, und nach seiner Abdankung hatten seine Enkel die schönsten Erinnerungen an den gütigen alten Herrn. Er liebte seine Hunde und verwöhnte sie fürchterlich. Er hatte eine Anzahl von jüdischen Freunden und gefiel sich nur dann in antisemitischen Redensarten, wenn er vorübergehend dem Einfluß von Leuten wie Stöcker und Berg verfiel oder, wie im Fall Harden, dazu provoziert wurde. Er war einer der ersten Monarchen Europas, die den Papst nach 1870 besuchten, und zeigte sich in der Regel rücksichtsvoll seinen katholischen Untertanen gegenüber. Das änderte sich allerdings während des Krieges als Reaktion auf das Verhalten des österreichischen Kaisers Karl. Er war durchaus bereit, die moderne Bibelkritik anzuerkennen und erhob keinen Einspruch, als Houston Stewart Chamberlain ihm sagte, Abraham sei keineswegs eine historische Figur, sondern »nichts als eine ferne Erinnerung an den Mondkultus von Harran«.[162] Für Wilhelm war Religion »nie ... ein Ergebnis der Wissenschaft, sondern ein Ausfluß des Herzens und Seins des Menschen aus seinem Verkehr mit Gott«.[163] Selbstvertrauen sei eine gute Sache, müsse aber von Gottesfurcht und wahrer Religiosität begleitet sein,[164] sagte er einmal, und an Houston Stewart Chamberlain schrieb er: »Wer bin ich? ... Doch nur ein armselig Menschenkind, das versucht, ein gutes Instrument für unsern Herrgott da droben zu werden.«[165] Königin Viktoria gegenüber bezeichnete er sich einmal als ihren wunderlichen und ungestümen Kollegen. Er war also zu Demut fähig, obwohl sein Gefühl, auserwählt zu sein, ihn daran hinderte, diese Demut seinen Mitmenschen gegenüber zum Ausdruck zu bringen.

Es gibt noch andere Äußerungen von ihm, die neben den angeführten, reichlich schwülstigen, erwähnt zu werden verdienen:

»Haben Sie stets vor Augen, daß die Leute, die Sie dort (in Südwestafrika) treffen, wenn sie auch eine andere Hautfarbe haben, gleichfalls ein Herz besitzen, das ebenfalls Ehrgefühl aufweist. Behandeln Sie diese Leute mit Milde.«[166]

»Ich habe mir gelobt, auf Grund meiner Erfahrungen aus der Geschichte, niemals nach einer öden Weltherrschaft zu streben ... Das Weltreich, das ich mir geträumt habe, soll darin bestehen, daß vor allem das neuerschaffene Deutsche Reich von allen Seiten das absolute Vertrauen als eines ruhigen, ehrlichen, friedlichen Nachbarn genießen soll ...«[167]

»Wer jemals, einsam auf hoher See auf der Schiffbrücke stehend, nur Gottes Sternhimmel über sich, Einkehr in sich selbst gehalten hat, der wird den Wert einer solchen Fahrt nicht verkennen. Manchem von meinen Landsleuten möchte ich wünschen, solche Stunden zu erleben, in denen der Mensch sich Rechenschaft ablegen kann über das, was er erstrebt und was er geleistet hat. Da kann man geheilt werden von Selbstüberschätzungen, und das tut uns allen not.«[168]

»Manchmal hat mir das Bewußtsein schlaflose nächtliche Stunden bereitet, in einer des Tags gehaltenen Rede nicht das Maß des Inhalts und des Ausdrucks gewahrt zu haben, das ich mir zuvor gesetzt hatte.«[169]

»Auf meine Randbemerkungen darf man mich nicht festlegen.«[170]

Graf Lerchenfeld, der während der ganzen Regierungszeit Wilhelms II. bayerischer Gesandter in Berlin war, vertrat die Ansicht, »trotz aller Lebhaftigkeit des Temperaments ist dem Kaiser doch eine gewisse Klugheit nicht abzusprechen, und diese wird im Ernstfalle den Hohen Herrn doch dahin führen, Seine berufenen Ratgeber zur rechten Zeit zu befragen«.[171] Es ist auch bemerkenswert, daß er trotz aller Sympathie für »starke Männer« weder Waldersee noch Tirpitz zum Kanzler machte und daß nicht einer von denen, die er mit diesem Amt betraut hat – mit Ausnahme von Michaelis, den nicht er ausgesucht hatte –, offensichtlich ungeeignet war. Er erlag auch nicht den Verführungskünsten der Alldeutschen. Als einmal jemand von Dingen sprach, die selbst der verbohrteste Alldeutsche nicht tun würde, wenn er einmal nachdächte, antwortete der Kaiser: »Die haben ja keinen Verstand! Das ist das ganze Unglück.«[172] Einige der politischen Spekulationen des Kaisers entbehrten auch nicht der Voraussicht:

»Inzwischen wächst Amerika immer mehr heran, wird immer stärker und wird allmählich die Englische Macht an sich ziehen, das Englisch sprechende Weltimperium gründen, von dem England zu einem amerikanischen Vorposten gegen den Europäischen Kontinent herabsinken wird.«[173]

»Sie (die Russen) werden sich so lange mit den Phantasiebildern (ihrer historischen Mission auf dem Balkan) amüsieren, bis eines Tages die Mongolen am Ural stehen! Dann werden sie zu spät erkennen, nach welcher Seite Rußlands wahre ›historische Mission‹ gelegen hat! Nämlich Schutz Europas vor der gelben Gefahr.«[174]

»Damit bewahrheitet sich meine Behauptung aus dem Jahr 1908, daß im Falle eines Angriffs der ›Gelben Gefahr‹ auf Europa, die Slaven ihr nicht nur nicht Widerstand leisten, sondern sie gegen Europa unterstützen.«[175]

Graf Lerchenfeld sagte, über Wilhelms gute Absichten könne es keinen Zweifel geben.[176] Dem Kaiser war es sicherlich ernst, als er, wie so häufig, sagte, daß ihm die Interessen seiner Untertanen, auch die der Arbeiter, am Herzen lägen. Ein Mitglied seines Gefolges fand, daß bei ihm nichts so heiß gegessen wie gekocht würde.[177] Einem seiner Botschafter erklärte er einmal, er sei wirklich kein böser Mensch,[178] und einen englischen Diplomaten verblüffte er durch die – durchaus wahre – Feststellung, er, Wilhelm, sei nicht der starke Mann, nach dem müsse der Diplomat sich anderswo umsehen.[179] Aber die Bemerkung, die den Kern der Sache trifft, machte der Kaiser gegenüber Bülow, als dieser ihn wegen seiner »Hunnenrede« in Bremen kritisierte: »Ich weiß, daß Sie nur mein Bestes wollen, aber ich bin nun einmal, wie ich bin, und ich kann mich nicht ändern.«[180]

Wilhelms Charakter war ohne Zweifel bestimmt durch die von seinen Vorfahren ererbten Anlagen, durch seine Erziehung und seine Umgebung. Ein grundsätzlicher Wandel in seinem höchst komplexen Charakter war kaum zu erwarten, vor allem nicht, nachdem er den Thron bestiegen hatte. Das will aber nicht heißen, daß die Verhütung dessen, was tatsächlich geschah, nicht menschenmöglich gewesen wäre. Inwieweit die Schuld Wilhelm persönlich trifft, weil er keine größeren Anstrengungen unternahm, seine Schwächen zu überwinden – oder weil er mit sich selbst nicht ehrlicher war und einige seiner in diesem Kapitel beschriebenen Einstellungen als Schwächen erkannte –, und wieviel Schuld seiner Umgebung zuzuschreiben ist, weil sie ihn in der falschen Richtung bestärkte, dies läßt sich schwer sagen. Es bleibt die traurige Tatsache, daß die beiden Faktoren einander förderten und zusammen unsagbaren Schaden für Wilhelm, für Deutschland und die ganze Welt anrichteten. Denn man kann mit gutem Grund annehmen, daß dem Kaiser vor allem drei

Dinge am Herzen lagen: sein Land glücklich zu machen, gute Beziehungen zu Großbritannien anzubahnen, wofür er einzigartige Voraussetzungen mitbrachte, und Europa im Vergleich zu den anderen Erdteilen zu stärken. Praktisch, nicht mit Absicht, trug er aber erheblich dazu bei, einen Krieg heraufzubeschwören, in dem England die Haupttriebfeder einer antideutschen Koalition wurde und der für Deutschland eine Katastrophe bedeutete und den Niedergang Europas beschleunigte.

Der neue Kurs

Generalstäbler werden zu methodischem Vorgehen, klaren Entscheidungen und Arbeitsamkeit erzogen. Sie wissen, wie man aus einer Mannschaft das Beste herausholt, und erkennen die Wichtigkeit eindeutiger Entschlüsse in Fragen von grundlegender Bedeutung. Alle diese Vorzüge besaß Caprivi, dazu verfügte er über einen guten Verstand und ein Höchstmaß an persönlicher Integrität und war lebhaft bestrebt, dem Nutzen der Allgemeinheit zu dienen. Er war sich auch der Notwendigkeit bewußt, die Unterstützung der Öffentlichkeit zu gewinnen. Während Bismarck den von ihm begünstigten Korrespondenten Geschichten eingab und sie mit Geldern aus dem Welfenfonds bezahlte, ließ Caprivi allen achtbaren Zeitungen, ungeachtet ihrer politischen Meinung, Informationen zukommen. Es ist betrüblich, daß ihm diese korrekte Behandlung und das Unterbinden von Korruption eher eine schlechte als eine gute Presse einbrachte.[1] Peinlich genau hielt er die zivile und die militärische Verwaltung im Gleichgewicht. In der Tat war er es, der zu Waldersees Entrüstung eine Verordnung erließ, die es deutschen Militärattachés untersagte, zu politischen Fragen zu berichten, es sei denn über den ihnen vorgesetzten Botschafter oder Gesandten und mit deren ausdrücklicher Genehmigung.[2] Aber neben diesen positiven Eigenschaften zeigten sich Schwächen, die ebenfalls für den guten Soldaten charakteristisch waren. Der typisch militärische Hang zur Genauigkeit erleichtert kaum jene Zweideutigkeiten, das bewußte Verschleiern strittiger Punkte, die in vielen Fällen das Wesen der Politik ausmachen. Der instinktive Gehorsam erschwert es, die Politik als einen Machtkampf zu begreifen, in dem den Interessen der Gemeinschaft unter Umständen besser gedient wird, wenn man nicht mitspielt, als wenn man nachgibt. Holstein sagte ihm einmal: »Herr Reichskanzler, Sie sind ein Geschichtsphilosoph, aber kein Politiker.«[3] Caprivi war zu ehrlich, um ein Schmeichler oder Diplomat zu sein. Zudem lebte er zurückgezogen und isoliert, ein Junggeselle, der nicht leicht Freundschaft schloß und sich niemals als Truppenführer ausgezeichnet hatte.[4] Der Kaiser pflegte zu sagen: »Caprivi, Sie fallen mir schrecklich auf die Nerven«, worauf der Kanzler antwortete: »Euer Majestät, ich bin immer ein schwieriger Untergebener gewesen.«[5] Er erkannte zwar durchaus die Wichtigkeit guter Beziehungen zum Kaiser, war aber nicht der Mann, die Achtung Wilhelms in Freundschaft umzuwandeln. Als sei er sich dieser Unfähigkeit bewußt gewesen, wahrte er nach Möglichkeit Distanz zu seinem Herrn und hielt die Verbindung im wesentlichen über Mittelsleute wie Philipp Eulenburg und Kiderlen-Wächter. Da deren Einfluß in einem Mißverhältnis zu den Positionen stand, die sie innehatten, ergab sich daraus eine Tendenz zum Regieren durch einen persönlichen Freundeskreis.

Dieser Umstand kam aber noch einem anderen zugute: Friedrich von Holstein. Dieser bärtige, kurzsichtige Junggeselle war einst in der Washingtoner Botschaft unhaltbar geworden, nachdem er die Frau des Vorsitzenden des Außenpolitischen Senatsausschusses kompromittiert hatte,[6] und ähnlich war es ihm dann in der Pariser Botschaft ergangen, weil er über seines Botschafters Machenschaften direkt an Bismarck berichtet hatte. Er kehrte in den siebziger Jahren nach Berlin zurück, wo ihm die glückliche Idee, ein Kalbsschnitzel mit einem Spiegelei zu dekorieren, einen Ehrenplatz auf den Speisekarten der guten Restaurants einbrachte. Dank langer Arbeitsstunden an seinem Schreibtisch im Auswärtigen Amt und einer umfangreichen Privatkorrespondenz, mit deren Hilfe er seine Kenntnisse aus den amtlichen Berichten noch vertiefte, war er auf einzigartige Weise mit allen Einzelheiten der deutschen Außenpolitik und den persönlichen Eigenschaften der in ihr Tätigen vertraut. Sowohl sein Fleiß wie die Schärfe seiner Berichte trugen ihm Bismarcks Gunst ein, da aber seines Meisters Einstellung gegenüber Rußland seine Begriffe überstieg, beschloß er, dem Mann in den Rücken zu fallen, dem er seit langem viel verdankte. Bismarck rächte sich für diesen Abfall durch dunkle Anspielungen, daß sich der »Mann mit den Hyänenaugen« zu undurchsichtigen Zwecken habe mißbrauchen lassen.[7] Holstein seinerseits war ängstlich bestrebt, nach Bismarcks Sturz niemand an die Spitze der Reichskanzlei kommen zu lassen, der ihn nicht mehr brauchte. Denn das Regime der Zauberlehrlinge, das an die

Stelle des alten Hexenmeisters getreten war, würde Holsteins Geschick bei den neuen außenpolitischen Improvisationen dauernd nötig gehabt haben, selbst wenn seine Beseitigung nicht wegen seiner weitreichenden Kenntnis unangenehmer Ereignisse in allen möglichen Zusammenhängen mit beträchtlichem Risiko verbunden gewesen wäre.[8] Außerdem war seine Neigung, sich als beleidigt zu betrachten, gepaart mit der Entschlossenheit, sich dafür zu rächen, und man konnte nicht gut einen Einsiedler der Feigheit anklagen, der sich am besten mit Übungen auf dem Pistolenschießstand erholte.

Sechzehn Jahre lang waren Wilhelm und Holstein die nie versiegenden Quellen, aus denen der Einfluß auf die deutsche Außenpolitik strömte. Reichskanzler und Staatssekretäre des Auswärtigen kamen und gingen, sie aber blieben. Während der ganzen Zeit begegneten sie jedoch einander nur ein einziges Mal. Die Legende, daß sie sich bei dieser Gelegenheit nur über die Entenjagd in Pommern unterhalten hätten, ist allerdings die unbegründete Dekoration einer ohnehin schon außerordentlichen Geschichte. Es war auch nicht nur dem Umstand zuzuschreiben, daß er keinen Frack besaß, wenn Holstein sich dem Hofe fernhielt. Er war wahrscheinlich klug genug, zu befürchten, daß allzu enge Kontakte zu Wilhelm ihn bald in eine Lage gebracht hätten, in der ihm als einziger Ausweg nur der Rücktritt blieb. Wilhelms Launen erschwerten an sich bereits eine folgerichtige Politik. Doch wenn der Kaiser nicht aufmerksam bei der Sache war, wurde es eine Sache schieren Zufalls, wessen Einfluß sich durchsetzte. Durch die sich daraus ergebende Verwirrung entsetzt, kam Holstein im Laufe der Zeit dahin, dem Kaiser die Hauptschuld zu geben und setzte alles daran, ihn von der praktischen Ausübung der Macht fernzuhalten. Eulenburgs Weigerung, sich zu einem solchen Plan herzugeben, führte zu einer Fehde zwischen beiden, und die sich daraus ergebenden Animositäten richteten beträchtlichen Schaden an.[9]

Die Unannehmlichkeiten ließen nicht lange auf sich warten. Der Sturz Bismarcks hatte Salisburys Interesse an den Kolonialverhandlungen wiederbelebt, nachdem er sie so lange hinausgezogen hatte. Wilhelm und Caprivi, denen daran lag, durch einen raschen Erfolg dem neuen Kurs Glanz zu verleihen, waren bereit, ein Verhandlungspaket zu akzeptieren. Darin sollte Helgoland gegen einen Verzicht auf deutsche Ansprüche in Sansibar und eine für England vorteilhafte Bereinigung verschiedener umstrittener Vertragsrechte in Ostafrika eingetauscht werden.[10] Da keine von beiden Seiten im Kriegsfall die Gebiete hätte halten können, auf die sie verzichteten, war der Tausch wahrscheinlich vernünftig, doch er empörte diejenigen deutschen Kreise, die verlangten, daß Deutschland afrikanische Kolonien von den Briten erwarb, statt sie ihnen abzutreten. Die Kritiker hatten wahrscheinlich recht mit ihrem Vorwurf, daß Wilhelm und Caprivi sich nicht für Kolonien interessierten,[11] aber sie gaben sich nicht die Mühe, darüber nachzudenken, ob diese Interesselosigkeit nicht vielleicht berechtigt sein mochte angesichts der Aufwendungen, die die Entwicklung der Kolonien erforderten, und der Gefahr, die eine koloniale Expansion für die deutsch-englischen Beziehungen bedeuten konnte. Die Entrüstung über den Sansibarvertrag führte zur Gründung einer Organisation, die vier Jahre später den Namen Alldeutscher Verband annahm. Der Verband setzte sich aus Mitgliedern der freien Berufe, Geschäftsleuten, vor allem aber aus Lehrern zusammen, zumeist eher aus kleinen Leuten mit Einkommen, die ebenso beschränkt waren wie ihre Ansichten, patriotische Theoretiker, die in der Vergrößerung ihres Vaterlandes einen Ausgleich suchten für die Unzulänglichkeiten in ihrem persönlichen Dasein. Ihr Ziel bestand darin, das nationale Selbstbewußtsein im Innern zu erwecken, den Sinn für rassische und kulturelle Verwandtschaft aller Teile des deutschen Volkes zu pflegen und vor allen Dingen das Streben nach deutschen Kolonien mit greifbaren Erfolgen zu krönen. Das unheilvolle Wort »Herrenvolk« klang wie ein Sturmsignal durch ihre Veröffentlichungen. So sahen sie ihre Nation, und sie bestanden darauf, daß dies auch andere Völker anzuerkennen hätten. Ihren Auffassungen lag die Forderung nach heißem Bemühen angesichts offenbarer Unzulänglichkeit zugrunde. Disziplin, Entschlossenheit und Opferbereitschaft waren die Voraussetzungen nicht nur dafür, das »ungerechte Urteil der Geschichte« über Deutschland zu revidieren; auch der Verband selbst konnte nur hoffen, seine zahlenmäßige Schwäche – auf seinem Höhepunkt betrug die Mitgliederzahl nicht mehr als 22 000 – zu überwinden, wenn er eben diese Eigenschaften wirksam werden ließ. Energie war der Schlüssel zum Erfolg, milde Nachgiebigkeit ein Betrug an der deutschen Sache. Die entscheidenden Männer mögen wohl die Alldeutschen als eine verrückte

Randerscheinung angesehen haben, doch blieben nur wenige gänzlich unberührt von ihren rabiaten Ergüssen, und nicht sehr viele waren geneigt, sie unbeachtet zu lassen, wenn es zu entscheiden galt, was sich politisch bezahlt machte.[12]

Eine ähnliche Reaktion rief Caprivis Handelspolitik hervor. Er hatte sein Amt zu einer Zeit angetreten, da die Nachfrage vorübergehend das Angebot überstieg. Brot war in Deutschland sehr teuer, und die Nachbarländer erhöhten ihre Zölle auf deutsche Exportgüter. Der Bismarcksche Zoll von 1879 hatte zweifellos der deutschen Industrie in schwieriger Zeit geholfen, aber 1890 waren wichtige Industriezweige auf den Weltmärkten konkurrenzfähig geworden. Deutschland stand im Begriff, England nachzueifern, und konnte auf die Dauer nur hoffen, seine wachsende Bevölkerung zu beschäftigen und zu ernähren, wenn bei zunehmender Industrialisierung die Einfuhren billiger Lebensmittel ebenso stiegen wie die für deren Bezahlung notwendige Ausfuhr von Industrieprodukten. In einer Zeit steigender Schutzzölle war ein besserer Zugang zu ausländischen Märkten nur durch zollpolitische Zugeständnisse zu erreichen. Caprivi verfolgte eine vernünftige Politik, wenn er glaubte, daß Deutschlands strategische Lage es erfordere, seine wachsende Bevölkerung nach Möglichkeit zu Hause zu halten und ihre Abwanderung ins Ausland und auch in die Kolonien zu verhindern. Seine Politik hatte aber die Schwäche, daß diese Zugeständnisse nur auf Kosten der Agrarier gehen konnten, deren gesellschaftlicher und militärischer Einfluß sie zu unangenehmen Gegnern machen mußte.

Caprivi begann damit, daß er mit Österreich-Ungarn, Italien und Belgien Meistbegünstigungsverträge abschloß. Dagegen erhob sich nur geringe Opposition, und es folgten ähnliche Verträge mit fünfunddreißig weiteren Ländern. Schwierigkeiten ergaben sich erst, als – wie Rumänien und Rußland – die Vertragspartner größere Mengen Getreide auf den deutschen Markt bringen wollten und von der Zollermäßigung für diese Güter profitierten. Im Falle Rußlands wurden die Sorgen der Grundbesitzer um ihre Einkünfte noch durch allerlei nationalistische und militärische Bedenken verstärkt. Wilhelm mißtraute um diese Zeit ernstlich den Absichten Rußlands. Gleichwohl stellte er sich aber hinter seinen Kanzler und erklärte, er wolle nicht wegen ein paar hundert dämlicher Junker Krieg gegen

Rußland führen, und drohte deren Führer, Graf Kanitz, daß es ihn seine Stellung bei Hofe kosten werde, wenn er im Reichstag gegen die Regierung stimmen sollte.[13] Es sei schon schlimm genug, wenn die Sozialdemokraten der Regierung ihre Unterstützung versagten, aber wenn preußische Adlige sich ihrem König widersetzten, sei das in seinen Augen eine Unmöglichkeit.[14] Im März 1894 billigte der Reichstag den Vertrag mit beträchtlicher Mehrheit, aber es war ein teurer Sieg. Die ostelbischen Grundbesitzer gründeten den »Landbund« und organisierten den Widerstand gegen weitere Einschränkungen ihrer Interessen. Sie hatten einiges mit Caprivi abzurechnen, der nach ihrer Meinung als preußischer Aristokrat und deutscher General an seinem Stand Verrat geübt hatte. Hier treffen wir auf eine andere Sphäre im öffentlichen Leben, in der unter der Maske des nationalen Wohls eigennützige Ziele verfolgt wurden.

Die Wirkung der Caprivischen Handelsverträge abzuschätzen ist, wie bei allen wirtschaftlichen Maßnahmen, schwierig, denn niemand vermag zu sagen, was ohne sie geschehen wäre. Gewiß, im folgenden Jahrzehnt nahmen die deutsche Produktion und der Export in großem Umfang zu, während die Auswanderung zurückging. Das wäre jedoch angesichts der Stufe des industriellen Wachstums, die Deutschland erreicht hatte, wohl in jedem Fall geschehen. In jedem Fall aber haben die Verträge die Expansion wohl zumindest beschleunigt, die sich andernfalls langsamer entwickelt haben würde. Es kann auch nicht behauptet werden, daß die deutsche Landwirtschaft ruiniert wurde. Zwar gingen einige schlechte Landwirte bankrott, aber der Wettbewerb regte zur Einführung besserer Produktionsmethoden an, und die Erzeugung stieg. Caprivi hatte sich jedoch bei dem Abschluß der Verträge, zumal des Vertrages mit Rußland, nicht ausschließlich von wirtschaftlichen Motiven bestimmen lassen. Obgleich der Dreibund im Jahre 1891 erneuert worden war, hatte man Italiens Unterschrift nur durch weitreichende Zusagen hinsichtlich der Unterstützung der italienischen Bestrebungen in Nordafrika erreichen können. Caprivi hoffte mit einigem Recht, daß die wirtschaftlichen Vorteile des Bündnisses weitere politische Zusagen unnötig machen würden. Was Rußland anbetraf, suchte er nichts anderes als einen redlicheren Ersatz für den Rückversicherungsvertrag, einen Weg zu Lockerung der russischen Abhängigkeit von Frankreich, ohne damit zugleich die

Freundschaft mit Österreich zu gefährden. Zur Zeit des französischen Besuchs in Kronstadt und des französisch-russischen Notenwechsels im Jahre 1891 hatte es so ausgesehen, als sei das schwer zu erreichen. Als zwei Monate später der Zar zweimal durch Deutschland reiste, ohne eine Begegnung mit dem Kaiser vorzusehen, nahm man an, daß er ihn damit absichtlich kränken wollte. Wahrscheinlicher ist jedoch, daß der Zar befürchtete, ein Gespräch würde einen peinlichen Verlauf nehmen. Im Jahr 1892 traf er mit Wilhelm ohne unangenehme Folgen in Kiel zusammen, und 1893 stieg die Hoffnung, daß nach dem Panamaskandal in Paris Kaiserreiche doch als achtbarere Bundesgenossen erscheinen könnten als Republiken. Als der Zarewitsch Nikolaus zu einer Hochzeit in der kaiserlichen Familie nach Berlin kam, würdigte ihn Wilhelm einer ernsten Aussprache, die den Drei-Kaiser-Vertrag politisch wiederzubeleben schien. Allerdings erwiesen sich die Russen unverkennbar abgeneigt, auf die Winke einzugehen, die man ihnen in reichem Maß gab, und es kann ihnen auch bei den Debatten über die Heeresvorlage nicht entgangen sein, daß die deutschen militärischen Planungen offensichtlich mit einem Zweifrontenkrieg rechneten. Rußland seinerseits sandte im Oktober 1893 ein Geschwader nach Toulon, das dort lebhaft gefeiert wurde. Darin sahen die Deutschen aber eher eine gegen England als gegen sie selbst gerichtete Drohung. Der Kaiser und der Generalstab revidierten langsam ihre Ansicht, daß Rußland sich durch nichts von einem Angriff auf Deutschland abhalten lassen werde, und begannen einzusehen, daß eine deutsche Zurückhaltung gegenüber St. Petersburg nur die Anziehungskraft Frankreichs auf die Russen erhöhen mußte. Wie Holstein sich elegant ausdrückte: »Wir wollen ein gutes Verhältnis zu Rußland, aber ohne politischen Ehebruch.«[15]

Die Steuerpolitik Caprivis und seine Handelsverträge hatten zweifellos die Lebenshaltungskosten der Arbeiterschaft gesenkt. Auf Veranlassung des preußischen Handelsministers von Berlepsch wurde die Errichtung von Gewerbegerichten begonnen, die ein so bemerkenswerter Zug des deutschen industriellen Lebens werden sollten.[16] Die Annahme des Arbeiterschutzgesetzes im Mai 1891 ließ erkennen, daß die Regierung sich um die Wohlfahrt der Arbeiter kümmerte, wenn sie auch nicht so weit ging, ihnen eine Stellung einzuräumen, in der sie selbst für ihren Schutz hätten sorgen können. Eine versöhnliche Politik dieser

Art war in Deutschland für jede Regierung unerläßlich, die einen mittleren Weg einzuhalten bestrebt war, und die Reformen, die nun eingeführt wurden, trugen im Laufe der Zeit dazu bei, dem Proletariat das Gefühl zu geben, daß es am Vaterland teilhabe. Wäre der Kaiser bereit gewesen, den großen Einfluß der Krone konsequent für eine solche Politik einzusetzen und die Rechtsgleichheit aller Staatsbürger, die er 1890 auf Veranlassung Bismarcks versprochen hatte, zu verwirklichen, dann hätte er damit viel für die Einigkeit des Landes tun und sich die Anhänglichkeit seines Volkes erwerben können. Es war aber seine Tragödie, daß die stetige Verfolgung dieser oder überhaupt irgendeiner Politik über seine Kräfte ging. Obgleich er die Notwendigkeit einsah, zu seinem Kanzler zu stehen und für das Wohl aller Bevölkerungsschichten zu sorgen, stand er mit seinem Herzen in zu vielen Lagern und lieh zu vielen Ratgebern sein Ohr, als daß er irgendeine Rolle auf längere Zeit hätte spielen können. Die Rolle des wohlwollend Gemäßigten war in besonderer Gefahr, bald aufgegeben zu werden, weil sie seiner Umgebung mißfiel. Caprivi sagte einmal:

> »Die Regierung kann niederhalten, niederschlagen, damit aber ist die Sache nicht gemacht, die Schäden, vor denen wir stehen, müssen von innen heraus geheilt werden, und dazu gehört nach dem Dafürhalten der Regierung, daß die Liebe zum Staat, das Wohlbefinden im Staat, das Sich-heimisch-Fühlen, die Teilnahme mit Kopf und Herz an den Aufgaben des Staates in weitere Kreise getragen wird.«[17]

Die preußischen Konservativen aber waren der Meinung, daß sich eine solche Haltung aller Staatsbürger von selbst ergeben müsse und nicht durch besondere staatliche Maßnahmen erzeugt zu werden brauche. Sie liebten es, die Armee als »das Volk in Waffen« zu bezeichnen, aber die Vorstellung, daß die Vertreter des Volkes etwas in Sachen der Armee mitzureden hätten, entsetzte sie. Sie boten ihren gesamten Einfluß auf, um die hinter dem »Neuen Kurs« stehenden Ideen lächerlich zu machen und den Kaiser davon abzubringen, ihn ernst zu nehmen. Nun war es zwar durch die geltenden Vorschriften allen Offizieren – ob aktiv oder in der Reserve – verboten, einer Partei beizutreten, die in Opposition zur kaiserlichen Regierung stand. Wer sich von seinem Gewissen veranlaßt fühlte, dem entgegenzuhandeln, mußte erst seinen Abschied nehmen.[18] Aber diese Bestimmung sicherte dem Kaiser und seiner Regierung keineswegs in allen Fällen die Unterstützung der Konservativen. Ganz auf die gleiche Weise redeten die Konservativen zwar viel über die slavische Gefahr, betrieben aber, ungeachtet der daraus im Fall eines deutsch-russischen Krieges erwachsenden Gefahren, den Zustrom polnischer Landarbeiter in die östlichen Provinzen, um billige Arbeitskräfte zu bekommen. Als Caprivi jedoch die Loyalität dieser Polen durch Zugeständnisse in der Sprachenfrage zu gewinnen suchte, wurde er wegen Mangels an Patriotismus scharf angegriffen. Die deutsche Oberschicht zeichnete sich überhaupt, selbst im Vergleich mit anderen Klassen, durch ihre unbeirrbare Überzeugung aus, daß das, was für sie gut sei, auch für ihr Land gut sein müsse. Sie war aber auch ganz besonders hartnäckig. Jede Politik, die versucht hätte, sie im Interesse einer breiteren Einigkeit beiseite zu schieben, hätte die Kraft haben müssen, einem anhaltenden Druck von vielen Seiten Widerstand zu leisten. Einem solchen Druck aber mußte Wilhelm unterliegen. Nach und nach ließ er alle die Ansichten, die er Bismarck gegenüber vertreten hatte, zugunsten der Meinungen fallen, die ständig in seiner Umgebung laut wurden.

Nun war es aber nicht so, daß die Oberschicht sich im Reichstag durchsetzen konnte. Im Gegenteil, ihr Unvermögen in diesem Punkt war gerade der Grund für ihre Unzufriedenheit mit dieser Einrichtung. Die Regierung war mehr und mehr auf die Unterstützung des Zentrums angewiesen, und diese Unterstützung kostete einen Preis. Auf die Aufhebung der letzten antiklerikalen Gesetze folgte die Einbringung einer Schulvorlage, die der Geistlichkeit in Preußen die Aufsicht über den Religionsunterricht zugestehen sollte. Diese Zugeständnisse an die Klerikalen erregten aber die traditionelle Feindseligkeit der Nationalliberalen, deren Führer Miquel preußischer Finanzminister war. Miquel wollte zurücktreten, ließ sich aber mit Zustimmung Caprivis dazu überreden, im Amt zu bleiben. Er intrigierte jedoch in der Folge gegen Caprivi innerhalb des Ministeriums, das dadurch immer uneiniger wurde. Wilhelm schwankte von einer Seite zur anderen, gab seine Zustimmung zu der Vorlage vor ihrer Einbringung, wurde aber unsicher, als der Widerstand gegen sie wuchs. Er mag recht gehabt haben in seinem Zweifel, ob die Maßnahme, auch wenn sie an sich wünschenswert erschien, die Spaltungserscheinungen rechtfertigte, die sie wahrscheinlich zur Folge haben würde. Eine solche Situation hätte eine kluge Zurückhaltung erfordert. Statt dessen bewies Wilhelm wieder seine Fähigkeit, die Argumente beider Seiten positiv zu beurteilen, und stimmte nacheinander beiden von ganzem Herzen zu. In einer im Februar 1892 ohne Wissen seiner Minister gehaltenen Rede hißte er seine Fahne zugunsten der Vorlage. Aber bald zeigte sich, daß sie dem Sturm nicht standhielt, und drei Wochen später gab er Weisung, die Vorlage so abzuändern, daß ihre Gegner zufriedengestellt würden. Die Tatsache, daß daraufhin der Reichskanzler, der Kultusminister von Zedlitz und Miquel zurücktraten, durfte jedoch seine Jagdpläne nicht durchkreuzen. Er vermerkte auf Caprivis Rücktrittsgesuch, er denke gar nicht daran, das anzunehmen. Es gehöre sich für den Kanzler nicht, erst den Karren in den Dreck zu fahren und dann den Kaiser sitzenzulassen. Caprivi habe einen Fehler gemacht, das könne jeder sehen. Sein Abgang in diesem Augenblick würde ein nationales Malheur bedeuten und komme deshalb nicht in Frage.[19] Und bei anderer Gelegenheit sagte er: »Ich sage meinen Ministern, wenn sie zu gehen haben, nicht sie mir.«[20] Er folgte darin ganz seinem Großvater, der, wenn seine Minister um ihren Abschied baten, weil sie eine ihnen zugemutete Verantwortung ablehnten, das als »Untreue« oder »Ungehorsam« ansah, sich »von ihnen im Stich gelassen« fühlte, ihre Entlassung verweigerte, zugleich aber selbst mit der Abdankung drohte und damit ihren »Gehorsam« erzwang.[21]

Der Vorfall wirft ein bezeichnendes Licht auf die Vorstellungen Wilhelms vom Regieren und von der deutschen Verfassung. Der Kaiser fühlte sich in der Rolle eines Gutsherrn, der ganz nach eigenem Ermessen den Gutsverwalter bestellt, der seine Besitzungen für ihn zu verwalten hat. Die Ernennung zum Verwalter bedeutete zugleich ein Privileg und eine Verpflichtung, und jeder Versuch, sich der Aufgabe zu entziehen, wurde als Mangel an Respekt und an Gewissenhaftigkeit ausgelegt. Der Verwalter hatte den Auftrag, den Besitz zu allgemeiner Befriedigung zu verwalten, wobei er die Ansichten mancher Leute – besonders natürlich des Eigentümers – mehr zu beachten hatte als die anderer. Der Kaiser war als aufgeklärter Herrscher bemüht, der öffentlichen Meinung – oder besser dem, was nach seiner Ansicht die öffentliche Meinung war oder sein sollte – Rechnung zu tragen, fühlte sich aber an sie in keiner Weise gebunden. Der

Reichstag sollte sich hauptsächlich von dem leiten lassen, was nach Andeutungen des Kaisers wünschenswert schien oder was er ausdrücklich verlangte. Sollte der Kanzler die Dinge falsch beurteilt und einen als wichtig angesehenen Teil des Volkes der Obrigkeit entfremdet haben, dann war es an ihm, die Sache wieder ins reine zu bringen, wenn nötig auch auf Kosten einer folgerichtigen Politik. Es war keine Rede davon, einen Mann, der auf eine andere Politik gedrängt hätte, heranzuziehen und ihn mit ihrer Ausführung zu betrauen.

Die unmittelbare Krisis wurde dadurch behoben, daß der Rücktritt des einen Ministers uneingeschränkt, des zweiten halb und des dritten gar nicht angenommen wurde. Zedlitz ging, Miquel blieb, und Caprivi blieb als Reichskanzler, übergab aber das Amt des preußischen Ministerpräsidenten an Botho von Eulenburg, einen reaktionären Vetter Philipps. Caprivi blieb jedoch Präsident des Bundesrates und leitete damit auch noch die preußische Vertretung in dieser Körperschaft, woraus sich besondere Probleme ergaben. Denn der Mann, der entschied, wie Preußen im Bundesrat stimmen sollte, war nicht mehr der Mann, der in der preußischen Politik die Entscheidungen fällte. Obgleich der Kaiser dies für eine vorübergehende Notlösung hielt – er hatte erwartet, Caprivi werde sich wieder um die preußische Ministerpräsidentschaft bewerben[22] –, überdauerte sie zwei unbequeme Jahre – und das war lange genug, um die Wiederholung eines solchen Experiments endgültig zu verhindern.

Die Schulvorlage ging spurlos unter, sehr zum Mißfallen ihrer geistlichen Vorkämpfer. Das bedeutete in Preußen nicht viel, da hier das Zentrum wegen der relativ wenigen Katholiken und die Sozialdemokraten wegen des Dreiklassenwahlrechts im Landtag nur schwach vertreten waren. Aber im Reich gab es diese Beschränkungen nicht, wodurch Caprivis Aufgabe beträchtlich erschwert wurde. Das zeigte sich deutlich bei den Debatten über die Heeresvorlage 1892/93. Obgleich die Bedingungen der im August 1891 zwischen Frankreich und Rußland getroffenen Vereinbarungen noch von Geheimnis umgeben waren, wurde sein Bestehen offen bekanntgegeben und zog die allgemeine Aufmerksamkeit auf die Tatsache, daß Frankreich trotz seiner geringeren Bevölkerungszahl jährlich dreißigtausend Rekruten mehr ausbildete als das Deutsche Reich.

Caprivis Antwort war der Vorschlag, die Friedensstärke des

deutschen Heeres um neunzigtausend Mann zu erhöhen. Um diese größte Heeresvermehrung seit Begründung des Reiches schmackhafter zu machen, empfahl der Reichskanzler, die Dienstzeit von drei auf zwei Jahre und die Laufzeit des Blankoschecks, den der Reichstag für die Heeresfinanzierung ausstellen sollte, von sieben – das Septennat – auf fünf Jahre herabzusetzen. Da die meisten Dienstpflichtigen ohnehin nach zwei Jahren entlassen wurden und die Finanzierungsfrage meistens schon vor Ablauf der sieben Jahre revisionsbedürftig war, hatten Caprivis Zugeständnisse weniger praktische Bedeutung, als es auf den ersten Blick schien. Aber die Konservativen legten, wie Konservative in anderen Ländern, Wert auf den äußeren Schein, zumal Bismarck im Landtag 1862 und 1866 in der Frage einer dreijährigen und im Reichstag 1887 wegen der siebenjährigen Periode sich hatte durchsetzen können. Wilhelm sah deshalb in jeder Abänderung einen Verrat an seinem Großvater, und es mußten erst achtzehn Monate vergehen, ehe er sich dazu bereit fand, zwischen einer Heeresvermehrung zu diesen Bedingungen oder gar keiner Vermehrung zu entscheiden. Er wollte nicht in den Augen derjenigen schwächlich erscheinen, die Stärke von ihm erwarteten, ungeachtet des Arguments von Caprivi, daß diese Leute den Schein von Stärke für die Wirklichkeit hielten. Er sprach sogar von einem Staatsstreich, mit dem das allgemeine Wahlrecht abgeschafft werden sollte, um auf diese Weise einen gefügigen Reichstag zu bekommen, ließ sich aber dann durch den Hinweis abschrecken, daß ihn ein solcher Schritt mit den Fürsten in Konflikt bringen und die Grundlagen des Kaiserreiches erschüttern würde. Nachdem schließlich bei den Neuwahlen die Rechte und die Linke auf Kosten der Fortschrittler und des Zentrums gestärkt in den Reichstag zurückgekehrt waren, schien seine Widerspenstigkeit gewisse Früchte zu tragen. Der neue Reichstag nahm einen Kompromiß an, der, ohne daß die dreijährige Dienstzeit offiziell abgeschafft wurde, für die Zukunft nur eine zweijährige vorsah und einplante. Wilhelm hielt es nicht für nötig, den Termin seiner Nordlandreise zu verschieben, um die endgültige Abstimmung des Reichstages abzuwarten.

Derartige Kontroversen waren nicht eben dazu angetan, das Ansehen der Regierung zu erhöhen, und eine Reihe anderer Umstände tat das Ihre, sie weiter zu diskreditieren. Zunächst und vor allem war da die Flut von Schmähungen aus der Nachbarschaft von Hamburg. Bismarck war immer ein großer Hasser gewesen. Jetzt machte sich sein Kummer, für entbehrlich befunden zu sein, gepaart mit dem ungewohnten Zustand, nichts zu tun zu haben, in einer Serie von Artikeln und Reden Luft, die sich gegen Caprivis Minister – der Staatssekretär des Auswärtigen von Marschall wurde als »der unfähige Kleber aus dem Breisgau« bezeichnet –, gegen den Reichskanzler selber und – in etwas diskreterer Form – auch gegen den Kaiser richteten. Jetzt im Ruhestand gelang es Bismarck weit besser als während seiner ganzen Amtszeit, Sympathien für sich zu mobilisieren – obgleich 1895 im Reichstag ein Antrag, ihm zu seinem achtzigsten Geburtstag eine Glückwunschbotschaft zu übersenden, mit 163 gegen 146 Stimmen abgelehnt wurde –, und seine Entlassung bot ihm die Möglichkeit, die Legende um ihn selbst zu begründen. Er bewies auch, daß ein Zeichen für Größe die Fähigkeit ist, Beifall für Handlungen zu finden – wie etwa die Preisgabe von Staatsgeheimnissen –, die bei anderen rundheraus verdammt würden. Seine Ansichten über die Notwendigkeit eines starken Reichstags und die Bedeutung der kleineren deutschen Bundesstaaten fanden weithin Zustimmung, obgleich er zu der Zeit, da er etwas für diese Dinge hätte tun können, sich darin nicht eben ausgezeichnet hatte. Zunächst beging Wilhelm den Fehler, ihm mit gleicher Münze heimzahlen zu wollen:

> »Es schleicht der Geist des Ungehorsams durch das Land; gehüllt in schillernd verführerisches Gewand, versucht er die Gemüter Meines Volkes und die Mir ergebenen Männer zu verwirren; eines Oceans von Druckerschwärze und Papier bedient er sich, um die Wege zu verschleiern, die klar zutage liegen und liegen müssen für jedermann, der Mich und Meine Prinzipien kennt.«[23]

Zur Erleichterung der Umgebung des Kaisers ließ er es mit der Drohung, Deutschlands großen alten Staatsmann unter der Anklage des Hochverrats in Spandau einzusperren, bewenden. Aber als im Juli 1892 Bismarck zur Hochzeit seines Sohnes Herbert nach Wien fuhr, wurde nicht nur der deutsche Botschafter angewiesen, einer Einladung aus dem Wege zu gehen, Wilhelm schrieb auch auf eigene Initiative einen privaten Brief an Kaiser Franz Joseph, bei dem Bismarck um eine Audienz nachgesucht hatte, und bat ihn, den »ungehorsamen Untertan« nicht zu empfangen, ehe dieser sich ihm (Wilhelm) nicht genähert und sein *peccavi* ausgesprochen habe.[24] Die Aufnahme Bismarcks in Wien war in allen Kreisen betont kühl und machte allen deutlich, daß hinter den Kulissen gearbeitet worden war. Er antwortete darauf mit einem neuen Ausbruch von Schmähungen in der Presse und verschleierten Hinweisen auf einen »Uriasbrief«. Die Sympathien der Öffentlichkeit und besonders die der Rechten lagen ganz auf der Seite Bismarcks, weshalb Caprivi, um Wilhelm vor den Konsequenzen seiner Schäbigkeit zu bewahren, seine Instruktionen an den Wiener Botschafter veröffentlichte und damit die allgemeine Empörung im wesentlichen auf seine Person zog.

Zwölf Monate später aber erkrankte Bismarck, und dies brachte die Regierung dazu, einzusehen, welcher Kritik sie ausgesetzt wäre, falls der Altreichskanzler unversöhnt sterben würde. Als Ölzweige schickte ihm der Kaiser nacheinander ein Telegramm mit guten Wünschen, eine Flasche alten Weines und eine Einladung nach Berlin. Er tat dies nicht nur, ohne seine Minister zu befragen, sondern setzte sich auch über ihre Versuche hinweg, eine öffentliche Bekanntgabe zu verhindern. Andererseits hatten diejenigen – und es gab deren viele –, die mit der Wiedereinsetzung Bismarcks rechneten, weder Wilhelms Intentionen noch das Alter des betagten Mannes recht bedacht. Im Januar 1894 kam Bismarck auf einen Tag nach Berlin und wurde von Kaiser und Bevölkerung fürstlich empfangen. Aber nach Gesprächen, die sich mehr durch Freundlichkeit des Tons als durch Tiefe des Inhalts auszeichneten, fuhr er mit dem Abendzug wieder aufs Land zurück, das er jetzt sehr viel lieber hatte als den kaiserlichen Hof. Nun könne man Bismarck in Wien und München Triumphbögen bauen, meinte Wilhelm kurz darauf, er sei ihm stets um eine Pferdelänge voraus.[25] Dieser Vorsprung erwies sich jedoch als ungenügende Isolierung gegen einen Schock, den ihm Bismarck versetzte, als er es zwei Jahre später für angebracht hielt, den Text des Rückversicherungsvertrags zu veröffentlichen.[26] Wieder dachte der Kaiser daran, ihn wegen Geheimnisverrats verhaften zu lassen, und wieder überlegte er es sich anders. Und dies war Bismarcks letzte Herausforderung, denn der alte Herr war mehr und mehr zu einem Leben im Rollstuhl verurteilt, und im August 1898 starb er. Tirpitz, der ihn 1897 besuchte, fand ihn von Neuralgien geplagt, gegen die er

Wärmflaschen an seine Backen hielt. Er konnte nichts anderes mehr als Schabefleisch essen und sprach nur noch mit Schwierigkeiten. Nachdem er aber anderthalb Flaschen Champagner getrunken hatte, lebte er auf und sagte plötzlich: »Ich bin kein Kater, der Funken gibt, wenn er gestreichelt wird.«[27] Im gleichen Jahr machte Wilhelm Bismarck einen letzten Besuch und verfiel darauf, eine ganze Serie von Anekdoten zu erzählen, um es nicht zu einem ernsthaften Gespräch kommen zu lassen. Verärgert platzte der Alte heraus: »Majestät, so lange Sie dies Offizierskorps haben, können Sie sich freilich alles erlauben; sollte das nicht mehr der Fall sein, so ist es ganz anders.«[28]

Als Wilhelms Aussöhnung mit Bismarck kurz bevorstand, deren Begrenztheit jedoch noch nicht zu erkennen war, startete der »Kladderadatsch« eine Reihe von Angriffen auf Holstein, Kiderlen-Wächter und Philipp Eulenburg, die unter den spöttischen Bezeichnungen »Geheimrat von Austernfreund, Geheimrat von Spätzle und Graf Troubadour aus Malzheim (München)« nur spärlich getarnt waren. Man weiß heute, daß der Angriff von zwei von Bismarck begünstigten und deshalb von Holstein auf ein Nebengeleise geschobenen Diplomaten ausging.[29] Die Anschuldigungen, Intrigen und Hintertreppenmachenschaften trafen nur allzu genau, aber Wilhelm verbat sich eine Strafverfolgung des Blattes aus Furcht, daß in einem Prozeß zu viele Einzelheiten vom Tun und Unterlassen der Regierung ans Licht der Öffentlichkeit kommen würden. Holstein gelang es nie, die Anonymität der Angreifer zu lüften. Er forderte zwar drei vermeintliche Verfasser, die aber die Komplizenschaft abstritten. Kiderlen aber gab man zu verstehen, daß seine Reisen mit dem Kaiser aufhören würden, wenn er nicht jemand zum Duellieren fände. So verwundete er den Redakteur des Blattes schwer, der sich geweigert hatte, seine Quellen zu verraten. Als Wilhelm erfuhr, daß die Ehre wiederhergestellt worden war, schrieb er: »Bravo! Das ist mein alter Holstein! Schneidig und läßt sich nichts gefallen! . . .Wenn jeder so wäre wie er, so stände die ganze Sache im Staate besser.«[30]

Obgleich also der Zwischenfall das Ziel seiner Urheber, Holstein aus dem Amt zu entfernen, nicht erreichte, machte er diesen mißtrauisch, schwächte aber auch seine Position. Er hatte Caprivis Vertrauen verloren und begann, Eulenburg zu mißtrauen. Er stand auf Hauen und Stechen mit Plessen, dem Generaladjutanten des Kaisers, der sich nach seiner Meinung nicht standesgemäß verhalten hatte, als er Kiderlen zwang, einen Journalisten als satisfaktionsfähig zu behandeln. Der Ernennung Holsteins zum Wirklichen Geheimen Rat, durch die Eulenburg gehofft hatte, ihn zu besänftigen, gelang es nicht, seine Verstimmung über Wilhelm zu zerstreuen, dem er bereits vorgeworfen hatte, er springe »mit dem Volke wie mit Riesenspielzeug um«.[31]

Dies war nicht der einzige Mißklang. Im Juni 1894 gab Wilhelm seine Zustimmung zu der Verhaftung des Herrn von Kotze, eines Kammerherrn, dem vorgeworfen wurde, anderen Hofbeamten anonyme Briefe geschrieben zu haben, die ebenso peinlich wie gut unterrichtet waren. Als es zum Prozeß kam, wurde der Angeklagte freigesprochen, was weniger dem Gutachten eines Graphologen als der Tatsache zuzuschreiben war, daß Briefe der gleichen Art nach wie vor eingingen; der wahre Verfasser scheint ein Verwandter Wilhelms gewesen zu sein. Der ehemalige Kammerherr forderte einen seiner erbittertsten Gegner zum Duell und tötete ihn, seine Stellung am Hofe aber erhielt er nicht mehr zurück. Ein kaiserliches Geschenk in Gestalt eines aus Blumen geformten Ostereis konnte auch nicht verhindern, daß die Art und Weise seiner Behandlung weithin kritisiert wurde.[32] Eine andere Sensation gab es, als Ostern 1894 ein gewisser Professor Quidde unter dem Titel »Caligula« eine Flugschrift über den größenwahnsinnigen römischen Kaiser dieses Namens veröffentlichte. Sie erwies sich trotz des eher abseitigen Themas als voller Erfolg, denn jedermann glaubte, in dem angeblich altrömischen Milieu vertraute kaiserliche Charakterzüge der Gegenwart zu entdecken. Aber der Gedanke an eine Strafverfolgung wurde aufgegeben, nachdem ein Witzblatt folgenden Dialog im Gerichtssaal vorausgesagt hatte:

Frage: Wen hatten Sie im Sinne, als Sie dies Buch schrieben, Herr Professor?

Antwort: Caligula natürlich! An wen hatten Sie denn gedacht, Herr Staatsanwalt?

Bald darauf war Lord Lonsdale beim Kaiser zu Gast und wurde von seinem Gastgeber mit einer Büste bedacht. Aber der fehlte der Untersatz, und der Hofbeamte, der sie überreichen sollte, requirierte also kurzerhand den Sockel einer im Flur des Schlosses stehenden klassischen Büste. Auf des Kaisers Frage, woher er so rasch einen Sockel bekommen habe, bekannte er, was er getan hatte. Der Kaiser lachte: »Ach so! Das war gewiß Caligula!«[33]

Inzwischen waren die deutsch-englischen Beziehungen wieder in unruhige Gewässer geraten, was zu guten Teilen auf die Leidenschaft Wilhelms für das Segeln in Cowes zurückging. Zum erstenmal nahm er an der dortigen Segelwoche im Jahre 1889 teil und war dann bis 1895 jedes Jahr wieder da. 1891 kam er im Juli zu einem Staatsbesuch nach London und ging dann mit großem Gefolge auf mehrere Tage nach Osborne, dem Schloß der Königin Viktoria auf der Insel Wight. Von hier aus segelte er zum ersten Male mit seiner neuen Jacht »Meteor«, was er ungemein genoß. Seine Großmutter war weniger beglückt über die Invasion und gab deutlich zu verstehen, daß derartige »regelmäßige Besuche nicht ganz wünschenswert« seien.[34] Onkel Bertie – der eben als Zeuge in einem Glücksspielprozeß hatte auftreten müssen – war auch nicht eben entzückt, sich sagen zu lassen, daß ein Mann seines Alters und in seiner Position nicht mit Untergeordneten um hohe Einsätze spielen dürfe.[35] Tatsächlich verdarb aber der ständige Zwang, seinem Neffen gegenüber die Ruhe zu bewahren, dem Prinzen von Wales allen Spaß an den Regatten, und er sprach sogar davon, auf die Teilnahme ganz verzichten zu wollen. Caprivi hatte dies vorausgesehen und Wilhelm angeraten, sich fernzuhalten, aber ohne Erfolg. Die Hohenzollern seien in England nie populär gewesen, und er gehe nach Cowes zu den Regatten, ohne sich darum zu kümmern, hatte Wilhelm gesagt, und Caprivi war nichts anderes übriggeblieben, als zu erwidern, unter diesen Umständen müsse er jede weitere Verantwortung in dieser Frage ablehnen.[36]

Im folgenden Frühjahr besuchte Königin Viktoria auf der Rückreise von Italien ihren Schwiegersohn in Darmstadt. Der Kaiser bemühte sich, sie zu einem Besuch in Berlin zu veranlassen, der Wink wurde jedoch freundlich, aber bestimmt zurückgewiesen. »Ich habe Verständnis für Wilhelms Wunsch, mich zu sehen. Doch wäre es meiner Meinung nach passender, wenn der Enkel auf die Reise ginge, um seine alte Großmutter zu sehen, als daß sie eine lange und ermüdende Fahrt unternehmen sollte, um ihn zu besuchen.«[37] Gleich bestimmt war sie Lord Salisbury gegenüber, der meinte, ein paar Stunden Unterhaltung mit ihr könnten Wilhelm von einigen seiner ungezügelten Vorstellungen befreien. »Nein, nein«, antwortete sie, »ich bin wirklich nicht dazu da, jedermann zur Ordnung zu rufen.«[38] Der hierauf folgende Besuch in Cowes verlief einigermaßen reibungslos. Wilhelm wohnte an Bord seiner Jacht, und die Hoftrauer für den Herzog von Clarence bot einen guten Entschuldigungsgrund für die Ablehnung seines Vorschlags, eine Musikkapelle mitzubringen.

Der Besuch im Jahr 1893 jedoch war ereignisreicher. Nicht nur insofern, als der Kaiser sowohl die Königin wie den Prinzen von Wales mit seiner Weigerung kränkte, ein Rennen abzubrechen, weil die Jachten in eine Windstille geraten waren, und sich deshalb zum Abendessen sehr verspätete. Als eines Sonntagabends Onkel und Neffe miteinander dinierten, brachte der Privatsekretär der Königin, offenbar auf deren Geheiß, Wilhelm ein Telegramm, das ihr soeben zugegangen war. Lord Rosebery, der liberale Staatssekretär des Auswärtigen, der in der Sonntagsruhe allein in seinem Amt gearbeitet hatte, hatte den Kapitän eines vor Bangkok liegenden britischen Kanonenbootes angewiesen, ein französisches Ultimatum zurückzuweisen. Kriegsgefahr schien zu drohen, was würde Deutschland tun? Als der Kaiser wieder auf seiner Jacht war, hatte er eine Nervenkrise. Er erklärte,

> »daß Englands Flotte schwächer als die Flotten von Rußland und Frankreich zusammen war. Auch mit Hilfe unserer kleinen Flotte blieb England schwächer. Die Franzosen wollten jetzt Rußland zu einer Aktion treiben, was bei der feindlichen Haltung Kaiser Alexanders gegen Deutschland glücken konnte. Unsere Armee war noch nicht stark genug, um gegen Frankreich und Rußland zugleich zu fechten. Die Franzosen hatten den Zeitpunkt geschickt ausgesucht. Untätig abzuwarten, daß die Wellen einem immer über dem Kopf zusammenschlügen, war unmöglich. Das ganze Prestige Deutschlands ging verloren, wenn man nicht eine führende Rolle übernahm, und ohne Weltmacht zu sein, war man eine jämmerliche Figur.«

Einer Eingebung des Augenblickes folgend, war er geneigt, sich auf die Seite der Engländer zu schlagen und in der ganzen Angelegenheit die Führung zu ergreifen. Das hieß aber, die Phantasie den Tatsachen vorauseilen zu lassen. Seine Einschätzung der englischen Flottenstärke beruhte wahrscheinlich auf der damals gängigen konservativen Kritik an der liberalen Regierung und war sachlich kaum begründet. Es mußte auch erst vieles geschehen, ehe ein Zwischenfall in Siam einen europäischen Krieg hätte hervorrufen können, während es nach der offiziellen deutschen Lagebeurteilung, zumindest soweit es die militärischen Vorbereitungen betraf, im wesentlichen gleichgültig war, ob ein Krieg mit Rußland jetzt oder später ausbrechen würde. In seiner Impulsivität erregte sich der Kaiser nur über ein der eigenen Phantasie entsprungenes Schreckgespenst. Charakteristisch für ihn war aber, daß er am nächsten Morgen die ganze Geschichte beiseite schob, den ganzen Tag über auf der »Meteor« umhersegelte und es Philipp Eulenburg überließ, mit Onkel Bertie spitze Bemerkungen auszutauschen, während sie von zehn bis vier Uhr beim Frühstück blieben. Als er zurückkam, hatte sich herausgestellt, daß die ganze Affäre auf blindem Alarm beruhte, und man hörte nichts mehr davon. Immerhin witterten die Deutschen dahinter eine wohlausgeklügelte Absicht, während es sich mit ziemlicher Sicherheit um nichts anderes gehandelt hatte als um eine übereilte Panik von der Art, der sie selber oft genug anheimfielen. Wilhelm kam zu dem Schluß, daß man ein deutsch-englisches Bündnis habe anbahnen wollen, daß aber die nachfolgenden Erklärungen einen Sinneswandel verschleiern sollten und ein Zurückweichen vor den Franzosen bedeuteten. Zweifellos mußte er sich die Episode auf eine Weise erklären, die jemand andern diskreditierte und damit auch vor seinem eigenen Gewissen die Erinnerung an die Panik auslöschte, die er selber ausgestanden hatte.[39]

So wurde der Grund gelegt für die These, die das deutsche diplomatische Denken über das nächste Jahrzehnt hin beherrschte – nämlich daß England Deutschland dringender brauche als Deutschland England und daß London früher oder später Deutschland um Hilfe angehen werde. Es gab nicht nur eine Ansicht in Berlin darüber, wie man dies den Engländern am besten beibringen sollte. Wilhelm erklärte dem britischen Botschafter, er tue alles, was er vertreten könne, um die gegenseitige Freundschaft zu festigen, er würde aber seinen Zielen entgegenhandeln, wenn er versuchte, England seinem Volke aufzudrängen. Seiner Meinung nach brauche ein freundschaftliches Verhältnis Zeit, sich zu entwickeln, und müsse das Ergebnis eines kontinuierlichen Austauschs guter Dienste in kleinen Dingen zwischen den beiden Nationen sein.[40] In einem Toast auf den Herzog von Edinburgh sagte er, er hoffe auf den Tag, an dem die englische und die deutsche Flotte Seite an Seite kämpfen würden, und versprach, daß Nelsons berühmtes Signal bei Trafalgar in den patriotischen Herzen der deutschen Flotte ein Echo finden werde.[41] Um das Heraufkommen jenes Tages zu beschleunigen, lenkte Wilhelm die Aufmerksamkeit des britischen Militärattachés auf die Folgen, die sich für England aus dem Besuch des Zaren auf einem französischen Kriegsschiff in Kopenhagen ergeben könnten, und erklärte dem britischen Botschafter, Rußland habe ein Auge auf Alexandrette als Stützpunkt für eine Mittelmeerflotte geworfen, und Frankreich bemühe sich um die Bildung einer Triple-Allianz mit Einschluß Spaniens, um diesem Gibraltar zurückzugeben.[42]

Andere hielten etwas rauhere Methoden für angebrachter. Im Januar 1893 ersuchte der britische Botschafter in Konstantinopel den Sultan, die Verhandlungen mit deutschen Interessenten über die Bagdadbahn einzustellen. Marschall antwortete – auf Holsteins Betreiben und ohne Wilhelms Kenntnis – darauf, indem er die deutsche Unterstützung Großbritanniens in Ägypten zurückzog. Das war ein besserer Weg, um kurzfristiges Nachgeben zu erreichen als eine Zusammenarbeit auf lange Sicht. Fing man einmal an, sich durch nachtragendes Benehmen selbst zu schaden, dann bestand die Gefahr, wie Rosebery sagte, daß sich dies immer stärker fortsetzte.[43] Im folgenden Jahr vereinbarte Lord Rosebery mit dem Kongostaat einen Gebietsaustausch, der im Widerspruch zu Versprechungen stand, die anläßlich des Sansibar-Vertrages abgegeben worden waren – von denen er nachträglich nichts gewußt zu haben behauptete. Er sah sich gezwungen, das Abkommen mit dem Kongo zu modifizieren, doch nicht ohne sich vorher zu beschweren, Berlin habe ihm gegenüber einen Ton angeschlagen, der allenfalls Monaco gegenüber angemessen sei.[44] Caprivi hatte diese Gefahr erkannt und auf einem der Entwürfe notiert, er wünsche die Note in einer höflicheren Form abgefaßt zu finden und hatte einige Stellen angestrichen, die abgeschwächt werden sollten. Schon vorher hatte er den deutschen Botschafter in London gebeten, er solle bei Lord Salisbury nicht den Verdacht wecken, daß die englisch-französischen Rivalitäten im Mittelmeer keine natürliche Folge der weltpolitischen Ereignisse seien, sondern auf Machenschaften der deutschen Politik zurückgingen.[45] Andererseits konnte Caprivi schreiben, der beste Anfang eines großen Krieges würde für Deutschland sein, wenn der erste Schuß von einem britischen Kriegsschiff abgegeben würde, denn dann wäre es sicher möglich, aus dem Dreibund einen Vierbund zu machen.[46] Die Deutschen hatten in ihren Geschichtsbüchern gelesen, daß die Briten immer jemanden zu finden verstanden, der für sie auf dem Kontinent kämpfte, und sie waren entschlossen – nach Bismarcks Worten –, »niemals der Festlandsdegen Englands zu werden«.[47] Oberflächlich betrachtet, scheint diese Haltung mindestens vom deutschen Standpunkt aus sehr vernünftig. Aber die Voraussetzung dafür, nämlich daß in einem etwaigen Bündnis England Deutschland ausbeuten werde, lenkte indessen die Aufmerksamkeit von der fundamentalen Tatsache ab, daß Frankreich mit Rußland verbündet war.

Im Frühjahr 1894 sagte Wilhelm zu einem Freund, er komme zwar mit Caprivi einigermaßen aus, aber dieser sei ihm nicht geistesverwandt, habe keine Phantasie und könne seine großzügigen Gedanken nicht begreifen.[48] Caprivi selbst, von dem es heißt, er habe innerhalb von viereinhalb Jahren zehnmal seinen Rücktritt angeboten, erkannte, daß die Dinge wirklich nicht mehr lange so weitergehen konnten. Seine Feinde behaupteten, die einzige Gefolgschaft des Kanzlers im Reichstag seien die dreizehn Stimmen einer der Splittergruppen, in die die Fortschrittler wegen Meinungsverschiedenheiten über die Heeresvorlage zerfallen waren. Caprivi war bei den Militärs unbeliebt, weil er auf die dreijährige Dienstzeit verzichtet hatte, bei den Liberalen, weil er den Klerikalen Zugeständnisse angeboten, und bei den Klerikalen, weil er es nicht vermocht hatte, diese Zugeständnisse durchzusetzen. Die Anhänger Bismarcks haßten ihn, weil er an dessen Stelle getreten war, die Nationalisten, weil er nach ihrer Meinung den Polen gegenüber schwach und in der Kolonialfrage untätig geblieben war, und Holstein, weil er dem Kaiser zu freie Hand gegeben hatte. Schließlich geriet er mehr und mehr im preußischen Ministerium mit Botho von Eulenburg aneinander. Und doch konnte er an sich nach der deutschen Verfassung trotz dieses Entzugs politischer Unterstützung im Amt bleiben, wenn er sich nur das Vertrauen seines kaiserlichen Herrn zu erhalten vermochte. Es wäre nicht ohne Grund gewesen, hätte Wilhelm es abgelehnt, einen Minister zu halten, der das öffentliche

Vertrauen nicht mehr besaß – Caprivi hatte es allerdings verstanden, im Reichstag eine Mehrheit für jede seiner größeren Gesetzesvorlagen zu gewinnen –, das Schulgesetz ausgenommen, das aber niemals dieser Probe ausgesetzt worden war. Woran man jedoch Anstoß nahm, war, daß bei jeder Gelegenheit die Mehrheit anders zusammengesetzt war. Das konnte aber übrigens wiederum kaum überraschen, da die Abgeordneten nur begrenzten Einfluß auf die Regierungspolitik hatten.

Es ist eine Ironie der Geschichte, daß Caprivi aus demselben Grund sein Amt aufgab, aus dem er es übernommen hatte: wegen der Frage der Sozialreform. Im Sommer 1894 versetzte eine Welle von Bombenattentaten in ganz Europa Wilhelm in Schrekken und öffnete den Reaktionären die Bahn. Bezeichnenderweise vergaß er seine Einstellung, die er vier Jahre zuvor gehabt hatte, und ließ sich von dem Großindustriellen und Reichstagsabgeordneten von Stumm-Halberg und anderen dazu bewegen, Gegenaktionen zu fordern, obwohl sich niemand darüber klar war, was geschehen sollte; von dem vagen Gefühl abgesehen, daß Leute, die imstande waren, sozialistisch zu wählen, überhaupt nicht zur Wahl zugelassen werden dürften. Caprivi stellte sich getreu seiner früheren Position auf den Standpunkt, daß man durch Gewaltanwendung die öffentliche Meinung nicht ändern könne und im Reichstag eine Mehrheit für die Reaktion nicht zu haben sei. Die Antwort der Rechten war, die bloße Möglichkeit eines Fehlschlags dürfe eine Regierung, die sich ihrer wahren Verantwortung bewußt sei, nicht davon abhalten, das zu tun, was sie für richtig und notwendig halte – mit anderen Worten, wenn das erstrebte Ziel nicht auf verfassungsmäßigem Wege zu erreichen sei, dann müsse die Verfassung, nicht das Ziel fallengelassen werden. Der König von Württemberg sagte zu Wilhelm, da keiner der Fürsten einen Eid auf die Reichsverfassung abgelegt habe, gäbe es auch nichts, was sie hindern könne, diese zu beseitigen. Wilhelm selbst schalt eine ostpreußische Zuhörerschaft wegen der Opposition gegen ihren König und rief sie dann auf zum Kampf für Moral und Ordnung und gegen die Mächte der Revolution, ein Euphemismus, der besagen sollte, daß, da sie nichts gegen seine Wünsche tun dürften, er entsprechend den ihren handeln werde.

Dieser eindeutige Hinweis darauf, daß seine Ansichten nicht akzeptabel waren, veranlaßte Caprivi von neuem, seinen Rücktritt anzubieten, statt dessen wurde ihm aber bedeutet, er solle seine Meinungsverschiedenheiten mit Botho Eulenburg beilegen. Seine Chancen, dies zu erreichen, schienen sich dank der Tatsache zu bessern, daß bei einer Vorlage über die Abschaffung des allgemeinen Wahlrechts Eulenburg im preußischen Staatsministerium von allen Freunden im Stich gelassen wurde. Aber Eulenburg ließ deutlich erkennen, daß die Unmöglichkeit, seine eigene Politik durchzusetzen, nicht bedeutete, daß er bereit sei, die Politik Caprivis zu übernehmen, und im kritischen Augenblick hielt Wilhelm es für richtig, seine Sympathie für die Agrarier und die Militärs zu bekunden. Wieder bot Caprivi seinen Rücktritt an, und wieder kam ein Telegramm, in dem Wilhelm den Rücktritt ablehnte und eine mündliche Aussprache ankündete.[49] In deren Verlauf überredete er den Kanzler, im Amt zu bleiben – und fuhr sofort darauf auf die Jagd, in dem Glauben, die Krise sei vorüber.

Aber der Kaiser konnte nicht unbegrenzt mit zwei Pferden fahren – Caprivi und Eulenburg –, die in entgegengesetzter Richtung zogen. Selbst Botho Eulenburg sah ein, daß er nicht gut im Amt bleiben könne, nachdem der Kaiser Caprivi sein Vertrauen ausgesprochen hatte. Er erschien bei Wilhelm auf dem Anstand und überreichte ihm sein Abschiedsgesuch. Wilhelm geriet völlig außer Fassung. »Der Kaiser«, erzählte Philipp Eulenburg, »kam mit dem gewissen blassen, gekniffenen Gesicht zu mir, das ich nach all den zahllosen ernsten Momenten kenne, die wir durchlebt haben.«

Das Problem, sich zwischen den beiden leitenden Ministern entscheiden zu müssen, wurde einfach dadurch gelöst, daß man auf beide verzichtete. Aber wen sollte man an ihre Stelle setzen? Die reaktionäre Lösung wäre Waldersee gewesen, aber Wilhelm war nicht bereit, eine Ernennung zu vollziehen, die zu verfassungswidrigen Aktionen geführt haben würde; vielleicht, weil ihm die Nerven dafür fehlten, vielleicht auch, weil er grundsätzlich die Verfassung zu respektieren wünschte, von der er behauptete, er habe sie nie gelesen. Statt dessen bat er um Vorschläge. Philipp Eulenburg antwortete mit einer Liste der – zumeist negativen – Eigenschaften, die ein Kanzler besitzen müsse. »Ein Mann, der weder konservativ noch liberal ist, der weder ultramontan, noch Fortschrittler ist, weder kirchlich noch Atheist, ist schwer zu finden.«[50]

Der einzige, der offensichtlich diesen Anforderungen entsprach, war Fürst Hohenlohe, Statthalter von Elsaß-Lothringen. Er stand in dem Alter, in dem Bismarck verabschiedet worden war, aber daran scheint niemand Anstoß genommen zu haben. Wilhelm suchte aber noch immer nach Mitteln und Wegen, um sowohl Caprivi wie auch Eulenburg genügende Vertrauensbeweise zu geben und sie dadurch zum Verbleiben im Amt zu bewegen. Holstein jedoch ließ in der Hoffnung, Hohenlohe werde imstande sein, Wilhelm zu erziehen, die Zusicherungen, die Caprivi gegeben worden waren, in die Presse durchsickern, und die Enthüllung, daß er den kürzeren gezogen habe, machte Botho Eulenburgs Stellung unhaltbar.[51] Caprivi freute sich zwar, die Verantwortung für jenen Artikel von sich weisen zu können, weigerte sich jedoch, dessen Richtigkeit zu dementieren, und ging schließlich so weit, daß er die Ablösung nicht nur Eulenburgs, sondern auch Miquels als Voraussetzung für sein Bleiben forderte. Binnen weniger Stunden nach Annahme seines Rücktrittsgesuchs trat er mit mehr Würde als Bismarck ein für allemal von der politischen Bühne ab. Fünf Jahre später starb er an gebrochenem Herzen, überzeugt, seinen Herrn in der Not im Stich gelassen zu haben.[52]

Wilhelm sprach später von einem »unseligen Menschen«, von dem er sich habe trennen müssen, weil er ihn habe »hofmeistern« wollen und ihm niemals entgegengekommen sei.[53] Caprivis Unglück lag darin, daß er, ohne viel Gewandtheit und Vorstellungsvermögen, versucht hatte, jedermann gerecht zu werden, und wenn an dem »Neuen Kurs« wirklich irgend etwas Neues war, dann konnte es nur eine Politik der Mitte wie die seine sein. Wilhelm aber versuchte, ohne es recht zu wissen, gleichzeitig verschiedenen Idealen nachzueifern. Holstein warf ihm vor, er behandele den Reichstag und das Volk als *quantités négligeables*, aber das war nicht ganz fair. Der Kaiser hatte den ehrlichen Wunsch, ein moderner Monarch zu sein, über den politischen Parteien zu stehen, sein Volk zu einen und ihm Gutes zu tun. Aber er hatte sich zum Gefangenen einer veraltenden Oberschicht machen lassen; bei weitem nicht charakterstark genug, den Kodex zu mißachten, mit dem sie ihn zu fesseln suchte, bewies er seine Treue zu ebendiesem Kodex, indem er dessen Regeln noch übertrieb. Daher war er am Ende der vier Jahre eines schwierigen Experiments nicht bereit, den Ansichten seiner Umgebung entgegenzutreten, sich von Botho Eulenburg, einem der Ihren, zu trennen, und Caprivi, den sie haßte, zu halten. Auf der anderen Seite wird niemand behaupten können, daß Caprivi ausgesprochen erfolgreich gewesen ist oder daß Hohenlohe geradezu das preußische Denken verkörperte.

Die Wende

In »Onkel Chlodwig« hatte Wilhelm einen Kanzler bekommen, der nicht nur mit Dona verwandt war, sondern auch in allen Kreisen hohes Ansehen genoß und von gleich zu gleich mit den meisten europäischen Fürsten verkehren konnte. Seine Frau, die Bären zu jagen liebte und mit der er meist französisch sprach[1], hatte ausgedehnten Landbesitz in Rußland mit in die Ehe gebracht. Ein Bruder hatte ein Amt am österreichischen Hof, ein anderer war Kardinal; nur zu England fehlte ihm jede Verbindung. Hohenlohe war überzeugter Katholik, wäre aber wegen seiner Einstellung zur Frage der Unfehlbarkeit des Papstes beinahe exkommuniziert worden und legte alles Mißgeschick in Deutschland, das nicht den Junkern zugeschoben werden konnte, den Jesuiten zur Last. Als Botschafter in Frankreich nach 1870 hatte er sich mit so viel Schwung in die Vergnügen der *vie parisienne* gestürzt, daß es sich als nötig erwies, ihn von der Polizei beschatten zu lassen.[2] Obgleich er in den siebziger Jahren erklärt hatte, wegen seiner Gesundheit dem Amt des Reichskanzlers nicht gewachsen zu sein, war er sicherlich ein »junger Fünfundsiebziger«. »Man ist ja auf allen Seiten erschreckt über das kümmerliche Aussehen Hohenlohes, was aber meist daran liegt, daß man ihn nicht gekannt hat; er sieht schon seit vielen Jahren gebückt und gebrochen aus, ist aber doch geistig recht frisch.«[3] Als Liberaler, der die Schutzzölle nicht mochte, und als Bayer, der die Preußen nicht liebte, hegte er nur wenig Sympathien für die konservativen Agrarier, und seine Ernennung nach der von Marschalls bedeutete, daß die beiden wichtigsten Ämter im Reich in süddeutschen Händen lagen. Als Ausnahme von der Regel, daß kleine Menschen dazu neigen, sich wichtig zu machen, besaß er die Großzügigkeit eines Mannes, der es nicht nötig hat, sich um seinen Status Sorgen zu machen. Vielmehr sah er seine Aufgabe darin, eine harmonische Zusammenarbeit zu ermöglichen und nicht eine Politik zu betreiben, die nur Widerspruch hervorgerufen hätte. Er war in der Tat gut geeignet, einem leistungsfähigen Regierungsapparat vorzustehen oder eine gut eingespielte Mannschaft zu führen. Er behandelte Wilhelm mit einigem Geschick, widersetzte sich seinen Projekten selten offen, sondern zog sich zurück, bis neue Interessen auftauchten und eine sachliche Diskussion des Vorangegangenen möglich wurde.[4] Obgleich im allgemeinen nachgiebig, konnte ihn manches auch zu fester Haltung bringen. Auf einen besonders empörenden Versuch Wilhelms, die Geschäfte von fern selbst zu dirigieren, erwiderte er: »Ich bin nicht Kanzleirat, sondern Reichskanzler, und muß wissen, was ich zu sagen habe.«[5] Doch war ein älterer Staatsmann kaum das, was die deutsche Situation erforderte, es sei denn, man mußte die Unmöglichkeit einer Reform voraussetzen und konnte nur noch auf die Revolution warten. Jedenfalls war Hohenlohe sicherlich der letzte, von dem man hätte erwarten können, daß er energische politische Initiativen entwickeln oder den Regierungsapparat planmäßig umbauen werde – sonst wäre er auch nicht Kanzler geworden.

Obgleich sich Bismarck positiv über die Wahl Hohenlohes äußerte, war sie bei denen nicht populär, die auf einen starken Mann und starke – oder mit anderen Worten undemokratische – Maßnahmen gehofft hatten, und die Querschüsse gegen die Regierung wurden fortgesetzt. Hohenlohes Innenpolitik stützte sich auf den Grundsatz: »Mit den Konservativen allein kann man nicht regieren, wenn man keinen Staatsstreich will. Staatsstreich im Deutschen Reich ist unmöglich.«[6] Als daher eine Gesetzesvorlage gegen inneren Umsturz, die ziemlich genau der Linie eines auf Caprivi zurückgehenden Entwurfs folgte, vom Reichstag im Mai 1895 abgelehnt wurde, ließ man das Projekt fallen. Wilhelms Reaktion auf die Nachricht war, »es bleiben uns somit nur noch die Feuerspritzen für den ständigen Einsatz und Kartätschen als letzte Instanz übrig!«[7] Aber Eulenburg wies ihn darauf hin, daß ein Versuch der Regierung, ihren Standpunkt mit Hilfe einer Verfälschung des Wahlrechts durchzusetzen, die Minister in einigen demokratischen Bundesstaaten der Gefahr aussetzen würde, von ihren Parlamenten wegen Verletzung der Reichsverfassung angeklagt zu werden. Auf die Unterstützung dieser Landesregierungen sei also nicht zu rechnen, und wenn es ernst werden sollte, würden die Könige von Sachsen und Württemberg die feurigen Reden, die sie in der Umsturzfrage gehalten hätten, vergessen – zum Teil wohl, weil sie überzeugt seien, daß Wilhelm das auch tun werde. Sollte die Reichsregierung sich auf eine harte Politik einlassen, dann könne sie sehr wohl in eine Lage geraten, aus der sie nur Bismarck retten könne, und vor dieser Demütigung, die ihm schlimmer schien als der Tod, schreckte Wilhelm verständlicherweise zurück.[8] Infolgedessen verlangte er zwar nach wie vor Taten, ging aber nicht so weit, einen anderen, gefügigeren Kanzler zu berufen.

Zar Alexander III. war kaum ein ausgesprochener Bewunderer Wilhelms II. gewesen. Aber als ihm 1894 sein Sohn als Nikolaus II. auf den Thron folgte, kam ein junger, schwächlicher Mann an die Regierung, den Wilhelm durch seinen Charme zum Anhänger zu gewinnen hoffte. Tatsächlich hatte aber die Flut von Briefen – alle in englischer Sprache –, mit denen »Willy« zu diesem Zwecke seinen Freund »Nicky« überschwemmte, eher die Wirkung, diesen zu langweilen, als ihn zu beeindrucken.[9] Versuche, Wilhelm zur Einstellung der Korrespondenz zu bewegen, blieben aber erfolglos. Das Ziel, Rußland Frankreich zu entfremden, wurde in diesen Briefen nicht diskret, sondern recht handgreiflich verfolgt.

»Was ist nun die Folge zu Hause in unseren verschiedenen Ländern, wo die Republikaner Revolutionäre *de natura* sind und – mit Recht – behandelt werden als Leute, die erschossen oder gehängt werden müssen ... Das Blut der Majestäten liegt noch auf diesem Lande (scilicet Frankreich)! Sieh es an, ist es seitdem wieder glücklich oder ruhig gewesen? Ist es nicht von Blutvergießen zu Blutvergießen getaumelt? ... Nicky, nimm mein Wort darauf, der Fluch Gottes hat dieses Volk für immer getroffen. Uns christlichen Königen und Kaisern ist die eine heilige Pflicht vom Himmel auferlegt, den Grundsatz ›von Gottes Gnaden‹ aufrechtzuerhalten. Wir können gute Beziehungen zur R. F. unterhalten, aber niemals intim mit ihr sein.«[10]

Mittlerweile nahm die deutsch-russische Zusammenarbeit praktischere Formen an. Im April 1895 hatte ein japanischer Angriff auf China, als Folge einer Meinungsverschiedenheit über Korea, zum Frieden von Shimonoseki geführt, der Japan erhebliche Vorteile einbrachte. Rußland sah dadurch seine eigenen Ziele im Fernen Osten bedroht und entschloß sich, auf eine Revision der Friedensbedingungen zu drängen. Es forderte Frankreich und Deutschland auf, sich an den Verhandlungen in Tokio zu beteiligen, von denen sich England bereits distanziert hatte. Die Franzosen wollten ihren Bundesgenossen nicht im Stich lassen, die Deutschen aber den Franzosen nicht das Monopol der Freundschaft zu Rußland einräumen. Überdies begann Wilhelm, sich über eine bevorstehende Auflösung des Chinesischen Reiches und eine in fernerer Zukunft zu erwartende asiatische Bedrohung Europas zu erregen. Er schrieb dem Zaren, Rußlands große künftige Aufgabe sei es, den asiatischen Kontinent zu kultivieren und Europa gegen das Vordringen der gelben Rasse zu verteidigen. Dabei werde der Zar den deutschen Kaiser stets an seiner Seite finden. Etwas offenherziger enthüllte er seine Gedanken dann einem seiner Beamten:

»Man müsse suchen, Rußland in Ostasien festzunageln, damit es sich weniger mit Europa und dem europäischen Orient beschäftigt.«[11] Die Botschafter Rußlands, Frankreichs und des Deutschen Reiches ließen sich im japanischen Außenministerium melden, doch während sich die beiden Erstgenannten alle Mühe gaben, durch höfliche Erläuterungen ihren Noten die Schärfe zu nehmen, wiederholte der Deutsche, dessen Abneigung gegen das Volk, bei dem er akkreditiert war, bekannt war, in allen Einzelheiten die Instruktionen, die er von Herrn von Holstein erhalten hatte, ohne den geringsten Versuch, sie in diplomatische Worte zu kleiden. »Meine Sprache machte augenscheinlich Eindruck«, berichtete er. Daß die Japaner ihn zitierten, als sie 1914 Deutschland vor die Wahl stellten zwischen einer japanischen Kriegserklärung oder einer deutschen Abtretung Kiautschous, zeigte, daß der Eindruck noch nach neunzehn Jahren lebendig war.[12]

Der nächste Streitpunkt war Armenien, wo die Türken einen Aufstand grausam unterdrückten, was heftige Entrüstung im Westen auslöste. Lord Salisbury empfahl ein internationales Abkommen über eine Aufteilung der Türkei für den Fall ihres Zusammenbruches. Holstein vermutete dahinter den raffinierten Plan, Zwietracht zwischen Österreich und Italien zu säen, das ohnehin unzufrieden mit dem Dreibund war, weil die Allianz mehr auf die Wahrung des Bestehenden denn auf Gewinn abgestellt schien. Wilhelm, der sich gerade mit vier Schlachtschiffen und einem Depeschenboot auf dem Wege nach Cowes befand, erhielt von Berlin die Warnung, diese Idee nicht zu unterstützen; er wurde ohnehin bei seiner Ankunft durch einen Zeitungsartikel verärgert, der seine Chinapolitik angriff. Sein erstes Gespräch mit Salisbury wurde zweimal von einem Mann unterbrochen, den das kaiserliche Gefolge als »den fetten alten Wales« bezeichnete. Der britische Premierminister konnte nicht mehr tun, als die Frage der Teilung anzuschneiden und Wilhelm zu der Feststellung zu veranlassen, daß die Türkei nicht am Rande des Zusammenbruchs stehe. Graf Hatzfeldt, der deutsche Botschafter in London, beurteilte Salisburys Absichten anders, er sah in dem Vorschlag einen Plan, Rußland im Nahen Osten zu befriedigen und dadurch von Frankreich zu lösen. So gesehen, hatte der Vorschlag für Deutschland offenbar eine gewisse Anziehungskraft, und Wilhelm bat Salisbury um eine weitere Aussprache.

Das Gefolge des Kaisers wollte Zeit sparen und gab das kaiserliche Verlangen telefonisch nach Schloß Osborne durch. Dort stand der einzige Fernsprechapparat im Billardzimmer im Gewahrsam eines Bedienten. Da der Premierminister gerade bei der Königin war, überbrachte der Diener die Botschaft mündlich. Salisbury maß der auf so ungewöhnliche Weise übermittelten Mitteilung keine besondere Bedeutung bei und reiste am darauffolgenden Morgen in aller Frühe ab, ohne mit dem Kaiser zusammengetroffen zu sein, der an Bord seiner Jacht zwei Stunden lang vergeblich auf ihn wartete.

»Willy ist ein wenig verstimmt«, schrieb Königin Viktoria.[13] »Der Kaiser«, bemerkte Salisbury, »hat sich noch nicht vom Rausch seines Machtantritts erholt; er hat sich eher noch verstärkt.«[14]

China und die Türkei verbanden Größe und Unabhängigkeit mit Schwäche und Unfähigkeit. Aufteilung der Schwachen erschien für eine sich ausbreitende Macht – nachdem die kolonialen Gebiete vergeben waren – als die einzige Möglichkeit, die Starken zu bekämpfen. Durch die Industrialisierung brachten Kriege schwere Verwüstungen mit sich und waren deshalb weniger wünschenswert, Expansion jedoch galt nach wie vor als natürliche Begleiterscheinung der Macht. Die Überlegung, ob in der Welt, wie sie nun einmal ist, große Besitzungen eher einen Nachteil als einen Gewinn darstellen, ist lediglich eine höchst theoretische Beschäftigung.

Nicht unähnlich lagen die Dinge in der Burenrepublik Transvaal. Seitdem dort im Jahre 1886 die Goldminen eröffnet worden waren, hatten sich etwa fünfzehntausend Deutsche auf dem *Rand* der Hochebenen niedergelassen und beträchtliche deutsche Kapitalien dort angelegt, teils direkt und teils nach Erlaß eines deutschen Verbots für den Handel mit Goldaktien über die Londoner Effektenbörse. Ein energischer deutscher Konsul in Pretoria ließ keine Gelegenheit vorübergehen, um zu engeren Beziehungen zu ermutigen. Aber die Unabhängigkeit des Transvaal war durch eine Klausel des Londoner Abkommens von 1884 beschränkt, die der Republik das Recht absprach, Verträge mit anderen Staaten zu schließen. London legte dies so aus, daß dritten Ländern keinerlei Recht auf Einmischung in die anglo-burischen Beziehungen zukomme, was in Berlin jedoch bestritten werde. Während England der Ansicht war, es mit einem widerspenstigen Vasallen zu tun zu haben, glaubten die Deutschen, David gegen Goliath beizustehen. Je mehr die Schwierigkeiten zwischen den Buren und den geschäftlichen Interessen in Johannesburg wuchsen, desto entschlossener wehrten sich die Engländer dagegen, eine Einmischung von außen zuzulassen, und gegen die Deutschen, daß die Situation auf ihre Kosten geändert wurde Die Spannung erhöhte sich, als im Juli 1895 eine zu großen Teilen mit deutschem Kapital erbaute Eisenbahn von der Delagoa-Bucht nach Pretoria eröffnet wurde, da sie nicht nur die Kapkolonie ihres Verkehrsmonopols nach dem *Rand* beraubte, sondern auch den Deutschen den Zugang zu der Republik ohne Durchquerung britischen Gebietes ermöglichte.[15] Wilhelm, der es erwogen zu haben scheint, Transvaal unter deutschen Schutz zu stellen, feierte die Eröffnung der Bahn mit einem Glückwunschtelegramm, das in London mit Stirnrunzeln, in Deutschland mit lebhaftem Beifall aufgenommen wurde.

Im Oktober 1895 verließ Sir Edward Malet Berlin, wo er über zehn Jahre lang Botschafter Großbritanniens gewesen war. Er benutzte die letzte Unterredung mit Staatssekretär von Marschall, um wegen der Sympathie und der Ermutigung, die Deutschland den Buren gegenüber an den Tag legte, zu warnen. Er glaube nicht, daß sich die Deutschen darüber klar seien, wie sehr die Engländer an dieser Frage interessiert seien. Die Geduld Großbritanniens sei nicht unbegrenzt, so daß eine deutsche Hartnäkkigkeit ernste Folgen haben könnte. Marschall antwortete darauf nicht zu Unrecht, Deutschland könne nicht für die Antipathie der Buren für England verantwortlich gemacht werden, und wenn deutsche Minister eine Änderung des Status quo zuließen, würde sie der Zorn der ganzen Nation treffen. Wilhelm stieß sich erheblich an den Bemerkungen Malets: »Auch das noch! Drohen, wo sie uns in Europa so nötig haben! Uns für die Überhebung von Rhodes verantwortlich machen!«[16] Er beschwerte sich auch über den drohenden Ton und erzählte jedem, der es hören wollte, Malet sei so weit gegangen, das Wort Krieg zu gebrauchen, wofür jedoch keinerlei Beweise vorliegen.[17] Als Salisbury bestätigte, daß Malet nicht auf Grund von Instruktionen gesprochen habe, notierte der Kaiser: »Ist einerlei, aus dieser Geschichte müssen wir tüchtig Kapital schlagen, auch für eventuelle Marineforderungen zum Schutz des zunehmenden Handels.«[18]

Kaum war Malet abgereist, benutzte Wilhelm den ihm sympathischeren, aber unorthodoxen Weg über den Militärattaché Oberst Swaine, um England zu sagen, wenn ihm noch etwas Vernunft geblieben sei und es der Isolierung entgehen wolle, in die es sich durch seine selbstsüchtige Politik und seine Einschüchterungsversuche gebracht habe, dann müsse es zwischen dem Beitritt zum Dreibund und offener Gegnerschaft wählen. Mit Deutschland und Österreich hinter sich könne es dann getrost allen russischen Anschlägen auf Konstantinopel mit einer Stärkung der Dardanellen entgegentreten.[19]

Man kann britischen Ministern keinen Vorwurf machen, wenn sie nun zu argwöhnen begannen, daß die Buren mehr offizielle Ermutigung von deutscher Seite erfuhren, als dies tatsächlich der Fall war. Sie waren aber auch nicht die einzigen, die über Wilhelms Verhalten besorgt waren. Holstein erklärte, die Äußerung über die Dardanellen brauche man nur in St. Petersburg zu wiederholen, um einen russischen Angriff auf Deutschland auszulösen. Derartige Zwischenfälle hatte er schon ein Jahr vorher vorausgesagt; jetzt schrieb er an Philipp Eulenburg:

> »Heute warne ich Sie wieder. Sorgen Sie, daß die Weltgeschichte Sie nicht einstmals als den schwarzen Reiter malt, der zur Seite des Kaiserlichen Wanderers war, als dieser auf den Irrweg einlenkte. Wenn Sie mit Hohenlohe verhandeln, ... müssen (Sie) ihm raten, bei gewissen unvermeidlichen Anlässen dem Kaiser gegenüber den Reichskanzler herauszukehren. In Wirklichkeit geriert sich der alte Herr jetzt so, als wäre er der zweite Oberstkämmerer der Familie. Oder sagen Sie selbst:

Wer soll den Kaiser beraten in dieser sehr ernsten Zeit? ... Sind Sie auch heute noch der Ansicht, daß man den Herrn allein und selbstherrlich alle Fragen nach Höherer Erkenntnis entscheiden lassen muß? ... Daß S. M. da jetzt vom Tabakskollegium aus hineingreift, kann Folgen haben, über die Er wie Sie sich wundern werden ... Das alles, was zu tun ist, werden Sie leicht selber sehen, sobald Sie über das Trugaxiom weg sind, daß *The King can do no wrong*. Dieser Satz, bedenken Sie es wohl, ward erfunden in einem Lande, wo der König machtlos ist, Macht und Verantwortung sind nicht zu trennen.«[20]

Wilhelm befand sich zu dieser Zeit in einem hochnervösen Zustand, der teilweise seinem wiederauftretenden Ohrenleiden zuzuschreiben war. Eine Krise im preußischen Ministerium verschlechterte noch seinen Zustand. Seit einer Reihe von Jahren hatte der Reichstag darauf gedrängt, daß in Preußen, wie das in Bayern schon der Fall war, Kriegsgerichtsverfahren öffentlich sein sollten. Diese triviale Frage war zu einem Symbol für die Beziehungen zwischen Soldaten und Zivilisten geworden. Während die Generäle sich über diese politische Einmischung entrüsteten, fühlten sich die Politiker verpflichtet, ihre Autorität durchzusetzen. Wilhelm stellte sich unter dem Einfluß seines Militärkabinetts, ohne zu zögern, auf die Seite der Militärs. Der Kriegsminister, obgleich selbst Soldat, hielt es für richtig, in dieser Frage nachzugeben, um die Zustimmung des Reichstags zu einem besonderen Gesetz für die Verstärkung des Heeres zu gewinnen. Der Reichskanzler konnte sich kaum einer Vorlage entgegenstellen, die er in Bayern selbst mit eingebracht hatte. Innenminister Köller, der sich schon früher dadurch Wilhelms Gunst gewonnen hatte, daß er sich reaktionärer gab als seine Kollegen, war so taktlos, die Umgebung des Kaisers über den Verlauf der Aussprache im Ministerrat zu unterrichten. Seine Kollegen, angeführt durch Marschall, erklärten daraufhin, wenn Köller nicht zurücktrete, würden sie geschlossen ihre Entlassung erbitten. Wilhelm beschwerte sich, ein solches Verhalten beeinträchtige die unbeschränkte Freiheit des Königs von Preußen, sich seine Minister nach eigenem Ermessen zu wählen. Hohenlohe überredete ihn, nachzugeben, was er auch tat, aber nur mit Widerwillen und der verärgerten Bemerkung, dies dürfe nicht als Präzedenzfall gelten.[21]

In diese Atmosphäre platzte Ende Dezember 1895 die Nachricht von Dr. Jamesons Überfall auf Transvaal. Auf den ersten Blick mußte es scheinen, als spiele England Deutschland direkt in die Hände. Großbritannien befand sich mitten in einer Auseinandersetzung mit den Vereinigten Staaten über Venezuela und hatte die Italiener dadurch beleidigt, daß es deren Niederlage in Abessinien zu leicht nahm. Obgleich die britische Regierung sich sofort von Jameson distanzierte, glaubte man allgemein, Kolonialminister Chamberlain habe Jamesons Hintermänner unterstützt, zum mindesten scheint er der Verantwortung, ihn zurückzuhalten, dadurch ausgewichen zu sein, daß er sich alle Mühe gab, nicht zu erfahren, was Jameson im Schilde führte. Marschall strebte danach, Europa gegen England zu einigen mit dem fernen Ziel, den Engländern die Notwendigkeit einer Freundschaft mit Deutschland klar vor Augen zu führen. Aber Salisbury entzog, indem er Jameson fallenließ, Marschall den Grund, die diplomatischen Beziehungen abzubrechen, während das Scheitern des Unternehmens die schon vorbereitete Entsendung von fünfzig deutschen Seesoldaten von der Delagoa-Bucht nach Pretoria gegenstandslos machte, womit die Entschlossenheit Deutschlands, die Engländer Transvaal nicht annektieren zu lassen, hatte dokumentiert werden sollen.

Wilhelm, der dem Zaren versichert hatte, er werde die Engländer auf jeden Fall daran hindern, Transvaal zu unterdrücken, wurde nun allmählich ungeduldig. In einem Gespräch mit dem Kriegsminister gebrauchte er Ausdrücke, die, hätte jemand anders sie benutzt, zu einem Duell geführt haben würden. Am Neujahrstag erklärte er seinen Generälen, er werde unter gar keinen Umständen einem solchen englischen Schritt zustimmen. Sein Petersburger Botschafter, Fürst Radolin, der am gleichen Abend bei ihm war, beschrieb ihn als außer sich vor Wut und bereit, England anzugreifen. Er hatte bereits ein Telegramm entworfen, über dessen Empfänger und genauen Inhalt keine Klarheit herrscht, das aber allem Anschein nach erklären sollte, daß Transvaal unter deutschen Schutz gestellt werden würde. Der Vorwand für seine Absendung entfiel aber durch den Sieg der Buren, und am 3. Januar erschien der Kaiser in Begleitung von drei Admirälen bei Hohenlohe, um zu entscheiden, was bei der veränderten Lage nun zu geschehen habe. Eine Reihe von Möglichkeiten wurde diskutiert – eine internationale Konferenz, die Entsendung von Verstärkungen nach der Delagoa-Bucht und eine Mission, die ermitteln sollte, welche Hilfe Präsident Krüger benötigte. Die erste Möglichkeit wurde ausgeschlossen, weil sie die Buren kränken könnte, die zweite, weil sie einen Krieg mit England heraufbeschwören würde – obgleich Wilhelm nicht damit rechnete, daß die Truppen auch noch auf hoher See angehalten werden würden. Während der Besprechung wurde ein Beamter hinausgeschickt, um ein Glückwunschtelegramm an Krüger zu entwerfen. Auf dem Wege traf er Holstein, der, als er erfuhr, was vorging, seine Zweifel zum Ausdruck brachte. Marschall aber sagte, er solle sich ja nicht einmischen, er habe keine Ahnung, welche Vorschläge drinnen besprochen würden. Alles andere sei noch viel schlimmer als ein Telegramm. Diese Geschichte und anderes Beweismaterial haben seit langer Zeit die Historiker zu der Annahme verleitet, das Telegramm sei von Ministern als ein verzweifelter Notbehelf vorgeschlagen worden, um Wilhelm von einem gewaltsameren Vorgehen abzubringen. Wilhelm dagegen behauptete fünfundzwanzig Jahre später in seinen Erinnerungen, das Telegramm sei ihm von den Ministern gegen sein besseres Wissen aufgezwungen worden, und Dokumente, die kürzlich zum Vorschein kamen, unterstützen ihn in seiner Behauptung. Wie immer aber die Depesche entstanden war, sie lautete:

> »Ich spreche Ihnen Meinen aufrichtigsten Glückwunsch aus, daß es Ihnen, ohne an die Hülfe befreundeter Mächte zu appellieren, mit Ihrem Volke gelungen ist, in eigener Thatkraft gegenüber den bewaffneten Scharen, welche als Friedensstörer in Ihr Land eingebrochen sind, den Frieden wiederherzustellen und die Unabhängigkeit des Landes gegen Angriffe von außen zu wahren.«[22]

Des Kaisers Besorgnis, daß das Telegramm in England Aufruhr erregen werde, erwies sich als ebenso berechtigt wie das Drängen seiner Minister, daß nichts Geringeres Deutschland befriedigen könne. Die so sehr voneinander abweichende Reaktion der Öffentlichkeit in beiden Ländern ist die unheilvollste Seite der ganzen Angelegenheit. Die Briten nahmen das Telegramm übel, betrachteten es als eine unerbetene Einmischung in ihren privaten Ärger durch jemand, von dem sie, als dem Enkel ihrer Königin, Unterstützung erwartet hatten. Es wurde als ein Zeichen dafür angesehen, daß die im deutschen Volk weithin manifestierte Feindschaft gegenüber England wohl auch von der

Führung geteilt werde. Ebenso wertete man es als Ausdruck kleinlicher Verdrossenheit eines Mannes, der nicht die Macht besaß, die Situation zu meistern. Präsident Clevelands Botschaft über Venezuela erregte, obwohl kaum weniger verletzend abgefaßt als das Telegramm, bei weitem nicht das gleiche Aufsehen. Botschafter Hatzfeldt stellte fest, daß sich die englische öffentliche Meinung über Nacht zum Nachteil Deutschlands gewandelt habe. Mehrere Tage lang erhielt der Kaiser täglich vierzig bis fünfzig meist anonyme Schimpfbriefe. Die *I. Royal Dragoons*, zu deren Chef der Kaiser – nach den Worten Königin Viktorias seines »bedauerlichen Angelns nach Uniformen« wegen – kurz zuvor ernannt worden war, schnitten sein Porträt in Stücke und warfen es ins Feuer.[23] Der Prinz von Wales betrachtete das Telegramm als einen »höchst überflüssigen unfreundlichen Akt« und meinte, sein Neffe habe sehr schlechten Geschmack bewiesen. »Abgesehen davon möchte der Prinz wissen, welche Befugnis der Kaiser hatte, überhaupt eine Botschaft zu senden. Die Südafrikanische Republik ist nicht ein unabhängiger Staat im wahren Sinne des Wortes und steht unter der Suzeränität der Königin* Was der Kaiser getan hat, ist deshalb doppelt unnötig und unfreundlich. Seine Königliche Hoheit hofft, daß er dieses Jahr nicht nach Cowes kommen wird.« Er drängte seine Mutter auch, Willy einen deutlichen Verweis, »*a good snubbing*«, zu erteilen.[24]

Achtzehn Jahre später erklärte der damals in Berlin amtierende britische Botschafter seinem belgischen Kollegen, das deutsch-englische Mißverständnis gehe auf das Krüger-Telegramm zurück.[25] Zur Zeit der Absendung meinte der britische Botschafter in Rom im Gespräch mit seinem deutschen Kollegen, das britische Volk werde niemals die Ohrfeige vergessen, die ihm der Kaiser soeben gegeben habe. Das geht jedoch zu weit. Das Telegramm hatte die britische Öffentlichkeit weit mehr überrascht als die britischen Minister, und doch ging die Entrüstung nicht so tief, daß sie nicht durch geschickte Behandlung in der Zeit darauf hätte behoben werden können. Jamesons Überfall gehört nicht zu den ehrenvollsten Episoden der englischen Geschichte, und rückblickend erscheint die Entrüstung über das

* Tatsächlich fand sich das Wort Suzeränität zwar in der Konvention von Pretoria von 1881, war aber in der Londoner Konvention von 1884 nicht mehr enthalten.

Telegramm übertrieben. Bismarck hielt zwar die Hinweise auf befreundete Mächte für verfehlt, meinte aber nicht ganz zu Unrecht, das Telegramm hätte »ganz bequem und sehr passend« auch von Lord Salisbury an Krüger gesandt werden können.[26] Königin Viktoria bewies ein sicheres Verständnis der Situation. Sie sagte ihrem Sohn, »solche strikt schneidenden Antworten und Bemerkungen reizen nur und stiften Unheil; unter Souveränen und Fürsten sollte man sich sorgfältig davor hüten. Wilhelms Fehler beruhen auf Heftigkeit und Eigendünkel; Ruhe und Bestimmtheit sind in solchen Fällen die wirkungsvollsten Waffen dagegen.« Der Brief, den die Königin an Wilhelm schrieb, war ein meisterhaftes Beispiel dieser beiden Eigenschaften. In einer Weise, daß er ihre Worte weder übelnehmen noch mißachten konnte, sagte sie ihm klar und deutlich, daß sie sein Vorgehen auf alle Fälle für einen schweren Fehler halte und sich gekränkt fühle. Der Brief wurde von Wilhelm freundlich aufgenommen, und er entschuldigte sich mit der Begründung, es sei ihm niemals eingefallen, daß er England hätte beleidigen können durch den Ausdruck seiner Befriedigung darüber, daß ein ungehorsamer Diener der Königin eine Niederlage erlitten habe. Das gleiche Argument wurde auch von Marschall vorgebracht, aber Königin Viktoria fand es »unbefriedigend und unlogisch«.[27] Die Hoffnung des Prinzen von Wales erfüllte sich aber, denn der Kaiser fuhr weder in diesem Sommer noch in einigen darauffolgenden Jahren nach Cowes. Statt dessen kam der Zar nach Balmoral, wo man Lord Salisbury befriedigt sagen hörte: »Er unterscheidet sich doch sehr von dem anderen Kaiser.«[28]

Drei Jahre später wurde Cecil Rhodes – obwohl er nur einen Straßenanzug trug – vom Kaiser empfangen, und das Gespräch kam auf den Jameson-Überfall.

> »Sehen Sie«, sagte Rhodes, »ich war ein ungezogener Junge, und Sie versuchten, mir eine Tracht Prügel zu versetzen. Nun, meine Leute waren durchaus bereit, mich wegen meiner Ungezogenheit zu verprügeln, aber in dem Moment, da Sie es taten, erklärten sie: ›Nein, wenn das irgend jemand angeht, dann sind wir das.‹ Die Folge davon war, daß Euer Majestät sich beim englischen Volk sehr unbeliebt machten und daß ich überhaupt keine Prügel bekam.«[29]

Diese Bemerkung faßt die wesentlichsten Vorwürfe gegenüber der deutschen Politik in der Jameson-Episode sehr anschaulich

Der Kaiser in Windsor mit König Eduard und dem Herzog von Connaught, 1907

Abreise des Kaisers nach der Beisetzung König Eduards, 1910

Der Kaiser mit den Admiralen von Tirpitz
und von Holtzendorff

Der Kaiser mit Bethmann Hollweg

zusammen. Hinzu kam, daß der Versuch Deutschlands, den Lauf der Ereignisse in Südafrika zu beeinflussen, offensichtlich gescheitert war. Zu einem Zeitpunkt, da England äußerst verwundbar war, schienen die Deutschen in ihrem Bestreben, den Engländern klarzumachen, daß sie die Freundschaft Deutschlands suchen müßten, noch keinen Schritt vorangekommen zu sein. Daß England ein »fliegendes Geschwader« in der Nordsee kreuzen ließ, unterstrich – obgleich dies bereits vor dem Telegramm geplant gewesen war, und zwar im Hinblick sowohl auf Venezuela wie auf Südafrika – noch zusätzlich die deutsche Unfähigkeit. Es war also kein Zufall, daß der Kaiser drei Tage nach Abgang des Telegramms zwei Konferenzen über die Vergrößerung der deutschen Flotte abhielt.

Wilhelms brennendes Interesse an der See beruhte nicht allein auf seinem unstillbaren Verlangen, überall mitzureden. Jugenderinnerungen an Kiel und Plymouth, Studien der Seekriegsgeschichte, Erinnerungen an eine englische Flottenparade im Jahre 1889, ein Buch Admiral Mahans über den Einfluß der Geltung zur See auf die Weltgeschichte, das er 1894 las, und der Reiz von Cowes – das alles spielte dabei mit. Aber im tiefsten Grunde war seine Haltung in der Flottenfrage Ausfluß seiner Haßliebe zum Lande seiner Mutter. Er wollte eine Flotte haben, weil England eine hatte, weil sie das Kennzeichen einer Weltmacht war, weil man mit ihrer Hilfe von den Engländern Aufmerksamkeit erzwingen konnte und Deutschland ein begehrenswerter Bündnispartner werden würde. Unleugbar gab in den ersten Jahren seiner Regierung die deutsche Flotte kaum Grund zur Befriedigung. 1864 war sie der Zahl nach kleiner als die dänische Flotte.[30] Lange Zeit wurde sie als untergeordneter Zweig der Armee angesehen und von Generälen geführt. 1888 machte es erhebliche Schwierigkeiten, ein Geschwader zusammenzustellen, das Wilhelm auf seinem Staatsbesuch nach Rußland begleiten konnte. Die Panzerplatten für die Schlachtschiffe mußten aus England eingeführt werden, und 1895 spannte die Notwendigkeit, gleichzeitig Kontingente für internationale Geschwader im Fernen Osten und im Ägäischen Meer zu stellen, die verfügbaren Kräfte bis zum Äußersten an.[31]

Wilhelm hatte getan, was er konnte. Nach seiner Thronbesteigung hatte er ein eigenes Marinekabinett geschaffen, das dem Zivil- und dem Militärkabinett gleichgestellt wurde. Ein Jahr später hatte er die Verantwortung für die Marine dem Kriegsministerium entzogen und ein besonderes Reichsmarineamt gegründet mit einem Staatssekretär an der Spitze und fünf Kommandos, die alle direkt dem Kaiser zu berichten hatten.[32] Zum bleibenden Nutzen der Familie Krupp entstand in ihren Werken die erste deutsche Produktion von Panzerplatten. Aber noch blieb viel zu tun, denn zwei schwerwiegende Probleme behinderten den weiteren Fortschritt. Das erste lag in der herrschenden strategischen Theorie, die der deutschen Flotte den Schutz der Küste und der überseeischen Besitzungen des Reiches zur Aufgabe machte. Dazu genügten aber Kreuzer und andere kleinere Fahrzeuge; eine Schlachtflotte zu diesem Zweck wäre ein unnötiger Luxus gewesen. Das zweite Problem lag in dem mangelnden öffentlichen Interesse. Die meisten deutschen Staaten hatten keine maritime Tradition, die Soldaten blickten auf die Seeleute herunter und wollten keine Konkurrenten bei ihren Forderungen. Sie bezweifelten verständlicherweise, daß irgendein Land sich sowohl eine erstklassige Flotte als auch eine erstklassige Armee leisten könnte. Der Reichstag sah keinen Grund, weshalb für Kriegsschiffe Geld ausgegeben werden sollte; Wilhelms Drang nach einem Staatsstreich war mindestens zum Teil von dem Wunsch inspiriert, für die Marine das zu tun, was sein Großvater – unter gänzlich anderen Umständen und auf Bismarcks Betreiben hin – in den Jahren 1862 bis 1866 für die Armee getan hatte. Nach der Krüger-Depesche sprach er von hohen Voranschlägen für die Flotte. Als ihm Hohenlohe und der Staatssekretär des Reichsmarineamts entgegenhielten, wenn er Glück habe, würde der Flottenetat in der bisherigen Höhe bewilligt werden, schwor er, wenn er den Reichstag auflöse, würde er leicht die Leute finden, die die Sache machten.[33] Ein Jahr später kürzte der Reichstag die erhöhte Marinevorlage um zwölf Millionen Mark, wobei die Tatsache mitspielte, daß Wilhelm im entscheidenden Augenblick die Zentrumspartei dadurch verärgert hatte, daß er seinen Großvater als eine Persönlichkeit hinstellte, die im Mittelalter heilig gesprochen worden wäre. In seinem Ärger schrieb Wilhelm seinem Bruder Heinrich einen Brief, in dem er die Abgeordneten als »vaterlandslose Gesellen und Verbrecher« bezeichnete; Prinz Heinrich hielt es für richtig, diesen Brief der Mannschaft seines Schiffes vorzulesen. Der Kaiser schwor, er werde den Beschluß aufheben, selbst wenn das bedeuten sollte, daß er die Verfassung abschaffen und den Reichstag durch eine Körperschaft ersetzen müßte, die aus Delegierten der Parlamente der einzelnen Bundesstaaten bestehen würde.[34]

Mittlerweile hatte Wilhelm dank seiner Hartnäckigkeit durchgesetzt, daß in den Gesetzentwurf über die Kriegsgerichte verschiedene Änderungen aufgenommen wurden. Als Hohenlohe die Frage aufwarf, ob die Minister bereit sein würden, für die Vorlage in dieser Form einzutreten, machte der Kaiser die folgende Randnotiz:

> »Das Staatsministerium geht die Armee und ihre inneren Einrichtungen gar nichts an, da dieselbe durch die Verfassung ausdrücklich dem König als sein allereigenstes Gebiet vorbehalten ist. Daher ist das Staatsministerium auch nicht in der Lage, für die Armee, die ich kommandiere, eine verfassungsmäßige Verantwortung zu übernehmen.«[35]

Eine solche Anschauung entsprach genau der des Generaladjutanten von Plessen, der auf dem Standpunkt stand, daß die Armee eine isolierte Körperschaft bleiben müsse, in die kritischen Einblick zu nehmen niemandem erlaubt sein dürfe. Das Militärkabinett verfügte die Verabschiedung von fünf Generälen, die den ursprünglichen Gesetzentwurf über die Kriegsgerichtsbarkeit unterstützt hatten, und im Herbst 1896 wurde der Kriegsminister selber abgesetzt. Doch die Armee hatte nach wie vor ihre Sorgen. Waldersee und andere Generäle begannen zu befürchten, daß bei einer weiteren Ausbreitung der Sozialdemokratie durch die Wehrpflicht zahlreiche unzuverlässige junge Männer in die Armee eintreten würden, auf die man sich im Falle innerer Unruhen nicht werde verlassen können.[36] Wenn man aber die Wehrpflicht als zu gefährlich abschaffen würde, wie konnte Deutschland dann hoffen, neben den zahlenmäßig stärkeren Streitkräften des Zweibunds zu bestehen? Sie drängten deshalb auf Maßnahmen, um die Sozialisten in Schach zu halten, ehe es zu spät sein würde. Diese Haltung entsprach auch der der Agrarier, die von der Regierung verlangten, den Kampf gegen den Sozialismus als eine Schlacht der Ideen und nicht bloß als machtpolitische Auseinandersetzung durchzukämpfen. Diese Forderung stand in diametralem Gegensatz zu den Vorstellungen des preußischen Handelsministers von Berlepsch, der sich einer Politik der Versöhnung verpflichtet fühlte, nach der die Interessen der Arbeiter durch Gesetz geschützt werden sollten, wobei er zugab, daß erst Geduld vonnöten sei, ehe sich Ergebnisse zeigen würden. Als der Minister feststellen mußte, daß nicht nur den meisten seiner Vorschläge Hindernisse in den Weg gelegt wurden, sondern daß man von ihm sogar die Einfügung rückschrittlicher Zugeständnisse an die Rechte verlangte, reichte er seine Entlassung ein, was ihm das kaiserliche Mißvergnügen eintrug. »Die Achtung des Parlaments und des Landes spielt anscheinend eine große Rolle! Etwas konstitutionell angekränkelt! Meine Zufriedenheit genügt und ist wichtiger als alles andere.«[37]

Aber noch wichtigere Minister gerieten ebenfalls in Schwierigkeiten. Der Staatssekretär im Reichsamt des Inneren, von Bötticher, zog sich das Mißfallen Wilhelms zu, weil er nicht protestiert hatte, als bei einer Veranstaltung in Hamburg, an der neben ihm auch einige Sozialdemokraten teilnahmen, der Bürgermeister es für richtig befunden hatte, von dem üblichen Hoch auf den Kaiser abzusehen. Bald darauf hielt der Kaiser eine Rede, in der er die Ratgeber seines Großvaters als Instrumente von dessen erhabenem Willen bezeichnete. Dies griff der Führer der Fortschrittspartei, Eugen Richter, im Reichstag auf und attackierte Wilhelm wegen seines Ungestüms und seiner Inkonsequenz. Den kaiserlichen Ministern warf er vor, sie seien nichts weiter als gefügige Werkzeuge. Daß Bötticher es versäumte, mit einer derartigen Opposition scharf ins Gericht zu gehen, war der letzte Nagel zu seinem Sarge. Inzwischen hatte sich Marschall genötigt gesehen, eine Beleidigungsklage gegen die »Welt am Montag« zu erheben. Dabei kam die merkwürdige Tatsache ans Licht, daß ein höherer Polizeibeamter die regelmäßige Versorgung der Presse mit verleumderischem Material veranlaßt hatte, das sich zum Teil auch gegen die Minister richtete. Der Beamte, der wahrscheinlich nicht aus eigener, sondern auf Bismarcks Initiative hin gehandelt hatte, war unter anderem auch für die persönliche Sicherheit des Kaisers verantwortlich. Der Kläger gewann zwar seinen Prozeß, machte sich aber damit höheren Ortes nicht beliebt. Das war aber nicht der einzige Grund für das Mißfallen, das er erregte.[38]

Im Februar 1897 brach in Kreta eine Revolte aus, deren Führer die Abtretung der unter türkischer Herrschaft stehenden Insel an Griechenland forderten und damit die alte Kontroverse wieder aufleben ließen, ob die Türkei zerschlagen oder gefördert werden sollte. Doch die beteiligten Mächte mißtrauten einander und waren auch anderweitig engagiert. So verfielen sie auf den meisterhaften Kompromiß, Kreta türkische Provinz bleiben zu lassen, aber ihm Autonomie unter einem griechischen Prinzen zu gewähren. Die Türkei faszinierte Wilhelm seit seinem Besuch in Konstantinopel 1889, deshalb übernahm er, obgleich seine Schwester mit dem griechischen Kronprinzen verheiratet war, eine führende Rolle beim Zustandekommen einer internationalen Flottendemonstration, die Griechenland zum Abzug seiner Truppen von der Insel zwang. In England waren jedoch die Tage der Jingos* vorüber, und die neue Generation hatte nur noch wenig Sympathie für die Türkei. Die britische Öffentlichkeit war somit eher pro-griechisch eingestellt, was Wilhelm mit der Begründung kritisierte, dadurch gerate England in einen Gegensatz zu Österreich und könne sogar durch die Ermutigung zu einer Teilung der Türkei einen europäischen Krieg heraufbeschwören. Die Folge davon war eine scharfe Auseinandersetzung zwischen ihm und seiner Großmutter.

»Ich wünsche, daß Sie Sir F. Lascelles anweisen, dem deutschen Kaiser zu sagen, daß ich erstaunt und schockiert war wegen seiner heftigen Sprache gegenüber dem Lande, in dem seine Schwester lebt.«

»Erhielt eine grobe Antwort von Wilhelm *en clair,* während mein Telegramm chiffriert war.« – Das war ein Lieblingstrick Wilhelms. »Erhielt ein weiteres großsprecherisches Telegramm von Wilhelm, wieder *en clair.*«

»Es besteht Hoffnung, daß die Griechen in der Lage sein mögen, einen Teil der Entschädigung zu zahlen ... aber die anderen Mächte scheinen abgeneigt, und Deutschland wünscht Griechenland zu zwingen und nicht zu fragen. Das kommt alles von Wilhelms schändlichem Betragen.«[39]

An Marschall wurde im Reichstag wegen der deutschen Politik eine Anfrage gerichtet, und er war unbesonnen genug, sie zu beantworten; ein Verhalten, das Wilhelm ganz ungehörig fand. Der entscheidende Schritt zur Lösung dieses Problemes sei von ihm persönlich und direkt getan worden, und deshalb sei er die einzige Persönlichkeit, die dem Reichstag Auskunft geben könne.

* Volkstümlicher englischer Ausdruck für rechtsgerichtete Chauvinisten. (Anm. d. Übers.)

Wenn er nach Berlin zurückkomme, werde er die Reichstagsabgeordneten ins Schloß berufen und ihnen einen vollständigen Bericht über die Haltung seiner Regierung in dieser Frage geben.

Das veranlaßte Eulenburg zu der Bemerkung, daß Wilhelms staatsrechtliche Bildung offenbar nicht ganz abgeschlossen gewesen sei, als er den Thron bestieg, und Höhenlohe erinnerte daran, daß der Bericht über die Haltung der Regierung auf Kritik stoßen könne, gegen die der Kaiser abgeschirmt werden müsse.[40] Aber die Haltung des Kaisers führte auch im Juni 1897 zu Veränderungen im Ministerium, denen verschiedenartige und zum Teil widerspruchsvolle Motive zugrunde lagen. Wilhelm und einige Mitglieder seiner Umgebung wollten diejenigen Minister loswerden, die sich als erfolglos oder als widerspenstig erwiesen hatten, und sie durch Männer ersetzen, die nachgiebiger gegen kaiserliche Launen und notfalls auch bereit waren, sich über den Reichstag hinwegzusetzen. Eulenburg und Holstein aber sahen die Notwendigkeit ein, jemanden zu suchen, der es besser verstand, den Kaiser zu behandeln und geschickt anzuleiten, und der zugleich zwischen Wilhelm und den Parteien vermitteln konnte. Sie meinten, diesen Mann in der Person des deutschen Botschafters in Rom, Bernhard von Bülow, gefunden zu haben, der nun Staatssekretär des Auswärtigen wurde, während sein Vorgänger Marschall als Botschafter nach Konstantinopel ging. Bötticher und der Staatssekretär des Reichsmarineamts, Hollmann, schieden ebenfalls aus und wurden durch Graf Posadowsky und Admiral von Tirpitz ersetzt. Die drei neuen Männer sollten in den folgenden Jahren eine führende Rolle spielen.

Bülow, der 1900 Wilhelms dritter Reichskanzler werden sollte, schien in der Tat ideal geeignet, für das schwierige Verhältnis zwischen dem Kaiser, den Ministern und dem Reichstag eine Lösung herbeizuführen. Er besaß einen ausgezeichneten Verstand, gepaart mit einem nicht sehr empfindlichen Gewissen; er war gebildet und kosmopolitisch und verstand es stets, eine Situation durch einen Scherz, ein passendes Zitat oder eine schlagfertige Antwort zu seinem Vorteil zu wenden.

»Er ist groß und schlank, aber nicht steif; ein freundliches Gesicht mit ziemlich gütigen Augen; ein kleiner, graublonder Schnurrbart, im übrigen glatt rasiert; der allgemeine Eindruck: ein alter verabschiedeter Leutnant, der den Abschied genommen hat, weil ihn die Gamaschen langweilten.«[41]

Bülow, siebenunddreißig Jahre jünger als Hohenlohe und mit mehr Anpassungsgabe und politischem Instinkt begabt als Caprivi, erwarb sich rasch die Gunst und das Vertrauen seines Herrn – auf Kosten seines Freundes Eulenburg – und wurde als der Bismarck der neuen Ära begrüßt. Nach dem Urteil eines guten Beobachters habe er »für jede Maus den Speck bereit, den sie am liebsten frißt«, und werde »daher auch viele Mäuse und Mäuschen fangen«.[42] Er legte großen Wert auf eine gute Presse und vernachlässigte nichts, was ihm dafür dienlich schien. Und doch waren ihm nur sehr begrenzte Erfolge beschieden. Wie ein unfreundlicher Chronist sich ausdrückte, war unter der glänzenden Farbe nichts als Gips. Aus Ehrgeiz und Eitelkeit gab er sich mit kurzfristigen Wirkungen und oberflächlichen Lösungen zufrieden. Zwar verstand er es wahrscheinlich besser als seine Vorgänger und Nachfolger, mit Wilhelm umzugehen, aber zu oft erreichte er sein Ziel nur durch Schmeichelei, und deshalb hielten seine Erfolge zumeist nicht sehr lange an. Grundsätzliche Fragen faßte er lieber erst gar nicht an, ließ günstige Gelegenheiten oft ungenutzt, und trotzdem kränkte er schließlich Wilhelm tödlich. Sein Weitblick wie sein Mut waren gleichermaßen unzureichend. Seine umfassende Bildung, die ihn hätte befähigen sollen, sich über die Konventionen seiner Zeit hinwegzusetzen, nutzte er nur für rein dekorative Zwecke. Nach Holstein hatte er mehr Machiavelli gelesen, als er verdauen konnte. Tirpitz sagte einmal, er sei glatt wie ein geölter Aal.[43]

Er mißachtete Detailfragen und überließ es seinen Untergebenen, sich selbst zurechtzufinden. Wem es glückte, eine Unterredung mit ihm zu bekommen, fand ihn stets zum Plaudern bereit, ohne Rücksicht auf diejenigen, die er warten ließ.[44] Er besaß weder Kraft der Persönlichkeit noch Charakterstärke, und seine Regierungszeit, die unter so rosigen Auspizien begann, brachte auf die Dauer für Wilhelm und Deutschland großen Schaden.

Posadowsky kam aus einer Familie geadelter Beamter und wurde als reaktionär angesehen. Tatsächlich war er ein Individualist, der Gesetzgebung für ein notwendiges Übel hielt und befürchtete, daß sich der Staat zuviel zumute. Er bedauerte, daß Deutschland industrialisiert worden war, und meinte, die Arbeiter seien der nationalen Sache ein für allemal verloren. Er war insofern nicht ganz konsequent, als er die Stärkung der Reichsregierung auf Kosten der Bundesstaaten begünstigte und es im Zuge dieser Politik durchsetzte, daß die Verantwortung für die Sozialpolitik vom preußischen Handelsministerium auf das Reichsamt des Inneren übertragen wurde. Dort war er in der Lage, in aller Stille Gutes zu tun. Hohenlohe und Bülow waren durch die Außenpolitik in Anspruch genommen, und der Kaiser kümmerte sich nicht um Dinge, in denen er nur Verwaltungsangelegenheiten sah. Posadowsky war ein gewaltiger Arbeiter mit der unvergleichlichen Fähigkeit, Details zu verarbeiten und sie einleuchtend zu erklären. Praktische Berührung mit sozialen Fragen trug viel zur Liberalisierung seiner Anschauungen bei, und in den zehn Jahren seiner Amtsführung setzte er eine Anzahl unauffälliger Reformmaßnahmen durch, die Schritt für Schritt dazu beitrugen, das Regime für die Arbeiter annehmbarer zu gestalten. Daß er nicht noch mehr erreichte, war zweifellos seiner begrenzten Eignung zum Politiker zuzuschreiben. Sein Auftreten war kühl und reserviert, sein Urteilsvermögen schlecht. »Er spielt den Mann von unbeugsamem Charakter und Grundsätzen, wenn aber Schwierigkeiten, namentlich auf parlamentarischem Boden, auftauchen, dann ist es mit der Unbeugsamkeit regelmäßig vorbei.«[45]

Winston Churchill hat Tirpitz einmal als einen »ehrlichen, verschrobenen, kurzsichtigen alten Preußen« bezeichnet[46], damit wird aber das Problem umgangen, das der Admiral dem Historiker aufgibt. Von Haldane wird behauptet, er habe Tirpitz für fähiger gehalten als Bethmann Hollweg. Es kann kein Zweifel aufkommen an seiner Energie, seinem Organisationstalent und seiner politischen Gewandtheit. Diese Eigenschaften setzen ein erhebliches Maß an Intelligenz voraus. Man hätte aber erwarten können, daß ein so intelligenter Mann voraussehen würde, daß die von ihm eingeschlagene Flottenpolitik früher oder später zu einem Zusammenstoß mit Großbritannien führen mußte. War dies sein wirkliches Ziel? Dabei ist unwesentlich, daß er derartige Absichten häufig geleugnet hat, denn »ehrgeizige Pläne gegen die Nachbarn werden in der Regel nicht offen proklamiert«.[47] Manches deutet darauf, daß ein Zusammenstoß mit England tatsächlich sein Ziel war. Aber wenn dem so war, wie konnte er dann glauben, daß Deutschland angesichts der englischen Flottenüberlegenheit eine Erfolgschance haben würde? Doch Leute, die auf etwas versessen sind, finden immer Gründe, ihr Vorgehen zu rechtfertigen, und wie wir sehen werden, stand eine ganze Reihe von Theorien bereit, die zwar einleuchten, aber nicht wirklich überzeugen konnten, um die fundamentale Schwäche der deutschen Flottenpolitik zu verbergen. Überdies setzte Tirpitz es als selbstverständlich voraus, daß die deutsche Außenpolitik stets das Flottenbauprogramm mit berücksichtigte. Wäre diese nicht unvernünftige Voraussetzung erfüllt worden, dann hätte Deutschland vielleicht eine Flotte aufstellen können, ohne damit nachher einen Krieg verlieren zu müssen. Aber anzunehmen, daß man im wilhelminischen Reich auch nur zwei Aspekte der Regierungsarbeit koordiniert oder gar eine konsequente Außenpolitik betrieben hätte, wäre in hohem Grade optimistisch gewesen. Vielleicht findet sich der Schlüssel zu dem Rätsel in einer Beschreibung, die ein hoher Offizier von Tirpitz gab, kurz bevor er das Amt des Staatssekretärs des Reichsmarineamts antrat:

»Ein ehrenhafter, energischer, selbständiger und ehrgeiziger Charakter, mit gewandten Formen und etwas sanguinischem Temperament, ein reger, findiger Geist mit spekulativer Richtung und idealer Auffassung der Dinge ... Seiner sonst erfolgreichen Tätigkeit in höheren Stellen haftete noch die Schwäche an, daß er leicht in den Fehler geriet, die Dinge einseitig anzusehen, mit der ganzen Kraft immer nur auf ein einzelnes Ziel losging, ohne die allgemeinen Bedingungen des Dienstes dabei hinreichend zu berücksichtigen, so daß häufig der erzielte Gewinn anderen Forderungen Schaden brachte.«[48]

Tirpitz – dessen Steckenpferd im übrigen die englische Philologie war und dessen Frau und Tochter in dem angesehenen englischen Mädcheninternat Cheltenham erzogen worden waren – gab der deutschen Marine ihre Strategie und Organisation und verschaffte ihr Unterstützung durch die Öffentlichkeit. Die Triebkraft in seinem Inneren war zweifellos der verständliche Wunsch, die Institution, der er angehörte und an deren Wert er glaubte, auszubauen und zu festigen. Er wollte eine größere deutsche Flotte, und er wollte, daß sie in Deutschland etwas galt. Um dies zu rechtfertigen, ging er von der Erklärung Caprivis aus, daß Deutschland entweder Menschen oder Waren exportieren müsse. Wenn es sich für die Waren entscheide, unterwerfe es sich der Gnade jeder Macht, die die Meere beherrsche, oder, wie es der Kaiser ausdrückte, ein großer Kolonialbesitz sei die Achillesferse für ein Deutschland, das bis dahin außerhalb der Reichweite Englands existiert hatte. Sicherlich machte Deutschland keine Ausnahme von der Regel, daß ein Land durch seine Industrialisierung von Gütern wie Gummi, Öl, Baumwolle und dergleichen aus fernen Weltgegenden abhängig wird. England hatte sich eine Handelsmarine geschaffen, um diese Güter heranzuschaffen, und Kriegsschiffe, um ihnen sicheres Geleit zu geben und in den Gebieten, aus denen die Güter kamen, Ruhe und Ordnung aufrechtzuerhalten. Es ist aber nur schwer vorstellbar, daß ein Land die Schiffahrtslinien eines anderen in Friedenszeiten bedroht, und im Lichte des britischen Verhaltens im Jahre 1914 ist es nicht recht glaubhaft, daß Großbritannien allein wegen des Außenhandels zum Krieg gegen Deutschland geschritten wäre. Graf Hatzfeldt hat 1901 ganz richtig gesagt, wenn die Leute in Deutschland nur warten könnten, dann würden ihnen bald die gebratenen Tauben ins Maul fliegen.[49] Es gab aber nicht nur in Deutschland viele, die glaubten, ohne eine deutsche Flotte werde die ausländische Konkurrenz unter britischer Führung den deutschen Außenhandel vernichten; auch in England wurde von manchen, ohne viel zu fragen, etwa die gleiche Meinung vertreten.[50] Zudem durfte die deutsche Armee, wenn auch jetzt noch überlegen, nicht mehr mit einem dauerhaften Sieg an zwei Fronten rechnen, wenn die Wirtschaft unter dem Druck der Seeherrschaft zum Erliegen gebracht werden konnte. Aber die Walhalla, von der aus deutsche Patrioten in Sicherheit die Welt zu beherrschen gedachten, war selber nicht unerschütterlich. Mehr aus Instinkt denn aus klarer Überlegung begannen die Männer, die die deutsche Politik bestimmten, nach Mitteln und Wegen zu suchen, um sie uneinnehmbar zu machen. Zu diesem Zweck konnte es offensichtlich nicht genügen, die Zahl der in Übersee operierenden Geschwader zu vermehren; kein Krieg mit irgendeiner Macht würde nur ein »Kreuzerkrieg« sein. Isoliert operierende Geschwader konnten, eines nach dem anderen, erledigt werden, falls es nicht eine zentrale Streitmacht gab, die stark genug war, den Feind zur Konzentration seiner Kräfte zu zwingen. Unter Berufung auf Mahan bestand Tirpitz konsequent darauf, daß ein Land eine Schlachtflotte besitzen müsse, wenn es seine Macht zur See zur Geltung bringen wolle.

Im Jahre 1896 besaß die britische Marine 33 Schlachtschiffe

gegenüber 6 in Deutschland und 130 Kreuzer gegenüber 4 deutschen. War der Versuch, diesen gewaltigen Vorsprung einzuholen, nicht hoffnungslos, und war nicht deshalb Deutschland verurteilt, auf die Dauer der Gnade Englands ausgeliefert zu sein? Diese Schwierigkeit überwand Tirpitz mit seiner »Risikotheorie«. Danach konnte Deutschland Sicherheit gewinnen, auch ohne die Flottenstärke der größten Seemacht zu erreichen. Dafür war nur eine Flotte erforderlich, die stark genug war, jeglichem Angreifer schwere Verluste zuzufügen. Dann würde kein Feind angreifen aus Furcht, daß selbst im Falle seines Sieges die eigenen Verluste ihn in die Gewalt dritter Mächte mit starken Flotten geraten lassen würden. Logisch betrachtet, hat diese Theorie offensichtlich schwache Punkte, vor allem in der Annahme, daß die stärkste Seemacht keine Freunde haben würde. Aber sie entsprach den Zeitumständen. Wilhelms oft geäußerte Behauptung, er sei Englands einziger Freund auf dem europäischen Kontinent, war nicht ganz so lächerlich, wie sie angesichts seiner Interpretation des Wortes Freundschaft erscheinen könnte. Überdies beruhte die britische Doktrin vom *Two-Power-Standard*, nach der die britische Flotte stärker sein mußte als die beiden nächststarken zusammen, auf ganz ähnlichen Berechnungen. Dieser Zwei-Mächte-Standard setzte natürlich voraus, daß England, wenn andere Mächte ihre Flotten verstärkten, im gleichen Verhältnis auch die seine verstärken würde. Aber Englands Fähigkeit dazu hatte sich niemals zu bewähren gehabt, und letzten Endes muß das Ausmaß der Rüstungen eines Landes von dem Ausmaß seiner Hilfsquellen, nicht vom Verhalten seiner Gegner abhängen. Während der Jahre 1870 bis 1914 waren die britischen Verteidigungsausgaben höher als die deutschen, und in der Zeit zwischen 1895 und 1914 verwandte das Deutsche Reich immer noch einen erheblich geringeren Teil seines Volkseinkommens für die Rüstung als Großbritannien. Die deutsche Admiralität glaubte, daß die Engländer, wenn Deutschland das Tempo seines Flottenbaus beschleunigen würde, auf die Dauer nicht würden mithalten können.[51] Die Hauptgefahr lag nach Tirpitz in einem möglichen Präventivangriff, bevor die deutsche Flotte stark genug wäre, um die Engländer zum Nachdenken zu zwingen. Wäre es nach Admiral Sir John Fisher und Oberst Grierson gegangen, dann hätte es sehr wohl zu einem solchen Angriff kommen können.[52] Aber seine britischen Gegenspieler unterstanden, was Tirpitz gewußt haben dürfte, einer wirksameren Kontrolle durch die zivilen Gewalten als er selber. Und wenn Deutschland seinen Einfluß außerhalb Europas erhöhen – mit anderen Worten, als »Weltmacht« auftreten – wollte, dann mußte es eine stärkere Flotte haben. Die einzige Möglichkeit, diese »Gefahrenzone« zu vermeiden, wäre der Verzicht Deutschlands auf Einfluß in den nichteuropäischen Gebieten gewesen.[53]

Der entscheidende Beitrag, den Tirpitz für den Aufbau der deutschen Flotte leistete, lag in dem Geschick, das er im Umgang mit dem Reichstag bewies. Während seine Vorgänger einen Rückschlag nach dem anderen erlebten und deshalb Hohenlohe in seiner These bestärkten, daß eine nennenswerte Vergrößerung der Flotte nur um den Preis einer parlamentarischen Kraftprobe erster Ordnung zu erreichen sei, brachten es Tirpitz und Bülow binnen zehn Monaten dahin, daß ein bis 1904 reichendes Programm gebilligt wurde, das den Bau von sieben Schlachtschiffen, zwei schweren und sieben leichten Kreuzern vorsah. Dadurch erwarben sie sich die Dankbarkeit ihres kaiserlichen Herrn für eine halbe Ewigkeit und festigten ihre eigene Position. Der Entschluß der Zentrumspartei, für die Vorlage zu stimmen, war nur der unmittelbare Grund für diesen Erfolg. Tirpitz weigerte sich, die Feindseligkeit der öffentlichen Meinung als unabänderliche Tatsache hinzunehmen, er setzte, angespornt vom Kaiser, eine Werbekampagne in Gang, die das allgemeine Interesse für die Flotte wecken sollte.

> »Wir ließen Versammlungen und Vorträge abhalten und bemühten uns namentlich, in großem Maßstabe Fühlung mit der Presse zu bekommen. Wir empfingen jede Zeitung ohne Unterschied und gaben allen sachliche Aufklärung ohne Polemik ... Wir ließen Reisen zur Wasserkante machen, zeigten die Schiffe und Werften, wandten uns an die Schulen, forderten Schriftsteller auf, für uns zu schreiben; es kamen Stöße von Romanen und Broschüren. Vom Kultusministerium sollten Preise an die Schulen gegeben werden.«[54]

Einen Monat nach der Annahme des ersten Flottengesetzes wurde der Deutsche Flottenverein von Kreisen gegründet, die von Stumm und Krupp nahestanden. Tirpitz betrachtete anfangs diese Begeisterung mit einigem Unbehagen; aber ein Skandal in der Vereinsleitung erlaubte es dem Reichsmarineamt – sehr zum Mißfallen der Alldeutschen –, die Sache in die Hand zu bekommen. Dem Flottenverein fiel dann eine bedeutende Rolle in der Propagandaarbeit zu, wobei die Kosten zum größten Teil von der Rüstungsindustrie getragen wurden.[55] Wenn man sich ein Bild von der Verantwortung für dieses Geschehen machen will, muß man stets daran denken, daß Wilhelm, Bülow und Tirpitz wohlüberlegt darangingen, den Traum von einer Seemacht in die Gemüter des deutschen Volkes einzusenken, obgleich – oder gerade weil – es, sich selbst überlassen, der Führung die für die Verwirklichung des Planes notwendige Unterstützung möglicherweise verweigert hätte. Deutschland wolle niemand in den Schatten stellen, sagte Bülow in seiner ersten Reichstagsrede, aber »wir verlangen unseren Platz an der Sonne«. Um die gleiche Zeit sagte der Kaiser: »Der Dreizack gehört in unsere Faust« und wenig später: »Unsere Zukunft liegt auf dem Wasser.«[56]

Der Erfolg der neuen Besen hatte eine zweifache Auswirkung auf die deutsche Innenpolitik. Erstens ließ Wilhelms Ungeduld wegen des Reichstags nach, sobald dieser ihm seine Schiffe bewilligt hatte. Er sprach zwar nach wie vor davon, das allgemeine Wahlrecht abzuschaffen und die Partei zur Ordnung zu rufen, »die es wagt, die staatlichen Grundlagen anzugreifen, die gegen die Religion sich erhebt und selbst nicht vor der Person des Allerhöchsten Herrn haltmacht.«[57] Aber der stärkste Ansporn zum Handeln war entfallen, während die Schwierigkeiten immer augenfälliger wurden. Zweitens aber begann die Vaterlandsliebe, die bei der preußischen Oberschicht eng mit der Armee und der militärischen Tradition verknüpft war, ein neues Element zu enthalten. Für das Bürgertum des Zweiten Reiches war die Marine nicht nur ein Symbol der Einheit auf dem Gebiet der Landesverteidigung – denn, streng genommen, gab es keine deutsche Armee, sondern nur eine preußische, bayerische, sächsische, württembergische –, sie war ebenso das Werkzeug, mit dem der Aufstieg der Nation zur Größe über die Grenzen Europas hinaus zu weltweitem Maßstab vorangetrieben werden konnte. Die jüngere Generation hatte es satt, sich erzählen zu lassen, was die Armee geleistet hatte, um das Reich wieder aufzurichten; das neue Betätigungsfeld, auf dem sie, wie es schien, ihren eigenen Beitrag leisten würde, lag jenseits der Meere.[58] Man sprach viel von Deutschlands »Durchbruch zur Weltmacht«. Max Weber sagte 1895, die Einigung Deutschlands sei ein Jugendstreich gewesen, den die Nation lieber unterlassen hätte, wenn er nicht der Auftakt zu einer Politik sei, die Deutschland zur Weltmacht werden lasse. Friedrich Naumann, der die Ideen Stöckers in volkstümlichere Begriffe übersetzte, veröffentlichte 1897 seinen »Nationalsozialen Katechismus«, in dem er die Frage »Was ist Nationalismus?« mit den Worten beantwortete: »Es ist der Trieb des deutschen Volkes, seinen Einfluß auf die Erdkugel auszudehnen.«[59] Der Adel mochte für sich eine bevorrechtigte Beziehung zum Kaiser beanspruchen, im Mittelstand fanden aber Wilhelms Schwärmereien ein besonders bereitwilliges Echo.

Die einzige voll ausgebildete Großmacht, die außerhalb der Reichweite der deutschen Armee lag, war Großbritannien, wo das wachsende Weltmachtstreben Deutschlands unweigerlich mit Mißtrauen verfolgt wurde. Die Tatsache, daß England der Welt des 19. Jahrhunderts seinen Willen aufzwingen konnte, war die Folge eines historischen Zufalls, nämlich der Niederlage aller übrigen Seemächte in den Napoleonischen Kriegen, eines vorübergehenden Vorsprungs in der wirtschaftlichen Entwicklung und der Ausweitung der Politik von europäischem zu weltweitem Ausmaß als einer Folge der Anwendung von Dampf und Elektrizität im Verkehrswesen. Aber eines Tages mußte die Pax Britannica zwangsläufig in Frage gestellt werden. Nicht einmal die Sicherheit des Friedens vermag Staaten zu veranlassen, sich auf die Dauer der Überlegenheit eines aus ihrer Mitte zu unterwerfen. Doch es ist niemals leicht, die Haltbarkeit der verschiedenen Elemente der zeitgenössischen Situation zu beurteilen, und viele Engländer würden um die Jahrhundertwende die Vormachtstellung ihrer Nation für einen ebenso dauerhaften Charakterzug der modernen Welt gehalten haben wie die Dampfmaschine – womit sie natürlich recht gehabt hätten, wenn auch kaum so, wie sie sich das vorstellten. Keine führende Macht gibt ihre Position freiwillig auf, solange die Umstände nicht gezeigt haben, daß es unumgänglich ist, und manche selbst dann noch nicht. Jene, die sagten, die Welt sei groß genug für Großbritannien und Deutschland, und Deutschland könne, was immer es wolle, ohne Krieg haben, hatten wahrscheinlich recht. Aber um danach auch zu handeln, hätte es eines Weitblicks, eines Vertrauens in eine allgemeine Vernünftigkeit bedurft, wie sie nicht leicht in der menschlichen Natur zu finden sind. Statt dessen erzeugte eine wirtschaftliche Depression in den Jahren 1894 bis 1898 in England eine neue Welle der Agitation gegen die deutsche Konkurrenz, die besonders von der ersten volkstümlichen Zeitung, der von Alfred Harmsworth – dem späteren Lord Northcliffe – herausgegebenen *Daily Mail* angefacht wurde. Im Jahre 1897 gelang es dem Dampfer des Norddeutschen Lloyd »Kaiser Wilhelm der Große«, das Blaue Band des Atlantiks zu gewinnen, das die Cunardlinie erst zehn Jahre später zurückerobern konnte. Zeitungsschreiber verfehlten nicht, auf die Tragweite der Krüger-Depesche und der ersten Flottenvorlage hinzuweisen, bis schließlich 1897 die *Saturday Review* in einem berühmt gewordenen Artikel einen Präventivkrieg forderte: *Carthago delenda est.* Der Aufsatz mag von einem Amerikaner verfaßt worden sein und entsprach bestimmt nicht den Ansichten des britischen Kabinetts.[60] Aber das Gefühl, daß die Beziehungen zu Deutschland ein ernstes Problem darstellten, verbreitete sich mehr und mehr.

Im Juni 1897, dem Monat des Diamantenen Regierungsjubiläums der Königin Viktoria, erreichte Englands Weltgeltung vielleicht ihren Höhepunkt. Wilhelm hatte fest damit gerechnet, aus diesem Anlaß eingeladen zu werden, und gab das auch über seine Mutter in London zu verstehen. Der Prinz von Wales war verärgert über diesen Gedanken. »Obgleich der deutsche Kaiser der Enkel der Königin ist, wäre es ein schwerer Fehler, ihn als einzigen Souverän einzuladen. Er würde außerdem mit einem enormen Gefolge kommen und versuchen, die Dinge selber zu arrangieren, und daraus würden endlose Unannehmlichkeiten entstehen. Seine Königliche Hoheit ist überzeugt, daß es die Königin bedauern wird, wenn sie nachgibt.«[61] Dafür bestand keine Gefahr. Viktoria erschien das Kommen des Kaisers aus vielen Gründen unerwünscht. Es wurde also bekanntgegeben, daß keine Staatsoberhäupter eingeladen würden, da die Königin nicht die Zeit haben werde, sie gebührend zu unterhalten. Die Kolonialkonferenz, die anläßlich des Jubiläums in London zusammentrat, sprach sich unter anderem für die Kündigung des Handelsvertrages aus, den England im Jahre 1865 mit dem Deutschen Zollverein abgeschlossen hatte und der noch für die Handelsbeziehungen mit Deutschland gültig war. Da er beiden Vertragspartnern die Meistbegünstigung in ihrem gesamten Zollgebiet zugestand und zwei Jahre, bevor die *British North America Act* Kanada die Unabhängigkeit gewährte, unterzeichnet worden war, beschwerte sich die deutsche Regierung zu Recht, daß die kanadischen Präferenzzölle für britische Waren gegen den Vertrag verstießen. Wilhelm reagierte auf die Kündigung des Vertrages mit der Bemerkung, daß das nie passiert wäre, wenn Deutschland eine starke, achtunggebietende Flotte gehabt hätte.[62] Von nun an mußte die Meistbegünstigungsklausel für Großbritannien in jedem Jahr vom Bundesrat beschlossen werden, und man gab klar zu verstehen, daß ein Antrag in diesem Sinne nicht wieder eingebracht werden würde, falls andere Teile des Britischen Imperiums dem kanadischen Beispiel folgen sollten. Dies nannte die *Times* eine »Androhung einer Einmischung in die inneren Angelegenheiten des Empire, die über die kommerzielle Sphäre hinausgeht«.[63] Aber gerade um diese Zeit begann – mit der Unterstützung Chamberlains – die Diskussion über eine Einführung des Präferenzzollsystems im ganzen Empire, und in Deutschland begriff man sehr rasch, daß dies eine Bedrohung der deutschen Exporte bedeuten würde. »Nach der Anerkennung der Überlegenheit der Deutschen Industrie wird deren Vernichtung in Bälde von Albion angestrebt und unzweifelhaft erreicht werden, wenn nicht energisch und rasch ein starker Flottenbau bei uns dem Unheil vorbaut.«[64]

Im August 1897 schüchterte Willy beim Tennisspiel zwischen den Springbrunnen in Peterhof Nicky so weit ein, daß dieser erklärte, Rußland habe nichts dagegen, wenn Deutschland Kiautschou besetzen würde, einen chinesischen Hafen, den Wilhelm schon lange als Flottenstützpunkt begehrte. Zwei Monate später lieferte die Ermordung zweier deutscher Missionare im Inneren Chinas einen wie von Gott gesandten Anlaß, das Geschäft abzuwickeln. Wilhelm schob die Einwände seiner Berater, eine Annexionspolitik könne Deutschland in einen Konflikt stürzen, beiseite.

> »Tausende von deutschen Christen werden aufatmen, wenn sie des Deutschen Kaisers Schiffe in ihrer Nähe wissen werden. Hunderte von deutschen Kaufleuten werden aufjauchzen in dem Bewußtsein, daß endlich das Deutsche Reich festen Fuß in Asien gewonnen hat, Hunderttausende von Chinesen werden erzittern, wenn sie die eiserne Faust des Deutschen Reichs schwer in ihrem Nacken fühlen werden, und das ganze Deutsche Volk wird sich freuen, daß seine Regierung eine mannhafte Tat getan hat ... Möge die Welt

aber aus diesem Vorfall ein für allemal die Moral ziehen, daß es bei mir heißt: *Nemo me impune lacessit.*«[65]

Er schickte das deutsche Ostasiengeschwader an Ort und Stelle und verstärkte es durch eine von seinem Bruder Heinrich befehligte Sonderformation. In seiner Abschiedsansprache an den Prinzen sagte der Kaiser, wenn jemand versuchen sollte, Deutschland zu kränken, solle er »mit der gepanzerten Faust« dreinfahren. Niemand in der kaiserlichen Familie erwartete sehr viel von dem Prinzen Heinrich, aber er wußte, was von ihm erwartet wurde. In seiner Antwort sagte er: »Mich zieht nur eines, das Evangelium Eurer Majestät, geheiligter Person, im Auslande zu künden, zu predigen jedem, der es hören will, und auch denen, die es nicht hören wollen.«[66] Die übrigen Mächte waren durch diese Vorgänge eher amüsiert, aber hielten es für nötig, dem Beispiel zu folgen. Die Russen besetzten sofort Dairen und Port Arthur, was Wilhelm zu einem Brief nach St. Petersburg veranlaßte, in dem es hieß, daß »Rußland und Deutschland am Eingang des Gelben Meeres als die Vertreter des heiligen Georg und des heiligen Michael angesehen werden mögen, die das Heilige Kreuz im Fernen Osten beschirmen und die Tore des asiatischen Kontinentes bewachen.«[67] Die Reaktion Wilhelms auf die Besetzung von Wiehai-Wei durch die Engländer war weniger begeistert.

Ein Mangel an Begeisterung war auch in England zu verspüren. Zur Zeit des Jameson-Überfalls hatte Chamberlain an Salisbury geschrieben, der britischen Öffentlichkeit sei es ziemlich gleichgültig, welchem der vielen Feinde Großbritanniens sie trotze, sofern man überhaupt jemandem trotze.«[68] Als Kolonialminister war er sich aber der Unannehmlichkeiten einer Isolierung Englands sehr viel klarer bewußt. Er sah in Rußlands Besetzung von Port Arthur den Beginn eines Versuchs, Nordchina unter russische Kontrolle zu bringen, ein Vorgehen, dem England würde Widerstand leisten müssen. Er hatte bereits Streit mit Frankreich wegen der französischen Ansprüche in Westafrika. In Südafrika näherten sich die Ereignisse ihrem Höhepunkt. Die Kreta-Affäre war noch nicht beigelegt. In Ägypten begann Kitchener seinen Zug nach Süden, um den Tod Gordons zu rächen. Überall in der Welt schien England in Schwierigkeiten verwickelt zu sein und nirgends hilfsbereite Freunde zu haben. Nach dem Grundsatz, wen man nicht zerschmettern kann, mit dem soll man sich verbünden, kam Chamberlain zu dem Schluß, daß es nun an der Zeit sei, eine Isoliertheit preiszugeben, die nicht länger *splendid* war, und sich nach Bundesgenossen umzusehen. In diesem Sinne muß er sich dem deutschen Botschaftsrat Baron von Eckardstein gegenüber geäußert haben. Eckardstein, anglophil und damals mit einer reichen Engländerin verheiratet, riet ihm, an den Botschafter Graf Hatzfeldt heranzutreten.[69] Lord Salisbury war krank und abwesend und hatte die Führung der Regierungsgeschäfte seinem Neffen Arthur Balfour übertragen. Im März und April 1898 führte Hatzfeldt drei Gespräche mit Balfour und drei mit Chamberlain, der nach dem dritten seine Vorstellungen in einer Rede in Birmingham auch öffentlich zum Ausdruck brachte. – Ein Beweis für die begrenzte Wirkung der Krüger-Depesche war, daß diese Rede kein entrüstetes Echo in der Öffentlichkeit auslöste. – Chamberlain vertrat die These, daß England Verbündete brauche und sich zwischen Deutschland und dem französischrussischen Block zu entscheiden habe. Von den beiden Alternativen schien ihm die deutsche natürlicher, weil die deutschen und britischen Interessen sich weitgehend deckten. Wenn sich England einmal generell auf die deutsche Unterstützung verlassen könne, dann könne es sich auch ein Einlenken in kolonialen Fragen leisten, den wichtigsten Streitpunkten zwischen den beiden Ländern. Chamberlain war aber dagegen, über die Kolonien selbst zu verhandeln. Darin unterschied er sich von seinen Kollegen, die die empirische Methode, erst geringfügigere Schwierigkeiten zu klären, ehe man an die Grundsatzfragen gehe, vorzogen.

Es schien, als sei der Augenblick gekommen, auf den Wilhelm so lange gewartet hatte. Großbritannien war endlich so weit, daß es um deutschen Beistand nachsuchte. Anstatt aber die Geste zu begrüßen, nahm man sie mit äußerster Zurückhaltung auf.[70] Es gab mehrere gute Gründe für diesen Kurs, der sowohl auf den Rat von Hatzfeldt, einen der besten Schüler Bismarcks, wie auf Bülow und Holstein zurückging. Wilhelm selbst war sich durchaus der Vorteile bewußt, die ein Bündnis mit England für Außenhandel und koloniale Zugeständnisse bieten könnte. Doch zunächst einmal bezweifelten er und seine Ratgeber, ob Chamberlain sich bei seinen Kollegen werde durchsetzen können. Damit hatten sie nicht ganz unrecht, denn Salisbury schrieb an Balfour:

»Das einzige Ziel des deutschen Kaisers, seit er auf dem

Throne ist, ist es gewesen, uns in einen Krieg mit Frankreich zu treiben. Ich kann mir nie schlüssig werden, ob dies ein Teil von Chamberlains Zielsetzung ist oder nicht ... Frankreich benimmt sich sicherlich, als beabsichtige es, uns in ein deutsches Bündnis zu treiben; dem ich mit einigem Schrecken entgegensehe, denn Deutschland wird uns schwer erpressen.«[71] Balfour sprach in seiner Antwort vom Dilettantischen der Verhandlungen. Tiefer noch mißtrauten die Deutschen der Aufrichtigkeit der englischen Absichten, besonders wenn sie daran dachten, daß Salisbury im Jahre 1889 seine ablehnende Haltung gegenüber den Bündnissondierungen Bismarcks damit entschuldigt hatte, daß keine britische Regierung Verpflichtungen auch für ihre Nachfolger eingehen könne. – Chamberlain bestritt diese Schwierigkeit mit dem Hinweis, daß eine einmal vom Parlament ratifizierte Allianz unter allen Umständen eingehalten würde. – Die Deutschen scheuten sich aber auch, sich die dauernde Feindschaft Rußlands zuzuziehen. »Der p. Chamberlain muß nicht vergessen, daß ich in Ostpreußen einem preußischen Armeekorps gegenüber 3 russische Armeen und 9 Kavalleriedivisionen hart an der Grenze stehen habe, von denen mich keine Chinesische Mauer trennt und die kein englisches Panzerschiff mir vom Leibe hält!«[72] Bülow nahm allzu leichtherzig an, daß England sich nicht mit Frankreich werde einigen können, Wilhelm dagegen hielt dies für möglich, rechnete aber damit, daß die Folge davon das Ende des russisch-französischen Bündnisses sein würde, was Deutschland erlauben würde, alle seine Kräfte im Westen zu konzentrieren. Hatzfeldt sagte, er habe keine Sorge, daß Deutschland zwischen zwei Stühle geraten könne, da sich beide Seiten um die deutsche Freundschaft bemühten. Bülow glaubte, daß die anderen Mächte die Deutschen nötiger brauchten als diese sie. Wilhelm hatte ebenfalls recht, wenn er die Nachteile erkannte, die eine Unterstützung Englands außerhalb Europas für Deutschland mit sich bringen mußte; denn Frankreich und Rußland würden, wenn sie sich in Afrika und Asien einer eindeutigen Übermacht gegenüber sähen, ihre Hoffnungen in diesen Kontinenten, wo ihr gemeinsamer Feind England sei, aufgeben und sich mehr um die europäischen Verhältnisse bemühen, wo ihr gemeinsamer Feind Deutschland sei. Außerdem rechnete man darauf, daß die im Bau befindliche deutsche Flotte in ein paar Jahren den Preis, den England für die deutsche Freundschaft zu zahlen bereit sei, noch weiter erhöhen werde. Wilhelm und seine Berater machten sich daher die Tatsache zunutze, daß von englischer Seite keine präzisen Vorschläge gemacht worden waren, und stimmten Hatzfeldts Taktik zu, das englische Angebot »freundlich, aber dilatorisch zu behandeln«. Eine Folge dieser Taktik war natürlich, daß etwaige präzise Vorschläge, die andernfalls vielleicht gemacht worden wären, unterblieben und die Möglichkeiten eines Bündnisses, das sich auf Europa erstreckte, nicht erforscht wurden.

Inmitten dieser Gespräche ließ Wilhelm den Kitzel, besonders schlau zu sein, vor seinem Anstandsgefühl vorherrschen. Er berichtete dem Zaren von den vertraulichen Verhandlungen in London und fragte ihn praktisch, welches Gegenangebot Rußland für die deutsche Freundschaft machen würde. Auch in der Antwort des Zaren siegte die Schläue über die Ehrlichkeit, ein sicheres Zeichen dafür, daß sie nicht von Nikolaus persönlich verfaßt worden war.

> »Vor drei Monaten ... überreichte uns England ein Memorandum, in dem es uns zu bewegen versuchte, mit ihm zu einem Übereinkommen über alle die Punkte zu gelangen, in denen unsere Interessen mit seinen kollidierten. Diese Vorschläge waren, das muß ich sagen, von einem so neuartigen Charakter, daß wir ganz verblüfft waren und doch – ihre ganze Natur erschien uns verdächtig, nie vorher hatte England Rußland solche Angebote gemacht ... Ohne zweimal darüber nachzudenken, wurden ihre Vorschläge abgelehnt ... Es ist sehr schwierig, wenn nicht ganz unmöglich für mich, Deine Frage zu beantworten, ob es für Deutschland nützlich ist oder nicht, diese oft wiederholten englischen Vorschläge anzunehmen, da ich nicht die geringste Kenntnis über ihren Wert besitze.«[73]

Was England wirklich getan hatte, war nur ein gewisses Vorfühlen über eine allgemeine Verständigung in bezug auf China, entsprechend der Politik direkter Verhandlungen über diese Frage, für die Wilhelm immer eingetreten war. Aber der geschickte Dreh, den Petersburg der Sache gegeben hatte, genügte, um Wilhelm davon zu überzeugen, daß er England zu Recht für unaufrichtig gehalten hatte. Durch seine Marginalien zu den diplomatischen Aktenstücken zog sich wie ein roter Faden die These, England führe mit Deutschland nichts Gutes im Schilde, mache ihm leere Versprechungen und werde ihm bestenfalls ein paar magere Brocken zuwerfen. Daß es ihm nicht gelungen war, ein russisches Gegenangebot herauszulocken, schien der Kaiser gar nicht gemerkt zu haben.* Inzwischen war Kitchener nilaufwärts marschiert und hatte den Derwischen am 2. September 1898 bei Omdurman eine »gehörige Tracht Prügel« (*a good dusting*) versetzt – so beschrieb er ein Treffen, bei dem der Gegner zehntausend Tote auf dem Schlachtfeld ließ.[75] Wilhelm erhielt die Nachricht kurz vor einer Truppenbesichtigung in Hannover und brachte ein dreifaches Hoch auf Königin Viktoria aus. Kitchener bekam nach seinem Einzug in Khartum den Befehl, weiter flußaufwärts vorzustoßen, um einer neuen Drohung zu begegnen. Bei Faschoda traf er auf Hauptmann Marchand, der sich dort mit acht französischen Offizieren, 120 senegalesischen Soldaten, einem quer durch Afrika auf Rädern beförderten Dampfer und reichlichem Vorrat an Champagner niedergelassen hatte. Marchand war mit seinen Leuten in über einem Jahr mehr als viereinhalbtausend Kilometer marschiert, um das Land am oberen Nil für Frankreich in Besitz zu nehmen. »Wenn wir jemals nach Faschoda kommen«, hatte Lord Salisbury 1897 gesagt, »wird es eine denkwürdige diplomatische Krise geben, und ›was nun?‹ wird eine interessante Frage sein.«[76] Kitchener war klug genug, trotz seiner überwältigenden militärischen Überlegenheit die französische Truppe nicht zu behelligen, solange in den Hauptstädten noch die Diplomaten die Sache erörterten. Es vergingen einige Wochen hoher Spannung, während sich sowohl Frankreich wie auch England kampfbereit machten. Der Kaiser fragte

* Wilhelms Brief an den Zaren war ein gutes Beispiel für die Art und Weise, in der Eifersucht und Mißtrauen seine Haltung gegenüber England verzerrten. Einleitend erläuterte er, daß kurz vor Chamberlains erstem Annäherungsversuch die Angriffe der englischen Presse auf Deutschland und seine Person aufgehört hätten. Seine Ermittlungen hätten ergeben – übrigens ganz richtig –, daß dies auf Königin Viktoria zurückging. »Und das im Land der ›Freien Presse‹!« Unfähig zu begreifen, daß der Schritt der Königin aus allgemeinem Wohlwollen erfolgt war, sah er darin eine Einleitung von Chamberlains Aktion. Dabei hatte er selber einen Monat vorher in einer Aktennotiz eine Einstellung der inspirierten Angriffe in der englischen Presse als ersten Schritt einer deutsch-englischen Verständigung bezeichnet.[74]

telegraphisch beim Zaren an, wie dieser die Lage beurteile. Nicky antwortete, er wisse nichts von einem drohenden Konflikt und halte nichts von einem übereilten Vorgehen. Es sei immer peinlich, sich unaufgefordert in anderer Leute Angelegenheiten zu mischen. In Frankreich war die Dreyfus-Affäre in vollem Gange, wobei es hauptsächlich darum ging, wer für Deutschland spioniert habe; daß jemand es getan hatte, wurde von niemandem bestritten. Dieser Fall schuf nicht nur Gegensätze zwischen der Armee und den Politikern, sondern auch innerhalb der Armee, die deshalb schlecht auf einen Krieg vorbereitet war. Es ging dabei, wie sich allmählich herausstellte, um die Frage, wem der Vorrang gebühre, der nationalen Sicherheit oder der Freiheit des Individuums, und durch diesen Zwischenfall gewannen die Vorkämpfer der Freiheit, deren Sympathien England gehörten, politisch an Boden. Delcassé, der im entscheidenden Augenblick Außenminister wurde, enttäuschte Wilhelms zuversichtliche Voraussagen; doch er erwies sich als weniger anglophob als sein Vorgänger Hanoteaux. Frankreich war außerstande zu kämpfen und mußte zu seinem großen Verdruß nachgeben. Auch Wilhelm war verärgert und schrieb an Nicky, viele Leute begännen, die Franzosen nach diesem beschämenden Rückzug als ein sterbendes Volk anzusehen; sollte das russische Außenministerium den Franzosen zu diesem unvernünftigen Schritt geraten haben, dann sei es »über alle Maßen und unglaublich schlecht beraten« gewesen.[77] Wilhelm kritisierte die Franzosen auch, weil sie Mahan nicht genügend studiert hätten und deshalb keine Flotte besäßen, wenn sie eine brauchten. Er versuchte auch weiterhin, den Zaren für eine Zusammenarbeit mit Deutschland zu gewinnen, aber die Russen, die den Franzosen keinerlei Unterstützung angeboten hatten, hielten Zurückhaltung für den besten Weg. Darauf erklärte der Kaiser dem britischen Botschafter, er bezweifle, ob England jemals wieder eine bessere Chance geboten werde, Frankreich ohne Einmischung Dritter zu erledigen. Aber England hatte es nicht nötig, diesem nicht erbetenen Ratschlag gemäß zu handeln. Die französischen Zugeständnisse beschränkten sich nicht auf Faschoda, im März 1899 wurde ein Abkommen geschlossen, das alle offenstehenden Fragen in Zentralafrika regelte.

Wilhelm hätte besser daran getan, sich über Frankreichs Weigerung, die Rolle zu spielen, die er ihm zugedacht hatte, zu beunruhigen, anstatt sich darüber zu entrüsten. Wenn Erwartungen enttäuscht werden, ist das oft ein Zeichen dafür, daß sie auf grundlosen Voraussetzungen beruhten. Faschoda bedeutete tatsächlich eine entscheidende Wende in der französischen Politik. Delcassé war wohl ein Freund des nationalistischen Führers Deroulède gewesen, aber auch ein Schüler Gambettas, des Apostels des französischen Widerstandes im Jahre 1870. Für ihn, wie für die meisten Franzosen, war das Elsaß nach wie vor wichtiger als Afrika. Das Abkommen von 1899 war nicht nur ein Vorzeichen der Entwicklung, die fünf Jahre später zur englisch-französischen Entente führte, im gleichen Jahre 1899 reiste Delcassé auch nach Petersburg und erreichte dort unter strenger Geheimhaltung eine Revision des Vertrages mit Rußland, die diesem einen offensiveren Charakter verlieh. Die Erfahrung bei Faschoda hatte auch die Mehrheit von Delcassés Landsleuten zu der Einsicht gebracht, daß Frankreich sich nicht zwei Feinde leisten könne. Allerdings ließ der feindselige Ton der französischen Äußerungen gegenüber England während der nächsten Jahre diesen Wandel kaum erkennen, und man mag das als eine Entschuldigung dafür ansehen, daß die deutsche Führung die Entwicklung nicht erkannte. Aber Berlin war sowohl durch Botschafter Malet wie durch Chamberlain darauf hingewiesen worden, daß England, wenn Deutschland fortfahre, Schwierigkeiten zu machen, sich mit Frankreich verständigen könne und werde, und Wilhelm selbst hatte erkannt, daß dies geschehen könne. Er erklärte theatralisch, er lasse sich nichts vormachen, während für Bülow und Holstein Koalitionen fast ebenso ein Alpdruck waren wie für Bismarck. Und doch waren sie derart in ihre Vorstellungen verrannt, daß sie es versäumten, sich einen rechten Begriff davon zu machen, in welche Lage Deutschland geraten würde, wenn sich England schließlich doch mit Frankreich und sogar mit Rußland einigen sollte.

Willys Beziehungen zu Nicky wurden um diese Zeit belastet durch dessen Vorschlag vom August 1898, eine Abrüstungskonferenz abzuhalten. Diese damals ganz neuartige Idee brachte die Führer Europas in Verlegenheit, und sie erhoben sofort die verschiedensten Einwände, die in den folgenden sechzig Jahren der Welt nur zu vertraut wurden. Der Kaiser gehörte nicht zu den letzten, die den Plan als utopisch verwarfen. Er konnte sich nicht recht entscheiden, ob er dessen Autor als »träumerhaften Knaben« oder als »knabenhaften Träumer« ansehen sollte.[78] Wie so oft unterstellte er allen – nur nicht sich selber – die übelsten Motive und sagte, der Vorschlag sei nur gemacht worden, um Rußland Schutz zu billigem Preise zu verschaffen – worin leider etwas Wahres lag. Er machte sich höchlichst und mit Recht über einen französischen Vorschlag lustig, die Konferenz solle sich auf rein technische militärische Fragen beschränken und nur aus den Kriegsministern bestehen. Wenn trotz all dieser kalten Duschen die Konferenz tatsächlich im Juni 1899 im Haag zusammentrat, so brauchte sich die deutsche Delegation nicht erst von ihrem Herrn ermuntern zu lassen, »mit gesundem Menschenverstande den ganzen russischen Heucheleien, Quatsch und Lügen den Garaus zu machen«.[79] Der Abrüstungsvorschlag wurde zum guten Teil auf deutsches Betreiben ohne Diskussion an die Regierungen zurückverwiesen, und die vorgeschlagene verbindliche Schiedsgerichtsbarkeit wurde durch Umwandlung in ein freiwilliges Schiedsgericht abgeschwächt. Eine solche Politik war wohl ehrlich, aber nicht gerade umsichtig, denn sie führte dazu, daß die Schuld an dem mageren Ergebnis den gesunden Realisten aufgebürdet wurde. Da die meisten anderen Staatsmänner, von Lord Salisbury bis zum Sultan der Türkei, die Idee als eine seltsame Einbildung behandelt hatten, war dieses Urteil vielleicht unfair. Immerhin war Deutschland der Vorkämpfer der These, daß der souveräne Nationalstaat die endgültige Antwort auf alle Probleme der Menschheit darstelle. Als Wilhelm hörte, daß die Amerikaner regelmäßig für den Erfolg der Konferenz gebetet hatten, bat er Gott, diesen Pharisäern zu verzeihen, während er gleichzeitig jedem Ohrfeigen in Aussicht stellte, der ihm eine Beschränkung der Wehrpflicht empfehlen sollte. Als er dann aber sagen sollte, was er gern mit den Beschlüssen der Konferenz getan wissen würde, verfiel er in unanständige Ausdrücke.[80] Daß Abrüstung schwierig sein würde, hatte er richtig erkannt, daß sie gleichwohl erstrebenswert sein könnte, entging ihm wohl.

Einer der Gründe, die es dem Kaiser erschwerten, die Bedeutung von Faschoda richtig einzuschätzen, lag in dem Umstand, daß er anderes im Kopfe hatte. In Begleitung von Dona, Bülow, Eulenburg und einer sorgfältig ausgewählten Gruppe deutscher protestantischer Geistlicher machte er sich im Oktober auf den Weg nach Palästina, eine seltsame Mischung von Besichtigungsreise und Pilgerfahrt, auf dem Hinweg über Konstantinopel und zurück über Damaskus, Beirut, Rhodos und Malta. Wilhelm war entrüstet, daß man dieser Fahrt politische Motive unterschob, und beklagte sich darüber, daß das Gefühl für den reinen Glauben, der einen Christen veranlasse, das Land aufzusuchen, in dem unser Erlöser gelebt und gelitten habe, in den oberen Gesellschaftsschichten des 19. Jahrhunderts zu erlöschen scheine, und schalt über die Intrigen der verschiedenen Konfessionen und Sekten in Jerusalem, wo »der Gedanke, daß Seine Augen auf den gleichen Hügeln ruhten und Seine Füße den gleichen Boden betraten, einem tief zu Herzen geht«.[81] Der offizielle Zweck der Reise war die Einweihung der von deutschen Protestanten in Jerusalem erbauten Erlöserkirche. Um seine Unparteilichkeit zu beweisen, schenkte er den deutschen Katholiken den traditionellen Ruheplatz der Jungfrau Maria, den er dem Sultan abgeschmeichelt hatte. Er war jedoch nicht günstig beeindruckt von den Christen, die er in der Heiligen Stadt erlebte; Dona dagegen sah die einzige Schattenseite darin, daß man so vielen Juden begegnete. Immerhin war das bemerkenswerteste Ereignis das Treffen des Kaisers mit Theodor Herzl und vier anderen Zionisten, die eigens zu diesem Zweck von Wien herbeigereist waren, in der Hoffnung, für eine große jüdische Kolonie in Palästina deutsche Unterstützung zu gewinnen. Wilhelm fühlte sich von der Idee angezogen, die zionistische Bewegung, mit der er wohlvertraut sei, beruhe auf einem gesunden Gedanken. In Palästina sei Platz für jedermann, und die eigenen Beobachtungen hätten ihn überzeugt, daß das Land anbaufähigen Boden besitze, man müsse nur für Wasser und Bäume sorgen – die kaiserliche Reisegesellschaft fand es in Palästina nämlich sehr heiß. Man hat aber später nie wieder etwas von einem Interesse Wilhelms für den Zionismus gehört, möglicherweise, weil der Sultan unfreundlich reagierte.[82]

Den Moslems widmete der Kaiser fast ebensoviel Aufmerksamkeit wie den Christen. Er erklärte den deutschen Protestanten, sie müßten die Ungläubigen durch ihre Lebensführung und ihren Charakter, nicht durch Predigten beeindrucken. In Damaskus[83] gedachte er Saladins mehr als des Apostels Paulus. Er versicherte dem Sultan der Türkei und den dreihundert Millionen Mohammedanern, deren Kalif dieser war, daß der deutsche Kaiser zu allen Zeiten ihr Freund sein werde.[84] Er meinte, mit dieser Rede dauerhafte Sympathien der mohammedanischen

Welt für Deutschland und dessen Herrscher gewonnen zu haben. Als wesentliches Ergebnis der Reise wuchs das Interesse Wilhelms an der Türkei und darüber hinaus am ganzen Nahen Osten, was wiederum die Nervosität der Franzosen, Russen und besonders der Engländer steigerte, zu deren Untertanen ein beträchtlicher Teil der dreihundert Millionen Moslems gehörte. Sie wurden auch dadurch nicht gerade beruhigt, daß zwei Monate später die Türkei den Deutschen eine bedeutende Konzession für den Bau eines Hafens und eines Bahnhofs am Ostufer des Bosporus erteilte.

In der letzten seiner Unterredungen mit Balfour hatte Hatzfeldt sich, entsprechend seinen Instruktionen, für jene kleinen Zugeständnisse ausgesprochen, die die Vorurteile zwischen den Ländern mildern und den Weg für festere und konkretere Bindungen ebnen. Balfour fand das »sehr unterhaltend«, bemühte sich aber, keine dieser Anregung widersprechende Meinung zu äußern, »da ein anglo-deutsches Abkommen, obgleich ich geneigt bin, es zu begünstigen, auch im schlimmsten Falle von gleich zu gleich geschlossen werden muß«.[85] Daraufhin erhielt Hatzfeldt von Berlin eine streng vertrauliche Liste mit den Gebieten, die Deutschland ins Auge gefaßt hatte, davon lagen sieben in Afrika, drei in Asien – darunter »mindestens eine der Philippineninseln« – und in der Südsee die Karolinen und Samoa.[86] Soweit die betreffenden Gebiete nicht britischer Besitz waren, gehörten sie Spanien und Portugal, und über die portugiesischen Kolonien kam es zu ersten Verhandlungen. Portugals bedrängte Finanzlage, die durch internationale Streitigkeiten über die Delagoa-Bucht noch verschlimmert wurde, hatte zu der Annahme geführt, es werde seine Kolonien verpfänden müssen. Sollte es zu ihrer Aufteilung kommen, wollte Deutschland nicht beiseite stehen. Die britische Regierung wiederum zeigte ihre chronische Abneigung gegen Vorausentscheidungen für eine ihrer Meinung nach »hypothetische Situation«. Aber Balfour hatte die Krüger-Depesche noch in frischer Erinnerung und befürchtete weitere Schwierigkeiten mit den Buren. So meinte er, nicht leichtfertig das Risiko laufen zu dürfen, daß die Delagoa-Bucht in deutsche Hände fiel, und erklärte sich im August 1898 mit einer provisorischen Aufteilung der Kolonien Portugals einverstanden, die für den Fall, daß diese jemals ausgehandelt werden müßten, England unter anderem ganz Mosambik südlich des Sambesi zusprach. Die Abmachung wurde von den Alldeutschen angegriffen, die behaupteten, man habe auf Betreiben deutsch-jüdischer Bankinteressen an dem *Rand* ein wertvolles Tauschobjekt preisgegeben. Wilhelm aber erklärte Balfour im Jahre 1899, nach seiner Auffassung habe der Vertrag die Beziehungen beider Länder in Südafrika für alle Zeiten geregelt. Die Franzosen und Russen, fügte er hinzu, wüßten nicht, was in dem Vertrag stehe. Gelegentlich lüfte er den Deckel ein wenig und lasse sie einen flüchtigen Blick hineintun, dann schließe er ihn rasch wieder. Das möchten sie nicht.[87] Diese hohe Einschätzung des Abkommens durch den Kaiser ging auf Bülow zurück, der bei dessen Abschluß bemerkt hatte, Wilhelm könne nun am achtzigsten Geburtstag seiner Großmutter – im Mai 1899 – als *Arbiter mundi* auftreten.[88] Das Gefühl, einen Erfolg erreicht zu haben, ging freilich etwas weit. Deutschlands Fehler war es, trotz des französisch-russischen Bündnisses und trotz des Dreibundes anzunehmen, daß es eine Vermittlerposition zwischen zwei rivalisierenden Gruppen innehabe. Das Mißfallen an dem portugiesischen Geschäft beschränkte sich auch nicht auf die Franzosen, die Russen und die Alldeutschen. Lord Salisbury, der zur Zeit des Abschlusses krank gewesen war, verurteilte es als Verrat an einem alten Verbündeten. Um zu verhindern, daß die ins Auge gefaßte Situation eintreten könnte, bestand er auf dem Abschluß eines zweiten Geheimvertrags, der Englands Verpflichtungen gegenüber Portugal erneut bestätigte.[89] Dieser zweite Vertrag stand nicht in ausdrücklichem Widerspruch zu den in dem ersten übernommenen Verpflichtungen, aber die hinter beiden stehenden Absichten widersprachen sich ganz offenkundig. Als die Deutschen um die Jahrhundertwende von dem zweiten Vertrag erfuhren, hinderte sie der Umstand, daß sie unter ähnlichen Verhältnissen sich wohl kaum anders hätten verhalten können, begreiflicherweise nicht daran, sich zu ärgern.[90]

Wilhelm fuhr auch nicht zum Geburtstag seiner Großmutter. In seiner überspannten Art hatte er es sich in den Kopf gesetzt, alle seine Kinder mitzubringen und sie ihr als Höhepunkt der Feierlichkeiten vorzustellen. Aber Königin Viktoria hatte erklärt, ihr sei das zuviel, und hatte mit großer Bestimmtheit den Vorschlag abgelehnt. Wilhelm, der nach Bülow außerordentlich empfindlich gegen alles war, was er als eine Geringschätzung von seiten der königlichen Familie von England oder der britischen

Regierung auffassen konnte, nahm das sehr übel.[91] Diese Verstimmung fiel zusammen mit einem Streit über die Coburger Erbfolge, nachdem Königin Viktoria ihren dritten Sohn, den Herzog von Connaught, als neuen Herzog von Coburg vorgeschlagen hatte, ohne vorher das Einverständnis des Kaisers einzuholen. Er vergalt dies mit der Drohung, er werde die Wahl Connaughts durch den Reichstag ablehnen lassen. Der Kaiser hatte in dieser Sache das Recht auf seiner Seite und setzte sich durch. Im Einvernehmen mit seinen Landsleuten war Wilhelm auch darüber höchst unwillig, daß die Engländer der Situation in Samoa nicht die gleiche Bedeutung beimaßen wie er. Dort hatte die Stammesfehde zwischen den Familien Malietoa und Tamasese wieder einmal eine Lage geschaffen, die eine Intervention der drei Schutzmächte, England, Deutschland und die Vereinigten Staaten, erforderlich machte. Alle diese Episoden zusammen versetzten Wilhelm in eine höchst gereizte und unbändige Stimmung. Königin Viktoria warf er vor, sie könne wohl nicht recht verstehen, daß aus dem kleinen Kind, das sie in ihren Armen gewiegt habe, ein Mann geworden sei, der nun vierzig und somit halb so alt sei wie sie selber. Er beschwerte sich, daß die Belastungen, denen er ausgesetzt sei, oft kaum zu ertragen seien, und bat sie um Geduld und Verständnis für die Fehler, die er, ihr »wunderlicher und ungestümer Kollege«, ihr gegenüber begehe.[92] Gleichzeitig erging er sich gegenüber Oberst Grierson, dem britischen Militärattaché, in endlosen Tiraden. Da er seit Jahr und Tag der einzige wahre Freund Englands in Europa sei, habe er getan, was er konnte, um die englische Politik zu fördern, und dafür nichts als Undankbarkeit geerntet. Lord Salisbury war mit Königin Viktoria einer Meinung, daß der Kaiser zwar offensichtlich mit England auf gutem Fuße zu leben wünsche, aber nicht wolle, daß England auch ein gutes Verhältnis mit anderen Mächten unterhalte, besonders nicht mit Rußland, das er immer gegen England aufzubringen suche.[93] Die Königin, die das Wesen ihres Enkels nur zu gut kannte, schrieb vorsichtshalber an den Zaren:

> »Wilhelm benutzt jede Gelegenheit, um Sir F. Lascelles (dem britischen Botschafter in Berlin) einzuprägen, daß Rußland alles in seiner Macht Stehende tut, um gegen uns zu wirken ... Ich brauche nicht zu sagen, daß ich davon kein Wort glaube ... Aber ich fürchte, Wilhelm konnte Dir Dinge gegen

uns erzählen, genauso wie er es bei uns gegen Dich tut. Ist das der Fall, bitte sage es mir offen und vertraulich. Es ist so wichtig, daß solch bösartigem und unredlichem Vorgehen ein Ende bereitet wird.«[94]

Salisbury beschwerte sich einmal, die deutschen Diplomaten verlangten von ihm, »mit der Taschenuhr in der Hand« zu verhandeln, und als Reaktion darauf sei er betont zögernd vorgegangen. Dieses Hervorkehren aristokratischer Gleichgültigkeit war eher berechtigt als klug, denn der Eindruck, man höre ihm nicht zu, machte den ungeduldigen Wilhelm rasend. Tatsächlich hatte Salisbury im Laufe der Zeit in den Augen Wilhelms und Holsteins die Rolle des Bösewichts übernommen, die Gladstone nach Bismarcks Ansicht gespielt hatte. Wilhelm schilderte Salisbury gegenüber Oberst Grierson als einen hartnäckigen und erbitterten Feind, und im Mai 1899 schrieb er Königin Viktoria:

> »Lord Salisbury kümmert sich um uns nicht mehr als um Portugal, Chile oder die Patagonier, und aus diesem Eindruck ist das Gefühl entstanden, daß Deutschland von seiner Regierung verachtet werde. (Er hat Deutschland wegen Samoa) auf eine Weise behandelt, die in krassem Widerspruch war zu den Manieren, die die Beziehungen zwischen Großmächten nach den europäischen Regeln der Ritterlichkeit regulieren ... Ich kann Dir versichern, es gibt keinen tiefer gekränkten und unglücklicheren Menschen als mich, und alles das wegen einer dämlichen Insel, die für England eine Haarnadel ist im Vergleich zu den Tausenden von Quadratmeilen, die es rechts und links ohne Widerstand jedes Jahr annektiert.«[95]

Salisburys Antwort war zwar eindrucksvoll, aber sie zeigte auch beispielhaft die Haltung, die Wilhelms Wutausbruch verursacht hatte. »Der einzige Vorschlag den er (der Kaiser) im Herbst vorigen Jahres machte, war, daß Samoa unter den drei Mächten aufgeteilt werden sollte. Er blieb nicht eine Woche ohne Antwort, denn wir erwiderten sofort, daß der Vorschlag undurchführbar sei ... weil es in der Gruppe nur zwei Inseln gäbe, die zu besitzen es sich lohne, und es unmöglich sei, sie unter drei Mächten aufzuteilen.«[96]*

* Keine Spur einer solchen Mitteilung war in den deutschen Archiven zu finden. Auf alle Fälle war Salisbury falsch informiert: es gibt drei Inseln in der Samoagruppe, von denen die kleinste, Pago-Pago, den besten Hafen besitzt.

Die Königin schrieb an Wilhelm, sie sei sehr erstaunt:

»Den Ton, in dem Du über Lord Salisbury schreibst, kann ich nur einer vorübergehenden Gereiztheit zuschreiben ... Ich zweifle, ob jemals ein Souverän an einen anderen in solchen Ausdrücken über dessen Premierminister geschrieben hat – und dabei ist dieser Souverän seine eigene Großmutter! – Ich würde niemals derartiges tun und griff niemals Bismarck persönlich an oder beschwerte mich über ihn, obgleich ich wohl wußte, was für ein erbitterter Feind Englands er war.«[97]

Um Wilhelm zu beruhigen, wurde er – zum ersten Male seit der Krüger-Depesche – nach Cowes eingeladen. Aber er hatte den Ärger über die Ablehnung seiner Pläne für den achtzigsten Geburtstag Viktorias noch nicht überwunden und lehnte ab mit der Begründung, die Haltung der deutschen Öffentlichkeit gegenüber England schlösse eine solche Vergnügungsreise aus. Er schickte aber seine Jacht »Meteor«, die ein Rennen gewann, was sein Onkel in einer Rede am Abend nach der Regatta in freundlichen Worten würdigte. Am nächsten Morgen aber erhielt die *Royal Yacht Squadron* ein Telegramm des Kaisers, in dem dieser die Handicapregeln der Regatta als entsetzlich bezeichnete. »Es ist wirklich zum Verzweifeln«, bemerkte Eduard zu Botschaftsrat von Eckardstein. »Nun gebe ich mir die größte Mühe, den Kaiser nach alledem, was in den letzten Jahren vorgefallen ist, bei der Öffentlichkeit Englands wieder einigermaßen zu rehabilitieren, und da fängt er sofort wieder an, uns mit Schmutz zu bewerfen.«[98]

Als ein weiteres *douceur* erhielt der Kaiser eine Einladung zu einem Staatsbesuch im Herbst. Aber er machte sich wieder rar und gab zu erkennen, er würde lieber erst den Abschluß der komplizierten Verhandlungen über Samoa abwarten. Die britische Regierung aber hatte ernstere Dinge zu bedenken, denn im Oktober 1899 begann der Kampf in Südafrika, und so stimmten die Minister einem Handel zu, bei dem England auf seine Ansprüche im Samoa-Archipel verzichtete und dafür an anderer Stelle reichlich entschädigt wurde.[99] Die Deutschen hatten anfänglich daran gedacht, die Dinge anders zu regeln, wurden aber durch Tirpitz davon abgehalten. – Bülow, der für dieses Ergebnis hohes Lob erntete, sagte voraus, daß in fünfzehn Jahren Samoa eine der bedeutendsten Besitzungen des deutschen Kolonialreichs sein werde. Tatsächlich aber waren von den fünfundsechzig Schiffen, die dreizehn Jahre später Samoa anliefen, dreiundfünfzig englischer Nationalität.[100] Samoa war nicht die einzige Kolonie, die Deutschland im Stillen Ozean erwarb, denn nach dem Kriege, in dem die Amerikaner zu Wilhelms größtem Erstaunen die Spanier besiegten[101], kaufte es die Karolinen für vier Millionen Dollar. Im Verlauf der Verhandlungen hatte Bülow beabsichtigt, sie durch die Entsendung eines Kanonenbootes zu beschleunigen, aber Wilhelm hatte dies mit der Begründung abgelehnt, »der Diplomatie falle jetzt die Aufgabe zu, Schwierigkeiten und Differenzen mit der Union, solange dies mit der Würde des Reiches zu vereinen wäre, aus dem Wege zu gehen«.[102] Er hatte bereits im Jahre 1897 ein Angebot des Präsidenten der Dominikanischen Republik, Deutschland einen Flottenstützpunkt zur Verfügung zu stellen, mit der Begründung abgelehnt, er wolle sich nicht mit den Vereinigten Staaten entzweien. Wenn er nur imstande gewesen wäre, Verhandlungen mit Großbritannien in ähnlichem Geiste zu beginnen!

Der Besuch in England war verhältnismäßig erfolgreich trotz der Tatsache, daß der Burenkrieg ausgebrochen war und die deutsche Öffentlichkeit kein Hehl daraus machte, auf welcher Seite ihre Sympathien lagen. Dona, die den Kaiser begleitete, war in dieser Beziehung wie in vielen anderen Fällen durch und durch deutsch: »Die Engländer müßten doch einsehen lernen, daß die armen Buren auf ihrem Grund und Boden existenzberechtigt seien. Ich fürchte, wir werden sonst wieder zu sehr auf die englische Seite gedrängt. Der Kaiser sprach sich in letzter Zeit sehr zugunsten der Engländer aus.«[103] Tatsächlich war kurz nach der Krüger-Depesche ein Streit zwischen dem deutschen Dynamittrust auf dem *Rand* und dortigen deutschen Bankinteressenten ausgebrochen. Die Bankiers hatten die Überzeugung gewonnen, daß sie besser dran wären, wenn die Engländer die Buren ablösen würden. Als Ergebnis nahmen Sympathie und Hilfe für die Buren auf seiten der amtlichen Stellen in Deutschland merklich ab, und während des Krieges zeigten sich die deutschen Zeitungen mit Verbindungen zur Geschäftswelt verhältnismäßig englandfreundlich.[104] Die Alldeutschen und die Agrarier dagegen blieben burenfreundlich und kritisierten erbittert nicht nur die Engländer, sondern auch den Kaiser und seine Regierung wegen ihres Mangels an Sympathie für die Sache der Buren.

Mit Bedacht wurden Wilhelm und Dona bei ihrem Besuch alle erdenklichen Ehren erwiesen. Bei dem Bankett in der St. George's Hall in Windsor war »das ganze Tafelservice aus Gold, alle Kandelaber und Dekorationen waren aus Gold ... Tabletts und alles nur vorstellbare Gerät waren aus Gold, tatsächlich alles, was die Königin besitzt, was, wie gerüchtweise verlautet, auf drei Millionen Pfund Sterling bewertet wird«.[105] Der Kaiser beeindruckte Chamberlain durch seine »gewandte Fähigkeit, sich über große und kleine Dinge zu unterhalten«. Balfour gegenüber äußerte er seine Ansichten »mit außerordentlichem Schwung und über die verschiedensten Themen« – doch schien dieser nicht ganz so tief beeindruckt.[106] Der Kaiser und Bülow gingen mit Balfour, Chamberlain und Lansdowne noch einmal alle die Themen durch, die im vorhergehenden Jahr behandelt worden waren, ohne daß sehr viel Neues dabei erreicht wurde. Im gegenseitigen Einvernehmen schob man einen großen Teil der Schuld für die schlechten Beziehungen dem kürzlich verstorbenen Bismarck zu. Aber Bülow, der in dem Ruf stand, gegenüber England voreingenommen zu sein, schrieb aufschlußreich an Hohenlohe, daß ohne Frage die Stimmung in England viel weniger antideutsch sei als die Stimmung in Deutschland antienglisch.

> »Darum sind diejenigen Engländer für uns am gefährlichsten, die ... aus eigener Anschauung die Schärfe und Tiefe der unglückseligen deutschen Abneigung gegen England kennen. Wenn das englische Publikum über die in Deutschland gerade jetzt herrschende Stimmung klar sähe, würde das eine große Wandlung in seiner Auffassung des Verhältnisses von Deutschland zu England herbeiführen.«[107]

Diese antibritische Stimmung kam unzweideutig zum Ausdruck, als Chamberlain auf einen Wink von Bülow hin eine Rede hielt, in der er nicht nur die Notwendigkeit für England, sich nach Verbündeten umzusehen, erneut betonte, sondern Deutschland als die erste Nation bezeichnete, an die man herantreten sollte. Unmittelbar nach dieser Rede kam die Nachricht von der »schwarzen Woche« der britischen Truppen in Südafrika, die viele Leute auf dem Kontinent glauben ließ, die Engländer seien bereits geschlagen. Obwohl Bülow versprochen hatte, die Chamberlainsche Anregung freundlich zu behandeln, erklärte er in einer arroganten Rede, die Tage der politischen und wirtschaftlichen Demütigung Deutschlands seien vorbei, mit dem Ergebnis, daß Chamberlain sich im Stich gelassen fühlte.

Wilhelm zeigte während des Burenkrieges überraschende Selbstbeherrschung und nutzte die Schwierigkeiten, mit denen England zu kämpfen hatte, weniger aus, als man hätte annehmen können. Wenn er das Verdienst daran für sich in Anspruch nahm, so zog er sich dadurch ein erhebliches Maß an Unpopularität in Deutschland zu. Er wurde beispielsweise scharf kritisiert, weil er Präsident Krüger nicht empfing, als dieser im Herbst 1900 nach Europa kam, um Unterstützung zu finden, und weil er später Lord Roberts den Schwarzen Adlerorden verlieh. Seine Kritiker würden noch mehr Lärm gemacht haben, hätten sie gewußt, daß der Kaiser sich durch seine Neigung, anderen Leuten zu raten, wie sie ihre Geschäfte führen sollten, hatte verleiten lassen, seinem Onkel Eduard einige Dokumente zu schicken, die er als »Gedankensplitter« bezeichnete. Es handelte sich dabei um Durchschriften von Beurteilungen der Kriegslage durch den deutschen Generalstab, bereichert um persönliche Bemerkungen Wilhelms und die Anregung, daß es vernünftig sein werde, einen Kompromißfrieden zu schließen. Zum damaligen Zeitpunkt bewirkten diese Ratschläge nichts weiter als Verärgerung auf seiten des Prinzen von Wales, der sich besonders an einigen Vergleichen mit dem Sport stieß, die Wilhelm gezogen hatte. Wilhelm antwortete, mit seiner Anspielung auf Kricket und Fußballspiele habe er nur zeigen wollen, daß er nicht zu denen gehöre, die bei einer gelegentlichen militärischen Schlappe der britischen Armee gleich schrien, daß Englands Ansehen in der Welt gefährdet oder gar verloren sei. Solange die Engländer ihre Flotte in gutem Zustand hielten und diese in der Welt gefürchtet sei, kümmere er sich nicht um ein paar ungünstig verlaufene Gefechte in Afrika. Nur müsse die britische Flotte stark und kampfbereit sein, und wenn sie jemals wieder in Aktion treten müsse, wünsche er, Wilhelm, ihr ein zweites Trafalgar.[108]

In England glaubten viele Leute, daß deutsche aktive Offiziere auf burischer Seite kämpften, und Wilhelm schrieb an Königin Viktoria, um diesen Gerüchten entgegenzutreten, die sehr wohl von den Buren selber in Umlauf gebracht worden sein könnten. Dieselbe Quelle scheint dafür verantwortlich zu sein, daß falsche Behauptungen über deutsche Dampfer in Umlauf gesetzt wurden, die angeblich geschmuggelte Waffen an Bord haben sollten. Zwei Schiffe wurden aufgebracht und ein drittes für mehrere Tage festgehalten, ohne daß irgend etwas Belastendes hätte gefunden werden können. Wilhelm plauderte auch der Königin gegenüber aus, daß er russische Anregungen, Rußland, Frankreich und Deutschland sollten gemeinsam wegen einer Beendigung des Krieges vorstellig werden, erhalten und abgelehnt habe. Der britische Botschafter in Petersburg berichtete um die gleiche Zeit eine – vielleicht erfundene – Geschichte, wonach Wilhelm gesagt haben sollte, jetzt sei es an der Zeit, daß die Mächte über England herfallen sollten, und er sei erstaunt, festzustellen, daß sie diese Gelegenheit nicht ergriffen.[109] Jedenfalls wurden seine Anregungen entschieden zurückgewiesen; Viktoria ließ dem Kaiser sagen:

»Teilen Sie bitte dem Kaiser mit, daß meine ganze Nation mit mir fest entschlossen ist, den Krieg ohne Intervention zu Ende zu führen. Die Zeit und die Bedingungen für den Frieden müssen unserer Entscheidung überlassen bleiben . . . Der Kaiser hat sich als guter Freund Englands und auch mir persönlich so zugetan erwiesen, daß ich wünsche, er solle den wahren Sachverhalt erfahren.«[110]

Die Antwort des Prinzen von Wales hatte einen leicht ironischen Unterton: »Du hast keine Idee, mein lieber Wilhelm, wie wir alle in England die loyale Freundschaft schätzen, die Du uns bei jeder möglichen Gelegenheit bekundest.«[111]

Als Wilhelm in Deutschland zur Rede gestellt wurde, weil er es versäumt habe, die Schwierigkeiten Englands auszunutzen, entschuldigte er sich mit der Begründung, daß es wesentlich sei, selbst eine Flotte zu haben, bevor man sich mit einer Seemacht messen könne. »Ich (bin) also nicht in der Lage, aus der strengsten Neutralität herauszutreten und (muß) mir erst eine Flotte besorgen. Nach zwanzig Jahren, wenn dieselbe fertig (ist), werde ich eine andere Sprache führen.«[112] Daß deutsche Dampfer durch englische Kriegsschiffe aufgebracht wurden, leitete Wasser auf die Mühlen des Flottenvereins, und im Januar 1900 brachte Tirpitz auf Betreiben Wilhelms eine anspruchsvollere Flottenvorlage ein. Sie zielte nicht nur auf eine erhebliche Vergrößerung der deutschen Flotte ab, sondern blickte auf zwanzig Jahre voraus in die Zukunft. Sie zog nämlich die Daten in Betracht, zu denen die vorhandenen Schiffe veraltet sein würden, und schlug deshalb ein Bauprogramm von durchschnittlich drei Schlachtschiffen jährlich vor. Am Ende der zwanzigjährigen Periode sollte Deutschland eine Flotte besitzen, die die ihr gestellte schwierigste Aufgabe, eine Seeschlacht in der Nordsee gegen England – unter der Voraussetzung, daß entsprechend der Risikotheorie Teile der britischen Flotte anderweitig zur Beobachtung der französischen und russischen Flotte festgehalten sein würden –, würde erfüllen können. Deutschlands Schiffsbaumöglichkeiten reichten aber für die Ausführung dieses Programms nicht aus, es mußten also zusätzliche Werftanlagen geschaffen werden. Doch die Schiffsbauer waren auf den stetigen Rückfluß des Geldes bedacht, das sie zu diesem Zweck investieren mußten. So bedeutete die Vorlage – und das war auch die Absicht ihrer Verfasser – eine unwiderrufliche Festlegung. Die Marine erhielt zwar keinen Blankoscheck in der Form, wie ihn die Armee besaß, wenn aber einmal das Endziel durch Annahme des Flottengesetzes bewilligt war, mußte es immer schwerer fallen, die im jährlichen Marinehaushalt angeforderten Mittel zu verweigern. Mit dieser Erkenntnis rüsteten Vorkämpfer und Gegner der Vorlage zum Kampf. Der Kaiser hatte schon im vorhergehenden Herbst erklärt, »bitter not tut uns eine starke deutsche Flotte«, und die Abgeordneten aufgerufen, sich in dieser Frage geschlossen hinter ihn zu stellen, was den Fortschrittler Eugen Richter zu der Erwiderung veranlaßte, der Monarch verwechsle wohl die Funktionen des Reichstags mit denen seiner Leibwache.[113] Der Haupteinwand der Gegner des Flottengesetzes war, daß Deutschland sich so etwas nicht leisten könne. Aber der rasche wirtschaftliche Aufschwung nahm diesem Argument die Schärfe. Mochten auch die Agrarier die Umwandlung Deutschlands in eine Seemacht und in ein Industrieland mißbilligen, sie waren zu eng mit den herrschenden Kreisen verbunden, als daß sie die Vorlage offen hätten ablehnen können; ihre Einwände veranlaßten die Regierung jedoch, einer schlechten Behandlung Englands die Zügel schießenzulassen. Die Vorlage errang fast eine Zweidrittelmehrheit, allerdings erst, nachdem das Zentrum einige kleinere Kürzungen als Vorbedingung für eine Zustimmung durchgesetzt hatte. Die Befürworter des Gesetzes machten keinen Hehl daraus, daß es als ein Druckmittel gegen England gedacht war, aber die englische Bevölkerung brauchte geraume Zeit, bis sie die Tragweite des in dem Gesetz enthaltenen Programms begriff.

Noch ehe die Vorlage Gesetz wurde, hatte eine neue Erregung den Kaiser gepackt. In China war der Aufstand der Boxer ausgebrochen, einer nationalistischen Bewegung, die zum guten Teil durch die Art und Weise provoziert worden war, in der die europäischen Mächte chinesische Gebiete annektiert hatten. Die Europäer in Peking waren von der Küste abgeschnitten, und im Juni 1900 wurde der deutsche Gesandte ermordet. Der Kaiser versuchte sogleich, den Titel seines allegorischen Bildes »Völker Europas wahret eure heiligsten Güter!« in die Tat umzusetzen. Er schlug Nicky vor, den kurz zuvor zum Generalfeldmarschall beförderten Grafen Waldersee zum Oberbefehlshaber eines alliierten Expeditionskorps zu ernennen, und verwandelte dessen Zustimmung in eine Petersburger Initiative, um auch Frankreich für das Unternehmen zu gewinnen. Er besichtigte das deutsche Kontingent des Hilfskorps in Bremerhaven und hielt dort am 27. Juli 1900 eine so leidenschaftliche Rede, daß Bülow – nicht zum ersten Male – einen ausgiebigen Gebrauch des Blaustifts für erforderlich hielt, ehe der Text der Presse übergeben wurde. Unglücklicherweise hatte er aber übersehen, daß auf einem Dach in der Nähe ein Lokalreporter gesessen hatte, der die Rede mitstenographiert und seinem Blatt übermittelt hatte, mit dem Ergebnis, daß ein ziemlich sensationeller Text durch den Draht rund um die Erde ging.

> »Große überseeische Aufgaben sind es, die dem neu erstandenen Deutschen Reich zugefallen sind, Aufgaben, weit größer, als viele meiner Landsleute es erwartet haben. Das Deutsche Reich hat seinem Charakter nach die Verpflichtung, seinen Bürgern, wofern diese im Auslande bedrängt werden, beizustehen ... Das Mittel, das ihm dies ermöglicht, ist unser Heer ... Eure Kameraden von der Marine haben diese Probe bereits bestanden, sie haben euch gezeigt, daß die Grundsätze unserer Ausbildung gute sind ... Eine große Aufgabe harrt eurer: Ihr sollt das schwere Unrecht, das geschehen ist, sühnen.
>
> *Denn ein Fall, wie es die Chinesen getan haben, die es gewagt, tausendjährige alte Völkerrechte umzuwerfen und der Heiligkeit des Gesandten, der Heiligkeit des Gastrechtes in so abscheulicher Weise Hohn zu sprechen, ist ein Vorfall, wie er in der Weltgeschichte noch nicht vorgekommen ist, und dies hat sich noch dazu ein Volk geleistet, welches stolz ist auf seine vieltausendjährige Kultur!*

(Aber ihr könnt daraus ersehen, wohin eine Kultur kommt, die nicht auf dem Boden des Christentums aufgebaut ist; jede heidnische Kultur, mag sie noch so schön und herrlich sein, wird bei der ersten Katastrophe erliegen!)
Bewährt die alte preußische Tüchtigkeit, zeigt euch als Christen im freudigen Ertragen von Leiden, möge Ehre und Ruhm euren Fahnen und Waffen folgen, gebt an Manneszucht und Disziplin aller Welt ein Beispiel. Ihr wißt es wohl, ihr sollt fechten gegen einen verschlagenen, tapferen, gut bewaffneten, grausamen Feind. Kommt ihr an ihn, so wißt: Pardon wird nicht gegeben, Gefangene werden nicht gemacht.
(Wer euch in die Hände fällt, sei euch verfallen. Wie vor 1000 Jahren die Hunnen unter König Etzel sich einen Namen gemacht, der sie noch jetzt in Überlieferung und Märchen gewaltig erscheinen läßt), so möge der Name Deutscher in China auf 1000 Jahre durch euch in einer Weise bestätigt werden, daß niemals wieder ein Chinese es wagt, einen Deutschen auch nur scheel anzusehen!
Wahrt die Manneszucht, der Segen Gottes sei mit euch, die Gebete eines ganzen Volkes, meine Wünsche begleiten euch, jeden einzelnen: Öffnet der Kultur den Weg ein für allemal!«[114]*

Der unmittelbare Eindruck der Rede war nicht so groß, wie man es hätte erwarten können. Beispielsweise meinte der *Daily Telegraph*, der Befehl, keinen Pardon zu geben – wenn Wilhelm das tatsächlich befohlen hatte –, sei vielleicht die einzige Formel, welche die Asiaten verständen und die die Engländer im indischen Sepoy-Aufstand angewendet hätten.[115] Doch diese Episode steigerte das Unbehagen derer, die ihre Zweifel an der Regierungsweise des Kaisers hegten, und Jahre später lieferte der Satz über die Hunnen, aus dem Zusammenhang gerissen, Wilhelms Feinden ausgezeichnete Munition, denn er nährte den weitverbreiteten, wenn auch ganz unbegründeten Glauben, daß die Deutschen von den Hunnen abstammten.

Die praktische Wirkung des Unternehmens wurde jedoch beeinträchtigt durch die Nachricht, daß eine Streitmacht aus Truppen verschiedener Mächte unter einem russischen Komman-

* Dies ist der in der »Nordwestdeutschen Zeitung« erschienene Text der Rede. Im »Reichsanzeiger« erscheinen die kursiv gesetzten Passagen, soweit in Klammern gesetzt, gar nicht, im übrigen in abgeänderter Form.

deur und ohne Beteiligung deutscher Einheiten Peking bereits entsetzt habe. Obgleich Waldersee im Lande umherreiste und »Lorbeeren auf Pump« einsammelte – wie sich die Sozialdemokraten ausdrückten –, war Wilhelm tief enttäuscht und wütend auf den Zaren, weil dieser Frieden in China schließen wollte. Immerhin kam Waldersee noch nach China, wo er größere Schwierigkeiten mit seinen internationalen Kollegen hatte als mit den Chinesen. Überdies sahen ihn wenigstens ein Paar chinesische Augen nicht unfreundlich an, als er ein zärtliches Verhältnis mit der Frau eines früheren chinesischen Gesandten in Berlin wiederaufnahm. Diese romantische Episode hatte einen wohltätigen Einfluß auf die Bereitschaft des Generalfeldmarschalls, Pardon zu geben, und könnte dazu beitragen, daß der Name Sai Chin-hua in China auf tausend Jahre hinaus unvergessen bleibt.[116] Nach fünf Monaten berichtete Waldersee, wenn Streitigkeiten zwischen den Mächten, die die Truppen stellten, vermieden werden sollten, müßten die Friedensverhandlungen eiligst so weit vorangetrieben werden, daß er ehrenvoll nach Hause zurückkehren könne. Die Prozedur wurde jedoch dadurch erschwert, daß kein chinesischer Diplomat die angebotenen Bedingungen ohne einen unvorstellbaren Gesichtsverlust anzunehmen imstande war. Doch im Juni 1901 erreichte es Waldersee schließlich, sich zurückzuziehen. Das Konzept einer gemeinschaftlichen Aktion in China wurde weiterverfolgt in einem deutsch-englischen Abkommen, das die beiden Mächte verpflichtete, die offene Tür zu erhalten, »soweit sie ihren Einfluß geltend machen können«. Die anderen Länder stimmten dem Abkommen widerstrebend zu. Holstein betrachtete es »als einen zweiten Schritt auf der Bahn des portugiesischen Vertrags. Auf dieser Bahn müssen wir bleiben, wenn wir den Gedanken außereuropäischer Erwerbungen nicht aufgeben wollen.«[117]

Wilhelms Idee, die durch die Boxererhebung geschaffene Notlage durch gemeinsames Handeln zu beheben und dadurch das internationale Mißtrauen zu zerstreuen, das durch Interventionsversuche einzelner Mächte hätte entstehen können, hatte manches für sich. Er mag wohl auch befürchtet haben, daß andere Länder, etwa Rußland oder Japan, durch Regelung der chinesischen Angelegenheit auf Kosten Deutschlands an Ansehen gewinnen würden. Auch konnte er sich nicht zurückhalten, das Unternehmen in großer, theatralischer und infolgedessen unnötig teurer Aufmachung in Szene zu setzen. Dem Reichstag wurde eine Rechnung vorgelegt für eine Sache, in der er nie befragt worden war. So erging es übrigens nicht nur den Abgeordneten; der Reichskanzler Hohenlohe schrieb, man habe die ganze China-Unternehmung ohne sein Zutun organisiert, er sei über keine der militärischen Maßnahmen, weder über die Truppenentsendung nach China noch über Waldersees Ernennung zum Oberbefehlshaber, im voraus unterrichtet gewesen. Was die Außenpolitik angehe, werde alles vom Kaiser und von Bülow unter sich besprochen und entschieden. Die inneren Angelegenheiten würden von den Leitern der einzelnen Regierungsressorts nach eigenem Ermessen erledigt, und auch die Ernennungen erfolgten, ohne daß sein Rat eingeholt, geschweige denn befolgt würde.[118] Zu dieser Zeit erschien eine Karikatur, die eine Sitzung des Ministerrates in Abwesenheit Hohenlohes darstellte, wobei einer der Anwesenden fragte: »*Sitzt* vielleicht einer der Herren auf dem Reichskanzler?«[119] Er hatte lange Zeit Demütigungen hingenommen, in der Hoffnung, auf diese Weise gelegentlich Unsinn im Keime zu ersticken. Jetzt mußte er widerstrebend einsehen, daß es an der Zeit für ihn war, zurückzutreten, und Bülow nahm bereitwilligst seinen Platz ein.

Wirtschaftlich hatte Deutschland während der Amtszeit Hohenlohes große Fortschritte gemacht. In der Produktion war es die Zeit der höchsten Zuwachsquote, und nach 1890 war auch ein grundlegender Wandel im Einkommen pro Kopf der Bevölkerung eingetreten.[120] Der Export, der in der ersten Hälfte der neunziger Jahre fast zum Erliegen gekommen war, begann sprunghaft anzusteigen.[121] Aber diese Fortschritte, begleitet von der Zunahme der städtischen Bevölkerung und der Arbeiterschaft – an Zahl ebenso wie an Wohlstand –, trugen nur dazu bei, den Stillstand auf dem politischen Felde noch deutlicher hervorzukehren. Kaiser und Oberschicht sahen keinen Anlaß für irgendwelche grundlegenden Änderungen an dem rechtlichen Fundament der Gesellschaft und erwarteten die Loyalität aller Staatsbürger diesem Fundament gegenüber. Das eigentliche Verbrechen der Arbeiter lag in ihren Augen in deren antimilitaristischer Einstellung zu einer Zeit, da der Mittelstand sich mehr und mehr für die nationalen Traditionen begeisterte. Die Loyalität der Arbeiterschaft für die nationale Sache hätte, wie sich dann 1914 herausstellte, gewonnen werden können. Um aber eine ehrliche Mitarbeit zu erreichen, hätte man ihnen Zugeständnisse einräumen müssen, vor allem durch die Einschränkung der Adelsprivilegien und Schaffung der Gleichberechtigung von Arbeitgebern und Arbeitnehmern. Eine Regierung, die eine derartige Politik hätte durchsetzen können, hätte damit das Volk zu einer geeinten Gemeinschaft zusammenbringen und viele später aufkommende Schwächen beheben können. Naumann sagte 1895, der beste Weg, sich in künftigen Kriegen zu schützen, seien grundlegende Sozialreformen. Aber dieser Gedanke überstieg das Fassungsvermögen der herrschenden Schichten. Dank der Verfassung vertrat allein der Reichstag die Interessen der breiten Öffentlichkeit. In der Regierung spiegelten sich die Vorstellungen der privilegierten Elite, und die von ihr eingebrachten Gesetze waren eher darauf abgestellt, den sozialen Fortschritt zu hemmen, als ihn zu beschleunigen. So enthielt ein Gesetz über die Versammlungsfreiheit – die sogenannte »Zuchthausvorlage« – drastische Strafbestimmungen gegen Gewaltanwendung bei Arbeitskämpfen, die Vorlage zum Schutz der öffentlichen Moral, die »lex Heintze«, Klauseln, die geeignet waren, die Redefreiheit zu beschränken. Der Reichstag verwarf infolgedessen beide Vorlagen und verabschiedete sie erst in stark veränderter Form. Im November 1898 sah sich der Kaiser schließlich genötigt, in der Frage der Kriegsgerichtsbarkeit nachzugeben. Übrigens kam die Opposition keineswegs immer von der Linken. Ein Plan für den Bau eines Kanals vom Ruhrgebiet nach Norddeutschland (der Mittellandkanal), auf den der Kaiser mit Recht großen Wert legte, stieß bei den Agrariern auf Schwierigkeiten, die sich allem widersetzten, was die Ausbreitung der Industrie fördern konnte.

Die Folge von alldem war ein Stillstand in der Gesetzgebung. Die Exekutive war nicht gewillt, die Maßnahmen zu ergreifen, die die Legislative wünschte, und diese verweigerte wiederum, da ihr eine Gesetzesinitiative nicht zustand, die Annahme der von der Regierung eingebrachten Gesetze. Jeder ernsthafte Versuch, die Verfassung in der einen oder der anderen Richtung zu ändern, barg das Risiko eines Bürgerkrieges in sich. Der Reichstag besaß Waffen – wie etwa die systematische Opposition gegen Regierungsvorlagen und die Weigerung, Ausgaben, auch die für Armee und Flotte, zu bewilligen –, die ihn nach den Buchstaben des Gesetzes dazu ermächtigten, seinen Willen durchzusetzen.

Aber die Führer der populären Parteien zögerten, diese Waffen anzuwenden aus Sorge, damit Gegenmaßnahmen zu provozieren, die sie vor die Wahl zwischen Kapitulation und Gewaltanwendung gestellt haben würden. Solange die Armee dem Kaiser die Treue bewahrte, war der Ausgang eines gewaltsamen Lösungsversuchs höchst zweifelhaft, und ein Bürgerkrieg würde auf alle Fälle Deutschland der Gewalt seiner äußeren Feinde ausgeliefert haben. Die Regierung mußte also versuchen, mit dem Reichstag auszukommen, ohne die Oberschicht zu sehr zu verärgern. Die natürlichen Förderer eines solchen Mittelkurses saßen auf den Bänken der Zentrumspartei, und in diesen Jahren war dann auch die Regierung mehr und mehr auf deren Stimmen angewiesen. Diese Tendenz wurde noch dadurch verstärkt, daß der Reichskanzler – Hohenlohe – Katholik und Süddeutscher war, ferner, daß das Zentrum einer Stärkung der Berliner Regierung gegenüber den Bundesstaaten widerstrebte – die, wie es annahm, sich aus einer weiteren Demokratisierung ergeben würde –, und schließlich, daß es sich bereit erklärt hatte, für die Flottenvorlagen zu stimmen. Das Zentrum war aber eine mehr auf religiöse als auf Klassen oder Wirtschaftsinteressen beruhende Partei, weshalb seine politische Haltung die soziale und berufliche Position der deutschen Katholiken zum Ausdruck bringen mußte. Je mehr aber auch die Katholiken von dem allgemeinen Zug vom Lande in die Stadt erfaßt wurden, desto mehr mußte die Parteiführung den Wünschen der Arbeiter und desto weniger konnte sie denen der Großgrundbesitzer und Bauern Rechnung tragen. Im Jahre 1899 ging zum erstenmal der bayerische Zweig der Partei mit den Sozialisten zusammen gegen die Liberalen. Bemerkenswert an diesem Wahlbündnis war, daß gerade diese beiden Parteien in den folgenden zwei Jahrzehnten am meisten an Boden gewannen. Bei einem Zusammenschluß auf Reichsebene wäre die Regierung für eine Mehrheit auf die Konservativen und die Nationalliberalen angewiesen gewesen, Parteien also, deren Stärke im Schwinden begriffen war.

Anfang 1901 trat ein Ereignis ein, das Wilhelm tief erschütterte. Die Feier der 200jährigen Erhebung Preußens zum Königreich stand unmittelbar bevor, als er hörte, daß seine Großmutter im Sterben lag.[122] Er sagte alle Feierlichkeiten ab, eilte nach Osborne und bestand darauf, daß von ihm als Kaiser keine Notiz zu nehmen sei und er nur als Enkel komme. Er könne sich vorstellen, daß »die Unterröcke« sich über sein Kommen aufregen würden, aber das kümmere ihn nicht, denn er tue nur seine Pflicht, dies um so mehr, als es sich um eine »Großmama ohnegleichen« handele, wie es nie zuvor eine gegeben habe.[123] Trotz allem, was sich abgespielt hatte, war das gefühlsmäßige Band zwischen beiden niemals abgerissen. Sie gehörte zu den wenigen, denen er seine dauernde Treue bewahrte, wahrscheinlich, weil sie ihm Liebe und Verständnis für seine Gefühle entgegenbrachte und, selbst wenn sie ihn schalt, dies stets mit unwandelbarer Gerechtigkeit tat. Beide waren im Grunde ausgesprochen gefühlsbetont, aber die Königin hatte besser gelernt, als es Wilhelm je gelang, ihre Gefühle zu beherrschen. War dies ihren verschiedenen Charakteren oder der andersartigen Umgebung zuzuschreiben? Er mag ähnliches empfunden haben wie Napoleon für *Madame Mère*: »Wenn du sterben solltest, habe ich ja nur Untertanen in der Welt« – ausgenommen natürlich den zeitlosen Franz Joseph.

In seinem üblichen Ungestüm schob Wilhelm alle anderen beiseite und trat an das Krankenbett heran, wo er bis zum Ende blieb. Als er viel später einmal gefragt wurde, ob es wahr sei, daß er die Königin, als sie starb, in seinen Armen gehalten habe, erwiderte er: »Ja, sie war so klein – und so leicht.« Es wird behauptet, sie habe ihn nicht erkannt, sondern ihn für seinen Vater gehalten. Er überraschte jedermann durch seine Zärtlichkeit und seine Festigkeit. Er und sein Onkel wiesen die Lakaien aus dem Zimmer und betteten gemeinsam die Leiche in den Sarg. Als dann der neue König nach London vorausfahren mußte, blieb Wilhelm zum Mißfallen seiner Frau und seines Volkes bis zur Beerdigung noch vierzehn Tage in England.[124] Das historische Ereignis wäre fast noch bedeutsamer geworden: Der königliche Zug verließ Portsmouth mit einer Verspätung von neun Minuten, und der Lokomotivführer erhielt die Weisung: »Sehen Sie zu, daß Sie die Verspätung einholen, denn der König kann es nicht vertragen, wenn man zu spät kommt.« Falls es stimmt, daß der Zug streckenweise eine Geschwindigkeit von über 145 Stundenkilometern erreichte, kann er an einigen Stellen knapp der Gefahr des Entgleisens entgangen sein. Mehrere Eisenbahnbeamte im Zuge hatten das Schlimmste befürchtet. Ein tödlicher Unfall Wilhelms in diesem Augenblick hätte die Geschichte Europas in vieler Beziehung verändert, obgleich der Charakter des Kronprinzen einen kaum glauben läßt, daß es ein Wandel zum Besseren gewesen wäre. Doch es passierte nichts, die alte Königin, die sowohl Geschwindigkeit wie diese spezielle Bahnstrecke nicht mochte, hielt ihre letzte Verabredung mit zwei Minuten Vorsprung ein, und der Kaiser, der an das kräftige Rütteln seines eigenen Hofzuges gewohnt war, schickte einen Adjutanten zum Lokomotivführer, um ihm sein Erstaunen darüber zum Ausdruck zu bringen, daß eine so kleine Maschine so schnell fahren könne.[125]

Die britische Öffentlichkeit war anders als die deutsche von Wilhelms Verhalten überrascht und angenehm berührt. Als einer der ersten Akte erhob der neue König den Kaiser zum Feldmarschall und verlieh dem Kronprinzen den Hosenbandorden. Der Herzog von York – der spätere Georg V. – lag im Nebenzimmer mit Röteln, und obgleich Wilhelm sonst immer eine übertriebene Furcht vor ansteckenden Krankheiten zeigte, verlief dieses Mal alles in Freundschaft und Harmonie.[126] Das hatte bedeutsame politische Konsequenzen. Noch ehe bekannt wurde, daß die alte Königin im Sterben lag, hatten Eckardstein und Chamberlain eine weitere Unterredung über eine deutsch-englische Allianz gehabt, in der Chamberlain vorgeschlagen hatte, mit einem Abkommen über Marokko einen Anfang zu machen. Als Wilhelm in London ankam, wurde er davon unterrichtet und drahtete an Bülow, die Engländer schienen den Deutschen nun also auf dem lange erwarteten Wege entgegenzukommen. Bülow warnte ihn schleunigst davor, sich allzu eifrig zu geben, und so verbreitete sich denn der Kaiser in einem Gespräch mit Lord Lansdowne, der im vorhergehenden Herbst Außenminister geworden war, im wesentlichen über die Unzulänglichkeiten Rußlands.

»Reden Sie nicht vom europäischen Kontinent! Rußland ist wirklich asiatisch. Der Zar paßt nur für das Leben in einem Haus auf dem Lande und den Rübenbau. Mit ihm muß man so umgehen, daß man als der letzte das Zimmer verläßt. Die Franzosen sind tief enttäuscht von Rußland und dem Zaren. Natürlich sind die Großfürsten gern in Paris mit einem Mädel auf jedem Knie, aber zwischen den beiden Ländern herrscht keine Liebe. Rußland ist bankrott, aber es wird alles Geld, das es braucht, in Wall Street kriegen, da Amerika aus Haß auf Deutschland gemeinsame Sache mit Frankreich machen wird, während Rußland bestrebt ist, das amerikanische Unternehmertum nach dem Jangtsetal zu lenken.«[127]

Der Nachdruck auf die Notwendigkeit, daß England, Deutschland und Frankreich gegen Amerika und Rußland zusammenstehen müßten, sollte ohne Zweifel die Engländer von dem Gedanken abbringen, es gäbe außer Deutschland noch einen anderen, gleich geeigneten Bundesgenossen. Aber Wilhelm begeisterte sich selbst so sehr über seine neuen Ideen, daß er den französischen Botschafter in London, Paul Cambon, mit der Bemerkung überraschte, er, Wilhelm, wünsche Frankreich stark zu sehen; man könne sich darauf verlassen, daß er Frankreich, wenn es in Schwierigkeiten geriete, zu Hilfe kommen werde. Darüber hinaus erklärte er bald darauf Jules Cambon, dem französischen Botschafter in Berlin, es drohe der Kampf Europas, repräsentiert durch Deutschland, Frankreich und England, gegen Asien, repräsentiert durch Rußland, Japan und die Vereinigten Staaten.[128] Aber zu Graf Metternich, seinem Begleiter auf der Reise nach London, sagte er, er könne die Entscheidung für England oder für Rußland nicht auf unbegrenzte Zeit aufschieben, wenn er sich nicht der Gefahr aussetzen wolle, zwischen zwei Stühle zu geraten. Er verkehrte diese Konzeption aber ins Gegenteil, als er Lansdowne sagte, Englands traditionelle Politik, das Kräftegleichgewicht in Europa zu wahren, sei »geplatzt«. Seinem Bericht an Reichskanzler Bülow fügte Wilhelm hinzu: »Die *balance of power* in Europa bin ich, dem die Bestimmung über die auswärtige Politik nach der Verfassung des Reiches zufällt. Daher kommt es, nebenbei gesagt, auch gar nicht so sehr darauf an, ob sich hier und da übertriebene Burensympathien im Deutschen Reiche bemerkbar machen. Die Politik mache ich.«[129] Eine derart egozentrische Einstellung war bei Kaiser Wilhelm nun allerdings nichts Neues. Sie in diesem Augenblick zur Schau zu stellen war wahrscheinlich als ein geeigneter Weg gedacht, den britischen Staatsmännern vor Augen zu führen, daß sie antibritische Stimmungen in Deutschland nicht als ein Hindernis für das Bündnis anzusehen brauchten, da sie keinerlei praktische Bedeutung hätten.

In den folgenden Wochen verursachten russische Versuche, in der Mandschurei Fuß zu fassen, beträchtliche Aufregung. Dagegen bemühte sich England bei seinem Widerstand auf Grund des Abkommens von 1900 über die Wahrung der Offenen Tür in

China um deutsche Unterstützung. Aber zur Zeit des Vertragsabschlusses hatte Graf Hatzfeldt, der deutsche Botschafter in London, geschrieben: »Wenn England von uns mehr erwartet, besonders falls wir einen Konflikt mit Rußland auf uns nehmen sollten, muß es uns weit bedeutendere Vorteile dagegen zugestehen.« Bülow bestritt nun, daß sich der Vertrag über die Offene Tür jemals auf die Mandschurei bezogen habe. Rußland wurde schließlich durch Drohungen von japanischer Seite dazu bewogen, seine Pläne zurückzustellen, worauf Wilhelm die britischen Minister als *»unmitigated noodles«* (etwa »Erzschafsköpfe«) bezeichnete, weil sie wahrscheinlich die beste sich ihnen jemals bietende Gelegenheit zu einer Abrechnung mit Rußland verpaßt hätten. Als diese Äußerung König Eduard zu Ohren kam, war er alles andere als amüsiert und erklärte einem deutschen Diplomaten: »Was würde der Kaiser wohl dazu sagen, wenn ich mir erlaubte, seine Minister mit ähnlichen freundlichen Ausdrücken zu titulieren?«[130]

Im Verlauf der Aussprachen über die Mandschurei sagte Eckardstein zu Lansdowne, daß im Falle eines russisch-japanischen Krieges ein deutsch-englisches Verteidigungsbündnis zur Lokalisierung des Konfliktes beitragen könnte. Da ein Hinweis auf eine Allianz seinen Instruktionen widersprochen hätte, stellte er die Sache so dar, als sei die Initiative von der englischen Seite ausgegangen. Als sein Vorgesetzter, Graf Hatzfeldt, dies berichtete, wurde ihm von Berlin bedeutet, alle etwaigen Verträge müßten mit dem Dreibund als ganzem abgeschlossen werden.[131] Daraus ergaben sich ernsthafte Erwägungen über ein Defensivbündnis zwischen dem Dreibund und dem britischen Empire, dem möglicherweise auch Japan beitreten könnte. Der Vertrag sollte veröffentlicht und wirksam werden, sobald einer der Signatarstaaten von zwei oder mehr Mächten angegriffen werden sollte. Nach einer Pause wegen einer Erkrankung Salisburys wurde das Thema, wiederum auf Anregung Eckardsteins, von neuem von Lansdowne und Hatzfeldt besprochen, wobei jeder den anderen dazu zu bewegen suchte, schriftliche Vorschläge zu unterbreiten. Bald darauf erkrankte Hatzfeldt und ging nach Deutschland zurück.

Im August 1901 starb die Kaiserin Friedrich, und König Eduard fuhr zu ihrer Beerdigung nach Deutschland. Während eines Besuches beim Kaiser wurde die Frage eines Bündnisses besprochen, und Wilhelm, vor dem die jüngsten Verhandlungen anscheinend geheimgehalten worden waren, äußerte sein Mißfallen darüber, daß seit seinem Englandbesuch im Frühjahr keine Fortschritte zu verzeichnen seien. Er wies aber den König darauf hin, daß nur ein formeller Vertrag mit dem Dreibund für Deutschland annehmbar sein werde.[132] Dies wurde jedoch nicht weiter verfolgt, weil Bülow und das Auswärtige Amt Anweisungen erteilten, daß von deutscher Seite keine Initiative zu ergreifen sei. Das Thema wurde aber ziemlich ausführlich von den britischen Ministern diskutiert, und kurz vor Weihnachten sprach Lansdowne, der nicht unhöflich erscheinen wollte, weil er das, was er für eine deutsche Initiative hielt, noch nicht beantwortet hatte, mit Metternich, dem Nachfolger Hatzfeldts. Er erklärte ihm, daß die Regierung Seiner Majestät die Zeit nicht für günstig ansehe, den deutschen Vorschlag in seiner gegenwärtigen Form zu akzeptieren, regte aber an, daß sich die beiden Länder vielleicht auf eine gemeinsame Politik über bestimmte Fragen oder bestimmte Teile der Welt einigen könnten. Metternich erwiderte jedoch ohne Zögern, ein derartiger Vorschlag könne keinesfalls auf günstige Aufnahme bei der deutschen Regierung rechnen. Es müsse das Ganze sein oder gar nichts. Der König war eher beunruhigt über dieses Ende der Gespräche und gab in einem Weihnachtsbrief an Wilhelm der Hoffnung Ausdruck, daß die beiden Länder zusammenarbeiten würden, um das Wohlergehen der Welt zu bewahren. Der Kaiser antwortete:

> »Ich erwidere mit Freuden alles, was Du über die Beziehungen unserer beiden Länder und zwischen uns persönlich gesagt hast: sie sind vom gleichen Blut und haben das gleiche Glaubensbekenntnis, und sie gehören der großen germanischen Rasse an, der der Himmel die Kultur der Welt anvertraut hat, denn abgesehen von den östlichen Rassen gibt es für Gott keine andere Rasse, um seinen Willen in der Welt durchzusetzen, außer der unsrigen; das ist, denke ich, Grund genug, den Frieden zu erhalten und wechselseitige Anerkennung und Gegenseitigkeit bei allem, was uns zueinander zieht, zu pflegen und alles fallenzulassen, was uns trennen könnte! Die Presse ist gräßlich auf beiden Seiten, aber hier hat sie nichts zu sagen, denn ich bin der alleinige Herr und Gebieter. Die deutsche Auswärtige Politik und Regierung und Volk müssen mir folgen, auch wenn ich die Sache auszubaden habe!«[133]

Diese Diskussionen hatten zwei bezeichnende Nachspiele. Anfang Januar 1902 schickte Holstein seinem alten Freund Valentine Chirol, dem Auslandsredakteur der *Times*, einen Brief, den er als eine Darstellung der deutsch-englischen Verhandlungen angesehen wissen wollte. Einem Journalisten Einzelheiten über Verhandlungen zu enthüllen, die streng geheim geführt worden und ergebnislos verlaufen waren, war schon seltsam genug, doch dies nun dem Mitarbeiter eines so entschieden antideutschen Blattes gegenüber und dazu noch einem Manne, den Bülow als besonders gefährlich bezeichnet hatte, weil er zuviel über Deutschland wisse, war wirklich mehr als seltsam. Holstein wollte Chirol glauben machen, daß das Thema eines Bündnisses nur bei einer einzigen Gelegenheit im vorhergehenden Jahre angeschnitten worden sei, und zwar im Mai, »als der arme Hatzfeldt in einem Anfall nervöser Überreizung, der von seiner tödlichen Erkrankung herrührte, Lord Lansdowne aufgefordert hatte, sich sogleich mit Deutschland zu verständigen«. Es sei Übereifer gewesen, daß Lansdowne überhaupt im Gespräch mit Metternich auf das Thema zurückgekommen sei. Die britische Regierung habe die fieberhafte Ruhelosigkeit eines Invaliden – der sofort desavouiert worden sei – dazu benutzt, um »uns in aller Form einen Korb zu geben«. Darauf folgte die Anspielung, daß Lord Salisbury »sich aller Voraussicht nach entschieden hat, in der Isolierung zu verharren und den großen Krieg auf dem Kontinent abzuwarten, der, wie er meint, eines Tages kommen muß und der vielleicht schon gekommen wäre, wenn nicht alle in Frage kommenden Parteien sich inzwischen bewußt geworden wären, daß Lord Salisbury darauf wartet«. Chirol überprüfte natürlich die Tatsachen durch Rückfrage bei den britischen Amtsstellen, und der einzige, der durch den Brief Schaden nahm, war wohl sein Verfasser.

Das zweite Nachspiel: Im Oktober 1901 hatte Chamberlain bei dem Versuch, das Betragen der britischen Truppen in Südafrika durch Vergleiche mit anderen Heeren zu verteidigen, in nicht sehr treffender Weise auf den Krieg von 1870 Bezug genommen und dadurch in Deutschland große Entrüstung hervorgerufen. Er hatte sich sofort in aller Form entschuldigt und erklärt, er habe keine Kränkung beabsichtigt. Trotzdem ergriff Bülow, der noch kurz zuvor Chirol »auf Ehrenwort« versichert hatte, er werde niemals die feindseligen Angriffe auf England billigen, deren sich die deutsche Presse schuldig mache, und der genau davon unterrichtet war, daß eine Erwiderung die englische Öffentlichkeit bis ins Mark treffen würde, die Gelegenheit, um sich populär zu machen, und erklärte, kurz nachdem der ergebnislose Abschluß der Verhandlungen mit England bekanntgeworden war, im Januar vor dem Reichstag, jeder, der abfällige Bemerkungen über die deutsche Armee mache, werde entdecken, daß er »auf Granit beiße«. Diese von Friedrich dem Großen entlehnte Wendung gefiel den Deutschen so gut, daß sie sie daraufhin bei allen unsympathischen Anregungen von britischer Seite anwandten. In London aber wurden Bülows Worte als Zeichen dafür gewertet, daß die deutschen Minister der gleichen Ansicht waren wie die deutsche Öffentlichkeit. Vor allen Dingen hatte Chamberlain das Gefühl, daß sein Bemühen um Freundschaft schlecht vergolten worden war. »Ich habe genug von einer derartigen Behandlung«, sagte er zu Eckardstein, »eine Verbindung zwischen England und Deutschland kommt nicht mehr in Frage.« In der Frage der Beziehungen zu Deutschland hatte Chamberlain keine glückliche Hand bewiesen.

Und damit fanden die Verhandlungen – wenn man sie überhaupt so bezeichnen kann – ihr Ende. Drei Jahre zuvor hatte sich Großbritannien trotz Provokationen von der Art der Krüger-Depesche noch nicht festgelegt gehabt und stand im allgemeinen dem Dreibund näher als dem Zweibund. Jetzt gab es auf britischer Seite keinen Politiker mehr, der geneigt gewesen wäre, sich weiter um engere Bindungen zu bemühen. Am 20. November 1901 hatte die *Times* geschrieben, »diese täglichen deutschen Haßkundgebungen, die anfänglich eher Erstaunen als Entrüstung hervorriefen, sinken allmählich in das Herz des britischen Volkes ein«. Das gleiche konnte man nun auch von den britischen Ministern sagen. Da niemand in verantwortlicher Position bereit war, für die Sache der Freundschaft einzutreten, hatte der Volkszorn freie Zügel, und jeder Schritt auf der einen oder anderen Seite, der geeignet schien, Mißtrauen zu wecken, tat das denn auch. Ohne das zunächst wirklich zu begreifen, fuhren die beiden Länder auf Kollisionskurs. Ein untergründiger Willenskonflikt zwischen den Völkern wurde immer stärker offenbar, und auf beiden Seiten war niemand bereit, die Zugeständnisse zu machen, die eine wesentliche Vorbedingung für eine Zusammenarbeit gewesen wären. Wenn das eher auf deutsche denn auf britische Initiative zurückging und wenn diese Entwicklung auch von vielen Deutschen begrüßt wurde, dann wird man bedenken müssen, daß England die etablierte Macht, Deutschland dagegen noch im Aufstreben begriffen war. Ein Urteil darüber, inwieweit jeder der beiden Staaten das Recht auf seiner Seite hatte, muß verschieden ausfallen, je nach den Voraussetzungen, auf die man sich stützt; und es kommt dabei weniger auf historische und politische Gesichtspunkte an als auf moralische und auf die Umstände, unter denen man offen die Entscheidung den Waffen überlassen will. Das sind schwierige Fragen. Man sollte aber das Blatt nicht umschlagen, ohne einen Augenblick zu überlegen, welches die Folgen für die Menschheit gewesen wären, wenn sich ein wenig mehr Einsicht, mehr Weitblick und Großzügigkeit hätten durchsetzen können. Gegen Ende 1898 hatte Chamberlain Hatzfeldt gegenüber von *»le bonheur qui passe«* gesprochen. Aber der Wink wurde nicht verstanden, die günstigen Gelegenheiten vergingen ohne Sondierung, und so wurde ein wichtiges Glied in der Kette der Ursachen geschmiedet, die zahllosen Menschen in der ganzen Welt Unheil brachte.

Und doch gab es durchweg seltsame Parallelen bei den Partnern, die es einem schwer machten, daran zu glauben, daß überhaupt eine Möglichkeit für erfolgreiche Verhandlungen bestand. Zunächst einmal verleitete Eckardsteins wohlgemeinte Doppelzüngigkeit beide Teile zu dem Glauben, die Initiative sei von der Gegenseite ausgegangen. Das tat nicht gut, wenn auch der daraus entstandene Schaden leicht zu hoch veranschlagt wurde. Denn niemand war über die Haltung der Gegenseite wirklich schlecht informiert. In beiden Lagern gab es Enthusiasten und Skeptiker. Lord Salisbury, der sich fragte, wann denn die Isolierung je gefährlich gewesen sei, und Sir Francis Bertie, der sie für vorteilhaft hielt, stand eine Gruppe jüngerer Minister gegenüber, Chamberlain, Lansdowne und Selborne, die die Isolierung für überholt hielten und nur zu gut wußten, was das Fehlen von Verbündeten bedeutete. Ebenso hatten auf deutscher Seite diejenigen, die seit langem davon träumten, die größte Militärmacht mit der größten Seemacht zu vereinigen, mit Bülow, Hatzfeldt und Holstein zu ringen, die in einer Annäherung an England nur Gefahren ohne entsprechende Vorteile erblickten. Beide Seiten mißtrauten einander. Bertie erinnerte an Bismarcks, wie er meinte, doppelzüngiges Verhalten beim Rückversicherungsvertrag. Selbst Chamberlain sprach mit Unbehagen von Erpressung. »Von diesem Liebespaar«, sagte Balfour, »möchte ich der sein, der die Wange darbietet, nicht der, welcher den Kuß darauf drückt. Das ist, glaube ich, nicht die deutsche Ansicht, und sie ziehen es vor, denke ich, ihr Anerbieten zurückzuhalten, bis sie gewiß sind, gut dafür bezahlt zu werden.«[134] Bei den Deutschen war der Brief des Zaren von 1898 unvergessen, und es wurde viel davon geredet, daß die Deutschen nur für England die Kastanien aus dem Feuer holen sollten. Trotz der Behauptung des Kaisers gedachte Salisbury wahrscheinlich der Bismarckschen These von 1889, daß kein deutscher Kaiser eine Politik gegen die Wünsche seines Volkes durchsetzen könne, und dies war angesichts der englandfeindlichen Stimmung in Deutschland kein gutes Vorzeichen für eine Allianz. Salisbury betonte auch nachdrücklich, daß keine englische Regierung Verpflichtungen eingehen könne ohne Rücksicht auf die künftige Einstellung der öffentlichen Meinung. Damit fand er, obgleich die Entwicklung ihn als übervorsichtig erwies, ein bereitwilliges Ohr in Berlin. Dort wollte man sich nicht gern auf ein Geheimabkommen verlassen, und wenn ein in der Öffentlichkeit ausgehandelter Vertrag vom Parlament nicht bestätigt würde, hätte sich Deutschland die Feindschaft Frankreichs und Rußlands umsonst zugezogen.

Im Grunde jedoch beruhte der Unterschied in der jeweiligen Einstellung auf der unterschiedlichen Einschätzung der Lage. Holstein schrieb an Metternich, für Deutschland sei »kaum ein großer Vertrag mit England denkbar, der nicht eine beinahe sichere Kriegsgefahr in sich schlösse«. Eine diesem Risiko angemessene Entschädigung könne Deutschland von England nur erwarten, »wenn dieses von seinen eigenen Leistungen ... eine richtigere, d. h. geringere Meinung haben wird als heute«.[135]

Salisbury aber sagte der Königin, daß »Isolierung eine geringere Gefahr bedeutet, als in Kriege hineingezogen zu werden, die uns nichts angehen«. Und Bertie schrieb: »Wenn wir uns einmal zu einer formellen Allianz verpflichten, werden wir niemals anständige Bedingungen mit Frankreich und Rußland haben.«[136] Nach Ansicht Bülows konnte England einem Kampf um seine Existenz auf die Dauer nicht ausweichen. Sollte er kommen, so würde Deutschland sein sicherster Bundesgenosse sein. Hatzfeldt sagte, Deutschland könne abwarten, bis die Engländer selber den Wert einer engeren Bindung mit dem Dreibund einsehen und annehmbare Bedingungen dafür anbieten würden.[137] Die Zeit arbeite deshalb für die Deutschen. Bülow hielt die britischen Drohungen mit einer Einigung mit dem Zweibund für nichts anderes als ein Schreckgespenst, um die Deutschen gefügig zu machen, und Holstein bewertete sie als »vollständigen Schwindel«. England habe nichts anzubieten, was Frankreich veranlassen könnte, Tanger und damit die Meerenge von Gibraltar herauszugeben.[138] Richthofen, jetzt Staatssekretär des Auswärtigen, bezeichnete ein französisch-russisches Bündnis als gänzlich undenkbar und hielt die Interessengegensätze zwischen England und Rußland für zu groß, als daß auch an ein zeitlich begrenztes Abkommen zwischen den beiden Mächten zu denken sei.[139] Auf englischer Seite war Bertie der Ansicht, gerade Deutschland befinde sich zwischen Staaten und Regierungen, die ihm nicht gewogen seien, in einer gefährlichen Lage. Deshalb sei es für Deutschland wesentlich, sich des englischen bewaffneten Beistands für den Fall eines Krieges gegen Frankreich und Rußland zu versichern. Sollte sich jemals die Gefahr einer Zerstörung Englands durch Frankreich und Rußland erheben, »würde Deutschland ihm zur Hilfe kommen müssen, um einem ähnlichen Schicksal später zu entgehen ... In unserer gegenwärtigen Situation halten wir das Gleichgewicht zwischen Zweibund und Dreibund.« Und trotzdem bildete sich Wilhelm ein, er selbst sei der *arbiter mundi!*

Salisbury erklärte den Deutschen mehr als einmal, sie verlangten zuviel für ihre Freundschaft. Diese verschiedenartige Einschätzung der Lage verhinderte es, daß die Abkommen über die portugiesischen Kolonien und über China den Weg zu einer umfassenderen Verständigung anbahnten, wie das die anglo-französischen Verträge von 1904 taten. Die unterschiedliche Bewertung bewirkte denn auch, daß deutsche Andeutungen wegen eines Abkommens über Marokko bei den Engländern auf taube Ohren stießen – über eben das Gebiet, von dem die englische Annäherung an Frankreich ihren Ausgang nehmen sollte.

Diese Episode verdient, sowohl mit wie ohne Bezug auf die späteren Ereignisse beurteilt zu werden. Die deutsche Stellungnahme war auf den ersten Blick nicht unvernünftig. England war in Frankreich noch in weiten Kreisen unbeliebt. Wohl mochten Bülow und Holstein die Idee einer französisch-englischen Verständigung belächeln, der Kaiser behandelte sie sicherlich als eine Möglichkeit, glaubte allerdings, daß sie das Ende des Zweibundes bedeuten würde.[140] Im Fernen Osten stand England im Begriff, sich mit Rußlands Hauptfeind zu verbünden, und solange Rußlands Aufmerksamkeit auf Asien konzentriert war, schien ein Zusammenstoß Rußlands mit England näherzuliegen als mit Österreich und Deutschland. Die Entente von 1907 wäre ohne Japans Sieg über Rußland undenkbar gewesen und wurde tatsächlich nur lebensfähig dank der gemeinsamen Furcht vor Deutschland. Wenn man die praktischen Schwierigkeiten, die dem Abschluß einer deutsch-englischen Allianz im Wege standen – und die auf beiden Seiten zugegeben wurden –, in Betracht zieht, wird die deutsche Einschätzung der Lage durchaus verständlich. So erfahrene Diplomaten wie Graf Hatzfeldt, Graf Münster und Fürst Radolin scheinen ihr zugestimmt zu haben[141], doch sie sollte sich als unheilvoll falsch erweisen. Es stellte sich nämlich heraus, daß die Engländer die Lage richtiger beurteilt hatten und daß die Franzosen die Briten mit größerem Geschick zu behandeln verstanden. Sie wußten, was sie wollten, und sorgten dafür, daß sich die Ereignisse für und nicht gegen sie auswirkten. »Das Schicksal kommt«, wie Joseph Chamberlains Biograph Garvin sich ausdrückte, »immer auf Seitenwegen«.[142] Wer auf den idealen Stand der Gestirne hofft, läuft Gefahr, feststellen zu müssen, daß er den bestmöglichen verpaßt hat. Als 1919 der letzte Band von Bismarcks *Gedanken und Erinnerungen* erschien, stellte sich heraus, daß er auf der letzten Seite »die Aufgabe der Politik . . . in der richtigen Voraussicht dessen, was andere Leute unter gegebenen Umständen tun werden«, sah.[143] Macht man das zum Prüfstein, dann haben seine Nachfolger eben auf dem Gebiet völlig versagt, auf dem er das Großartigste geleistet hatte.

Die Fehlbeurteilung der Lage war auch nicht einfach auf Pech zurückzuführen, sondern war die natürliche Konsequenz der Atmosphäre von Überheblichkeit und Verwirrung, die in den oberen Kreisen in Deutschland herrschte, eine Haltung, die weit über einen Stolz auf das eigene Vaterland hinausging und bis zur eifersüchtigen Verachtung für andere reichte. In den Engländern sah man eher des Vertrauens unwürdige Gegner, die man übers Ohr hauen mußte, als mögliche Partner, deren Vertrauen es zu gewinnen galt. Es mag merkwürdig anmuten, Männer des übertriebenen Selbstvertrauens zu bezichtigen, die dauernd fürchteten, in unvorteilhafter Lage überrascht zu werden. Und doch war es eine Mischung von überschlauem Mißtrauen und anmaßender Arroganz, die sie in die Irre gehen ließ. Tatsächlich bestand um die Jahrhundertwende nur wenig Aussicht auf eine deutsch-englische Verständigung, denn die entscheidende Voraussetzung dafür auf deutscher Seite hätte eine Einstellung sein müssen, die überhaupt nicht vorhanden war und mit den hier vorherrschenden Tönen auch keineswegs übereingestimmt hätte. Wenn es die deutsche Führung den Franzosen an Gewandtheit hätte gleichtun wollen, dann hätte sie erst einmal die Vorstellungskraft besitzen müssen, um Auffassungen der anderen Völker zu verstehen, was aber im Wilhelminischen Deutschland nicht zu erwarten war. Außerdem war die Atmosphäre von Intrigen und fieberhafter Aktivität, in der der Kaiser lebte, einer ruhigen Urteilsbildung nicht eben förderlich. Dies ist der Punkt, an dem die Kritik an Wilhelm hauptsächlich einsetzen muß. Die Verantwortung für die Entscheidungen im einzelnen lag weniger bei ihm als bei Bülow und Holstein. Er aber war sich der wirklichen Gefahren sehr viel mehr bewußt und im großen und ganzen eher darauf aus, die sich anbahnenden Möglichkeiten weiter zu verfolgen; im Jahr 1901 wurden ihm denn auch recht wichtige Akten absichtlich vorenthalten aus Sorge, er könnte die scheinbar ausgestreckte Hand ergreifen.[144] Er rechnete mit der Möglichkeit einer anglo-französischen Verständigung und sah, daß er, wenn er zu lange die Entscheidung für England oder Rußland hinausschob, am Ende zwischen zwei Stühle geraten werde.[145] Aber der Mann, der so großartig behauptete, die Politik zu bestimmen, hatte selbst keine klare Vorstellung, wohin es gehen sollte, und statt dessen verrannte er sich in der einen oder anderen Richtung, wie es ihm der Augenblick gerade eingab. Dies erschwerte nicht nur eine kontinuierliche Politik, sondern zwang auch seine Berater in ein Verhältnis zu ihm, aus dem heraus sie ebensoviel Zeit dafür aufbringen mußten, den Kapitän zu umschmeicheln wie das Schiff zu steuern. Indem er sich mit einer Atmosphäre abfand, ja sie sogar förderte, die seine weniger einsichtigen Diener und Untertanen in seiner Umgebung erzeugten, verhinderte er eine nüchterne Einschätzung der deutschen Position in der Welt und eine taktvolle Politik gegenüber den anderen Nationen. Er tat ebensoviel, um die Atmosphäre, in der die Verhandlungen geführt wurden, zu verschärfen, wie um den Weg zu ihrem Erfolg zu ebnen.

Ein amerikanischer Schriftsteller hat einmal gesagt, »Arroganz ist die unweigerliche Folge der Verbindung von Macht und Schwäche«.[146] Um zu verhindern, daß Stärke zu ihrer eigenen Vernichtung führt, bedarf es eines durch Humanität und Achtung vor den Rechten des Individuums gemäßigten Inhabers. Kann man behaupten, daß der Einsatz derartiger Eigenschaften den Schlüssel abgibt zu den Erfolgen, deren sich England in Ausübung seiner Macht erfreuen durfte? Zur Zeit des Burenkriegs hätte ein solcher Anspruch in Europa ohne Zögern das Urteil gefunden, dies sei ein typisches Beispiel für insulare Heuchelei.

Ein Alptraum wird Wirklichkeit

»Als ich dem Kaiser ... die Mitteilung machte ..., antwortete Seine Majestät in solcher Form, daß ich mich gezwungen sah, ihn zu fragen, ob er wünsche, daß ich eine solche Botschaft an die Regierung Seiner (Britannischen) Majestät übermittele. ›Nein‹, sagte Seine Majestät. ›Sie kennen mich sicher gut genug, um, was ich sage, in diplomatische Sprache zu übersetzen.‹ – ›In dem Falles‹, sagte ich, ›schlage ich vor zu berichten, daß Eure Majestät die Mitteilung mit Befriedigung empfangen haben.‹ – ›Ja‹, antwortete Seine Majestät, ›Sie können sagen, mit großem Interesse und großer Befriedigung‹, eine Bedeutung, die selbst intim mit Seiner Majestät Bekannte nicht so leicht aus seiner ursprünglichen Bemerkung hätten herauslesen können, die lautete: ›Die Nudeln scheinen einen lichten Moment gehabt zu haben.‹«[1]

Auf diese Weise begrüßte der Kaiser im Januar 1902 die ihm im voraus übermittelte vertrauliche Anzeige, daß England seine Isolierung durchbrochen und ein Bündnis mit Japan abgeschlossen habe. Man hätte eigentlich erwarten können, daß die Wahl eines solchen Bündnispartners bei einem Manne Anstoß erregen würde, der so entschiedene Ansichten über die »gelbe Gefahr« geäußert hatte. Zudem wußte Wilhelm, wie wünschenswert es für Deutschland war, wenn Rußland im Fernen Osten gebunden wäre. Wenn nicht sein Selbstvertrauen unter Spannungen der Nerven litt, hielt er nicht sehr viel von der Leistungsfähigkeit des russischen Militärs. Jede Stärkung der Feinde Rußlands hätte bei ihm also den Gedanken an eine Gefahr für Deutschland aufkommen lassen können. In der Folge sollte sich erweisen, daß Englands Vorgehen der erste Schritt in einer Entwicklung war, die die europäische Lage zum Nachteil Deutschlands umgestalten sollte. Aber nicht diese Gesichtspunkte kamen Wilhelm zunächst in den Sinn. England hatte statt des Zweibundes einen Feind dieser Allianz zum Partner gewählt. Die Chancen eines Zusammenstoßes zwischen England und Rußland schienen sich zu vergrößern, Englands Möglichkeiten, das bedrohte Abkommen mit Frankreich doch noch abzuschließen, schienen geringer geworden. Deutschland konnte noch unbesorgt sein.

Mittlerweile gab es im täglichen Leben nach wie vor eine Menge kleinerer Verstimmungen, die aber nicht alle auf Wilhelm zurückgingen. Der Prinz von Wales – der spätere König Georg V. – hatte im Januar 1902 zu einem offiziellen Freundschaftsbesuch nach Berlin kommen sollen. Aber Bülows Antwort an Chamberlain, über die schon berichtet worden ist, hatte in England so große Empörung ausgelöst, daß König Eduard zunächst auf einen offiziellen Protest gedrungen hatte. Salisbury fand es aber würdiger und wirksamer, den Prinzenbesuch abzusagen, und Eduard schrieb dementsprechend an den Kaiser, es werde besser für ihn – den Prinzen – sein, sich nicht in ein Land zu begeben, wo er Gefahr laufe, beleidigt oder vom Publikum in einer Manier behandelt zu werden, die, dessen sei er sicher, niemand mehr bedauern werde als der Kaiser. Wilhelm, der sich nicht aus der Fassung bringen lassen wollte, tat so, als habe ihn der Brief nie erreicht. Der König wurde veranlaßt, die Sache noch einmal zu überdenken, und der Prinz reiste doch nach Berlin. Allen Berichten zufolge war sein Besuch erfolgreich. Der Prinz, jünger als Wilhelm, teilte weder die Komplexe seines Vaters noch die Ansicht seiner geliebten Mutter Alexandra, daß es »nicht sein Fehler, sondern sein Mißgeschick« sei, wenn er – durch einen Ehrenrang in der preußischen Armee – nun »wirklich ein lebendiger dreckiger, blauberockter deutscher Pickelhaubensoldat« werden müsse. Schon damals und auch später verstanden es Georg und seine Frau, vernünftige Beziehungen zu den deutschen Vettern herzustellen. »Georgy reiste ab . . . gesund und munter«, schrieb Wilhelm, »und wir waren sehr traurig, uns von einem so fröhlichen und liebenswürdigen Gast trennen zu müssen. Ich glaube, er hat sich hier gut amüsiert.«[2] Einige Jahre später schilderte der Kaiser Präsident Theodor Roosevelt gegenüber den Prinzen als »einen sehr netten Jungen, einen richtigen Engländer, der alle Ausländer haßt, was ich aber nicht übelnehme, solange er die Deutschen nicht mehr haßt als andere Ausländer.«[3]

Die nächste Unannehmlichkeit verursachte eine Abordnung von Burengeneralen. Sie waren nach England gekommen in der

Hoffnung, eine Abänderung der Friedensbedingungen zu erreichen, und fuhren anschließend im Juli 1902 auf das europäische Festland, wo ihnen verschiedentlich ein festlicher Empfang bereitet wurde. Da sie in London vom König in Audienz empfangen worden waren, hielt Bülow es für richtig, daß auch der Kaiser sie empfangen sollte, und dieser stimmte unter der Bedingung zu, daß der britische Botschafter bei dem Empfang zugegen sei. Dann erregten aber die Buren durch eine taktlose Rede die englische Öffentlichkeit, und Berlin erhielt einen deutlichen Wink, daß ein Empfang nicht gern gesehen werden würde. Tatsächlich konnte er sie, da sie – wenn auch wider Willen – britische Untertanen waren, nur empfangen, wenn der britische Botschafter um eine Audienz für sie einkam, was dieser offensichtlich unterließ. Die Buren verließen also Berlin ohne Audienz, und der Kaiser wurde in weiten Kreisen wegen übertriebener Rücksicht auf englische Gefühle kritisiert.[4]

König Eduards verspätete Krönung verursachte weitere Unruhe. Er selbst hatte den Wunsch geäußert, Deutschland solle durch den Kronprinzen vertreten sein. Aber Dona hatte Bedenken wegen gewisser Dinge, die ihr über den letzten Besuch ihres Sohnes zu Ohren gekommen waren. Es war von »unziemlichen Balgereien in dunklen Korridoren« die Rede gewesen.[5] Wilhelm schickte daher statt des Kronprinzen seinen Bruder Heinrich, der die englische Admiralität dadurch aus der Fassung brachte, daß er, statt nach Sheerness zu fahren, mit seinem Schiff nach Spithead dampfte und dadurch die Vorbereitungen für die Flottenparade störte.[6] Außerdem hatte Wilhelm vergessen, daß nach der in Europa geltenden Etikette die ältesten Söhne von Souveränen Vorrang vor allen anderen königlichen Prinzen hatten. Infolgedessen saß Heinrich nicht in der ersten Reihe, was zu Hause als eine geringschätzige Behandlung Deutschlands übel vermerkt wurde.

Um diese Zeit kreuzte Wilhelm in norwegischen Gewässern und in der Ostsee. Er traf mit dem Zaren in Reval zusammen, dem er am folgenden Tag ein Danktelegramm »von dem Admiral des Atlantik an den Admiral des Pazifik« sandte. Auf seinem Heimweg las er, daß der bayerische Landtag in einem Anfall von Knauserigkeit abgelehnt hatte, der Bildung eines Einkaufsfonds für die staatlichen Gemäldegalerien zuzustimmen. Wenn er solchem Philistertum begegnete, sah er rot. Sobald er in Swinemünde an Land kam, erlaubte er sich, was ein Beobachter eine seiner »studentenhaften Plötzlichkeiten«[7] nannte: Er drückte dem Prinzregenten von Bayern telegraphisch sein Mitgefühl aus und bot ihm an, die erforderlichen Mittel selber zur Verfügung zu stellen. Die dadurch beim Prinzregenten gegen Wilhelm erregten Gefühle gingen so weit, daß dieser noch ein oder zwei Jahre später darauf bestand, daß bei einem Besuch des Kaisers Dona diesen begleitete, so daß er seine Aufmerksamkeiten ganz auf sie konzentrieren konnte, was er dann auch in sehr betonter Weise tat, und es ihm erspart blieb, achtundvierzig Stunden lang mit dem Kaiser allein Höflichkeiten austauschen zu müssen.[8] Weder der Prinzregent noch sein Volk nahmen die Idee besonders freundlich auf, daß ihnen der König von Preußen aushelfen wolle, und die Kritik richtete sich ziemlich gleichmäßig gegen den Mann, der das Angebot gemacht, und die parlamentarische Mehrheit, deren Geiz ihm die Möglichkeit dazu verschafft hatte. Wie so oft hatte Wilhelm eine großmütige Absicht durch Taktlosigkeit verdorben. Der Kanzler war nicht zugegen gewesen, als das Telegramm abging, und der diensthabende Beamte des Gefolges, der Gesandte von Tschirschky, hatte nicht gewagt, sich dem Befehl des Kaisers zu widersetzen. Später von Bülow zur Rede gestellt, sagte er: »Wenn man es mit dem Kaiser einmal verschüttet hat, so hilft einem kein Reichskanzler.«[9] Tschirschky machte sich beim Kaiser sehr beliebt, und als im Jahre 1906 der Posten des Staatssekretärs des Auswärtigen frei wurde, setzte sich Wilhelm über Bülows Einwände hinweg und betraute ihn mit diesem hohen Amt.

Im November empfahl die britische Regierung in Berlin ein gemeinsames Vorgehen beider Länder gegen Venezuela, das englische und deutsche Schiffe angehalten und die Zahlungen an deutsche und englische Geschäftsleute gesperrt hatte. Deutschland stimmte nicht nur zu, sondern suchte London zu einer gemeinsamen Blockade gegen Venezuela zu bewegen. Daraufhin griff Präsident Roosevelt ein und verlangte, daß die beiden Nationen den Fall dem Haager Schiedsgericht unterbreiten sollten. König Eduard war wie seine Minister bestrebt, einzulenken, was den Kaiser zu der Bemerkung veranlaßte: »Serenissimus verliert die Nerven! Das hätte Großmama nie gesagt!«[10] Roosevelt aber sagte dem deutschen Botschafter, wenn sich Deutschland nicht wie England verhalte, werde ein amerikanisches Geschwader auslaufen, um jede Besetzung venezolanischen Gebietes zu verhindern. Der Botschafter erwiderte, der Kaiser habe öffentlich die Schiedsgerichtsbarkeit abgelehnt, und man könne von ihm nicht erwarten, daß er seinen Standpunkt ändere. Die Antwort Roosevelts war, er verhandele nicht, er übermittele lediglich eine Information. Eine Woche später machte der deutsche Diplomat einen weiteren Besuch, ohne das Thema von sich aus zu erwähnen. Auf eine Frage Roosevelts erwiderte er, er habe keine neuen Instruktionen aus Berlin, worauf der Präsident erklärte, in dem Falle werde die amerikanische Flotte einen Tag früher auslaufen. Auf die Proteste des Botschafters antwortete er mit dem Hinweis, es sei nichts zu Papier gebracht worden. Nehme Deutschland die Schiedsgerichtsbarkeit an, so werde er den Entschluß begrüßen und als eine deutsche Initiative behandeln. Weigere sich Deutschland aber weiterhin, so werde die amerikanische Flotte in Aktion treten. Zwölf Stunden vor Ablauf der Frist gaben die Deutschen nach.[11] Merkwürdigerweise hinterließ diese Episode nur wenig Mißstimmung zwischen Deutschland und Amerika, um so mehr aber zwischen Deutschland und England. Drei Jahre später konnte Wilhelm an Roosevelt »wie ein verliebter Tertianer an eine Nähmamsell« schreiben[12] während in der englischen Presse Rudyard Kipling auf das Zusammengehen mit Deutschland gegen Venezuela in einem Gedicht als ein »geheimes Gelübde« an einen »offenen Feind« anspielte.

Im Mai 1903 stattete der Kaiser, nachdem er seinem Onkel Eduard hatte sagen lassen, er fühle sich nicht wohl genug, um ihn in Berlin zu empfangen, in Rom einen Staatsbesuch ab mit einem Gefolge von achtzig Personen und zwölf Pferden. Es genügte ihm nicht, die üblichen Kränze an den Königsgräbern niederzulegen, er pflückte auch Rosen von den Kränzen ab und verteilte sie unter dem Empfangskomitee. Auf dem Forum überreichte er dem Leiter der Ausgrabungen einen Zweig zum Zeichen, daß er seine Lorbeeren verdient habe. Mit großem Pomp fuhr er zu einer Begegnung beim Papst, mit zwölf Kutschen, Vorreitern in prunkvoller Livree und vier Mitgliedern seiner persönlichen Leibwache. Die Wirkung auf die unehrerbietige Einwohnerschaft der Stadt war nicht die vom Kaiser erwartete.[13] Fast genau zur gleichen Zeit gewann sein Onkel im Verlaufe eines Staatsbesuches bei Präsident Loubet die Pariser für sich. Schon 1901 hatten die Franzosen eine Aussprache über die Zukunft Marokkos angeregt, aber die Engländer hatten gezögert, darauf einzugehen. Jedoch am 22. Februar 1902, am Abend des Tages, an dem Chamberlain der anglo-deutschen Annäherung die Grabrede gehalten hatte, sah Eckardstein diesen zusammen mit Paul Cambon im *Marlborough House*, wo Eduard VII. vor seiner Übersiedlung in den Buckingham-Palast damals noch wohnte, in das Billardzimmer gehen und sich genau achtundzwanzig Minuten lang sehr angeregt mit dem Botschafter unterhalten. Die einzigen Worte, die er verstehen konnte, waren »Marokko« und »Ägypten«.[14] Eckardsteins Warnung an Berlin veranlaßte Bülow, die Meinung seiner Botschafter einzuholen, die ihn aber nur in der Ansicht bestärkten, daß die Unwahrscheinlichkeit einer anglo-französischen Verständigung lediglich noch durch die einer anglo-russischen übertroffen werde.[15] Und das war gar nicht so unvernünftig, denn die Verhandlungen kamen nur langsam voran. Der Beitrag König Eduards bestand darin, daß er den Ministern die Möglichkeit einer Verständigung vor Augen hielt, daß er mit seinem persönlichen Takt die Vorurteile abbaute, die die Öffentlichkeit beider Länder einander entfremdet hielten, und eine Atmosphäre schuf, in der die Unterhändler gelassen arbeiten konnten. Der Gegensatz zu dem Benehmen seines Neffen in den Jahren 1898–1901 hätte nicht augenfälliger sein können. Eine Einigung lag aber noch in weiter Ferne, noch gab es so kitzlige Fragen zu lösen wie die, ob ein Hummer als Fisch anzusehen sei[16], und Bülow beruhigte seine Kollegen Anfang April 1903, von heute auf morgen würden sich die bestehenden Gruppierungen nicht ändern: »Wir können *meo voto* die Dinge gar nicht pomadig genug nehmen.«[17]

Gleichmut aber war das letzte, was Wilhelm aufbringen konnte. Er suchte Mißtrauen zu säen, indem er den französischen Marineattaché an Faschoda erinnerte und – übrigens mit Recht – auf die bevorstehende politische Ausschaltung Chamberlains hinwies. »Der Tag wird kommen, wenn Napoleons Idee – die Kontinentalblockade – wiederaufgenommen werden muß. Er suchte sie mit Gewalt durchzusetzen, bei uns wird sie auf die gemeinsamen Interessen, die wir zu verteidigen haben, begründet werden müssen.«[18] Er schrieb dem Zaren, daß »die Krim-Kombination wirkt und gegen die russischen Interessen im Osten arbeitet. ›Die demokratischen Länder, von Parlamentsmehrheiten regiert im Kampf gegen die kaiserlichen Monarchien ...‹«[19] Bei einer Truppenbesichtigung in Hannover erinnerte er daran, daß die Deutschen bei Waterloo die Engländer vor der Niederlage bewahrt hätten. Solche Versuche, die Rolle Bismarcks zu spielen – die er ohne einen konsequenten Plan unternahm –, verursachten zweifellos Mißtrauen unter den übrigen Nationen, aber hauptsächlich gegen den Urheber und nicht so sehr, wie beabsichtigt, gegeneinander.

Um Wilhelm Gerechtigkeit widerfahren zu lassen, sei erwähnt, daß es ihm gesundheitlich nicht sehr gut ging. Sein Ohr hatte ihm im Frühjahr wieder Schwierigkeiten bereitet, und im Herbst entwickelte sich eine Geschwulst in der Kehle, die in Anbetracht des Schicksals seines Vaters Besorgnis erregen mußte. Er bewahrte Stillschweigen darüber und ließ nicht einmal Dona etwas davon wissen, bevor die notwendig gewordene Operation vorüber war. Er gab auch Anweisung, daß, falls sich die Geschwulst als bösartig erweisen sollte – was nicht der Fall war –, die Tatsache unverzüglich bekanntgegeben werden solle.[20]

Im Februar 1904 kam es zum Krieg zwischen Rußland und Japan. Da Frankreich mit der einen kriegführenden Macht und England mit der anderen verbündet war, hofften die Deutschen, daß dies den Abschluß der Entente verhindern werde. Aber die Gefahr war so offenkundig gewesen, daß man Vorkehrungen dagegen getroffen hatte, und im April wurde die Unterzeichnung von drei Abkommen bekanntgegeben. Neben Vereinbarungen über die Fischerei in den Gewässern bei Neufundland, über Westafrika, Siam, Madagaskar und die Neuen Hebriden enthielten sie die Zusage, daß Frankreich England bei der Aufrechterhaltung des Status quo in Ägypten unterstützen und England das gleiche für Frankreich in Marokko tun werde. Geheimklauseln, von deren Existenz und wahrscheinlich auch von deren allgemeinem Inhalt man in Berlin erfuhr, sicherten gegenseitige Unterstützung zu für den Fall, daß in dem einen oder anderen der beiden nordafrikanischen Gebiete politische Änderungen notwendig werden sollten.[21] Die Vereinbarungen waren das Ergebnis eines ehrlichen Bestrebens auf beiden Seiten, Reibungsflächen zwischen ihnen auszuschalten, und sie enthielten keinerlei Verpflichtungen, die über den Text hinausgingen. Aber, wie es in einer späteren britischen Urkunde heißt: »Wo immer die Regierung eines Landes sich vor äußere Schwierigkeiten durch den Widerstand eines anderen Landes in einer Frage nationaler Rechte oder Ansprüche gestellt sieht, kann die Bedeutung eines fest begründeten Systems friedlicher Beziehungen auf breiter Basis mit denjenigen Mächten gar nicht hoch genug eingeschätzt werden, die durch ihre Position in die Lage versetzt sind, ihr Gewicht für die eine oder andere Seite in die Waagschale zu werfen.«[22]

Die Entente war wohl nicht offensiv gegen Deutschland gerichtet, aber die Möglichkeit, daß es zu Schwierigkeiten mit Deutschland kommen könnte, hat diejenigen, die sie ausgehandelt haben, sicher nicht ganz unbeeinflußt gelassen. Im Herbst 1902 hatte der Erste Lord der Admiralität (der offizielle Titel des britischen Marineministers) seinen Kollegen im Kabinett erklärt:

»Je mehr man die Zusammensetzung der neuen deutschen Flotte untersucht, desto klarer wird es, daß sie für einen möglichen Konflikt mit der britischen Flotte bestimmt ist. Sie kann nicht für den Zweck gedacht sein, eine führende Rolle in einem künftigen Kriege zwischen Deutschland und Frankreich oder Rußland zu spielen. Der Ausgang eines solchen Krieges kann nur durch Armeen und auf dem Lande entschieden werden, und die großen Flottenbauausgaben, auf die sich Deutschland eingelassen hat, bedeuten eine wohlüberlegte Einschränkung der militärischen Stärke Deutschlands, die es anderenfalls im Verhältnis zu Frankreich und Rußland hätte erreichen können.«[23]

1902 war das Jahr, in dem Englands Flotten- und Heeresführung zu dem Schluß kamen, daß der Feind in einem künftigen Krieg am wahrscheinlichsten Deutschland sein würde. Die Diskussionen, die im Mai 1904 zur Errichtung jener typisch britischen Einrichtung, des *Committee of Imperial Defence** (Reichsver-

* Das *Committee of Imperial Defence* stand unter dem Vorsitz des Premierministers. Ihm gehörten Minister, hohe Offiziere der Marine, des Heeres – später auch der Luftwaffe – und Beamte an. Obwohl aber die Inhaber gewisser Ämter gewöhnlich an den Sitzungen teilnahmen, hatte niemand außer dem Premierminister das Recht, an allen teilzunehmen. Dagegen war dieser als Vorsitzender berechtigt, jede Persönlichkeit seiner Wahl zu einer bestimmten Sitzung des Ausschusses aufzufordern. Ein weiterer neuartiger Zug des Ausschusses war, daß ein kleines ständiges Sekretariat die Sitzungsberichte abzufassen und die dokumentarischen Unterlagen vorzubereiten hatte – zu einer Zeit, als das britische Kabinett noch keinen Sekretär hatte und keinerlei Aufzeichnung über seine Beratungen vornahm, abgesehen von dem Bericht, den der Premierminister dem Monarchen sandte. (Anm. d. Übers.)

teidigungsausschuß), führten, waren mit einer Untersuchung über den Burenkrieg eingeleitet worden, gewannen aber an Bedeutung durch den Gedanken, daß man in absehbarer Zeit deutschen Bestrebungen werde entgegentreten müssen.[24]

Kaiser Wilhelm kreuzte im Mittelmeer, als er von der Unterzeichnung der Entente erfuhr. Die Nachricht veranlaßte ihn zu einigen mit Recht vernichtenden Bemerkungen über den Weitblick seiner Berater:

> »Das jüngste englisch-französische Abkommen gibt mir doch nach mancher Richtung hin zu denken. Ich finde, daß die Franzosen den Vorteil ihrer augenblicklichen politischen Lage mit bemerkenswertem Geschick ausgenutzt haben. Sie haben es fertiggebracht, ohne das Band mit Rußland zu lokkern, sich von England ihre Freundschaft teuer bezahlen zu lassen.«[25]

Vor der Öffentlichkeit sagte er, die Ereignisse seien dazu angetan, »das Auge klar zu machen und den Mut zu stählen und uns einig zu finden, wenn es nötig werden sollte, in die Weltpolitik einzugreifen«.[26] Privat sprach er sich gegen jedes einseitige Vorgehen im derzeitigen Augenblick aus.[27] Als der Londoner Botschafter, Graf Metternich, die Ansicht vertrat, die antideutsche Stimmung könne sich in England ebenso leicht überwinden lassen, wie jetzt die antifranzösische überwunden worden sei, machte Wilhelm die Randbemerkung: »Nein! Weil wir zu ähnlich sind und stärker als die Franzosen sein werden.«[28] Bülow sagte dagegen im Reichstag, er könne in dem Abkommen nichts den deutschen Interessen Abträgliches sehen, erörterte aber mit Metternich, was getan werden könne, um genau festzustellen, wie weit Englands Bindung an Frankreich reiche. Holstein meinte, die Engländer seien bestrebt, Frankreich in einen Krieg mit Deutschland verwickelt zu sehen, um anderswo freie Hand zu haben, weigerte sich aber zu glauben, daß im Kriegsfall die englische Regierung Frankreich mit der Waffe in der Hand zu Hilfe kommen werde.[29]

Paul Cambon sagte König Eduard, er glaube, des Kaisers Nervosität sei dem Umstande zuzuschreiben, daß er die Entente für unmöglich gehalten habe und nun erkennen müsse, daß sein Anspruch, der Schiedsrichter Europas zu sein, bloßgestellt sei. »Sicher«, antwortete der König, »er hat es so gern, wenn jeder über ihn spricht. Er ist niedergeschlagen, weil wir ohne seine Erlaubnis und Hilfe zu einem Übereinkommen gelangt sind. Er fühlt sich isoliert.«[30] Um dieser Stimmung entgegenzuwirken, begab sich der König im Juni 1904 zur Kieler Woche, nahm aber, um das gallische Mißtrauen zu zerstreuen, ein paar französische Aristokraten mit. Der Kaiser gab sich alle Mühe, um einen guten Eindruck zu machen. Er kümmerte sich um die geringsten Kleinigkeiten der Dekorationen auf der kaiserlichen Jacht, ließ einen großen Baldachin über dem Promenadendeck aufrichten, dazu Blumenbeete und kleine Springbrunnen und Wasserfälle anlegen, die Auge und Ohr erfreuen sollten. Er musterte alle Schiffe seiner neuen Flotte, die in langer Kiellinie, zur Besichtigung bereit, vor Anker lag. Vor lauter Eifer zog er seine Paradeuniform viel zu früh an und mußte fünfundvierzig Minuten lang auf dem Deck auf und ab schreiten, ehe sein Onkel erschien. Aber irgendwie blieb der erwünschte Eindruck aus. Gewiß, er sah den König und Lord Selborne, den Marineminister, während der Flottenparade bedeutungsvolle Blicke wechseln, aber zum Schluß sagte sein Onkel ihm nur, er wisse ja, daß Wilhelm stets am Segeln Spaß gehabt habe. Vielleicht war es Wilhelms Rache, wenn er, als ihm später berichtet wurde, Eduard sei in Windsor, bemerkte, er habe gedacht, der König fahre mit seinem Kolonialwarenhändler Boot.[31]*

Bevor der russisch-japanische Krieg ausbrach, hütete sich Wilhelm sorgfältig, dem Zaren irgendwelche Zusagen zu machen, er werde ihm den Rücken decken; nachdem aber die Feindseligkeiten begonnen hatten, ließ er sich von den Ereignissen mitreißen, an denen er sich beteiligt fühlte. Denn seine Sympathie galt ganz der russischen Seite. »Papa«, erzählte der Kronprinz, »hat uns eine Rede gehalten im I. Garderegiment, als ob wir morgen marschieren sollten.«[32] Dabei hatte Wilhelm keinerlei Illusionen hinsichtlich des Zaren. »Selten hat ein großer historischer Moment zwei so kleine Geister an der Spitze zweier solcher Nationen angetroffen! ... Es handelt sich nicht um die ›open door‹ in der Mandschurei oder ein Kondominium in Korea, sondern darum, ob Rußland seiner Aufgabe gewachsen ist, den Schutz und die Abwehr gegen die gelbe Rasse und damit für die christliche Zivilisation zu übernehmen.« Er erzählte Bülow, sein Ziel sei es, den

* Anspielung auf Sir Thomas Lipton, den Teegroßhändler, dessen Jacht *Shamrock* häufig an den Regatten in Cowes teilnahm.

Zaren dazu zu bewegen, seine gesamte Kraft im Kampf gegen Japan anzuspannen. Als Bülow dagegen einwandte, wenn Deutschland Rußland zu sehr zum Kampfe antreibe, könne es ihm vielleicht schwerfallen, sich selbst aus dem Krieg herauszuhalten, erwiderte der Kaiser: »Vom Standpunkt des Staatsmannes mögen Sie recht haben. Ich fühle aber als Souverän, und als Souverän kränken mich die Blößen, welche sich Zar Nikolaus durch sein schlappes Auftreten gibt. Damit kompromittiert er alle großen Souveräne.«[33] Bei dieser Gelegenheit machte Wilhelm seine bereits erwähnte Bemerkung zu der Nachricht, daß Rußland den Zwischenfall auf der Doggerbank dem internationalen Schiedsgericht unterbreitet habe. Als Bülow sich darum bemühte, die Briefe seines Herrn zu redigieren, wurde ihm bedeutet, ihm sei kein Eingriff in die Privatkorrespondenz von Monarch zu Monarch gestattet. Wilhelm bot Nicky tatsächlich jede Hilfe an, soweit sie nicht aktiven Beistand im Krieg bedeutete, und es liegen keinerlei Beweise dafür vor, daß er weiter gegangen wäre. Bülow seinerseits erklärte dem britischen Botschafter, er könne sich darauf verlassen, daß Deutschland neutral bleiben werde, selbst wenn der Kaiser dem Zaren etwas ganz anderes gesagt haben sollte.[34]

Im Herbst 1904 regte der Zar an, Wilhelm solle einen Vertrag ausarbeiten lassen, durch den sich Deutschland, Frankreich und Rußland zusammenschließen würden, um die anglo-japanische Arroganz und Unverschämtheit zu beseitigen. Wilhelm antwortete darauf mit einer Abhandlung über Frankreich:

> »Was Frankreich betrifft, so wissen wir beide, daß die Radikalen und die antichristlichen Parteien, die augenblicklich die stärkeren sind, England zuneigen – alte Überlieferungen aus der Krimzeit –, aber gegen einen Krieg sind, weil ein siegreicher General die sichere Zerstörung dieser Republik elender Zivilisten bedeuten würde. Die nationalistische oder klerikale Partei hat für England nichts übrig und Sympathie für Rußland, denkt aber nicht im Traum daran, sich im gegenwärtigen Krieg für Rußland einzusetzen. Zwischen diesen beiden Parteien wird die republikanische Regierung neutral bleiben und nichts tun. England rechnet mit dieser Neutralität und mit der sich daraus ergebenden Isolierung Rußlands . . . Um sich dieser Republikaner doppelt zu versichern, hat England Marokko den Franzosen überliefert. Die absolute Sicherheit, daß Frank-

reich beabsichtigt, neutral zu bleiben und sogar seine diplomatische Unterstützung England zu leihen, ist der Grund, der der englischen Politik gegenwärtig ihre ungewöhnlich brutale Sicherheit verleiht. Dieser unerhörte Zustand wird sich zum Besseren wenden, sobald Frankreich sich direkt der Notwendigkeit gegenübergestellt sieht, Farbe zu bekennen und sich offen für Petersburg oder London zu erklären ... Wenn Du und ich Schulter an Schulter zusammenstehen, so wird das hauptsächlichste Ergebnis das sein, daß Frankreich sich uns beiden offen und in aller Form anschließen muß und damit endlich seine vertraglichen Verpflichtungen gegenüber Rußland erfüllt ... Wenn dieses Ziel einmal erreicht ist, so werde ich, wie ich erwarte, in der Lage sein, den Frieden aufrechtzuerhalten, und Dir wird freie und ungehinderte Hand in Deinem Vorgehen gegen Japan gelassen sein.«[35]

Der tiefere Sinn dieser einigermaßen verwickelten Darlegungen sollte offenbar sein, darauf hinzuweisen, daß Deutschland und nicht Frankreich Rußlands verläßlichster Freund sei. Wilhelm hoffte dadurch, das heikle Kunststück fertigzubringen, Rußland für ein Mindestmaß an deutscher Bindung von Frankreich zu lösen, möglicherweise noch mit dem zusätzlichen Effekt, daß Frankreich, um den Verlust Rußlands zu vermeiden, auf England verzichten und sich für den russisch-deutschen Block entscheiden würde. Mit diesem Ziel im Auge schlug er ein Abkommen vor, demzufolge jede der drei Mächte verpflichtet sein würde, den anderen im Falle eines Angriffs durch eine dritte europäische Macht – mit ihren gesamten Land- und Seestreitkräften – zur Hilfe zu kommen. »Falls notwendig, würden die Verbündeten auch gemeinsam Frankreich an die Verpflichtungen erinnern, die es im Rahmen des russisch-französischen Bündnisvertrages übernommen hat.« Der Vertrag sollte auch dann wirksam werden, wenn einer der Vertragspartner infolge von Eingriffen während des Krieges nach Friedensschluß auf Proteste eines dritten Staates wegen angeblicher Neutralitätsverletzung stoßen sollte. In einem späteren Brief gab Wilhelm zu, daß der von ihm vorgeschlagene Vertrag in Frankreich nicht begrüßt werde, aber, fügte er hinzu, »die demokratischen Zivilisten und Freimaurer« würden, sobald er unterzeichnet sei, erkennen, daß Frankreich in einem russisch-englischen Krieg nicht neutral bleiben könne, und deshalb einen starken Druck auf die englische Politik ausüben. »Schließlich würde ein ausgezeichnetes Mittel, die englische Anmaßung und Überheblichkeit abzukühlen, eine militärische Demonstration an der persisch-afghanischen Grenze sein . . .«[36]

Zu Wilhelms Bedauern weigerte sich Nicky, die Unterzeichnung des Vertrages zu erwägen, ohne ihn vorher den Franzosen zu zeigen. Wilhelm begriff sofort, daß hiergegen alle die Bedenken sprachen, die gegen die Bekanntgabe der deutsch-englischen Verhandlungen vorgebracht worden waren. Das Ergebnis einer solchen Veröffentlichung würde, so meinte er, ein Angriff der beiden Alliierten – England und Japan – gegen Deutschland in Europa und in Asien sein; mit deren Überlegenheit werde die kleine deutsche Flotte zerstört werden. Sollte also Nicky »es für geboten halten, die französische Regierung mit unseren Verhandlungen bekannt zu machen, *bevor* wir zu definitiver Übereinkunft gelangt, so betrachte ich es für alle in Frage kommenden Parteien als besser, in unserer jetzigen Haltung gegenseitiger Unabhängigkeit und freiwilliger Förderung unserer beiderseitigen Ziele, soweit es die Lage erlauben wird, zu beharren . . .«[37] Wilhelm schrieb Bülow, die Antwort des Zaren bedeute die klare Weigerung, ein Abkommen in Erwägung zu ziehen, ohne Frankreich vorher davon in Kenntnis zu setzen. »Ein gänzlich negatives Resultat nach zweimonatiger ehrlicher Arbeit.« Das sei »der erste Mißerfolg«, den er seit seinem Regierungsantritt »persönlich« erlebe.[38] Einstweilen mußte der Kaiser seine Hoffnung zurückstellen, auf diesem Wege Deutschland vor der wachsenden Isolierung zu bewahren.

Während Verbündete nicht zu finden waren, wurden die Feinde immer gefährlicher. Im Oktober 1904 wurde Sir John Fisher Erster Seelord (der rangälteste Admiral innerhalb der Admiralität, nicht zu verwechseln mit dem Ersten Lord der Admiralität, dem zivilen Marineminister) und zugleich Marine-Flügeladjutant des Königs. Er regte beim König an, der deutschen Flotte ein »Kopenhagen« zu bereiten, das heißt, wie 1807 die dänische Flotte zu beschießen und wegzunehmen. »Lieber Gott, Fisher«, antwortete König Eduard, »Sie sind wohl wahnsinnig!«[39] Den gleichen Vorschlag machte die Zeitschrift *Vanity Fair* in ihrer Novembernummer unter dem Titel *A Navy without excuse* (etwa: Eine Flotte ohne Grund). Der deutsche Marineattaché schickte die Zeitschrift mit dem Bemerken nach Hause, dies sei nicht der einzige Artikel dieser Art.[40] Die britische Marine wurde flott reorganisiert und in sofortige Kampfbereitschaft versetzt. Fisher vertrat den Standpunkt, daß England, wenn es seine Flotte nicht rücksichtslos und unbarmherzig reformiere, einpacken und sich Deutschland ergeben könne.[41] Im Dezember 1904 erließ Marineminister Lord Selborne eine Denkschrift über die Verteilung und Mobilisierung der Flotte, aus der hervorging, daß zusätzliche Schiffe in den Heimatgewässern stationiert werden sollten. Im März 1905 bemerkte ein jüngeres Mitglied der Regierung – in einer jener Reden im Wahlkreis, die ihren Verfassern Unannehmlichkeiten bereiten, wenn sie allgemein bekannt werden –, als Ergebnis der neuen Anordnungen stünden jetzt alle Schiffe der Reserve bereit, binnen weniger Stunden in See zu gehen. »Sollte das Unglück es wollen, daß ein Krieg erklärt wird, so würde unter den bestehenden Bedingungen die britische Flotte als erste zuschlagen, noch ehe die Gegenseite Zeit gehabt hätte, in den Zeitungen zu lesen, daß der Krieg erklärt sei.« Der König war bereits der Ansicht, daß die den Flottenreformen gewährte Publizität ein Fehler gewesen sei. »Das Durchsickern von Nachrichten in den Ämtern ist beklagenswert. Die Admiralität hat anscheinend gute Beziehungen zum *Daily Express.*«[42] Sicherlich machten derartige Veröffentlichungen in Deutschland beträchtlichen Eindruck. Im Herbst 1904 war die Sorge vor einem britischen Angriff weit verbreitet, und Wilhelm suchte den Reichstag und die Öffentlichkeit davon zu überzeugen, daß die britischen Maßnahmen eine Vergrößerung des deutschen Bauprogramms erforderlich machten. Er gab eine Botschaft heraus, in der er die Hoffnung aussprach, daß der Wunsch des Flottenvereins nach einer Stärkung der Seestreitkräfte erfüllt und dieses lobenswerte Streben vom Erfolg gekrönt sein werde. Er bezeichnete die erwähnte Rede des englischen Ministers als offene Kriegsdrohung und sagte Tirpitz, er habe dem britischen Botschafter ein »kolossales« Bauprogramm angedroht, wenn dieser »Seeräuber« nicht unverzüglich desavouiert werde. Er lud eine Gesellschaft von sechshundert Personen, darunter den Reichskanzler und ausländische Botschafter, ein und ließ ihnen den Film »Leben in der deutschen Marine« vorführen. Er übermittelte dem Schriftführer des Flottenvereins telegraphisch seinen Dank für das Versprechen, bei der Erreichung der Ziele, die der Vereinigung gestellt seien, mitzuarbeiten.[43]

Der englisch-japanische Vertrag und die Entente Englands mit Frankreich hatten der Risikotheorie die Grundlage entzogen. Aber einerseits glaubten die Deutschen nicht an die Dauerhaftigkeit dieser beiden englischen »Liebschaften«, und andererseits warteten sie auf den Tag, an dem Englands Aufmerksamkeit durch Ereignisse wie etwa einen Krieg zwischen Amerika und Japan oder einen Angriff der Türken auf Ägypten abgelenkt werden würde.[44] Tirpitz tröstete sich – hierin nicht vom Admiralstab unterstützt – mit der trügerischen Idee, daß Störungen, die Deutschland im englischen Überseehandel anrichten könne, England zu Verhandlungen unter gleichen Bedingungen veranlassen würden.[45] Die Wahrheit war, daß die psychologischen und materiellen Entwicklungen, die für den Aufbau einer deutschen Flotte in Bewegung gesetzt worden waren, kaum mehr rückgängig gemacht werden konnten. Jeder Schritt in dieser Richtung wäre ein offenes Eingeständnis des Versagens gewesen – von dem Bankrott bei Krupp ganz abgesehen. Es gibt tatsächlich kein Anzeichen, daß der Zweck und die strategischen Ziele der deutschen Flotte unter den veränderten Verhältnissen jemals überprüft worden wären. Den Flottenbau einzuschränken oder zu verlangsamen hätte den Verzicht auf das Werkzeug bedeutet, mit dem man so lange geglaubt hatte, England zu verständnisvollem Gehör des deutschen Anspruchs auf ein Mitspracherecht in der Weltpolitik bewegen zu können. Es wäre einem Verzicht auf diesen deutschen Anspruch gleichgekommen und hätte die deutschen Interessen in Übersee von Englands Gnade abhängig gemacht. Es hätte scharfe Kritik in der Öffentlichkeit hervorgerufen, die ja sorgfältig dazu erzogen worden war, die Flotte für wichtig zu halten. Ein paar Jahre später wurde ein Engländer, der mit der Eisenbahn nach Deutschland reiste, aufgefordert, seine Zigaretten zu verzollen. Als er sagte, auf ein so kleines Quantum habe er doch früher nie Zoll zu zahlen gehabt, entgegnete der Zollbeamte: »Aber damals hatten wir keine Flotte!«[46] Tirpitz und Bülow waren sich jedoch nach Konsultation mit der Botschaft in London darin einig, daß es, wenigstens für den Augenblick, unklug sei, den extremeren Forderungen des Kaisers und des Flottenvereins nachzukommen. Ein ergänzendes Flottengesetz im folgenden Herbst sah lediglich eine Erhöhung der Größe und damit der Kosten bei Schlachtschiffen, die im Flottengesetz von 1900 geplant waren, sowie zusätzliche Kreuzer, Zerstörer und Unterseeboote vor. Bülow schrieb an den Kaiser:

> »Wenn wir an die Möglichkeit eines englischen Überfalls glaubten, so seien umgekehrt viele Engländer überzeugt, daß wir unsere Flotte nur bauten, um, sobald wir stark genug wären, über England herzufallen.« – Dazu des Kaisers Randbemerkung: »Das ist das *Einzige*, wozu wir *niemals* stark genug sein werden.« – Bülow fuhr fort: »Wie Eure Majestät wiederholt so richtig sagten, kommt England gegenüber alles darauf an, daß wir mit Geduld und Spucke über die nächsten Jahre wegkommen, keine Zwischenfälle hervorrufen, keinen sichtbaren Grund für Argwohn geben.«[47]

Ein Zwischenfall aber war gerade das, was Bülow, Holstein und der Chef des Generalstabes von Schlieffen herbeizuführen planten. Denn die immer offenkundiger werdende Niederlage Rußlands im Krieg gegen Japan und die revolutionäre Bewegung in Rußland, zu der sie im Januar 1905 führte, ließ sie glauben, der günstigste Augenblick sei gekommen, um das noch schwache Band zwischen England und Frankreich zu zerreißen. Da Rußland als militärischer Faktor bis auf weiteres ausgeschaltet und England nicht in der Lage war, zu Land Hilfe zu leisten, konnte es so aussehen, als befinde sich Frankreich in der Gewalt Deutschlands. Zum Schauplatz dieser Demonstration wählte man Marokko, wo sich für Deutschland der Vorteil eines plausiblen Rechtsgrundes für seine Forderungen bot. Wenn nämlich Frankreich die ihm im Abkommen mit England eingeräumten günstigen Gelegenheiten nutzen wollte, würde es aller Wahrscheinlichkeit nach gegen die Madrider Konvention von 1880 verstoßen, die allen Signatarmächten, und damit auch Deutschland, in diesem Lande gleiche Rechte zubilligte. Durch eine keineswegs zufällige – vielmehr, wie die britische Regierung wußte, wohlüberlegte – Unterlassung hatte das französische Außenministerium bei der Vorbereitung der in Marokko geplanten Schritte zu den verschiedenen interessierten Mächten Kontakt aufgenommen außer zu Deutschland, dem Land, von dem am ehesten Schwierigkeiten zu erwarten waren.[48] Wilhelm hatte guten Grund für die Annahme, daß der französische Außenminister Delcassé Streit suchte und England hineinziehen wollte.[49] Wie zu erwarten, wurden in Deutschland von Handelsinteressen geleitete Stimmen laut, die Marokko als wertvolles Rohstoffgebiet betrachteten und sehr kritisch reagiert hätten, wenn Frankreich Vorteile ohne entsprechende Kompensationen gewährt worden wären. Eine der Ruhrindustrie nahestehende Zeitung erklärte, Marokko sei deutsches Interessengebiet angesichts der wachsenden Bevölkerung Deutschlands und seines Bedarfs an Flottenstützpunkten. Wenn Deutschland jetzt nicht seine Ansprüche anmelde, werde es bei der Aufteilung der Welt leer ausgehen. Es sei an der Zeit, daß es sich Marokko vom Atlas bis an die See sichere.[50] Es wäre für Deutschland wohl kaum in Frage gekommen, Marokko ganz für sich zu gewinnen, aber ihm standen mindestens drei andere politische Möglichkeiten offen. Die erste wäre das Bestehen auf Unverletzlichkeit des Grundsatzes gleicher Rechte und der offenen Tür gewesen, das Ziel, zu dem sich Wilhelm bekannte und an das er wahrscheinlich auch dank der Unterstützung und Ermutigung Eulenburgs im wesentlichen glaubte.[51] Die zweite Möglichkeit war, Konzessionen zugunsten Deutschlands anderenorts gegen Konzessionen zugunsten Frankreichs in Marokko einzuhandeln. Dies war die Politik von Kühlmanns, des fähigen jungen deutschen Geschäftsträgers in Tanger.[52] Die dritte endlich war, die Marokkoaffäre zu benutzen, um Frankreich vor Augen zu führen, wie gefährlich es sei, Deutschland mit Mißachtung zu behandeln. Das war unzweifelhaft das Ziel Holsteins, dem Bülow freie Hand gegeben hatte.[53] Obgleich es heißt, der Kaiser habe für die Notwendigkeit einer festen Haltung Verständnis gezeigt, hatte er doch zweifellos nicht im Sinn, daß deutsche Festigkeit zum Krieg führen sollte. Als man ihm im Mai den Artikel einer englischen Zeitschrift vorlegte, in dem es hieß, der Augenblick biete ihm eine fast ideale Gelegenheit zu einem Präventivkrieg, antwortete er, dazu werde er sich nie entschließen können.[54]

Nun wollten auch Schlieffen und Holstein keinen Krieg heraufbeschwören, sie manövrierten aber gefährlich hart am Abgrund und wären zufrieden gewesen, wenn sie auf diesem Wege ihre politischen Ziele erreicht hätten. Auf den ersten Blick und unter der Voraussetzung, daß drastisches Vorgehen nötig war, um die Fehlrechnungen auszugleichen, die das Zustandekommen des französisch-russischen Vertrags und der anglo-französischen Entente ermöglicht hatten, konnte es so aussehen, als hätten sie den richtigen Augenblick gewählt. Das voraussichtliche

Ergebnis eines Krieges wäre im Jahre 1905 für Deutschland viel günstiger gewesen als zu irgendeinem späteren Zeitpunkt. Und doch würde Deutschland, wenn es auf diese Weise seine Vorherrschaft auf dem europäischen Festland errichtet hätte, unweigerlich das Entstehen einer Koalition gegen sich provoziert haben, die auf längere Sicht einen Weltkrieg heraufbeschwören mußte. Die deutschen Bestrebungen waren nicht klar genug begrenzt durch Respekt vor den Menschenrechten, als daß die anderen Völker es sich hätten leisten können, ihnen freien Lauf zu lassen. Praktisch aber kam nichts anderes zustande, als daß die deutsche Regierung zwischen den drei beschriebenen Möglichkeiten hin und her schwankte mit dem Ergebnis, daß sie das Gegenteil von dem erreichte, was die Befürworter der jeweiligen Thesen beabsichtigt hatten.

Wie in den beiden vorhergehenden Jahren unternahm Wilhelm im Frühjahr 1905 wieder eine Kreuzfahrt durch das Mittelmeer. Dazu hatte er den Dampfer *Hamburg* gechartert und eine Anzahl von Gästen, darunter neun Admiräle im Ruhestand, eingeladen. Von Kühlmann regte einen Freundschaftsbesuch in Tanger an, ohne zu berücksichtigen, daß die *Hamburg* zu groß war, um in den Hafen einlaufen zu können. Man griff in Berlin die Anregung auf, legte aber mehr Nachdruck auf die Zusicherung der deutschen Unterstützung bei dem Bemühen der Marokkaner um die Wahrung ihrer Unabhängigkeit. Wilhelm scheint instinktiv die darin liegende Gefahr gespürt zu haben, ließ sich aber überreden, hauptsächlich mit dem Argument, sein Besuch sei angekündigt worden, und jede Änderung des Programms werde den Franzosen zugute kommen. Bevor er sich einschiffte, äußerte er jedoch in aller Öffentlichkeit Ansichten, die, wenn sie konsequent verfolgt worden wären, manches hätten ändern können:

»Ich habe mir gelobt, auf Grund meiner Erfahrungen aus der Geschichte niemals nach einer öden Weltherrschaft zu streben. Denn was ist aus den großen sogenannten Weltreichen geworden? Alexander der Große, Napoleon der Erste, alle die großen Kriegshelden, im Blute haben sie geschwommen und unterjochte Völker zurückgelassen, die beim ersten Augenblick wieder aufgestanden sind und die Reiche zum Zerfall gebracht haben.

Das Weltreich, das ich mir geträumt habe, soll darin bestehen, daß vor allem das neuerschaffene Deutsche Reich von allen Seiten das absolute Vertrauen als eines ruhigen, ehrlichen, friedlichen Nachbarn genießen soll und daß, wenn man dereinst vielleicht von einem Deutschen Weltreich oder einer Hohenzollernweltherrschaft in der Geschichte reden sollte, sie nicht auf Eroberungen begründet sein soll durch das Schwert, sondern durch gegenseitiges Vertrauen der nach gleichen Zielen strebenden Nationen, kurz ausgedrückt, wie ein großer Dichter sagt: ›Außenhin begrenzt, im Inneren unbegrenzt‹.«[55]

Am 30. März traf die *Hamburg* vor Tanger ein. Die See ging hoch, und Kühlmann – in voller Kavallerieuniform mit Sporen! – hatte einige Schwierigkeiten, an Bord zu klettern. Der Kaiser, den dieses Schauspiel sehr amüsierte, hatte während der Reise fünf Telegramme von Bülow erhalten, die ihn in seiner Entschlossenheit bestärken sollten, es bedurfte aber weiteren Zuredens durch den Diplomaten vom Dienst, von Schoen, um ihn dazu zu bewegen, im offenen Boot durch die Brandung an Land zu gehen.[56] Später wies er Bülow gegenüber nachdrücklich auf dieses Risiko und auf die Gründe hin, aus denen er es auf sich genommen habe:

»Ich bin Ihnen zuliebe, weil es das Vaterland erheischte, gelandet, auf ein fremdes Pferd trotz meiner durch den verkrüppelten linken Arm behinderten Reitfähigkeit gestiegen, und das Pferd hätte mich um ein Haar ums Leben gebracht ... Ich ritt mitten zwischen den spanischen Anarchisten durch (die von Kühlmann bestochen waren, um Unruhen zu vermeiden), weil Sie es wollten und Ihre Politik davon profitieren sollte.«[57]

Dem französischen Gesandten erklärte der Kaiser, sein Besuch bedeute, daß Deutschland freien Handel und gleiche Rechte in Marokko verlange und daß er den Sultan als den Herrscher eines unabhängigen Landes behandeln werde. Als der Gesandte Einwände vorzubringen suchte, sagte der Kaiser »Guten Morgen« und ließ ihn stehen. Zum Sultan sagte er ziemlich das gleiche, fügte aber hinzu, er rate an, alle Reformen, die eingeführt würden, mit den Bestimmungen des Korans in Einklang zu bringen. Europäische Sitten und Gebräuche sollten nur eingeführt werden, sofern gute Gründe dafür beständen. Er nahm dann seinen Weg zurück an Bord der *Hamburg*, die mit Kurs auf Gibraltar auslief, nach Brauch des Landes reich mit den üblichen Geschenken beladen.[58] Bei der Ankunft in Gibraltar kam es beim Ankern zu einem Zusammenstoß zwischen einem der Begleitfahrzeuge und einem englischen Kreuzer. Der Empfang, der den kaiserlichen Gästen in der englischen Kolonie bereitet wurde, fiel im Vergleich zu dem auf der afrikanischen Seite der Meerenge sehr viel kühler aus.[59] Am folgenden Tage fuhr der Kaiser weiter ins Mittelmeer. Vor einem der Schlösser des Hohenstaufenkaisers Friedrichs II. bemerkte er nachdenklich: »Ja, wenn man denkt, was dieser große Kaiser alles geleistet! Aber wenn ich euch ebenso peitschen und köpfen lassen könnte wie er, dann würde ich auch mehr schaffen können.«[60] Er besuchte auch Korfu, wo er den König von Griechenland nicht antraf, sah aber zum ersten Male das Achilleion, den Palast, der der Kaiserin Elisabeth von Österreich gehört hatte.

Inzwischen wartete Europa darauf, zu sehen, was Deutschlands Geste in Tanger nun eigentlich zu bedeuten hatte. König Eduard äußerte sich sehr offenherzig und maß seinem Neffen viel mehr Initiative zu, als es die heute bekannten Tatsachen rechtfertigen. Er bezeichnete den Besuch als »das schädlichste und unpassendste Ereignis, in das der deutsche Kaiser jemals verwickelt war, seit er auf den Thron kam. Er ist nicht mehr und nicht weniger als ein politisches *enfant terrible.* Er scheint sich ein Vergnügen daraus zu machen, jedes Land bei den Ohren zu kriegen ... Die Leute können, wenn sie wollen, vom perfiden Albion reden, aber kann es etwas Perfideres oder Dümmeres geben als die augenblickliche Politik des Kaisers?«[61] Bülow ordnete an, die deutsche Haltung müsse der Sphinx gleichen, die, umgeben von neugierigen Touristen, nichts verrate.[62] Die Franzosen beschwerten sich über die Pokergesichter der deutschen Botschaftsmitglieder in Paris. Sie kamen zu der Überzeugung, Deutschland fordere einen Hafen an der atlantischen Küste Marokkos. Sir John Fisher sagte zu Lord Lansdowne, dies »scheint eine großartige Gelegenheit, im Bunde mit Frankreich gegen die Deutschen zu kämpfen, ich hoffe daher, daß Sie das zustande bringen können ... Wir könnten die deutsche Flotte, den Nord-Ostsee-Kanal und Schleswig-Holstein binnen vierzehn Tagen haben.«[63] Lansdowne war umsichtiger, aber er teilte den Franzosen mit, die britische Regierung sei bereit, gemeinsam mit ihnen jedem Vorschlag der erwarteten Art energischen Widerstand entgegenzusetzen. Statt dessen veranlaßten aber die Deutschen Marokko, alle interessierten Staaten zu einer Konferenz einzuladen, und ließen Paris wissen, daß eine französische Weigerung, an der Konferenz teilzunehmen, ernste Folgen nach sich ziehen könne. Delcassé glaubte, die englische Botschaft sei gleichbedeutend mit einem Versprechen bewaffneter Unterstützung und wollte ablehnen; aber andere Mitglieder des französischen Kabinetts, mit denen er sich notorisch in den Haaren lag, waren sich nicht ganz so sicher. Ministerpräsident Rouvier wurde von deutscher Seite davon verständigt, daß Verhandlungen über Marokko so lange nicht in Frage kämen, wie Delcassé im Amt bleibe. Trotz telegraphischer Aufmunterung durch König Eduard wurde aber Delcassé zum Rücktritt gezwungen, und Rouvier selber trat an seine Stelle.[64] Wenn Bülow und Holstein ihre Karte ausgespielt hatten mit dem Ziel, Frankreich vor Augen zu führen, daß England als Bundesgenosse wertlos sei, und Delcassé seinerseits darauf aus gewesen war, England die Notwendigkeit einer gemeinsamen Verteidigung gegen die deutsche Bedrohung vorzustellen, dann hatten die Deutschen offensichtlich das erste Spiel gewonnen. Am Tag von Delcassés Sturz erhob der Kaiser Bülow in den Fürstenstand. Aber das erste Spiel ist noch nicht die ganze Partie, und dies war genau der Punkt, an dem der Mangel an klarer Zielsetzung die Deutschen in die Irre führte. Rouvier war zu verstehen gegeben worden, daß Deutschland, falls er Delcassé opferte, nicht weiter auf einer Konferenz bestehen und direkten Verhandlungen zustimmen würde, bei denen es durchaus bereit gewesen wäre, handelspolitische Kompensationen anderswo gegen freie Hand in Marokko zu gewähren. Zu seinem Erstaunen fand er aber die deutsche Haltung unverändert. Die Forderung nach einer Konferenz wurde aufrechterhalten, ein Kurs, der Wilhelms Zustimmung fand.[65] Aber Holstein wollte anscheinend weitergehen und suchte mit einer Kriegsdrohung nicht nur koloniale Zugeständnisse, sondern auch die französische Unterschrift unter einen langfristigen Bündnisvertrag mit Deutschland zu gewinnen und auf diese Weise eine Wiederholung dessen zu verhindern, was man in Berlin als englisches Angebot eines Verteidigungsbündnisses an Frankreich angesehen hatte. Ob Wilhelm über diese Absicht unterrichtet war, ist höchst zweifelhaft, seine Aufmerksamkeit hatte sich jedenfalls schon anderem zugewandt.

Denn im Juli traf er sich mit dem Zaren bei der finnischen Insel Björkö. Nikolaus war noch weniger als sonst in der Lage, des

Kaisers anmaßendem Benehmen Widerstand zu leisten. Die Revolution hatte ihn gezwungen, Rußland in erheblichem Ausmaß parlamentarische Rechte zuzugestehen. Das lieferte Wilhelm den Anlaß, dem Zaren einen Vortrag zu halten, wie Volksvertretungen am besten zu behandeln seien, etwa nach dem Prinzip, daß die beste Methode, andere zu langweilen, darin besteht, sie zu dem zu ermahnen, was man selbst am schlechtesten versteht.[66] Die Vernichtung der russischen Ostseeflotte durch die Japaner in der Schlacht bei Tsuschima im Mai des Jahres hatte dem Zaren keine andere Alternative gelassen, als Wilhelms Rat anzunehmen und die Amerikaner um Friedensvermittlung zu bitten.[67] Das Ergebnis des Treffens bei Björkö bestätigt die Richtigkeit von Philipp Eulenburgs Kommentar, wonach man niemals vergessen solle, daß eine Aussprache zwischen zwei regierenden Herren nur dann segensreich sei, wenn sie sich auf das Wetter beschränke.[68] Tatsächlich hätte man annehmen können, daß dies als einziges Gesprächsthema beabsichtigt war, da keiner der beiden Monarchen auch nur einen seiner Minister mitgebracht hatte. Wilhelm aber hielt es für richtig, Bülows Rat zu mißachten, und unternahm einen neuerlichen Versuch, Rußland Frankreich abspenstig zu machen. Er schlug Nicky vor, sie sollten einen Vertrag abschließen, der beide Länder verpflichten würde, einander in Europa beizustehen, wenn ein Partner von einer dritten europäischen Macht angegriffen werden sollte. Der Vertrag sollte in Kraft treten, sobald der Friedensvertrag mit Japan unterzeichnet sein würde, und sein Inhalt sollte nur Frankreich bei Unterzeichnung mitgeteilt werden. Wilhelm konnte kaum an sich halten, als er darüber an Bülow berichtete:

> »Er (der Zar) las einmal, zweimal, dreimal den Ihnen bereits mitgeteilten Text. Ich betete ein Stoßgebet zum lieben Gott, Er möge jetzt bei uns sein und den jungen Herrscher lenken. Es war totenstill, nur das Meer rauschte, und die Sonne schien fröhlich und heiter in die Cabine, und gerade vor mir lag leuchtend weiß die *Hohenzollern*, und hoch in den Lüften flatterte die Kaiserstandarte auf ihr; ich las gerade auf deren schwarzem Kreuz die Buchstaben ›Gott mit uns‹, da sagt des Zaren Stimme neben mir *›that is quite excellent. I quite agree!‹* Mein Herz schlägt so laut, daß ich es höre; ich raffe mich zusammen und frage so ganz nebenhin: *›Should you like to sign it? It would be a nice souvenir of the entrevue?‹* Er überflog noch ein-

mal das Blatt. Dann sagte er ›*Yes, I will*‹. Ich klappte das Tintenfaß auf, reichte ihm die Feder, und er schrieb mit fester Hand ›*Nicolass*, dann reichte er mir die Feder, ich unterschrieb, und als ich aufstand, schloß er mich gerührt in seine Arme und sagte ›*I thank God and I thank you, it will be of most beneficial consequences for my country and your's; you are Russia's only real friend in the whole world, I have felt that through the whole war and I know it.*‹ Mir stand das helle Wasser der Freude in den Augen ... und ich dachte, Friedrich Wilhelm III., Königin Luise, Großpapa und Nicolai I., die sind in diesem Augenblick wohl nahe gewesen? Herabgeschaut haben sie jedenfalls, und gefreut werden sie sich Alle haben! ... So ist der Morgen des 24. Juli 1905 bei Björkö ein Wendepunkt in der Geschichte Europas geworden, dank der Gnade Gottes, und eine große Erleichterung der Lage für mein teures Vaterland, das endlich aus der scheußlichen Greifzange Gallien-Rußland befreit werden wird ... Wie ist so etwas möglich? Die Antwort ist für Mich sehr klar! Gott hat es also gefügt und gewollt, allem Menschenwitz zum Trotz, allem Menschentreiben zum Hohn, hat er zusammengeführt, was zusammengehörte! Nun, Seine Wege sind andere als unsere Wege, und Seine Gedanken sind höher denn unsere! Was Rußland im vorigen Winter im Hochmut ausschlug und in Intrigensucht zu unserm Nachteil auszugestalten versuchte, hat es jetzt, durch des Herren furchtbare, harte, demütigende Hand herabgedrückt, mit Dank freudigst als eine schöne Gabe akzeptiert ... Schließlich habe Ich Meine Hände zum Herren über uns alle erhoben und Ihm Alles anheimgestellt und gebeten, Er wolle doch Mich leiten und führen, wie Er wolle, ich sei nur ein einfach Werkzeug in Seinen Händen und werde tun, was Er Mir eingeben werde, möge die Aufgabe noch so schwer sein.«[69]

Tatsächlich aber hatte das Schicksal für Wilhelm eine andere, sehr viel weniger seiner geistigen Einstellung entsprechende Aufgabe bereit. So offenkundig hatte er die eigenen Ideen dem Rat seines Ministers vorgezogen, daß der Staatssekretär des Auswärtigen, von Richthofen, darauf bestand, daß ihm eine Lehre erteilt werde. Bülow griff daher die Klausel, die den Vertrag auf Europa beschränkte, auf und wies darauf hin, daß eine der wichtigsten Stellen, an denen russische Hilfe für Deutschland von Nutzen sein würde, Asien sei. Doch der Kaiser hatte seine Ansicht über den Wert von Demonstrationen an der persisch-afghanischen Grenze geändert:

»Was nun den ›Druck auf Indien‹ betrifft, ... ein beliebtes Schlagwort in der diplomatischen Sprache ... ist derselbe vollkommen illusorisch ... Es ist so gut wie unmöglich für ein großes Heer, ohne ganz enorme jahrelange Vorbereitungen und mit Kosten den Marsch auf Indien anzutreten ... Und dann ist es fraglich, ob die Angriffsarmee je bis nach der indischen Grenze in noch kampffähigem Zustande kommen würde ...«[70]

Er fügte hinzu, er habe die Worte »in Europa« absichtlich eingefügt, um es Deutschland zu ersparen, Rußland im Fernen Osten Beistand leisten zu müssen. Aber Bülow ließ sich in diesem Augenblick nicht erschüttern. Statt die Verantwortung für diesen Vertrag zu übernehmen, müsse er um seine Verabschiedung bitten. Wilhelm war sprachlos:

»... Vom besten, intimsten Freund, den ich habe ..., so behandelt zu werden, ohne Angabe irgendeines stichhaltigen Grundes, das hat mir einen solchen fürchterlichen Stoß gegeben, daß ich vollkommen zusammengebrochen bin und befürchten muß, einer schweren Nervenkrankheit anheimzufallen! Sie sagen, die Situation durch den Vertrag mit *›en Europe‹* sei so ernst geworden, daß Sie keine Verantwortung übernehmen können, vor wem? Und im selben Atemzuge glauben Sie es vor Gott verantworten zu können, in der von Ihnen als besonders verschärft und ernst angesehenen Lage, Ihren Kaiser und Herrn, dem Sie Treue geschworen, der Sie mit Liebe und Auszeichnungen überhäuft hat, Ihr Vaterland und, wie ich glaubte, Ihren treusten Freund in derselben sitzenzulassen können!? Nein, lieber Bülow, das werden Sie uns beiden nicht antun! Wir sind beide von Gott berufen und füreinander geschaffen, für unser liebes deutsches Vaterland zu arbeiten und zu wirken ... Ihre Person ist für mich und unser Vaterland 100000mal mehr wert als alle Verträge der Welt. Ich habe sofort beim Kaiser (Nikolaus) Schritte getan, die diese beiden Worte abschwächen oder eliminieren sollen! ... P.S. Ich appelliere an Ihre Freundschaft für mich, und lassen Sie nicht wieder etwas von Ihrer Abgangsabsicht hören. Telegraphieren Sie mir nach diesem Briefe: *Allright*, dann weiß ich, daß Sie bleiben! Denn der Morgen nach dem Eintreffen Ihres Abschiedsgesuches *würde den Kaiser nicht mehr am Leben treffen!* Denken Sie an Meine arme Frau und Kinder.W.«[71]

Bülow erklärte sich natürlich bereit zu bleiben. Aber Wilhelm war nicht der einzige, der Schwierigkeiten mit seinen Beratern hatte. Als die Zeit kam, da der Vertrag in Kraft treten sollte, schrieb der Zar, der Vertrag könne so, wie er jetzt dastehe, zu Rußlands Verpflichtungen gegenüber Frankreich in Widerspruch geraten. Wenn sich Frankreich nicht zum Beitritt bereitfinden sollte, müsse also eine Erklärung eingefügt werden, die Rußland von der Verpflichtung, Deutschland gegen Frankreich zu unterstützen, entbinden würde. Vergeblich versuchte Wilhelm, ihn davon zu überzeugen, daß der Vertrag von Björkö nur dann dem russisch-französischen widerspreche, wenn dieser auch im Falle eines Angriffskrieges in Kraft treten würde, was nach seiner Überzeugung nicht der Fall sei. Aber die Russen ließen sich nicht umstimmen, und der Kaiser schrieb an Bülow:

»Da Frankreich *allein niemals* uns angreifen wird, sondern nur im *Verein* mit *England*, von diesem aufgehetzt, so würde sich der Zar im Falle eines Krieges zwischen uns und England, bei dem wir Gallien angreifen müssen, sofort hinter die Deklaration verschanzen und den beiden Mächten beispringen, weil er seinem Verbündeten treu bleiben muß. Die Coalition ist *de facto* da! Das hat King Edward doch fein gefingert!«[72]

Wilhelm war von Bülow bereits warnend auf die Verhandlungen hingewiesen worden, die schließlich zur anglo-russischen Entente vom Jahre 1907 führen sollten, und hatte darauf geantwortet: »Die wird doch am Ende gelingen. Diese Gruppierung muß von uns durch ein Japanisch-Deutsches Bündnis mit Anlehnung an Amerika beantwortet werden.«[73] Dabei hatte er nur sechs Monate vorher geschrieben:

»(Japans Mißtrauen gegen Deutschland) wird auch niemals ab-, sondern zunehmen! Es ist das richtige Gefühl der erstarkenden künftigen Vormacht der gelben Race, daß sie immer die zukünftige Mauer wittert, welche die Kraft der weißen Race zusammenfassen wird, wenn der große Endkampf zwischen der gelben und der weißen Race entbrennen wird, bei dem Japan den chinesischen Ansturm gegen Europa leiten wird. Es wird zugleich der Endkampf zwischen den beiden Religionen des Christentums und des Buddhismus werden, der abendländischen Kultur und der orientalischen Halbkultur . . . Unsere

Flotte wird ihnen einen anderen Gegner stellen ... Ich *weiß genau,* daß wir einst mit Japan auf *Tod und Leben fechten werden müssen.*«[74]

Beide Einstellungen sollten sich in seinen Äußerungen in späteren Jahren noch wiederholen.[75] Mittlerweile war aber die marokkanische Frage noch ungelöst geblieben. Holstein wollte noch immer Deutschlands Zukunft auf den Glauben gründen, daß »die Franzosen dem Gedanken einer Annäherung an Deutschland erst nähertreten« werden, »wenn sie gesehen haben werden, daß die englische Freundschaft ... nicht genügt, um Deutschlands Zustimmung zur französischen Besitznahme Marokkos zu erlangen, sondern daß Deutschland um seiner selbst willen geliebt werden will«.[76] Im Herbst übermittelten Beauftragte Rouviers erneut dessen Bereitschaft, in direkten Verhandlungen Kompensationen anzubieten.[77] Doch diese Versuche stießen auf taube Ohren und wurden überdies dem Kaiser nicht mitgeteilt, der später im nachhinein für sich in Anspruch nahm, er habe die Algeciras-Konferenz als Sprungbrett für den Beginn einer Verständigung zwischen Frankreich und Deutschland geplant.[78] Um die Jahreswende, kurz bevor er in den Ruhestand trat, gab Schlieffen seinem Plan, der einen Angriff auf Frankreich durch Belgien und Holland hindurch vorsah, die endgültige Form. Der Druck auf Frankreich verschärfte sich nach dem britischen Regierungswechsel im Dezember 1905 in der Annahme, daß die Liberalen um fast jeden Preis für den Frieden eintreten würden. Ein unmittelbares Ergebnis davon war, daß im Januar 1906 der neue Außenminister, Sir Edward Grey, mit Wissen des Premierministers Asquith und Haldanes, General Grierson, den früheren Militärattaché in Berlin, ermächtigte, mit der französischen Armee insgeheim Pläne für die Entsendung eines britischen Expeditionskorps auszuarbeiten, das im Falle eines deutschen Angriffs an der Seite der Franzosen kämpfen sollte. Die Reformen des neuen Kriegsministers Haldane konzentrierten sich im wesentlichen auf diesen Plan. Die Gespräche waren so geheim, daß der deutsche Nachrichtendienst früher davon erfuhr als der größte Teil des britischen Kabinetts. Wären sie öffentlich geführt worden, dann hätte die allgemeine Entrüstung möglicherweise die Verhandlungen zum Erliegen bringen können. Grey fühlte sich verpflichtet, die Franzosen zu warnen, daß England im Falle einer Krise volle Aktionsfreiheit behalten müsse. Das war natürlich eine Selbsttäuschung.[79] Was zustande kam, war eine stillschweigende, moralische Bindung, die deshalb gefährlich war, weil sie ungenauer war als eine ausdrückliche Verpflichtung in Schriftform, die nach Meinung der Minister politisch nicht in Frage kam. Aus dieser Episode ist die Lehre zu ziehen, daß zwar die Notwendigkeit, die öffentliche Meinung in den wichtigen Fragen der Außenpolitik mitzureißen, unter Umständen die Sicherheit einer Demokratie gefährden kann, daß aber auf lange Sicht die Dinge sich nur verschlimmern, wenn die Regierenden glauben, es besser zu wissen als die Regierten, und versuchen, dem Problem durch dann unvermeidliche Kompromisse aus dem Weg zu gehen.

Im deutschen Lager aber herrschte nach wie vor Uneinigkeit über den Kurs, den man steuern sollte. Metternich sprach sich offen gegen einen Appell an die Waffen aus, und Wilhelm erklärte um die Jahreswende in zwei Briefen unzweideutig an Bülow, er halte unter keinen Umständen Marokko eines Krieges wert. Was er nur verlange, sei, daß ihm ein Faschoda erspart bleibe. Es sei im Augenblick unmöglich, Truppen aus Deutschland herauszuziehen, da die Sozialisten offen zu Unruhen aufriefen und Leben und Besitz des Bürgertums bewaffneten Schutzes bedürften. »Allein könnten wir nicht gegen Frankreich und England Krieg führen, *wenigstens nicht zur See* . . . Erst die Sozialisten abschießen, köpfen und unschädlich machen, wenn nötig per Blutbad, und dann Krieg nach außen. Aber nicht vorher und nicht à tempo!«[80] In ganz ähnlichen Ausdrücken sprach er sich zu Neujahr seinen Generälen gegenüber aus, dann auch im Gespräch mit einem französischen General während der Manöver und in einer Unterhaltung mit einem französischen Diplomaten, dem er bei einem Besuch bei Eulenburg begegnete.[81]

Die Konferenz, die von den Deutschen so beharrlich gefordert worden war, trat endlich im Januar 1906 in Algeciras zusammen. Die Engländer und Franzosen waren in einer keineswegs versöhnlichen Stimmung, die Russen bedurften dringend einer französischen Anleihe – da Wilhelm die Gewährung einer deutschen abgelehnt hatte[82] –, die Italiener und Spanier waren entschlossen, eine Konfrontation mit der englischen Flotte zu vermeiden. Die deutsche Delegation trieb am 3. März ihre allgemein intransigente Haltung so weit, daß sie eine Verfahrensfrage zu einer Prinzipienfrage machte. Über die Verfahrensweise konnte die Konferenz mit Mehrheit abstimmen, und die Deutschen fanden sich, zusammen mit Österreich und Marokko, in einer Minderheit von drei zu sieben.[83] An diesem Punkt nahm Bülow die Angelegenheit Holstein aus der Hand, der noch immer glaubte, daß ein Beharren auf einer harten Linie die Neutralen veranlassen würde, Kompromißvorschläge vorzubringen.[84] Mit der vollen Zustimmung des Kaisers wurde eine versöhnlichere Haltung angenommen, und die Konferenz ging bald darauf zu Ende. Sie räumte Frankreich die führende Position in Marokko ein und ließ Deutschland den Trost einer nominellen internationalen Kontrolle. Bei dem Versuch, gute Miene zum bösen Spiel zu zeigen, sandte Wilhelm an Kaiser Franz Joseph ein Telegramm, in dem er ihm für die ausgezeichnete Weise, in der seine Delegation Deutschland auf der Konferenz sekundiert habe, dankte und versprach, diesen Freundschaftsdienst bei nächster Gelegenheit zu vergelten. Der österreichische Kaiser begnügte sich damit, dem König von Italien ein ungewöhnlich herzliches Telegramm anläßlich eines Vesuvausbruches zu schikken.[85]

Die deutsche Regierung erreichte in der Marokkoaffäre genau das Gegenteil von dem, was sie beabsichtigt hatte: Anstatt die Entente zu sprengen, schloß sie Frankreich und England zusammen, und, wie Metternich prophezeit hatte, erwies sich das späte Nachgeben Deutschlands zu offenbar als das Ergebnis fester Opposition, um irgendwelche Dankbarkeit zu ernten. Die Deutschen hatten versucht, die Briten und Franzosen einzuschüchtern, die Franzosen sich bemüht, die Briten zu engagieren. Dabei spielte ihnen die deutsche Taktik nur in die Hand. Natürlich wurde die deutsche Regierung im Reichstag scharf kritisiert, und Bülow hatte, gerade als die Konferenz zu Ende ging, in einer feindselig gestimmten Debatte Rede und Antwort zu stehen. Während der Rede des sozialdemokratischen Abgeordneten Bebel erlitt der Reichskanzler eine schwere Ohnmacht, mußte aus dem Sitzungssaal getragen werden und blieb mehrere Wochen lang dem Amte fern. So fehlte er bei dem wenig erfreulichen Leichenbegängnis der Konferenz im Reichstag, und es war auch Tschirschky, der Staatssekretär des Auswärtigen, der an seiner Stelle das Abschiedsgesuch entgegennahm und billigte, das Holstein in seiner Wut über die Wende, die die Ereignisse genommen hatten, noch am gleichen Morgen eingereicht hatte. Erst sehr viel später wurde bekannt, daß Bülow von seinem Krankenbett aus Tschirschky angewiesen hatte, das Gesuch dem Kaiser zu unterbreiten und die Annahme zu empfehlen.[86] Holstein war neunundsechzig Jahre alt und hatte zwei Staroperationen hinter sich. Aber er sorgte sich zu sehr um Deutschlands mißliche Lage, um sich seiner Entlassung zu freuen. Im Ruhestand gab er sich seiner Entrüstung darüber hin, daß man ihn beim Wort genommen hatte, und verzehrte sich vor Neugier, wer dafür verantwortlich gewesen war, voller Verachtung für Wilhelm, weil dieser nach seiner Meinung im kritischen Augenblick der Konferenz kalte Füße bekommen hatte. Sein Abschied hinterließ im Auswärtigen Amt eine große Lücke. Tschirschky bewies bald seine Unfähigkeit für das Amt des Staatssekretärs, in das ihn Wilhelm gebracht hatte, und von Schoen, den der Kaiser – wiederum gegen Bülows Rat – zu dessen Nachfolger machte, war nicht besser. Eine andere falsche Personalentscheidung, für die Wilhelm persönlich verantwortlich zu machen ist, war die Ernennung Moltkes, eines Neffen des alten Feldmarschalls, als Nachfolger Schlieffens zum Generalstabschef. Moltke glaubte nicht an seine eigene Fähigkeit und nahm den Posten nur zögernd an. Er soll gesagt haben, er sei zu reflektiert oder zu gewissenhaft für ein solches Amt; ihm fehle die Fähigkeit, alles auf eine Karte zu setzen. Er war nicht einverstanden mit der herrschenden Richtung des strategischen Denkens jener Tage, die mit der Einschließung großer Armeen innerhalb weniger Tage rechnete. Er hegte Zweifel, ob einzelne Entscheidungsschlachten und der einheitliche Oberbefehl über Millionenheere überhaupt noch möglich sein würden. »Meiner Meinung nach ist es sehr schwierig, wenn nicht unmöglich, sich jetzt schon ein Bild davon zu machen, wie sich ein moderner europäischer Krieg gestalten wird ... Es wird ein Volkskrieg werden ... ein langes, mühevolles Ringen mit einem Lande ... das sich nicht eher überwunden geben wird, als bis seine ganze Volkskraft gebrochen sein wird ...«[87] Daß Wilhelm darauf bestand, einen Mann zum Generalstabschef zu machen, der seine eigenen Gedanken hatte, spricht mehr für ihn als das gemeinsame Versagen der beiden während der folgenden acht Jahre, in denen es ihnen nicht gelang, die deutschen Vorbereitungen der Form des Krieges anzupassen, mit der nach den Erwartungen des zum Oberbefehl ausersehenen Generals zu rechnen war.

Das Ergebnis der Algeciras-Konferenz stürzte Wilhelm in tiefen Trübsinn. An den Rand eines Berichtes schrieb er:

»Also für meine Generation ist eine Beziehung zu Gallien nicht mehr zu erhoffen ... England ist mit Frankreich von der deutschen Presse ›zusammengeschimpft‹ worden, und nun sind sie zusammen, und Gallien ist unter Englischem Einfluß ... Italien hält sich dazu – Krimkrieg-Koalition –, und wir haben das Nachsehen.«[88]

Eine andere Randnotiz lautete:

»Die ganzen jämmerlichen, verkommenen lateinischen Völker werden nur Instrumente in Englands Händen, um den Deutschen Handel im Mittelmeer zu bekämpfen. Wir haben nicht nur keine Freunde mehr, sondern dieses Eunuchengeschlecht des alten Römischen Völkerchaos haßt uns aus vollster Seele! Es ist wie zur Zeit der Hohenstaufen und der Anjous! Alles bei den romanischen Hundsföttern verrät uns nach Rechts und Links, und springt England in die geöffneten Arme, die sie gegen uns verwenden werden! Ein Kampf zwischen Germanen und Lateinern auf der ganzen Linie! Und leider sind die Ersteren geteilt!«[89]

Er war sehr geneigt, die Verantwortung zum größten Teile seinem Onkel Eduard zuzuschieben. Zur Zeit von Björkö hatte er an den Zaren geschrieben:

»Marianne (Frankreich) muß daran denken, daß sie mit Dir verheiratet und verpflichtet ist, mit Dir im Bett zu liegen, schließlich auch mich hin und wieder liebkosen oder mir einen Kuß geben, aber nicht in das Schlafzimmer des immer intrigierenden *touche-à-tout* auf der Insel kriechen soll.«[90]

Die Fehde gegen Eduard war aber keineswegs einseitig:

»Der König spricht und schreibt über seinen königlichen Bruder (gemeint ist der Kaiser) in Ausdrücken, daß man eine Gänsehaut kriegt, und die amtlichen Papiere, die an ihn gehen, kommen, wann auch immer sie sich auf Seine Kaiserliche Majestät beziehen, mit allerlei Anmerkungen brandstifterischen Charakters zurück.«[91]

Eduard nannte seinen Neffen den »glänzendsten Versager der Weltgeschichte«. Und er beschränkte sich nicht auf bloße Bemerkungen. Als er im Sommer 1905 nach Marienbad fuhr, ließ er unmißverständliche Winke, er möge Wilhelm in Homburg besuchen, unbeachtet – ein Berliner Blatt ließ ihn dazu sagen: »Wie kann ich nach Marienbad fahren, ohne meinen lieben Neffen zu treffen? Vlissingen, Antwerpen, Calais, Rouen, Madrid, Lissabon, Nizza, Monaco – alles höchst unsicher! Ich hab's! Ich fahre einfach über Berlin, da werde ich ihm sicher nicht begegnen!« – Im März 1906 lud der König bei einem Besuch in Paris Delcassé, obgleich dieser nicht mehr Minister war, zum Mittagessen in der britischen Botschaft ein, wie er auch 1890 unmittelbar nach der Entlassung Bismarcks diesem einen Besuch abgestattet hatte.[92]

Wilhelms Haltung gegenüber seinem Onkel war vielschichtiger. Er hinterließ bei Theodor Roosevelt den Eindruck, er habe »eine echte Zuneigung und Hochachtung für König Eduard und zugleich eine ausgesprochen eifersüchtige Abneigung, erst gewinnt das eine und dann das andere Gefühl die Oberhand in seinem Gemüt und deshalb auch in seiner Unterhaltung.«[93] In weniger freundlichen Momenten gefiel sich Wilhelm in Ausdrükken wie: »Er ist ein alter Pfau.« Sein Onkel war dann für ihn der leibhaftige Satan; Eduard sei eifersüchtig auf ihn, lese jeden Morgen in den Zeitungen, was der Kaiser gesagt oder getan habe, und überlege, wie er diesem eins auswischen könne ... Dem Zaren gegenüber bezeichnete er den König von England als den größten Intriganten und Unheilstifter in Europa. Als Botschafter Metternich die Ansicht vertrat, die große Mehrheit des englischen Volkes wünsche den Frieden, und dies entspreche auch der Politik König Eduards, bemerkte der Kaiser, das sei nicht wahr. Der König ziele auf einen Krieg, wünsche aber, daß der Kaiser beginne und dadurch das Odium auf sich lade. Auf eine Anregung, daß eine Begegnung der beiden Monarchen die Atmosphäre reinigen könne, machte der Kaiser die Randbemerkung: »Begegnungen mit Eduard VII. haben keinen dauernden Wert, weil er neidisch ist.« Er gab sich entrüstet über die lockeren Sitten in der englischen Gesellschaft und am englischen Hofe und besonders über Eduards Beziehungen zu Mrs. Keppel, und sprach darüber mit amerikanischen Gästen. Eulenburg beschwerte sich eines Tages gegenüber dem britischen Botschafter Lascelles über die britische Unfreundlichkeit gegenüber Deutschland; er mußte allerdings hören, wenn er, der Botschafter, alles, was der Kaiser gesagt habe, nach London berichtet hätte, wäre der Krieg schon mindestens zwanzigmal ausgebrochen.[94] Wilhelm dachte anders darüber. Er sagte zu Haldane, den er 1906 nach Berlin eingeladen hatte, das beste Zeugnis für seine Friedensliebe sei, daß er noch keinen Krieg gehabt hätte, obgleich er einen hätte haben können, wenn er nichts zu seiner Vermeidung getan hätte. Er sagte auch, was er wünsche, sei nicht Gebietszuwachs, sondern eine Expansion des Außenhandels. Als Haldane erklärte, die Deutschen hätten den Engländern dank höher stehendem Wissen und besserer Organisation den Absatz von Chemikalien im Wert von fünfzig Millionen jährlich weggenommen, antwortete der Kaiser, das freue ihn, denn es sei legitim und gereiche dem deutschen Volk zur Ehre. Aber Haldane sprach fließend deutsch und gewann die überraschte Hochachtung des Kaisers, da er, nur ein Zivilist, Werke gelesen habe, die sonst nur deutsche und japanische Soldaten läsen.[95]

Eine derartige Vertrautheit mit dem geschichtlichen und gesellschaftlichen Hintergrund der Gegenseite fehlte dem englischen und dem deutschen Volk in ihrer Gesamtheit, und ihre Beziehungen zueinander zeigten eine verhängnisvolle Ähnlichkeit mit denen zwischen dem Onkel und dem Neffen. Erskine Childers schrieb im Jahre 1903 einen Reißer, *»The Riddle of the Sands«*, in dem in allen Einzelheiten angebliche deutsche Angriffspläne für eine Englandinvasion beschrieben wurden. Die *National Review* konzentrierte sich darauf, vor dem zu warnen, was ihr Herausgeber Leo Maxse als »die deutsche Bedrohung« bezeichnete. In Deutschland veröffentlichte ein Bankier namens Max von Schindel in den Jahren 1902, 1906 und 1908 Artikel, in denen er ausführte, daß Deutschland mit seinem »zwangsläufigen« Drang nach der Macht notwendigerweise in einen bewaffneten Konflikt mit Großbritannien geraten müsse.[96] Lord Esher, der eine sehr viel einflußreichere Stellung in England bekleidete, hatte 1906 keinen Zweifel, daß »in absehbarer Zeit ein gigantischer Kampf zwischen Deutschland und Europa um die Herrschaft drohte«. Englands Superiorität als Handels- und Seemacht sei bedroht, nicht durch den Kaiser oder sonst ein Individuum, sondern durch Naturkräfte, die Deutschland zur Ausdehnung auf die Meere zwängen.[97] Im Jahre 1904 veröffentlichte ein gewisser August Niemann einen Roman über den Kampf einer deutsch-französisch-russischen Koalition gegen England, der in Deutschland ein großer Publikumserfolg wurde und dann unter dem Titel *»The Coming Conquest of England«* auch in England erschien.[98] Im Jahre 1906 druckte die *Daily Mail* in Fortsetzungen einen Zukunftsroman ab über eine deutsche Invasion in England im Jahre 1910 aus der Feder des bekannten Schriftstellers William Le Queux. 1907 veröffentlichte ein höherer deutscher Beamter – der, wie man gerechterweise hinzufügen muß, deswegen vom Dienst suspendiert wurde –, eine Beschreibung, wie die Deutschen England durch Landung einer großen Luftarmada besiegen würden. Tatsächlich wurden in Deutschland niemals offizielle Pläne für einen Einfall in England entwickelt, wahrscheinlich weil es nur flüchtiger Erwägung der technischen Schwierigkeiten bedurfte, um die Sachverständigen davon zu überzeugen, daß ein derartiger Versuch außer Frage stand. Zum gleichen Ergebnis kamen in den Jahren 1902 und 1908 auch englische amtliche Untersuchungskommissionen, daß der Sieg der sogenannten *Blue-Water*-Schule, die auf den Ausbau der Hochseeflotte drängte, gegenüber denen die Oberhand gewann, die einen »Blitz aus blauem Himmel« *(Bolt from the Blue)* in Gestalt einer deutschen Invasion befürchteten und größeres Gewicht auf die Verteidigung der britischen Küsten gelegt sehen wollten. Aber die Invasionsangst war, wie Lord Esher dem Admiral Sir John Fisher klarmachte, »die Mühle Gottes, die Ihnen eine Flotte von *Dreadnoughts* produziert und dem britischen Volk den kriegerischen Geist erhält.«[99] Es war die gleiche Angst, die Lord Roberts zu einer Kampagne für die Einführung der allgemeinen Wehrpflicht veranlaßte, gestützt auf detaillierte Studien über die Möglichkeiten Deutschlands für Aktionen in Übersee, für heimliche Kriegsvorbereitungen und für Überraschungsangriffe. Aber derartige Ängste gab es nicht nur auf der einen Seite. Zu Beginn des Jahres 1907 verursachte ein Gerücht, daß »Fisher komme«, eine Panik in Kiel und an der Berliner Börse.[100]

Gegen Ende 1906 hatte Sir Eyre Crowe, ein hoher Beamter im englischen Außenministerium, seine berühmte Denkschrift über Englands Beziehungen zu Frankreich und Deutschland abgefaßt, in der er zu dem Schluß kam, Deutschland erstrebe nicht notwendigerweise eine »allgemeine politische Hegemonie und die Seeherrschaft«, es werde jedoch unzweifelhaft jede Gelegenheit nutzen, um seinen legitimen Einfluß zu erweitern. Damit werde es aber auf die Dauer zu einer kaum geringeren Bedrohung werden, als wenn es derartiges ausdrücklich planen würde. Crowe empfahl deshalb, England sollte allen deutschen Anregungen und Vorschlägen »mit unwandelbarer Höflichkeit und Bedachtsamkeit in allen Angelegenheiten von gemeinsamem Interesse« begegnen, sich aber »prompt und mit Bestimmtheit weigern, sich auf irgendwelche einseitigen Geschäfte oder Abmachungen einzulassen«. Es sollten keine Risiken eingegangen und Zugeständnisse nicht nur mit dem Zweck gemacht werden, die Atmosphäre zu verbessern. Obgleich dieses Dokument im Foreign Office nicht widerspruchslos akzeptiert wurde, beeinflußte es zweifellos in den folgenden Jahren die britische Politik, deren Haltung sich versteifte.

Die Handelsrivalität mit Deutschland wurde in diesen Jahren in der britischen Öffentlichkeit aufmerksam beobachtet. Die deutsche Einfuhr an Industrieerzeugnissen wuchs langsamer als die an Rohstoffen, gleichzeitig stieg die Ausfuhr, besonders nach Europa und Südamerika. Aber außerhalb Europas vermochte England noch seine dominierende Position zu halten. Seine Ausfuhren nach den wichtigsten Märkten des Britischen Empire betrugen das Zehnfache der deutschen, und auch in Südamerika waren sie 1912 noch anderthalbmal so hoch. Der britische Export an Industrieerzeugnissen verdoppelte sich fast in der Periode zwischen 1901–05 und 1914, was der Tatsache, daß sich der deutsche Export in der gleichen Zeit mehr als verdoppelte und daß Englands Anteil am Welthandel stetig zurückging, den Stachel nahm. England gewann das »Blaue Band« des Atlantik 1907 mit der »Mauretania« zurück und besaß im Jahre 1914 noch 47 Prozent der Dampfschiffe in der Welt.

Auf der anderen Seite ist zu sagen, daß die Reallöhne in Großbritannien zwischen 1900 und 1914 kaum anstiegen. Die britischen Geschäftsleute, die bemerken mußten, daß sie sicher geglaubte Märkte verloren, und die Arbeiter, die keine Besserung ihrer Lebensverhältnisse feststellen konnten, fanden als bequeme Erklärung für ihre Schwierigkeiten die deutsche Konkurrenz. Man sah nicht ein, daß der Verlust der englischen Ausnahmestellung zum guten Teil einem unvermeidlichen Trend entsprach, sondern gab die Schuld – ganz natürlich – der Nation, die am meisten vorankam, nämlich Deutschland. Infolgedessen verleitete die Agitation in England viele Deutsche, die ohnehin geneigt waren, Großbritannien wegen seiner günstigen Bedingungen zu beneiden, zu der Befürchtung, es werde die Dinge mit Krieg wieder in Ordnung bringen. Man beschwerte sich in England, daß deutsche Firmen englische Patente erwarben, nicht um sie zu verwenden, sondern um andere an der Verwendung zu hindern; dies führte im Jahre 1907 zu einer kleinen Änderung im englischen Patentrecht. Aber, abgesehen von diesem Einzelfall, gibt es wenig Beweise dafür, daß die britische Politik sich durch diese Agitation direkt beeinflussen ließ, die aber sehr wohl als ein Bremsfaktor gewirkt haben mag. Bei alledem waren beide Länder gute gegenseitige Kunden. England profitierte von der deutschen Praxis, im Ausland billiger zu verkaufen als im Inland, durch die Einfuhr von Stahl und anderen Halbfabrikaten aus Deutschland. Die Fertigwaren, die es daraus herstellte, wurden in anderen Ländern billiger verkauft als die gleichwertigen deutschen Fabrikate.[101]

Es gab um diese Zeit auch auf kolonialem Gebiet keine ernsthaften Streitfragen zwischen beiden Ländern. Als Deutschland im Jahre 1903 einen Aufstand in Südwestafrika mit einer Härte unterdrückte, die sicher allem gleichkam, was im Burenkrieg geschehen war, nach britischer Auffassung das englische Vorgehen von damals sogar übertraf, gab man in London die ursprüngliche Absicht, die Aufständischen zu unterstützen, nach reiflicher Überlegung zugunsten wohlwollender Neutralität auf. Die Kreise in Deutschland, die den Bau der Bagdadbahn betrieben, hatten sich um die Beteiligung englischer Interessenten an der Finanzierung des Unternehmens bemüht. Obgleich aber der Gedanke einer Stärkung der Türkei gegenüber Rußland das Projekt zunächst anziehend erscheinen ließ, zwang ein nach Lansdownes eigenen Worten »unvernünftiger Aufschrei« in Parlament und Presse den Außenminister, den Plan einer britischen Beteiligung fallenzulassen. 1903 wurde daher die Konzession Deutschland allein erteilt. Da aber die Bauarbeiten im Jahre 1904, als die Strecke den Westhang des Taurusgebirges erreicht hatte, zum Stillstand kamen, hatte die Frage, was jenseits von Bagdad zu geschehen habe, zunächst nur sehr theoretische Bedeutung – wiewohl sie in London und sehr viel mehr noch in Delhi einige Aufregung verursachte. Als man Wilhelm berichtete, die britische Regierung lege Wert darauf, die Endstrecke unter ihre Kontrolle zu bringen, machte er die Randnotiz: »Ist unmöglich! Es muß eine deutsche Bahn bleiben! Wenn das wichtigste Ende ausfällt, nützt die ganze Bahn nichts.« Während des Besuchs des Kaisers in Windsor im Jahre 1907 überredete ihn Haldane aber ohne allzuviel Mühe, England zu gewähren, was er als »Tor« hinstellte, um Indien vor Truppen zu schützen, die mit der Bahn zum Persischen Golf gelangen könnten. Bülows Einspruch machte dieses Zugeständnis dann zunichte; die Frage war damals nicht eben brennend.[102]

Während dieser ganzen Zeit machte Deutschlands Umwandlung in einen modernen Industriestaat erster Ordnung stetige Fortschritte. Der in den Städten lebende Teil der Bevölkerung stieg von siebenundvierzig im Jahre 1890 auf sechzig Prozent im Jahre 1910. Die Zahl der Gewerkschaftsmitglieder, die zwischen 1890 und 1893 rückläufig gewesen war, erhöhte sich um 1895 rasch und überschritt 1904 die Grenze von einer Million. Die 1899 als Gegengewicht gegen die sozialistischen gegründeten christlichen Gewerkschaften erwiesen sich als ein zweischneidiges Schwert.[103] Die Antwort der Unternehmer war die Bildung des Deutschen Arbeitgeberverbandes. Die Sozialdemokraten, im Reichstag von 1898 bis 1903 mit 56 Sitzen vertreten, gewannen in den Reichstagewahlen des Jahres 1903 25 Mandate dazu. Die Zahl der Streiks wuchs. 1905 kam es zu einem besonders ernsten Bergarbeiterstreik im Ruhrgebiet, der zum Teil von der Revolution in Rußland inspiriert war, zum anderen aber dadurch ausgelöst wurde, daß der Preußische Landtag Vorschläge abgelehnt hatte, die auf eine scharfe Überwachung der Zustände im Bergbau abzielten. Ohne Kohle aber blieben die Eisenbahnen stehen, und so waren auch die Kriegspläne des Generalstabs unausführbar. Posadowsky bestand deshalb, vom Kaiser unterstützt, auf der Annahme einer Gesetzesvorlage, die die meisten Forderungen der Streikenden erfüllte. Bei neuen Verhandlungen über die von Caprivi abgeschlossenen Handelsverträge hatte Bülow die Zollsätze für eingeführtes Getreide angehoben und damit zwar die Landwirte zufriedengestellt, aber die Lebenshaltungskosten der Arbeiterschaft erhöht. Einige der Bundesstaaten – Sachsen, Hamburg und Lübeck – revidierten in diesen Jahren das Wahlrecht im einschränkenden Sinne, dagegen führten Baden 1904 und Bayern 1906 das allgemeine Wahlrecht für Männer ein – desgleichen auch Österreich im Jahre 1906.

Wenn der Kaiser und Bülow gehofft hatten, durch Ablenkung der Aufmerksamkeit nach außen Begeisterung zu erwecken und damit den Zusammenschluß der Nation zu fördern, hatten sie den Ernst der deutschen sozialen Spannungen falsch eingeschätzt. Die Haltung der Arbeiter milderte sich in dem Maß, in dem die Sozialgesetzgebung sich ausweitete und mehr und mehr

Der Kaiser mit der Herzogin von Hohenberg, Gemahlin des Erzherzogs Franz Ferdinand, und zwei anderen Damen

Der Kaiser begrüßt König Viktor Emanuel III. von Italien, den »Zwerg«, in Venedig 1912

Allegorische Darstellung Europas gegenüber der »gelben Gefahr« nach einem Entwurf Wilhelms II.

Gruppe vor dem Bahnhof von Altona, deren ersten Entwurf der Kaiser abgeändert haben soll von ihnen dem Schutz des Staates unterstellte. Zum Glück für die Rechte war die Linke nicht ganz so taub gegenüber der Forderung nach Loyalität, wie diejenigen, die ihr Vorträge darüber hielten, anzunehmen liebten. Im Angesicht der etablierten Ordnung eine Opposition zu organisieren war eine mühselige Arbeit. Wie ein freisinniger Politiker erläuterte:

»Dies alles« (die Kleinbürger und Arbeiter) »sind bedeutsame Volkselemente. Doch die stärksten sind es nicht. Fast alle haben Rücksichten zu nehmen auf sich, auf ihre Familie, auf ihr Geschäft. Setzt der Staat die ganzen Machtmittel, über die er verfügt, gegen sie ein, so halten sie nicht stand. Ebensowenig ertragen sie es, wenn fanatische Privatpersonen ihre soziale Überlegenheit gegen sie mißbrauchen. Mit derartigen Gefahren hatten unsere Freunde im Lande schon zu rechnen, wenn sie nur als liberale Männer hervortraten. Würde ihnen nun gar noch der Stempel der Bundesgenossenschaft mit den Radikalsten auf die Stirn gedrückt, die rote Feder an den Hut gesteckt, dann nähmen die persönlichen Zurücksetzungen und gesellschaftlichen Schädigungen kein Ende mehr, und es würde in der Provinz bald an Führern fehlen. Der Literat in der Großstadt hat es leicht, verwegene Ratschläge zu erteilen. Der Mann in der Provinz kann deren Befolgung unter Umständen mit seiner ganzen bürgerlichen Existenz bezahlen.«[104]

Der berühmte Streich des »Hauptmanns von Köpenick« im Jahre 1906 demonstrierte die Ehrfurcht der deutschen Zivilisten vor der Uniform. Aber weder Beschönigungen noch Hindernisse vermochten mehr, als den Tag der Abrechnung noch ein wenig hinauszuschieben. Um das Land zu einen und »Industrieuntertanen zu Industriebürgern werden« zu lassen[105], bedurfte es tiefergreifender Zugeständnisse. Einige Mitglieder der herrschenden Schicht waren intelligent genug, das einzusehen, aber nicht gewillt, entsprechend zu handeln. Ein führender preußischer Konservativer, von Heydebrand, sagte zu dem freisinnigen Abgeordneten Pachnicke:

»Die Zukunft gehört Ihnen . . . die Masse wird sich geltend machen und uns, den Aristokraten, den Einfluß nehmen. Diese Strömung kann nur durch einen starken Staatsmann eine Weile aufgehalten werden. Freiwillig wollen wir jedenfalls unsere Position nicht opfern. Zwingen Sie uns, dann haben Sie, was Sie wollen.«[106]

An einem Herbstabend des Jahres 1906 beobachteten Bülow und Posadowsky den Sonnenuntergang vom Berliner Schloß aus. »Wenn der Kaiser fortfährt«, sagte Posadowsky, »so übermütig und insbesondere so unbesonnen zu sein, so wird früher oder später dies Schloß von der Masse bedroht, vielleicht gestürmt werden.« Graf Monts, einer der scharfsinnigsten deutschen Botschafter, schrieb im gleichen Jahre:

> »Ohne die Arbeiter oder gegen sie kann auf die Dauer nicht regiert werden, denn, so wenig erfreulich dies an sich auch sein mag, Deutschland ist schon ein Industriestaat. Die Grundsätze des alten preußischen Klassenstaates sind unanwendbar, zumal die leitenden Klassen so wenig politisches Verständnis zeigen. Bei rechtzeitigem Erkennen der Zeichen der Zeit wäre manches noch zu retten gewesen, was gut und lebensfähig war. Wie soll der Proletarier sich aber für Thron und Altar erwärmen, wenn er täglich sieht, daß unter dieser Firma der schnödeste Egoismus sich Sondervorteile zu sichern weiß.«[107]

Aber selbst die, welche die Schrift an der Wand zu lesen verstanden, waren unvorbereitet oder unfähig, ihrer Diagnose gemäß zu handeln. Die russische Revolution wurde nicht als Lehre betrachtet, daß man dem Umsturz durch Zugeständnisse zuvorkommen sollte, sondern als ein Beweis dafür, daß Volksherrschaft den Ruin bedeutet. Die Furcht, die Sicherheit des Vaterlandes aufs Spiel zu setzen, mag das Hauptmotiv gewesen sein, das die Männer der Rechten davon abhielt, die Wandlungen zu versuchen, die sie gern durchgeführt hätten. Ihrem Patriotismus fehlte die Weitsicht, um zu erkennen, daß soziale Reformen das Vaterland nicht schwächen, sondern stärken würden. Sie zogen es vor, von ihrem sozialen Kapital zu leben, das zwar groß, aber nicht unbegrenzt war, in der Hoffnung, daß ihre eigene Kraft und die Loyalität der anderen die Sintflut verzögern, wenn nicht abwenden könnten. Sie setzten darauf, daß Deutschland durch die Liebe für Deutschland zusammengehalten werde.

Der Aufstand in Südwestafrika hatte im Reichstag zu einer scharfen Kritik an der Kolonialpolitik geführt. Besonders das Zentrum beschwerte sich darüber, daß die Kolonialverwaltung die Forderung der katholischen Missionare nach einer milderen Behandlung der Eingeborenen schroff zurückgewiesen habe. Matthias Erzberger, ein aus bescheidenen Verhältnissen stammender Schwabe, dessen Einfluß in der Partei ständig zunahm, beklagte, daß der Reichstag in dieser Frage bisher völlig einflußlos gewesen sei. Es gäbe aber keine andere Körperschaft, die imstande sei, eine Kolonialpolitik zu entwickeln, und es fehle eine systematische Ausbildung der Beamten für die Verwaltung in den Kolonien. Entscheidende Monopolstellungen seien privaten Gesellschaften eingeräumt worden, die ihre Angelegenheiten ohne Rücksicht auf das Wohlergehen der Eingeborenen betrieben und große Gewinne machten, trotz des erheblichen Defizits, das die Kolonien für die Reichskasse bedeuteten. Erzberger sah die Gründe für die Aufstände in der Unfähigkeit und Phantasielosigkeit auf seiten der Verwaltung und forderte, daß das Problem im Sinne christlicher Ethik angepackt werde. So unbequem seine Angriffe für die Regierung waren, so schwer waren sie zu beantworten, und im Frühjahr 1906 veranlaßte Wilhelm Bülow, die Kolonialabteilung dem Prinzen Ernst zu Hohenlohe zu übertragen. Im Herbst trat jedoch der Prinz unter Erzbergers Beschuß zurück. Die Kolonialabteilung, die bis dahin zum Auswärtigen Amt gehört hatte, wurde zu einem gesonderten Reichsamt umgewandelt, an dessen Spitze ein jüdischer Bankdirektor namens Bernhard Dernburg als Staatssekretär trat.[108] Im Laufe der Zeit brachte dieser Wandel beträchtliche Verbesserungen, zunächst aber hielt die Kritik an, und im Dezember 1906 schloß sich das Zentrum den Linksparteien an, stimmte im Reichstag gegen den Etat für Südwestafrika, Bülow löste daraufhin prompt den Reichstag auf und veranstaltete die sogenannten »Hottentottenwahlen«.

Bülows Ruf hatte unter der Algeciras-Affäre gelitten, und eine günstige Gelegenheit, ihn wieder zu festigen, kam ihm sehr gelegen. Da seine Frau Katholikin war, wurde er von der Konservativen Partei als zu entgegenkommend gegenüber dem Zentrum kritisiert.[109] Wilhelm selber betrachtete den Einfluß des Zentrums mit Mißtrauen, denn er sah darin eine Bedrohung der beherrschenden Stellung des protestantischen Preußen im Reich. Er hatte bereits die Möglichkeit eines Kanzlerwechsels in Betracht gezogen, und hätte Bülow in der Kolonialfrage nachgegeben, dann wäre das möglicherweise verhängnisvoll für seine weiteren Aussichten im Amt gewesen. Aus all diesen Gründen hatte Erzberger auf kurze Sicht seine Karten ungeschickt gespielt. In einem Wahlmanifest, das Bülow an den Vorsitzenden des Reichsverbandes gegen die Sozialdemokratie, General von Liebert, sandte, erläuterte er, daß er seit längerer Zeit die Abhängigkeit der Regierung vom Zentrum im Reichstag mit Sorge betrachtet habe. Solange das Zentrum seine Machtstellung nicht mißbrauche, habe er es für richtig gehalten, sich mit der Lage abzufinden. Er glaube aber, daß die verschiedenen Gruppen der Fortschrittler mit der Zeit ihre Haltung geändert haben könnten und nun eher zu einer Zusammenarbeit mit der Regierung geneigt seien. Er hoffe trotzdem, daß man nach den Wahlen einen Block aus allen zur nationalen Sache stehenden Abgeordneten werde bilden können, der stark genug sei, um ihm, dem Kanzler, eine vom Zentrum unabhängige Mehrheit zu sichern. Es entwickelte sich ein lebhafter Wahlkampf, in dem Bülow das Zentrum als einen Haufen selbstsüchtiger Politiker bezeichnete, die ihre Parteiinteressen über die Bedürfnisse der in der Wüste für das Vaterland kämpfenden Soldaten stellten. Der Deutsche Flottenverein, dem Namen nach eine unpolitische Vereinigung, verteilte Tausende von Flugblättern, in denen Erzberger als Lügner und Fabrikant von Koloniallügen bezeichnet wurde. Die Fortschrittler, eingedenk ihrer antiklerikalen Tradition und in der Hoffnung, für ihre Unterstützung der Regierung Zugeständnisse zu ernten, machten Bülows Manöver mit.[110] Bei den Wahlen erhielten die Konservativen, Nationalliberalen und Fortschrittler zusammen 221 Mandate gegen 176 des Zentrums, der Sozialdemokraten und der Polen. Allerdings verdankten sie dieses Ergebnis der Tatsache, daß die Wahlkreise seit 1867 nicht den Bevölkerungsverschiebungen angepaßt worden waren, denn auf die verlierenden Parteien entfiel eine Mehrheit von drei Millionen Stimmen.[111]

Bülow schien zwar als Sieger aus dem Wahlkampf hervorzugehen, hatte aber die Rechnung zu bezahlen. Eine Abänderung des Börsengesetzes, die einige den Agrariern in den neunziger Jahren gewährte Konzessionen aufhob, bereitete keine großen Schwierigkeiten. Anders stand es mit einer Reform des Vereins- und Versammlungsrechts, die für das ganze Reich Gültigkeit haben und deshalb an die Stelle der einzelstaatlichen Gesetze treten sollte. In einigen fortschrittlicheren Bundesstaaten bedeutete die Regierungsvorlage einen Schritt zurück, und sie erlaubte es den Gewerkschaften nicht, ihre Mitgliedschaft obligatorisch zu machen. Da aber die Vorlage andererseits einen gewissen Fortschritt auf dem Wege des Rechtsschutzes für die gewerkschaftlichen Zusammenschlüsse der Arbeitnehmer brachte, stieß sie auf großes Mißtrauen bei den Arbeitgebern. Graf Posadowsky, der Staatssekretär des Reichsamts des Inneren, wurde, weil er mit Bülows neuer Politik nicht einverstanden war, verabschiedet, und seinem Nachfolger von Bethmann Hollweg gelang es nicht, den Reichstag zur Verabschiedung des Gesetzes zu bewegen. Um sich durchzusetzen, mußte Bülow den konservativen und nationalliberalen Führern androhen, daß er bei Ablehnung der Vorlage zurücktreten werde, ein Zugeständnis an parlamentarische Methoden, das ihm bei den traditionalistischen Kreisen Tadel einbrachte. Doch die Fortschrittler waren noch nicht zufrieden. Im Januar 1908 brachten sie im Preußischen Abgeordnetenhaus einen Antrag auf Einführung des allgemeinen und gleichen Wahlrechts an Stelle des geltenden Dreiklassenwahlrechts ein. In der Oberschicht herrschte die Ansicht vor, daß Bismarcks Einführung des allgemeinen Wahlrechtes für den Reichstag ein unheilvoller Fehler gewesen sei, den aufzuheben man allerdings keine Möglichkeiten sah. Aber gerade deshalb betrachtete man das preußische Wahlrecht, das einerseits eine öffentliche Stimmabgabe vorsah und andererseits den oberen Schichten erhebliche Vorteile einräumte, als die wesentliche Bürgschaft dafür, daß das Regierungssystem, in dem die Beamten dem Monarchen verantwortlich waren, erhalten blieb und seine Umwandlung in ein System der dem Parlament verantwortlichen Politiker verhindert wurde. Es kam daher nicht in Frage, daß der Kaiser oder seine engsten Ratgeber den Wünschen der Fortschrittler entgegenkamen. Hätte Bülow ein derartiges Zugeständnis auch nur in Erwägung gezogen, wäre er sofort abgesetzt worden. Er ging aber immerhin so weit, anzudeuten, daß das preußische Wahlrecht doch wohl etwas veraltet sein möge, und am 20. Oktober 1908 ließ sich der Kaiser bestimmen, in der Thronrede zur Eröffnung des Preußischen Landtags zu sagen: »Es ist mein Wille, daß die ... Vorschriften über das Wahlrecht zum Hause der Abgeordneten eine organische Fortentwicklung erfahren sollen, welche der wirtschaftlichen Entwicklung, der Ausbreitung der Bildung und des politischen Verständnisses sowie der Erstarkung staatlichen Verantwortungsgefühles entspricht. Ich erblicke darin eine der wichtigsten Aufgaben der Gegenwart ...«[112] Doch selbst diese unbestimmten Wendungen, die keine konkreten Folgen zeitigten, ließen es den Konservativen fraglich erscheinen, ob um einen solchen Preis der Block der Mühe wert sei. Hätten sie aber ihre Unterstützung zurückgezogen oder durch ihre Unversöhnlichkeit die Fortschrittler dazu herausgefordert, die ihre zurückzuziehen, wäre die Regierung in die unmittelbare Gefahr einer Niederlage geraten. Bülows Plan, dem Zentrum zu zeigen, daß man es nicht brauche, erwies sich als eine klägliche Enttäuschung.

Unter den Berliner Journalisten ragte um diese Zeit ein Jude namens Witkowski hervor, der im Jahre 1892 eine Wochenschrift mit dem Titel *Die Zukunft* begründet hatte. Unter dem Namen Maximilian Harden schrieb er in einem sehr persönlichen Stil einen erheblichen Teil ihrer Artikel selber. Bald nach der Thronbesteigung des Kaisers hatte er diesem seine Feder zur Verfügung gestellt; Wilhelm hatte ihm aber ungeschickterweise die Tür gewiesen, anstatt ihn dem für Pressefragen zuständigen Beamten seines Zivilkabinetts zu empfehlen. Pikiert darüber, hatte sich Harden an Bismarck gewandt, der ihn, ohne Zeit zu verlieren, an sich band. Harden war tief in die bereits erwähnte *Kladderadatsch*-Affäre verwickelt. Weitere Kritik am Kaiser hatte zur Folge, daß er im Jahre 1893 wegen Majestätsbeleidigung angeklagt und 1900 und 1902 wegen des gleichen Vergehens verurteilt wurde, was ihm Gefängnisstrafen von insgesamt einem Jahr einbrachte. Er sah in dem Anspruch des Kaisers, lebenswichtige Entscheidungen selber fällen zu dürfen, die entscheidende Ursache allen Übels in Deutschland und kam zu dem Schluß, daß ungebührliche und verfassungswidrige Einflüsse auf den Kaiser von einer Gruppe von Freunden und Höflingen in der Umgebung des Kaisers ausgingen, vor allem von Eulenburg. Diese Männer mögen vielleicht, wie Harden behauptete, eine Camarilla gebildet haben; seine Vergeltung darauf aber war unzweifelhaft eine Vendetta.[113] Um 1902 scheint er Eulenburg – unter Drohung, andernfalls seine private Moral dem Licht der Öffentlichkeit auszusetzen – aufgefordert zu haben, sich aus dem öffentlichen Leben zurückzuziehen.[114] Eulenburg trat daraufhin als Botschafter in Wien zurück, blieb aber weiter in Verbindung mit dem Kaiser. In der Marokkokrise teilte Harden die Ansicht Holsteins, daß der beste Weg, um ein deutsch-französisches Bündnis zu erreichen, eine Demütigung Frankreichs sei. Die Rolle, die Eulenburg bei der Ermutigung Wilhelms zu einer versöhnlichen Haltung spielte, blieb ebensowenig unbemerkt wie die Tatsache, daß der französische Diplomat Lecomte, mit dem der Kaiser sich während eines Aufenthalts bei Eulenburg unterhielt, zweifellos ein Homosexueller war. Als Holstein zurücktrat, stellte Harden in einer Wiener Zeitung fest, die Spione und Agenten, die der verabschiedete Geheimrat allenthalben unterhalten habe, hätten ihn über das, was wirklich wichtig war, nicht informiert. Während bei Bismarcks Abschied Frankreich isoliert gewesen sei, sei es diesmal Deutschland. Holstein war zu dem Schluß gekommen, daß die Person, die nicht nur für die Annahme seines Abschiedsgesuchs, sondern auch für die Schwäche Wilhelms in der Marokkofrage verantwortlich war, Eulenburg gewesen war. Er verstand Hardens Artikel – zu Recht – als verschleiertes Angebot und schrieb dem Verfasser einen Brief, den *Die Zukunft* abdruckte. Binnen kurzem waren die beiden unzertrennlich.[115]

Zu dieser Zeit hatte Harden aus Quellen, die dunkel geblieben sind, wahrscheinlich aber auch Bülow einschlossen, einiges kompromittierende Material über Eulenburg, Graf Kuno Moltke – den Stadtkommandanten von Berlin – und andere intime Freunde des Kaisers gesammelt, obgleich man bezweifeln kann, ob das Material ganz so belastend war, wie es Harden in einer Artikelserie darstellte. Im Mai 1907 informierte der Kronprinz auf den Rat einiger Hofleute hin, darunter Bülow, seinen Vater von diesen Angriffen. Wilhelm, der frühere Warnungen mißachtet haben soll, bemerkte bei dieser Gelegenheit: »Harden ist ein verdammter Halunke, aber er würde diese Angriffe nicht wagen, wenn er nicht hinreichendes Material in Händen hätte.«[116] Eulenburg und Moltke wurden entlassen, und es wurde ihnen auferlegt, sich durch Beleidigungsklagen von den gegen sie erhobenen Vorwürfen zu reinigen. Moltkes erster Prozeß endete mit einem Freispruch für Harden, aber die Staatsanwaltschaft eröffnete ein neues Verfahren, das zu dessen Verurteilung zu vier Monaten Gefängnis führte. Im Berufungsverfahren jedoch wurde das Urteil wieder aufgehoben. Inzwischen hatte Harden einen Münchner Journalisten wegen eines Artikels verklagt, den er selber veranlaßt hatte. Der Zweck dieses verwickelten Manövers war, eine eidliche Aussage über homosexuelle Praktiken Eulenburgs in Bayern zwanzig Jahre zuvor zu erhalten; denn eine solche Aussage hätte, wenn sie wahrheitsgemäß war, bewiesen, daß Eulenburg gelogen hatte, als er unter Eid abstritt, sich jemals derartig betätigt zu haben. Es kam zu einem Meineidsverfahren gegen Eulenburg, in dem aber niemals ein Urteil gesprochen wurde, weil während des Prozesses die Gesundheit des Angeklagten zusammenbrach. Noch ehe das Verfahren eingestellt wurde, waren alle Belastungszeugen bis auf einen diskreditiert. Eulenburgs Feinde behaupteten, seine Krankheit sei vorgetäuscht, seine Freunde meinten, das Verfahren gegen ihn sei eingestellt worden, wenn sich nicht Bülow für seine Fortsetzung eingesetzt hätte.[117] Bülow sorgte zweifellos dafür, daß Harden aus öffentlichen Mitteln anständig entschädigt wurde, als er in einem neuen Verfahren im Jahre 1909 zur Zahlung erheblicher Entschädigungen an Moltke verurteilt wurde. Dabei finden sich unter den Beinamen, die Harden in früheren Veröffentlichungen Bülow gegeben hatte, Komplimente wie »Feuilletonist des Auswärtigen Amtes«, »Kanzler für Sonntag«, »Minister des Schönen Äußeren«, »Lächelnder Philosoph für die Welt der Fassadenkultur«, »Reichscharmeur« ...[118]

Diese Episode warf auf keinen der Beteiligten ein besonders gutes Licht, und das öffentlich vorgelegte Beweismaterial schädigte das Ansehen der herrschenden Schichten beträchtlich. Bülow hielt es für notwendig, im Reichstag zu erklären, daß auch ihn die zur Sprache gekommenen – zu der Zeit übrigens noch gar nicht eindeutig erwiesenen – Verfehlungen einzelner mit Ekel und Scham erfüllten, daß es aber falsch sei, daraus auf die moralische Verworfenheit der ganzen Oberschicht oder der Armee zu schließen. Bülows eigenes Verhalten in der Angelegenheit ist jedoch durch und durch suspekt. Eulenburg war häufig als möglicher Reichskanzler angesehen worden, und daß er nun in Ungnade fiel, hätte gerade jetzt, da Bülows Stellung bedroht schien, gar nicht gelegener kommen können. Die Verabschiedung von Posadowsky und Tschirschky hatte zwei weitere Rivalen aus dem Feld geräumt.[119] Harden und Holstein hatten zwar ihre Rache gehabt, aber sie fügten der ganzen sozialen Ordnung ebensoviel Schaden zu wie dem Kaiser. Wilhelm dagegen zeigte einen nicht eben großzügigen Eifer, seinen engsten und ältesten Freund loszuwerden, der ihm treue Dienste geleistet hatte und der nicht so sehr wegen der moralischen Schwächen, deren man ihn bezichtigte, in Schwierigkeiten geriet, als wegen der guten Ratschläge, die er dem Kaiser gegeben hatte. Öffentlich für Eulenburg einzutreten kam gewiß nicht in Betracht, aber es wurden auch manche anderen Gelegenheiten nicht genutzt, ihm eine gerechte, ja, nur humane Behandlung zukommen zu lassen. Wilhelms Verhalten in diesem Fall steht in deutlichem Gegensatz zu seiner Haltung einige Jahre zuvor, als ähnliche Anklagen gegen das Haupt der Kruppfamilie laut geworden waren, die zu dessen Selbstmord geführt haben sollen. Der Kaiser hatte an der Beisetzung Krupps teilgenommen und die Sozialdemokraten der Verleumdung des Verstorbenen beschuldigt. Es liegt aber genügend Beweismaterial dafür vor, daß die Eulenburg-Affäre Wilhelm innerlich tief erregte.[120] Im Herbst 1907 war er einem Nervenzusammenbruch nahe, und einmal erklärte er sogar, er fühle sich außerstande, den beabsichtigten Besuch in Windsor abzustatten.[121] Zu Weihnachten schrieb er Houston Stewart Chamberlain:

> »Es war mir ein sehr schweres Jahr, was mir seelisch unendlich vielen und schweren Kummer gebracht hat. Ein trauter Freundeskreis, der auf einmal gesprengt wird durch jüdische Frechheit, Verleumdung und Lüge. Monatelang den Namen seiner Freunde durch alle Gossen Europas durch den Schmutz schleifen sehen zu müssen und nicht helfen können und dürfen, das ist entsetzlich. Ich hatte so schwer darunter gelitten, daß ich mir Urlaub und Ruhe nehmen mußte, den ersten seit neunzehn Jahren harterArbeit.«[122]

Kein anderer war jemals zu so vertrautem Umgang mit dem Kaiser zugelassen worden wie Fürst Eulenburg. Nachdem nun er entlassen und Bülow dem Kaiser entfremdet war, wurde Wilhelm noch einsamer und wandte sich auf der Suche nach Gesellschaft mehr und mehr seiner Frau zu.

Der »Urlaub« des Kaisers schloß sich an einen Staatsbesuch in England an, seinerseits das Ergebnis eines Besuches, den ihm König Eduard im August auf dem Weg nach Marienbad in Wilhelmshöhe bei Kassel abgestattet hatte. Abgesehen von gemeinsamer Klage über die unpraktischen und gefährlichen Ideen, die ihrer Ansicht nach die Zweite Haager Friedenskonferenz bestimmten – sie tagte von Juni bis Oktober 1907 –, hielten sich die beiden Monarchen aus der Politik heraus. Trotzdem gab es einige Schwierigkeiten. Ohne Vorwarnung ließ der Kaiser ein ganzes Armeekorps an seinem Onkel vorbeimarschieren, dem es dabei noch mehr als sonst klargeworden sein muß, wie ungemütlich ihm die deutschen Uniformen waren. Zudem fühlte er sich auch noch dadurch im Nachteil, daß Wilhelm einige Worte der

Begrüßung aus dem Stegreif sprach; denn wenn er auch ungern einen Text ablas, so haßte er es doch, unvorbereitet eine Rede halten zu müssen. Wilhelm betonte zwar, daß er nicht zu erwidern brauche, aber Eduard wollte an Höflichkeit nicht zurückstehen; er erhob sich, blieb aber mitten in seiner Rede stecken, weil ihm ein Wort fehlte, und war nachher geneigt, seinen Neffen zu beschuldigen, er habe das absichtlich getan, um selbst im besten Licht zu erscheinen – während Wilhelm sich höchstwahrscheinlich von einem Ansturm guten Willens hatte mitreißen lassen.[123]

Die Einladung nach Windsor im November 1907 war eine Art von Ölzweig, und Wilhelm nahm sie an in der Hoffnung auf »guten Sport« – womit er Jagd auf Fasanen meinte – im »lieben alten Windsor Park« – die Geschichte, er habe dort tatsächlich 700 Fasanen geschossen, ist wohl allerdings leicht übertrieben.[124] Wilhelm muß aber den Eindruck erweckt haben, unter erheblicher Spannung zu stehen. Lord Esher, Verwahrer der Königlichen Archive in Windsor und ein enger Freund König Eduards, schrieb über diesen Besuch des Kaisers:

»Unser König machte einen besseren Eindruck als Wilhelm. Er hat mehr Güte und Würde. Wilhelm ist undankbar, nervös und flach. Ihn umgibt keine ›Atmosphäre‹. Er hat weder Grey noch Morley beeindruckt. Grey hatte zwei lange Gespräche mit ihm. Zunächst eiferte er heftig gegen die Juden. ›Es gibt zu viele davon in meinem Lande. Sie müßten zertreten werden. Wenn ich mein Volk nicht im Zaum hielte, würde es Judenhetzen geben.‹ Bei anderer Gelegenheit sprach er von der Bagdadbahn, zeigte aber kein richtiges Verständnis für die Tatsachen ... Die Kaiserin ist entzückend, hat bewundernswerte Turnüre und ist gut angezogen.«[125]

Grey, dem er bei dieser Gelegenheit zum ersten Male begegnete, war in Wilhelms Augen die fähige Ausgabe eines Landedelmanns, der seinerseits den Kaiser für nicht ganz normal und sehr oberflächlich hielt. Ein Jahr zuvor hatte er festgestellt, daß »die anderen Souveräne so viel ruhiger« seien.[126] Die Unterhaltungen mit Haldane verliefen sehr viel herzlicher. In einer Rede in der Londoner »Guildhall« stellte Wilhelm der Geschichte die nicht eben leichte Aufgabe, ihm Gerechtigkeit zuteil werden zu lassen und festzuhalten, daß er seit seinem letzten Besuch in London 1891 unermüdlich für die Erhaltung des Friedens gewirkt habe.

»Die Hauptstütze und Grundlage des Friedens in der Welt ist die Aufrechterhaltung guter Beziehungen zwischen unseren beiden Ländern, und ich werde sie weiterhin stärken, soweit das in meiner Macht liegt.«[127] Im großen und ganzen verlief dieser Besuch ohne Zwischenfälle, aber als er vorüber war, war König Eduard »ausgezeichneter Laune und Stimmung – froh, wieder frei zu sein«.[128]

Nach Beendigung seines Besuches in Windsor begab sich Wilhelm für einen mehrwöchigen Aufenthalt nach *Highcliffe Castle* in Hampshire als Gast von Oberst Stewart Wortley. Darüber schreibt er selber:

> »Ich war wie Sie Gast bei dem großen Volke der Briten, das mich so warm und offen empfing. Während meines Aufenthaltes habe ich alle Freuden und Annehmlichkeiten des *English home and country life* gekostet, was ich mir schon so lange gewünscht hatte. Behaglicher Wohlstand, liebenswürdige Menschen aus allen Kreisen, Kultur in allen Schichten durch Sauberkeit und Reinlichkeit angedeutet ... Der angenehme Verkehr von gleich zu gleich ohne ›Krone und Schweif‹, von Gentleman zu Gentleman, das war alles erfrischend und wohltuend ... Ich konnte in reiner Atmosphäre unter charaktervollen gesunden Menschen weilen, während bei uns der Schlamm haushoch spritzte und sogar der Reichstag sich mit Behagen darinnen herum sudelte ... Wie habe ich mich vor den gänzlich sprachlosen Briten darüber geschämt. *Such a matter in our Parliament would be an utter impossibility.*«[129]

Wie sich später in Doorn erweisen sollte, konnte Wilhelm in einer derartigen Atmosphäre sich am besten entspannen und wurde fast ein anderer Mensch. Eine Zeitlang spielte er die Rolle des Landedelmannes, verteilte Süßigkeiten unter den Kindern und plauderte mit den Nachbarn. Einiges von diesen Plaudereien sollte allerdings im Laufe der Zeit nicht ohne Folgen bleiben.

Der Kaiser hatte die zweite Haager Friedenskonferenz ebenso verächtlich angesehen wie die erste. »Im Falle des Auftauchens der Abrüstungsfrage in irgendeiner Form unterbleibe die Teilname Deutschlands. Da ich sowohl wie mein Volk es niemals dulden würden, uns von Fremden irgendwelche Vorschriften über unsere Militärischen und Maritimen Verhältnisse machen zu lassen.« Er sei mit dem britischen Botschafter übereingekommen, daß die Konferenz »eine Quelle gefährlicher Art für Trübungen und Reibungen werden könne«.[130]

Aber die liberale Regierung in England bestand unter dem Druck ihres linken Flügels darauf, die Abrüstung zur Sprache zu bringen, und Bülow war aufmerksam genug, um zu erkennen, daß es nicht wünschenswert wäre, der Drohung des Kaisers entsprechend vorzugehen. Wilhelm aber hielt alles für eine List mit dem Ziel, Deutschland am Ausbau seiner Flotte zu hindern und denjenigen in die Hände zu spielen, die eine Verstärkung der britischen Flotte anstrebten. Die Engländer und Amerikaner setzten sich insofern durch, als die Frage einer Begrenzung der Rüstungsausgaben zur Diskussion kam, die anderen Mächte aber erreichten das Ihre, indem sie die Aussprache an der Oberfläche hielten. Von der Schuld für dieses Ergebnis fiel etwas mehr, als recht und billig gewesen wäre, auf Deutschland. Es wäre interessant, sich vorzustellen, was geschehen wäre und wessen Ruf am meisten gelitten hätte, wenn Deutschland die Konferenz zu einer Aussprache über die Frage gedrängt hätte, welche Einfuhren im Falle einer Blockade in Kriegszeiten von Rechts wegen aufgebracht werden dürften.

Die deutsch-englischen Erörterungen über die Flottenfrage begannen hitziger zu werden. Während noch der Kaiser in England weilte, war ein offizieller Vorschlag veröffentlicht worden, nach dem die Lebensdauer der deutschen Schlachtschiffe von fünfundzwanzig auf zwanzig Jahre herabgesetzt werden sollte. Dieser Schritt, der prompt vom Deutschen Flottenverein als unzulänglich verurteilt wurde, war eine Folge der Entscheidung der britischen Admiralität, das Schlachtschiff *Dreadnought* zu bauen, das dann 1906 in Dienst gestellt wurde. Dieses Schiff war sowohl schneller als irgendein Vorgänger in allen Flotten der Welt als auch viel kampfkräftiger, denn es war mit zehn statt mit vier schweren Geschützen bestückt. Da damit alle anderen Schlachtschiffe als veraltet erschienen, waren die Flotten aller Länder gezwungen, sich auch ihrerseits mit neuen Schiffen auszurüsten. Nebenbei bedeutete es das Ende des britischen *Two-Power*-Standard, da es die große zahlenmäßige britische Überlegenheit an Schlachtschiffen durch deren Veraltung gegenstandslos machte. Es mag deshalb paradox erscheinen, daß England die neue Mode im Schlachtschiffbau einführte, und der Kaiser bezeichnete deshalb die englische Politik in dieser Frage als unsinnig.[131]

Die Einstellung aber, die zur *Dreadnought* geführt hatte, war nicht auf die britischen Kopfe beschränkt. Schon während seines Aufenthaltes in Rom 1903 hatte der Kaiser ein Schiff gesehen, dessen Bau auf Grund ganz ähnlicher Erwägungen vier Jahre vorher für die italienische Marine begonnen worden war. Nach seiner Rückkehr hatte er die deutschen Marinekonstrukteure aufgefordert, der Sache nachzugehen. Die Seeschlachten des russisch-japanischen Krieges hatten die Überlegenheit von Schiffen, die schneller waren und schwerere Salven feuern konnten, deutlich erkennen lassen. Irgend etwas wie die *Dreadnought* mußte kommen, und tatsächlich gelang es Sir John Fisher, allen anderen Flotten zuvorzukommen, indem er das erste Schiff des neuen Typs in ungewöhnlich kurzer Zeit bauen ließ. Erste deutsche Entwürfe wurden auf des Kaisers Anregung im Jahre 1904 begonnen, es vergingen aber drei Jahre, bevor sie gebilligt wurden, und um diese Zeit war die *Dreadnought* bereits in Dienst gestellt. Außerdem schuf der neue Schiffstyp, der grober war als alle vorhergehenden, für Deutschland noch zusätzliche Probleme, da er zu groß war, um den Kaiser-Wilhelm-Kanal von Brunsbüttel nach Kiel zu passieren, während die beiden Marinehäfen an der Nordsee – Wilhelmshaven und Brunsbüttel – nicht mehr als zwölf Schlachtschiffe aufnehmen konnten. Bis der Kanal verbreitert und die Schleusen vergrößert waren – ein Vorhaben, das erst im Jahre 1914 durchgeführt werden konnte –, mußte ein erheblicher Teil der deutschen Flotte in der Ostsee stationiert bleiben oder den Belt passieren, um sich mit der Flotte in der Nordsee zu vereinigen. Die Engländer hatten daher eine schwierige Situation für sich zum Besten gekehrt.[132] Die Deutschen beschwerten sich darüber nicht weiter, betonten nur, daß sie mehr denn je von einem Angriff bedroht seien. Darin gingen sie gar nicht ganz fehl, denn ein Plan der britischen Admiralität vom Jahre 1907 konzentrierte sich auf die Möglichkeit einer überwältigenden Offensive der Flotte auf der Höhe der deutschen Küste.[133] Lord Esher, der, obwohl seine amtliche Stellung sich auf die Mitgliedschaft des Reichsverteidigungsausschusses *(Committee of Imperial Defence)* beschränkte, vielleicht die bedeutendste britische Autorität in Verteidigungsfragen war, hatte 1906 geschrieben:

»Es besteht keine Chance, daß der deutsche Kaiser uns zuvorkommt. Viel größer ist das Risiko, daß Jacky Fisher die Initiative ergreift und überstürzt einen Krieg herbeiführt ... Ich glaube nicht, daß er das tun wird, aber es ist eher denkbar, daß er den verhängnisvollen Schritt zu früh, als daß er ihn zu spät tut.«[134]

Die Politik, die der Kaiser und Tirpitz betrieben, blieb nicht ohne Widerspruch in der deutschen Marine. Im Jahre 1907 veröffentlichte ein Vizeadmiral Galster einen Aufsatz unter dem Titel: »Welche Seekriegsrüstung braucht Deutschland?« und vertrat darin den Standpunkt, daß im Kampf gegen England der Nachdruck auf Aktionen kleineren Umfanges liegen müsse, bei denen Torpedoboote und Unterseeboote nützlicher sein würden als Schlachtschiffe.[135] Galsters Gedanken machten auf Bülow einigen Eindruck, doch schrieb er im November 1907:

»Der Gedanke, als ob wir jemals der englischen Flotte – und nun gar den vereinigten Flotten der Westmächte – auch nur annähernd gewachsen sein könnten, ist natürlich heller Wahnsinn. Das wird nie der Fall sein. Es ist aber zweifellos, daß im Reichstag und im Lande die große Mehrheit den allmählichen Bau einer Flotte will, die so stark ist, daß unsere Küsten und unsere Seestädte gesichert sind, und unsere Flotte im Falle eines Angriffes wenigstens keine *Quantité absolument négligeable* vorstellt.«[136]

Auch Wilhelm selber war je nach Stimmung manchmal bereit zuzugestehen, daß die deutsche Flotte nie darauf hoffen könne, der ganzen britischen Flotte mit irgendwelcher Aussicht auf Sieg entgegenzutreten. Bei anderen Gelegenheiten behauptete er, daß die Deutschen gute Chancen hätten und daß ein Krieg für England den Verlust Indiens und seiner Weltmachtstellung bedeuten würde.[137] Jedenfalls waren weder er noch Tirpitz gewillt, irgendeine Begrenzung für Deutschlands Freiheit im Schiffsbau oder eine Herabsetzung des vom Reichstag genehmigten Bauprogramms anzunehmen. Immer wenn solche Möglichkeiten erwogen wurden, kamen beide wieder zurück auf die Zwillingsthemen, daß die deutsche Marine keine Angriffsabsichten gegen irgendwen hege und daß ihr Bauprogramm durch das Vorgehen anderer Mächte nicht berührt werde.[138] Nicht klar ist, inwieweit realistischere Kalkulationen hinter diesen von Gefühl und Prestige bestimmten Argumenten standen. Wie sehr verließ sich Tirpitz auf seine Überzeugung, daß die Panzerung – in der die deutschen Schiffe zweifellos überlegen waren – in der Seeschlacht wichtiger sei als Geschwindigkeit, und andererseits auf seine

Überzeugung, die Notwendigkeit, eine enge Blockade der deutschen Küsten durchzuführen, werde die englischen Schiffe zwingen, nahe an diese heranzukommen, wo sie, eines nach dem anderen, würden versenkt werden können? Hegte er die Hoffnung, daß trotz Deutschlands verspätetem Start der Übergang zu den *Dreadnoughts* ihm eine Möglichkeit bieten würde, mit England gleichzuziehen? In welchem Stadium begann die Politik von der Idee beeinflußt zu werden, daß man den Wert der Marine als Störungsfaktor zu einem Verhandlungsobjekt machen könnte, mit dem Ziel, England zu einem Bündnis zu zwingen?

Obgleich die *Dreadnought* selber nicht sehr viel teurer war als ihre Vorgänger, bedeutete ihr Erscheinen eine neue Stufe in dem stetigen Ansteigen der Kosten für die Flotten. Eine Steigerung der Rüstungskosten war einer liberalen Regierung in England unwillkommen, da sie mehr Geld für ihr innenpolitisches Programm auszugeben beabsichtigte. Aber andererseits hatte sie nicht die Absicht, die äußere der sozialen Sicherheit zu opfern. Doch blieb es der Kernpunkt der wiederholten Flottenverhandlungen der folgenden Jahre, daß die Deutschen das nicht glauben wollten. Es dauerte lange, bis sie die Hoffnung fallenließen, der linke Flügel der in England regierenden Partei werde sich in der Frage der Beschneidung der Rüstungsausgaben durchsetzen, und sie sahen in allen auf eine vereinbarte Begrenzung der Flottenbauprogramme abzielenden Anregungen ein Zeichen, daß England das Tempo als zu scharf empfinde. In den Augen britischer Minister, die das, was sie sagten, ernsthaft meinten, verurteilte die deutsche Haltung lediglich beide Länder zu schweren Ausgaben, ohne dadurch das Stärkeverhältnis wesentlich zu ändern.

Im Februar 1908 verwarf Tirpitz eine deutsche Kritik, die die alarmierende Wirkung der neuen deutschen Vorschläge in England hervorhob. Die *Times* griff dieses Dementi an und sagte, die Vorschläge hätten nicht so sehr alarmierend gewirkt, sie hätten vielmehr nur einen Eindruck hinterlassen. Im Interesse der englisch-deutschen Beziehungen sei es wünschenswert, daß man sich in dieser Beziehung in Berlin keinen Illusionen hingebe. Bald darauf veröffentlichte das gleiche Blatt einen Brief Lord Eshers, in dem dieser die Admiralität gegen die Angriffe der dem Deutschen Flottenverein entsprechenden englischen Vereinigung verteidigte. Dort hieß es am Schluß: »Es gibt keinen Mann in

Deutschland, vom Kaiser angefangen, der nicht den Sturz von Sir John Fisher begrüßen würde.« Dies veranlaßte den Kaiser als britischem *Admiral of the Fleet*, einen Privatbrief an Lord Tweedmouth, den britischen Marineminister, zu schreiben. Er beabsichtigte damit, dem Minister maßgebliches Material gegen die Vertreter der These an Hand zu geben, die Verstärkungen der deutschen Flotte erforderten eine große Vermehrung des englischen Flottenbaus.

»Es ist absolut unwahr und unsinnig anzunehmen, das deutsche Flottengesetz wolle eine Flotte schaffen, welche die britische Suprematie zur See in Frage stellen wolle. Die deutsche Flotte ist schlechthin gegen niemanden gebaut. Sie ist lediglich gebaut für Deutschlands Bedürfnisse im Verhältnis zu einem schnell wachsenden Handel . . . Es ist fair anzunehmen, daß jede Nation ihre Flotte nach ihren Bedürfnissen baut und in Dienst stellt und nicht nur im Hinblick auf das Programm anderer Länder. Es würde für England eine ganz einfache Sache sein zu sagen: Ich habe ein weltumspannendes Reich, den größten Handel in der Welt. Um diese zu schützen, muß ich Schlachtschiffe und Kreuzer haben, so wie sie notwendig sind, um mir die Oberhand zur See zu sichern . . . Das ist das absolute Recht Ihres Landes, niemand würde ein Wort darüber verlieren. Ob es nun sechzig oder achtzig oder hundert Schlachtschiffe sind, macht dabei keinen Unterschied und würde sicher keine Änderung in dem deutschen Flottengesetz nach sich ziehen.

Mögen Ihre Ziffern so hoch sein, wie Sie sie für richtig halten, jeder hier würde sie akzeptieren. Aber die Deutschen würden auch dankbar sein, wenn man endlich ihr Land aus der Diskussion ließe . . . Dieses ewige Zitieren der ›deutschen Gefahr‹ ist höchst unwürdig der großen britischen Nation und ihres weltweiten Imperiums und ihrer mächtigen Marine, die etwa fünfmal so groß wie die deutsche Marine ist. Das ist irgendwie lächerlich . . . Ausländer . . . könnten leicht den Schluß ziehen, daß die Deutschen ein ganz außergewöhnlich starker Haufen sein müssen, daß sie es fertigzubringen scheinen, die Herzen der Briten, die ihnen fünffach überlegen sind, mit Schrecken zu erfüllen. Was Lord Eshers Brief an die *Times* anbelangt, weiß ich nicht recht, inwiefern die Beaufsichtigung der Fundamente und der Kanalisation der Königlichen Paläste jemanden zur Beurteilung von Flottenangelegenheiten im allgemeinen qualifiziert.* Was die deutschen Flottenangelegenheiten anbetrifft, so ist der erwähnte Satz reinstes Geschwätz und hat in den Kreisen der ›Wissenden‹ enorme Heiterkeit verursacht. Aber ich erlaube mir, zu denken, daß derartige Dinge nicht von hochgestellten Persönlichkeiten geschrieben werden sollten, da sie die Gefahr in sich tragen, die Gefühle der Öffentlichkeit hierzulande zu verletzen.«[139]

Dieser Erguß ging ab mit Wissen des Staatssekretärs des Auswärtigen von Schoen; Bülow sah sich dagegen genötigt, erst den britischen Botschafter zu fragen, ob die diesbezüglichen Berichte der Wahrheit entsprächen. Als der Botschafter ihm diese Nachricht bestätigte, sank er in seinen Stuhl, den Kopf zurückgeneigt und mit so rotem Gesicht, daß der Botschafter, Sir Frank Lascelles, befürchtete, der Kanzler sei im Begriff, einen Schlaganfall zu erleiden. Bülow bat dann Wilhelm um eine Kopie des Briefes, um für alle Eventualitäten gerüstet zu sein.[140] Lord Tweedmouth, der sich anscheinend geschmeichelt fühlte, einen Brief von kaiserlicher Hand zu erhalten, redete so viel darüber, daß der private Charakter des Schreibens nur der Form nach gewahrt blieb.[141] Die *Times*, deren Militärkorrespondenten, Oberst Repington, Tweedmouth die Geschichte auch erzählt hatte, nahm auf den Brief und seinen Charakter Bezug; im Parlament wurden Anfragen deswegen gestellt. Als der deutsche Botschafter Graf Metternich anregte, man solle, um die Gerüchte zum Schweigen zu bringen, den vollen Text des Schreibens veröffentlichen, machte der Kaiser eine Randnotiz, wonach der Angriff der *Times* auf König Eduard zurückgehe, der befürchte, der Brief könne einen zu beruhigenden Eindruck in England machen.[142] Metternich unterbreitete daraufhin Beweise dafür, daß der König zur Mäßigung geraten habe, worauf Wilhelm vermerkte: »Jetzt erst! Nach 5 Wochen! Er hat niemals das geringste getan, um vor 4–5 Wochen, als der Angriff seines Freundes und Beam-

* Das über Lord Esher Gesagte läßt erkennen, daß der Kaiser annahm, dieser sei noch Staatssekretär im *Office of Works*, dem Ministerium, dem neben anderen öffentlichen Gebäuden auch die Betreuung der königlichen Schlösser untersteht. Esher hatte diesen Posten aber schon 1902 aufgegeben. Die Unkenntnis Wilhelms über Lord Esher zeigt sich am deutlichsten darin, daß er offenbar von dessen Mitgliedschaft im *Committee of Imperial Defence* nichts wußte.

ten auf mich erfolgte, sein Mißfallen oder Bedauern darüber bekannt werden zu lassen! Warum hat der König ihn nicht sofort koramieren lassen! Damals!«[143]
Tatsächlich hatte Eduard zu Esher gesagt, daß dieser sich »unvorsichtig ausgedrückt« habe, er war aber andererseits so ärgerlich, daß er ursprünglich »sehr scharf« an den Kaiser schreiben wollte.[144] Die Antwort, die er Wilhelm tatsächlich gab, hatte Grey entworfen.

»Ich habe Deinen Brief erhalten, in dem Du mich darüber unterrichtest, daß Du an Lord Tweedmouth geschrieben hast ... Dein Schreiben an den Ersten Lord der Admiralität ist eine ›*new departure*‹ (im Original in Anführungsstrichen, dem Sinne nach etwa ›ein ganz neuartiger Weg‹), und ich sehe nicht, wie er unsere Presse hindern könnte, die Aufmerksamkeit auf die große Vermehrung des deutschen Kriegsschiffbaus zu lenken, die auch die Vermehrung unserer Marine nötig macht ... Dein liebevoller Onkel.«[145]

Als Admiral Fisher um diese Zeit erneut einen Präventivangriff auf die deutsche Flotte vorschlug, scheint der König etwas weniger ablehnend gewesen zu sein als 1904, aber trotz alledem mußte der Admiral zu seinem Bedauern feststellen, daß England »weder einen Pitt noch einen Bismarck besaß, der den Befehl erteilt hätte«.[146] Mittlerweile vermerkte Wilhelm »Sie (die Briten) müssen sich eben an unsere Flotte gewöhnen. Und von Zeit zu Zeit müssen wir ihnen versichern, es sei nicht gegen sie.«[147]

Im Frühling reiste Wilhelm zum Mittelmeer, wo er von Kaiser Franz Joseph das früher der Kaiserin Elisabeth gehörende »Achilleion« gekauft hatte. Dort verbrachte er in den folgenden Jahren regelmäßig seine Ferien im Süden. Er dürfte dort wohl wieder daran gedacht haben, daß Korfu, das Kerkyra der Antike, Thukydides das klassische Beispiel für die Art und Weise lieferte, in der gegenseitige Vernichtungskämpfe eine Gesellschaft untergraben können. Als er im Herbst zuvor in England gewesen war, hatte er seinen Onkel eingeladen, den Besuch zusammen mit Königin Alexandra im Frühjahr 1908 zu erwidern, und Eduard hatte die Einladung angenommen. Der König fuhr aber statt dessen im Juni nach Reval, um den Zaren zu besuchen, und nahm dabei keine Minister, jedoch Admiral Fisher und General French mit. »Die Lustige Witwe« war in jenem Sommer die große Mode, und als der Admiral nach den Klängen aus der Operette mit der

Großfürstin Olga Walzer tanzte, sah man die Zarin zum ersten Male seit zwei Jahren wieder lachen.[148] Aus der Befriedigung, mit der man auf beiden Seiten über das Zusammentreffen sprach, schlossen die Deutschen, daß ein Militärabkommen unterzeichnet worden sei, das eine Erweiterung der im Vorjahr zustande gekommenen Entente bedeutete. Tatsächlich scheinen einige deutsche Historiker immer noch unfähig, die offizielle Erklärung zu akzeptieren, daß nichts weiter als ein harmonischer Meinungsaustausch vor sich ging. Unglücklicherweise vermag allgemeine Begeisterung, wenn sie in einer von der Gegenseite nur unvollkommen verstandenen Sprache zum Ausdruck kommt und nicht in konkrete Abmachungen umgesetzt wird, mehr falsche Vorstellungen zu erwecken und dadurch gefährlicher zu sein als die meisten Geheimabmachungen. Insbesondere scheint der russische Außenminister Iswolski den Eindruck gewonnen zu haben, daß England seinen Einwand gegen die Durchfahrt russischer Kriegsschiffe durch den Bosporus zurückziehen werde.[149]

Wenige Tage später gebrauchte Wilhelm in einer Rede bei einer Truppenbesichtigung in Döberitz zum ersten Male den Ausdruck »Einkreisung«, der, da er der Natur der Dinge nach die Verwirklichung von Bismarcks »Alpdruck der Koalitionen« darstellte, von nun an in das amtliche deutsche Vokabularium als anstößiges Wort aufgenommen wurde. Ferner erinnerte der Kaiser an die Art und Weise, in der Friedrich der Große, als er von Feinden umringt war, sie einen nach dem andern erledigt hatte, und kündigte an, daß er ebenso zu verfahren beabsichtige.

»Der ›Große Kaiser‹ mußte natürlich wieder einmal eine Rede halten, in Döberitz – ich denke, weil es so heiß war! Wenigstens könnte man versuchen, mit der Hitze den Unsinn zu erklären, den er erzählte. Warum redet er immer? Ich glaube nicht, daß einer stark ist, wenn er immer davon spricht. Ein altes Sprichwort sagt, daß ein Hufeisen nur klappert, wenn ein Nagel fehlt, und das ist gewiß wahr. Reval war ein Bluff, um Deutschland zu erschrecken, besonders um ›Wilhelm den Großen‹ unsicher zu machen – und daß das alles sofort eingetroffen ist, war ein großer Erfolg. Es wäre viel weiser gewesen, stillzubleiben und zu lächeln – *comme si de rien n'était et comme si – ce qui est du reste vrai.* Weder England ohne Armee, noch Rußland ohne Armee, Marine und Geld, noch Frankreich in seiner vollständigen

Auflösung könnten ernstlich daran denken, Deutschland irgendwie zu schaden. Aber er muß sprechen *et se démener – c'est plus fort que lui.*«[150]

Bewunderung für den Scharfsinn dieses Urteils ist gepaart mit Erstaunen darüber, daß jemand, der fähig war, so zu urteilen, zugleich annehmen konnte, Wilhelm sei fähig gewesen, seinen Mund zu halten.

Unter solchen Umständen ist es jedoch nicht überraschend, daß weitere Versuche britischer Minister, durch den deutschen Botschafter in London die Deutschen zur Annahme einer beiderseitigen Verlangsamung der Bauprogramme zu überreden, kein anderes Ergebnis hatten, als den unglücklichen Metternich in Unannehmlichkeiten mit seinem Herrn und Meister zu bringen. Ihm wurde bedeutet, der Kaiser wünsche keine guten Beziehungen zu England auf Kosten der deutschen Flotte. »Wenn England uns nur seine Hand in Gnaden zu reichen beabsichtigt unter dem Hinweis, wir müßten unsere Flotte einschränken, so ist das eine bodenlose Unverschämtheit, die eine schwere Insulte für das Deutsche Volk und seinen Kaiser in sich schließt.« Ironie gegen Metternich und sachliche Schärfe verbinden sich in diesen kaiserlichen Kommentaren. »Das Gesetz wird bis ins letzte Tüttelchen ausgeführt, ob es den Briten paßt oder nicht, ist egal! Wollen sie den Krieg, so mögen sie ihn anfangen, wir fürchten ihn nicht!« Der Botschafter hätte die beleidigenden Vorschläge der englischen Minister deshalb *a limine* zurückweisen sollen.[151] In einem ähnlichen Fall pfefferte der Kaiser nicht weniger als einundfünfzig Randbemerkungen auf den Bericht. Metternich habe *ab ovo* ablehnen sollen, die Frage der Flottenrüstung zu diskutieren, denn »kein Staat läßt sich von einem anderen das Maß und die Art seiner Rüstungen vorschreiben oder hineinreden. Damit diese Kerls erst mal wieder vernünftig werden! Metternich soll einen gehörigen Schwärmer in den H . . . kriegen; er ist zu schlapp. «[152]

Als sich bald darauf Eduard auf seinem Wege nach Marienbad mit Wilhelm in Kronberg traf, vermieden sie in stillschweigendem Einverständnis das Thema des Flottenbaus. Der zum Gefolge des Königs gehörige Unterstaatssekretär des englischen Außenministeriums, Sir Charles Hardinge, hielt es für richtig, in die Bresche zu springen und den Kaiser in vorsichtiger Form darauf aufmerksam zu machen, daß, wenn Deutschland nicht bereit sei, sein Bauprogramm zu verringern, die britische Regierung das ihre werde vergrößern müssen. Wilhelm antwortete ihm ziemlich barsch, daß Hardinges Zahlenangaben durchweg falsch seien, und fügte hinzu, daß das Flottengesetz vom Reichstag angenommen worden sei und daß es deshalb nicht in Frage komme, davon abzuweichen. Nach Wilhelms eigenem Bericht, dessen Richtigkeit Hardinge aber damals und auch nachträglich bestritt, soll der Engländer gesagt haben, »Ihr müßt aufhören oder langsamer bauen« und darauf von Wilhelm die Antwort empfangen haben: »Dann werden wir kämpfen, denn es ist eine Sache der nationalen Ehre und Würde.« Bald darauf erzählte Wilhelm den Leuten, England habe von Deutschland ultimativ gefordert, den Flottenbau einzustellen. »Die freie Aussprache mit mir, in der ich ihm scharf die Zähne gezeigt habe, hat ihre Wirkung nicht verfehlt. Mit Engländern muß man immer so verkehren.«[153] König Eduard kam zurück und sagte, sein Neffe sei unmöglich; als eine Begrenzung der Rüstungen angeregt worden sei, habe er sofort erklärt, daß gemäß dem Gesetz die Flotte bis zu einer gewissen Stärke aufgebaut werden müsse und daß es keine Möglichkeit gebe, das rückgängig zu machen. »Als ob das Gesetz nicht von denen, die es gemacht haben, gelindert werden könnte!«[154]

Nachdem er sich von Kaiser Wilhelm verabschiedet hatte, begab sich König Eduard zu einem Zusammentreffen mit dem österreichischen Kaiser. Seit einiger Zeit waren Anzeichen zu beobachten, daß die Zusammenarbeit zwischen Rußland und Österreich-Ungarn, die über zehn Jahre lang den Frieden auf dem Balkan erhalten hatte, zusammenzubrechen drohte. Im Juli 1908 hatte die demokratische Revolution in der Türkei zu den offenen Fragen für die Zukunft des Balkans eine weitere hinzugefügt. Aber Franz Joseph, dem die in Reval entfaltete *bonhommie* gar nicht gefallen hatte, gab seinem englischen Gast keinerlei Hinweis auf etwaige österreichische Pläne. Tatsächlich hatte der österreichische Außenminister Aehrenthal seit fast einem Jahr mit Iswolski über eine Abänderung des Durchfahrtverbotes durch die Meerengen für russische Kriegsschiffe verhandelt.[155] Als Gegenleistung sollte Rußland der Annexion der beiden türkischen Provinzen Bosnien und Herzegowina, die Österreich-Ungarn seit dem Berliner Vertrag von 1878 besetzt hielt, durch die Donaumonarchie zustimmen. Die beiden Außenminister trafen sich in Buchlau in Galizien am 16. September 1908. Was bei diesem Treffen wirklich vor sich ging, ist ungewiß, weil die Berichte, die beide einseitig anfertigten, hauptsächlich darauf abzielten, dem anderen die Schuld zuzuschieben. Iswolski scheint geglaubt zu haben, daß, wenn er einmal Österreichs Zustimmung zu einer Abänderung der »Meerengenformel« habe, die Zustimmung der verbleibenden Mächte eine Selbstverständlichkeit sein werde. Er gab deshalb – möglicherweise schriftlich – seine Zustimmung zu einem Vorgehen Österreichs in den erwähnten Provinzen zu einem Zeitpunkt, von dem er wußte, daß er nicht weit entfernt sein werde.[156] Er begab sich dann auf eine Reise durch Europa und mußte bald erkennen, daß die Frage der Meerengen viel mehr Verhandlungen erfordern würde, als er angenommen hatte. Aber bevor er seine Aehrenthal gegebene Zustimmung zurückziehen konnte, stellte dieser ihn vor ein *fait accompli.* Um seine Stellung in Rußland zu retten, leugnete Iswolski, irgendwelche Verpflichtungen eingegangen zu sein, und gab sich dadurch in Aehrenthals Hand. Franz Joseph hatte an die verschiedenen Staatsoberhäupter geschrieben, um ihnen die Annexion anzukündigen, aber seine Botschafter waren angewiesen, die Briefe erst am 5. Oktober zu übergeben. Der Pariser Botschafter, der sich selten viel um Instruktionen aus Wien kümmerte, gab den Brief zwei Tage früher ab. Er teilte den Franzosen mit, es seien Vorkehrungen dafür getroffen worden, daß Bulgarien gleichzeitig seine Unabhängigkeit von der Türkei erklären werde. Während er das tat, fragte der britische Botschafter in Wien Aehrenthal, ob irgend etwas Wahres an den Gerüchten über eine solche bulgarische Erklärung sei. Dieser antwortete mit einer klaren Verneinung; in den Berichten, die er aus Sofia erhalten habe, stehe nicht ein Wort darüber.[157]

Die deutsche Regierung wurde durch die österreichische Aktion in eine nicht geringe Verlegenheit versetzt. Wohl hatte sie darüber im voraus mehr erfahren, als sie nachher zugeben wollte, aber sie war nicht formell konsultiert worden. Neben der offensichtlichen Gefahr, daß das Vorgehen Wiens einen österreichisch-russischen Zusammenstoß hervorrufen konnte, gefährdete es die mühsamen und bisher erfolgreichen Versuche, die Deutschland, zum großen Teil auf des Kaisers Initiative, unternommen hatte, Einfluß in der Türkei zu gewinnen. Als Metternich berichtete, England werde die Veränderungen nur anerkennen, wenn alle Unterzeichner des Berliner Vertrages ihre Zustimmung gäben, vermerkte Wilhelm »Sehr vernünftig«. Als berichtet wurde, Hardinge habe gesagt *»Aehrenthal plays the fool«* (Aehrenthal benimmt sich wie ein Hanswurst), war des Kaisers Kommentar: »Sehr hart, aber nicht unrichtig.«[158] Er hatte die gute Idee, Deutschlands Ziel in Behandlung der Krise sollte es sein, Rußland gegen England in der Frage der Öffnung des Bosporus für russische Kriegsschiffe aufzuhetzen, aber seine Berater glaubten, sie wüßten es besser.

Um die Jahrhundertwende waren die deutsch-österreich-ungarischen Beziehungen verhältnismäßig locker geworden. Bülow hatte den Standpunkt eingenommen, das Bündnis sei zwar noch wertvoll, aber nicht mehr unentbehrlich. Österreich brauche Deutschland mehr als umgekehrt. – Eulenburg, der damals Botschafter in Wien war, hielt eine solche Einstellung angesichts des wachsenden slawischen Einflusses in Österreich für höchst gefährlich. – Schlieffen war nicht geneigt gewesen, dem österreichischen Generalstab tieferen Einblick in die deutschen Pläne zu geben. Holstein bildete sich ein, in der Vergangenheit von dem österreichischen Außenminister geringschätzig behandelt worden zu sein und wünschte, seinen Groll abzureagieren. Aber eine solche Haltung war nur möglich gewesen, solange die Verhältnisse in Europa im Fluß waren und sich Rußlands Aufmerksamkeit auf den Fernen Osten konzentriert hatte. Der Abschluß der Ententen und der japanische Sieg hatten die Situation revolutioniert. Österreich war nun der einzige Bundesgenosse, auf den Deutschland sich verlassen konnte, und mußte deshalb unterstützt werden. Vom militärischen Gesichtspunkt rechneten die deutschen Generäle darauf, daß Österreich während der ersten Wochen eines Krieges die Russen beschäftigen würde, so daß die deutsche Armee ihr ganzes Gewicht auf Frankreich werfen könnte. Aber die Lage war noch ernster: Es war nicht mehr so leicht, darauf zu bestehen, wie Bismarck das immer getan hatte, daß die deutsche Unterstützung der Donaumonarchie sich auf Beistand gegen einen russischen Angriff beschränken und sich nicht auf die Unterstützung einer expansiven österreichischen Politik auf dem Balkan erstrecken sollte. Im Laufe der Jahrhunderte war es den Habsburgern nicht gelungen, unter ihren aus vielartigen Stämmen bestehenden Untertanen eine gemeinsame

Treue zu erwecken und sie so zu einer Nation zu verschmelzen. Infolgedessen bedrohte das Anwachsen des Nationalbewußtseins unter den verschiedenen Völkern die Monarchie mit der Auflösung. Nirgends spielte diese Gefahr eine so deutliche Rolle wie in dem Verhältnis zu den Serben, die von ihrem unabhängigen Königreich aus ihre Brüder innerhalb des Habsburgischen Reiches zum Abfall und zur Bildung eines vereinigten südslawischen Staates aufstachelten. Eine deutsche Weigerung, den Österreichern für den Fall eines notwendigen Angriffes auf Serbien Hilfe zu leisten, konnte zu einem Bürgerkrieg innerhalb des einzigen zuverlässigen Bundesgenossen von Bedeutung, den Deutschland besaß, führen; eine Entwicklung, die kaum isoliert bleiben würde. Holstein, an den sich Bülow trotz allem, was geschehen war, noch immer regelmäßig um Rat wandte, vertrat den Standpunkt, man könne sich im Falle eines Entscheidungskampfes wegen der Balkanfragen darauf verlassen, daß Österreich schon in seinem eigenen Interesse fest stehen werde. Deshalb setzte sich Bülow über Wilhelms Neigung, den Österreichern nur lauwarme Unterstützung zu gewähren, hinweg und bestand darauf, sie rückhaltlos zu fördern. Er schrieb an Aehrenthal: »Durch Herrn von Schoen weiß ich, daß Ihnen nach und nach Zweifel darüber aufgestiegen sind, ob die jetzigen unappetitlichen Zustände in Serbien auf die Dauer haltbar sein werden. Ich habe überhaupt Vertrauen zu Ihrem Urteil ... Ich werde daher die Entscheidung, zu der Sie schließlich gelangen werden, als die durch die Verhältnisse gebotene ansehen.«[159] Daß Deutschland sich gezwungen sehen würde, uneingeschränkte Unterstützung dieser Art anzubieten, darauf hatten die Österreicher gerechnet, seit sie gehört hatten, wie man Hardinge in Kronberg behandelt hatte.[160]

Während er noch mitten in den Verhandlungen über die Bosnische Krise steckte – und das während seines Urlaubs in Norderney –, empfing Bülow eines Morgens von dem beim Kaiser Dienst tuenden Beamten des Auswärtigen Amtes einen ziemlich dicken Briefumschlag. Er enthielt einen Artikel in Maschinenschrift, der sich auf Äußerungen stützte, die der Kaiser im vorhergehenden Herbst gegenüber seinem Gastgeber in Highcliffe getan hatte. Es war beabsichtigt, ihn im *Daily Telegraph* als einen Beitrag zur Verbesserung der deutsch-englischen Beziehungen zu veröffentlichen. Daß Bülow nicht begriffen haben sollte, was für Dinge Wilhelm in einem solchen Artikel sagen würde, ist unglaubhaft, dies um so mehr, als viele dieser Äußerungen ihm nach Wilhelms Heimkehr mitgeteilt worden waren. Hätte er aber versucht, ihre Veröffentlichung zu verhindern, würde ihn das bei seinem Herrn noch unbeliebter gemacht haben, als er ohnehin war, während die Veröffentlichung, vorausgesetzt daß man die Hauptverantwortung auf den Kaiser schieben konnte, Ergebnisse haben konnte, die die Autorität des Kanzlers stärken würden. Bülow sah sich den Artikel nicht, wie er gebeten worden war, selbst an, sondern übersandte ihn dem Auswärtigen Amt, damit er auf seine Richtigkeit im Vergleich zu den amtlichen Dokumenten überprüft werde. Der zuständige Vertreter des Staatssekretärs gab die heiße Kastanie schleunigst an einen Untergebenen weiter, der ein oder zwei kleinere Korrekturen vornahm. Der Artikel ging dann an den Kaiser zurück auf dem gleichen Weg, auf dem er gekommen war. Bülow sah ihn wieder nicht an.[161]

Am 28. Oktober erschien der Artikel im *Daily Telegraph.* Danach sollte Wilhelm gesagt haben, daß, während er und seine Minister nichts mehr wünschten, als mit England in guten Beziehungen zu leben, er es satt habe, falsch dargestellt zu werden. Seine Aufgabe sei nicht leicht, da große Teile des deutschen Volkes antienglisch seien. Während des Burenkrieges sei er auf Englands Seite getreten, habe französische und russische Anregungen für eine gemeinsame Intervention zurückgewiesen und habe der Königin Viktoria auf seine Anweisung vom deutschen Generalstab vorbereitete Ratschläge, wie der Krieg am besten zu gewinnen sei, übersandt. Sein Rat sei angenommen worden und habe die vorausgesagten Ergebnisse gehabt. Die deutsche Flotte sei nicht zur Verwendung gegen England, sondern für den Schutz des deutschen Handels und der deutschen Kolonien sowie für etwaigen Einsatz im Fernen Osten bestimmt. Der Tag werde kommen, an dem England im Lichte der Entwicklung in Japan und des nationalen Erwachens in China nur zu froh sein werde, daß es eine deutsche Flotte gebe. – Der Kaiser hatte die unselige Angewohnheit, Dinge auszusprechen, die er für wahr hielt, und hätte damit kaum härter und in weiterem Umkreis Anstoß erregen können, als wenn das seine wohlüberlegte Absicht gewesen wäre. Das Land, wo dieser Artikel noch die geringste Entrüstung auslöste, war wahrscheinlich Großbritannien, wo die

Times nur bemerkte, daß die Chancen eines Krieges im Pazifik ein überraschender Grund für die Ansammlung einer großen Flottenstreitmacht in der Nordsee seien, deren Einheiten zum großen Teil bekanntermaßen nicht über die Kohlenreserven verfügten, um irgendwelche längeren Kreuzfahrten zu machen. In Deutschland aber waren es dieses Mal die linksgerichteten Gruppen, die den Kaiser unter Kontrolle gebracht sehen wollten, im Einvernehmen mit den Gruppen auf dem rechten Flügel, die ihn wegen seiner präbritischen Haltung kritisierten.

Bülow war bereit zuzugeben, daß er den Artikel nicht angesehen hatte, aber nicht bereit zu behaupten, daß er gut sei. Er bot an, für seine Unterlassung mit seinem Rücktritt zu büßen, aber das lehnte der Kaiser wegen der bosnischen Krise ab. Der Reichskanzler entzog sich auf diese Weise jeglicher Verantwortung, den Kaiser gegen die Angriffe zu verteidigen, die auf diesen von allen Seiten, einschließlich sogar der Konservativen, wegen seines »persönlichen Regimentes« gemacht wurden. Bülow erklärte lediglich, daß der Kaiser es gut gemeint habe und daß er im Licht der Erfahrung künftig »auch in Privatgesprächen jene Zurückhaltung . . . beobachten« werde, »die im Interesse einer einheitlichen Politik und für die Autorität der Krone gleich unentbehrlich ist. Wäre dem nicht so, so könnte weder ich noch einer meiner Nachfolger die Verantwortung tragen.«

Während diese Worte gesprochen wurden, wohnte der Kaiser Luftschiffversuchen des Grafen Zeppelin bei, den er bei dieser Gelegenheit als den »größten Deutschen des zwanzigsten Jahrhunderts« bezeichnete, eine Bemerkung, die, da erst weniger als ein Zwölftel des Jahrhunderts vergangen war, in weitesten Kreisen Heiterkeit erregte. Wilhelm setzte dann seine Reise fort und kam am 13. November in Donaueschingen zu seiner üblichen Herbstjagd beim Fürsten Fürstenberg an. Am folgenden Abend zog der Chef des Militärkabinetts, General Graf Hülsen-Häseler, übrigens keineswegs zum ersten Male, ein Ballerinakostüm an und gab einen *pas seul* zum besten, wobei er plötzlich, vom Schlag gerührt, tot zu Boden sank.

Über dieses Ereignis und alles, was damit zusammenhing, wurde striktes Stillschweigen bewahrt, und Wilhelm nahm den Weg zurück nach Berlin schwerer erschüttert denn je zuvor. Er hatte dort eine weitere Aussprache mit Bülow, der ihm erläuterte, daß seine Erklärung den Reichstag nicht befriedigt habe, und aus ihm, nicht ohne Schwierigkeiten, eine weitere schriftliche Erklärung herauslockte. Darin hieß es:

»Unbeirrt durch die von Ihm als ungerecht empfundenen Übertreibungen der öffentlichen Kritik, erblickt Er Seine vornehmste Kaiserliche Aufgabe darin, die Stetigkeit der Politik des Reiches unter Wahrung der verfassungsmäßigen Verantwortlichkeiten zu sichern. Demgemäß billigte Seine Majestät der Kaiser und König die Ausführungen des Reichskanzlers im Reichstage und versicherte den Fürsten Bülow Seines fortdauernden Vertrauens.«

Bei der nächsten Gelegenheit, bei der er eine Rede zu halten hatte, nahm der Kaiser ostentativ einen Text aus Bülows Hand und gab diesen, nachdem er ihn verlesen hatte, dem Kanzler zurück. Aber zwei Tage darauf hatte er einen Nervenzusammenbruch, er fühlte sich völlig ausgeleert und hatte sein gewohntes Selbstvertrauen verloren. Er konnte sich nicht einmal mit den Adjutanten unterhalten, die ihn, wie üblich, auf seinem Morgenspaziergang begleiteten.[162] »Du würdest Kaiser Wilhelm, wenn Du ihm begegnetest, nicht erkennen. Sein ganzes Aussehen ist das eines gebrochenen Mannes«, schrieb sein Gastgeber in Donaueschingen, Fürst Fürstenberg, und einer der anderen Gäste berichtete: »Ich hatte das Gefühl, in Wilhelm II. einen Menschen zu sehen, der mit vor Entsetzen geweiteten Augen zum ersten Mal in seinem Leben die Welt so sieht, wie sie wirklich ist. Er sah am Horizont die brutale Wirklichkeit aufsteigen, die ihm wie eine häßliche Fratze erschien.«[163] Die Illusionen, mit denen er sich zu umgeben pflegte, erkannte er für dieses eine Mal als das, was sie waren, als Trugbilder. Nach der ersten Reichstagsdebatte hatte er Valentini, den Chef seines Zivilkabinetts, gefragt: »Sagen Sie mir, was geht eigentlich vor? Was bedeutet dies alles?«[164]

Er sprach jetzt von Abdankung und ließ den Kronprinzen kommen. Es war unvermeidlich, daß er sich der allgemeinen Kritik bewußt wurde, die sich gegen ihn richtete, einer Kritik, die sich auf seine ganze Regierungszeit und Lebensweise bezog. Er begriff, daß er als ein Versager, selbst als eine Gefahr betrachtet wurde, konnte aber nicht verstehen, warum das so war. Da er nach wie vor überzeugt war, daß der Artikel seinen Zweck einer Verbesserung der deutsch-englischen Beziehungen erfüllen werde, vermochte er nicht einzusehen, daß sich die Einwände der deutschen Öffentlichkeit nicht gegen die Begleitumstände der Veröffentlichung, sondern gegen die Tatsache richteten, daß ihr Herrscher solche Dinge, selbst im privaten Gespräch, sagen könne. Die deprimierte Stimmung ging aber vorüber. Mit zunehmendem Zeitabstand, mit der Hilfe Donas und seiner Umgebung, baute er sich bald ein Bild auf, das ihn zum größten Märtyrer aller Zeiten machte. Er schrieb an den österreichischen Thronfolger, Erzherzog Franz Ferdinand:

»Sie werden Verständnis dafür haben, welche Qual es für mich ist, so zu tun, als ob alles in Ordnung wäre, und mit Menschen weiter zusammenzuarbeiten, durch deren Pflichtvergessenheit und Feigheit ich der Verteidigung beraubt wurde, die in jedem anderen Staat dem Staatsoberhaupt ohne Zögern gewährt worden wäre.« Das deutsche Volk fange jedoch an, »sein Herz zu prüfen und zu begreifen, was man mir angetan und wozu man es gebracht hat«.[165]

Seine Feindschaft richtete sich vor allem gegen Bülow, von dem er sich verraten fühlte. Hatte er doch verfassungsmäßig gehandelt, indem er den Text seinem Kanzler vor der Veröffentlichung vorgelegt hatte. Warum hatte Bülow nicht die Schuld auf sich genommen und ihn energischer verteidigt? Hatte er die ganze Affäre als eine beabsichtigte Demütigung inszeniert? Es ist nicht zu bezweifeln, daß dieser Vorfall eine dauernde Narbe hinterließ. Seither fehlte etwas von der alten Selbstsicherheit. Seine Randbemerkungen zu amtlichen Schriftstücken ließen weder an Zahl noch an Energie nach, aber in der Öffentlichkeit verzichtete er jetzt häufiger darauf, seine Stimme ertönen zu lassen. Es hatte lange gedauert, bis er irgendeine charakterliche Fortentwicklung erkennen ließ. Der Mann von neunundvierzig Jahren war wenig über den Subalternoffizier fortgeschritten, der mit neunundzwanzig den Thron bestiegen hatte. Jetzt endlich begann das Unglück einen gewissen Eindruck zu machen.

Kritiker wie Harden, Naumann und Max Weber verlangten von Bülow, er solle den Vorfall benutzen, um für die Zukunft dem Kaiser die Zügel aus der Hand zu nehmen und sie in die Hände des Kanzlers und der Minister zu legen, wie es ihrer Meinung nach die Verfassung erforderte. Nur auf diese Weise werde es möglich sein, von dem Zickzackkurs loszukommen, der der deutschen Politik durch die ständige kaiserliche Einmischung in die ministerielle Tätigkeit aufgezwungen werde. Die Schwierigkeit dieser Theorie bestand aber darin, daß, solange Kanzler und

Minister vom Kaiser ausgewählt wurden und hinsichtlich ihrer Amtsdauer vom Belieben des Kaisers abhängig waren, man diesem nicht gut ein Mitspracherecht, ein häufig ausschlaggebendes Mitspracherecht, versagen konnte. Wenn er die Minister nicht auswählte, wer sollte es dann tun wenn nicht der Reichstag, der natürlich – das schien unvermeidlich – Parteiführer gewählt haben würde? Mit anderen Worten – wie Weber das klar erkannte –, die einzige wirksame Garantie gegen Einmischung durch den Kaiser war die Einmischung durch Politiker.[166] Ob für einen solchen Wechsel im Jahre 1908 eine Majorität zu finden gewesen wäre, ist schwer zu sagen, und noch schwieriger ist die Frage zu beantworten, ob der Adel, die Armee und die Bürokratie einen solchen Wechsel kampflos hingenommen haben würden. Sicher ist aber, daß Bülow, was immer er auch später gesagt haben mag, niemals daran dachte, einen Schritt zu tun, der im Widerspruch zu dem Gesamtsystem gestanden hätte, nach dem Deutschland regiert wurde. Er glaubte nicht, daß ein parlamentarisches System in einem Land funktionieren könnte, in dem keine Partei allein stark genug sein würde, um aus eigener Kraft eine Regierung zu bilden, und wo so viel von der Zusammenarbeit zwischen den Regierungsapparaten von Reich und Ländern abhing.* Bevor man die Geschichte Deutschlands nach 1918 als Beweis für die Richtigkeit solcher Erwägungen anführt, erscheint es notwendig, zu überlegen, was hätte geschehen können, wenn man von einem viel früheren Zeitpunkt an einen Weg zu einer Gelegenheit für Parteiführer gefunden hätte, Erfahrungen in der Kunst des Regierens zu sammeln. Jedenfalls aber galt es zu jener Zeit als Dogma, daß ein von zwei Seiten durch Feinde bedrohtes Deutschland nicht das Risiko eines solchen Experimentes auf sich nehmen könne. Interessanter noch wäre es zu

* Während der Krise sollten die deutschen Fürsten sich in Leipzig zu einer Aussprache darüber treffen, was zu geschehen habe. Der Ministerpräsident von Württemberg, von Weizsäcker, sagte seinem ziemlich schwächlichen König, sie müßten den Kaiser zwingen, sich von den täglichen Regierungsgeschäften zurückzuziehen. Der König hegte ernste Zweifel; um ablenkende Einflüsse von ihm fernzuhalten, fuhr der Regierungschef mit seinem König zum Bahnhof und setzte ihn in seinen Zug. Als er gerade abfahren wollte, ließ der König das Fenster herunter und sagte, er könne nicht tun, was der Minister wünsche. Auf die Frage, warum nicht, kam die Antwort: »Dann wird Bayern zu mächtig!«[167]

erwägen, was geschehen wäre, wenn die Parteien aus eigener Initiative sich geweigert hätten, einen Reichskanzler zu unterstützen, den sie nicht glaubten gutheißen zu können. Aber auch in dieser Hinsicht war niemand da, der bereit gewesen wäre, die äußersten Maßnahmen in Betracht zu ziehen, die nötig sein konnten, um einen solchen Schritt wirksam zu machen.

Während solcher Überlegungen hatte die bosnische Krise ihren Lauf genommen. Auf die russische Forderung nach einer internationalen Konferenz antwortete Deutschland in Erinnerung an Algeciras, daß ein solches Treffen mehr Schaden als Gutes tun würde, wenn nicht die wichtigsten Streitpunkte vorher geregelt worden seien. Als der Zar Wilhelm bat, einen beruhigenden Einfluß in Wien auszuüben, antwortete der Kaiser: »Ich halte es auch für meine Pflicht, Dir ganz offen zu sagen, daß ich den Eindruck habe, daß Deine Auffassung über die Absichten Österreichs zu pessimistisch ist und daß Du Dich darüber mehr als notwendig beunruhigst. Jedenfalls zweifeln wir hier nicht im geringsten daran, daß Österreich Serbien nicht angreifen wird . . .«[168] Um die gleiche Zeit, im Januar 1909, fragte Conrad von Hötzendorf, der österreichische Generalstabschef, von Moltke, in welcher Richtung Deutschland seinen Haupteinsatz zu machen beabsichtige für den Fall, daß eine österreichische Besetzung Serbiens einen Krieg mit Rußland heraufbeschwören sollte, an dem Frankreich teilnehmen würde. Moltkes Antwort, die vom Kaiser und von Bülow vor Absendung gebilligt wurde, erklärte, daß das Gros der deutschen Streitkräfte anfänglich gegen Frankreich geworfen werde, unabhängig davon – wie es scheint –, auf welche Weise Frankreich selbst vorgehen würde. Von Moltke, der unter solchen Umständen Wert darauf legte, Rußland durch eine österreichische Offensive zu binden, lehnte die Andeutung, daß ein Einfall in Serbien nötig sein werde, nicht ab, sagte vielmehr nur, daß, falls Rußland dann angreifen sollte, Deutschland sich unter dem Vertrag von 1879 verpflichtet fühlen würde, Österreich zu Hilfe zu kommen.[169]

Mit diesem Blankoscheck ausgerüstet, forderte Österreich Serbien auf, sein Verlangen nach Kompensation zurückzuziehen, obgleich um dieselbe Zeit die Türkei von Österreich abgefunden wurde und Bulgarien sich einverstanden erklärte, ihr den Wert des Staatsbesitzes in dem Land, das sie verlor, zu zahlen. Iswolski war zu diesem Zeitpunkt in einer sehr schwierigen Situation. Er mußte sein Versprechen an die Serben einlösen, daß Rußland ihren Kompensationsansprüchen diplomatische Unterstützung leihen würde. Er mußte den Eindruck vermeiden, daß er in Buchlau slawische Interessen zum Gegenstand eines Tauschgeschäfts gemacht habe. Er mußte den Engländern und Franzosen beweisen, daß er ihre Rechte als Unterzeichner des Berliner Vertrages nicht verraten habe. Es war im ganzen gesehen wünschenswert, den Ausbruch eines Krieges zu vermeiden. Er konnte keinen dauerhaften Widerstand gegen die Annexion leisten angesichts der Möglichkeit, daß dann Aehrenthal Beweise veröffentlichen könnte, wie weit er in Buchlau gegangen war. Vor allem aber benötigte er nach einer erheblichen Serie von Fehlschlägen einen Erfolg.[170] Sein erster Schritt war der Rat an die Serben, ihre Ansprüche in die Hände der Großmächte zu legen; sie taten das, richteten aber gleichzeitig eine unversöhnliche Note an Österreich, in der sie auf dessen Verlangen nach bedingungsloser Anerkennung alles dessen, was geschehen war, antworteten. Die Militärpartei in Wien brannte darauf, das »Wespennest« in Belgrad zu zertreten. Die Aussicht auf Frieden schien davon abzuhängen, ob Rußland als Protektor Serbiens unter den Großmächten, noch bevor es zu einer Konferenz kam, zu versprechen bereit sein würde, daß es den ganzen Streitfall als erledigt betrachte – und dadurch die Serben ohne jede Befriedigung ließe. Iswolski, der unter einem gewissen Druck von seiten Aehrenthals stand, bat in aller Stille die deutsche Regierung, ihm aus seiner mißlichen Lage herauszuhelfen. Die deutsche Antwort darauf war, daß Berlin scheinbar die Rolle eines Vermittlers übernahm und die Russen fragte, ob sie damit einverstanden seien, auf einer Konferenz die Angelegenheit als abgeschlossen zu betrachten. Eine sofortige Antwort erfolgte nicht, aber der deutsche Botschafter in St. Petersburg berichtete, ein Kriegsrat habe entschieden, daß Rußland nicht in der Lage sei, in einem österreichisch-serbischen Konflikt zu intervenieren. Dazu war Wilhelms Kommentar: »Na! Das ist doch mal was Bestimmtes! Nun vorwärts und einrücken!«[171] Kiderlen-Wächter, der aus dem Exil in der Bukarester Gesandtschaft zurückberufen war, um das Auswärtige Amt zu verstärken, und der »in fortdauernder Fühlung« mit dem im Sterben liegenden Holstein war,[172] wiederholte die deutsche Anfrage, gab ihr aber zusätzliche Schärfe, indem er hinzufügte, im Fall einer anderen Antwort als

»Ja« werde Deutschland seine Vermittlungsbemühungen einstellen und den Dingen ihren Lauf lassen. Daraufhin gab Iswolski, ohne vorher die Franzosen oder die Engländer zu konsultieren, eine zustimmende Antwort und ließ damit die Serben im Stich. Die deutsche Intervention hatte ihn aus seiner schwierigen Lage befreit, da er sein Nachgeben nun damit entschuldigen konnte, daß er es auf ein deutsches Ultimatum zurückführte. Das tat er auch und erzählte dem britischen Botschafter, Deutschland habe gedroht, wenn Rußland keine befriedigende Antwort erteile, Österreich auf Serbien loszulassen«.[173] Der Botschafter, Sir Arthur Nicolson, schrieb an London (und das war unzweifelhaft Iswolskis Absicht gewesen): »Die französisch-russische Allianz hat die Probe nicht bestanden ... Die Hegemonie der Mittelmächte wird in Europa aufgerichtet, und England wird isoliert werden ... Unsere Entente wird, so befürchte ich sehr, dahinsiechen und möglicherweise sterben ... es sei denn, es wäre möglich, sie zu erweitern und zu stärken, indem man sie der Natur eines Bündnisses näherbringt.«[174]

Bülow seinerseits prahlte, daß Deutschland den Frieden Europas bewahrt und Österreich die »Nibelungentreue« gehalten habe, während Wilhelm den Kaiser Franz Joseph in Verlegenheit setzte durch seine Äußerung, er habe sich »in schimmernder Wehr« neben seinen österreichischen Verbündeten gestellt. Aber der Erfolg, den die Deutschen und Österreicher auf den ersten Blick errungen zu haben schienen, erwies sich letzten Endes als schädlich und auch als eine Niederlage. Der serbische Haß gegen Österreich war entfacht, die Russen entwickelten eine auf bösem Gewissen beruhende Verbitterung gegen Deutschland, weil dieses sie dem Augenschein nach gezwungen hatte, die Serben im Stich zu lassen, während Engländer und Franzosen erkannten, daß sie, wenn sie sich Rußlands Freundschaft erhalten wollten, bereit sein mußten, berechtigte russische Interessen auf dem Balkan zu unterstützen. Die Annexionsepisode steht also in der gleichen Beziehung zur englisch-russischen wie die Marokkoepisode zur englisch-französischen Entente. In beiden Fällen führte die deutsche Politik – jedenfalls wurde es so dargestellt – zu einer Straffung der gegen Deutschland gerichteten Koalition; zugleich war durch diesen weiteren Eingriff der Vorrat an internationaler Kompromißbereitschaft herabgemindert worden. Bülow behauptete später, er habe den

Kaiser gewarnt, nie wieder, unter gar keinen Umständen, die bosnische Operation zu wiederholen. Ob man dieser Behauptung glaubt oder nicht, eine solche Warnung wäre keineswegs unbegründet gewesen.[175]

Im Februar 1909 war König Eduard zu einem Staatsbesuch nach Berlin gekommen, obgleich er wußte, daß um die gleiche Zeit, zu der das Interview im *Daily Telegraph* erschien, das deutsche Auswärtige Amt nur um Haaresbreite die Veröffentlichung eines ähnlichen Interviews, das unfreundliche Dinge über England und den englischen König enthielt, in der *New York World* hatte unterbinden können. – Gerüchten zufolge sollte Wilhelm gesagt haben, im Falle eines amerikanisch-japanischen Krieges würde Deutschland auf Amerikas Seite gegen die anglo-japanische Koalition kämpfen und als Belohnung Ägypten und Palästina beanspruchen! – »Ich weiß, der deutsche Kaiser haßt mich«, schrieb Eduard an einen Freund, »und er benutzt jede Gelegenheit, das hinter meinem Rücken zu sagen, während ich immer freundlich und nett zu ihm gewesen bin.«[176] Der Besuch war aber mehr charakterisiert durch eine Häufung nicht zu ernster Zwischenfälle als durch wirkliche Zusammenstöße der beiden Männer. Die Ehrenwache und die dem Gefolge des Gastes zugeteilten Deutschen erwarteten den königlichen Zug etwas außerhalb von Berlin. Der König war hiervon nicht vorher verständigt worden und brauchte zwölf Minuten, um sich in Uniform zu werfen. Während dieser ganzen Zeit spielte die Militärkapelle unentwegt *God save the King,* und die sämtlichen zum Empfang versammelten Beamten standen in eisiger Kälte mit entblößten Häuptern auf dem Bahnsteig. Als der Zug endlich in Berlin eintraf, entstieg der König dem Wagen der Königin, nicht seinem eigenen, fünf Wagenlängen entfernt von der Stelle auf dem Bahnsteig, an der Wilhelm und sein Gefolge ihn erwarteten.[177] Der König war in einem Schlafzimmer untergebracht, zu dem kein Fahrstuhl führte, obgleich sein Asthma so akut geworden war, daß ihm das Treppensteigen schwerfiel. Tatsächlich wurde das Asthma an einem Tage nach dem Mittagessen so schlimm, daß er mehrere Minuten lang das Bewußtsein verlor. Am Abend des gleichen Tages mußte er laut Programm um 8 Uhr 30 zu einem Ball erscheinen, statt um 11 Uhr, wie das in England üblich war. Auf dem Ball bat er um ein Glas Whisky, den es dann aber gar nicht gab.

Er bat um ein Spiel Karten und mußte sich sagen lassen, daß das am preußischen Hofe nicht üblich sei. Er verlangte eine Zigarre und erhielt die Antwort, das Rauchen im Schloß sei verboten. Daraufhin ging er zu Bett.[178] Am nächsten Tage sprachen er und Wilhelm zehn Minuten lang vor des Königs Abreise ganz allgemein über Politik[179]; dann verabschiedeten sie sich, um sich niemals wiederzusehen. Wilhelm berichtete vergnügt dem Erzherzog Franz Ferdinand, eine der Hofdamen der Königin Alexandra habe ihre angenehme Überraschung darüber zum Ausdruck gebracht, im Schloß Badezimmer, Frisiertische, Seife und Handtücher vorzufinden. Offenbar sei ihr erzählt worden – wohl von jemand, der die frühen Tage der Kaiserin Friedrich in Berlin erinnerte –, daß solche Dinge in Berlin nicht zu haben seien.[180]

Eine andere Erinnerung an die Kaiserin Friedrich wurde wach, als Eduard den Wunsch aussprach, mit einem Dr. Renvers bekannt gemacht zu werden, der seine Schwester während ihrer letzten Krankheit behandelt habe. Wilhelm sagte zu Bülow: »Unsinn! Meine Mutter hat Renvers gar nicht gekannt.« Bülow erklärt, den Arzt in der Folgezeit befragt zu haben, wie diese offenbare Mißachtung der Tatsachen zu erklären sei:

»Wenn der Kaiser ein gewöhnlicher Patient wäre«, antwortete Renvers, »würde ich auf *Pseudologia phantastica* diagnostizieren ... Hang zum Fabulieren, vulgo Lügen.« Bülow fügt hinzu, der erfahrene Arzt, dessen Spezialität Nervenleiden waren, habe ihm auseinandergesetzt, »daß solche Pseudologie gerade bei Neurasthenikern häufig sei. Man könne damit sehr alt werden, auch vieles betreiben und manches leisten. Dieser Defekt sei mit großer, ja glänzender Begabung durchaus vereinbar ... Was dagegen zu tun wäre? Es gebe nur ein Heilmittel für Neurasthenie: körperliche und geistige Ruhe, innere Sammlung, Selbstzucht. ›Wenn Sie vom Kaiser erreichen könnten, daß er täglich zwei Stunden allein ein ernstes Buch liest, das zum Nachdenken anregt und Sammlung erfordert, so wäre schon viel gewonnen.‹«[181]*

* Der Autor verdankt Dr. H.W. Dicks die nachstehende Mitteilung über *Pseudologia phantastica*: Sie ist ein wohlbekanntes Symptom a) bei kleinen Kindern, und b) bei hysterischen Charaktertypen – die in mancher Beziehung unbewußt kleine Kinder sind. Sie ist in mancher Hinsicht eher so etwas wie »Räubergeschichten erzählen« oder »Aufschneiden« als absichtliches Lügen. Sie ist dem Motiv nach schauspielerisch, aber oft verbunden mit einem

Bülow ließ in seinen »Denkwürdigkeiten« nur selten eine Gelegenheit aus, den Kaiser zu belasten, wenn er sich selbst dadurch vorteilhaft präsentieren konnte, und seine Geschichten müssen deshalb mit Vorsicht aufgenommen werden. Aber es herrscht kein Zweifel daran, daß der Kaiser während dieser ganzen Periode sich in einem nervös überreizten Zustand befand. Im März 1909 brachten Dona und ihr Hofmarschall eine lange Aussprache zwischen dem Kaiser und Bülow zustande, um die Beziehungen der beiden zu verbessern. Als im Verlauf des Gespräches Bülow die verschiedenen Taktlosigkeiten seines Herrn erwähnte, wegen derer er ihn zu verteidigen hatte, bestritt Wilhelm glatt, daß er jemals im Jahre 1902 ein Telegramm von Swinemünde an den bayerischen Prinzregenten gesandt habe.[182]

Während des Winters 1908–09 wurde die britische Regierung ernstlich beunruhigt durch in ihre Hände gelangte Informationen, denen zufolge die deutschen Behörden ähnlich vorgehen wollten, wie Admiral Fisher das bei der *Dreadnought* getan hatte, nämlich daß sie die Baumaterialien für neue Schiffe ansammelten, bevor die Kiellegung erfolgte, um auf diese Weise die Fertigstellung zu beschleunigen. Wenn diese Nachrichten stimmten, sah es so aus, als ob Deutschland um 1912 anstatt dreizehn gegenüber achtzehn englischen *Dreadnoughts* deren tatsächlich siebzehn, ja vielleicht sogar einundzwanzig besitzen würde. Ob das wirklich der Fall war oder nicht, ist immer noch ungewiß. Tirpitz hielt den britischen Alarm für ein politisches Manöver, das es der liberalen Regierung ermöglichen sollte, die parlamentarische Zustimmung für eine Verstärkung der Flotte zu erreichen. Wilhelm sagte, die englischen Ziffern über die deutschen Schiffsbauten stimmten nicht, aber gleichzeitig weigerte er sich, alle künftigen deutschen Pläne auf den Tisch zu legen oder gegenseitige Inspektionen zuzulassen. Als Metternich anfragte, was er den Engländern sagen könne, schrieb der Kaiser: »Metternich ist

Anflug des Bestrebens, sich dafür zu revanchieren, daß man von den Erwachsenen für klein oder töricht gehalten und deshalb falsch unterrichtet oder mit Halbwahrheiten abgespeist worden ist. Sie kann deshalb Teil einer Überkompensation für infantile Minderwertigkeitsgefühle und den Mangel an erwachsenem Selbstbewußtsein sein. Der Geschichtenerzähler ist geneigt, halb zu glauben, was er derzeit erzählt, da Bereitschaft zur Identifizierung mit der eingebildeten eigenen Rolle in der Räubergeschichte Teil der hysterischen Störung der Persönlichkeit ist.

hoffnungslos, incurabel.«[183] Die Ansicht von Sachverständigen ist heute, daß Tirpitz die Wahrheit sagte, als er irgendeine Beschleunigung des Baus leugnete; was hätte passieren können, wenn die Engländer nicht mißtrauisch geworden wären, ist freilich eine ganz andere Sache.[184] Wie das auch sein mag, die Engländer sahen jedenfalls keine andere Möglichkeit, als im März 1909 eine erhebliche Erweiterung ihres eigenen Programms anzukündigen. Um diese gegenüber ihren widerstrebenden Anhängern zu rechtfertigen, mußten sie mit öffentlichem Nachdruck auf die deutsche Betriebsamkeit hinweisen. Der linke Flügel drängte auf einen Versuch, mit Deutschland über ein Abkommen zur Begrenzung des Flottenbaus zu verhandeln. Die konservative Opposition kritisierte dagegen die Regierung, weil sie nicht weit genug gehe, und die britische *Navy League* tat, was sie nur konnte, um es an Energie dem Deutschen Flottenverein gleichzutun. Die sich ergebende Erhöhung der Flottenvoranschläge war einer der Faktoren, die zu Lloyd Georges berühmt gewordenem Budget von 1909 führten. Dieses brachte nicht nur eine erhebliche Erhöhung der Steuerlasten, sondern durch eine grundsätzlich veränderte Abgabenverteilung auch den Beginn einer sozialen Umschichtung. Die konservative Mehrheit des Oberhauses *(House of Lords)* lehnte das Budget ab, was die liberale Regierung zur Einbringung der *Parliament Act* von 1910 veranlaßte, durch die die Macht der erblichen Kammer entscheidend eingeschränkt wurde. Die Tatsache, daß die Briten bereit waren, lieber radikale Änderungen ihrer Verfassung und sozialen Struktur auf sich zu nehmen, als ihre Überlegenheit den Deutschen zu überlassen, hätte diesen beweisen können, daß jeder Versuch, zu konkurrieren, hoffnungslos sein würde. Aber für geraume Zeit fuhren die Deutschen in der Erwartung fort, daß es in England zu einem Kompromiß kommen werde, das die Verfassung auf Kosten des Flottenprogramms bewahren werde, und zumindest rechneten sie damit, daß eine ernste Verfassungskrise Englands Kampffähigkeit beeinträchtigen werde.*

* Tatsächlich hielten beide Seiten ihre Baupläne in der Folge nicht in vollem Umfange ein, und 1912 besaß Großbritannien nur 15 und Deutschland 9 Großkampfschiffe. Aber die Kiellegung von 8 Schiffen in den Jahren 1909/10 bedeutete, daß die *Grand Fleet* 1915, abgesehen von anderen Geschwadern in außereuropäischen Gewässern, 19 Großkampfschiffe zum Kampf gegen Deutschlands 16 zur Verfügung hatte.[185]

Aber England war nicht das einzige Land, das die Finanzierung des Flottenbaus als eine Anstrengung empfand. Im deutschen Reichshaushalt war die Wirkung der höheren Kosten der Landesverteidigung seit einer Reihe von Jahren dadurch verdeckt worden, daß man sie anstatt durch Besteuerung zum Teil mit Anleihen finanzierte. Das führte aber zu einer stetig wachsenden Schuldenlast, das so entstandene Defizit begann die Kurse der Reichs- und Staatsanleihen abträglich zu beeinflussen, und die Geschäftswelt drängte auf eine Sanierung der Finanzlage. Eine kleine Steuererhöhung war im Jahre 1906 eingeführt worden; während der nächsten zwei Jahre wuchs die Verschuldung des Reiches dennoch um fast zehn Milliarden Mark. Im November 1908 sah sich die Regierung daher genötigt, erheblich größere Steuererhöhungen vorzuschlagen, insbesondere eine Erbschaftssteuer und eine Erhöhung der Matrikularbeiträge der Bundesstaaten an das Reich.[186] Die Konservativen weigerten sich, für die Erbschaftssteuer zu stimmen, weil sie fürchteten, daß sie der erste Schritt zu weiterer Besteuerung des ländlichen Grundbesitzes sein werde. Die Nationalliberalen und die Fortschrittler aber wollten nicht für die von den Konservativen vorgeschlagenen Alternativen stimmen. Endlich, im Juli 1909, wurden diese Ersatzsteuern mit den Stimmen der Konservativen, des Zentrums und der Polen angenommen.

Deutschlands Streben nach einer Flotte mag vielleicht nicht eine so offensichtliche Krise im Verfassungsleben ausgelöst haben, wie sie sich in Großbritannien abspielte, aber es spaltete den Block Bülows. Die Partei, die am lautesten mit ihrer Treue zum Kaiser prahlte und den stärksten Nachdruck auf Deutschlands militärische Tradition legte, war nicht bereit, als es zum Zahlen für Wilhelms geliebte Kriegsmarine kam, in die eigene Tasche zu greifen. Statt dessen zerbrachen die Konservativen lieber eine Einrichtung, die nach ihrer Ansicht zu viele Zugeständnisse an die Fortschrittler mit sich brachte. Zur Entschuldigung machten sie geltend, daß sie gegen einen Mann stimmten, der das Vertrauen seines Herrn verloren habe. Das Zentrum würde wahrscheinlich für die Vorlage in ihrer ursprünglichen Form votiert haben, wenn Bülow ihnen in irgendeiner Form einen Ölzweig entgegengehalten hätte, aber die persönlichen Angriffe der Partei gegen den Kanzler waren so bitter gewesen, daß er sich weigerte, das zu tun. Unter den gegebenen Umständen ergriffen sie gern die Gelegenheit, ihre Rolle als Helfer der Regierung wieder aufzunehmen, mit dem Einfluß, den diese Rolle mit sich brachte. Aber während ihrer Zeit in der Opposition hatte die Zentrumspartei sich daran gewöhnt, mit den Sozialdemokraten zusammenzuarbeiten, und die Notwendigkeit, ihren Einfluß in allen Schichten der katholischen Bevölkerung aufrechtzuerhalten, machte sie mehr und mehr zu einer Volkspartei. So brachte Bülows Experiment nur den Tag näher, an dem es im Reichstag eine klare Mehrheit geben würde, die bereit sein könnte, ein anderes Verfassungssystem in Betracht zu ziehen.

Der Architekt des Blocks überlebte diesen nicht lange. Wilhelm hatte auf Bülows Verbleib im Amte so lange bestanden, bis die Finanzreform Gesetz sei, aber trotz der Aussöhnung im März 1909 blieb das Verhältnis zwischen beiden Männern äußerst unbehaglich. Deshalb bediente sich Bülow des Vorwandes, daß er nicht ohne das Vertrauen des Reichstages regieren könne, um die Tatsache zu verbergen, daß er tatsächlich ging, weil er das Vertrauen des Kaisers verloren hatte – der nur zu bereit gewesen wäre, einen Kanzler, zu dem er Vertrauen hatte, gegen den »verfluchten Reichstag« zu unterstützen.[187] Im Juli 1909 durfte Bülow endlich zurücktreten.

Die einzige Frage, die sich erhob, war, wer die Nachfolge antreten sollte. Während seiner Frühlingsreise hatte der Kaiser ernsthaft daran gedacht, das Kanzleramt dem Botschafter in Rom, Graf Monts, anzubieten, stieß aber auf allgemeine Ablehnung dieser Idee, als er wieder nach Hause kam[188]. Man wandte sich an zwei Eulenburgs, aber der eine hielt sich selbst für zu alt, der andere fand die Aufgabe zu schwierig. Der Statthalter von Elsaß-Lothringen, General Graf von Wedel, lehnte gleichfalls ab, ihn hielt auch Wilhelm für zu halsstarrig. General von der Goltz wurde auch vorgeschlagen, und als man darauf hinwies, daß er mit der Reorganisierung des türkischen Heeres beschäftigt sei, erhielt der Chef des Zivilkabinetts von Valentini die Weisung, am gleichen Abend mit dem Orientexpreß nach Konstantinopel zu fahren. Aber Wilhelm kam doch zu dem Schluß, daß von der Goltz in seiner Tätigkeit in der Türkei nicht entbehrt werden könne, und brach eine Tennispartie ab, um Valentinis Reisebefehl rückgängig zu machen. Bülow hatte von Anfang an Bethmann Hollweg, der seit 1907 Staatssekretär des Inneren war, vorgeschlagen, aber Wilhelm war nicht begeistert gewesen: »Er doziert immer und will alles besser wissen. Ich kann mit ihm nicht arbeiten.«[189] Aber nachdem so viele andere Versuche zu nichts geführt hatten, begann Wilhelm einzulenken. Bülow wies darauf hin, daß Bethmann nichts von der Außenpolitik verstehe. »Die Auswärtige Politik überlassen Sie nur mir«, antwortete der Kaiser, »ich habe bei Ihnen einiges gelernt. Es wird schon gehen.« So erhielt Bethmann das Amt. Der Reeder Ballin nannte ihn »Bülows Rache«.[190]

Bevor er aus dem Amte schied, machte Bülow, dem es aufdämmerte, daß jegliche Aussicht auf einen Bruch in den Ententen von einer Abmilderung der deutsch-englischen Flottenrivalität abhänge, einen Versuch, Tirpitz und die Marineleitung zur Vernunft zu bringen. In einer Konferenz, die am 3. Juni abgehalten wurde, erreichte er, daß Tirpitz zugab, im Falle eines Kriegsausbruches zu diesem Zeitpunkt würde Deutschland nur sehr geringe Chancen haben. Daraufhin sagte von Moltke, da die Marine einen Krieg gegen England nicht mit Aussicht auf Erfolg führen könne, müsse dieser Krieg eben vermieden werden, und da der Kanzler keine Aussicht sehe, neue Bundesgenossen gegen England zu finden, scheine ihm eine ehrenvolle Verständigung über eine Verlangsamung des Bautempos erstrebenswert.[191] Angesichts dieses Druckes und da England klar zu erkennen gegeben hatte, daß es sich im Flottenbau nicht werde überholen lassen, stimmte Tirpitz Verhandlungen zu. Er hatte tatsächlich den Kaiser bereits vor den Gefahren einer zu unversöhnlichen Haltung gewarnt. Das Hauptziel der Verhandlungen sollte es sein, England zur Aufgabe des *Two-Power*-Standard zu bewegen. Tirpitz hatte bereits geschrieben:

»Unsere Stellungnahme kann m. E. nur sein, bereit zu Verhandlungen unter Anerkennung der englischen Superiorität zur See, aber nicht auf der Basis eines *Two-Power plus ten per cents Standard*, sondern nur auf einer solchen Basis, daß wir wenigstens in einem Verteidigungskrieg gegen England militärische Chancen haben . . .«[192]

Wilhelms Äußerung hierzu war wie Widerhall von dem, was Tirpitz gesagt hatte:

»(England) kann eine Überlegenheit zur See beanspruchen soviel es will und darnach bauen, . . . dagegen ist nichts zu sagen; aber den *Two-Power-Standard*, noch dazu gegen uns allein angewendet, anzuerkennen, dazu bin ich vollkommen außerstande, noch weniger denselben durch Abmachungen irgendwelcher Art für die Ewigkeit zu verbriefen.«[193]

Da England allem Anschein nach bereit war, in Betracht zu ziehen, daß Deutschland dreizehn *Dreadnoughts* gegenüber seinen eigenen achtzehn haben würde, war der Zwei-Mächte-Standard in der Praxis – wenn auch noch nicht in der Theorie – bereits ein toter Buchstabe geworden. Wenn Wilhelm und Tirpitz sich damit begnügt hätten, seine Preisgabe zu fordern, wäre vielleicht eine Vereinbarung möglich gewesen. Aber sie gingen darüber hinaus, sie verlangten obendrein, daß die Verhandlungen von den Engländern eingeleitet werden müßten, daß sie keine Abänderung des Flottengesetzes nach sich ziehen dürften, daß Deutschland das Recht erhalten müßte, drei Großkampfschiffe für jede vier, die England auf Stapel lege, zu bauen und daß zu alledem England Zusicherungen hinsichtlich seiner allgemeinen Politik gebe. Ob es ratsam sei, die deutschen Forderungen so hoch zu schrauben, war wahrscheinlich die Schlüsselfrage der Außenpolitik, für die der Reichskanzler verantwortlich war. Jedoch, was er auch darüber denken mochte, er hatte nicht die Macht, sich über den Chef der Marine hinwegzusetzen ohne die Unterstützung des Kaisers, und die hatte er verwirkt. Bülow behauptet, er habe dem Kaiser gesagt, eine so weitreichende und dabei schwierige Frage wie die der Flottenverständigung mit England könne »nicht vom Standpunkt des Paukkomments behandelt werden«. Selbst wenn er tatsächlich diese Bemerkung machte, war sie zwar passend, aber wirkungslos.[194]

Bülow vertrat seelenruhig den Standpunkt, die Feindseligkeiten mit Großbritannien wegen der Flotte stellten die einzige Wolke am Horizont dar, der auszuweichen er seinem Nachfolger hinterlassen habe.[195] In Wirklichkeit war aber die Situation viel schlimmer als die, welche er übernommen hatte. Sowohl im Lande wie draußen ballten sich Kräfte zusammen, die nur durch drastisches Handeln und unter Aufopferung vieler als heilig geltender Anschauungen wieder aufgelöst werden konnten. Zum Teil war Bülow für die Verschlechterung der Lage selbst unmittelbar verantwortlich. In vieler Hinsicht aber hatte er es mit tiefgründigen Entwicklungen zu tun gehabt, deren Lenkung auf andere Wege über die Kraft jedes einzelnen Menschen hinausging. Doch kann man nicht sagen, daß er deren

Ernst voll erkannt hätte, ganz zu schweigen davon, daß er nicht einmal begonnen hatte, seine Landsleute hinsichtlich der Entscheidungen und der Lösungen zu erziehen, vor die sie sich gestellt sehen würden.

Die Schatten sinken

Als Leutnant war Wilhelm eine Zeitlang in der Nähe des Bethmannschen Familiengutes Hohenfinow in Garnison gewesen. Wilhelm I. hatte den Großvater gekannt, und die Eltern waren als geeignet für den gesellschaftlichen Verkehr mit dem Prinzen befunden worden.[1]

> »Im Kreise ihrer sympathischen Familie habe ich schöne Stunden verlebt . . . Da ich übrigens keine Zivilkleidung mitgenommen hatte, lieh mir Bethmanns langer Sohn, der spätere Reichskanzler, seine Joppe, die auf meinem Körper zur allgemeinen Erheiterung den Eindruck eines Paletots machte. Die königstreue und tiefreligiöse Atmosphäre, die in dem Hause Bethmann herrschte, berührte mich unendlich angenehm und hat mich später noch oft nach Hohenfinow gezogen.«[2]

Der Vater Bethmann hatte einmal mit großem Freimut zum Kaiser gesagt: »Eure Majestät können nicht leben, ohne daß jeden Tag Preußen, alle vier Tage Deutschland und alle neun Tage Europa Ihnen Beifall klatscht.«[3] Der Sohn war sein ganzes Leben lang preußischer Beamter gewesen und wußte wenig von der Welt außerhalb Deutschlands. Er war ein Mann von Intelligenz, beträchtlichem Wissen und höchster Integrität und erinnerte in vieler Hinsicht an Caprivi. Er sprach überlegt, mit wohlgewählten Worten, aber mit wenig Anzeichen von Humor.[4] Er übte eine festere Kontrolle über die verschiedenen Regierungsämter aus, als Bülow das getan hatte, und nahm ohne Murren die enorme Arbeit, die sich daraus ergab, auf sich.[5] Als eine Gruppe von Alldeutschen sich bei ihm beschwerte, das Auswärtige Amt stelle die Interessen anderer Länder über die Deutschlands, antwortete er darauf nicht, wie Bülow das getan hätte, mit einer höflichen Empfangsbestätigung, sondern weigerte sich klipp und klar, unbegründete Beschuldigungen gegen das Amt anzunehmen.[6] Ein wohlgesinnter Beobachter sagte andererseits von ihm, trotz seines Idealismus stecke in ihm doch »eine große Dosis ängstlichen

Bürokratismus«, und auf Haldane machte er den Eindruck »eines rechtschaffenen Mannes, der irgendwie mit Widrigkeiten zu kämpfen hat«.[7] Er war eher ein Verwaltungsfachmann als eine Führernatur, zu sehr geneigt, sich mit den Übeln der Gegenwart abzufinden, und zu wenig vom Seherblick für künftige Möglichkeiten inspiriert.[8] Zweifellos hatte er einen schweren Stand. In der Innenpolitik mußte er einen Mittelkurs zwischen dem Reichstag auf der einen und der im Preußischen Landtag, am Hofe und im Heere verschanzten Oberschicht auf der anderen Seite steuern. In auswärtigen Angelegenheiten standen er und das Auswärtige Amt in ständigem Wettstreit mit den Militärs und Flottenführern, die direkten Zugang zum Kaiser hatten. Wäre er seinen eigenen Neigungen gefolgt, hätte er sich schnell von seinem Posten ablösen lassen, die ererbte Auffassung des preußischen Beamten forderte aber auf alle Fälle von ihm die Unterordnung seiner eigenen Ansichten unter die des Königs. Die Vornehmheit seines Charakters hat die Aufmerksamkeit von der konservativen Natur seiner Meinungen abgelenkt. Die Weite des Unterschiedes zwischen seiner Weltanschauung und der Sir Edward Greys ist bezeichnend für den unüberbrückbaren Abgrund zwischen England und Preußen.

Trotz des Kaisers ursprünglicher Besorgnisse gewann Bethmann durch die Ehrlichkeit seiner Zielsetzungen Vertrauen, und er blieb acht ereignisreiche Jahre im Amt. Er verdiente das Vertrauen, das in ihn gesetzt wurde, und entwickelte seine eigene Technik für den Umgang mit seinem Herrn. Während Caprivi aufgegeben, Hohenlohe auf Zeit gespielt und Bülow mit den Schultern gezuckt hatte, versuchte Bethmann, dem Manne zuvorzukommen, den Kiderlen-Wächter »Wilhelm den Plötzlichen« getauft hatte.[9] Im Jahre 1910 waren Verhandlungen über ein größeres Maß von Selbstverwaltung in Elsaß-Lothringen im Gange. Die Militärs hielten es für gefährlich, einer Bevölkerung, die im Grunde treulos sei, größere Freiheiten zu gewähren. Die Zivilisten vertraten demgegenüber den Standpunkt, daß die Bevölkerung, solange man sie als minderwertig behandele, treulos bleiben werde. Der Kaiser kündigte unmittelbar vor einem Besuch in den Reichslanden seine Absicht an, die Angelegenheit mit den dortigen Notablen zu besprechen. In Voraussicht der Gefahr, daß dabei heftig wichtige Empfindlichkeiten verletzt werden konnten, schrieb Bethmann einen Privatbrief an den

Statthalter Graf Wedel und ließ das Programm so gestalten, daß nur sehr wenig Gelegenheit für derartige Diskussionen blieb. 1911 erfuhr der Kaiser von einem Korpskommandeur, daß französische Dragoner provozierende Demonstrationen nahe der Grenze vorgenommen hätten, und beauftragte Bethmann, einen Protest in Paris zu veranlassen. Bethmann holte vorsichtshalber zunächst einen Bericht von Wedel ein, aus dem hervorging, daß die Geschichte übertrieben war. Er übersandte den Bericht dem Chef des Zivilkabinetts von Valentini und ersuchte diesen, dafür zu sorgen, daß die kaiserlichen Äußerungen nicht bis zur Anordnung eines förmlichen Protestes gingen. Bei einer anderen Gelegenheit entschloß sich Wilhelm, persönlich an Polizisten, die eine sozialdemokratische Demonstration unterdrückt hatten, Medaillen zu verteilen. Bethmann inszenierte die Zeremonie im inneren Hofe des Schlosses und ließ den Polizeibeamten verbieten, in der Öffentlichkeit zu wiederholen, was der Kaiser in seiner Ansprache etwa sagen werde.[10] Solche Geschichten beleuchten eindringlich, zu welcher Art von Kniffen Wilhelms Diener greifen mußten, und lassen den Schluß zu, daß die ernüchternde Wirkung der *Daily Telegraph*-Affäre nicht der einzige Grund dafür war, daß es in den Jahren nach 1908 weniger »rednerische Entgleisungen« gab. Aber die Notwendigkeit, Taktlosigkeiten vorzubeugen, erleichterte die auf den Schultern des Kanzlers ruhende Bürde auch nicht eben.

Seit Oktober 1907 war von Schoen Staatssekretär des Auswärtigen, und die neue Regierungsmannschaft forderte zu einem Vergleich zwischen Deutschland und einem Schiff heraus, auf dem »der Kapitän Schauspieler, der erste Steuermann ein Professor und der zweite Steuermann Alpinist« war.[11] Irgendeine Verstärkung des Auswärtigen Amtes war offenbar nötig. Kiderlen-Wächter war mehr als einmal zu diesem Zwecke herangeholt worden, und im Juli 1910 überredete Bethmann den Kaiser schließlich, ihn zum Staatssekretär zu machen. Dieser grobe, aber gescheite Schwabe hatte in den frühen Jahren von Wilhelms Regierungszeit eine angesehene Stellung im Auswärtigen Amt eingenommen und hatte das Amt häufig auf den Nordlandreisen des Kaisers vertreten, wo seine Fähigkeit, Alkohol zu vertragen, und sein Schatz an Anekdoten ihn zu einem beliebten Reisegefährten gemacht hatten.[12] Aber im Jahre 1895 waren Briefe, die er von diesen Reisen geschrieben hatte, Wilhelm zur

Kenntnis gekommen. Es ist nicht ganz sicher, ob die darin enthaltenen unflätigen Witze auf den Allerhöchsten – wie man allgemein glaubte –, auf Dona – wie Wilhelm in späteren Jahren behauptete – oder auf beide gemünzt waren – wie anzunehmen ist – jedenfalls hatten sie dazu geführt, daß er für dreizehn öde Jahre als Gesandter nach Bukarest verbannt wurde.[13] Als Wilhelm widerstrebend seine Zustimmung zu Kiderlens Beförderung gab, sagte er zu Bethmann, er werde schon bald herausfinden, daß er sich eine Laus in den Pelz gesetzt habe. Wenn sich diese Bemerkung auch als nur zu wahr erwies, so war Bethmann ebenso berechtigt zu sagen, daß niemand anders mit vergleichbarem Verständnis für die Probleme Deutschlands zur Verfügung gestanden habe. Trotz alledem aber erwies sich die Berufung Kiderlens als unglücklich. Nicht nur, weil Kiderlens gelbe Weste und sein schwäbischer Akzent die Abgeordneten im Reichstag zum Lachen reizten, wenn er dort das Wort ergriff. Auch nicht nur wegen seines ungewöhnlich komplizierten Privatlebens – der Kronprinz, der seine Heldentat in Sachen Eulenburg wiederholen wollte, indem er auf der Geschichte herumritt, daß Kiderlen ein Verhältnis mit seiner Haushälterin haben sollte, berührte das Problem nur am Rande.[14] Ein Beobachter sagte, Kiderlen sei geneigt, Grobheit für Energie zu halten, ein anderer, daß eine sorgfältige Analyse seines Handelns einen starken Prozentsatz an Alkohol zeigen werde. Nach Bethmanns Ansicht bestand Kiderlens größte Schwäche in seinem Zynismus.[15] Bei Kiderlen war die für den Schwaben typische Mischung von Mut, Phantasie und einer gewissen Naivität gepaart mit der Vorliebe für balkanische Methoden, was ihn bei den Staatsmännern Westeuropas nicht gerade beliebt machte.[16]

Als Bethmann Kanzler wurde, befolgten die Beamten des Auswärtigen Amtes Bülows Rat, daß als erstes Problem Deutschlands Beziehungen zu England angepackt werden müßten. Die Warnung wurde noch bekräftigt durch einen Freund des Kaisers, den jüdischen Schiffsreeder Ballin, der im Frühjahr 1910 aus London schrieb, die antideutsche Stimmung sei dort so stark, daß man kaum mit seinen ältesten Freunden die Lage diskutieren könne. Die Engländer seien total verrückt und redeten nur vom nächsten Kriege und von den künftigen Schutzzöllen.[17] Ballin hatte sich mit dem mit König Eduard befreundeten jüdischen Bankier Sir Ernest Cassel zusammengetan in dem Bemühen, die beiden Seiten ins Gespräch zu bringen, und Bethmann, der wenig über die Vorgänge wußte, begrüßte diese Initiative. Sowohl 1909 wie 1912 scheinen die beiden Vermittler Eckardsteins schlechtes Beispiel befolgt und beide den Eindruck erweckt zu haben, daß die Initiative von der anderen Seite ausgegangen sei. In seinem Bemühen, keinen Anstoß bei der englischen öffentlichen Meinung zu erregen, hatte Bethmann den Entwurf für eine Reichstagsrede nach London geschickt, um im voraus eine Stellungnahme dazu zu hören.[18] Obwohl diese Geste die Atmosphäre verbesserte, genügte der gute Wille eines Mannes nicht, um die grundsätzlichen Schwierigkeiten aus dem Wege zu räumen. Bethmann sicherte sich die Zustimmung zur Streichung von drei Schlachtschiffen im deutschen Programm bis 1914, forderte aber als Gegenleistung, daß England das Verhältnis 3 zu 4 annehme und damit auf den Bau von mehreren vom Parlament bewilligten Schiffen verzichte. Darüber hinaus verlangte er, daß ein Flottenabkommen mit einer politischen Vereinbarung verbunden werde, während die britische Seite darauf bestand, daß das Flottenabkommen zuerst kommen müsse. Auf alle Fälle sahen die Engländer große Schwierigkeiten darin, in engere Beziehungen zu Deutschland zu treten, als sie das gegenüber anderen Mächten getan hatten; dagegen wünschten die Deutschen in der Erkenntnis, daß sie möglicherweise, um Österreich beizustehen, Rußland oder Frankreich würden angreifen müssen, wenigstens eine Garantie der bestehenden territorialen Lage. Der britische Botschafter faßte die Lage zusammen in der Feststellung, der Flottenvorschlag, der auf der Durchführung des ganzen deutschen Programmes beruhe, mit einer schwachen Möglichkeit der Reduzierung, falls sich alles gut entwickele, gehe nicht weit genug; der politische Vorschlag gehe dagegen etwas zu weit in Anbetracht der derzeitigen britischen Dispositionen. Aber bei einer der verhältnismäßig seltenen Gelegenheiten, bei denen der Kaiser wegen dieser Verhandlungen konsultiert wurde, stellte er sehr klar die Erwägungen heraus, die Deutschland veranlaßten, auf irgendeinem politischen Entgegenkommen zu bestehen:

»Das *political agreement* wünscht England so gehalten, daß die mit ihm im Ententeverhältnis stehenden Mächte mit darin aufgenommen werden können, das heißt, sie sollen über dasselbe sogleich von England – zur Beruhigung – informiert werden.

Hier verlangen wir Reziprocity ... Die Franco-Russische Allianz ist ein Militärbündnis mit detaillierten Verabredungen direkt gegen uns. Deckmantel (Angriffsdrohungen suppeditierte Deutsche). Einer direkt deutschfeindlichen, als solche bekannten, Koalition ist England beigetreten (1904–05) unter Angebot militärischer Hilfe auf dem Kontinent. England erklärt trotzdem, keine Spitzen gegen uns in seinen Ententen mit den deutschfeindlichen Mächten aufgenommen zu haben und nichts Böses im Schilde zu führen. Das ist eine Selbsttäuschung. Gerade das factum des Beitritts Englands zur Franco-Russischen Allianz ist vom deutschen Standpunkte aus schon als *unfriendly act* prinzipiell angesehen. Abmachungen nach dieser oder jener Richtung spielen dabei keine Rolle.«[19]

Grey unterließ es sicherlich, der Öffentlichkeit zu enthüllen, daß England durch die Übernahme politischer Bindungen das Wettrennen im Flottenbau hätte verlangsamen können. Aber nicht nur er war besorgt, daß die Reaktion der Öffentlichkeit auf die Idee feindselig sein würde; Bethmann hatte ihn zur Geheimhaltung verpflichtet, weil er gleich feindselige Reaktionen in Deutschland befürchtete. Darüber hinaus hatte Tirpitz schon einige Monate vorher das deutsche Auswärtige Amt daran gehindert, bekanntzugeben, wieweit die englische Regierung im Ausdruck ihrer Bereitwilligkeit zu Verhandlungen gegangen war.[20] Unter diesen Umständen schien nur geringe Aussicht zu bestehen, daß weitere Gespräche zu Ergebnissen führen würden, und die Engländer benutzten das Bevorstehen von Parlamentswahlen im Jahre 1910 als eine Entschuldigung, um die Sache fallenzulassen.

Der Mai 1910 sah Wilhelm wieder in England, er stand am Grabe seines Onkels. Mit Eduard war eine der Hauptursachen, die sein ganzes Leben vergiftet hatten, eine Quelle dauernder Hemmungen und Enttäuschungen, verschwunden, verschwunden war aber auch ein Bindeglied mit vielen Erinnerungen, denen der zeitliche Abstand verklärenden Zauber verlieh. So viele der Gestalten, die seine frühen Lebensjahre beherrscht hatten, waren jetzt verblichen – sein Großvater, die *Queen*, seine Eltern, sein Onkel, Bismarck, Hohenlohe, Holstein, Salisbury. Und doch, die Folgen ihrer Liebe und ihres Hasses, ihres Strebens, ihrer Befürchtungen und ihrer Gleichgültigkeit dauerten an. Wilhelm scheint von widerstreitenden Gefühlen bewegt gewesen zu sein. »Es ist mein fester Glaube«, schrieb Lord Esher, »daß von all den königlichen Besuchern der einzig wirklich Trauernde dieser außerordentliche Kaiser war«.[21] Wilhelm selber schrieb an Bethmann, daß man in einem solchen Moment vieles vergesse.

»Ich hatte zum Absteigen dortselbst die Zimmer meiner Eltern zugewiesen bekommen, in denen ich als kleiner Junge oft gespielt hatte und die berühmt sind durch ihren prachtvollen Blick über den ganzen Windsorer Park. Es waren mannigfache Erinnerungen, die mein Herz durchzogen, als ich die Räume durchschritt, wo ich als Kind gespielt, als Jüngling geweilt und als Mann, später als Herrscher die edle Gastfreundschaft der großen Königin und des hohen Verblichenen genossen hatte. Sie riefen mein altes Heimatgefühl von neuem wach, welches mich an diesen Ort so fest bindet und das mir persönlich im Hinblick auf die politische Seite die letzten Jahre besonders schwer zu tragen gemacht hat. Ich bin stolz, diesen Ort meine zweite Heimat zu nennen, ein Mitglied dieses königlichen Hauses zu sein, als welches ich auch von allen in der herzlichsten Weise behandelt werde. Sehr bemerkenswert war bei der Abfahrt von Windsor Castle im offenen Wagen, als ich dieselbe Menschenmenge passierte, die eben noch in stummer Trauer dagestanden hatte, es plötzlich wie ein elektrischer Schlag die Menge durchlief, als sie mich erkannte. Es wurde in diesem Augenblick lebhaft und lebhafter ›*the German Emperor*‹ gerufen, bis plötzlich eine laute Stimme ausrief: ›*Three cheers for the German Emperor*‹, welches ein durch alle Straßen aufgenommenes, donnerndes, dreimaliges Hurra der dichtgedrängten Menschenmasse auslöste. Ich hatte das Wasser in den Augen, und mein Nachbar, der König von Dänemark, sagte mir: ›Was haben dich die Leute doch hier so lieb. Das ist ja fabelhaft, daß die Leute trotz ihrer tiefen Trauer um den lieben Bertie dich so begeistert empfangen?‹ Ich glaube, man kann diese völlig spontane Begrüßung als immerhin ein gutes Omen ansehen . . .«[22]

Die praktischen Schlußfolgerungen, die er aus dem Thronwechsel in London zog, waren weniger gefühlsbestimmt.

»Die englische Politik im ganzen *ex officio* wird sich nicht viel ändern. Wohl aber wird die Tätigkeit remüsanter Intrigenwirtschaft sich etwas legen, die Europa in stetem Atem hielt und nicht zum Genuß friedlicher Ruhe kommen lassen wollte. Die persönlich inszenierten Kombinationen werden, beim Fehlen des Hauptes, zerbröckeln: Denn sie wurden zusammengehalten durch den Zauber des persönlichen Einflusses und überzeugender Redegabe auf den Leiter der Einzelstaaten. Für Frankreich ist es ein schwerer Schlag ... Auch Iswolski wird sich recht einsam vorkommen, seit sein Leitstern erlosch! Ich glaube, im ganzen wird mehr Ruhe in die europäische Politik kommen; wenn nichts weiter, wäre das schon ein Gewinn. Wo man die verschiedenen Feuer nicht mehr schürt, werden sie niedriger brennen.«[23]

Im September des gleichen Jahres ließ sich Iswolski in die Schlüsselstellung eines russischen Botschafters in Paris versetzen. An seiner Stelle wurde Sasonow, eine weniger exponierte Persönlichkeit, Außenminister. Der Zar war bei seinen Verwandten in Darmstadt zu Besuch gewesen, wo er sich so harmlosen Vergnügungen hingeben konnte, wie inkognito zweiter Klasse mit der Eisenbahn zu fahren, Tennis zu spielen oder im Park spazierenzugehen. Auf dem Heimweg wollte er in Berlin einen Besuch abstatten, und Sasonow gab der Hoffnung Ausdruck, daß er frei und offen mit Kaiser Wilhelm über politische Angelegenheiten sprechen werde. »Das«, vermerkte der Kaiser in einer Aktennotiz, »habe ich von Jahr zu Jahr erhofft, es ist aber nie eingetreten«.[24] Dieses Mal gab es eine Aussprache über ein mögliches deutsch-russisches Abkommen, den Status quo auf dem Balkan aufrechtzuerhalten und auf alle gegen den Vertragspartner gerichteten politischen Zielsetzungen zu verzichten. Deutschland sollte Rußlands Interessen in Nordpersien anerkennen und Rußland dafür seine Einwände gegen die Bagdadbahn fallenlassen. Dieses Tauschgeschäft verursachte ernstes Stirnrunzeln in London und Paris mit dem Ergebnis, daß nach der Rückkehr Nickys und seiner Minister nach St. Petersburg ihre Bereitschaft, das Vereinbarte in einen formellen Vertrag aufzunehmen, sich merkwürdig in Rauch auflöste. Sie deuteten an, daß mündliche Versicherungen von Monarchen tatsächlich viel verläßlicher seien als alle papiernen Versprechungen. Sasonow gab zu verstehen, daß der wirkliche Grund die Sorge sei, England zu verstimmen; wahrscheinlicher aber war es die Befürchtung, den Strom des französischen Goldes zum Versiegen zu bringen.[25]

Es gibt Anzeichen dafür, daß in diesen Jahren Wilhelm begann, der Politik müde zu werden, in der seine Bemühungen so wenig Ergebnisse zu zeitigen schienen und so viele Leute sich dagegen sträubten, sich seine Ansichten zu eigen zu machen. Eine seiner Lieblingsbeschäftigungen galt seiner Villa auf Korfu, wo unter Dörpfelds Leitung umfangreiche Ausgrabungen eingeleitet worden waren.

»Der Kaiser, der sich mit seiner ganzen Zähigkeit und Energie der Sache widmete, hätte es sehr übel vermerkt, wenn das Gefolge nicht den gleichen Eifer bekundete, und namentlich der Chef des Zivilkabinetts durfte nie fehlen, da die Wissenschaft gewissermaßen in sein Ressort fiel.«[26]

Um Ostern 1911 wurden diese Mühen belohnt durch die Entdeckung eines Gorgonenhauptes aus dem siebten Jahrhundert vor Christi, anscheinend das Mittelstück eines Tempelgiebels. Wilhelm, der sich sicherlich gewünscht hätte, die nach der Mythologie der Gorgo eigene versteinernde Wirkung gegen die Sozialdemokraten und die Entente geltend machen zu können, war so erregt über den Fund, daß er Ströme von kostspieligen Telegrammen an die Archäologische Gesellschaft in Berlin richtete. Die Ausgrabungen in Korfu würden das Reich eine Menge Geld kosten, meinte Bethmann, fügte aber ironisch hinzu: »Freilich noch übler wäre es, wenn er so leidenschaftlich wie für die Gorgo sich für Marokko interessierte!«[27] Aber Wilhelm hatte es herzlich satt und wollte am liebsten das Wort nicht mehr hören.

Dieser Wunsch wurde ihm aber nicht erfüllt. Seit der Konferenz von Algeciras hatten Franzosen wie Deutsche sich erhebliche Mühe gegeben, ihre Differenzen über Marokko beizulegen, obgleich, zugestandenermaßen, die Deutschen hofften, daß die Franzosen dort in ein neues Mexiko verwickelt würden, während die Franzosen bemüht waren, eine Schwäche zu beseitigen, die ihre Aktionsfreiheit andernorts beeinträchtigen könnte. Im August 1907 schrieb Wilhelm, er wünsche, daß man sich in der Diplomatie und der Presse größtmöglicher Zurückhaltung befleißige, da es nicht zu rechtfertigen sei, wenn man die Franzosen provoziere oder kopfscheu mache. Nach seinem Besuch in Windsor sagte er, die Marokkofrage müsse so gehandhabt werden, daß die Engländer nicht etwa den Eindruck empfingen, Deutschland wolle auf Grund seiner besseren Beziehungen zu England nunmehr von oben herab mit Frankreich umspringen.[28] Im Oktober 1908 entschied der Kaiser auf Grund eines Berichtes des deutschen Konsuls in Fez, daß Deutschland keine Chance mehr habe, seine Position in Marokko zu halten und gut daran tun würde, seine Verluste abzuschreiben.

> »Angesichts dieser Verhältnisse (der Lage in Bosnien) muß nun aber die elende Marokkoaffaire zum Abschluß gebracht werden, schnell und endgültig ... Es ist nichts zu machen, französisch wird es doch ...«[29]

Bülow antwortete, um aus der Marokkoangelegenheit mit Anstand herauszukommen, es sei das erste Erfordernis, daß Deutschland die Franzosen seinen Wunsch nicht zu deutlich merken lasse. Im nächsten Monat verhafteten die Franzosen den Sekretär des deutschen Konsulats in Casablanca, weil er deutschen Deserteuren aus der Fremdenlegion Unterschlupf gewährt hatte. Die Alldeutschen schrien nach Blut, London vermutete, die Sache sei inszeniert worden, um die Aufmerksamkeit von der *Daily-Telegraph*-Affäre abzulenken, und einen Augenblick sah es so aus, als stehe Europa am Rand eines Krieges. Aber Wilhelm hielt grundsätzlich nichts von Deserteuren – es stellte sich übrigens heraus, daß einer von ihnen Österreicher, ein zweiter Schweizer und ein dritter Pole war –, und der schuldige Diplomat erhielt einen Verweis wegen Überschreitung seiner Zuständigkeit.[30] Etwas später traf die Firma Schneider-Creusot Abmachungen mit Krupp über den Zugang zum marokkanischen Erz. In einem politischen Abkommen vom Februar 1909 erkannte Deutschland eine Sonderstellung Frankreichs in Marokko an, während Frankreich versprach, die deutschen Wirtschaftsinteressen in diesem Lande zu respektieren. Im Herbst des gleichen Jahres nahm der französische Außenminister Pichon in Beantwortung einer Interpellation über Marokko Bezug auf das Entgegenkommen, das die Deutschen gezeigt hätten, aber als Wilhelm diese freundliche Geste erwidern wollte, entgegnete ihm Bethmann, daß eine besondere Erwähnung Frankreichs andere Länder verstimmen könnte. Der Kaiser verlor darüber die Geduld und erklärte sehr energisch: »Die (Rücksichten auf andere Länder) sind mir seit 20 Jahren vom Auswärtigen Amt und von Kanzlern immer gepredigt worden und haben uns schließlich in der Welt total isoliert! ... Das Marokkoabkommen ist Mein eigenstes persönliches Werk, von Mir trotz der Verschleppung und des Kleinmutes meiner Beamten durchgebracht, und hat zum Wohl beider Länder sich bewährt.«[31]

So unfähig war Marokkos eigene Führungsschicht und so unverbesserlich ihr Intrigenwesen, daß das Land, wenn man ihm seine Unabhängigkeit belassen hätte, einer Mißwirtschaft verfallen mußte, die sich zum Schaden aller dort geschäftlich tätigen Europäer auswirkte. Eine gemeinsame internationale Intervention war nicht durchführbar, man hatte also nur die Wahl, entweder der Fortdauer des Chaos zuzusehen, oder aber es den Franzosen zu überlassen, es einzudämmen, was ihnen unvermeidlich gesteigerte Vorteile einbringen mußte. Weder die Logik dieser Situation noch deren notwendige Ergebnisse waren nach dem Sinne der Familie Mannesmann und anderer Vertreter deutscher Handelsinteressen, die darauf aus waren, die Kontrolle über wertvolle Erzvorkommen in die Hand zu bekommen. Im Frühjahr 1911 kamen die Franzosen zu der Erkenntnis, daß nur mit Gewalt die marokkanische Verwaltung ihren Wünschen entsprechend umgeformt werden konnte und daß dazu eine militärische Kolonne nach Fez in Marsch gesetzt werden mußte. Da eine klare internationale Befugnis für einen solchen Schritt nicht gegeben war und um einer Wiederholung der Ereignisse von 1905 vorzubeugen, streckte man Fühler aus, um festzustellen, wie die Deutschen reagieren würden. Kiderlen entschloß sich, die Gelegenheit zu benutzen, um etwas aus dem früheren Schiffbruch zu bergen, und ließ Kühlmanns Politik, deutsche Rechte in Marokko gegen territoriale Zugeständnisse anderswo in Afrika umzutauschen, wiederaufleben. Dem stimmte der Kaiser Anfang Mai zu. Der Finanzmann Joseph Caillaux, eine der umstrittensten Persönlichkeiten des französischen politischen Lebens, der im März 1911 Finanzminister geworden war, war bereit, weiter zu gehen und das Abkommen über Marokko von 1909 als Ausgangspunkt einer deutsch-französischen Versöhnung auf Kosten Englands zu benutzen. – Er sagte später zu dem britischen Botschafter, daß die Entente sich gegen die französischen Interessen ausgewirkt habe.[32] – In geheimen Verhandlungen, die außerhalb der normalen diplomatischen Kanäle geführt wurden, dachte er bei Kiderlen die Erwartung großzügiger Kompensationen zu erwecken. Aber dieser war zu schlau, um dem Wort eines französischen Politikers zu trauen. Als im Mai die Franzosen ohne weitere Konsultationen nach Fez marschierten, schlug Kiderlen Bethmann vor, Deutschland solle Agadir, einen südmarokkanischen Hafen, besetzen. Auf diese Weise drängte er auf der einen Seite den französischen Botschafter, der wie auch die meisten Mitglieder des französischen Kabinetts nichts von Caillaux' Zusagen wußte, Vorschläge für eine Regelung zu unterbreiten, während er andererseits Vorbereitungen für die Ergreifung eines Faustpfandes traf, das die Franzosen zwingen würde zu verhandeln.

Der Kaiser war der Ansicht, es werde Deutschland gelegen kommen, wenn die Franzosen in Marokko mit Truppen und Geld gebunden würden. Er hatte Bethmann im April ersucht, allem Geschrei nach der Entsendung von Kriegsschiffen, das sich etwa erheben sollte, entgegenzutreten. Wenn die Franzosen die Algecirasakte brächen, könne Deutschland das Protestieren anderen Mächten, insbesondere Spanien, überlassen.[33] Als der Kaiser im Mai nach der Enthüllung des Denkmals für seine Großmutter vom Londoner Victoriabahnhof abreiste, war er sich mit König Georg V. darüber einig, daß die französische Besetzung Marokkos ein *fait accompli* sei, gegen das nicht viel zu machen sei. Unter verschiedenen Möglichkeiten für ein Vorgehen scheint die Entsendung eines Kriegsschiffes – eher nach Mogador als nach Agadir – erwähnt worden zu sein. Wilhelm versicherte dem englischen König, Deutschland werde wegen Marokko niemals Krieg führen, aber bestrebt sein, die »offene Tür« für den Handel zu sichern und Kompensationen, vielleicht an den Grenzen des deutschen Kolonialbesitzes in Afrika, zu erhalten.[34]

Am 19. Juni wurde der leitende Direktor der Hamburg-Marokko-Gesellschaft, Regendanz, vom Auswärtigen Amt aufgefordert, unter den am Handel mit Marokko interessierten Firmen Unterschriften für eine Petition zu sammeln, in der um staatlichen Schutz nachgesucht wurde. Zwei Tage später wurde die Petition, wie gewünscht, eingereicht.[35] Am 21. und 22. Juni hatte Kiderlen lange Unterredungen mit dem französischen Botschafter Jules Cambon in Kissingen. Am 23. Juni veranlaßte ein Flugzeugunfall einen Wechsel im französischen Kabinett. Caillaux wurde Ministerpräsident mit einem absolut unfähigen Außenminister und Delcassé als Marineminister. Am 26. Juni trafen Bethmann und Kiderlen in Kiel mit dem Kaiser zusammen und bewogen ihn – anscheinend gegen sein starkes Widerstreben[36] –, seine Zustimmung zur Entsendung des Kanonenbootes *Panther* mit einer

Besatzung von 125 Mann nach Agadir zu geben. – Das Auswärtige Amt hatte ursprünglich die Entsendung von zwei Kreuzern nach Agadir und zwei nach Mogador geplant, aber diese Schiffe waren nicht rechtzeitig verfügbar. Der Zweck der Entsendung wurde den deutschen Marinebehörden niemals erklärt.[37] – Am 1. Juli wurde den verschiedenen in Betracht kommenden Regierungen mitgeteilt, *Panther* sei nach Agadir gefahren, um das Leben und das Eigentum der in diesem Gebiet lebenden Hamburger Kaufleute zu schützen. Tatsächlich war Agadir ein verbotener, für europäische Händler nicht zugänglicher Hafen, und es war höchst unwahrscheinlich, daß sich südlich des Atlasgebirges irgendwelche deutschen Kaufleute aufhielten. – Es heißt allerdings, ein junger Angestellter einer Hamburger Firma sei eilig dorthin entsandt worden, um dem Anspruch einen Schein des Rechtes zu geben.[38] – Der für die Entsendung des Schiffes gegebene Grund war aber so offensichtlich ein Vorwand, daß jedermann Spekulationen anstellte, was wohl dahinterstecken möge. Die britische Regierung, die nichts von Kiderlens Verhandlungen mit den Franzosen wußte, teilte den Glauben der deutschen Öffentlichkeit, daß Deutschland seinen Anteil an Marokko haben wolle. Die englische Marine war dagegen, daß Deutschland einen Hafen am Atlantik bekäme; die Politiker waren besorgt, daß hinter ihrem Rücken Abmachungen über Marokko getroffen werden könnten. Grey hielt es für wichtiger, das zweite als das erste zu verhindern. Er war auch entschlossen, die Freunde Englands in Frankreich davon zu überzeugen, daß sie auf britischen Beistand rechnen könnten.[39]

Caillaux befand sich in einer Zwickmühle. Während seine Ernennung zum Ministerpräsidenten ihn in eine bessere Position zur Verfolgung seiner ihm wesentlichen Politik der Versöhnung mit Deutschland versetzt hatte, war er sich voll bewußt, in wie weiten Kreisen und wie heftig eine solche Politik in Frankreich, ja auch in seinem eigenen Kabinett, auf Widerstand stoßen würde. Die Entsendung der *Panther* hat vielleicht die Franzosen gezwungen, einige Zugeständnisse zu machen, aber zugleich hielt sie sie davon ab, viele zu machen. Am 9. Juli fragte Kiderlen den französischen Botschafter, welche Angebote er von Paris mitbringe, erhielt darauf aber nur die Antwort, nach französischer Ansicht sei es nun an den Deutschen, Vorschläge zu machen. Diese Ansicht deckte sich mit der des Kaisers, der am

10. Juli Bethmann erklärte, Deutschland hätte viel eher klare Forderungen formulieren sollen.[40] Am 15. Juli regte Kiderlen an, daß Deutschland als Gegenleistung für den Verzicht auf alle seine Ansprüche in Marokko den ganzen französischen Kongo erhalten solle. Er machte Bethmann darauf aufmerksam, daß Deutschland, wenn es so viel erreichen wolle, »sehr kräftig auftreten müßten«. Als Wilhelm auf seiner Nordlandreise diese Worte las, dachte er einen Augenblick ernsthaft daran, die Reise abzubrechen und nach Hause zu fahren.

»Denn ich kann meine Regierung nicht so auftreten lassen, ohne an Ort und Stelle zu sein, um die Consequenzen genau zu übersehen und in der Hand zu haben! Das wäre sonst unverzeihlich und zu parlamentarisch! *Le Roi s'amuse!* Und derweilen steuern wir auf die Mobilmachung los! *Ohne mich* darf das nicht geschehen!«

Der Diplomat, der an Bord der kaiserlichen Jacht Dienst tat, berichtete an den Reichskanzler: »Jedenfalls wird damit gerechnet werden müssen, ... daß es ... sehr schwer sein wird, Seine Majestät für Schritte zu gewinnen, von denen allerhöchstderselbe annimmt, daß sie den Krieg herbeiführen würden.« Letzten Endes kam nur eine Botschaft, nicht der Monarch selber nach Berlin und veranlaßte Kiderlen, seinen Rücktritt in Betracht zu ziehen. Dessen Ansicht war: »Einen befriedigenden Abschluß erreichen wir nur, wenn wir bereit sind, die letzten Konsequenzen zu ziehen, das heißt, wenn die anderen fühlen und wissen, daß wir es sind. Wer im voraus erklärt, daß er nicht fechten will, kann in der Politik nichts erreichen.«[41] Während der ganzen Episode hielt Kiderlen nicht nur seine Karten eng am Busen, sondern auch eine Dame, deren Hintergrund am besten als etwas gemischt beschrieben werden kann. – Historiker sind sich nicht einig darüber, in welchem Verhältnis sich russische, montenegrinische und französische Elemente in ihr vermischten. – Kiderlen erfreute sich ihrer Reize und nutzte daneben ihre Dienste als Doppelagentin und die weitverbreitete Überzeugung aus, nach der in Liebesbriefen enthaltene Erklärungen glaubwürdiger sind als die in diplomatischen Noten niedergelegten. Mitten in der Agadiraffäre fuhr er mit ihr auf Ferien in die Schweiz und selbst nach Chamonix, wo das Paar sich eher in Verlegenheit versetzt als geehrt fühlte, als es auf dem Bahnhof durch den auf Instruktionen von Caillaux erschienenen Präfekten begrüßt wurde. Durch das, was er zu Madame Jonina sagte, und auf jede nur mögliche Weise bemühte sich Kiderlen, die Welt glauben zu machen, daß Deutschland zu kämpfen beabsichtige und dadurch die Franzosen so einzuschüchtern, daß sie ihm eine möglichst große Kompensation bewilligten.[42] Er hatte sich tatsächlich in eine Lage gebracht, aus der ihm gar kein anderer Ausweg offenblieb, da niemand bereit war, zu dem früheren Zustand zurückzukehren, und da ein Versuch Deutschlands, in Agadir zu bleiben, es allem Anschein nach in einen Krieg mit England verwickeln würde.

Denn das englische Kabinett war angesichts des Versäumnisses der Deutschen, ihre Absichten oder ihre Wünsche zu erklären, ungeduldig geworden. Am 21. Juli hatte Lloyd George, der sich in der Innenpolitik einen Namen gemacht hatte, bei Grey angeregt, daß er seine Existenz auch im Auslande fühlbar mache, indem er in einer Rede im *Mansion House*, der Residenz des *Lord Mayor* der Londoner *City*, eine Warnung an Deutschland ausspreche. Grey und sein Premierminister Asquith fanden es vorteilhaft, wenn sich auf diese Weise der führende Mann unter den friedlich gesinnten Ministern öffentlich auf eine feste Linie festlegte, und Lloyd George durfte also sagen:

»Wenn uns aber eine Situation aufgezwungen würde, in welcher der Friede nur durch das Aufgeben der großen und wohltätigen Stellung erhalten werden könnte, die England sich in Jahrhunderten des Heroismus und Erfolges erworben hat, und nur dadurch, daß Großbritannien in Fragen, die seine Lebensinteressen berühren, in einer Weise behandelt würde, als ob es im Rate der Nationen gar nicht mehr mitzählte, dann – ich betone es – würde ein Frieden um jeden Preis eine Erniedrigung sein, die ein großes Land wie das unsrige nicht ertragen könnte.«

Dieses Eingreifen eines außenpolitischen »Amateurs« erregte begreiflicherweise großes Aufsehen. Ob seine Auswirkungen auf lange Sicht zuträglich waren, ist eher fraglich. Es ermutigte die Franzosen zu hartnäckigerem Widerstand gegen die deutschen Forderungen, wobei sie ihre Intransigenz auf englischen Druck zurückführen konnten. Es erregte in Deutschland in breiten Volksschichten große Verärgerung; denn es wurde dort als eine Kriegsdrohung angesehen, als die erste offene Erklärung eines britischen Ministers, daß sein Land, wenn nötig, gemeinsam mit

Frankreich kämpfen werde. Vier Tage später erzählte Sir Edward Grey Churchill, er habe soeben vom deutschen Botschafter eine Mitteilung empfangen, die so scharf sei, daß es aussehe, als könne die britische Flotte jeden Augenblick angegriffen werden. Es stellte sich heraus, daß die Flotte nicht in der Lage war, sich zu verteidigen. Das erste Geschwader war in Irland, das zweite in Portland, das dritte und das vierte waren dabei, ihre Reservemannschaften in den Heimathäfen abzumustern. Den Schiffen fehlte es an Kohle, da die Kohlendampfer in Cardiff durch einen Bergwerksstreik aufgehalten worden waren; die Mannschaften waren auf viertägigem Urlaub, und Schutzvorkehrungen gegen plötzliche Torpedoangriffe waren nicht getroffen worden. Die deutsche Flotte war seit vier Tagen in See, und niemand schien zu wissen, wohin sie gefahren war. Notstandsmaßnahmen mußten in aller Eile ergriffen werden.[43]

Die Agadirkrise hinterließ zwei unerschütterliche Überzeugungen, die beide nicht wirklich beweisbar sind. Die Deutschen waren überzeugt, daß die britische Flotte und Armee gegen sie mobilgemacht worden seien. Wahr daran ist, daß der Wassermangel in der Grafschaft Wiltshire, der als Grund für den Abbruch der Heeresmanöver angegeben wurde, ein ebenso schäbiger Vorwand war wie die Hamburger Kaufleute in Südmarokko. Es ist ebenfalls wahr, daß am 20. Juli General Wilson mit dem französischen Generalstabschef die Einzelheiten bezüglich der Entsendung eines britischen Expeditionskorps nach Frankreich besprach.[44] Aber das waren Vorsichtsmaßnahmen, um sofortige Unterstützung gewähren zu können, falls Deutschland Frankreich angreifen sollte. Die Flottenbewegungen entsprangen lediglich der Absicht, die Flotte für ihre Verteidigung instand zu setzen, und waren keineswegs offensiver Natur. Aber ihr Charakter konnte nicht erläutert werden, ohne die wahren Gründe zu enthüllen, und so mußte man einstweilen Deutschland in seiner falschen Beurteilung der Lage belassen. Jedenfalls weigerte sich der Kaiser, als Metternich im November auf die wahre Lage hinwies, nämlich, daß England auf den Krieg gefaßt gewesen sei, aber nicht mobilisiert habe, das zu glauben, und notierte am Rande: »Was weiß der Zivilist davon!«[45] Bedeutsamer für die Zukunft war, daß das *Committee of Imperial Defence* in seiner bedeutsamsten Sitzung vor den dreißiger Jahren, am 23. August 1911, feststellen mußte, daß zwischen Heeres-

und Marineleitung Meinungsverschiedenheiten über den Einsatz des Expeditionskorps bestand. Während der Plan der Armee darauf hinauslief, sechs Divisionen nach Frankreich zu schicken, betrachtete die Marine die Truppen als eine Art von Projektil, das sie nach ihrem Ermessen auf den Teil der europäischen Küste richten könne, der ihr im gegebenen Augenblick als der schwächste erschien. Diese Meinungsverschiedenheit wurde durch den Premierminister entschieden, die einzige Persönlichkeit, die das zu tun vermochte. Er hieß den Plan der Armee gut.[46]

Die Engländer ihrerseits waren überzeugt davon, daß die Deutschen die Franzosen hatten angreifen wollen und daß nur die Lloyd-George-Rede sie davon abgehalten habe. Wahr ist, daß Kiderlen sich darum bemühte, den Glauben an einen Angriff zu erregen. Es ist ebenso wahr, daß manche lautstarken Männer der deutschen Öffentlichkeit auf so etwas hofften und eine noch größere Zahl einen Angriff erwartete. Wahr ist auch, daß Moltke schrieb:

»Wenn wir aus dieser Affäre wieder (wie 1906) mit eingezogenem Schwanze herausschleichen, wenn wir uns nicht zu einer energischen Forderung aufraffen können, die wir bereit sind, mit dem Schwert zu erzwingen, dann verzweifle ich an der Zukunft des Deutschen Reiches. Dann gehe ich.«[47]

Aber es gibt keinerlei sicheren Beweis, daß die maßgebenden Leute jemals auch nur begannen, eine Mobilmachung zu erwägen. Deutschland wäre wahnsinnig gewesen, wenn es einen Streit mit Frankreich vom Zaune gebrochen hätte, an dem Österreich kein Interesse hatte.

Die Verhandlungen mit Frankreich gingen ruhig weiter. Den Franzosen gelang es, die deutsche Chiffre zu entschlüsseln, und sie entdeckten dadurch die Geheimverhandlungen ihres eigenen Ministerpräsidenten. Während das den Bemühungen Caillaux' nicht besonders förderlich war, machte eine Panik an der Berliner Börse, die, wie es heißt, durch die Zurückziehung französischer und englischer Gelder verursacht worden war, die Deutschen etwas entgegenkommender. An einem Punkte der Verhandlungen wurde den Deutschen bedeutet, wenn sie ihre Forderungen nicht mäßigten, würde ein französisches Kanonenboot nach Agadir gesandt werden, zu dem sich dann auch ein englisches gesellen werde. Das brachte Wilhelm in Wut:

»Das ist eine neue Unverschämtheit! Wenn man in solchen ernsten Verhandlungen steckt ... Unerhört! ... Der Mittelsmann hat umgehend Herrn Caillaux aufzusuchen und ihm klarzumachen, daß binnen 24 Stunden er um Verzeihung gebeten hat, mich in der frechen Weise behandelt zu haben, sonst breche ich die Verhandlung ab!«[48]

Unnötig zu sagen, daß die Verhandlungen nicht abgebrochen wurden. Caillaux hatte, noch ehe Schritte in Paris unternommen worden waren, erklärt, seine Äußerungen seien falsch ausgelegt worden, und als sich einige Zeit danach die Frage erhob, ob man Aufhebens darüber machen solle, daß einige Franzosen in Agadir ihre Flagge gehißt hatten, weigerte sich der Kaiser, derartige Maßnahmen zu erwägen – teilweise weil die Flotte gerade ins Dock gegangen war und sich Moltke auf Urlaub befand.[49] Allmählich begannen die Deutschen einzusehen, daß sie ihre Forderungen drastisch mäßigen, die Franzosen begriffen, daß sie Berlin einen würdigen Rückzug ermöglichen mußten, und im Herbst wurde ein Abkommen unterzeichnet, das den Franzosen freie Hand in Marokko und den Deutschen einige Teile des französischen Kongo gab. Obgleich diese unbedeutend aussahen, hätten sie den Kern einer großen zentralafrikanischen Kolonie bilden können, wenn der belgische Kongo und Angola jemals in deutsche Hand gefallen wären. Wilhelm sandte Bethmann seine besten Glückwünsche anläßlich der Beendigung dieser delikaten Angelegenheit.

Die Reaktionen unter Wilhelms Untertanen waren anders. Sie hatten ursprünglich mangels irgendeiner Orientierung durch Herrscher und Regierung angenommen, daß Deutschland eine ordentliche Scheibe von Marokko bekommen werde; dann hatten sie allmählich ihre Erwartungen auf den ganzen französischen Kongo konzentriert. Als sie das magere Ergebnis von so viel Aufregung erfuhren, schlugen die Wellen der Entrüstung hoch. *Die Post* stellte die Frage, ob die Deutschen eine Generation von Weibern geworden seien. »Was ist mit den Hohenzollern geschehen? ... Der Kaiser soll die stärkste Stütze der englischen und der französischen Politik sein, eine Stütze, viel stärker als fünfzig französische Divisionen? Noch vermögen wir es nicht, wollen wir es nicht glauben.« Die französische Presse machte die Sache auch nicht besser dadurch, daß sie über *»Guilleaume le Timide«* spottete.[50] Der konservative Führer von Heydebrand erntete warmen Beifall des Kronprinzen und vieler anderer, als er im Reichstag über Lloyd George sagte:

»Wenn wir da eine Sprache hören, die wir ganz einfach als eine Drohung, als eine Herausforderung, als eine demütigende Herausforderung annehmen, dann kann man nicht so leicht darüber hinweggehen und sagen, ›das sind Tischreden gewesen‹.« Wie ein Blitz in der Nacht hätten diese Vorgänge dem deutschen Volke gezeigt, wo der Feind sitze. »Das deutsche Volk weiß jetzt, wenn es sich ausbreiten will auf dieser Welt, wenn es seinen Platz an der Sonne suchen will, den ihm sein Recht und seine Bestimmung zugewiesen hat, dann weiß es jetzt, wo derjenige steht, der darüber zu gebieten haben will, ob er das erlauben will oder nicht. Das sind wir Deutsche nicht gewöhnt, uns gefallen zu lassen. Das deutsche Volk wird, wenn die Stunde kommt, wissen, wie diese Antwort zu lauten hat.«[51]

Alle die schlimmsten Niederlagen in der deutschen Geschichte – Olmütz und Jena – wurden zum Vergleich herangezogen. Der Staatssekretär des Kolonialamts von Lindequist bestand unter dem Einfluß alldeutscher Beamter in seinem Amtsbereich darauf, seinen Abschied zu nehmen, nominell mit der Begründung, daß er nicht vorher über den »Panthersprung« unterrichtet worden war, tatsächlich aber, wie er ganz offen erläuterte, weil nach seiner Ansicht Deutschland bei dem Handel übers Ohr gehauen worden war. Wilhelms Reaktion auf das Abschiedsgesuch beleuchtet wieder einmal die wahre Position eines deutschen Ministers zu jener Zeit:

»Ich finde es ganz unerhört, daß ein so hoher Staatsbeamter in solch ernstem Augenblick seinem Kaiser sein Portefeuille vor die Füße wirft, aus ganz nichtigen Gründen! Er gibt der Beamtenschaft ein sehr schlechtes Beispiel des Ungehorsams. Einmal ist es ein Zeichen einer maßlos hohen Einschätzung seiner werten Person (Eitelkeit), andererseits ein Mangel an Takt, der haarsträubend ist.«[52]

Die ganze Agadir-Episode bietet einen Anschauungsunterricht, wie Diplomatie nicht geführt werden sollte. Kiderlen übersah, daß Leute, die die Absicht erkennen lassen, Gewalt anzuwenden, unter Umständen ihre Gegenspieler in perverse Wesen verwandeln, die sich auf gewaltsame Verteidigung vorbereiten. – »*Cet animal est très méchant, quand on l'attaque, il se défend.*« – Caillaux gab ein Beispiel für die mißliche Lage eines politischen Führers, der bestrebt ist, das Gegenteil von dem zu tun, was seine Öffentlichkeit will, ohne daß sie es merkt. Lloyd George zeigte, wie wünschenswert es für jemand ist, der beabsichtigt, kräftig aufzutreten, zunächst genau festzustellen, wie der Boden beschaffen ist, über den er gehen muß. Die Haltungen, die man annahm, und die Schritte, die man tat, zeigten, wie groß die Feindseligkeit war, die sich infolge wiederholter Akte von Arroganz, Taktlosigkeit und Ausflüchten angestaut hatte.

Jede Seite fand mit höchstens teilweiser Berechtigung für alle Schachzüge der anderen die düsterste mögliche Auslegung. Die Verschiedenheit des Ausblicks war so groß, daß man Festigkeit als provozierend übelnahm und Verhandlungsbereitschaft dem Mangel an Mut zuschrieb. Drohungen hatten die übliche Wirkung, die Leute eher ärgerlich als fügsam zu machen. Das Gesamtergebnis war ein Anschwellen von Feindseligkeit und Mißtrauen, was wiederum in Zukunft die Bereitschaft der Staatsmänner zu Kompromissen verringern mußte. In Frankreich wurde Caillaux durch den deutschfeindlichen Poincaré ersetzt. In England fand sich Grey im Jahre 1912 bereit, sein Einverständnis mit Frankreich zu Papier zu bringen und machte es damit noch mehr zu einer moralischen Bindung. In Deutschland trieb, wie Haldane später sagte, die diplomatische Niederlage den Kaiser von Bethmann weg in das Lager von Tirpitz und den Soldaten.[53] Die wiederholten Sticheleien wegen seiner »Furchtsamkeit« hatten ihre Wirkung auf Wilhelm nicht verfehlt. Und doch, wenn man die Dinge im Abstand von fünfzig Jahren ansieht, wie kleinlich und vergänglich waren die Ziele, um die man sich dem Augenscheine nach stritt!

Am 27. August sprach der Kaiser in Hamburg über die Notwendigkeit, die Flotte weiter zu verstärken, damit niemand Deutschland den »Platz an der Sonne« streitig machen könne, zu dem es berechtigt sei. Viele seiner Zuhörer vermuteten hinter dieser Rede zu Unrecht einen Anspruch auf Marokko, aber niemand konnte sich dem Eindruck verschließen, daß ein neues Flottengesetz bevorstand.[54] Die von Tirpitz ausgearbeiteten Vorschläge gingen Bethmann drei Tage später zu. Ihr Ausgangspunkt war die Notwendigkeit, den Zustand zu beenden, in dem die Flotte eigentlich jeden Herbst mehrere Monate lang aktionsunfähig war, weil sie in dieser Zeit die Ausbildung der neueingezogenen

Wehrpflichtigen durchführen mußte. Um das zu vermeiden, sollte eine Reserveflotte geschaffen und für die Ausbildung der Rekruten verwendet werden. Das bedeutete wiederum den Bau von zusätzlichen Schiffen und eine erhebliche Vermehrung des Mannschaftsstandes. Außerdem sollten mehr leichte Fahrzeuge und Unterseeboote gebaut werden. Der Plan löste lebhafte Meinungsverschiedenheiten innerhalb der deutschen Regierungskreise aus. Es mußte sicherlich schwer sein, vom Reichstag die Bewilligung zusätzlicher Steuern zu erreichen, so daß das wahrscheinliche Ergebnis der erhöhten Marineausgaben wieder einmal ein großes Haushaltsdefizit sein würde. Dieser Ausblick veranlaßte den Reichsschatzsekretär Wermuth, lieber zurückzutreten als seine Zustimmung zu geben. Bethmann, den der Chef des Zivilkabinetts von Valentini unterstützte, konnte nicht glauben, daß der Nutzen der ins Auge gefaßten Maßnahmen den Schaden aufwiegen könne, den sie in den Beziehungen zu England anrichten mußten, und diese Ansicht fand Rückendeckung natürlich auch durch Metternich von London aus. Bethmann war bereit, der Erhöhung des Mannschaftsstandes zuzustimmen, mit der der Flottenchef Admiral von Holtzendorff zufrieden gewesen wäre. Aber Tirpitz und andere Marineleute bestanden darauf, daß zusätzliche Schiffseinheiten ein integrierender Bestandteil der Vermehrung des Flottenpersonals seien, und das einzige Zugeständnis, zu dem sie sich bereit fanden, war ein geringfügiger Abstrich an der Zahl der geforderten Schiffe.[55]

Tirpitz hatte den Kaiser hinter sich, er hätte auch ohne die kaiserliche Unterstützung nichts erreichen können. Wilhelms Haltung in der Flottenpolitik aber befand sich in einer Wandlung. Er schrieb an Bethmann:

> »Der Risikogedanke hat seinen Zweck erfüllt und ist erledigt. Wir brauchen jetzt ein anderes, faßbares, klar erkennbares Ziel, um unser Volk zu dirigieren und seinen Wünschen nach Seegeltung entgegenzukommen.«[56]

Das unmittelbare neue Ziel war ein Verhältnis von 2 zu 3 in Großkampfschiffen, das England an Stelle des überholten Zwei-Mächte-Standards annehmen sollte. Tirpitz faßte das in die Formulierung: Zweck und Ziel der deutschen Flottenpolitik sei politische Unabhängigkeit von England, die größtmögliche Sicherheit gegen einen englischen Angriff und eine günstige Chance für den Fall, daß es zum Kriege kommen sollte. Um dieses Ziel zu erreichen, müsse Deutschland das Stärkegefälle zwischen der englischen und der deutschen Seerüstung verringern, nicht es vergrößern lassen. Wenn das nicht glücke, sei die ganze deutsche Flottenpolitik der vorhergehenden vierzehn Jahre vergeblich gewesen. Auf den Einwand, daß die Engländer auf das Stärkeverhältnis 2 zu 3 nicht eingehen, sondern die Frage dilatorisch behandeln würden, äußerten sich der Kaiser und seine Vertrauten dahin, daß die englische Finanzlage London zu einem Entgegenkommen zwingen werde.[57] Manche Seeoffiziere, vor allem der Marineattaché in London, Widenmann, glaubten, daß der Krieg unvermeidlich sei und Deutschland deshalb keine Zeit verlieren dürfe, vielmehr mit aller Beschleunigung rüsten müsse.[58] Andere, darunter der Kaiser, wollten dagegen das Verlangen nach dem neuen Stärkeverhältnis mit der darin liegenden Drohung eines verschärften Wettrüstens in Wirklichkeit als Hebel zur Erreichung eines Wandels in der englischen Außenpolitik benutzen. Eine von Admiral von Capelle verfaßte Denkschrift läßt deutlich die hinter dieser Idee stehenden Erwägungen durchblicken:

»Krieg will keine der beiden Nationen. Wir nicht, weil wir die militärisch Schwächeren sind. England nicht, weil ihm schon heute das militärische und politische Risiko zu groß ist und das Kriegsmotiv doch nur eine ›eingebildete‹ Gefahr ist . . .
Ein Wettrüsten hält England weniger aus als wir. Aber auch aus politischen Gründen kann England das Wettrüsten, das eine Massierung seiner Streitkräfte in der Nordsee bedingt, auf die Dauer nicht durchführen. Ist Krieg und Wettrüsten für England ausgeschlossen, bleibt ihm nur Verständigung übrig. Nicht wir sind gezwungen, sondern England. Nicht England hat die Trümpfe in der Hand, sondern wir. Wir brauchen nur geduldig zu warten, bis unser jetziges Flottengesetz durchgeführt ist. England muß und wird im Laufe der nächsten Jahre für Deutschland und gegen Frankreich optieren, weil dies im ausgesprochenen englischen Interesse liegt . . . Ein Bündnis mit Deutschland gibt England mit einem Schlage seine Weltmachtstellung zurück und vollkommene Sicherheit gegen jeden Angriff zu Wasser und zu Lande . . . Die Flottenpolitik ist die Großtat Seiner Majestät Regierung. Wird sie gekrönt durch ein Bündnis mit England, das uns volle politische und militärische Gleichberechtigung sichert, ist ein erster großer

Erfolg errungen. Kommt dagegen nur eine *societas leonina* zustande, so hat die Flottenpolitik Fiasko gemacht, und die Geschichte wird ihr historisches Verdikt über dieselbe sprechen.«[59]

Als Metternich den Gedanken vertrat, es möge sich als eine verfehlte Taktik erweisen, wenn man England vor die Alternative stelle, entweder noch mehr Schiffe zu bauen, um mit Deutschland Schritt zu halten, oder seine Verbindung mit Frankreich aufzugeben, wollte Wilhelm das nicht hören:

»Standpunkt Metternichs genau derselbe wie bei den Novellen 04 und 08. Wäre ich ihm damals gefolgt, hätten wir jetzt überhaupt *gar keine Flotte*! Seine Deduktion gestattet auf unsere Marinepolitik die Ingerenz eines fremden Volkes, wie ich sie mir als oberstem Kriegsherrn und Kaiser nun und *nimmer gefallen lassen kann noch werde*!«[60]

Nicht klar ist, wieweit Tirpitz wirklich daran glaubte, die Flotte als Tauschmittel im politischen Feilschen gebrauchen zu können und wieweit er sich diese Politik nur als einen Weg zur Umgehung der Opposition gegen weitere Vergrößerungen der Flotte zu eigen machte.

Nur mit gewissen Schwierigkeiten war es gelungen, Wilhelm die Absicht auszureden, einen persönlichen Brief an König Georg von England zu schicken, der ihm das neue Flottengesetz ankündigen sollte. Aber Gerüchte über die Flottenvermehrung – von der man allerdings erwartete, daß sie sich auf Großkampfschiffe beschränken werde – hatten London erreicht, wo sie gleichfalls eine lebhafte, vertrauliche Diskussion auslösten. Grey war im Einvernehmen mit den hohen Beamten, Sir Arthur Nicolson und Eyre Crowe aus dem *Foreign Office*, und dem Pariser Botschafter Sir Francis Bertie, aber auch mit Churchill, der kürzlich Marineminister geworden war, Admiral Fisher und der konservativen Opposition der wohl richtigen Meinung, daß alle englischen Vorschläge als Zeichen von Schwäche ausgelegt werden würden und nicht zu positiven Ergebnissen führen könnten. Es gab aber eine andere Gruppe, die von Kriegsminister Haldane und dem *Foreign-Office*-Beamten Tyrrell geführt und von Liberalen des linken Flügels unterstützt wurde; diese wollte nicht glauben, daß Tirpitz für das ganze Deutschland spreche, und war der Meinung, es stehe zu viel auf dem Spiele, als daß man die weitere Entwicklung untätig dem Zufall überlassen könne.[61] Der Widerstreit zwischen den beiden Einstellungen war in England weniger hitzig als der in Deutschland entbrannte. Aber dort waren diejenigen, die durch Aufrüstung eine Änderung der britischen Politik erzwingen wollten, ebenso begierig auf Verhandlungen wie die, welche glaubten, daß weitere Rüstungen England nur feindseliger stimmen würden. Bethmann, der Vorkämpfer der zweiten Gruppe, erkannte, daß seine Aussichten, den Kaiser zur Aufgabe der Flottennovelle zu überreden, davon abhingen, ob er die Engländer überreden konnte, politische Zugeständnisse zu machen, und deshalb beauftragte er Metternich, neue Sondierungen zu beginnen.[62]

Unter solchen Umständen nun unternahmen Sir Ernest Cassel und Albert Ballin einen neuen Vermittlungsversuch. Cassel begann damit, daß er Churchill – allem Anschein nach, ohne dazu ermächtigt zu sein – eröffnete, der Kaiser würde sich freuen, ihn in Berlin zu sehen, erhielt aber die Antwort, daß es »nicht weise von mir wäre, beim gegenwärtigen Stand der Dinge mit Ihrem erhabenen Freunde zu palavern«.[63] Es wurde aber eine Denkschrift aufgesetzt und von »einigen einflußreichen Mitgliedern des Kabinetts« gebilligt, zu denen Churchill, Lloyd George und Haldane gehörten, während nicht feststeht, ob Asquith oder Grey darüber unterrichtet waren. Dieses Papier nahm Cassel Ende Januar 1912 mit nach Berlin.[64] Er wurde vom Kaiser empfangen, der ihn als einen offiziellen Abgesandten betrachtete und in dem Dokument das erste Zeichen für eine Schwächung der englischen Entschlossenheit sah. Er sandte eine mit eigener Hand geschriebene Botschaft zurück, in der er erkennen ließ, daß Grey oder Churchill willkommen sein würden, falls sie Lust haben sollten, nach Berlin zu kommen. Grey aber war der Ansicht, daß das gar nicht in Frage komme[65], und der Umstand, daß er mit der Beilegung eines Bergarbeiterstreiks beschäftigt war, gab einen plausiblen Grund für seine Ablehnung der Einladung. Demgemäß einigte man sich darauf, Haldane nach Berlin zu vertraulichen Gesprächen zu entsenden, die der Klärung der Standpunkte dienen, nicht den Charakter von Verhandlungen tragen sollten. Am 7. Februar, zwei Tage vor Haldanes Ankunft, kündigte Wilhelm dem Reichstag die Absicht, die Flottenvorlage einzubringen, an; zwei Tage später sagte Churchill in einer Rede – unter Mißachtung des Rates von Widenmann, dem man den Text vorher gezeigt hatte[66] –, für die Deutschen sei ihre Flotte *a luxury*, während Englands Existenz von seiner Seemacht abhänge. Er war sich zweifellos nicht im klaren darüber, daß durch die Übersetzung in das deutsche Wort »Luxus« sein Satz eine für die Deutschen verletzende Bedeutung annehmen würde, die nicht beabsichtigt war.

Das augenfälligste Ergebnis der Haldane-Mission war, daß beide Seiten glaubten, der Gesprächspartner habe versucht, auf listige Weise Konzessionen herauszulocken. Bethmann geriet in Schwierigkeiten, weil er proenglisch sei, und Haldane wegen seiner angeblich prodeutschen Haltung. Die Gespräche kamen nach einem hoffnungsvollen Beginn zu nichts, hauptsächlich, weil beide Seiten von verschiedenartigen Voraussetzungen ausgingen. Diejenigen Deutschen, die Haldanes Mission nicht als einen bloßen englischen Kniff zur Verzögerung der Flottenvorlage betrachteten, hielten das von Cassel überbrachte Memorandum für ein Anzeichen, daß ihre bisherige Politik England zu einer Überprüfung seiner Position veranlasse und daß es in Kürze bereit sein werde, eine Neutralitätsverpflichtung im Austausch für eine bloße Verlangsamung des deutschen Bauprogramms zu übernehmen. Unter den Engländern sahen diejenigen, die nicht wie Admiral Fisher bejammerten, daß »ein englischer Kabinettsminister die Hintertreppe des deutschen Auswärtigen Amtes in Filzpantoffeln hinaufkrieche«[67], die Einladung des Kaisers als ein Zeichen dafür an, daß Deutschland vielleicht doch endlich begreife, was für eine beiderseitige Geldverschwendung ein Versuch, England im Kriegsschiffsbau zu überholen, mit sich bringe. Tatsächlich aber waren die Deutschen nicht bereit, ihr ursprüngliches Programm überhaupt zu ändern, sondern allenfalls gewillt, sehr eng begrenzte Zugeständnisse bezüglich der neuen Zusätze zu machen. Die Engländer waren nur bereit, Neutralität für den Fall zuzusichern, daß Deutschland angegriffen würde, und das ging angesichts dessen, was die Deutschen über ihre eigenen strategischen Pläne wußten, nicht weit genug.

> »Wir können nach *unserer* Ansicht jede Provokation vermieden haben«, schrieb der Kaiser, »und werden doch als (die) *Provozierenden dargestellt* werden, sobald es den Gegnern und der von ihnen *gekauften* Presse paßt.«[68]

Beide Seiten fanden, daß die andere zuviel verlange und zuwenig biete, und illustrierten damit, wie verschieden jede die eigene Stärke im Verhältnis zur anderen einschätzte.

Letzten Endes scheiterte Haldanes Mission, weil die britischen Minister nicht bereit waren, die Ententen durch die Gewährung eines bedingungslosen Neutralitätsversprechens an Deutschland aufs Spiel zu setzen. Wilhelm gab das zu: »Wir fordern von England immerhin eine Neuorientierung seiner Gesamtpolitik ...«[69] Man kann sich natürlich auf den Standpunkt stellen, daß, da die Ententen durch die unausgesprochene Hoffnung, im Kriege gegen Deutschland britische Hilfe zu bekommen, aufrechterhalten wurden, eine britische Absetzung von ihnen viel zur Erhaltung des Friedens hätte beitragen können. Wenn das Ziel der Ententen das Vorbeugen gegen einen Krieg war, dann verfehlten sie ihren Zweck. Hätte eine alternative Politik schlimmere Ergebnisse zeitigen können? Nahmen nicht Grey und seine unmittelbaren Berater eine allzu starre Haltung ein? Aber wenn die Ententen zusammengebrochen wären, wäre zu erwarten gewesen, daß Frankreich und Rußland ihre alte Praxis, England Schwierigkeiten zu bereiten, wo sie nur konnten, wiederaufnehmen würden. Die britischen Minister mußten sich die Frage vorlegen, ob sie, wenn das passieren sollte, sich automatisch auf Deutschlands Unterstützung verlassen könnten, oder ob Deutschland die britischen Schwierigkeiten sich nicht zunutze machen würde, um für diese Unterstützung einen hohen Preis zu verlangen. Darüber hinaus aber hätte das Ende der Ententen Deutschlands Position zur See erheblich verbessert und den Risikogedanken wieder in Kraft gesetzt. Hätte man sich darauf verlassen können, daß Deutschland aus dieser Tatsache nicht Vorteil zu ziehen versuchte? Weder die Erinnerung an die Zustände vor 1904 noch die seitdem gesammelten Erfahrungen boten eine Ermutigung für eine bejahende Antwort auf diese Fragen. Der Zwiespalt zwischen der Lagebeurteilung auf beiden Seiten, der die Mission Haldanes zum Scheitern verdammte, hätte zu jener Zeit auch alle grundlegenden Verhandlungen zwischen England und Deutschland von vornherein zum Scheitern verurteilt. Was nötig gewesen wäre, war nicht so sehr eine Neuorientierung der Politik als vielmehr der Einsichten, auf die politische Entscheidungen zu gründen waren. Als Metternich von einem Gespräch, das er mit Grey über die Kolonialfrage geführt hatte, berichtete, machte Wilhelm die nachstehende Randnotiz:

»Das ist nicht die Art, in der der Deutsche Kaiser und sein Deutsches Volk erwarten kann und erwarten muß, von England approchiert zu werden, um zu einem anderen politischen Verkehr und Benehmen zu kommen! Es diktiert, und wir sollen acceptieren! Davon ist keine Rede! *We must be approached and taken at our own worth,* oder es bleibt beim alten! Jedenfalls müssen energisch Schiffe gebaut werden! Von London muß die Melodie gewaltig anders klingen, ehe ich mich auf irgend etwas einlasse.

In nuce sieht man, daß, solange Grey im Amte bleibt, eine wirkliche *politische* Verständigung nicht erreichbar sein wird! Solange die Englische Regierung nicht ein moralisches *Compelle* fühlt, sich mit uns zu verständigen (zu müssen), so lange ist nichts zu machen. Als zu rüsten.«[70]

Wilhelm hatte in den Wochen vor Haldanes Ankunft keineswegs immer die Ansichten von Tirpitz geteilt, und in einem Stadium der Gespräche hatte er eingegriffen, um zu verhindern, daß sie durch des Admirals »Dickköpfigkeit« zum Stillstand kämen. Haldane hatte den Eindruck, daß der Kaiser ehrlich ein Abkommen wünsche (was er auch tat, unter der Voraussetzung, daß er die Bedingungen festsetzen könne). In dem auf Haldanes Abreise folgenden Monat fühlte sich der Kaiser hin- und hergerissen zwischen den Militärs und den Zivilisten. Tirpitz drängte auf die Veröffentlichung der Flottenvorlage ohne weitere Änderungen, und als im März die britische Regierung ihre Absicht ankündigte, Schiffe aus dem Mittelmeer abzuziehen und zur Verstärkung der Nordseeflotte einzusetzen, trat Wilhelm an die Seite von Tirpitz. Er sagte nicht nur zu Bethmann, daß die Verschiebung der englischen Seestreitkräfte als ein offensiver Akt zu behandeln und mit der Veröffentlichung der neuen Vorlage und durch Mobilmachungsmaßnahmen zu beantworten sei, er erließ auch direkte Anordnungen zu diesem Zweck. Bethmann, der die ganze Zeit verzweifelt bemüht war, aus den Engländern irgendein politisches Zugeständnis herauszuholen, nahm Anstoß an der Botschaft des Kaisers und auch an der Form ihrer Übermittlung. Die britische Regierung erfüllte seine sachlichen Wünsche zwar nicht, gab ihm aber zu verstehen, daß sie seinen Rücktritt sehr bedauern würde. Das traf Wilhelm an einer empfindlichen Stelle:

»Ich habe noch niemals in meinem Leben gehört, daß man ein Abkommen nur mit einem und auf einen bestimmten Staatsmann hin, unabhängig vom jeweiligen Souverän, abschließt. Aus obigem geht hervor, daß Grey keine Ahnung hat, wer hier eigentlich der Herr ist und daß ich herrsche. Er schreibt mir bereits vor, wer mein Minister sein soll, falls ich mit England ein Agreement schließe.«[71]

Er beschwerte sich auch in einer Randnotiz. »Grey handelt wie ein Shylock!« Eine Zeitlang sah es so aus, als müsse sich der Kaiser entweder von Bethmann oder von Tirpitz trennen, und viele Leute drängten ihn, Bethmann durch Tirpitz zu ersetzen. Aber der Kaiser blieb entschlossen, seine Marinevorlage und seinen Kanzler zu behalten. Die Anspannung ging ihm auf die Nerven und kostete ihn den Nachtschlaf, bis schließlich Dona Bethmann bat, er möge nachgeben. Inwieweit ihr Einfluß den Ausschlag gab, steht dahin, jedenfalls wurde nach Wilhelms Willen verfahren, und er fuhr ab nach Rom und nach Korfu in der Überzeugung, daß er durch seine Festigkeit das deutsche Volk vor gefährlichen Zugeständnissen bewahrt habe:

> »Viel kostbare Zeit, Mühe, Arbeit und ein unendlicher Ärger sind die Folge (gemeint ist: des Versagens der deutschen Diplomatie) gewesen! Resultat gleich Null! Ich hoffe, daß sich meine Diplomatie hieraus die Lehre ziehen wird, in Zukunft mehr auf ihren Herrn und seine Befehle und Wünsche zu horchen als bisher, besonders wenn es gilt, mit England etwas zuwege zu bringen, das sie noch nicht zu behandeln versteht, während ich es gut kenne ... Gott Lob, daß nichts von der Novelle geopfert wurde, das wäre nicht vor dem deutschen Volke zu vertreten gewesen ... Ich habe ihn (Haldane) und seine sauberen Collegen rechtzeitig durchschaut und ihnen den Spaß gründlich versalzen. Dem deutschen Volke habe ich sein Anrecht auf Seegeltung und sein Selbstbestimmungsrecht in Rüstungsangelegenheiten gerettet. Den Engländern gezeigt, daß sie, wenn sie an unsere Rüstung tasten, auf Granit beißen, und dadurch vielleicht ihren Haß vermehrt, aber ihren Respekt erworben, der sie in gegebener Zeit zur Fortsetzung von hoffentlich in bescheidenerem Ton geführten Verhandlungen mit günstigem Ausgang veranlassen wird.«[72]

Das Scheitern der Gespräche war der letzte Nagel zu Metternichs Sarg vom Standpunkt seines Herrn aus. Eine der Schwierigkeiten, mit denen deutsche Kanzler und diplomatische Missionschefs zu kämpfen hatten, war die Freiheit, die (trotz Caprivis erwähnter Weisung) deutsche Militär- und Marineattachés im Ausland durch Immediatberichte an den Kaiser über ihre militärischen Chefs in Berlin genossen. Der Londoner Marineattaché Widenmann betrachtete es als seine Pflicht, seine Vorgesetzten vor der von England drohenden Gefahr zu warnen, und schickte an Tirpitz Berichte, die nach Kiderlens Beschreibung »Gehässigkeit und Mißtrauen gegen England« atmeten. Widenmanns Ansichten standen häufig im Widerspruch zu denen des Botschafters, den er unverblümt in einem Bericht als ein »nationales Unglück« bezeichnete. Zur Zeit der Haldane-Mission erklärte er Admiral Jellicoe, daß Deutschlands Ziel das Verhältnis 2 zu 3 hinsichtlich der Großkampfschiffe sei. Bethmann beschwerte sich darüber beim Kaiser, daß Widenmanns Erklärungen unzutreffend gewesen und ohne Ermächtigung abgegeben worden seien und auf englischer Seite falsche Vorstellungen erwecken könnten. »Ew. Majestät werden mir darin beistimmen, daß die Einheitlichkeit der Leitung der auswärtigen Politik des Reichs auf das ernstlichste in Frage gestellt werden muß, wenn von seiten der den auswärtigen Missionen zugeteilten militärischen Agenten ohne Auftrag von der für diese Politik verantwortlichen Stelle den Entschließungen Ew. Majestät in einer Weise vorgegriffen wird, wie dies im vorliegenden Falle durch Kapitän Widenmann geschehen ist.« Er bat um die Ermächtigung, derartiges Vorgehen dem Attaché in Zukunft verbieten zu dürfen. Wilhelm lehnte dies nach Fühlungnahme mit Tirpitz und dem Chef des Marinekabinetts ab: »Nein! Er ist Offizier und kann nur vom Obersten Kriegsherrn, nie vom Zivilvorgesetzten mißbilligt werden ... Ich sehe in dem Gespräche Widenmanns (mit Jellicoe) durchaus gar keine Überschreitung seiner Grenzen und dienstlichen Befugnisse.«[73] Tirpitz, dessen Günstling Widenmann war, fand, daß man ihm hierzu gratulieren müsse. Metternich wurde abberufen, und bald darauf ging auch die Amtszeit des Marineattachés in London zu Ende, aber während der eine in den Ruhestand trat, wurde Widenmann nach seiner Rückkehr im Neuen Palais in Potsdam zur Frühstückstafel befohlen, und am gleichen Abend nochmals auf Veranlassung Donas zum Essen mit Kaiserin und Kaiser im Familienkreise eingeladen, weil die Kaiserin ihm ihre Anerkennung aussprechen wollte, daß seine ausgezeichneten Berichte aus London ihrem Gatten sehr nützlich gewesen seien. An einer anderen Frühstückstafel, einige Jahre später, konnte man Donas Gatten über die Lage klagen hören, in der sich Deutschland befand. Wenn ihm nur jemand vorher gesagt hätte, daß England die Waffen gegen Deutschland ergreifen würde, meinte er. Man hörte eine Stimme den Namen Metternich flüstern, worauf die Unterhaltung rasch auf ein anderes Thema übergeleitet wurde.[74]

Im folgenden Jahre regte Churchill in einem privaten Gespräch mit Widenmanns Nachfolger von Müller die Möglichkeit eines »Baufeierjahres« an. Müller fragte bei Tirpitz an, ob er dies an das deutsche Auswärtige Amt berichten solle. Tirpitz ließ durch einen Untergebenen antworten, daß in Anbetracht des allgemeinen Wunsches nach einer dauerhaften Verständigung mit England sowohl das Auswärtige Amt wie der Reichstag aufnahmebereit für die Idee sein dürften. Müller solle daher über die Unterredung so kurz wie möglich berichten und feststellen, daß es seinem Eindruck nach Churchill dabei vor allem darauf ankomme, die Vergrößerung der deutschen Flotte zu verzögern oder zu behindern aus der Sorge heraus, daß England sonst seine Überlegenheit nicht werde aufrechterhalten können.[75] Als aber Müller im März 1914 Berichte nach Hause schickte, die beim Kaiser den Wunsch erregten, noch mehr Schiffe zu bauen und sogar ein Geschwader in den Stillen Ozean zu entsenden, begann Tirpitz zu bremsen. Der deutsche Bogen sei überspannt, weitere Vergrößerungen der Marine würden »ein großer politischer Fehler sein«. Und bevor weitere fünfzehn Monate vergangen waren, Anfang Juni 1915, gab Tirpitz im Gespräch zu:

»Der bisherige, allein auf die Kampfflotte gegründete *Risikogedanke* hat uns weder den Frieden erhalten noch uns bisher im Kriege zum Siege verhelfen können. Wir werden niemals die Mittel haben, dem *Two-Power-Standard* Englands in großen Schiffen Schach bieten zu können.«[76]

Zur Entschuldigung hat man gesagt, daß Deutschlands Flottenpolitik wohl verfehlt gewesen sein mag, daß sie aber nicht die Ursache des Krieges war. Offenbar war sie nicht der Grund, aus dem Österreich Serbien oder Rußland Österreich angriff. Die Rivalität zur See machte aber sicher, daß, wenn ein Krieg ausbrach, England auf der Seite der Feinde Deutschlands stand und daß der Kampf infolgedessen sich über den europäischen auf einen weltweiten Maßstab ausdehnte. Das Hinzutreten der britischen Seemacht, gar nicht zu reden von der Anwesenheit des »verächtlichen kleinen Heeres« in der Marneschlacht und von dem späteren Einsatz des Menschenmaterials und der Hilfsquellen des ganzen Commonwealth, könnte wohl der Faktor gewesen sein, der den Ausgang zuungunsten Deutschlands entschied. Welche Zugeständnisse hätte Deutschland machen müssen, um England herauszuhalten?

Wenn Deutschland einmal zu der Entscheidung gekommen war, daß ein Bündnis mit England zu annehmbaren Bedingungen nicht zu haben war, und wenn man annehmen mußte, daß die beiden Länder sich nicht einfach gegenseitig ignorieren konnten, standen einer Berliner Regierung vier Wege offen, um sich einen besseren »Platz an der Sonne« zu sichern.

Sie konnte versuchen, England im Flottenbau zu überholen. Wenn man die Zahlen für 1896 (Kap.VII., S. 246/47) mit denen für 1912 (Kap.VIII., S. 363) vergleicht, ist das Maß, in dem Deutschland aufgeholt hatte, bemerkenswert. Um 1912 aber war es für jeden nüchternen Beobachter klar, daß Großbritannien entschlossen war, um jeden Preis einen Vorsprung aufrechtzuerhalten, und daß seine Wirtschaftskraft im Verhältnis zu Deutschland ausreichte, um das zu ermöglichen. Aber zwei verzeihliche Fehlkalkulationen ermutigten die deutschen Planer, eine allzu optimistische Ansicht über ihre Aussichten in einem Seekrieg zu hegen. Die eine war, daß die britische Blockade dicht vor der deutschen Küste angesetzt werden würde, was häufige Gelegenheiten zu isolierten Angriffen auf englische Schiffe geboten hätte – die in ihrer Konstruktion, nicht ganz ohne Berechtigung, als unterlegen angesehen wurden.[77] In der Tat entschied sich die britische Admiralität erst einen Monat vor Kriegsausbruch, eine Fernblockade an die Stelle einer engen zu setzen und auf diese Weise von der von Admiral Fisher mit den folgenden Worten beschriebenen merkwürdigen Tatsache zu profitieren,

> »daß die Vorsehung England als eine Art riesigen Wellenbrecher gegen den deutschen Handel angelegt hat, der sich durchweg um die eine Seite des Wellenbrechers durch die Meerenge von Dover oder auf der anderen Seite des Wellenbrechers um den Norden Schottlands bewegen muß«.[78]

Die zweite Fehlkalkulation bestand darin, daß die Bedingungen der Londoner Deklaration von 1909 über Kontrabande befolgt würden und daß Deutschland auch weiterhin in der Lage sein würde, aus Übersee die meisten Nahrungsmittel und Rohstoffe einzuführen, wenn nicht direkt, dann durch neutrale Län-

Der oberste Kriegsherr

In großer Pose, wie er meinte, sich geben zu müssen (General Gallifet sagte: »Dies ist kein Porträt, sondern eine Kriegserklärung«)

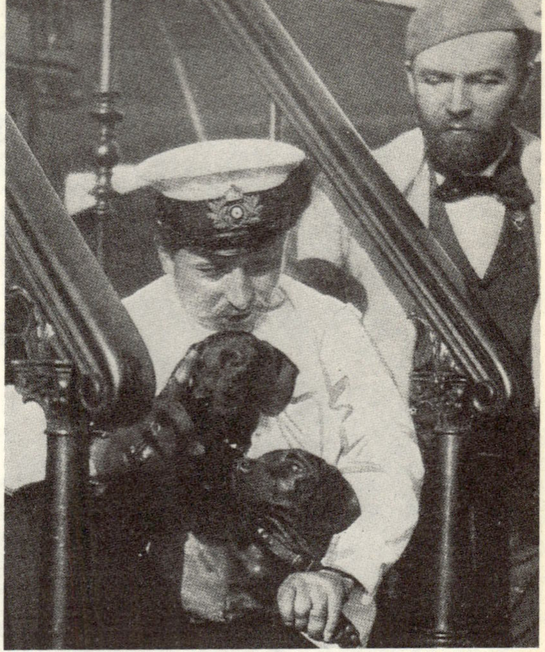

Im persönlichen Augenblick, wenn er sich natürlich gab (mit Fürst Philipp zu Eulenburg an Bord der »Hohenzollern«)

der wie Holland. Aber obgleich die britische Regierung versucht hatte, diese Deklaration zu ratifizieren, hatte ein ablehnendes Votum des Oberhauses sie daran gehindert, und Großbritannien war es daher freigestellt, die Blockade so straff zu machen, wie es konnte.

Zweitens konnten die Deutschen versuchen – wie sie es taten –, die Flotte als ein Tauschobjekt zur Sicherung einer britischen Allianz zu günstigen Bedingungen zu verwenden. Aber mit solchen Mitteln erntet man ebenso leicht Hohn wie Zustimmung.

Sie konnten drittens ihre Angelegenheiten so führen, daß sie ein Bündnis mit anderen Seemächten erreichten und damit der »Risikotheorie« wieder Realität verleihen. Aber wenn sie Frankreich versöhnen wollten, mußten sie ihm Elsaß-Lothringen zurückerstatten, und um Rußland für sich zu gewinnen, hätten sie Österreich preisgeben müssen. Beide Kurse war Deutschland nicht bereit in Erwägung zu ziehen. Italien würde wahrscheinlich mit Frankreich und England zusammengehen, und zuviel Gerede über eine »gelbe Gefahr« mußte Japan abschrecken. Ob Amerika hätte gewonnen werden können, wäre Gegenstand einer interessanten Spekulation.

Viertens konnten die Deutschen darauf abzielen, ihre Feinde zu Lande, Frankreich und Rußland, in raschen Feldzügen zu Boden zu schlagen und sich dadurch nicht nur Nachschubquellen zu sichern, die keiner Seeblockade unterlagen, sondern auch eine den ganzen Kontinent umfassende Basis mit ausreichenden wirtschaftlichen Hilfsquellen für den Bau einer die englische Flotte an Stärke übertreffenden Marine zu gewinnen. Dieser Gedanke war zu Kriegsbeginn in Deutschland populär, und die deutsche militärische Planung rechnete bestimmt mit einem raschen Sieg. Wilhelm bezeichnete es Ende 1911 als lächerlich, wenn man, wie das in einem Aufsatz der *Westminster Gazette* geschehen war, Deutschland unterstelle, es strebe die Hegemonie von Zentraleuropa an:

> »*Wir sind* eben Zentraleuropa, und daß andere, kleinere Staaten sich an uns anlehnen oder in unseren Wirkungskreis kommen durch das Gesetz der Schwerkraft, zumal wenn sie vom selben Stamme sind, ist ganz natürlich. Das wollen die Engländer nicht, weil es ihre Theorie von der *balance of power,* das heißt die europäischen Großstaaten gegeneinander *ad libitum*

auszuspielen, absolut zunichte macht und einen einigen Kontinent schaffen würde, was sie mit allen Mitteln hintertreiben wollen.«[79]

Deutsche Historiker haben damals und seitdem den Standpunkt vertreten, daß die *balance of power* tatsächlich die notwendige Voraussetzung britischer Vorherrschaft war und daß durch ihre Überwindung Deutschland allen anderen Ländern einen Dienst leiste, weil es dadurch ihre Aussicht auf echte Freiheit verbessere.[80] Aber aus ziemlich einleuchtenden Gründen führte diese Argumentation der deutschen Sache niemals viele Bundesgenossen zu, und die Erfahrungen der Jahre 1940–45 deuten darauf, daß, bevor Deutschland die Zeit gehabt hätte, schnelle Siege zu sichern und auszubauen, es sich einer gewaltigen Koalition unter britischer Führung würde gegenübergestellt gesehen haben. Das in diesem Kurse liegende Risiko war also ebenso groß wie der hier mögliche Gewinn.*

Alle Wege zur Weltmacht brachten Ungewißheiten mit sich, und keiner versprach sicheren Erfolg. Anstatt aber eine der Möglichkeiten zu wählen und sie stetig zu verfolgen, schwankte Deutschland in der Praxis zwischen allen vieren hin und her und verminderte dadurch die Chancen jeglichen Erfolges. Denn einem in England weitverbreiteten Glauben zum Trotze spielten Gefühlsregungen bei den Entscheidungen über die deutsche Politik eine zu große und vernunftgemäße Berechnung eine zu kleine Rolle. Das Regierungssystem erlaubte zu vielen verschiedenen Individuen, von Fall zu Fall bei der Entscheidung des Kurses mitzureden und ihn dadurch zum Zickzack zu machen. Die in den regierenden Kreisen herrschende Atmosphäre machte es so schwierig, eine realistische Einschätzung der deutschen Position zu erreichen, daß es nicht verwunderlich war, wenn Deutschland in einen Krieg hineinschlitterte, ohne eine große Chance, ihn zu gewinnen. Der einzige sichere Weg, auf dem Deutschland Schwierigkeiten hätte vermeiden können, wäre es gewesen, sich, wie Bismarck das getan hatte, mit seiner europäischen Stellung zu begnügen. Aber bei der in jenen Tagen herrschenden Stimmung wäre eine solche Passivität undenkbar ge-

* Einige Schriftsteller haben die Ansicht vertreten, England hätte 1914 neutral bleiben und nach den ersten Zusammenstößen die Rolle des Schiedsrichters übernehmen sollen. Dies würde aber vorausgesetzt haben, daß die Zusammenstöße zwangsläufig unentschieden geblieben wären.

wesen. Die Berliner Zeitung *Der Tag* ließ sich am 7. Januar 1912 von Carl Peters aus London schreiben: »Die Engländer sind gewohnt, die erste Rolle auf der Erde zu spielen, und die Deutschen in immer breiter werdenden Kreisen wollen nicht mehr die zweite Violine spielen. Das ist ein realer Grund zur Entzweiung.«[81] Erzberger sagte 1914: »Eine Verständigung mit England um den Preis der deutschen Seewehr kann es nach unserer Überzeugung nicht geben. Eine solche Verständigung kann es aus deutsch-nationalen Gründen nicht geben ... Eine solche Verzichtleistung auf eine nach unserem Ermessen notwendige Seekraft würde das Ende der deutschen Weltmachtspolitik sein.«[82] Man könnte zu dem Schluß kommen, daß diese Aspirationen in keinem Verhältnis zur deutschen Leistungsfähigkeit standen. Aber anzunehmen, daß sie hätten gezügelt werden können, würde eine andere soziale Ordnung in Deutschland, und das heißt einen anderen Verlauf der vorhergehenden deutschen Geschichte, voraussetzen.

Im Jahre 1910 war Bethmann bestrebt, das Versprechen einer »organischen Entwicklung« des preußischen Wahlrechtes, das der Kaiser zwei Jahre vorher gegeben hatte, zu erfüllen. Die verhältnismäßig kleinen Änderungen der Vorlage wurden im Abgeordnetenhause, dem seit den Wahlen von 1908 sieben Sozialdemokraten angehörten, angenommen. Das Haus würde wahrscheinlich auch eine gründlichere Reform gebilligt haben. Aber das Herrenhaus bestand auf der Einfügung reaktionärer Abänderungen, die für das Abgeordnetenhaus unannehmbar waren, und die einzige Möglichkeit, die ursprüngliche Vorlage durchzubringen, wäre die Ernennung zusätzlicher Mitglieder des Herrenhauses gewesen. Eine derartige Lösung scheiterte aber an der Auffassung, daß drastische Maßnahmen unkontrollierbare Kräfte loslassen könnten und deshalb nicht in Frage kämen. Die Minister waren fast so überzeugt wie der Kaiser, daß das Dreiklassenwahlrecht ein wesentliches Bollwerk gegen die Umwandlung des Reiches in eine parlamentarische Demokratie sei und daß nichts, was dieses Bollwerk gefährden könnte, das Risiko lohne. Das Höchste, was zu erwarten stand, war ein wenig Herumpfuschen am Dreiklassenwahlrecht in allgemeinem Einvernehmen, und sobald sich herausstellte, daß ein solches Einvernehmen nicht zu erreichen war, gab man solche Versuche stillschweigend auf.

Nachdem Bülows Block zusammengebrochen war, bemühte sich Bethmann, »überparteilich zu regieren«. Das bedeutete in der Praxis, von Fall zu Fall Mehrheiten zu suchen, wo er sie finden konnte. Aber eine Reihe von Strömungen kam zusammen, die auf die Dauer seine Möglichkeiten dazu in Frage stellten. Unter den Sozialdemokraten traten mit zunehmender Klarheit Meinungsverschiedenheiten zutage zwischen der revolutionären Linken, die unter der Führung Karl Liebknechts und Rosa Luxemburgs auf einen aktiveren Kampf gegen den Militarismus drängte, und der revisionistischen Rechten, die unter Bebel, Scheidemann und Noske den Standpunkt vertrat, der Zugang zur Macht werde gewonnen werden, indem man den unteren Mittelstand davon überzeuge, daß die Partei weder revolutionär noch unpatriotisch sei. Der Revisionismus gewann an Boden in dem Maß, in dem sich der Lebensstandard der Massen hob. Die besser bezahlten Arbeiter verloren mehr und mehr ihr Interesse an der Revolution – vorausgesetzt, daß sie jemals einen wirklich revolutionären Geist besessen hatten. Außerdem begann der stetige Strom sozialer Gesetzgebung, der nun schon seit dreißig Jahren floß, verspätet wirksam zu werden und dem Proletariat das Gefühl zu geben, daß es doch irgendwie einen Einsatz in der bestehenden Gesellschaft habe. Die Sozialisten begriffen auch, daß sie eine Organisation aufbauen mußten, wenn sie Erfolge erzielen wollten. Als Ebert 1906 Sekretär der Partei wurde, mußte er feststellen, daß es im Büro der Parteizentrale weder Telefone noch Schreibmaschinen oder auch nur Aktenordner gab.[83] Die Organisation war zwar der Schlüssel zum demokratischen Erfolg, aber sie war zugleich die Quelle, aus der konservative Gewässer in den demokratischen Strom flossen.[84] Dadurch, daß sie bezahlte Funktionäre wurden, neigten die Parteiführer dazu, in den unteren Mittelstand einzurücken und auf diese Weise Kompromisse mit dem gesellschaftlichen Status quo zu schließen. Als Ergebnis dieser ganzen Entwicklung hörten die Sozialisten auf, politisch als Parias zu gelten. Eine Koalition zwischen ihnen und einigen der bürgerlichen Parteien wurde eine praktische Möglichkeit. Wenn das passierte, war zu erwarten, daß die Fähigkeit der Minister, sich im Reichstag durchzusetzen, verschwinden und die ganze Reichsverfassung in Frage gestellt würde.

Ein natürliches Bindeglied zu den Nationalliberalen bildete für die Sozialdemokraten die im Jahre 1910 aus drei in den neunziger Jahren entstandenen freisinnigen und fortschrittlichen Splittergruppen gebildete Fortschrittliche Volkspartei. Tatsächlich war, solange sich Nationalliberale und Sozialdemokraten feindselig gegenüberstanden, der Zusammenhalt dieser neugebildeten Partei gefährdet. Aber obwohl Nationalliberale, Fortschrittler und Sozialdemokraten in Baden gemeinsam die Regierung bildeten, kam ein solches Zusammengehen im Reichstag nicht zustande. Das Hindernis war nicht in erster Linie die Frage der Landesverteidigung. Schon 1907 hatte Noske es als »die verdammte Pflicht und Schuldigkeit« auch der Sozialdemokratie bezeichnet, »dafür zu sorgen, daß das deutsche Volk nicht von einem anderen an die Wand gedrückt wird«.[85] Die wahre Schwierigkeit bestand darin, daß die Nationalliberalen zwar im Gegensatz zu den agrarischen Interessen standen – was sie von den Konservativen trennte – und für Gewissensfreiheit eintraten – was den Trennungsstrich zwischen ihnen und dem Zentrum zog –, daß sie aber im wesentlichen die Partei der Industrie waren und deshalb eine zögernde Haltung in Fragen der sozialen Reformen einnahmen. Vor allen Dingen waren sie dagegen, den Arbeitern volle Gleichberechtigung mit den Unternehmern in solchen Fragen wie Vereinigungsrecht, Streiks und Lohnverhandlungen einzuräumen. Die Gewährung dieser Gleichberechtigung war aber ein wesentlicher Punkt des sozialdemokratischen Parteiprogrammes. Schließlich wurde daher eine alternative Koalition ohne die Nationalliberalen aus jener Verbindung von Fortschrittlern, Zentrum und Sozialdemokraten gebildet, die 1895 die offizielle Beglückwünschung Bismarcks durch den Reichstag zu seinem achtzigsten Geburtstag verhindert hatte. Die Tatsache, daß sich nicht nur eine, sondern zwei Koalitionsalternativen abzeichneten, machte das Leben für die Regierung nicht gerade leichter. Aber jede derartige Koalition hatte revisionistisch zu sein, da die bürgerlichen Parteien nicht bereit waren, Gewalt anzuwenden. Wie aber konnten die Konservativen je dazu bewogen werden, ihre Position aufzugeben? Und würden die Arbeiter ohne Unterstützung des Mittelstandes jemals stark genug sein, um mit Erfolg zu revoltieren?

Die Reichstagswahlen im Januar 1912, kurz vor Haldanes Besuch, schienen die lang erwartete Situation zu bringen. Die Sozialdemokraten erhielten 110 anstatt bisher 43 Sitze und wurden damit die stärkste Partei im Reichstag. Zusammen mit den Nationalliberalen und den Fortschrittlern hatten sie 197 von 391 Sitzen, mit dem Zentrum und den Fortschrittlern 243. Jedoch hatte sich während der Wahlkampagne herausgestellt, daß die Bereitschaft der Fortschrittspartei zur Zusammenarbeit mit den Sozialdemokraten begrenzt war, und als der neugewählte Reichstag zur Wahl seines Präsidiums zusammentrat, stimmten die Nationalliberalen dem Herkommen zum Trotz und brachten dadurch Scheidemann um die Stellung des Präsidenten, die nach dem herrschenden Brauche ihm als dem von der stärksten Partei vorgeschlagenen Kandidaten gebührte.[86] Im März 1912 entfernten die Nationalliberalen zwei linksgerichtete Mitglieder aus ihrem Vorstand, lösten ihre Jugendorganisation auf, brachten ihre Abgeordneten in den Parlamenten der Bundesstaaten unter festere Kontrolle und verpflichteten sich zu »positiver Zusammenarbeit mit allen bürgerlichen Parteien«. Dadurch war es der Regierung möglich, einstweilen eine Mehrheit für ihre Maßnahmen zu erhalten. Aber reaktionäre Gesetze hatten weniger Aussicht, angenommen zu werden, als je zuvor.

Die Gesetzgebung beschränkte sich allerdings im wesentlichen auf die Verstärkung der Land- und Seerüstungen und auf Finanzfragen. Die steigenden Verteidigungskosten, die Abneigung der Sozialdemokraten gegen Erhöhung der indirekten Steuern, der Bundesstaaten gegen erhöhte Matrikularbeiträge an das Reich und der Rechten gegen eine Erhöhung der Besteuerung des Grundbesitzes, das alles komplizierte Deutschlands finanzielle Probleme. Im Jahre 1912 wurde die Situation durch einen Notbehelf gerettet, und 1913 wurde ein Wehrbeitrag als einmalige Steuer vom Grundbesitz gegen den Widerstand der Rechten und der Bundesstaaten durchgebracht, nachdem alle anderen Versuche zur Kostendeckung gescheitert waren. Unnötig, zu sagen, daß die Sozialdemokraten für dieses Gesetz stimmten, sie sprachen sogar von einer Besteuerung der Fürstenhäuser, was den Kaiser veranlaßte, in einem Telegramm an Bethmann zu sagen: »Der deutsche Parlamentarier und Politiker wird eben mit der Zeit ein Schwein.« Die Sozialgesetzgebung war im wesentlichen zum Stillstand gebracht. Im Januar 1914 gab der Staatssekretär des Inneren offen zu, daß die Regierung sie als ein mehr oder minder abgeschlossenes Kapitel betrachte und daß man den Unternehmern die Ellbogen frei lassen müsse, damit sie sich gegen die ausländische Konkurrenz behaupten könnten.[87] 1912 brach ein heftiger Streik im Ruhrbergbau aus, auf den 1913 ein Werftstreik in Hamburg folgte. In beiden Fällen gingen die Unternehmer rigoros vor, und wegen mangelnder Solidarität der Arbeiterklasse brachen beide Streiks zusammen.[88]

Ende 1913 verursachte ein Zusammenstoß zwischen den Militärbehörden und der Zivilbevölkerung in dem elsässischen Städtchen Zabern große Erregung in Deutschland. Ein Leutnant hatte seine Mannschaften dazu angehalten, die Stadtbevölkerung zu verprügeln, und sein Regimentskommandeur hatte ihn in Schutz genommen. Zivilisten, die ihrem Unwillen durch Demonstrationen Ausdruck verliehen, waren von Soldaten verhaftet und in der Kaserne eingesperrt worden. Der Statthalter sympathisierte mit der Bevölkerung, war aber nicht in der Lage, eine Kontrolle über die Militärdienststellen auszuüben. Beide unterstanden direkt dem Kaiser, der Partei für das Militär ergriff und dem Statthalter die nachgesuchte Audienz verweigerte. Der mußte mit seinem Rücktritt und dem seiner wichtigsten Beamten drohen, bis Wilhelm sich entschloß einzugreifen, und dann tat er auch nicht viel mehr, als die Truppen auf den Übungsplatz zu beordern. Die Elsässer gewannen den klaren Eindruck, daß die Zivilbehörden nicht in der Lage seien, sie gegen die Armee zu schützen. Der Reichskanzler hatte in der Angelegenheit keinerlei Autorität, und als es zu einer Aussprache im Reichstag über den Fall kam, war seine Rede eine ziemlich lahme Verteidigung der Armee. Hätte er den wahren Tatbestand enthüllt, wäre er sicher verabschiedet worden. Die durch eine arrogante Rede des Kriegsministers von Falkenhayn verärgerten Abgeordneten nahmen mit 293 gegen 54 Stimmen eine Entschließung an, daß die Behandlung des Zwischenfalles durch den Reichskanzler nicht den Ansichten des Reichstages entspreche. Dieser Angriff auf die hochfahrende Art des Militärs wurde angeführt von einem Zentrumsabgeordneten, und die Konservativen waren in der Frage isoliert, aber der Beschluß hatte keine Folgen. Die Regierung fuhr fort wie bisher, der Oberst, der den Anstoß erregt hatte, wurde von einem Kriegsgericht freigesprochen.[89] Scheidemann schlug vor, der Reichstag solle, bis die Regierung seinem Beschluß Beachtung schenke, alle Bewilligungen ablehnen; aber Erzberger weigerte sich namens des Zentrums mit Rücksicht auf Deutschlands auswärtige Lage, diesem Vorschlag Gehör zu schenken.[90]

Der Zabern-Zwischenfall war die Gelegenheit für die anstößigste Einmischung des Kronprinzen in die Politik; denn er sandte ein Telegramm, in dem er die »Schamlosigkeit« der örtlichen Bevölkerung beklagte und der Hoffnung Ausdruck gab, daß ein Exempel statuiert werde, das ihr den Appetit zu solcher Betätigung nehmen werde. Ein Berliner Karikaturist zeichnete ein Bild von Wilhelm mit der Frage darunter, wo der Junge wohl »die verdammte Gewohnheit zu telegraphieren« her habe. Tatsächlich aber zog der Kaiser bei dieser wie bei anderen Gelegenheiten seinen Sohn in einer Weise zur Rechenschaft, die erkennen ließ, daß seine eigenen Erfahrungen nicht spurlos an ihm vorübergegangen waren:

»Staatsstreiche mögen in süd- und mittelamerikanischen Republiken zu den Mitteln der Regierungskunst gehören, in Deutschland sind sie Gottlob noch nicht üblich gewesen und dürfen es nicht werden, weder von oben noch von unten. Das sind gefährliche Leute, die so etwas anzuraten wagen, gefährlicher für die Monarchie und ihren Bestand wie der wildeste Sozialdemokrat.«

»Nicht gleich alles glauben und für richtig halten, was gedruckt wird, lieber Sohn! . . . Es ist nicht ganz so leicht, etwas besser zu machen, als zu kritisieren. Ich möchte Dir raten, künftig auch an die Nörgler und Kritiker etwas kritisch heranzutreten und immer zu bedenken, daß die Regierenden die Dinge von höherer Warte betrachten müssen als die Helden der Tagesliteratur.«[91]

Die Atmosphäre im kaiserlichen Deutschland während der Jahre vor dem Weltkrieg kann nicht erfreulich gewesen sein. Das Land wurde von einer exklusiven Minderheit geleitet, deren Stärke im Schwinden begriffen war und deren Anschauungen in der großen Öffentlichkeit mehr und mehr auf Ablehnung stießen. Auf allen Seiten gab es Spannungen und Mißbilligung. Und doch schreckte die Opposition vor drastischem Vorgehen zurück, etwa aus den gleichen Gründen, die von der herrschenden Minderheit für ihre Weigerung abzutreten, vorgebracht wurden. Der Zement, der die Gesellschaft zusammenhielt, war die Hingabe an die Sache der deutschen nationalen Größe, das Produkt der Begeisterung, mit der während des 19. Jahrhunderts die geistigen Führer das nationale Evangelium gepredigt hatten. Das deutsche Volk mochte seine Regierung mißbilligen, seinem Vaterlande blieb es treu. Wenn die Deutschen ihr Land von Feinden umgeben sahen, zögerten sie, dem Beispiel, das die Franzosen in der Dreyfus-Angelegenheit gegeben hatten, zu folgen und der inneren Freiheit den Vorrang vor der nationalen Sicherheit zu geben. Der anstößigste Aspekt der Haltung der Konservativen war, daß sie von diesem Patriotismus profitierten und ihn, anstatt Hingabe mit Vertrauen zu vergelten, für ihre Parteizwecke ausbeuteten. Der Historiker muß aber auch die Frage stellen, ob das Opfer liberaler für nationale Werte letzten Endes – selbst im Interesse der deutschen Nation – gerechtfertigt war. Die Opposition unterließ es, in irgendwie wirksamer Form der Anmaßung, der Schaustellung, der Verherrlichung der Gewalt, der Mißachtung der Rechte des Individuums, dem Mangel an Verständnis für die Reaktionen anderer Leute den Kampf anzusagen. Dies waren genau die Eigenschaften, die Deutschlands Fall verursachten, weil sie eine Überschätzung der deutschen Stärke, eine Unterschätzung des Einflusses, den die Weltmeinung auszuüben vermag, und eine Fehleinschätzung der Art erzeugten, wie sich andere Leute benehmen würden. Daß das Streben im Mißverhältnis zu den Fähigkeiten stand, war, wie bereits gesagt worden ist, ein natürliches Ergebnis der Kultur, die herangewachsen war. Diese Kultur war das Endergebnis der Taten und der Gedanken zahlloser Deutscher in der Vergangenheit, und das ist der Grund, weshalb kein Volk der Verantwortung für das ausweichen kann, was ihm geschieht. Aber vielleicht ruht die schwerste Verantwortung auf den Intellektuellen, weil sie Goethes Lehre vergaßen, daß sich in der Beschränkung erst der Meister zeigt.

Die Ergebnisse dieser vielfachen Fehler traten noch deutlicher nach dem Kriege als während seiner Dauer zutage.

Im Herbst 1912 gab es deutliche Vorzeichen, daß Unruhen auf dem Balkan bevorstanden, in die Österreich oder Rußland verwickelt werden könnten. Eine starke Gruppe in Österreich drängte wie gewöhnlich darauf, mit Serbien abzurechnen. Kiderlen erinnerte sich sehr genau der frühen Tage des deutsch-österreichischen Bündnisses. Vor seinem Tode – er starb um Weihnachten 1912 – riet er Bethmann dringend, er solle Wien klarmachen, daß Deutschland nur verpflichtet sei, Österreich gegen einen direkten russischen Angriff beizustehen, und daß es sich heraushalten werde, falls Österreich sich entschließen sollte, sich ohne vorherige Ankündigung in »Abenteuer« auf dem Balkan zu stürzen. Diese Einstellung nahm keine Rücksicht auf die österreichische Ansicht, daß die sogenannten »Abenteuer« tatsächlich Schritte seien, ohne die sich das Habsburgerreich vor seine Liquidation gestellt sehen könnte. Außerdem war, wie Kiderlen selber im Reichstag erklärt hatte, der genaue Weg, auf dem es zu einem Kriege zwischen Österreich und Rußland kommen könnte, belanglos für Deutschlands Unvermögen, zuzuschauen, wie sein einziger Verbündeter geschlagen wurde. Trotz alledem war Kiderlens Methode vernünftig, und sie veranlaßte ihn, bei der Entente anzuregen, daß die Großmächte gemeinsam in Aktion treten und eine Lokalisierung der Unruhen anstreben sollten. Der Kaiser sympathisierte, wenn auch aus etwas anderen Gründen, mit dieser Ansicht:

> »Man sieht in dem Vorgehen der (Balkan)staaten einen ›Erpressungsversuch‹ gegen die Türkei!? Warum? War – nach österreichischen Begriffen – das Vorgehen des jungen Friedrich gegen Maria Theresia (vor dem ersten schlesischen Kriege) etwa keiner!? Die Balkanstaaten haben die Auffassung und den Drang, sich erweitern zu müssen; das geht nur auf Kosten der – vielleicht alternden – Türkei. Da es im Guten nicht geht, wird darob gekämpft werden; und man tut sich *ad hoc* zusammen, um seine Entwicklung und Erweiterung zu ermöglichen. Das wollten die Großmächte schlankweg einfach hindern??! Mit welchem Recht? Zu wessen Gunsten? Das mache ich nicht mit. Ebensowenig wie wir uns haben 64, 66, 70 hineinreden lassen in unsere ›berechtigte Entwicklung‹, sowenig kann und will ich andere hindern oder ihnen hineinreden.
>
> Es komme ruhig zum Kriege. Da werden ja die Balkanstaaten mal zeigen, was sie zu leisten fähig sind, und ob sie eine Existenzberechtigung haben. Schlagen sie entscheidend die Türkei, dann hatten sie recht, und ihnen gebührt eine gewisse Belohnung. Werden sie geschlagen, dann werden sie klein und für lange Ruhe und Frieden halten, und die Territorialfrage scheidet aus. Die Großmächte müssen um den Kampfplatz den ›Ring‹ bilden, in dem der Kampf sich abspielt und zu bleiben hat; selbst ruhig Blut behalten und keine Übereilungen begehen. Dazu gehört meines Erachtens vor allem kein zu heftiges Dreinreden jetzt um des sogenannten ›lieben Friedens‹ willen, es würde nur ein sehr fauler und böser Konsequenzen voller sein. Man lasse die Leute nur ruhig machen; entweder

sie kriegen Keile, oder sie erteilen sie, danach ist immer noch Zeit zum Sprechen. Die Orientfrage muß mit Blut und Eisen gelöst werden! Aber in einer für uns günstigen Periode! Das ist jetzt!«[92]

Wilhelm warf der Türkei vor, daß sie nicht rechtzeitig Zugeständnisse gemacht habe, und glaubte, daß die Tage der türkischen Herrschaft in Europa vorbei seien. Seine früheren Sympathien für die Türken waren zum guten Teil durch sein neuentdecktes Interesse für Griechenland ausgelöscht worden, und in seiner sich daraus ergebenden Begeisterung über die Siege Serbiens, Bulgariens und Griechenlands übersah er den Schaden, der dem Ansehen seiner eigenen Armee aus den Niederlagen der von Deutschen ausgebildeten Türken erwuchs. Als die anderen Großmächte auf türkisches Betreiben Gespräche über Friedensbedingungen in Gang zu bringen suchten, weigerte sich der Kaiser, an einer Aktion teilzunehmen, welche »die Bulgaren, Serben, Griechen in ihrem berechtigten Siegeslauf hemmt oder ihnen Bedingungen vorschreibt oder auferlegt, die ihnen nicht genehm sind. Ich stehe jetzt für *fair play* ein: *free fight and no favour.*« Er war nicht begeistert von dem Gedanken, seinen Verbündeten zu unterstützen, und erklärte bei einer Gelegenheit, er werde das nur tun, wenn der russische Angriff unprovoziert erfolge.[93]

»Gewiß ist manche Veränderung auf dem Balkan, die durch den Krieg bedingt ist, für Wien recht unbequem und auch unerwünscht, aber keine so einschneidend, daß wir uns ihretwegen der Gefahr einer kriegerischen Verwicklung aussetzen dürfen, das würde ich weder vor meinem Volk noch vor meinem Gewissen verantworten können.«[94] – »Rußland scheint die serbischen Aspirationen unterstützen zu wollen und könnte darüber mit Österreich derart aneinandergeraten, daß es zum Conflikt mit Waffen kommt. Dann tritt für Deutschland der *casus foederis* ein, da Wien von Petersburg angegriffen wird – laut Vertrag. Dieser bedingt die Mobilmachung und den Krieg gegen zwei Fronten für Deutschland, das heißt, um gegen Moskau marschieren zu können, muß Paris erst genommen werden. Paris wird zweifellos von London unterstützt werden. Es muß also Deutschland in einen Existenzkampf mit drei Großmächten eintreten, bei dem alles aufs Spiel gesetzt werden muß und eventuell es untergehen kann. Das erfolgt alles, weil Österreich die Serben nicht in Albanien oder Durazzo haben will.« – »Der Dreibundsvertrag sichert nur den gegenseitigen wirklichen Besitzstand der drei Staaten, nicht aber verpflichtet er zum bedingungslosen Mitgehen in Reibungen über den Besitz anderer! Der *casus foederis* tritt allerdings ein, wenn Österreich von Rußland angegriffen wird. Aber nur dann, wenn Österreich Rußland nicht zum Angriff provoziert hat.«[95]

Schließlich überredeten die Russen die Serben, keine Forderungen zu stellen, die von Österreich als lebenswichtig angesehene Interessen berührten, und Deutschland übte in Wien einen mäßigenden Einfluß aus. Als Ergebnis gingen die Balkankriege vorüber, ohne einen allgemeinen Brand zu entzünden, obgleich Rußland, Frankreich und Österreich im November 1912 alle mobil gemacht hatten. Der Erzherzog Franz Ferdinand spielte eine nicht geringe Rolle in dem Bemühen, einer Ausbreitung des Konfliktes zuvorzukommen, und im Februar 1913, als die Krise vorüber war, schrieb Wilhelm ihm.

»Was für eine ungeheure Freude hat mir Dein lieber Brief beschert ... *Les beaux esprits se rencontrent*, kann man in diesem Falle sagen. Bravo, mein Freund! Das hast Du brillant gefingert und durchgeführt! Leicht ist das gewiß nicht gewesen, und die Überwindung hat Mühe, Geduld und Ausdauer bedurft! Aber hernach der Erfolg, der entschädigt für alle ausgestandene Unbill. Du hast Dir ein unsterbliches Verdienst erworben, denn Du hast Europa von seinem Bann, der es bedrückte, erlöst. Millionen dankbarer Herzen werden Deiner im Gebet gedenken. Ich denke, der Kaiser Nikolaus wird auch froh sein, daß er seine Reserven nach Hause schicken kann. Alles wird aufatmen, wenn das erfolgt.«[96]

Und doch wuchs bei mehr und mehr Leuten in Europa das Gefühl, daß sie es vorziehen würden, das nächste Mal zu stehen und für ihre Prinzipien zu kämpfen. Die Männer begannen, sich zu überlegen, nicht, ob es einen Krieg geben, sondern zu welchem Zeitpunkt sein Ausbruch für sie am vorteilhaftesten sein würde. Solche Berechnungen anzustellen ist die Aufgabe von Soldaten und Seeleuten, und die Tatsache, daß sie es tun, ist kein Beweis, daß ihr Land einen Angriff plant. Große Aufmerksamkeit erregte in den Jahren 1911/12 General von Bernhardis Buch »Deutschland und der nächste Krieg«, von dem unzählige

Auflagen verkauft wurden. Seine Hauptthemen waren die Notwendigkeit, Frankreich auszuschalten, die Errichtung einer mitteleuropäischen Föderation unter deutscher Führung und die Notwendigkeit, durch den Erwerb neuer Kolonien eine Weltmacht zu werden. Deutschland hatte nach Bernhardis Ansicht nur die Wahl zwischen Weltmacht und Niedergang. Unter denen, die durch sein Buch beeinflußt wurden, war Ludendorff, aber es repräsentierte nicht die Denkweise des Generalstabes, aus dem Bernhardi durch Schlieffen entlassen worden war.

Militärische Vorbereitungen wurden auf allen Seiten vorangetrieben. In der ersten Dekade des Jahrhunderts war sich die deutsche Armee zu ihrer großen Entrüstung als so etwas wie ein Stiefkind im Vergleich mit der Kriegsmarine vorgekommen, deren Geschütze an Zahl und Kaliber die den Soldaten verfügbaren übertrafen. Das hing zum guten Teil damit zusammen, daß nur 52 Prozent der verfügbaren und tauglichen Rekruten eingezogen wurden – im Vergleich zu 82 Prozent in Frankreich. Als Ludendorff im Jahre 1911 die Leitung der Aufmarschabteilung im Generalstab übernahm, wurde er sich darüber klar, daß nicht genügend Truppen zur vollen Durchführung des Schlieffenplanes zur Verfügung standen.[97] Dementsprechend wurde der Umfang der Armee sowohl im Jahre 1912 wie im Jahre 1913 vergrößert. 1913 kehrte Frankreich zur dreijährigen Dienstzeit zurück. Im Februar des gleichen Jahres entsprach die Regierung Poincaré der Ernennung Iswolskis zum russischen Botschafter in Paris durch die Entsendung Delcassés nach Petersburg mit dem ausdrücklichen Auftrage, eine Verstärkung der russischen Streitkräfte hinsichtlich Zahl und Leistungsfähigkeit durchzusetzen. Pläne mit diesem Ziel wurden im Juni 1913 vereinbart. Die Tatsache, daß die Verstärkung der französischen und der russischen Streitkräfte einige Zeit in Anspruch nehmen würde, entging den Mittelmächten ebensowenig, wie sich die Entente darüber im unklaren war, daß die Verbreiterung des Kaiser-Wilhelm-Kanals im Sommer 1914 fertig sein würde.

Um den Jahresbeginn 1913, des Jahres seines silbernen Regierungsjubiläums, ergriff den Kaiser das Gefühl, daß ein kriegerischer Konflikt unvermeidlich sei. Im Dezember 1912 hatte er von dem herannahenden Krieg als dem »Endkampf zwischen Slawen und Germanen« gesprochen, der die »Angelsachsen auf seiten der Slawen und Gallier« finden würde. Er forderte, daß das Volk über das, was im Falle eines österreichisch-serbischen Konfliktes auf dem Spiele stände, schon im voraus unterrichtet werde, damit es »mit dem Gedanken an einen solchen Krieg vertraut gemacht« werde.[98] Bethmann sagte, daß der Kaiser ihm gegenüber seit Jahresanfang 1913 von der sich gegen Deutschland bildenden Koalition gesprochen habe, die über Deutschland herfallen werde.[99] Im April und Mai wiederholte er seine düsteren Voraussagen über das, was sich aus österreichischer und russischer Unversöhnlichkeit auf dem Balkan ergeben könne. Im Mai machte er auf einem Bericht aus Petersburg die Randnotiz: »Der Kampf zwischen Slawen und Germanen ist nicht mehr zu umgehen, er kommt sicher. Wann? Das findet sich.«[100] Im Juni berichtete ein alter englischer Freund Wilhelms, dieser habe zu ihm »in einem Tone gesprochen, der neu war – ich hatte das Gefühl, daß er unter dem Eindruck einer großen Furcht stand«.[101] Er war ohne Zweifel betroffen von dem weitverbreiteten Klatsch, daß er Deutschlands Aussichten dadurch geschädigt habe, daß er die Nerven verloren und versäumt habe, 1905 und 1911 eine feste Haltung einzunehmen. Ein amerikanischer Politiker hörte bei den deutschen Manövern im Jahre 1912, wie höhere Offiziere die Absicht äußerten, dafür Sorge zu tragen, daß das nicht wieder passiere.[102] Niemand läßt sich gern einen Feigling nennen, am wenigsten ein Allerhöchster Kriegsherr. Als General Sir John French* im Jahre 1913 als Gast zu den deutschen Manövern kam, sagte der Kaiser zu ihm: »Sie haben jetzt gesehen, wie lang mein Schwert ist, Sie mögen finden, daß es ebenso scharf ist.«[103] Im November des gleichen Jahres schrieb Jules Cambon:

> »Der Kaiser hat aufgehört, der Friedensfreund zu sein. Sein Einfluß ist bei vielen kritischen Gelegenheiten eingesetzt worden, aber er ist jetzt zu der Überzeugung gelangt, daß ein Krieg mit Frankreich unvermeidlich ist. Je älter er an Jahren wird, um so größer wird der Einfluß der reaktionären Tendenzen des Hofes und besonders der Ungeduld der Soldaten auf sein Gemüt. Vielleicht empfindet er eine gewisse leichte Eifersucht auf die Volkstümlichkeit seines Sohnes, der den Leidenschaften der Alldeutschen schmeichelt.«[104]

Im Februar 1914 erzählte Wilhelm dem König der Belgier, daß

* Damals britischer Generalstabschef, 1914 Oberkommandierender des britischen Expeditionskorps in Frankreich.

ein Krieg zwischen Deutschland und Frankreich nahe bevorstehe.[105]

Das wachsende Gefühl von der Unvermeidlichkeit war wahrscheinlich verantwortlich für ein Nachlassen seiner Entschlossenheit, Österreich zurückzuhalten. Als er im Herbst 1913 Wien besuchte, sagte Wilhelm zu Conrad von Hötzendorf, dem österreichischen Generalstabschef: »Ich gehe mit Euch. Die anderen (Mächte) sind nicht bereit, sie werden nichts dagegen unternehmen.« Andererseits stellte Conrad im folgenden Frühjahr Tschirschky, der inzwischen Botschafter in Wien geworden war, einen baldigen Krieg mit Rußland in Aussicht, worauf Tschirschky antwortete, zwei wichtige Persönlichkeiten seien dagegen – der deutsche Kaiser und Erzherzog Franz Ferdinand. Doch hatte Wilhelm im Oktober 1913 zum österreichischen Außenminister Graf Berchtold gesagt: »Was immer vom österreichischen Auswärtigen Amt kommt, ist für mich Befehl.« Österreich könne sich auf ihn verlassen, er sei bereit, das Schwert zu ziehen, wenn die von Wien eingeleitete Politik das erforderlich machen sollte.[106] Im Mai 1914 erging sich Moltke, der bis dahin die Meinung vertreten hatte, die Zeit, da der Krieg unvermeidlich werde, sei noch nicht gekommen, gegenüber Conrad in weitschweifigen Ausführungen über die wachsende militärische Macht Rußlands. Jede Verzögerung verringere die Chancen der Mittelmächte.[107] Etwa um die gleiche Zeit veröffentlichte die *Kölnische Zeitung*, die sich häufig auf amtliche Quellen stützen konnte, einen Bericht, nach dem Rußland sich auf einen Krieg gegen Deutschland im Jahre 1917 vorbereite. Der deutsche Botschafter in Petersburg machte einige sarkastische Bemerkungen über die Fähigkeit des Verfassers, die Zukunft vorauszusagen. Wilhelm machte dazu die Bemerkung: »Diese Gabe kommt vor. Bei Souveränen öfter, bei Staatsmännern selten, bei Diplomaten fast nie. Ich als *Militär* hege nach allen meinen Nachrichten nicht den allergeringsten Zweifel, daß Rußland den Krieg systematisch gegen uns vorbereitet; und danach führe ich meine Politik.«[108]

Im Jahre 1913 hatten die Russen versucht, einen Streit heraufzubeschwören wegen des deutschen Generals Otto Liman von Sanders, der nicht nur als Instrukteur in der Türkei war, sondern zum Korpskommandeur im Gebiet von Konstantinopel bestellt worden war. Wilhelm erledigte die Angelegenheit schließlich dadurch, daß er den General beförderte, so daß dieser nicht mehr als Korpskommandeur fungieren konnte. Aber er machte die Randnotiz: »Es handelt sich um unser Ansehen in der Welt, gegen das von allen Seiten gehetzt wird! Also Nacken steif und Hand ans Schwert!«[109]

Im Februar 1914 soll in Petersburg eine Konferenz abgehalten worden sein, in der Sasonow sagte, es würde ein Fehler sein, anzunehmen, daß Rußland Operationen gegen den Bosporus unternehmen könne, ohne einen allgemeinen europäischen Krieg zu verursachen. Die Versammelten begannen dann mit Billigung des Zaren, Pläne für die Besetzung der Meerengen »in nicht ferner Zukunft« zu besprechen.[110] Im Juni 1914 schrieb eine russische Zeitung: »Rußland und Frankreich wünschen keinen Krieg, aber Rußland ist kriegsbereit, und Frankreich muß es auch sein.« Das veranlaßte den Kaiser zu der Randbemerkung: »Na! Endlich haben die Russen die Karten aufgedeckt! Wer in Deutschland jetzt noch nicht glaubt, daß von Russo-Gallien mit Hochdruck auf einen baldigen Krieg gegen uns hingearbeitet wird ... der verdient, umgehend ins Irrenhaus in Dalldorf geschickt zu werden!«[111] Als der amerikanische Oberst House 1914 Berlin auf einer Friedensmission besuchte, berichtete er: »Ganz Deutschland ist elektrisch geladen. Jedermanns Nerven sind angespannt. Es braucht nur einen Funken, um die Sache zum Platzen zu bringen.«[112]

Das war eine Lage, in der auch durch stetige Arbeit in London nur geringer Einfluß ausgeübt werden konnte, um die Gründe für die deutsch-englische Spannung, die es abseits der Flottenfrage gab, zu beseitigen. In der Zeit von 1912 bis 1914 wurden jedoch Abkommen sowohl über die Bagdadbahn wie über die portugiesischen Kolonien erzielt. Sie waren dem deutschen Marineattaché und der deutschen Marineleitung höchst unwillkommen, weil sie darin einen heimtückischen Kniff sahen, den die Diplomaten erfunden hatten, um die Wirkung des Flottenvereins und der Alldeutschen auf die öffentliche Meinung in Deutschland zu neutralisieren und den Gedanken zu propagieren, daß es der beste Weg sei, mit England zu Ergebnissen zu gelangen, wenn man Zugeständnisse mache.[113] Wilhelm selber neigte etwas zu dieser Denkweise, denn er vermerkte:

»Nein! Kolonien haben wir genug! Wenn ich welche haben will, kaufe ich sie oder nehme sie ohne England!«

»Wir sollen mit Vorspiegelung eines ›*Colonial*reichs‹ in Afrika, mit Erwerbungen auf Kosten anderer, in Verwicklungen hineingezogen und abgezogen werden von der *Welt*politik, das heißt, man will die große Asiatische Frage *ohne uns* lösen, *a trois,* Tripelentente mit Japan und Amerika – und wir sollen dabei *nicht* beteiligt sein. Wird aber Asien aufgeteilt, ist unsere Ausfuhr – Produktion der Industrie – und Handel auf ewig schwer geschädigt, und müßten wir ihm die offene Tür per Flotte und Granate öffnen. Auf die Lösung der Asiatischen Frage *mit uns* ist meine ganze Politik auch der Marine aufgebaut und meine militärische Conzentration in Europa ... Man kann große Colonien ohne starke Flotte nicht halten.«[114]

Immerhin mögen die Anstrengungen, die die britische Regierung machte, sympathisch und vernünftig zu sein, denen in Deutschland einen schwachen Anhalt für ihren Glauben gegeben haben, die annehmen wollten, daß die Engländer schließlich, wenn es hart auf hart ging, doch draußen bleiben würden. Solche Hoffnungen wurden mindestens im gleichen Maß bekräftigt durch die englischen Schwierigkeiten wegen Ulster, wo die Gefahr eines bewaffneten Aufstandes der überwiegend protestantischen Bevölkerung gegen die Gewährung von *Home Rule* – Selbstverwaltung – für Irland drohte, weil sie nicht unter die Herrschaft der auf der ganzen Insel die Mehrheit bildenden Katholiken fallen wollte.

Unter all den Wolken, die sich auftürmten, gab es einen Lichtblick. Im Juni 1913 verheiratete sich des Kaisers einzige, vom ihm sehr geliebte Tochter mit dem Sohne des Herzogs von Cumberland, den Wilhelm zum Herzog von Braunschweig gemacht hatte. Diese Vereinigung begrub den letzten der dynastischen Streitpunkte, die durch die preußische Eroberung Hannovers im Jahre 1866 entstanden waren. Nachdem sich das junge Paar zufällig getroffen und ineinander verliebt hatte, waren lange Familienverhandlungen nötig gewesen, bevor sie sich förmlich verloben konnten. Deren Erfolg war zum guten Teile dem Schwager des Bräutigams, Prinz Max von Baden, zu verdanken. Zahlreiche Vertreter und Vertreterinnen von Europas Schönheit und hohem Adel kamen zur Hochzeit nach Berlin, darunter der Zar und König Georg von England, die sich beide mit Wilhelm und untereinander bei dieser Gelegenheit zum letzten Male trafen. Es war nicht ganz ein Jahrhundert her, seit ein Herzog von

Braunschweig in Brüssel am Vorabend der Schlacht von Waterloo an dem durch Lord Byron verewigten Ball der Herzogin von Richmond teilnahm.[115] Die hohen Herrschaften wußten es vielleicht nicht, aber es war ein Tanz auf einem Vulkan.

Am Sonntag, dem 28. Juni 1914, nahm Wilhelm in Kiel an einer Segelregatta an Bord seiner Jacht »Meteor« teil, als um 2 Uhr 30 nachmittags das Telegramm, das die Ermordung des Erzherzogs Franz Ferdinand in Sarajewo ankündigte, eintraf. Admiral von Müller, der Chef des Marinekabinetts, stach mit einem Dampfboot in See und überholte die bei leichter Brise auf nördlichem Kurs segelnde »Meteor«. Der Kaiser stand mit seinen Gästen am Heck des Schiffes und beobachtete etwas beunruhigt das Dampfboot. Der Admiral rief ihm zu, er habe eine wichtige Nachricht zu überbringen und werde eine schriftliche Meldung hinüberwerfen, aber der Kaiser wollte gleich wissen, worum es sich handele, und so berichtete Müller ihm mündlich. Der Kaiser blieb sehr gefaßt, fragte Müller nur, ob er wohl »das *race* besser abbrechen« solle.[116] Der Anstoß, den der Erzherzog früher einmal an Wilhelms ungestümem Humor genommen hatte, war auf beiden Seiten längst vergessen gewesen. Die Sympathie, die der Kaiser gegenüber der morganatischen Ehe des Thronfolgers an den Tag gelegt hatte, mag vielleicht zum Teil auf Berechnung beruht haben, aber sie machte trotzdem einem so ergebenen Anhänger des Gottesgnadentumes Ehre. Nur eben vor einem Monat hatte Franz Ferdinand Wilhelm die Rosengärten seines böhmischen Schlosses gezeigt und mit ihm besprochen, ob nicht im Lichte seiner Zweifel über das, was mit einem Kriege gegen die Serben erreicht werden könne, ein Weg gefunden werden könne, um die südslawischen Bestrebungen innerhalb der Habsburger Monarchie zu befriedigen. Die Nachricht, die während der Regatta eintraf, brachte also auch einen persönlichen Schock neben dem Schimpf auf die Monarchie.

Des Kaisers erster Gedanke war, sich zur Beerdigung Franz Ferdinands zu begeben. Aber der deutsche Konsul in Sarajewo berichtete über ein serbisches Komplott, auch ihn zu ermorden, wenn er erscheine, und Bethmann überredete ihn daher, in Berlin zu bleiben. Er hatte daher keinen Anteil an der kleinlichen Rache, die der österreichische Hof an dem Paar nahm, das seine steifleinenen Konventionen mißachtet hatte. Die Heimlichkeit, mit der ihre Leichen in aller Eile von der Bühne beseitigt wurden, war geeignet, den Verdacht zu erwecken, daß der Bericht des Konsuls auf einem österreichischen Schwindel beruhte, der den Kaiser veranlassen sollte, nicht dahin zu kommen, wo seine Anwesenheit nicht erwünscht war. Es war zugleich auch ein wichtiges Ergebnis, daß dadurch die Möglichkeit eines Zusammentreffens und einer persönlichen Aussprache der europäischen Monarchen über die Situation fortfiel. Die österreichisch-ungarische Regierung blieb ungestört bei ihrer Aufgabe, die voneinander abweichenden Ansichten über die Energie, mit der sie reagieren sollte, zu überbrücken. Als Tschirschky berichtete, er habe zur Vorsicht geraten, schrieb Wilhelm: »Wer hat ihn dazu ermächtigt? Das ist sehr dumm! ... Tschirschky soll den Unsinn gefälligst lassen! Mit den Serben muß aufgeräumt werden, *und* zwar *bald*«[117]

Selbst diejenigen Österreicher, die am schärfsten für einen Angriff auf Serbien eintraten, wußten nicht recht, was sie durch einen Krieg gewinnen könnten. Conrad von Hötzendorf hielt den Kampf für aussichtslos, meinte aber, er müsse trotzdem geführt werden, weil eine so alte Monarchie und eine so glorreiche Armee nicht kampflos untergehen dürften.[118] Die Wiener Regierung entschloß sich daher, ihren eigenen Kurs von der Unterstützung abhängig zu machen, die sie von ihrem deutschen Verbündeten erwarten konnte. Ein besonderer Kurier wurde am 4. Juli nach Berlin entsandt, und in dem Augenblick, in dem er eintraf, wurde sein Botschafter, Szögyény, dem Wilhelm den Spitznamen »der Zigeuner« gegeben hatte, zum Frühstück nach Potsdam geladen, um die Briefe zu überreichen, die er soeben empfangen hatte. Darunter befand sich eine Note, die schon vor der Ermordung vorbereitet worden war und, mit größerem Nachdruck auf die Probleme als auf die Lösungsmöglichkeiten, die künftig zu betreibende Balkanpolitik behandelte. Der einzige Hinweis auf eine Kraftprobe mit Serbien befand sich in einer Nachschrift, die Nachdruck darauf legte, daß die Unmöglichkeit einer Überbrückung der Differenzen nunmehr demonstriert worden sei. Die Monarchie müsse deshalb mit fester Hand die Fäden zerreißen, die der Gegner über ihrem Haupte zu einem Netze zu verflechten suche. Zusammen damit kam ein persönlicher Brief des Kaisers Franz Joseph, in dem die Ermordung als das direkte Ergebnis des serbischen und des russischen

Panslawismus bezeichnet wurde, dessen einziges Ziel die Schwächung des Dreibundes und die Auflösung der Habsburger Monarchie sei.

»Nach allen bisherigen Erhebungen hat es sich in Sarajewo nicht um die Bluttat eines einzelnen, sondern um ein wohlorganisiertes Komplott gehandelt, dessen Fäden nach Belgrad reichen, und wenn es auch vermutlich unmöglich sein wird, die Komplizität der serbischen Regierung nachzuweisen, so kann man wohl nicht im Zweifel darüber sein, daß ihre auf die Vereinigung aller Südslawen unter serbischer Flagge gerichtete Politik solche Verbrechen fördert, und daß die Andauer dieses Zustandes eine dauernde Gefahr für mein Haus und für meine Länder bildet.«[119]

Dies war eine bemerkenswert richtige Einschätzung der Lage, wenn man in Betracht zieht, wie wenig sie unterstützendes Beweismaterial zu der Zeit, da sie aufgestellt wurde, verfügbar gewesen sein konnte*. Der Brief des Kaisers endete mit der Feststellung, daß es nur möglich sein werde, das slawische Vordringen anzuhalten und den Frieden der Donaumonarchie zu sichern, wenn Serbien, derzeit der Brennpunkt der panslawistischen Politik, als politischer Faktor auf dem Balkan ausgeschaltet werde. Auch Wilhelm werde sich angesichts der Tragödie von Sarajewo nicht länger der Hoffnung hingeben, daß die Differenzen zwischen Österreich-Ungarn und Serbien ausgeglichen werden könnten, und werde davon überzeugt sein, daß die Politik des Friedens, die alle europäischen Monarchen verfolgt hätten, so lange in Gefahr sei, wie die Bande verbrecherischer Agitatoren in Belgrad nicht ihre Strafe erhalten habe. Die Form der Bestrafung ließ der Brief im unklaren. Zu der Zeit, da er abgefaßt wurde, lief der Plan, der am meisten Beifall fand, auf eine Invasion Serbiens ohne vorherige Ankündigung hinaus.

* Der Hauptanstifter der Ermordung war mit ziemlicher Sicherheit der Leiter des Serbischen Militärischen Nachrichtendienstes in seiner privaten Eigenschaft als Haupt der Geheimgesellschaft »Schwarze Hand«. Der russische Militärattaché in Belgrad war ziemlich sicher auch in das Geheimnis eingeweiht. Das trifft auch auf den serbischen Ministerpräsidenten Pašić zu, der zwar Angst vor den Folgen eines Krieges für Serbien, aber noch mehr Furcht vor der »Schwarzen Hand« hatte. Pašić sandte zwar eine Warnung nach Wien, aber bis diese verschiedene Mittelsleute passiert hatte, war sie so unklar geworden, daß sie keine Beachtung fand.[120]

Nach sorgfältiger Lektüre beider Dokumente sagte der Kaiser dem Botschafter, er erwarte, daß Österreich-Ungarn ernste Maßnahmen gegen Serbien empfehlen werde; da er aber in dem, was in Aussicht genommen sei, die Möglichkeit schwerwiegender europäischer Verwicklungen sehe, müsse er mit dem Reichskanzler beraten, ehe er eine Antwort erteile. Aber Szögyény fuhr mit taktvollen Sondierungen fort, in deren Verlauf Wilhelm ihm versicherte, Kaiser Franz Joseph könne auf feste deutsche Unterstützung rechnen. Der Kaiser erklärte, er sei einverstanden, daß es ein Fehler sein würde, die Aktion gegen Serbien zu verschieben. Rußlands Haltung werde zwangsläufig feindselig sein, aber das sei seit langem vorausgesehen, und selbst wenn es zum Kriege zwischen Rußland und Österreich-Ungarn kommen sollte, werde Deutschland zu seinem Verbündeten stehen. Rußland aber sei nicht fertig für einen Krieg und würde zögern, sich hineinzustürzen. Wilhelm sagte, er könne es gut verstehen, daß Franz Joseph bei seiner bekannten Friedensliebe es als schmerzlich empfinden werde, in Serbien einzurücken, wenn aber die österreich-ungarische Regierung das für wirklich notwendig erachten sollte, sei der Augenblick günstig und man solle ihn nicht verstreichen lassen. Wilhelm drängte gern andere Länder, das Eisen zu schmieden, solange es heiß sei; diesmal endlich wurde er beim Wort genommen.

Bethmann erschien am Abend und pflichtete, ohne zu zögern, der von seinem Herrn eingenommenen Haltung bei. Wilhelm sagte, wohl könne kein Zweifel an dem Ernst der panslawistischen Herausforderung an die Monarchie bestehen, doch müsse es Österreich überlassen bleiben, seine Entschlüsse selber zu fassen, da alles Mögliche getan werden müsse, um zu vermeiden, daß sich aus dem österreichisch-serbischen Streitfall ein internationaler Konflikt entwickele. Franz Joseph aber müsse in einer so ernsten Stunde der deutschen Unterstützung versichert werden. Bethmann sprach am nächsten Tag in demselben Sinne mit dem Botschafter und betonte besonders, daß der deutsche Kaiser in den zwischen Serbien und Österreich schwebenden Fragen keine Stellung beziehen könne, weil sie außerhalb seiner Zuständigkeit lägen.

Moltke war zu dieser Zeit in Karlsbad, wo er Linderung seines Nierenleidens suchte, an dem er zwei Jahre später sterben sollte. Er hatte seit einiger Zeit geäußert, eine so gute Konjunktur für einen Krieg würde wahrscheinlich nicht so bald wiederkommen*.[121] Tirpitz war auf Ferien im Engadin. Wilhelm gab daher ihren Stellvertretern ein kurzes Resümee dessen, was geschehen war. Die allgemeine Auffassung der Militärs war, je früher Österreich sich gegen Serbien in Bewegung setze, um so besser: Es sei unwahrscheinlich, daß Rußland eingreifen würde. Zu dem Vertreter des Reichsmarineamtes sagte Wilhelm, es sei unwahrscheinlich, daß der Zar Königsmörder unterstützen werde zu einer Zeit, da Rußland sowohl militärisch wie finanziell unfähig sei, zu kämpfen. Die Franzosen seien auch in einer Finanzkrise, und ihnen fehle es an schwerer Artillerie, man könne deswegen erwarten, daß sie Rußland zurückhalten würden. Militärische Maßnahmen wurden als Ergebnis dieser Gespräche nicht ergriffen. Was das Heer anbetraf, so blieb nichts zu tun übrig, als die Mobilmachung anzuordnen, und die dafür geltenden Pläne waren für 1914 wie in früheren Jahren im Frühling gründlich überprüft worden. Unmittelbar anschließend trat Wilhelm seine Nordlandreise an. Er hatte ihre Verschiebung vorgeschlagen, aber Bethmann hatte gemeint, daß das unnötige Beunruhigung verursachen würde. Das Auswärtige Amt ließ den bayerischen Gesandten in Berlin später wissen, daß es beabsichtige, die Abwesenheit des Kaisers und Moltkes als Beweis dafür zu benutzen, wie sehr es von Österreichs, damals für die nächsten Tage erwarteter, Aktion ebenso überrascht worden sei wie die übrige Welt.[123]

Die alliierte Propaganda hat später viel Aufhebens von einem Kronrat gemacht, der am 5. Juli in Potsdam abgehalten und bei dem über die Pläne für den Krieg entschieden worden sei.

Die Behauptung hätte kaum auf einem gröberen Fehlurteil aufgebaut sein können. Die wirkliche Kritik an dem Verhalten der deutschen Regierung an jenem schicksalhaften Tage war gerade, daß keine umfassende Aussprache des Für und Wider der Ermutigung Österreichs überhaupt stattfand! Andererseits ist kaum daran zu zweifeln, daß, sofern eine solche Aussprache statt-

* Im Gegensatz dazu wird berichtet, daß Präsident Poincaré, also man ihn am 29. Juli fragte, ob der Krieg zu vermeiden sei, geantwortet habe: »Es wäre ein großer Jammer. Wir würden niemals wieder bessere Voraussetzungen finden.« Wenn diese Anekdote wahr ist, illustriert sie das Prinzip, daß Kriege gewöhnlich ausbrechen, wenn beide Seiten ihre Chancen verschieden einschätzen.[122]

gefunden hätte, das Ergebnis genau das gleiche gewesen wäre. Deutschlands Haltung war durch die Erfahrungen der vorhergehenden Jahre entschieden worden. Man hat in einleuchtender Weise den Standpunkt vertreten, daß Deutschland mindestens darauf hätte bestehen sollen, über das, was Österreich zu tun beabsichtigte, konsultiert zu werden, anstatt beinahe ostentativ auf ein Mitspracherecht bei der Entscheidung zu verzichten. In der Tat aber scheint während des Restes des Monats Juli der Antrieb zum Handeln mindestens so viel von Berlin wie von Wien gekommen zu sein. Bethmann, Moltke und ihre unmittelbaren Mitarbeiter scheinen zu dem Entschluß gekommen zu sein, daß, wenn Österreich-Ungarn nicht zu entschlossenem Handeln gegen die Südslawen schritte, Deutschlands wichtigster Bundesgenosse sehr wohl statt eines Aktivpostens eine reine Verbindlichkeit werden könnte. Österreicher und Magyaren mußten davon abgehalten werden, erst lange Ausschau zu halten, ehe sie sich zum Sprung entschlossen, damit sie nicht die beste Gelegenheit für eine Kraftprobe, die sich nach menschlichem Ermessen bieten würde, vorbeigehen ließen. Die deutsche Führung war sich keineswegs der Gefahr unbewußt, daß sich der Krieg ausbreiten könnte, aber sie hielt das 1914 für weniger wahrscheinlich als zu einem späteren Termin und jedenfalls weniger wahrscheinlich bei einer Gelegenheit, da Österreich ein empörendes Verbrechen bestrafte, als unter anderen Begleitumständen.

Wieweit der Kaiser an diesen Kalkulationen seiner Untergebenen beteiligt war, ist nicht völlig klar. Es ist kaum zu bezweifeln, daß er eine ziemlich klare Vorstellung von dem hatte, was in der Luft lag, und, wie üblich, die von ihm erwartete Rolle spielte. Andererseits waren in Berlin gewisse Zeichen von Nervosität festzustellen, daß er in letzter Minute einen Rückzieher machen könnte. Gewisse Berichte, speziell die meisten der aus London kommenden, wurden ihm nicht übersandt, und wenn man ihm zuredete, seine Nordlandfahrt planmäßig zu unternehmen, mag das teilweise getan worden sein, um ihn aus dem Wege zu haben. Bestimmt hielt ihn die ausschließliche Gesellschaft seiner höfischen Umgebung in Siedetemperatur. Ein Bericht aus Wien ließ erkennen, daß die Österreicher darauf bestehen würden, in Belgrad eine eigene Organisation zur Überwachung der südslawischen Agitation zu errichten, und daß sie nur eine sehr kurze Frist für die Annahme ihres Ultimatums setzen wollten. Wilhelm schrieb ungeduldige Bemerkungen an den Rand, wieviel Zeit sich die Österreicher nähmen, um zu Entschlüssen zu kommen, und zitierte Friedrich den Großen:

»Ich bin gegen die Kriegsräthe und Berathungen, sintemalen die timidere Parthey allemal die Oberhand hat.«[124]

Auf einen Bericht hin, daß die Österreicher sich überlegten, wie sie sicherstellen könnten, daß ihre Forderungen abgelehnt würden, regte er an, sie sollten verlangen, daß ihnen die Serben ein wichtiges Gebiet abträten. Sein Zorn ergoß sich über den Grafen Tisza, den ungarischen Ministerpräsidenten, weil dieser Zurückhaltung zu üben versuchte, und erst als er erfuhr, daß dieser Versuch – zum guten Teil dank deutschen Druckes – aufgegeben war, bemerkte er: »Na, doch mal ein Mann!«[125] Die Nachricht, daß die österreichische Note zurückgehalten werde, bis der französische Präsident und sein Ministerpräsident ihren Staatsbesuch in Petersburg beendet hätten, begrüßte er mit der Bemerkung: »Wie schade!« Als Sir Edward Grey seinem Zutrauen Ausdruck gab, daß Deutschland keine Forderungen unterstützen werde, die den Kriegsausbruch beschleunigen könnten, nannte Wilhelm das einen groben Fall britischer Unverschämtheit und verlangte, jemand solle energisch mit Grey reden und ihm bedeuten, daß man mit dem deutschen Kaiser sich keine Scherze erlauben dürfe.

»Serbien ist eine Räuberbande, die für Verbrechen gefaßt werden muß. Ich werde mich in nichts einmischen, was der Kaiser (Franz Joseph) zu beurteilen allein befugt ist! . . . Echt britische Denkweise und herablassend befehlende Art, die ich abgewiesen haben will.«[126]

Auf eine weitere britische Anregung, zu vermitteln, antwortete er, man konferiere nicht mit anderen, wo es um eine Ehrenfrage gehe. Am 19. Juli ließ er eine vertrauliche Warnung an die beiden großen deutschen Reedereien ergehen, daß sich, sobald einmal das österreichische Ultimatum übergeben sei, die Ereignisse rasch entwickeln könnten, und am folgenden Tage begann er mit der Rückführung der Flotte nach Kiel. Als Bethmann einwendete, daß das die Engländer alarmieren könne, erhielt er eine schroffe Abweisung.

Die österreichische Note an Serbien wurde am 23. Juli um sechs Uhr abends überreicht. Sie verlangte eine Antwort innerhalb achtundvierzig Stunden. Wilhelm erfuhr den Text durch normale Nachrichtenverbindungen und entschloß sich, daß es Zeit sei, nach Hause zu eilen.[127] Als Bethmann wiederum Einwände erhob, weil dies zu Demonstrationen führen könne, bemerkte der Kaiser: »Das wird immer toller, jetzt schreibt mir der Mann sogar vor, daß Ich Mich Meinem Volke nicht zeigen darf! . . .«[128] Er erreichte Potsdam gegen Mittag am 27. Juli und hielt am gleichen Nachmittag einen Kronrat ab, bei dem er seine Billigung aussprach, daß der Reichskanzler, ohne seine Rückkehr abzuwarten, den britischen Konferenzplan abgelehnt hatte. Es muß aber bei dieser Gelegenheit etwas vereinbart worden sein über die Notwendigkeit, sorgfältig bei der Behandlung Englands umzugehen, denn als Bethmann am gleichen Abend berichtete, er habe auf Greys Ersuchen einen Ratschlag zur Mäßigung nach Wien übermittelt, berief er sich darauf, im Einklang mit Wilhelms Anweisungen gehandelt zu haben. Er erwähnte nicht, daß er den englischen Ratschlag mit einer Botschaft begleitet hatte, die darauf abzielte, daß man dem englischen Appell keine Beachtung zu schenken brauche.

Am frühen Morgen des nächsten Tages las Wilhelm den Text der serbischen Antwort, den das Auswärtige Amt etwa zwanzig Stunden vorher direkt von den Serben erhalten hatte.[129] Seine unmittelbare Reaktion war:

> »Eine brillante Leistung für eine Frist von bloß 48 Stunden! Das ist mehr, als man erwarten konnte ! Ein großer moralischer Sieg für Wien; aber damit fällt jeder Kriegsgrund fort . . . Daraufhin hätte *ich* niemals Mobilmachung befohlen!«[130]

Er schlug vor, daß die österreichischen Streitkräfte sich einverstanden erklären sollten, haltzumachen, sobald sie Belgrad besetzt hätten – ein Zugeständnis, das ihnen um so leichter fallen mußte, als Conrad erklärte, er sei auf weitere siebzehn Tage nicht bereit, die Grenze überhaupt zu kreuzen. Das würde eine Atempause geben, während derer Wilhelm vermitteln könnte. Bethmann erhielt die Weisung, diese Anregung Wien zu unterbreiten, gebrauchte aber den ganzen Tag, um das auszuführen. Als er es endlich tat, hatte Österreich inzwischen in Verfolg von früherem deutschem Druck einige weitere Brücken hinter sich abgebrochen, indem es Serbien den Krieg erklärt hatte. Aber bei einer Beratung am folgenden Nachmittag – am 29. Juli – sah die Situation noch einigermaßen hoffnungsvoll aus. Österreich erwog den »Halt in Belgrad«. Wilhelm und der Zar tauschten Telegramme über Vermittlung aus, und eine Unterhaltung zwischen dem Prinzen Heinrich und König Georg von England wurde irrtümlich in dem Sinne ausgelegt, daß Großbritannien neutral bleiben werde.

Österreich aber ließ auf seine Kriegserklärung ein Bombardement von Belgrad folgen. Diese Nachricht ließ die Russen die Geduld verlieren und sich für die Mobilmachung entscheiden, hauptsächlich allerdings als ein Mittel, um Wien zum Einlenken zu bewegen. Bevor der telegraphische Befehl herausgehen konnte, veranlaßte eine Botschaft von Wilhelm den Zaren, ihn auf die vier an Österreich grenzenden Militärbezirke zu beschränken und die drei Bezirke an der deutschen Grenze noch nicht zu mobilisieren. Immerhin erfaßte die Mobilmachung trotz ihrer Beschränkung mehr als die doppelte Anzahl von Divisionen, die den Österreichern verblieben waren, nachdem der Hauptteil ihres Heeres gegen Serbien in Marsch gesetzt worden war. Auf jeden Fall kam die Befehlsänderung zu spät. Am Morgen des 30. Juli erhielt Wilhelm die Nachricht von der russischen Teilmobilmachung und schrieb an den Rand: »Darauf muß auch ich mobil machen!«[131] Es fehlte nicht an vertrauten Beobachtern, die diese Schlußfolgerung dem Generalstab mitteilten, der bis dahin erhebliches Verständnis für Bethmanns Bedenken gehabt hatte, sich jetzt aber entschloß, den Stier bei den Hörnern zu nehmen. Der ganze deutsche Feldzugsplan beruhte darauf, einen raschen Sieg im Westen zu erringen, ehe sich die russische Dampfwalze in Bewegung setzen könnte. Deutschlands Fähigkeit, seine Mobilmachung unverzüglich und schneller als die Russen durchzuführen, war daher ein Faktor von entscheidender Bedeutung, der davon abhing, daß beide Mobilmachungen gleichzeitig begannen. Deutschland konnte nicht warten*.

Um diese Zeit aber hatten Berichte aus London den Reichskanzler das rote Licht erkennen lassen. Grey hatte es für unwahrscheinlich erklärt, daß England sich würde heraushalten können, wenn Frankreich einmal in den Krieg hineingezogen würde. Bethmann begann daher endlich, in Wien zu Vorsicht zu raten. Aber seine Versuche in dieser Richtung wurden in ihrer Wirksamkeit zunächst beeinträchtigt durch die Winke, die er zu

* Deutschland hatte aber gewartet, als Rußland 1912 mobil machte.

einem früheren Zeitpunkt hintenherum gegeben hatte, daß solche Versuche nur als Bühnendekoration für englische Augen bestimmt und deshalb nicht zu ernst zu nehmen seien. Die Österreicher hatten sich auch zum Handeln entschlossen und sträubten sich, zurückzuweichen. Außerdem stand Bethmann der Forderung der deutschen Generäle nach der Mobilmachung gegenüber. Sie sandten eine Botschaft nach Wien, in der dem österreichischen Generalstab die Mobilmachung gegen Rußland (die noch nicht befohlen worden war) anempfohlen wurde, so daß Österreich den Hauptstoß des Angriffes im Osten auffangen könnte, während Deutschland sich mit Frankreich befassen würde. Die Botschaft enthielt auch die Zusage, daß, wenn dies geschehe, Deutschland sich an die Bedingungen des Bündnisses gebunden halten werde. Von diesem Augenblick an konzentrierte sich der deutsche Druck auf Wien darauf, die Österreicher zu überreden, ihre Kräfte hauptsächlich gegen Rußland anstatt gegen Serbien einzusetzen. Moltke erzählte Conrad auch – im Widerspruch zu Bethmann, wenn auch vielleicht in Unkenntnis von dessen Meinungswechsel –, daß man englischen Vermittlungsversuchen Widerstand leisten müsse. Am späten Abend des 30. Juli gab Bethmann schließlich nach; er stellte zunächst seine Bemühungen in Wien ein und richtete dann an Petersburg eine Warnung, daß, wenn Rußland nicht innerhalb zwölf Stunden seine Mobilmachung rückgängig mache, Deutschland sich gezwungen sehen werde, gleichfalls mobil zu machen. Während nun aber die Mobilmachungen Österreichs und Rußlands durchgeführt werden konnten, ohne irgendwelche Grenzen zu überschreiten, war der Charakter der deutschen Pläne derart, daß eine Mobilmachung unvermeidlich zum Kriege führte.

Unter solchen Umständen las Kaiser Wilhelm während der Nacht vom 30. auf den 31. Juli einen Bericht aus Petersburg, in dem es hieß, daß nach einer Äußerung Sasonows die russische Mobilmachung nicht rückgängig gemacht werden könne. Er sah sehr rasch ein, daß, sofern diese Erklärung den Tatsachen entsprach, der Krieg unvermeidlich sein müßte, und in der Erregung des Augenblickes schüttete er sein Herz rückhaltlos in einer Marginalie aus, die einen sehr breiten Rand erfordert haben muß. Die Spannung hatte den Rest seiner Zurückhaltung weggefegt, und das Ergebnis beleuchtet so deutlich sein Benehmen in einer seiner Nervenkrisen, daß es lohnt, seine Bemerkungen im vollen Wortlaut anzuführen:

»Wenn (die russische) Mobilmachung nicht mehr rückgängig zu machen ist – *was nicht wahr ist* – warum hat dann überhaupt der Zar meine Vermittlung drei Tage nachher angerufen, ohne die Erlassung des Mobilmachungsbefehles zu erwähnen?! Das zeigt doch klar, daß die Mobilmachung ihm selbst übereilt erschienen ist und er hinterher zur Beruhigung seines erwachten Gewissens pro forma diesen Schritt bei uns tat, obwohl er wußte, daß er zu nichts mehr nutze sei, da er sich nicht stark genug fühlt, die Mobilisierung zu *stoppen.* Leichtsinn und Schwäche sollen die Welt in den furchtbarsten Krieg stürzen, der auf den Untergang Deutschlands schließlich abzielt. Denn das läßt jetzt für mich keinen Zweifel mehr zu: England, Rußland und Frankreich haben sich *verabredet* – unter Zugrundelegung des *casus foederis* für uns Österreich gegenüber – den Österreich-Serbischen Konflikt zum *Vorwand* nehmend gegen uns den *Vernichtungskrieg* zu führen. Daher Greys zynische Bemerkung an Lichnowsky, ›solange der Krieg auf Rußland und Österreich *beschränkt* bleibe, würde England stillsitzen, erst wenn wir uns und Frankreich *hineinmischten,* würde er gezwungen sein, aktiv gegen uns zu werden‹. Das heißt entweder, wir sollen unsern Bundesgenossen schnöde verraten und Rußland *preisgeben* – damit den Dreibund sprengen oder für unsere *Bundestreue* von der Tripel Entente gemeinsam überfallen und *bestraft* werden, wobei ihrem Neid endlich Befriedigung wird, uns gemeinsam total zu *ruinieren.* Das ist *in nuce* die wahre nackte Situation, die langsam und sicher durch Edward VII. eingefädelt, fortgeführt, durch abgeleugnete Besprechungen Englands mit Paris und Petersburg systematisch ausgebaut; schließlich durch Georg V. zum Abschluß gebracht und ins Werk gesetzt wird. Dabei wird uns die Dummheit und Ungeschicklichkeit unseres Verbündeten zum Fallstrick gemacht. Also die berühmte ›*Einkreisung*‹ Deutschlands ist nun doch endlich zur vollsten Tatsache geworden, trotz aller Versuche unserer Politiker und Diplomaten, sie zu hindern. Das Netz ist uns plötzlich über dem Kopf zugezogen, und hohnlächelnd hat England den glänzendsten Erfolg seiner beharrlich durchgeführten pure *antideutschen Weltpolitik,* gegen die wir uns machtlos erwiesen haben, indem es uns *isoliert* im Netze zappelnd aus unserer Bundestreue zu Österreich den Strick zu unserer politischen und ökonomischen Vernichtung dreht. Eine großartige Leistung, die Bewunderung erweckt, selbst bei dem, der durch sie zu Grunde geht! Edward VII. ist nach seinem Tode noch stärker als ich, der ich lebe! Und da hat es Leute gegeben, die geglaubt haben, man könnte England gewinnen oder beruhigen, durch diese oder jene kleinen Maßregeln!!! Unablässig, unnachgiebig hat es sein Ziel verfolgt, mit Noten, Feiertagsvorschlägen, *scares*, Haldane etc., bis es soweit war. Und wir sind ins Garn gelaufen und haben sogar das Einertempo im Schiffbau eingeführt in rührender Hoffnung, England damit zu beruhigen!!! Alle Warnungen, alle Bitten meinerseits sind nutzlos verhallt. Jetzt kommt der Englische sogenannte Dank dafür! Aus dem Dilemma der Bundestreue gegen den ehrwürdigen alten Kaiser wird uns die Situation geschaffen, die England den erwünschten Vorwand gibt, uns zu vernichten, mit dem heuchlerischen Schein des Rechtes, nämlich Frankreich zu helfen wegen Aufrechterhaltung der berüchtigten *balance of power* in Europa, das heißt Ausspielung aller europäischen Staaten zu Englands Gunsten gegen uns! Jetzt muß dieses ganze Getriebe schonungslos aufgedeckt und ihm öffentlich die Maske christlicher Friedfertigkeit in der Öffentlichkeit schroff abgerissen werden und die pharisäische Friedensheuchelei an den Pranger gestellt werden!! Und unsere Consuln in Türkei und Indien, Agenten etc. müssen die ganze mohammedanische Welt gegen dieses verhaßte, verlogene, gewissenlose Krämervolk zum wilden Aufstande entflammen; denn, wenn wir uns verbluten sollen, dann soll England wenigstens Indien verlieren.«[132]

Aber auch das Aushilfsmittel, die Schuld anderen zuzuschieben, konnte nicht über die Tatsache hinwegtäuschen, daß das deutsche Spiel schiefging. Die Chancen, den Krieg zu lokalisieren, schwanden. Die leitenden Männer von Flotte und Heer scheinen diesbezüglich nie Illusionen gehegt zu haben; da sie aber neunundfünfzig Divisionen gegen eine entschieden kleinere Zahl französischer werfen konnten[133] und der Krieg im Westen innerhalb von sechs Wochen entschieden werden sollte, machten sie sich nicht viele Sorgen darüber, ob sechs britische Divisionen die Franzosen verstärken würden oder nicht. Wilhelm hatte eine klarere Erkenntnis, was das britische Eingreifen bedeuten könnte, und das gilt sicher auch für Bethmann. In ihrer Sorge, die britische Neutralität zu erreichen, hatten sie sich an Argumente geklammert, die erhoffen ließen, daß ihnen das glücken könnte. Die Heftigkeit ihrer Enttäuschung, als sie diese Hoffnungen schwinden sahen, läßt darauf schließen, daß ihr ursprünglicher Zustand eher auf Nervosität als auf zuversichtliche Erwartung begründet gewesen war. Das ist wahrscheinlich der Grund dafür, daß Bethmann den die belgische Neutralität garantierenden Vertrag als einen »Fetzen Papier« abtat. Er und der Kaiser hätten besser getan, wenn sie in den vorhergehenden Jahren mehr Zeit darauf verwandt hätten, sich die politischen Konsequenzen der deutschen strategischen Pläne zu überlegen. Denn gerade an diesem Punkte trat ein Faktor in Erscheinung, den man hätte voraussehen können und sollen und der für Deutschland die denkbar ungünstigste Eröffnung des Krieges heraufbeschwor. Wenn es Bethmanns erstes Ziel gewesen war, den Krieg auf den Balkan zu beschränken, so war es sein zweites, die Verantwortung für seine Ausweitung eindeutig auf Rußlands Schultern abzuwälzen. Rußland hatte ohne Zweifel als erstes Land mobil gemacht. Aber Mobilmachung ist nicht gleichbedeutend mit Angriff. Es waren die unerbittlichen Erfordernisse des deutschen militärischen Zeitplanes, die Bethmann zwangen, die Forderung an St. Petersburg nach Einstellung der russischen Mobilmachung zu richten, einen »Zustand drohender Kriegsgefahr« zu erklären und, als die Frist abgelaufen war, ohne daß eine russische Antwort eintraf, Wilhelm den Befehl für eine allgemeine deutsche Mobilmachung vorzulegen, den dieser um 5 Uhr nachmittags am 1. August unterzeichnete – auf einem Tisch, der aus Holz von Nelsons Flaggschiff »Victory« angefertigt war.[134] Wenig später überreichte der deutsche Botschafter in Petersburg, Graf Pourtalès, eine Kriegserklärung, durch die das französisch-russische Bündnis in Kraft trat und Italien aller Verpflichtungen zur Unterstützung der beiden anderen Mitglieder des Dreibundes enthoben wurde. Das Verlangen der Militärs, daß Österreich den russischen Angriff auf sich ziehen solle, hatte die Zielsetzung der Politiker beiseite gesetzt.

Und das war noch nicht alles. Die deutsche Strategie, im Westen zuerst anzugreifen, ging davon aus, daß entweder Frankreich Deutschland den Krieg erklären werde, sobald Rußland sich im Kriege mit Deutschland befände, oder daß es nichts ausmache, wenn Deutschland offenbar als Angreifer erscheine. Die Mißlichkeit der Lage wurde noch vergrößert dadurch, daß der Schlieffenplan, der auf eine weite Umfassungsbewegung des rechten Flügels abzielte, den Durchmarsch durch Belgien notwendig machte, das aufgefordert werden sollte, die deutschen Truppen passieren zu lassen, und dessen Überrennung im Falle seiner Weigerung vorgesehen war. Obgleich Hohenlohe, Bülow und Bethmann als Reichskanzler alle hierüber unterrichtet gewesen waren, hatte keiner von ihnen Einspruch dagegen erhoben.[135] Die einzige Änderung des ursprünglichen Planes war der Verzicht auf den auch ins Auge gefaßten Marsch durch Holland gewesen, hauptsächlich damit Deutschland die holländische Neutralität für die Einfuhr notwendiger Vorräte benutzen könne. 1913 hatte Kiderlens Nachfolger als Staatssekretär des Auswärtigen, von Jagow, General von Moltke darauf hingewiesen, daß eine Invasion Belgiens ohne Zweifel Großbritannien in den Krieg hineinziehen werde. Moltke versprach, diesen Punkt im Generalstab zu überdenken, scheint aber zu der Entscheidung gelangt zu sein, daß angesichts des Fehlens jeder befriedigenden Alternative der mit der Verletzung der belgischen Neutralität verbundene strategische Gewinn schwerer wiege als alle politischen und psychologischen Nachteile.[136] Dagegen war den Generalstäben Frankreichs und Englands, als sie überlegten, selber in Belgien einzumarschieren, um den deutschen Plänen – von denen sie eine ziemlich zutreffende Ahnung hatten – zuvorzukommen, die Zustimmung ihrer politischen Herren versagt worden. Überdies hatte der französische Kriegsminister, obgleich die französische Mobilmachung am 1. August befohlen worden war, angeordnet, daß sich alle seine Truppen zehn Kilometer von der Grenze entfernt halten sollten. Da die Deutschen es sich nicht leisten konnten zu warten, blieb ihnen nur die Wahl zwischen einer Kriegserklärung an Frankreich oder einem Angriff ohne vorherige formelle Erklärung.

Kaum aber war die deutsche Mobilmachung angeordnet, als ein Telegramm vom deutschen Botschafter in London, Fürst Lichnowsky, eintraf, das, auf Grund einer irrtümlichen Auslegung einer Äußerung des hohen Beamten im Foreign Office, Sir William Tyrrell, bei der deutschen Führung auf kurze Zeit den Glauben erweckte, England werde schließlich doch neutral bleiben, sofern Deutschland Frankreich nicht angreife. Der Kaiser bestellte daraufhin Champagner, es scheine, als könne ein Zweifrontenkrieg doch noch vermieden werden. Er berief Moltke und gab ihm den Befehl, die an der französischen Grenze stehenden Truppen anzuhalten und den Hauptangriff auf Rußland umzuschalten. Der General war entgeistert. Nicht nur mußte ein Chaos entstehen, wenn die Mobilmachung mitten in ihrem Ablauf angehalten würde, Deutschland hatte auch nur Pläne für eine strategische Eventualität – ähnlich wie England, nur konnte Deutschland sich das weniger gut leisten. Es hatte einmal einen Plan für eine Offensive nach Osten gegeben, aber während der alljährlichen Überprüfung war dieser sogenannte »große Ostaufmarsch« im Jahre 1913 als überflüssig fallengelassen worden.[137] Der Kaiser ist oft belacht worden, weil er Moltke sagte, »Ihr Onkel hätte mir eine andere Antwort gegeben«, aber die darin liegende Kritik war voll berechtigt. Damit aber ist die Frage nicht erledigt. Unter der Verfassung des Deutschen Reiches lag die Verantwortung für die Sicherung der Koordination zwischen dem militärischen und dem zivilen Regierungsbereich beim Kaiser. Wilhelm hatte niemals begriffen, was seine Stellung von ihm in dieser Beziehung erforderte, geschweige denn diese Aufgabe praktisch angepackt. Er hatte darüber hinaus dadurch, daß er jeden Versuch ziviler Minister, ihre Meinung zu militärischen Dingen auszudrücken, barsch zurückwies, wenig Chance gelassen, daß sie Einspruch wegen der politischen Tragweite der militärischen Pläne erheben würden. Es wäre reizvoll, sich vorzustellen, wie die Dinge gelaufen wären, wenn ein Alternativplan bestanden hätte, wenn Deutschland im Westen defensiv geblieben wäre und seine Grenzen nicht überschritten und anstatt dessen starke Kräfte in dem Augenblick, da Rußland Österreich angriff, nach Osten geworfen hätte.

Moltke gewann seine Ruhe nach dieser Intervention des Kaisers niemals in vollem Umfange zurück, doch war seine Behinderung – die sich auch auf die Frage der Benutzung der luxemburgischen Eisenbahnen erstreckte[138] – nur von kurzer Dauer; denn etwa eine Stunde später ging beim Kaiser ein Telegramm von König Georg von England ein, das bewies, daß der vorerwähnte Bericht irreführend gewesen war. Am folgenden Tage erfuhr er, daß Grey an Deutschland und Frankreich appelliert hatte, die belgische Neutralität zu respektieren. Aber obgleich er die Randnotiz machte: »Davon wird das Eingreifen Englands gegen uns abhängen«,[139] obgleich er in der Vergangenheit den Belgiern versichert hatte, ihr Mißtrauen gegenüber Deutschland sei unbegründet, legte er keinen Einspruch ein, als am 2. August der deutsche Gesandte in Brüssel angewiesen wurde, den ihm schon vier Tage vorher übersandten versiegelten Briefumschlag zu öffnen und das darin enthaltene Ultimatum der belgischen Regierung zu überreichen. Wilhelm hat in späteren Jahren gesagt, er sei durch den militärischen Zeitplan mitgerissen worden, und bis zu einem gewissen Grade ist diese Entschuldigung begründet.[140] Er hatte es aber nur sich selber zu verdanken, wenn er sich der Folgeerscheinungen dieser militärischen Zeittafel nicht rechtzeitig gewahr wurde oder wenn er sich, nachdem er tätig dabei mitgewirkt hatte, die Österreicher über den Rand zu stoßen, nicht mehr in der Lage fand, sie zurückzuziehen. Als bei einem Ministerrat am 3. August Bethmann ankündigte, daß die britische Beteiligung am Kriege als unvermeidlich zu betrachten sei, soll Tirpitz ausgerufen haben, dann sei alles verloren. Moltke soll etwa um die gleiche Zeit erklärt haben, ihm sei es lieber, die englische Armee vor sich zu haben und niederschlagen zu können, als es mit einem böswillig neutralen England zu tun zu haben, gegen das er nichts unternehmen könne.[141]

So geschah es, daß am 4. August Kaiser Wilhelm die Mitglieder des Reichstages in den Weißen Saal des Schlosses berief und ihnen dort sagte, daß sich Deutschland trotz aller Bemühungen um den Frieden nunmehr im Kriege befinde. Österreich sei gezwungen gewesen, Serbien anzugreifen, Rußland habe sich eingemischt, vertragliche Verpflichtung und das eigene Interesse habe Deutschland veranlaßt, an die Seite seines Verbündeten zu treten. Niemand könne erstaunt sein, fügte der Kaiser hinzu, daß Frankreich, das so viele deutsche Annäherungsversuche zurückgewiesen habe, Rußland unterstütze. – England, dessen Haltung noch nicht ganz geklärt war, erwähnte der Kaiser bei dieser Gelegenheit nicht. Wilhelm fügte hinzu, daß die Lage sich nicht aus einem zeitbedingten Interessenkonflikt oder diplomatischen Manövern, sondern aus der seit langem bestehenden Eifersucht auf Deutschlands Stärke und Wachstum ergeben habe. Deutschland sei nicht von Eroberungslust beseelt, sondern ergreife sein Schwert, um zu sichern, was es besitze, mit reinen Händen und einem reinen Gewissen.

Schon vorher hatte er von einem Balkon des Schlosses der jubelnden Menge versichert, er kenne keine Parteien mehr, sondern nur noch Deutsche.

Die Diskussionen, die sich in neuerer Zeit über die deutschen Kriegsziele entwickelt haben, lassen es wünschenswert erscheinen, gewisse Aspekte der in den letzten drei Kapiteln erzählten Geschichte besonders herauszuheben.

Die Vorstellung von dem, was 1914 geschah, darf nicht durch die Kenntnis dessen, was später geschehen ist, beeinflußt werden. Die deutsche zivile und militärische Führung dachte nicht in den Begriffen von 1918 oder gar von 1940, sondern in denen der Vergangenheit, von 1866 und 1870. Das Letzte, was sie erwarteten, war ein langer Krieg. Sie setzten vielmehr darauf, einen schnellen und verhältnismäßig unblutigen Sieg über Frankreich erringen zu können.

Bei dieser Kalkulation war dem Verhalten Großbritanniens keine entscheidende Bedeutung beizumessen.

Diesem Lotteriespiel lag ein Glaube zugrunde, daß Krieg – wenigstens mit Frankreich und Rußland – früher oder später unvermeidlich sei. Die deutsche Führung war der Meinung – und darin war sie höchstwahrscheinlich im Recht – daß ihre Siegesaussichten 1914 besser sein würden als zu einem späteren Zeitpunkt. Das ließ es in Deutschlands Interesse erscheinen, die Entscheidung in diesem Jahre zu erzwingen, was beinahe unvermeidlich bedeutete, daß es die Offensive ergreifen mußte.

Die durch die Mordtat von Sarajewo gebotene Gelegenheit zum Kriege vorübergehen zu lassen, hätte nach Ansicht der deutschen Führung ihr nur die Wahl gelassen entweder der Politik der Tripelentente zu einem späteren Zeitpunkt mit geringerer Aussicht auf Erfolg Widerstand zu leisten oder andernfalls dieser Politik unter allen Umständen zuzustimmen. Das Letztere hätte ihrer Ansicht nach bedeutet, daß Deutschland sich hätte damit abfinden müssen, nicht mehr als Großmacht zu zählen, und das zu vermeiden, war sie entschlossen.

Andere Länder als Deutschland hätten natürlich den Kriegsausbruch im Jahre 1914 abwenden können, wenn sie ihrerseits sich entschlossen hätten, den Kurs ihres Handelns zu ändern. Aber sie mußten die Gefahr in Betracht ziehen, dann von ihren Verbündeten im Stiche gelassen zu werden. Sie wären dann unter Umständen vor die Alternative gestellt worden, entweder

Deutschland auf sich allein gestellt Widerstand zu leisten oder aber sich der deutschen Politik zu unterwerfen. Insofern war ihre Position also das Gegenstück zu der Deutschlands.

Worum es im Jahre 1914 und den vorhergehenden Jahren ging – denn die Situation, in der der Krieg als unvermeidlich angesehen wurde, hatte sich allmählich entwickelt –, war grundsätzlich eine Meinungsverschiedenheit über die Art der Stellung in der Welt, zu der Deutschland berechtigt war – mit anderen Worten, welche es sich sichern konnte, wenn es zur Gewalt griff. Die deutsche Führung – und mit ihr viele Deutsche – glaubte, daß die Hilfsquellen, die die Deutschen im Laufe des 19. Jahrhunderts unter ihre Herrschaft gebracht hatten, sie zu einem größeren Mitspracherecht in der Weltpolitik berechtigten, als ihnen die anderen Länder zuzugestehen bereit waren. Einige dieser anderen Länder glaubten nicht nur, daß Deutschland dieses größere Mitspracherecht nur auf ihre Kosten erhalten könnte, sondern waren auch der Meinung, daß, wenn sie nur zusammenstehen würden, ihre Chancen gut stünden, einem solchen Versuch der Verminderung ihres Einflusses erfolgreich Widerstand zu leisten. Mit anderen Worten, sie bestritten die deutsche Einschätzung des Machtverhältnisses –, und die Ereignisse gaben ihnen Recht.

Diese Analyse wird auch nicht dadurch verändert, daß man sagt, Deutschland habe nicht die Vorherrschaft, sondern lediglich einen gleichberechtigten Status verlangt. Denn was Deutschland auch forderte, es war jedenfalls etwas, was es nicht besaß, und deshalb etwas, was, wenn es zugestanden worden wäre, einen Verlust auf seiten anderer Länder bedeutet hätte. Und da Status nicht exakt zu definieren oder zu messen ist, mag Gleichberechtigung in den Augen dessen, der sie beansprucht, in den Augen derjenigen, die sie schon besitzen, als Vorherrschaft erscheinen.

Es ist schwer, sich vorzustellen – wenigstens in den politischen Begriffen des 19. Jahrhunderts –, wie diese Meinungsverschiedenheit anders als durch die physische Kraftprobe hätte gelöst werden können.

Von diesem Gesichtspunkt aus erscheint die Frage, welche nationalen Ziele von welchen deutschen Führern zu welchem Zeitpunkte aufgestellt wurden, als verhältnismäßig unwichtig. Solche Ziele waren nur eine Ausdrucksform des grundsätzlichen Glaubens, daß Deutschland zu größerem Einfluß berechtigt sei, als man ihm zugestehen wollte, oder sie waren ein Mittel, um Deutschland solchen Einfluß zu verschaffen.

Ob es für die Deutschen unmoralisch war, diesen Glauben zu hegen und nach ihm handeln zu wollen – oder für die Völker anderer Länder, diesen Bestrebungen Widerstand entgegenzusetzen – ist eine Frage für sich, die andere Probleme heraufbeschwört und die im letzten Kapitel dieses Buches besprochen wird.

Inzwischen mögen vielleicht einige Anekdoten nützlich sein, um die Geschichte abzurunden. Zwanzig Jahre früher hatte der damalige preußische Innenminister von Köller den Stoßseufzer getan: »Gott behüte uns vor einem Kriege, solange Wilhelm II. auf dem Thron ist. Denn er wird die Nerven verlieren, er ist feige.«[142]

Am Tage, an dem der Krieg ausbrach, sagte der Industrielle und spätere Minister Walter Rathenau zu einem Freunde: »Nie wird der Augenblick kommen, wo der Kaiser als Sieger der Welt mit seinen Paladinen auf weißem Rosse durchs Brandenburger Tor zieht. An diesem Tage hätte die Weltgeschichte ihren Sinn verloren. Nein, nicht einer der Großen, die in diesen Krieg ziehen, wird diesen Krieg überdauern.«[143]

In einer letzten Besprechung mit dem deutschen Botschafter Lichnowsky am 5. August sagte Sir Edward Grey, England werde immer zur Vermittlung bereit sein, wenn Deutschland den Krieg zu beenden wünsche. Als ihm dies berichtet wurde, bemerkte der Kaiser:

»Aalglatt gleisnerischer Lügner, er bekommt schon Angst vor den Folgen der von ihm angezettelten Kriegsereignisse – jammervoll und schmachvoll – er sollte sich vor Pitt und Wellington schämen!«[144]

Um die gleiche Zeit bemerkte der französische Botschafter in Berlin, Jules Cambon, zu seinem britischen Kollegen: »Es gibt heute abend drei Leute in Berlin, die bedauern, daß der Krieg ausgebrochen ist: Sie, ich und Kaiser Wilhelm.«

Von Wilhelm wird andererseits berichtet, daß er gesagt habe: »Wenn man sich vorstellt, daß George und Nicky mit mir ein falsches Spiel getrieben haben! Wenn meine Großmutter noch am Leben wäre, würde sie das nie geduldet haben.«[145]

Wer Wind sät ...

Um Weihnachten 1915 veröffentlichte die *Frankfurter Zeitung* einen Artikel, in dem sie auf die Ansicht von Clausewitz Bezug nahm, daß der Krieg die Fortsetzung der Politik mit anderen Mitteln sei, und zu dem Schlusse kam: »Der militärische Gesichtspunkt hat sich dem politischen unterzuordnen. Das Unterordnen des politischen wäre widersinnig.« Dieser Aufsatz ärgerte den Kaiser, weil er darin eine versteckte Kritik an seinem Generalstabschef von Falkenhayn und auch an sich selbst sah. »Politik hält im Kriege den Mund, bis Strategie ihr das Reden wieder gestattet«, war sein Kommentar.[1] Wilhelm ging natürlich nicht so weit, sich selbst an diese Devise zu halten, er sah seine Aufgabe ja auch mehr als eine militärische, denn als eine politische an. War er doch der oberste Befehlshaber aller Streitkräfte. Er trat übrigens weniger an die Öffentlichkeit als in Friedenszeiten und verlor dadurch den Kontakt mit den Zivilisten unter seinen Untertanen. Wenn er sich öffentlich äußerte, tat er das meistens bei Ansprachen an die Truppen. Er hielt sich nur in größeren Zwischenräumen in Berlin auf und verbrachte seine Zeit meistens im Großen Hauptquartier oder in dessen Nähe. Dieses bewegte sich, je nachdem, wo der Schwerpunkt der Kämpfe lag, von Koblenz nach Luxemburg, dann nach Charlesville, später nach Osten, nach Posen und Pless und wiederum westwärts nach Kreuznach und schließlich nach Spa. Zuzeiten wohnte der Kaiser in seinem Hofzug, der auch eine »Felduniform« in Gestalt eines grünen Anstriches angelegt hatte.

Im großen und ganzen war dies keine sehr glückliche Lösung. Des Kaisers Leistungen während der Manöver in Friedenszeiten hielten die militärische Führung davon ab, ihm viel Mitbestimmung bei ihren Entscheidungen einzuräumen. In der untergeordneten politischen Sphäre konnte er sich benehmen, wie er wollte, aber wo es um Preußens nationale Betätigung ging, hatte er als konstitutioneller Generalissimus zu handeln. Der Stab im

Hauptquartier hatte gewöhnlich zu viel um die Ohren, als daß er sich viel um den Kaiser hätte kümmern können, und niemand wollte die Verantwortung dafür übernehmen, daß dieser sich nahe an die Front begebe. Das bedeutete, daß er nicht sehr viel zu tun hatte und daß das, was er tat, im allgemeinen nicht viel Bedeutung besaß. Noch bevor der Krieg drei Monate im Gange gewesen war, sagte er zu Prinz Max von Baden:

> »Der Generalstab sagt mir gar nichts und fragt mich auch nicht. Wenn man sich in Deutschland einbildet, daß ich das Heer führe, so irrt man sich sehr. Ich trinke Tee und säge Holz und gehe spazieren und dann erfahre ich von Zeit zu Zeit, das und das ist gemacht, ganz wie es den Herren beliebt. Der einzige, der ein bißchen netter zu mir ist, ist der Chef der Feldeisenbahnabteilung (General Gröner), der erzählt mir alles, was er macht und beabsichtigt.«[2]

Mittlerweile blieb die Aufgabe, die obersten Kommandobehörden des Heeres und der Marine untereinander und mit der Heimat und der diplomatischen Front zu koordinieren, im wesentlichen unerfüllt. Der Kaiser sah sich unter diesen Umständen mehr denn je zuvor auf den engen Kreis seines Gefolges angewiesen, den Generaladjutanten von Plessen, der schon 1914 ein alter Herr von dreiundsiebzig Jahren war, den Chef des Militärkabinetts, General von Lyncker, von dreiundsechzig, den Chef des Marinekabinetts, Admiral von Müller, von zweiundsechzig, und den Chef des Zivilkabinetts von Valentini, neunundfünfzig. Der Reichskanzler fand es, nachdem er sich die ersten vier Kriegsmonate im Großen Hauptquartier aufgehalten hatte, wesentlich, nach Berlin zurückzukehren, und hatte einen Verbindungsoffizier zurückgelassen. Die »Hydra«, wie die persönliche Umgebung des Kaisers von ihren Gegnern genannt wurde, bestand aus gewissenhaften und getreuen Dienern ihres Herrn, und alle – mit Ausnahme Plessens – wurden im Laufe der Zeit abgelöst, weil sie sich weigerten, die konservativen Auffassungen in ihrem Rohzustand zu schlucken. Aber ihr Hintergrund war begrenzt, und wie ihr Herr litten sie darunter, daß sie von der kämpfenden Truppe, von den politischen Kreisen in Berlin und vom Volk in seiner Gesamtheit abgeschnitten waren. Anstatt zu einem Kristallisationspunkt für die ganze kämpfende Nation zu werden – eine Aufgabe, die allein der Kaiser zu erfüllen imstande war –, brachte Wilhelm es fertig, den Eindruck zu erwecken, als führe er ein Leben ganz für sich, als habe er keinen Teil an den Nöten des gemeinen Mannes an der Front oder der Arbeiter und der Hausfrauen.

Für eine solche Ansicht gibt es auch ausreichende Begründung. Berichte über die Kost am Hofe gehen auseinander. Manche Schreiber erinnern sich an Erbsensuppe und Wurst und Käse, andere erwähnen festliche Mähler und den häufigen Konsum von Champagner zur Feier wirklicher oder vermeintlicher Siege. Es gibt bestimmt keine Anzeichen dafür, daß Wilhelm selber auf luxuriösem Leben bestanden hätte. Er war durchaus imstande, während er bebutterten Zwieback und Pasteten verzehrte, zu sagen, daß er stets die Rationierungsvorschriften ebenso wie seine Untertanen einhalte, wobei die scheinbare Heuchelei wahrscheinlich darauf beruht, daß er keine Ahnung hatte, was seine Untertanen tatsächlich zu essen bekamen. Auf alle Fälle mußte eine beträchtliche Zahl einflußreicher Gäste aus dem Auslande nicht nur bewirtet werden, es galt auch, ihnen den bestmöglichen Eindruck von Deutschland in der Kriegszeit zu vermitteln. Verpflegungsoffiziere sind geneigt zu der Annahme, daß sie nach der Qualität dessen, was sie auf den Tisch bringen, beurteilt werden, und benutzen den Namen ihres Chefs, um, so oder so, das Bestmögliche zu besorgen. Gerechte Teilung für alle ist nicht der Gedanke, der Hofbeamten selbstverständlich erscheint. Dona hatte hierin, wie in mancher anderen Beziehung, einen unseligen Einfluß; sie hielt es für einen Teil ihrer Pflicht, ihren Gatten aufzuheitern und ihn dadurch instand zu setzen, die Rolle zu spielen, die jedermann als so wichtig beschrieb.

Meist war Wilhelms körperlicher und nervlicher Gesundheitszustand alles andere als gut. Die Ansichten, die er vor Kriegsausbruch äußerte, machen deutlich, daß er in den Kampf nicht mit unerschütterlicher Siegeszuversicht eintrat. Ein alter und vertrauter Freund, der in den ersten Augusttagen viel mit ihm zu tun hatte, bekannte, er habe nie zuvor ein so tragisches und besorgtes Gesicht erlebt.[3] Einer, der ihn ein oder zwei Tage später einen Bittgottesdienst im Berliner Dom verlassen sah, beschreibt sein Gesicht als »völlig verändert, erstarrt, so als ob das Leben aus ihm gewichen wäre. Hier ging ein Mann, dem eine Welt zusammengebrochen war und der etwas von dem kommenden Verhängnis ahnte.«[4] Es liefen bald Gerüchte um, daß der Kaiser in Kirchen an verschiedenen Stellen im Rheinland gesehen worden sei, mit Tränen in den Augen und in stundenlangem Gebet.[5] Im März 1916 sagte er im vertrauten Kreise: »Man darf es ja eigentlich nicht aussprechen, und ich tue es ja auch Falkenhayn gegenüber nicht, aber dieser Krieg endet nicht mit einem großen Sieg. Es wird zu einem Vergleich der kämpfenden Völker kommen müssen.«[6] Seine Umgebung hielt sich für verpflichtet, ihn davon zu überzeugen, daß trotz aller Rückschläge der Weg zu einem günstigen Kriegsausgang noch offen sei. General von Plessen sagte, man müsse »mit allen Mitteln die Stimmung des Kaisers hochhalten«.[7] Aber auch ohne solche Unterstützung hätte seine flatterhafte Natur keinen dauernden Pessimismus aufkommen lassen, und wenn gute Nachrichten eintrafen, verfiel er rasch in eine »Hurrastimmung«, die ganz der des deutschen Volkes in seiner Gesamtheit entsprach. Außerdem war die selbstverständlichste Führeraufgabe, die dem Kaiser geblieben war, dem Volke Vertrauen einzuflößen, und diese Pflicht erfüllte er bei allem Auftreten in der Öffentlichkeit getreulich bis zum Schluß. Damit führte er nicht nur die Pessimisten irre, die sich beschwerten über das, was ihnen als des Kaisers Unwissenheit über die wahre Lage erschien, sondern auch alle die, welche es für ihre Pflicht hielten, so zu denken, wie ihr Führer dachte. Aber die Anspannung, die nötig war, um den Schein zu wahren, in Verbindung mit der Anspannung, die das Schwanken von einem Extrem zum anderen mit sich brachte, kosteten ihn Nerven. Im Jahre 1915 scheint Tirpitz in seiner Empörung über den Mangel an Energie, mit dem seiner Ansicht nach der Krieg betrieben wurde, eine Bewegung in Gang gebracht zu haben, die darauf abzielte, den Kaiser für zeitweilig regierungsunfähig zu erklären. Obgleich der Leibarzt sich weigerte, an einem solchen Plane mitzuwirken, traten deutlich genug Symptome zutage, die den Vorschlag plausibel erscheinen ließen. Der gleiche Arzt sprach zwei Jahre später von der Möglichkeit eines »völligen Zusammenbruches des nervös verbrauchten Mannes . . . von dem wir uns alle vor dem Krieg eine falsche Vorstellung gemacht haben«.[8]

Wilhelms Haltung zur Kriegführung zeigte die gleiche wechselhafte Inkonsequenz. Ballin war im Jahre 1918 der Ansicht, »der Krieg, der dem Charakter des Hohen Herrn völlig zuwider lag«, habe auf Wilhelm »zermürbend« gewirkt.[9] Er selbst hat einmal gesagt, wenn er Kommandant eines Unterseebootes wäre, würde er niemals ein Schiff torpedieren, von dem er wisse, daß Frauen und Kinder an Bord seien. Bei anderer Gelegenheit erzählte er, er sei die ganze Nacht hindurch von dem Gedanken gequält worden, daß er dafür verantwortlich sein könne, das unglückliche deutsche Volk, das schon so große Opfer gebracht habe, in einen neuen Krieg mit Amerika verwickelt zu haben. Nachdem er sich eine Zeitlang gegen die Luftangriffe auf London gesträubt hatte, gab er seine Zustimmung unter der Bedingung, daß nur Ziele von wirklicher militärischer Bedeutung bombardiert würden. Und doch hatte er in den frühen Tagen des Krieges in der Wiederholung von Geschichten über zwei Meter hohe Leichenhaufen und über den Feldwebel geschwelgt, der siebenundzwanzig Franzosen mit fünfundvierzig Schüssen getötet haben sollte. Phrasen wie »Macht keine Gefangenen!« und »Tötet so viele von den Schweinen, wie Ihr könnt!« kamen oft über seine Lippen, und er soll einmal gesagt haben, wenn es zum Halsabschneiden komme, sollte Präsident Wilson als erstem der Hals abgeschnitten werden.[10] Noch fünf Monate vor dem Waffenstillstand sagte er: »Wir kennen unser Ziel, Gewehre gespannt und Verräter an die Wand!« Den starken Mann zu markieren, mag für ihn nur eine Rolle gewesen sein, die er glaubte spielen zu müssen, aber er gab sich ihr mit aller Energie hin. Und seine Erscheinung und sein Auftreten lieferten der alliierten Propaganda ihre Munition.

Des Kaisers Mißachtung für zivile Angelegenheiten wurde ihm leicht gemacht durch die Entscheidung der Parteien zu Beginn des Krieges, den »Burgfrieden« zu wahren. Die Sozialdemokraten zeigten, wie unbegründet alle die Befürchtungen gewesen waren, die so lange Zeit die deutsche Innenpolitik vergiftet hatten, durch ihren Entschluß, im Reichstag für die Kriegsanleihen zu stimmen – nach dem Grundsatz, daß Deutschland gegen das Eindringen der Truppen des autokratischen Zaren verteidigt werden müsse. Auch die vierzehn Abgeordneten, die in der Parteiversammlung sich hiergegen aussprachen, gehorchten im Sitzungssaal der Fraktionsdisziplin. Anstatt die Staatsführung zur Verantwortung zu ziehen, die Deutschland mit nur einem, dazu todgeweihten Bundesgenossen in einen Krieg gegen vier Großmächte geführt hatte, in dem sechs Millionen gegen zehn Millionen Kämpfer standen, begrüßte die Bevölkerung den Kriegsausbruch mit Begeisterung, und der Reichstag ließ sich auf Eis legen. Der »Burgfrieden« nährte übrigens falsche Auffassungen nicht nur hinsichtlich der Vergangenheit. Die Rechte und die Linke unterschieden sich in ihren Ansichten über das, was nach dem Kriege geschehen solle, fast ebensosehr wie vor Kriegsausbruch. Um einem offenen Zusammenstoß wegen der Kriegsziele vorzubeugen, entschloß sich Bethmann, alle amtliche Diskussion des Themas zu verbieten.

Es gab aber einen Bereich, in dem sich des Kaisers Einfluß als entscheidend erwies. Der Oberbefehlshaber der Hochseeflotte in der Nordsee war dem Chef des Admiralstabes im Großen Hauptquartier unterstellt, der wiederum durch den Chef des Marinekabinetts dem Kaiser verantwortlich war. Tirpitz als Staatssekretär des Reichsmarineamtes war dadurch auf ein Nebengleis geschoben. Auf jeden Fall scheint der Kaiser seinen Glauben an die Richtigkeit des Urteils von Tirpitz allmählich verloren zu haben. Er hatte aus eigenem Ermessen die Flotte vor Kriegsausbruch in ihre Häfen zurückbeordert und hatte nachher befohlen, daß sie dort verbleiben solle. Die strategische Absicht war, abzuwarten, bis die englische Flotte nahe an die deutschen Küsten herankommen würde, und sie dann anzugreifen, und zwar vornehmlich mit leichten Streitkräften in der Hoffnung, dadurch ihre Überlegenheit so weit zu vermindern, daß man sich auf eine große Seeschlacht unter nicht zu ungünstigen Bedingungen einlassen könnte. Aber der britische Entschluß, eine ferne statt einer engen Blockade durchzuführen, hatte diesem Plan den Boden entzogen. Anstatt die englische Flotte als ein bequemes Ziel vor der Elbemündung zu haben, mußten die Deutschen feststellen, daß sie nur an den Gegner herankommen konnten, wenn sie eine riskante Reise quer über die Nordsee unternahmen. Die deutsche Flottenleitung war überzeugt, daß früher oder später die britische öffentliche Meinung eine Offensive verlangen würde, und das war auch tatsächlich eine der Erwägungen, die am 28. August 1914 leichte englische Streitkräfte in die Helgoländer Bucht brachten; die deutsche Aufklärung versagte bei dieser Gelegenheit aber, und als die Hochseeflotte auf dem Schauplatz erschien, waren die Eindringlinge schon wieder verschwunden. Das Ausbleiben sonstiger Ergebnisse veranlaßte eine übertriebene propagandistische Auswertung der Versenkung von drei alten britischen Kreuzern durch ein deutsches Unterseeboot, U 9, vor der holländischen Küste am 22. September des gleichen Jahres.[11] Die Weigerung der Engländer, die Rolle zu spielen, die man ihnen zugedacht hatte, veranlaßte mehrere hohe deutsche Seeoffiziere, darunter Tirpitz, darauf zu drängen, daß die Flotte zu Vorstößen in die Nordsee eingesetzt werde. Aber Wilhelm wollte seine Zustimmung dazu nicht geben. Die Flotte müsse nahe bei der deutschen Küste bleiben und alle Unternehmungen vermeiden, die zu schweren Verlusten führen könnten.

Hinter dieser schicksalsschweren Entscheidung steckte mehr als die Sorge um die Sicherheit des Instrumentes, das mit so großer Mühe geschaffen worden war. Der Krieg sollte ja kurz sein und durch einen entscheidenden Sieg des deutschen Landheeres beendet werden. Hatte nicht Wilhelm seinen Truppen beim Ausmarsch verheißen, sie würden nach Hause kommen, ehe die Blätter fallen würden?[12] Wenn dann die Friedensverhandlungen folgten, würde eine intakte Flotte schwer ins Gewicht fallen. Außerdem könnte nach Bethmanns Ansicht eine Flottenoffensive die Bereitwilligkeit der Engländer, die Entscheidung der Landschlacht anzuerkennen, schwächen. Wilhelm glaubte, aus den Lehren der Geschichte Nutzen ziehen zu können, vergaß aber, daß die wichtigste dieser Lehren besagt, daß schon eine sehr kleine Abweichung genügt, um zwei ähnliche Situationen verschieden zu gestalten. Nach des Kaisers Ansicht war mehr als *ein* »Punischer Krieg« nötig, um England zu vernichten, und der entscheidende Kampf, in dem die Flotte dann gebraucht werden würde, schien ihm noch nicht gekommen zu sein. Aber diese Vorstellung und die sich aus ihr ergebende Politik blieben unwirksam, lange nachdem die Hypothese, die sie ursprünglich rechtfertigte, ihre Gültigkeit verloren hatte.

Denn schon nach wenigen Wochen des deutschen Feldzuges in Frankreich zeigte sich, daß der strategische Plan mißlungen war. Seine Erfolgschancen waren von vornherein so gering gewesen, daß sein Erfolg eine Überraschung bedeutet hätte.[13] Am 14. September, nach der Marneschlacht, löste der Kaiser aus eigenem Entschluß von Moltke von einem Posten ab, dem er offenbar gesundheitlich nicht gewachsen war, und ernannte an seiner Statt den bisherigen preußischen Kriegsminister, den unkomplizierten, chauvinistischen General von Falkenhayn, der sofort eine Strategie des Haltens des erreichten Gewinnes an die Stelle des ursprünglich geplanten Bewegungskrieges setzte. Dies war das letzte Mal, daß Wilhelm aus eigener Initiative in einer militärischen Frage von größerer Bedeutung eingriff. Moltke kritisierte später die Wahl seines Nachfolgers, und wahrscheinlich war Falkenhayn auch der falsche Mann für die ihm gestellte Aufgabe.[14] Aber wenn es auch bessere Generäle in der deutschen Armee gab, so hatten sie kaum Zeit gehabt, ihre Fähigkeiten unter Beweis zu stellen. Gerade zu diesem Zeitpunkt machte sich Ludendorff, der bedeutendste unter ihnen, unter dem nominellen Oberbefehl Hindenburgs, einen Namen durch die Zurückschlagung des anfänglich erfolgreichen russischen Vorstoßes in den Schlachten bei Tannenberg und den Masurischen Seen. Aber als die russischen Menschenmassen in vollem Umfange eingesetzt werden konnten, lag ihr Druck schwer auf der Ostfront, während im Westen Wilhelms und Falkenhayns entschlossene Durchbruchsversuche bei Ypern gegen Ende des Herbstes keinen den Verlusten entsprechenden Erfolg erbrachten. Der Krieg wurde eine langwierigere Angelegenheit, als man vorausgesehen hatte, und auf einen langen Krieg war Deutschland in keiner Beziehung vorbereitet. Um nur ein Beispiel zu nennen: sein Vorrat an Salpeter, der zum größten Teil importiert werden mußte, reichte nur für sechs Monate. Wenn man vom Generalstab in Friedenszeiten verlangt hätte, in der Situation, wie sie sich ergeben hatte, einen langdauernden Widerstand ins Auge zu fassen, würden die Verantwortlichen entsetzt die Hände zum Himmel erhoben haben.

Wie sollte nun der Krieg gewonnen werden? Wie sollte man Deutschland auch nur vor einer Katastrophe bewahren? Eine augenfällige Lösung schien ein Kompromißfrieden auf der Grundlage des Status quo zu sein. Aber einen solchen Frieden hätten die Alliierten als gleichbedeutend mit einer Niederlage betrachtet, weil er die offene Anerkennung der Tatsache gewesen wäre, daß ihre gemeinsamen Hilfsquellen nicht ausreichten, um die Mittelmächte in die Knie zu zwingen.[15] Die Alliierten hatten auch keineswegs die Absicht, dem Feind dadurch in die Hände zu spielen, daß sie einen Krieg zu Ende brachten und dadurch den Deutschen die Zeit gewährten, sich auf den nächsten vorzubereiten. Auf der anderen Seite hatte die deutsche Oberschicht ihren guten Ruf auf den Krieg gesetzt, der ohne ihre frühere Haltung sich vielleicht nie ereignet hätte. Für sie würde die Rückkehr mit leeren Händen und geschwächt durch ihre Verluste auf dem Schlachtfeld ein Eingeständnis des strategischen und des politischen Versagens und damit, angesichts der innenpolitischen Gegebenheiten in Deutschland, den Verzicht auf ihre Privilegien bedeutet haben. Die einzige Hoffnung, die minderberechtigten Schichten mit dem fortdauernden Ausschluß aus der politischen Macht auszusöhnen, sahen sie in einer raschen Steigerung des Lebensstandards, den allein weitreichende Annexionen ermöglichen könnten. Zu dieser grundlegenden Schwierigkeit kamen noch zwei zusätzliche Faktoren. Die Reichsregierung hatte ihre gesamten militärischen Ausgaben in einem Sonderhaushalt zusammengefaßt, der nicht durch Steuereinnahmen, sondern durch Kriegsanleihen und Schatzanweisungen gedeckt wurde, auf Grund der Theorie, daß die Kriegskosten nach dem Siege von den Besiegten zu bezahlen seien – eine Finanzierungspraxis, die ihre endgültige Form unter dem im Frühjahr 1915 zum Reichsschatzsekretär ernannten Karl Helfferich erhielt. Wenn also Deutschland sich mit einem Kriegsende ohne Sieg abfinden sollte, mußte der Friede als erstes das Problem der Bezahlung der Kriegskosten sein, die bis 1918 schließlich eine Summe von über 140 Milliarden Mark ausmachten.[16] Wenn die deutsche Führungsschicht Vernunftgründen zugänglich gewesen wäre, hätte schon dieser Faktor sie zum Nachdenken veranlassen müssen.

An zweiter Stelle täuschte sie die Überschätzung der eigenen Kräfte, die so erheblich dazu beigetragen hatte, Deutschland in den Krieg hineinzuziehen, auch weiterhin, während der Krieg ausgefochten wurde. Der Kaiser hielt es, wie schon erwähnt wurde, für seine Pflicht, Zuversicht auszustrahlen, und jeder, der sich offen geweigert hätte, seinem Beispiel zu folgen, wäre als ein Verräter betrachtet worden. Viele führende Persönlichkeiten des geistigen Lebens hatten ihre Federn für das mobil gemacht, was sie als den Dienst am Vaterlande betrachteten, und die Minderheit von Männern wie Solf und Troeltsch, die es vorzogen, ihren Patriotismus durch Festhalten an der Objektivität zu beweisen, wurden zum Lohne dafür ignoriert. Es waren die Unverantwortlichen und die, die am lautesten daherredeten, die sich am wenigsten um den »Burgfrieden« kümmerten. Die meisten Leute, selbst in verantwortlichen Stellungen, hatten wenig Ahnung, wie die Dinge wirklich standen. Die Heeresberichte, die veröffentlicht wurden, atmeten Optimismus. Die deutsche Öffentlichkeit wurde beispielsweise niemals darüber unterrichtet, was sich in der Marneschlacht ereignet hatte. Der Glaube, daß Deutschland als Gewinner aus dem Krieg, der ihm den »Durchbruch zur Weltmacht« bringen sollte, hervorgehen würde, war allgemein. Der Kriegsausbruch gab vielen ehrgeizigen Zungen und Vorstellungen die Zügel frei, die bis dahin durch die Sorge, Deutschlands Nachbarn zu erschrecken, im Zaume gehalten worden waren. Eine Woche, nachdem der Kaiser dem Reichstag versichert hatte, »Uns treibt nicht Eroberungslust«, gelobte er beim Ausmarsch des Ersten Garderegiments zu Fuß, das Schwert erst dann wieder in die Scheide zu stecken, wenn er den Frieden diktieren könne.[17] Wohl mochte Deutschland in Selbstverteidigung kämpfen, aber als Entschädigung dafür, daß es das diesmal tun mußte, und als eine Sicherung dagegen, es noch ein weiteres Mal tun zu müssen, hielt es sich berechtigt, Garantien zu fordern. Die Art dieser Garantien wurde nach dem Rat der Militärs und der Industriellen festgesetzt, zweier Gruppen, die ihre Notwendigkeiten selten niedrig veranschlagen. Die genauen Kriegsziele wiesen von Zeit zu Zeit kleinere Änderungen auf, aber der größte Teil Belgiens oder ganz Belgien, das Erzbecken von Longwy-Briey, Polen und die baltischen Staaten waren regelmäßig dabei. Der Bereitwilligkeit, mit der sich Wilhelm diese Ziele zu eigen machte, entsprach die Häufigkeit, mit der er für sie eintrat. Selbst Männer wie Bethmann, die sich darüber klar waren, daß sie in vollem Umfange kaum zu verwirklichen sein würden, fanden es politisch bequem, Lippenbekenntnisse zu ihnen abzulegen. Im Hintergrund stand die noch grandiosere Vorstellung eines »Mitteleuropa«. Sie war im Jahre 1915 in volkstümlicher Form von Naumann entwickelt worden, der voraussah, daß das Habsburgerreich in seiner bestehenden Form dem Untergang geweiht war; wie auch der Krieg ausgehen würde, er mußte für die Slawen und Balkannationen endgültig die Freiheit von den Österreichdeutschen und den Magyaren bringen. Das kaiserliche Deutschland mußte deshalb erwarten, daß ein von seinem Standpunkte aus politisch und wirtschaftlich sehr bedeutsamer Bereich in Bruchstücke zerfallen und nun feindselig werden würde. Naumann schlug vor, um dem zu begegnen, das Gebiet als eine Zollunion oder lose Föderation unter der Führung Berlins zu organisieren. In dieser Form war der Gedanke vernünftig, wenn auch vielleicht phantastisch. Er wurde aber von den Strategen aufgegriffen, die darin die einzige Möglichkeit sahen, ein Gebiet zu schaffen, das groß genug sein würde, eine Serie von Kriegen durchzuhalten, mit deren Hilfe ihrer Meinung nach allein das anglo-amerikanische Monopol der Weltherrschaft gebrochen werden konnte. Auf längere Sicht erwies sich dieser Versuch, den Vorschlag zugunsten Deutschlands auszubeuten, als dessen Verderben. Aber auf kurze Sicht waren die Vorschläge zu plausibel und die Aussichten zu anziehend, als daß man ihnen hätte widerstehen können. So geschah es, daß die Knochen pommerscher Grenadiere über Mazedonien und die Dobrudscha zerstreut, die Tschechen, Serben, Rumänen, Polen und Griechen aber den Alliierten in die Arme getrieben wurden.[18]

Wenn ein allgemeiner Verständigungsfriede nicht in Frage kam, war die nächstliegende Alternative der Versuch, durch das Angebot vorteilhafter Friedensbedingungen eine der alliierten Mächte von den anderen loszulösen und dann alle Kräfte auf die Erreichung des Sieges über die anderen zu konzentrieren. Diese Politik bedingte den – mindestens zeitweisen – Verzicht auf die deutschen Kriegsziele in einer Richtung, aber die Möglichkeit wurde während des Winters 1914/15 energisch überprüft. Das Ziel einer solchen Politik war aber ziemlich durchsichtig, und die Alliierten waren ihr dadurch zuvorgekommen, daß sie sich gegenseitig bereits im September 1914 verpflichtet hatten, keinen Separatfrieden zu schließen. Die deutsche Führung kam deshalb zu der Überzeugung, daß sie, um die Politik eines Sonderfriedens mit Aussicht auf Erfolg betreiben zu können, zunächst einmal eine der Feindbundmächte durch eine Niederlage verhandlungsbereit machen müßte. Die Frage war nur, wen man zuerst anpacken sollte. Der Krieg hatte eine wahre Flut von Schmähungen gegen England ausgelöst, für die die Phrase »Gott strafe England!« und Lissauers »Haßgesang« die bekanntesten Beispiele sind. Diese Angriffe, die auf der anderen Seite der Nordsee einen Widerhall fanden, ließen das Bewußtsein erkennen, daß England das Haupthindernis für die Verwirklichung der deutschen Bestrebungen und die Haupttriebfeder der Koalition gegen Deutschland war. Das veranlaßte Falkenhayn und Tirpitz, den Standpunkt zu vertreten, daß der Krieg nur durch einen Sieg im Westen zu beenden sei. Im Gegensatz dazu vertraten Hindenburg und Ludendorff im Vollgefühl ihres Erfolges die Ansicht, daß Rußland das schwache Glied in der gegnerischen Koalition und außerdem der einzige Feind sei, dem gegenüber Österreich wenigstens den Schein der Kriegsbegeisterung bezeugen werde. Sie hielten die Westfront für räumlich zu eng, um die dort konzentrierten Truppenmassen zu wirksamem Einsatz zu bringen, und behaupteten, daß die von Falkenhayn vorgeschlagenen begrenzten Offensiven zu nichts als zu blutigen Verlusten führen würden. Aber Falkenhayn hatte wieder einmal die Geschichte hinter sich – und vor sich –, wenn er auf die Schwierigkeit hinwies, auf den weiten Ebenen Rußlands eine Entscheidung zu erzielen. Beide Alternativen hatten ihre Schwierigkeiten, aber die Schwierigkeit, die sich als unüberwindbar erwies, war, eine Wahl zwischen ihnen zu treffen.

Anfang 1915 führte der Streit zwischen »Ostlern« und »Westlern« zu offener Herausforderung. Conrad von Hötzendorf, der eine Offensive in Galizien plante, bat um deutsche Divisionen. Falkenhayn lehnte ab mit der Begründung, daß er sie im Westen brauche. Ludendorff – mit dem Selbstbewußtsein, das er als der einzige bisher siegreiche deutsche General aufbrachte – schickte die Divisionen trotzdem. Wilhelm, der als Schlichter angerufen wurde, gab in allen Punkten den Wünschen der Ostler nach, bis auf den einen, daß er Falkenhayn nicht entließ. Dieser behielt den Posten des Generalstabschefs noch weitere achtzehn Monate, aber er erhielt nicht die vollen Mittel zur Durchführung seiner Politik. Während des Feldzuges von 1915 blieb Deutschland im Westen in der Defensive und leistete erfolgreich den Angriffen der Engländer und der Franzosen Widerstand. Im Osten wurden zwei größere Offensiven durchgeführt, deren erste beträchtliche Erfolge zeitigte. Falkenhayn führte die zweite selber und hatte einen weiteren scharfen Zusammenstoß mit Hindenburg und Ludendorff über ihre Handhabung, in dessen Verlauf einer seiner Mitarbeiter ausrief: »Diese Leute wollen nur dort angreifen, wo ihnen niemand gegenübersteht.«[19] Der Kaiser wurde wieder um eine Entscheidung angerufen, und seine Unterstützung des von ihm gewählten Generalstabschefs führte nach Äußerungen der Gegenseite dazu, daß die letzte Chance, die Russen entscheidend zu schlagen, verpaßt wurde, die dann ihrerseits beträchtliche Siege über die Österreicher errangen. Bulgarien schloß sich den Mittelmächten an, und die Niederlage der Serben eröffnete die Landverbindung zur Türkei, andererseits trat Italien der Entente bei. Am Jahresende schien ein Sieg im Felde so fern wie nur je.

Die Suche nach Alternativlösungen verstärkte sich. Eine davon war die Förderung von Umsturzbewegungen, mit der der Kaiser große Erfolge im russischen und im britischen Reich zu erzielen hoffte. Aber das deutsche Evangelium schien nicht geeignet, in den Gemütern der Menschen Funken zu schlagen. Der Versuch, die in britischen Besitzungen lebenden Moslems für einen Heiligen Krieg unter türkischer Führung zu gewinnen, erwies sich als ein trauriger Fehlschlag, und in Irland ging es auch nicht viel besser. Im Laufe der Zeit sollte die Kriegsmüdigkeit in Rußland und in Frankreich fruchtbareren Boden schaffen, aber noch war die Ernte dort nicht reif.

Die zweite Alternative war ein Wirtschaftskrieg, für den Deutschland aber schlecht vorbereitet und geographisch ungünstig gelegen war. Die Briten behandelten alle für Deutschland bestimmten Güter als Kontrabande, nicht nur Kriegsmaterial, und rationierten neutrale Länder, damit sie nicht als Nachschublinien dienen konnten. Die Wirkungen dieser Politik machten sich zunehmend bemerkbar, und die Zeit war abzusehen, da – wenn die Blockade nicht zu brechen war – das Volk Deutschlands ausgehungert, seine Kanonen zum Schweigen gebracht und es dadurch zur Unterwerfung gezwungen sein würde. Großbritannien war wohl noch abhängiger von Einfuhren als Deutschland, aber die deutsche Überwasserflotte vermochte seine Zufuhren nicht zu unterbrechen. Im Dezember 1914 hatte Wilhelm zugestimmt, daß seine Schiffe für rasche Überfälle auf englische Seestädte verwendet wurden, aber einen Monat später wurde ein solcher Überfall auf der Doggerbank von englischen Schlachtkreuzern abgefangen. In dem Gefecht, das sich entwikkelte, verursachten die Deutschen mehr Schaden, als sie erlitten, aber einer ihrer Schlachtkreuzer sank, und schwere Verluste wurden nur durch britische taktische Fehler vermieden. Wilhelm flößte das Ergebnis solchen Schrecken ein, daß er nicht wagte, seine großen Schiffe erneut aufs Spiel zu setzen. Die Aufmerksamkeit konzentrierte sich daher auf das, was ein britischer Admiral als die »heimtückische, unanständige und verdammt unenglische« Praxis des Unterseebootkrieges bezeichnete.[20]

Tirpitz hatte keine hohe Meinung von den Unterseebooten

gehabt, mit dem Ergebnis, daß bei Kriegsausbruch Deutschland deren nur neunundzwanzig besaß; noch achtzehn Monate später betrug die Zahl nicht mehr als vierundfünfzig, wovon nur etwa ein Drittel gleichzeitig auf Patrouille sein konnte.[21] Außerdem waren Unterseeboote verwundbar, sobald sie auftauchten. Taten sie das aber nicht, so konnten sie etwaige Opfer nicht identifizieren und die Leute, die diese an Bord hatten, nicht retten. Am 4. Februar 1915 kündigte die deutsche Regierung an, daß alle Handelsschiffe, die vor der britischen Küste angetroffen würden, versenkt werden würden. Für die Rettung der Besatzungen wurde keine Zusicherung abgegeben. Am 15. Februar fragte der Kaiser den neuen Chef des Admiralstabes, Admiral Bachmann, ob er Gewähr dafür übernehmen könne, daß innerhalb sechs Wochen nach Beginn des neuen – unbeschränkten – Unterseebootkrieges England zum Einlenken gezwungen sein werde. Bachmann kam nach Rücksprache mit seinem Gönner Tirpitz zu dem Schlusse, daß eine »törichte Frage« eine »dreiste« Antwort verlange, und gab die »erfragte Gewähr«.[22] In der Tat aber waren die deutschen Unterseestreitkräfte zu jenem Zeitpunkt auch nicht annähernd stark genug, um den Handelskrieg wirksam zu gestalten, und als die Wochen vergingen, bestanden die einzigen greifbaren Ergebnisse der neuen Politik in einer Serie von Protesten von Neutralen, hauptsächlich von den Vereinigten Staaten, wegen der Anzahl ihrer Schiffe, die versenkt, und ihrer Staatsbürger, die dabei umgekommen waren. Nichts, was die Deutschen vorbringen konnten, vermochte die Amerikaner davon zu überzeugen, daß ihre Unterseeboottaktik eine berechtigte Antwort auf die britischen Blockademethoden darstelle. Eine schreckliche und sehr bitter empfundene Wahl begann sich abzuzeichnen zwischen dem Risiko, den Krieg durch Einstellung der Unterseeblockade Englands zu verlieren, und der wirksamen Durchführung dieses Angriffes mit dem Risiko, eine amerikanische Intervention zu provozieren und dann dadurch den Krieg zu verlieren. Im ersten Augenblick zog Bethmann das ersterwähnte Risiko vor und erreichte die Zustimmung des Kaisers zu einem Befehl, der den Unterseebootkommandanten die Torpedierung großer Liniendampfer untersagte, und als sich dies als unzureichend erwies, zu einem zweiten, der faktisch die ganze Unterseebootkampagne zum Stillstand brachte. Daraufhin bat Tirpitz um seinen Abschied, und obwohl der Kaiser sich weigerte, ihn gehen zu lassen, wurde Bachmann als Admiralstabschef durch Admiral von Holtzendorff ersetzt, der zugänglicher für politische Erwägungen und seinem Herrn geistesverwandter war. Sechs Monate später verlangte die Marine aber die Erlaubnis, den U-Boot-Krieg wiederaufnehmen zu dürfen, Wilhelm sperrte sich, und diesmal lehnte Tirpitz es ab, weiter im Amte zu bleiben.

Auf den Unterseebootkrieg zu verzichten war eine Sache; ein anderes Mittel zur Erschütterung der britischen Blockade zu finden war eine ganz andere. Der Kaiser hatte schon herausgefunden, daß sein Befehl, nach dem die Hochseeflotte in ihren Häfen bleiben sollte, nicht befolgt wurde. Bachmann hatte bestritten, derartige Anweisungen erhalten zu haben.

> »Hierauf sah mich der Kaiser sekundenlang mit einem ganz unbeschreiblichen Blick und Gesichtsausdruck an: ich hatte das Gefühl, entweder fliegst du im nächsten Augenblick ungesegnet hinaus oder du hast Oberwasser. Plötzlich änderte sich der Gesichtsausdruck des Kaisers in eine Art Lächeln, er sagte: ›Na, wenn es wirklich nicht so gefährlich auf der Nordsee ist, mag die Flotte sich weiter rühren, aber natürlich mit aller Vorsicht.‹«[23]

Aber die so zurückgewonnene Bewegungsfreiheit änderte die Lage nicht grundlegend. Dem Chef der Hochseeflotte wurde auferlegt, einen Mittelweg zwischen »vernünftiger Kühnheit und gebotener Vorsicht«[24] zu finden. Infolgedessen wagten sich die Deutschen nicht weit genug heraus, um eine größere Seeschlacht unvermeidlich zu machen, und die Engländer konnten daher ihre Aufgabe erfüllen, ohne kämpfen zu müssen. Die Berechtigung der Vorsicht wurde gut illustriert, als allmählich zunehmende deutsche Kühnheit im Mai 1916 zur Schlacht am Skagerrak führte. Die britischen Verluste im Anfangsstadium stellten der von Tirpitz durchgeführten Konstruktion der deutschen Schiffe ein gutes Zeugnis aus und veranlaßten Wilhelm, begeistert zu erklären: »Die englische Flotte wurde geschlagen. Der erste gewaltige Hammerschlag ist getan, der Nimbus der englischen Weltherrschaft ist geschwunden.« Aber das Ergebnis hätte ganz anders ausfallen können, wenn das Gros der britischen Flotte früher am Tage herangekommen, besser für den Nachtkampf ausgebildet gewesen wäre oder ein dezentralisierteres

Kommandosystem besessen hätte. Die Engländer brauchten nur die Lehren hieraus zu ziehen, um Deutschlands Aussichten düster erscheinen zu lassen, und Wilhelm war nach der Schlacht in Übereinstimmung mit dem Oberbefehlshaber der Flotte der Meinung, daß

> »Bei günstigem Verlauf der weiteren Operationen . . . der Gegner zwar empfindlich (wird) geschädigt werden können, trotzdem kann kein Zweifel bestehen, daß selbst der glücklichste Ausgang einer Hochseeschlacht England in diesem Krieg nicht mehr zum Frieden zwingen wird.«[25]

Bis zum Ende des Krieges unternahm die deutsche Flotte noch mindestens drei größere Ausfälle und einige erfolgreiche Überfälle auf Handelsschiffe, aber sie kämpfte nie in der großen Seeschlacht, für die sie erklärtermaßen gebaut worden war. Die Existenz einer deutschen *fleet in being* zwang die Engländer, ihre eigene Flotte in der Nordsee zu halten und zu ihrem Schutze Zerstörer einzusetzen, die andernfalls Geleitzüge hätten eskortieren können. Aber die Engländer konnten ihre Ziele erreichen, ohne eine Seeschlacht zu erzwingen, während das den Deutschen nicht möglich war.

Zu Lande verwarf Falkenhayn die Forderungen nach Vorgehen im Osten und schlug statt dessen einen Angriff auf Verdun vor und erhielt dafür Wilhelms Zustimmung. Der Grund war, daß Verdun unbequem nahe an den deutschen Querverbindungen lag, für Frankreich aber zu wichtig war, um es kampflos preiszugeben. Zwar kostete die Verteidigung der Stadt die Franzosen über eine Viertelmillion Verluste, aber die Deutschen verloren fast ebenso viele Menschen und gewannen schließlich nur wenig Boden. Überdies beantworteten die Russen den deutschen Angriff im Westen mit heftigen Vorstößen an der Ostfront, die einen hohen Anteil der deutschen Hilfsquellen abzogen und im Juni 1916 zu einem österreichischen Zusammenbruch führten. Alle Kriegführenden ermatteten mehr und mehr, ohne einem Siege näher zu kommen. In Deutschland wurde der Ruf nach neuen Männern, wie Hindenburg, und nach neuen Methoden, wie dem uneingeschränkten Unterseebootkrieg, lauter. Wilhelm gab auch weiterhin Falkenhayn getreulich seine Unterstützung, aber Bethmann wandte sich gegen den General, und der Stern der Ostler stieg am Horizont empor. Die Krise kam Ende Juli 1916. Die Engländer begannen eine erfolgreiche Offensive an der Somme, die Franzosen gewannen bei Verdun wieder Boden, und die Österreicher wurden in Galizien empfindlich geschlagen. Die Politik der Konzentration der Kräfte auf die Westfront wurde unangebrachter denn je zuvor, als Rumänien der Entente beitrat. Falkenhayn hatte das vorausgesehen, aber sich hinsichtlich des Zeitpunktes geirrt. Der Kaiser war schwer erschüttert durch die Ankunft der Nachricht, wenige Minuten nachdem er zuversichtlich erklärt hatte, daß dergleichen nicht geschehen werde.[26] Falkenhayn wurde beauftragt, den neuen Feind zu erledigen, was er in einem brillant durchgeführten Feldzug tat, und Hindenburg wurde Chef des Generalstabes mit Ludendorff, der das Denken für ihn besorgen sollte, als Erster Generalquartiermeister.

Der Kaiser mochte Hindenburg nicht wegen dessen trockener, solider Schlichtheit, während er Ludendorff mit Recht für barsch und humorlos hielt.[27] Die neuen Männer verdankten ihre Berufung ihren Erfolgen im Felde und dem Ansehen, das diese ihnen beim ganzen Volke verschafft hatten. Sie waren alles andere als vom Kaiser ausgewählt, sie hatten sich ihm aufgezwungen und hatten wegen seiner Unentschlossenheit keine Hochachtung für ihn. Solange sie erfolgreich blieben, konnten sie tun und lassen, was sie für richtig hielten. Der Rücktritt von Tirpitz' hatte schon Kritiken auf dem rechten Flügel ausgelöst. Hätte Wilhelm seine neuen militärischen Chefs entlassen, hätte das einen Aufschrei zur Folge gehabt, der ihn seinen Thron hätte kosten können. Von nun an sah er sich zwei entschlossenen Männern gegenüber – oder, besser gesagt, einem Manne, der zu stur war, um die Nerven zu verlieren, und einem zweiten, bei dem die Sucht, seinen eigenen Willen durchzusetzen, im Laufe der Zeit pathologische Dimensionen annahm. Der Oberste Kriegsherr hatte von nun an weniger denn je auf militärischem Gebiet zu sagen, und obgleich er oft angerufen wurde, um zwischen den Militärs und den Zivilisten zu vermitteln, brauchten die Soldaten nur fest aufzutreten, um die Vermittlung in Unterwerfung der zivilen Stellen zu verwandeln. Schritt für Schritt fegte das verderbliche Paar alle innere Opposition beiseite, bis alle lebenswichtigen Stellungen im zivilen wie im militärischen Bereich mit Leuten besetzt waren, von denen man sicher war, daß sie keine Schwierigkeiten machen würden. Was Hindenburg und Ludendorff unternahmen, war tatsächlich nichts anderes als ein Titanenkampf, um der Welt einen Kriegsausgang aufzuerlegen, der für die deutsche Oberschicht annehmbar sein sollte, und zu diesem Zweck aus allen Deutschen eine aufs höchste angespannte Leistung im Sinne der Ideale dieser Oberschicht herauszuholen. Da aber deren politische Ideale – in auswärtigen Fragen nicht weniger als in inneren – eher der Steinzeit als dem 20. Jahrhundert angepaßt waren, erwies sich die unbegrenzte Gewalt, die sich die beiden Generale gesichert hatten, auf die Dauer für die Monarchie als noch verheerender, als ein Einschreiten gegen sie hätte sein können. Bethmann hat das so ausgedrückt: »Mit Falkenhayn verlieren wir den Krieg strategisch, mit Ludendorff politisch.«[28]

Die neuen Besen machten sich zuerst fühlbar durch die Forderung nach der Einführung einer allgemeinen Dienstpflicht für die ganze männliche Bevölkerung zwischen 17 und 60 Jahren – entweder in Heer und Marine oder in kriegswichtiger Beschäftigung, dem sogenannten Hilfsdienst, in der Heimat. Der Durchschnittsdeutsche, von dem dieses Opfer zu Beginn der als »Kohlrübenwinter« bekannt gewordenen Zeit verlangt wurde, ließ Zeichen schwindenden Vertrauens in die Führung erkennen. Drastisches Handeln, um eine Entscheidung zu erzwingen, mußte deshalb in Kürze unentbehrlich werden, und die einleuchtendste Form, die ein solches Handeln annehmen konnte, war der unbeschränkte Unterseebootkrieg. Selbst der Reichstag sprach sich im Oktober 1916 für die Unterstützung dieses Kurses aus. Bethmann suchte in der Erkenntnis, daß nur noch wenig Zeit für eine erträgliche Lösung verblieb, in der zweiten Hälfte 1916 Friedensverhandlungen zustande zu bringen oder doch mindestens die anderen ins Unrecht zu setzen, falls sie nicht zustande kämen. Deutschland konnte dann erklären, da es gezwungen worden sei, weiterzukämpfen, könne man es nicht schelten, weil es die Unterseeboote benutze. Wilhelm unterstützte mit warmem Herzen diesen Versuch, eine Entscheidung zwischen Hungersnot als Folge der gescheiterten Bemühungen zum Durchbruch durch die Blockade und der amerikanischen Intervention als Folge des Versuches, die Unterseeboote zur Beseitigung der Blockade einzusetzen, zu umgehen. Die beste Chance für Friedensverhandlungen schien in einer amerikanischen Vermittlung zu liegen. Aber der Kaiser fürchtete, wenn er zu besorgt um amerikanische Vermittlung erscheine, könne das den Eindruck erwecken, daß Deutschlands Lage verzweifelt sei.

Da aber die Streitkräfte und die Alldeutschen widerspenstig wurden, konnten die zivilen Instanzen sich langes Abwarten nicht leisten.[29]

Gegen Ende des Herbstes besserte sich Deutschlands militärische Lage, und Bethmann entschied mit Wilhelms Zustimmung, daß man diese Chance, von einer Position der Stärke aus zu verhandeln, ergreifen müsse. Am 12. Dezember 1916 kündigten die Mittelmächte ihre Bereitschaft an, Verhandlungen zu eröffnen. Aber die Sorge, innere Meinungsverschiedenheiten hervorzurufen, schloß die Erwähnung der Bedingungen aus, die man anzunehmen bereit sein würde, und während Bethmann nur gewünscht hatte, Deutschland als unbesiegbar darzustellen, hatten Wilhelm und die militärische Führung darauf bestanden, es als bereits siegreich erscheinen zu lassen. Wilhelm erklärte seinem amerikanischen Zahnarzt:

> »Wir haben die englische und die französische Regierung in die peinliche Lage gebracht, daß sie ihren Völkern erklären müssen, warum sie nicht Frieden machen. Sie sind wütend über uns, weil wir sie auf diese Weise überrascht haben.«[30]

Tatsächlich aber behandelte die Entente den deutschen Schritt »weniger als ein Friedensangebot denn als ein Kriegsmanöver«[31], während Präsident Wilson um genauere Vorschläge hinsichtlich der Friedensbedingungen ersuchte. Der Kaiser war überzeugt, daß die Antwort des Präsidenten mit den Ententemächten abgesprochen und bestimmt sei, diese vor fast sicherer Niederlage zu bewahren. Die Ententemächte seien wie eine Räuberbande über Deutschland und Österreich hergefallen mit der offen zugestandenen Absicht, diese zu vernichten. Jetzt, wo sie auf der ganzen Linie geschlagen seien, sei es an ihnen, zunächst einmal ihre Absichten klarzulegen. Deutschland als der Angegriffene, in der Verteidigung Befindliche, werde seine Vorschläge nachher als Sieger machen.

> »Wenn der Präsident dem Krieg ein Ende machen will, braucht er bloß den englischen Riffpiraten gegenüber die Drohung wahrzumachen und ihnen keine Munition mehr zukommen zu lassen, sowie den Anleihemarkt zu sperren und Repressalien wegen des Postraubs oder der *black lists* vorzunehmen, dann ist der Krieg bald zu Ende ohne Noten, Conferenzen etc . . .«[32]

Die Deutschen glaubten auch, es sei Wilsons Absicht, über

eine Konferenz zu präsidieren, an der alle kriegsführenden Mächte und die wichtigsten Neutralen teilnehmen sollten. Da sie befürchteten, in einer solchen Versammlung im Nachteil zu sein, schlugen sie vor, mit ihren Feinden einzeln zu verhandeln. »Ich gehe auf keine Conferenz, namentlich nicht unter seinem Vorsitz«, sagte der Kaiser. Man übersah nicht nur die Schwierigkeiten, die sich aus separaten Verhandlungen ergeben mußten. Kurz vorher waren auch die Chancen, den Prozeß mit Rußland zu beginnen – wozu vorbereitende Gespräche bereits im Gange waren – zunichte gemacht worden, weil die Oberste Heeresleitung, um polnische Soldaten zu bekommen, die auf deutscher Seite für Polen kämpfen sollten, darauf bestanden hatte, daß Polen zu einem unabhängigen Großfürstentum erklärt werden müsse.

In aller Eile wurde Wilson eine barsche Antwort erteilt – aus Sorge, daß die Entente in Beantwortung des deutschen Angebotes die Bekanntgabe der deutschen Bedingungen verlangen und dadurch einen Vorteil bei den Verhandlungen erzielen könnte. Der Ton der deutschen Antwort machte es der Entente möglich, das Angebot kurzerhand abzulehnen, ohne dadurch die amerikanische öffentliche Meinung zu verärgern. Die Ablehnung enttäuschte und ärgerte den Kaiser:

> »Nach der Note und ihrem unverschämten Zynismus ändere ich meine bisherigen Friedensbedingungen auch. Frankreich nichts, in Belgien kein König Albert mehr. Die Flämische Küste unser!«[33]

Aber die Entrüstung war kein Heilmittel für das Scheitern der Bemühungen um eine günstige Ausgangsposition für die Wiederaufnahme des U-Boot-Krieges. Das Drängen darauf beunruhigte Wilhelm und brachte ihn in einen Zustand akuter nervöser Spannung. Holtzendorffs Widerstreben, den Reichskanzler in dieser Frage in Verlegenheit zu bringen, wurde durch Vorwürfe aus Kreisen der Marine überwunden, es fehle ihr an einer Führung. Gegen Ende Dezember entschieden Hindenburg und Ludendorff, daß sie die Verantwortung für die militärischen Operationen nicht länger tragen könnten, wenn nicht der uneingeschränkte Unterseebootkrieg Ende Januar eröffnet werde. Hätte Bethmann weiter Widerstand geleistet, hätte das einen Konflikt heraufbeschworen, der nur mit seinem Rücktritt hätte enden können und somit das Vertrauen aller gemäßigten Kreise in

Deutschland und in Österreich in das Regime geschwächt hätte. Er opferte seine persönliche Folgerichtigkeit seinem Pflichtgefühl gegenüber seinem Herrn. Deswegen ist er kritisiert worden. Aber wäre er der Typ eines Mannes gewesen, der auf einer gründlichen Aussprache über alle strittigen Fragen oder auf einem letzten Bemühen um einen Ausgleich mit Amerika bestanden hätte, dann wäre er wahrscheinlich niemals zum Kanzler bestellt worden und sicherlich nicht so lange in diesem Amte verblieben. Die Entscheidung über den U-Boot-Krieg wurde am neunten Januar 1917 gefällt, ohne daß vorher umfassende Erwägungen über die sachlich damit zusammenhängenden Faktoren angestellt worden wären. Der Kaiser, der sich am Abend vorher schlüssig geworden war, hörte mit offenbarer Ungeduld dem Wenigen zu, was der Kanzler zu sagen hatte.[34] Die Entscheidung wurde in Deutschland warm begrüßt. Der Kaiser war erstaunt, daß sogar die Börsen ihm Glückwunschtelegramme sandten.[35] Die Marine versprach, England werde innerhalb sechs Monaten auf die Knie gezwungen werden und der Krieg werde beendet sein, ehe ein einziger amerikanischer Soldat in Europa an Land gehen könne. Die Antwort der Vereinigten Staaten war der Abbruch der diplomatischen Beziehungen am 3. Februar und die Kriegserklärung am 6. April 1917. Die ersten amerikanischen Truppen landeten Anfang Juli.

Winston Churchill hat die Ansicht vertreten, wenn die Entscheidung über den U-Boot-Krieg um zwei Monate verschoben worden wäre, wäre sie vielleicht nie zustande gekommen.[36] Die Vereinigten Staaten wären nie in den Krieg eingetreten, Frankreich wäre vor Ende des Jahres 1917 zusammengebrochen, und ein Kompromißfriede wäre in Sicht gewesen – ob allerdings zu Bedingungen, die der deutschen Führung annehmbar erschienen wären, ist eine andere Frage. Denn im März des Jahres mischten sich vor dem Petersburger Winterpalais die Kosaken unter die Demonstranten, anstatt sie niederzureiten, die Revolution brach aus, und der Zar dankte ab. Die genaue Haltung der Provisorischen Regierung zur Frage der Fortsetzung der Feindseligkeiten und die Politik, deren Verfolgung für Deutschland richtig sein würde, blieben einige Zeit im Zweifel. Inoffizielle Verhandlungen über einen Waffenstillstand wurden in Stockholm eröffnet, und Lenin wurde die Rückkehr aus der Schweiz erleichtert. Das deutsche Auswärtige Amt scheint sich eingebildet zu haben, der Kaiser möge es nicht für richtig halten, mit dem Teufel zu speisen. Jedenfalls überließ man es ihm, in den Zeitungen über die Möglichkeit der Reise Lenins zu lesen, und informierte ihn offiziell erst von der vollzogenen Tatsache.[37] Das deutsche Ziel war dabei, in Rußland so viel Uneinigkeit wie möglich zu verursachen, ohne selbst irgendwelche Versprechungen zu machen. Man rechnete darauf, daß die Kriegsmüdigkeit bald dafür sorgen würde, Rußland auf die eine oder die andere Weise als ernstlichen Kriegsgegner auszuschalten. Das würde nicht nur bedeuten, daß Truppen vom Osten an der Westfront eingesetzt werden könnten. Damit eröffnete sich auch der Ausblick, dem Würgegriff der Blockade zu entgehen, wenn nur Mittel und Wege gefunden werden konnten, an die russischen Vorräte an Weizen, Erdöl und Erz heranzukommen.

Aber wenn die russische Revolution auch Hoffnungen erweckte, so brachte sie auch Gefahren mit sich. Der Sturz autokratischer Herrscher konnte sich als ähnlich ansteckend erweisen wie die unter den kriegsmüden Völkern grassierende Influenza. Der linke Flügel der deutschen Sozialdemokratie war seit einiger Zeit widerspenstig geworden, er trat Anfang April 1917 aus der Partei aus und bildete eine eigene »Unabhängige Sozialdemokratische Partei«. Der Kanzler begriff rasch, daß es einer dramatischen Geste bedurfte, um die Loyalität der Massen zu erhalten. Am 5. April, drei Tage nachdem Präsident Wilson gesagt hatte, die Welt müsse der Demokratie gesichert werden, schlug Bethmann als preußischer Ministerpräsident seinen Kollegen die sofortige Einführung des allgemeinen gleichen Wahlrechtes in Preußen vor. Drei andere Minister stimmten ihm zu, aber die Opposition der übrigen war so stark, daß der Vorschlag erheblich verwässert werden mußte. Als der Kaiser am 8. April eine »Osterbotschaft« an sein Volk erließ, besagte sie lediglich, daß »nach den gewaltigen Leistungen des ganzen Volkes in diesem furchtbaren Kriege« nach seiner Meinung in Preußen kein Raum mehr für das Klassenwahlrecht sei. Aber diese Sätze waren zu vage und genügten nicht, um eine Welle von Streiks in der Kriegsindustrie abzuwenden. Die Verfassungsfrage bedeutete das Ende des »Burgfriedens«.

Sie war aber nicht der einzige strittige Punkt, bei dem grundsätzliche Meinungsverschiedenheiten greifbare Gestalt annahmen. Am 27. März hatte in Petersburg der dortige Arbeiter-und-Soldaten-Rat als sein Ziel einen »Frieden ohne Annexionen und Reparationen« proklamiert. Am 19. April machten sich das die deutschen Sozialdemokraten als ihre parteiamtliche Politik zu eigen. Wenn es nach Bethmann gegangen wäre, wären diese Leute wahrscheinlich in Preußen an die Macht gekommen. Die Frage der preußischen Verfassungsreform war also eng verknüpft mit dem Problem der deutschen Kriegsziele, bei beiden stand die künftige politische und soziale Stellung der deutschen Oberschicht auf dem Spiele, und schon aus diesem Grunde war jeder Zoll des Weges heiß umkämpft. Der Reichstag setzte einen Ausschuß ein, um über Änderungen der Reichsverfassung zu beraten, und dieser Ausschuß entschied im Mai, daß der Reichskanzler gegenüber dem Parlament verantwortlich zu machen sei. Inzwischen aber hatten am 28. April die Konservativen eine Protestresolution gegen die Osterbotschaft eingebracht. Fünf Tage später ließen sie einen weiteren Protest gegen die Haltung der SPD folgen. Ihr Verlangen, daß Deutschland für seine großen Opfer während des Krieges nach einem siegreichen Frieden angemessene Entschädigung empfangen müsse, um seine wirtschaftliche, soziale und kulturelle Zukunft sicherzustellen, wurde von zweiundzwanzig Organisationen unterstützt, darunter der Landbund, der Deutsche Bauernverband, der Zentralverband Deutscher Industrieller, die Kriegerverbände, der Flottenverein, der Alldeutsche Verband und die christlichen Gewerkschaften.

> »Nur ein Friede mit Entschädigungen, mit Machtzuwachs und Landerwerb kann unserem Volke sein nationales Dasein, seine Stellung in der Welt und seine wirtschaftliche Entwicklungsfreiheit dauernd sicherstellen.«[38]

Mittlerweile braute sich in einer anderen Himmelsrichtung ein Sturmwetter zusammen. Im vorhergehenden November war im Alter von sechsundachtzig Jahren Kaiser Franz Joseph verschieden, den Wilhelm in einem Augenblick, da er nach Sympathie suchte, als seinen einzigen überlebenden Freund in der Welt bezeichnet hatte. Ihm folgte auf dem Thron sein Großneffe Karl, der stark unter dem Einfluß seiner aus dem Hause Bourbon-Parma stammenden Frau Zita stand. Wilhelm beging den Fehler, den neuen Mann gönnerhaft zu behandeln. »Was sich dieser junge Mann herausnimmt!« sagte er einmal.[39] Die Österreicher ließen keinen Zweifel daran, daß sie so bald wie irgend möglich aus dem Kriege herauskommen wollten. Als Vorbereitung für eine gründliche Aussprache mit ihnen wurde am 23. April in Bad Kreuznach ein Kronrat abgehalten. Vier Tage vorher hatte Wilhelm seine eigenen Ideen darüber, wie der Friede aussehen sollte, zu Papier gebracht. Er meinte, Deutschland sollte Malta, die Azoren, Madeira, die Cap-Verde-Inseln, den Belgischen Kongo und Longwy-Briey verlangen, während Polen, Kurland und Litauen, wenn nicht direkt, dann doch indirekt annektiert werden sollten. Die Ukraine, Lettland und Estland sollten unabhängig werden, Amerika und England sollten 30 Milliarden Dollar an Reparationen, Frankreich 40 und Italien 10 Milliarden bezahlen![40]

Wenn der Kronrat tatsächlich davon absah, sich alle diese Bedingungen zu eigen zu machen, so war der Hauptgrund, daß sich seine Diskussionen auf die Beendigung des Krieges zu Lande bezogen. Die Einstellung der Feindseligkeiten zur See, einschließlich des Unterseebootkrieges, stand nicht zur Debatte, und daher wurden die kolonialen und die finanziellen Bedingungen späterer Erwägung überlassen. Ludendorff bestand auf der Annahme extremer Forderungen unter der Androhung seines Rücktritts. Lüttich, die flandrische Küste, Luxemburg, Longwy-Briey, Kurland, Litauen und Teile Polens waren zu annektieren und ganz Belgien militärischer Kontrolle zu unterstellen. Selbst der Chef des Marinekabinetts war schockiert durch diese »völlige Maßlosigkeit im Osten wie im Westen«.[41] Bethmann, der sich im Kronrat einer überwältigenden Mehrheit gegenübersah, blieb nichts anderes übrig, als bei seinem persönlichen Stab ein Dokument in Umlauf zu setzen, in dem er für sich jede Verpflichtung ablehnte, den Krieg bis zur Erreichung all dieser Ziele fortzusetzen. Aber seine Enttäuschung über die Beschlüsse des Kronrates war zum guten Teil eine persönliche Angelegenheit, vor der Öffentlichkeit war er an sie gebunden.

Allerdings war in Berlin bereits eine Denkschrift von dem österreichischen Außenminister Graf Czernin mit einem Begleitbrief des Kaisers Karl an Wilhelm eingetroffen. Der Inhalt war sehr verschieden von dem des Schreibens, das Wilhelm am Mittagstisch an jenem Julitage des Jahres 1914 gelesen hatte. Nach Czernin war Österreich am Ende seiner Kräfte, es könne einem neuen Kriegswinter nicht ins Auge sehen. Die Wirkung des russischen Beispiels auf die Slawen innerhalb der Habsburger Monarchie sei noch viel demoralisierender als in Deutschland, obgleich nach Czernins Urteil der Ausblick auch dort nicht allzu günstig sei. Frieden müsse unverzüglich auf der Grundlage des Status quo angestrebt werden. Wenn die Monarchen der Mittelmächte nicht in der Lage seien, innerhalb der nächsten paar Monate Frieden zu schließen, so würden ihre Völker über sie hinweggehen, und die Wogen der revolutionären Flut würden alles hinwegschwemmen, wofür ihre Brüder und Söhne noch kämpften und bluteten. Karl bat Wilhelm flehentlich, die Warnung zu beachten:

»Wir kämpfen gegen einen neuen Feind, welcher gefährlicher ist als die Entente: gegen die internationale Revolution, die in der allgemeinen Hungersnot den stärksten Verbündeten findet. Ich beschwöre Dich, diese so schicksalsschwere Seite der Frage nicht zu übersehen und zu bedenken, daß uns eine rasche Beendigung des Krieges – eventuell unter schweren Opfern – die Möglichkeit bietet, den sich vorbereitenden Umsturzbewegungen mit Erfolg entgegenzutreten.«[42]

Aber Wilhelm und seine Oberste Heeresleitung meinten es besser zu wissen – und hatten insofern recht, als die kommunistische Revolution Deutschland niemals überschwemmte. Zunächst einmal waren es die Dynastien, die leiden sollten, für das preußische Heimatland verzögerte sich die Abrechnung, die allerdings fürchterlich sein sollte, auf geraume Zeit und kam auf Umwegen. Aber Ende April 1917 ging der Unterseebootkrieg gut. Der englische Angriff bei Amiens war, nachdem er Ludendorff eine Vertrauenskrisis gebracht hatte, abgeflaut. Die Gewerkschaften hatten mitgewirkt, um die Streiks in Deutschland beizulegen. Lenin hatte die Stadt erreicht, die heute seinen Namen trägt, und Rußland schien sich in den Wehen eines Auflösungsprozesses zu befinden. Man glaubte, daß der Krieg im August zu Ende sein werde. »Die Zeit ist unser neuester Bundesgenosse«,[43] hatte Bethmann den Österreichern gesagt. Außerdem war der Stand der öffentlichen Meinung in Deutschland derart, daß der sicherste Weg, um eine Revolution hervorzurufen – allerdings von der Rechten –, der Abschluß eines Friedens auf der Grundlage des Status quo gewesen wäre. Wilhelm war überzeugt, der U-Boot-Krieg werde England zu einem Friedensangebot zwingen, und war entschlossen, die Briten schwer zahlen zu lassen. Am 13. Mai wiederholte er seine früheren Anregungen hinsichtlich der Friedensbedingungen und fügte, um das Maß voll zu machen, noch die Abtretung Gibraltars an Spanien, Zyperns, Ägyptens und Mesopotamiens an die Türkei, die Rückgabe aller deutschen Kolonien, die Abtretung des französischen zusätzlich zum belgischen Kongo und die Unterwerfung des zwischen Flamen und Wallonen aufgeteilten Belgiens hinzu. China, Japan, Brasilien, Bolivien, Kuba und Portugal sollten Beiträge zu den Reparationen leisten, die im wesentlichen in Sachlieferungen bestehen sollten. Als Czernin am 17. Mai in Kreuznach ankam, sah er sich einer unbeugsamen – und seiner Meinung nach von Phantastereien beherrschten – Opposition gegenüber, auf die er keinen Eindruck machen konnte. Er kehrte enttäuscht und mit leeren Händen nach Wien zurück. Karl schrieb einen weiteren Brief an Wilhelm, in dem er auf Mäßigung gegenüber Rußland drängte. Aber als Wilhelm die Sätze las: »Der Friede mit Rußland ist der Schlüssel der Situation. Mit ihm findet der Krieg ein rasches, günstiges Ende«, machte er die Randbemerkung: »Wenn wir nachgeben!«[44]

Die Österreicher aber standen in Deutschland nicht nur mit der Regierung in Fühlung. Unter denen, die den Inhalt von Kaiser Karls Briefen kannten, war Erzberger jetzt mehr denn je die dominierende Persönlichkeit in der Zentrumspartei.[45] Erzberger hatte sich als ein getreuer – wenn auch scharfsichtiger – Untertan bewährt und hatte als solcher der Regierung und dem Oberkommando wertvollen Beistand, besonders in der Auslandspropaganda, geleistet. Er war es gewesen, der kurz zuvor in Stockholm mit einem russischen Abgesandten über einen Waffenstillstandsentwurf verhandelt hatte. Aber die Russen bestanden auf der Wiederherstellung der Grenzen von 1914, wenn sie auch die Möglichkeit kleinerer Grenzberichtigungen nicht ausschlossen. Erzberger war der Ansicht, daß es der weiseste Kurs wäre, dieses Prinzip anzunehmen, um die Russen erst einmal aus dem Kriege herauszuhaben und dann später dafür zu sorgen, daß die »Grenzberichtigungen« weit genug gedehnt wurden, um Deutschland alles zu geben, was es wollte. Der Kaiser und das Oberkommando waren aber in diesem Stadium nicht geneigt, irgendwelche Prinzipien anzunehmen, und zogen es vor, sich freie

Hand vorzubehalten und abzuwarten, was geschehen werde. Als Erzbergers Entwurf Bad Kreuznach erreichte, herrschte dort »auf der ganzen Linie schwerste Gewitterstimmung mit zeitweisen Entladungen«. Als »vom militärischen wie politischen Standpunkt betrachtet, unmöglich und haarsträubend« qualifizierte sie der Kaiser.[46] Alle Verhandlungen sollten sich an die im Kronrat vereinbarten Bedingungen halten, womit sie von vornherein zum Scheitern verdammt waren.

Erzberger aber hatte früher im Jahre eine deprimierende Unterhaltung mit General Hoffmann, dem geistig bedeutendsten Mann im Hauptquartier der Ostfront, gehabt. Im Juni besuchte ihn Oberst Bauer im Auftrage der Heeresleitung. Die Atmosphäre in Kreuznach hatte eine jener plötzlichen Wandlungen durchgemacht, die für Ludendorff ebenso charakteristisch waren wie für seinen kaiserlichen Herrn. Der U-Boot-Krieg ergab nicht mehr die erwarteten Erfolge. Von einem Kriegsende im August konnte keine Rede mehr sein, ein weiterer Winterkrieg erschien unvermeidlich. Die Amerikaner begannen in Europa einzutreffen. Im Jahre 1918 würde die bislang vierfache Überlegenheit der Alliierten an Kriegsmaterial sechsfach sein. Die Moral in der Heimat und die Produktionsziffern mußten um jeden Preis gehoben werden. Dem Defaitismus müsse man entgegenwirken, wo er in Erscheinung trete. An der Spitze der Defaitisten stehe nach der Meinung der O.H.L. der Reichskanzler, der deshalb ersetzt werden müsse. Als Kandidaten für die Nachfolge wurden Fürst Bülow und Fürst Hatzfeldt erwähnt.

Das strategische Bild, das von Erzberger von Hoffmann und von Bauer entwickelt worden war, ließ ihn zusammen mit dem, was er über die Ansichten der Österreicher wußte, fast so sehr am Siege zweifeln wie Bethmann selber. Aber die Erfahrungen, die er mit den Waffenstillstandsverhandlungen gemacht hatte, hatten ihn davon überzeugt, daß, wenn noch etwas gerettet werden sollte, mehr Gewandtheit an den Tag gelegt werden mußte und deshalb ein gewiegterer Taktiker als Bethmann nötig war. Er war deshalb bereit, das Spiel der Generäle mitzuspielen. Die Konservativen hatten sich auf den Sturz Bethmanns bereits seit der Osterbotschaft festgelegt, obgleich sich Wilhelm noch weigerte, auf ihre Beschwerden zu hören. Aber während diese Gruppen Vorbereitungen für Bethmanns Fall trafen, erhielt der Kanzler plötzlich ein Ultimatum von der entgegengesetzten Seite. Drei

Jahre auf den Tag nach der Ermordung Franz Ferdinands eröffneten ihm die sozialdemokratischen Führer, welche Zugeständnisse nach ihrer Meinung notwendig seien, wenn man die Massen vom Übergang zu den revolutionären Parteien zurückhalten wolle: offizielle Zurückweisung der alldeutschen Kriegsziele, Annahme des Grundsatzes eines Friedens ohne Annexionen, umgehende Einführung des allgemeinen, gleichen Wahlrechtes in Preußen. Mehr noch: die Sozialdemokraten gaben dem Kanzler zu verstehen, ihre Partei werde sich, wenn sie auf ihre Forderungen nicht eine befriedigende Antwort erhalte, weigern, für die nächste Kriegsanleiherate, deren Einbringung im Reichstage bevorstand, zu stimmen. Aussprachen führten nicht zu einer Verbesserung der Lage. Am 3. Juli ließ Ebert im Hauptausschuß des Reichstages einen scharfen Angriff gegen die Regierung vom Stapel und wiederholte vor der Öffentlichkeit die bisher in vertraulichem Gespräch vorgebrachten Forderungen. Am 6. Juli hielt Erzberger eine Rede, die dem deutschen Volke zum ersten Male eine Vorstellung von der wahren Kriegslage vermittelte, und regte darüber hinaus an, der Reichstag solle die Initiative ergreifen durch die Einsetzung eines Ausschusses, der die Bedingungen für einen Verständigungsfrieden entwerfen solle. Die Rede erregte großes Aufsehen, und in der sich ergebenden Aufregung wurde es klar, daß das Zentrum, die Fortschrittler und die Sozialdemokraten, die zusammen über eine Mehrheit verfügten, gemeinsam für einen Verständigungsfrieden und für eine Reform des preußischen Wahlrechts eintraten.

Ein nicht mit den deutschen Verhältnissen vertrauter Beobachter hätte erwarten können, daß die Entwicklung die Hand des Reichskanzlers in seinem allerdings mit halbem Herzen geführten Kampf um die Erhaltung der Loyalität der Arbeiterschaft durch Stärkung ihrer politischen Macht und die Erwekkung einiger Friedenshoffnung stärken würde. Und eine Zeitlang sah es so aus, als würde dies das Ergebnis sein. Obgleich Wilhelm grundsätzlich abgeneigt war, etwas von seinen eigenen Prärogativen abzugeben, konnte er sich doch vernünftigen Argumenten nicht ganz verschließen, besonders wenn er nervös war. Am 9. Juli hielt er einen Kronrat in Berlin, in dem Bethmann die Annahme der sozialdemokratischen Forderungen vorschlug; wenn man den Krieg gewinnen wolle, müsse man den Arbeitern einen Grund dafür geben, daß sie sich mit aller Kraft dafür einsetzten. Der preußische Innenminister von Loebell erwiderte, wenn Preußen unter die Herrschaft von Sozialdemokraten und Polen fallen sollte, wäre das noch schlimmer als ein verlorener Krieg. Der Kaiser, der den Vorsitz führte, faßte die Diskussion nicht unfair in den Worten zusammen: »Nach Ansicht der einen Seite bedeutete Proklamierung des gleichen Wahlrechts den Untergang Preußens, nach Ansicht der anderen Seite die Unterlassung der Proklamierung wahrscheinlich den Verlust des Krieges und damit den Untergang Deutschlands und Preußens.«[47] Er selbst glaubte, daß der Kronprinz und das preußische Parlament konsultiert werden sollten, und stellte seine eigene Entscheidung zurück. Stresemann als Führer der Nationalliberalen beschuldigte Bethmann des Defaitismus und forderte im Reichstag offen dessen Ablösung. Als aber der Kanzler um die Genehmigung seines Rücktritts bat, wurde diese vom Kaiser abgelehnt. Der Kronprinz entschied sich dann zugunsten der Gewährung des Wahlrechtes in Preußen, und eine Proklamation in diesem Sinne wurde am 11. Juli erlassen. Die Reichstagsmehrheit war emsig mit dem Entwurf einer »Friedensresolution« beschäftigt, die unter Berufung auf Wilhelms Erklärung vom August 1914, daß Deutschland nicht von Eroberungslust angetrieben sei, einen Verhandlungsfrieden und eine internationale Versöhnung forderte. Bethmanns Position schien gesichert.

Aber die Politiker rechneten nicht mit den Militärs. Schon am 7. Juli hatte Ludendorff dem Kaiser dringlich nahegelegt, Bethmann durch Bülow zu ersetzen. Ihm war bedeutet worden, er solle zur Front zurückkehren und sich um seine eigenen Angelegenheiten kümmern. Jetzt aber bekräftigten er und Hindenburg ihre Argumente durch den Mund des Kronprinzen, der seine Zustimmung der anderen Seite nur widerstrebend gegeben und sie jetzt bereitwillig zurückgezogen hatte. Am 12. Juli wurden die Führer der sechs wichtigsten Parteien zum Thronerben berufen und, während sie in glühender Hitze respektvoll vor ihm standen, einem Kreuzverhör über ihre politischen Ansichten unterworfen. Nur der Fortschrittler und der Sozialdemokrat unterstützten Bethmann, und der Sozialdemokrat machte seine Unterstützung noch von einer Änderung der Politik abhängig; dagegen erklärten sowohl Stresemann wie Erzberger einen Kanzlerwechsel für wesentlich. Der Kronprinz berichtete dieses Ergebnis seinem Vater, der entrüstet darüber war, daß sein großmütiges Zugeständnis in der Wahlrechtsfrage die Krisis nicht beendet habe. Bethmann traf im Schloß Bellevue zu einer Aussprache über die Friedensresolution des Reichstages – die Wilhelm harmlos fand – genau in dem Augenblick ein, in dem die Oberste Heeresleitung ihm den Gnadenstoß versetzte. Eine telefonische Botschaft teilte mit, daß Hindenburg, Ludendorff und ihr gesamter Stab sich nicht mehr in der Lage sähen, weiterhin mit Bethmann zusammenzuarbeiten, und deshalb ihren Rücktritt anböten. Der Kaiser bemerkte, wenn Bethmann gehen müsse, dann könne er selber »ja gleich abdizieren«, aber er erteilte dieses Mal den um ihren Rücktritt Nachsuchenden nicht den Befehl, im Amte zu verbleiben.[48] Bethmann sah jedoch deutlich, daß Hartnäckigkeit seinerseits nur einen offenen Zusammenstoß mit der militärischen Führung zur Folge haben könne und daß es noch zu früh für einen Wechsel im Oberkommando sei. Am folgenden Tage bat er um seinen Abschied, ohne auf das Eingreifen des Militärs Bezug zu nehmen, und diesmal durfte er gehen.

Wen aber sollte man an seine Stelle setzen? Dies wäre der Moment gewesen, an dem der Reichstag auf der Errichtung einer ihm verantwortlichen Regierung, wie er sie seit mehreren Monaten verlangt hatte, hätte bestehen und die Unterstützung jedes nicht vom Parlament gewählten Kanzlers ablehnen sollen. Aber das Zentrum war noch nicht zu einem solchen Bruch mit der deutschen Tradition bereit, auch waren die Parteien noch nicht einig genug, um sich über einen gemeinsamen Kanzlerkandidaten verständigen zu können. Außerdem waren nur die Sozialdemokraten so weit gegangen, die Bewilligung der Kriegsanleihen zu verweigern, falls ihre Wünsche nicht berücksichtigt würden; wenn aber die Forderung nach dem Recht, den Kanzler zu bestimmen, nicht durch eine derartige Drohung bekräftigt wurde – was Patrioten während des Krieges nur ungern tun –, bestand keine Möglichkeit, sie durchzusetzen. Es ist tatsächlich fraglich, welche Wirkung die Verweigerung der Kriegskredite auf die stolzen und entschlossenen Männer in Bad Kreuznach gehabt hätte. »Wo meine Garde erscheint, da ist kein Platz für die Demokratie«, sagte Wilhelm zu Reichstagsmitgliedern, nachdem die Krise vorbei war. In Wahrheit konnte nichts anderes als eine Revolution oder die Niederlage im Felde die Kontrolle der Ereignisse den Händen der militärischen Diktatoren entreißen, so daß sich die Politiker in einer Scheinwelt Selbsttäuschungen hingaben. Andererseits fordern diejenigen, welche Zugeständnisse nur der überlegenen Gewalt machen wollen, dazu heraus, daß sich überlegene Kräfte gegen sie konzentrieren. Das Zentrum und die Nationalliberalen hatten sicherlich der Sache der Vernunft dadurch nicht gedient, daß sie Bethmann im entscheidenden Moment im Stiche ließen. Sie bildeten sich aber ein, daß sie dadurch einen Ersatzmann erhalten würden, der ihren Meinungen mehr und nicht weniger Beachtung schenken würde.

Sie mußten bald feststellen, daß sie sich getäuscht hatten. Wilhelm lehnte es glatt ab, Bülow als Kanzler in Betracht zu ziehen, dem er sein Verhalten in den Jahren 1908/09 niemals vergeben hatte. Hatzfeldt wurde nicht mehr in Betracht gezogen, weil man befürchtete, er würde der O.H.L. nicht genügend Aufmerksamkeit erweisen. Der Kronprinz war für Tirpitz (der immer Donas Held gewesen war), aber seine Ernennung hätte eine zu offensichtliche Herausforderung des Reichstages bedeutet. Bethmann selber empfahl den bayerischen Ministerpräsidenten Graf Hertling, der lange als Abgeordneter dem Reichstag angehört hatte, aber Hertling lehnte ab, zum Teil, weil er bereits vierundsiebzig Jahre alt, und zum Teil, weil er wegen der Kriegsziele anderer Meinung als das Oberkommando war. Graf Bernstorff, der frühere Botschafter in Washington, wurde vorgeschlagen, aber gegen ihn legte Hindenburg sein Veto ein. Der Kaiser beauftragte dann den Chef seines Zivilkabinetts, von Valentini, einen Kanzler zu finden, der für Hindenburg annehmbar wäre. Valentini, der schlecht mit Hindenburg stand, ging um Auskunft zu seinem Kollegen vom Militärkabinett, General von Lyncker. Sie gingen vergeblich zusammen den Almanach von Gotha und das amtliche Personalregister auf der Suche nach einem geeigneten Kanzlerkandidaten durch. Der Generaladjutant von Plessen trat hinzu und schlug einen gewissen Michaelis vor, der in Preußen die Lebensmittelversorgung leitete. Niemand wußte viel über Michaelis – es ergab sich, daß der Kaiser ihn nie zuvor gesehen hatte –, aber seine kurz angebundene Art hatte dem Vernehmen nach bei seinen gelegentlichen Besuchen im Hauptquartier einen guten Eindruck auf die Generalstabsoffiziere gemacht, mit denen er zu tun hatte. Hindenburg sagte, er habe nichts gegen ihn, und Wilhelm war um diese Zeit nicht mehr in der Stimmung, Schwierigkeiten wegen eines Kandidaten zu machen, der für den Feldmarschall annehmbar war. Als Ludendorff später behauptete, Michaelis sei sein Kandidat gewesen, antwortete ihm der Kaiser: »Warum haben Sie das nicht früher gesagt, da hätte man sich ja den Mann näher darauf ansehen können.«[49] Valentini wurde ausgesandt,[50] um den sprachlosen Michaelis zur Annahme der Kanzlerschaft zu bereden und zum Abendessen mit dem Kaiser mitzubringen.[51] Tatsächlich wäre jeder Kanzler, der radikaler als Bethmann war, für das Oberkommando, und wer reaktionärer war, für den Reichstag unannehmbar gewesen. Der einzige Ausweg war, sich für eine Null zu entscheiden. Bethmanns Ausscheiden machte, wie der Historiker Meinecke es ausdrückt, in Deutschland »die Gemäßigten politisch heimatlos«.[52] Von Kühlmann, der 1905 Geschäftsträger in Tanger und in den Jahren 1912–14 die treibende Kraft hinter den deutsch-englischen Verhandlungen gewesen war, wurde zum Staatssekretär des Auswärtigen gemacht.

Michaelis ließ dem Reichstag keinen Zweifel daran, daß er Hand in Hand mit der O.H.L. zu arbeiten beabsichtigte. In deren Namen stimmte er der Friedensresolution zu, da die Abgeordneten die Anregung, man ließe sie besser fallen, beiseitegeschoben und die Sozialdemokraten die Katze dadurch aus dem Sack gelassen hatten, daß sie den Text veröffentlicht und dadurch die Abstimmung darüber sichergestellt hatten. Der Preis seiner Zustimmung war die Einfügung einiger zur Beruhigung der Heeresleitung bestimmter Abänderungen in den Text der Resolution und die Annahme der Kriegsanleihe. Mehr oder minder aus dem Stegreif machte Michaelis vor dem Reichstag zu der in ziemlich allgemeinen Ausdrücken gehaltenen Resolution die zweideutige Bemerkung, er nehme sie an »wie ich sie auffasse«. Zum Kronprinzen sagte er: »Man kann schließlich mit der Resolution jeden Frieden machen, den man will«.[53] Erzberger, der bei der Abfassung der Resolution federführend gewesen war, sagte selber, auf diesem Wege könne er die Longwy-Briey-Linie auf dem Verhandlungswege bekommen.[54] Aber er hatte sein ursprüngliches Ziel nur unvollkommen erreicht, nämlich Deutschland aus einer Situation herauszubekommen, in der es den hochklingenden Prinzipien, die von den Feinden verkündet wurden, nichts als Annexionsforderungen entgegenzusetzen hatte. Auf alle Fälle mußte der Reichstag bald erkennen, daß all seine Bemühungen umsonst gewesen waren. Die Friedensresolution blieb für alle praktischen Zwecke ein toter Buchstabe. Schritte zur Abänderung des preußischen Wahlrechtes wurden nicht eingeleitet. Dazu schrieb Ludendorff, er hoffe zuversichtlich, daß jede Änderung durchfallen werde. Wenn er diese Hoffnung nicht hätte, würde er für jeden beliebigen Frieden eintreten. Denn mit einem solchen Wahlrecht könne Preußen nicht leben.[55] Es gab keinen mittleren Weg; entweder mußte man der O.H.L. die Führung Deutschlands überlassen, oder man mußte ihr die Macht mit Gewalt entreißen. Zum Unglück für Deutschland mußte diese Gewalt von seiten seiner Feinde kommen.

Aber so leicht wurde man die Frage der Kriegsziele nicht los. Der Papst hatte schon angedeutet, daß er bereit sei, zu vermitteln, und obgleich Wilhelm dem päpstlichen Nuntius (dem späteren Papst Pius XII.) keine sehr ermutigende Antwort gegeben hatte,[56] hatten die Österreicher seinem Schritt, der vielleicht einen Ausweg aus ihren Schwierigkeiten eröffnen konnte, einen warmen Empfang bereitet. Dementsprechend bot Mitte August der Papst beiden Seiten seine Vermittlung bei der Erreichung eines Verständigungsfriedens an. Die Briten behandelten das päpstliche Angebot so, daß Deutschland aufgefordert wurde, seine Absichten hinsichtlich Belgiens zu erklären, und der Papst drängte auf die Notwendigkeit einer eindeutigen Antwort. Das war aus zwei Gründen peinlich. Denn erstens waren die deutschen Absichten anspruchsvoll; die Militärs wollten mindestens Lüttich annektieren, und die Marine wollte die ganze Küste behalten. Zweitens aber glaubten die zivilen Stellen, daß England selber im Begriff stehe, ein Friedensangebot zu machen, und weder die neutrale Meinung durch zu weitgehende Forderungen verletzen noch seine Verhandlungsposition durch zu bescheidene schwächen wolle. Wer behaupte denn, daß er das Pferd Belgien verkaufen wolle, sagte Kühlmann, den Zeitpunkt bestimme er selber. Derzeit stehe dieses Pferd nicht zum Verkauf. Er beeinflußte den Kaiser, der sich bei früherer Gelegenheit hatte überreden lassen, die Ansprüche der Marine zu unterstützen, auf diese zu verzichten. Die Entscheidung über die Forderungen des Heeres aber wurde verschoben, und der Papst erhielt eine ausweichende Antwort.

Deutschland verpaßte eine Gelegenheit, die Welt über seine Absichten zu beruhigen – und ein englisches Friedensangebot kam schließlich überhaupt nicht zustande.[57]

Innerhalb Deutschlands begann sich allmählich das Menetekel an der Wand abzuzeichnen. Ende Juli wurde aus einer Bewegung unter Marinemannschaften zugunsten eines baldigen Friedensschlusses durch das scharfe Vorgehen der Offiziere eine Meuterei, die dann rücksichtslos unterdrückt wurde. Als es hierüber zu einer Aussprache im Reichstag kam, schob Michaelis die Schuld auf die Unabhängigen Sozialdemokraten. Die Mehrheitsparteien, die ohnehin durch das Zögern wegen des preußischen Wahlrechtes unzufrieden waren, sahen hierin einen Beweis für des Kanzlers Unterwürfigkeit gegenüber der Oberschicht und den Militärs und verlangten seine sofortige Entlassung. Sie hatten immer noch keinen eigenen Kandidaten für die Nachfolge anzubieten – hauptsächlich weil die Sozialdemokraten Bülow nicht unterstützen wollten, aber sie bestanden darauf, daß der nächste Kanzler sein Programm mit ihnen besprechen müsse, bevor er es ankündige, und gingen sogar so weit, eine Reihe von Punkten aufzustellen, deren Aufnahme in das Regierungsprogramm sie verlangten. Der Kaiser war alles andere als vergnügt, daß ihm so bald ein neuer Kanzlerwechsel aufgezwungen werden sollte. Zu Kühlmann sagte er: »Ich kannte (Michaelis) ja überhaupt nicht, aber der Feldmarschall versicherte mir wiederholt, er sei ein so braver gottesfürchtiger Mann, da habe ich ihn eben in Gottes Namen genommen.«[58]

Graf Hertling wurde nun überredet, das Reichskanzleramt anzunehmen. Er war nur ein Jahr jünger, als Hohenlohe bei seiner Ernennung gewesen war, und beinahe blind, so daß ihm die meisten Dokumente vorgelesen werden mußten. Er gehörte einer älteren Generation der Zentrumspartei an, und seine Betrauung mit dem Kanzleramt verringerte den Einfluß Erzbergers, so daß während der nächsten paar Monate über das Ausmaß, in dem das Zentrum die Linke unterstützen würde, immer Zweifel bestanden. Der beste Kommentar zu seiner Ernennung kam von seinen eigenen Lippen: Er fragt einen Freund, ob es nicht absurd sei, einen alten erschöpften Professor der Philosophie zum Reichskanzler zu machen zu einer Zeit, da es um Entscheidungen über die Fragen von Leben und Tod gehe. Die Parteiführer bestanden darauf, daß der fortschrittliche Abgeordnete von

Payer zum Vizekanzler und das nationalliberale Mitglied des preußischen Abgeordnetenhauses, Friedberg, zum stellvertretenden preußischen Ministerpräsidenten ernannt wurden. Beide waren so alt, daß man der neuen Mannschaft den Spitznamen »Großvaterregierung« gab. Hertling fand sich mit dieser Neuerung ab, obwohl er das Eingreifen des Reichstages als unberechtigt ansah, eine Auffassung, die einen Widerhall bei Dona fand. Sie antwortete auf einen Wink von Valentini, daß einige Zugeständnisse an die Volksvertreter an der Zeit sein möchten, mit der Erklärung, sie sei eher bereit, das Schlimmste zu erdulden, als zu sehen, daß die Rechte der Krone auch nur um ein Titelchen verletzt würden. Die Verfassung bedingte, daß die beiden Abgeordneten bei ihrer Ernennung zu Ministerämtern ihre Parlamentsmandate niederlegten, und in der Praxis war die Neuerung von geringer Wirkung.[59]

Kaum hatte Hertling sein Amt übernommen, als eines der entscheidenden Ereignisse des Jahrhunderts eintrat. Unter der Führung Lenins stürzten die Bolschewiken die provisorische Regierung und begannen, von ihrem Hauptquartier aus die Weltrevolution zu organisieren. Eine ihrer ersten Aktionen war die Veröffentlichung eines Dekretes, in dem allen kriegsführenden Völkern der Abschluß eines Friedens ohne Annexionen und ohne Kriegsentschädigungen vorgeschlagen wurde. Die »Arbeiter-und-Bauern-Regierung« kündigte ihre Absicht an, unverzüglich um einen dreimonatigen Waffenstillstand nachzusuchen, der die Eröffnung von Friedensverhandlungen ermöglichen solle. Zusätzlich forderte sie eine »offene Diplomatie« und begann mit der Veröffentlichung all der Geheimverträge, die zwischen den Alliierten und der Regierung des Zaren abgeschlossen worden waren. Die deutsche Oberste Heeresleitung hörte von diesem Dekret erst mehrere Wochen später und begriff auch dann noch nicht seine Tragweite. Bisher waren Friedensbedingungen auf theoretischer Grundlage diskutiert worden, jetzt war der Augenblick gekommen, da man beginnen mußte, sie in die Praxis umzusetzen. Das mußte zwangsläufig dazu führen, daß die Welt begreifen würde, welche Art von Frieden Deutschland anstrebte. Die Alliierten klagten in ihrer Propaganda Deutschland des Strebens nach Welteroberung an und hatten dadurch verstanden, sich viele Sympathien bei Menschen mit unvoreingenommener Meinung zu sichern. Die Deutschen behaupteten, daß ihnen ein Verteidigungskrieg wider ihren Willen aufgezwungen worden sei. Die Art und Weise, in der sie jetzt Rußland behandelten, würde erweisen, welche Lesart zutreffend war.

Es gab natürlich in Deutschland sehr verschiedenartige Meinungen, von den Sozialisten, die ehrlich das Prinzip »keine Annexionen und keine Entschädigungen« annahmen, bis zur Vaterlandspartei, die im September 1917 von Tirpitz und Professor Dietrich Schäfer als ein Sammelbecken für Nationalisten gegründet worden war.[60] Man kann aber mit Recht sagen, daß innerhalb der herrschenden Oberschicht eine weite Übereinstimmung hinsichtlich der Ziele überdeckt war durch bittere Meinungsverschiedenheiten über die Mittel zu ihrer Erreichung. Deutschland mußte entschädigt werden dafür, daß es diesen Krieg hatte durchkämpfen müssen; diese Entschädigung müßte hauptsächlich die Form territorialer Sicherheit gegen künftige Angriffe von anderen annehmen, was in der Natur der Dinge zugleich Vorteile bei künftigen Angriffen auf andere mit sich bringen würde. Bei einer berühmten Gelegenheit sagte Hindenburg, als ihn Kühlmann fragte, warum er einen so großen Teil der baltischen Staaten annektieren müsse, er müsse in einem nächsten Kriege mit seinem linken Flügel manövrieren können.[61] Sobald Deutschland einen militärischen Erfolg erzielte, der die Alliierten einem Friedensschluß geneigter machte, erhöhte die deutsche Führung ihre territorialen Forderungen, so daß ein einsichtiger deutscher Politiker sagte: »Je mehr wir siegen, desto weiter entfernen wir uns vom Frieden.«[62] Während aber die Militärs keine Bedenken hatten, ohne Scham zu erklären – oder zu nehmen –, was sie haben wollten, bemühten sich die Zivilisten, Annexionen unter dem Deckmantel einer Formel respektabel erscheinen zu lassen. Die bequemste dieser zweckdienlichen Formeln war die »Selbstbestimmung«, wobei stillschweigend vorausgesetzt wurde, daß Deutschland die Bedingungen kontrollieren würde, unter denen die Bestimmung vor sich gehen würde. Da aber diese Verfeinerung nicht gut öffentlich erläutert werden konnte, griffen die Nationalisten die Annahme der Formel bitterlich als Verrat an den deutschen Interessen an.

Am 18. Dezember 1917 fand in Kreuznach ein Kronrat statt, in dem die Bedingungen besprochen wurden, die den Bolschewiken bei den bevorstehenden Friedensverhandlungen in Brest-Litowsk auferlegt werden sollten. Am 3. März 1918 wurde der

Vertrag endlich in dieser Stadt unterzeichnet. Der Kaiser war in die Verhandlungen nicht einbezogen und war nicht einmal in alle die verwickelten Einzelheiten eingeweiht. Alles in allem unterstützte er die Zivilisten, und an einem Punkt der Auseinandersetzungen sprach Kühlmann von ihm als der einzigen vernünftigen Person in ganz Deutschland.[63] Der ewige Zank unter seinen Untergebenen aber war für ihn schmerzlich, und letzten Endes gab er gewöhnlich der Obersten Heeresleitung nach. Am Neujahrstag 1918, während einer Verhandlungspause, in der die Unterhändler zu einer Befehlsausgabe nach Berlin gekommen waren, empfing der Kaiser General Hoffmann, der sich drei Jahre vorher durch die Ausarbeitung des dem Hindenburgsieg bei Tannenberg zu Grunde liegenden Planes einen Namen gemacht hatte. Hoffmann war aber im Osten geblieben, als Hindenburg und Ludendorff das Oberkommando übernommen hatten, und als er nun um seine Ansicht über das, was geschehen solle, befragt wurde, bat er den Kaiser, ihm die Antwort zu erlassen. Denn seine Kenntnis der Lage im Osten aus erster Hand ließ ihm gemäßigtere Ziele als ausreichend erscheinen als die, welche die O.H.L., über tausend Kilometer vom Operationsgebiet entfernt, für wesentlich erklärt hatte. »Wenn Ihr Oberster Kriegsherr Ihre Ansichten über irgendeinen Punkt zu hören wünscht, ist es Ihre Pflicht, sie ihm zu sagen, gleichgültig ob sie mit der des Oberkommandos übereinstimmen oder nicht.«[64] Auf diese Ermahnung hin meinte Hoffmann, da es sich nun einmal erwiesen habe, daß es schwierig sei, mit Polen umzugehen, scheine es ihm richtig, so wenige davon wie möglich in Deutschland hineinzunehmen. Wilhelm hörte zu, fand das vernünftig und ließ Hoffmann seine Vorschläge an Hand einer Landkarte erläutern. Kühlmann bat seinen Herrn, sofern er die Karte bei den weiteren Verhandlungen gebrauchen wollte, nicht zu enthüllen, von wem er sie habe, um nicht Ludendorffs Eifersucht zu wecken. »Unter Euch Diplomaten ist natürlich jeder auf den anderen eifersüchtig . . . Bei den Soldaten gibt es so was nicht«, war Wilhelms Antwort.[65] Während des Kronrates am nächsten Tage brachte er die Karte unter Erwähnung, daß sie Hoffmann gehöre, heraus und sagte, sie stelle seine eigene Entscheidung darüber dar, wo die künftige Grenze sein solle. Nach einem Augenblick betäubten Schweigens schrie Ludendorff den Kaiser an, er habe kein Recht, die Meinung untergeordneter Offiziere über den Kopf seiner leitenden militärischen Berater einzuholen. Die kaiserliche Entscheidung könne nicht angenommen werden, bevor nicht das Oberkommando Zeit gehabt habe, darüber nachzudenken. Sachlich war diese Bemerkung berechtigter als der Ton, in dem sie vorgebracht wurde. Angesichts des Wutausbruchs suchte Wilhelm, Zeit zu gewinnen, und sagte, er werde das Ergebnis des Nachdenkens abwarten.

Das wurde ihm ordnungsgemäß von Hindenburg in einem von Ludendorff entworfenen Brief übermittelt. Es stellte Wilhelm vor die Wahl zwischen der Annahme ihres Rates und ihrem Rücktritt. Der Kaiser drückte sich um eine sofortige Entscheidung in der umstrittenen Frage herum, unterstützte aber Hertling in seiner Unnachgiebigkeit, daß die Führung der Friedensverhandlungen Zivilisten überlassen bleiben müsse, während die Militärs als technische Berater dienten. Er sandte ferner an Hindenburg einen freundlichen – von Kühlmann entworfenen – Brief, in dem er erklärte, daß seine häufig von den Ansichten seiner Generäle abweichende Meinung nicht einen Mangel an Vertrauen bedeute:

»Daß Soldat und Staatsmann inmitten des gewaltigsten Koalitionskrieges, den die Welt je sah, in den einzelnen Fragen der Kriegsziele und der Art, wie sie zu erreichen sind, einen verschiedenen Standpunkt vertreten, liegt in der Natur der Sache und ist eine alte, durch die Geschichte oft erwiesene Erscheinung, die Mich auch jetzt nicht überrascht hat. Es ist Ihr gutes Recht und Ihre Pflicht, Ihre Ansichten energisch zur Geltung zu bringen, ebenso wie es Pflicht des verantwortlichen Staatsmannes ist, seine andersgeartete Anschauung Mir vorzutragen. Ich habe daher Ihre Denkschrift dem Reichskanzler zugestellt und lasse Ihnen in der Anlage die von ihm zusammengestellten Bemerkungen abschriftlich zugehen. Ich stimme den darin enthaltenen Ausführungen zu und spreche vertrauensvoll die Erwartung aus, daß es auch Ihnen und dem General Ludendorff gelingen wird, auf Grund dieser Anschauungen weitere Bedenken fallen zu lassen, um sich unbeeinflußt den Aufgaben der eigentlichen Kriegsführung widmen zu können. Sie können, mein lieber Generalfeldmarschall, versichert sein, daß Sie jederzeit bei Mir ein offenes Ohr finden und daß Mir nichts ferner liegt, als Ihren wertvollen Rat ungehört beiseite zu schieben.«[66]

Im Moment blieb den Halbgöttern – das war der Spitzname, den man den beiden Generälen gegeben hatte – nichts übrig als nachzugeben, aber sie taten es widerwillig. Mit ihrer Forderung nach Kühlmanns Entlassung waren sie abgeblitzt, aber zum Trost bestanden sie auf der Valentinis, des Kaisers getreuen Chefs des Zivilkabinetts, dem sie vorwarfen, er trage die ganze Schuld für den Rutsch nach links in der Regierung. Wilhelm war wütend über diese Forderung, er warf Hindenburg die Tür vor der Nase zu mit den Worten, er brauche seinen väterlichen Rat nicht, und erklärte Ludendorff für einen »Übeltäter, dem er nie wieder die Hand geben würde«.[67] Aber Valentini bestand selbst darauf, sich zu opfern, und wurde durch von Berg, einen Reaktionär durch und durch, ersetzt, dessen Einfluß sich in den nächsten Monaten eigentlich nur ungünstig auswirkte. Unter ihm bestanden Wilhelms Randnotizen aus ständigem Säbelrasseln, verächtlichen Bemerkungen über Diplomaten und aus Antisemitismus.[68] Ein aufmerksamer Beobachter bemerkte um diese Zeit, Deutschland habe den Punkt erreicht, da der Kaiser sich die Mitglieder seiner persönlichen Umgebung ebenso zudiktieren lasse wie seine Minister.[69]

Später, während der Verhandlungen in Brest-Litowsk, gab Wilhelm, in seiner Empörung über einen von bolschewistischer Seite drohenden Anschlag auf sein Leben und bewegt durch einen Hilferuf estnischer Grundbesitzer an ihn, Kühlmann die Weisung, den Russen eine Frist von vierundzwanzig Stunden für den Verzicht auf alle Ansprüche auf die baltischen Provinzen zu setzen. Als Kühlmann in taktvoller Form gegen diesen Schubs mit dem Ellbogen protestierte, bestand der Kaiser jedoch nicht darauf. Als aber Trotzki dann den Deutschen sein berühmtes Paradox »Kein Krieg, kein Frieden« entgegensetzte, stimmte Wilhelm der Ansicht der Heeresleitung zu und ordnete die Wiederaufnahme der Feindseligkeiten an. Wie Kühlmann zu ihm sagte, konnte er sich deren Ansichten in einer solchen Frage nicht widersetzen, wenn er nicht bereit war, persönlich die Verantwortung für den Ausgang des Krieges zu übernehmen. Das erklärt aber nicht die Begeisterung, mit der sich der Kaiser die Auffassungen der Militärs zu eigen machte. Den Friedensschluß von Brest-Litowsk bezeichnete er als »einen der größten Erfolge der Weltgeschichte, dessen Bedeutung erst die Enkel richtig würdigen werden«. Allerdings hatte er fast gleichzeitig die Schuld für das »jetzt im Osten vergossene Blut« auf die schwächliche Haltung der deutschen diplomatischen Unterhändler in Brest-Litowsk geschoben.[70]

Das Oberkommando wurde aber durch einen neuartigen Gegner geschlagen und erlebte das Schicksal, das der Psalmist mit den Worten beschreibt: »Er aber gab ihnen ihre Bitte und sandte ihnen genug, bis ihnen davor ekelte.« Zwar hatten die Deutschen die ganze Ukraine besetzt und waren bis nach Finnland, Sewastopol und Baku vorgedrungen, aber sie brachten aus dem Gebiet nicht mehr als 42000 Wagenladungen Getreide heraus, und um das fertigzubringen, wurde eine Million Menschen im Osten festgehalten. Die Offenheit der bolschewistischen Diplomatie und schließlich die Weigerung, über die deutschen Bedingungen vor ihrer Annahme zu diskutieren, ließen die Welt nicht im Zweifel darüber, daß der Friede unter der Drohung mit dem Bayonett diktiert wurde. Trotzkis Taktik zwang Kühlmann zu dem Eingeständnis, daß der Ausdruck »keine Annexionen« so auszulegen sei, daß er Selbstbestimmung unter – deutscher – »Beihilfe« einschloß. Die bolschewistischen Grundsätze, die die Deutschen so verächtlich verwarfen, würden ihnen tatsächlich einen günstigeren Frieden gebracht haben als den, dessen bedingungslose Annahme sie für unentbehrlich hielten. Dabei wäre aber ihre Chance, Frieden zu erreichen, auf der ganzen Linie besser geworden, wenn sie bereit gewesen wären, einen Kompromiß in Betracht zu ziehen. Solange sie auf den Endsieg setzten, mußten sie nicht nur im Westen siegreich sein, sie mußten auch die Blockade brechen, und dazu hätten sie nur Zufuhren aus Rußland in den Stand setzen können. Sie mußten um hohe Einsätze spielen, weil ihre politischen Anforderungen mit niedrigeren nicht zu erreichen waren.

Noch bevor sie von der Oktoberrevolution – am 7., 8. November 1917 westlicher Rechnung – erfuhren, hatten die Zwillingsdiktatoren sich festgelegt. In einer Konferenz am 11. November entschied sich Ludendorff, Deutschlands ganze Kraft auf den Zusammenbruch der Alliierten in Frankreich im kommenden Frühjahr zu konzentrieren, ehe die Amerikaner ihre Kräfte voll einsetzen könnten. Es werde ein ungeheurer Kampf werden, sagte Ludendorff zum Kaiser, er werde an einer Stelle beginnen, an anderen fortgesetzt werden und lange Zeit dauern. Er werde schwer sein, aber zum Erfolg führen.[71] Wilhelm, der nicht zur Teilnahme an der Konferenz eingeladen worden war, entschloß sich, augenscheinlich unter ernsten Bedenken, deren Beschlüsse anzunehmen. Schließlich war keine bessere Methode in Sicht, einen Sieg auf dem Schlachtfeld zu erringen. Die einzige Alternative zu einem militärischen Sieg war ein Verständigungsfriede, und selbst wenn man annehmen wollte, daß die alliierte Führung zur Verständigung bereit gewesen wäre – was keineswegs sicher ist –, übten in Deutschland noch die Kräfte den beherrschenden Einfluß aus, deren Prestige von einem Siege abhing. Das Festhalten an einem Frieden mit Annexionen wurde nicht nur von den Generälen und der Vaterlandspartei getragen. Erzberger, der Angriffen aus seiner eigenen Partei wegen seines Anteils an der Friedensresolution ausgesetzt war, sagte im September 1917: »Wir verzichten auf gar nichts, was für Deutschlands Größe, für Deutschlands Entwicklung, für Deutschlands Freiheit auf der Welt notwendig ist.« Eine die Friedensresolution kritisierende Erklärung des Zentralvorstandes der Nationalliberalen Partei, die im Reichstag abgegeben wurde, sagte:

> »Deutschlands zukünftige Sicherheit kann nicht allein auf Völkerverträgen beruhen, sondern muß auf deutsche Macht und Stärke gegründet sein. Ohne Machterweiterung in Ost, West und Sicherung unserer weltpolitischen Stellungen über See und ohne ausreichende Kriegsentschädigungen würden wir keine Sicherheit gegen künftige Bedrohungen unseres Daseins haben und politisch und wirtschaftlich um Jahrzehnte zurückgeworfen werden . . .«[72]

Im Januar 1918 erklärte ein führender nationalliberaler Abgeordneter im Reichstag, der Staatsmann, der aus dem Kriege nach Hause komme ohne Longwy-Briey, ohne Belgien in seiner Hand und ohne Befreiung Flanderns aus Englands Macht, ohne die Maaslinie unter deutscher Kontrolle, werde als der Totengräber des deutschen Ansehens in die Geschichte eingehen.[73]

Es ist äußerst zweifelhaft, ob zu irgendeinem Zeitpunkt zwischen Juli 1917 und 1918 im Reichstag eine Mehrheit für einen Frieden, der wirklich frei von Annexionen oder Reparationen gewesen wäre, hätte erreicht werden können.

Wie die Mehrzahl der Menschen in fast allen Zeiten war auch Wilhelm ein Gefangener der Kultur, in die das Schicksal ihn hineingestellt und der er sich gewissenhaft anzupassen versucht hatte. Es ist möglich, daß er innere Zweifel über den Bestimmungsort hatte, dem der Zug zueilte, aber sein Charakter war nicht von der Art, daß man von ihm hätte erwarten können, er werde die Notbremse ziehen. Kühlmann griff im Frühjahr 1918 die Oberste Heeresleitung in nicht gezeichneten Zeitungsartikeln an. In einem hieß es, wieder und wieder werde im deutschen Volke der Ruf nach einem Staatsmann laut, der es führen solle. Es herrschten aber keine Verhältnisse, unter denen ein Staatsmann groß werden könne. Als Wilhelm diesen Aufsatz las, vermerkte er, das stimme, entweder sei der Staatsmann beim Reichstag oder in Kreuznach oder an beiden Stellen unbeliebt. Ein paar Zeilen weiter hieß es in Kühlmanns Aufsatz, daß die Beziehungen zwischen den Militärs und den zivilen Amtsstellen schlecht seien, wozu Wilhelm notierte: Natürlich, der Kaiser wird von beiden Seiten ignoriert! Als Feldmarschall von Mackensen ihm einen trüben Bericht über die Lage in Österreich und auf dem Balkan unterbreitete, brachte der Kaiser seine volle Übereinstimmung zum Ausdruck, fügte aber hinzu, leider habe er für diese Ansichten beim Generalstab kein Gehör gefunden.[74] Dabei vergaß er, wie er selber ein Jahr vorher die Vorschläge des Kaisers Karl behandelt hatte. Sein Mangel an Konsequenz war die Erklärung für seine Verbannung auf die Zuschauertribüne. Wären seine Ansichten über den richtigen Kurs, den Deutschland steuern müßte, sowohl klar wie stetig gewesen, hätte er eine viel bessere Chance gehabt, sie durchzusetzen. Aber die Leute schenkten einem Herrscher immer weniger Beachtung, der seine Ansichten mit den Jahreszeiten wechselte, selbst wenn diese Ansichten manchmal recht vernünftig sein mochten. Zu Wilhelms Unglück – wenn auch nicht ganz zu Unrecht – vermochte die alliierte öffentliche Meinung nicht zu erkennen, daß seine Prahlereien darüber, wer Deutschlands Politik bestimme, selbst die begrenzte Gültigkeit verloren hatten, die sie zuvor einmal besaßen. Andererseits nahm man an, daß die Ansichten der deutschen Sozialdemokraten die wahre, wenn auch machtlose Stimme des deutschen Volkes darstellten. Präsident Wilson brachte das in seiner Antwort auf das Vermittlungsangebot des Papstes zum Ausdruck:

»Das Ziel dieses Krieges ist die Rettung der freien Völker von der Bedrohung und der tatsächlichen Macht eines gewaltigen militärischen Apparates, der von einer verantwortungslosen

Regierung kontrolliert wird . . . Diese Macht ist nicht das deutsche Volk. Es ist der unbarmherzige Herr des deutschen Volkes . . . Wir können nicht das Wort des gegenwärtigen Herrschers Deutschlands als eine Garantie für irgend etwas, was dauern soll, annehmen, wenn es nicht ausdrücklich unterstützt wird durch solch schlüssige Beweise für den Willen und den Zweck des deutschen Volkes, daß die anderen Völker der Welt gerechtfertigt sein würden, sie anzunehmen.«[75]

Am 15. März rückte die Oberste Heeresleitung, in Vorbereitung für die Offensive, nach Spa vor, wo ihr Hauptquartier paradoxerweise im *Hotel Britannique* lag. In der Umgebung war ein Schloß für den Kaiser verfügbar gemacht. Der Angriff begann am 21. März und machte rasche Fortschritte. Obgleich die Verluste grausig waren, war die Stimmung weit und breit optimistisch. Wilhelm, der nahe an der Front gewesen war, rief bei seiner Rückkehr, als der Zug einlief, dem Bahnhofsvorsteher zu: »Die Schlacht ist gewonnen! Die Engländer total geschlagen.«[76] Er sagte auch, falls ein englischer Parlamentarier komme, um den Frieden zu erbitten, müsse er als erstes einmal vor der Kaiserstandarte niederknien, denn was jetzt geschehe, sei ein Sieg der Monarchie über die Demokratie.[77] Ärgerlich war Wilhelm nur, als eine deutsche Zeitung die Operation als die »Kaiserschlacht« bezeichnete, weil das seiner Meinung nach so aussehen könnte, als hätte er mit den früheren nichts zu tun gehabt. Hindenburg erhielt eine Auszeichnung, die früher nur einmal, an Blücher nach der Schlacht bei Waterloo, verliehen worden war. Aber nach vierzehn Tagen geriet der Vormarsch allmählich ins Stocken, ohne daß der Durchbruch durch die britischen Linien ganz gelungen wäre. Die gleiche Erfahrung wiederholte sich im April weiter nördlich und im Mai weiter südlich gegen die Franzosen.

Während der ganzen folgenden Monate trat die Zweideutigkeit von Wilhelms Einstellung zum Kriege noch schärfer hervor denn je, und sie wurde gestützt durch eine Weigerung, über die Ost- und die Westfront zusammen Überlegungen anzustellen. Er machte zuversichtliche Pläne für seine künftige Politik gegenüber Rußland.

»Friede ist zwischen Slawen und Germanen überhaupt unmöglich . . . Friede mit Rußland kann nur durch Furcht vor uns erhalten werden. Die Slawen werden uns immer hassen und Feinde bleiben! . . . unsere Präponderanz in dem germanischen Gebiet ist nötig, um Rußland von unserer Ostgrenze ein für allemal fernzuhalten . . .«[78]

Am 7. Juni unterstützte er nachdrücklich Vorschläge für die Eingliederung Georgiens in das Reich und betonte die Bedeutung Transkaukasiens als eine Brücke nach Zentralasien und eine Bedrohung der britischen Position in Indien.[79] Im August 1918 diskutierte er noch die Eingliederung Kurlands mit Riga, »um ein unwiderrufliches Faktum zu schaffen«, und bemerkte am Rande einer Denkschrift des Staatsministeriums: »Die Amerikaner haben da gar nicht hereinzureden!«[80] Noch am 10. September empfing er den nach Unabhängigkeit strebenden ukrainischen »Hetman« Skoropadski in Vorbereitung der Unterzeichnung eines Bündnisses mit dessen Regime.[81] Und doch hielt es in den gleichen Monaten ein Mitglied des Hofstaates für angebracht, Ballin zu ersuchen, er solle im Beisein des Kaisers nicht pessimistisch sprechen. Der Kaiser könne solche Bemerkungen nicht vertragen, er verliere dann die Nerven.[82] Am 15. Juni 1918, dem dreißigsten Jahrestag seiner Thronbesteigung, hatte Wilhelm eine Botschaft erlassen, in der er den Krieg beschrieb als einen Konflikt zwischen zwei Weltanschauungen.

»Entweder soll die preußisch-deutsche-germanische Weltanschauung – Recht, Freiheit, Ehre, Sitte – in Ehren bleiben oder die angelsächsische – das bedeutet: dem Götzendienste des Geldes verfallen. In diesem Kampf muß die eine Weltanschauung unbedingt überwunden werden.«

Und er fügte, vielleicht mehr aus Frömmigkeit als aus Überzeugung, hinzu: »Den Sieg der deutschen Weltanschauung gilt es!«[83] Man sagt auch, daß Kühlmann im Einverständnis mit dem Kaiser gehandelt habe, als er Ende Juni im Reichstag in dem Gedanken, die öffentliche Meinung auf den Kurs vorzubereiten, den er für unvermeidlich hielt, die Möglichkeit andeutete, daß es notwendig werden könnte, an die Alliierten wegen Friedensverhandlungen heranzutreten. Der Führer der Konservativen, Graf Westarp, erklärte daraufhin sofort, das deutsche Schwert werde dem Reich, wie im Osten, so auch im Westen, den Frieden gewinnen. Ein Zentrumssprecher hieb in die gleiche Kerbe, und Stresemann erklärte für die Nationalliberalen, es habe nie weniger Zweifel als zu diesem Zeitpunkte an einem deutschen Siege bestanden.[84] Die Oberste Heeresleitung, der Kühlmanns Mangel an Siegeszuversicht schon seit geraumer Zeit fluchwürdig erschienen war, gab erneut die Erklärung ab, eine weitere Zusammenarbeit mit ihm sei unmöglich. In einem Kronrat, der Anfang Juli in Spa abgehalten wurde, mußte sich Hertling für seinen Untergebenen entschuldigen, »wie sich ein Lehrer wegen eines schlechten Aufsatzes eines Schülers bei dem Schulinspektor entschuldigt«.[85] Kühlmann wurde durch Admiral von Hintze an der Spitze des Auswärtigen Amtes ersetzt, der über die Marine – er war Marineattaché in St. Petersburg gewesen – in die Diplomatie gekommen war und, obgleich er in Uniform wie des Kaisers Hofkutscher aussah, als zuverlässig in den Grundsatzfragen galt. Der Kronrat bestätigte die deutschen annexionistischen Ziele ohne Abänderungen; am 14. Juli lehnte der Kaiser eine Anregung, er solle Präsident Wilson seine Friedensbedingungen unterbreiten, ab. Am Tage vorher hatten alle Parteien mit Ausnahme der Unabhängigen Sozialdemokraten eine neue Rate der Kriegsanleihe bewilligt.

Die am 15. Juli vom Stapel gelassene neue Offensive erwies sich als ein Fehlschlag, und die drei Tage später einsetzende alliierte Gegenoffensive wurde nur mit Mühe zum Stillstand gebracht. Am 22. Juli gab Hindenburg zu, daß etwas schiefgegangen sei, und riet dem Kaiser, nach Spa zurückzukehren. Wilhelm war sehr niedergeschlagen. Er bezeichnete sich als einen besiegten Kriegsherrn und bat seine Umgebung, zart mit ihm umzugehen. Am nächsten Morgen erzählte er, er habe diese Nacht gar nicht geschlafen. Wie eine Vision seien alle seine englischen und russischen Verwandten und die Minister (wohl unter Bismarcks Führung) und Generäle aus seiner ganzen Regierungszeit an ihm vorübergezogen, zum Teil ihn verhöhnend. Nur die kleine Königin von Norwegen sei freundlich zu ihm gewesen.[86] Er war besonders besorgt wegen des Frontabschnittes zwischen Albert und Montdidier, und dort war es auch, wo am 8. August die Engländer durchbrachen. Zum ersten Male versagte die Kampfmoral der deutschen Truppe, besonders gegenüber den Tanks, was Ludendorff veranlaßte, in seinen »Kriegserinnerungen« dieses Datum »den schwarzen Tag des deutschen Heeres« zu nennen. Während der nächsten beiden Tage benahm sich Wilhelm mit großer Würde. Er enthielt sich aller Vorwürfe, sagte, zu viel sei von seinen Truppen verlangt worden, und ermutigte Ludendorff, der Rücktrittsgedanken äußerte. Aber er sagte auch: »Das kann natürlich so nicht bis ins Unendliche weitergehen, wir müssen einen Weg suchen, um zum Schluß zu kommen.«[87] Als Hintze am 13. August im Hauptquartier eintraf, gab Ludendorff zu: da er keine Aussicht erkenne, die Entschlossenheit des Feindes durch eine Offensive zu brechen, liege die einzige Hoffnung nunmehr darin, ihn durch strategische Verteidigung zu zermürben. Aber am nächsten Tag, in einem Kronrat, überließ er Hintze die Aufgabe, diese Gedankengänge zu wiederholen, und begnügte sich selbst damit, einen Verdammungschorus gegen den Defaitismus in der Heimat anzustimmen. Hindenburg vertrat die Meinung, daß es möglich sein werde, die deutschen Truppen in Stellungen auf französischem Boden zu halten und dadurch endlich doch einen Frieden zu deutschen Bedingungen zu erzwingen. Wilhelm tröstete sich mit Geschichten über die Schwierigkeiten der Gegenseite und mit Hoffnungen auf das, was durch Propaganda an der Heimatfront erreicht werden könne. Der Gedanke an Kapitulation kam noch niemandem. Der Friede müsse auf dem Verhandlungswege erreicht werden, aber die Eröffnung der Verhandlungen verschöbe man am besten, bis die Kämpfe abgeflaut sein würden. Eine Woche später hielt es Hintze für angebracht, dem Reichstag zu versichern: »Es liegt kein Grund vor, am Siege zu verzweifeln. Erst wenn wir zweifeln, ob wir siegen, sind wir besiegt.«[88] Um diese Zeit war Wilhelm nach Kassel gezogen, um nahe bei Dona zu sein, deren Herzleiden sich durch die zunehmenden Schwierigkeiten verstärkt hatte. Eines Abends, als sie auf der Terrasse saßen, brachte ein Mitglied des Haushaltes ein Bild heraus und fragte den Kaiser, ob er das gemalt habe. Er stellte fest, daß es das Werk eines anderen war, und fügte hinzu: »Wissen Sie, wenn ich ein solches Talent hätte, dann wäre ich Marinemaler und nicht Kaiser geworden und säße jetzt nicht in einer so schauderhaften Situation.«[89]

Anfang September versuchte Ballin auf einem Spaziergang dem Kaiser die Realitäten der Lage klarzumachen, aber Herr von Berg schloß sich an und »griff . . ., wo ich zu freiheitlich wurde, geschickt ein« und erklärte später, man dürfe den Kaiser nicht zu pessimistisch machen.[90] Am 10. September besuchte der Kaiser die Kruppwerke und machte mit einer Ansprache an die Arbeiter ein Experiment in der Heimatpropaganda, das sich aber nicht als Erfolg erwies. Ein erneuter englischer Durchbruch zwischen Arras und Cambrai verursachte beim Kaiser einen Neuralgieanfall, der nach seiner eigenen Angabe an einen Nervenzusammenbruch grenzte. Er ging auf vierundzwanzig Stunden zu Bett und erklärte hinterher, nun sei er wieder wie neu.[91] Unglücklicherweise gab es keine ähnliche Kur für Ludendorff, der durch seine unablässigen Anstrengungen während vier Jahren sich selbst wie auch das deutsche Heer und das deutsche Volk so gut wie zum Stillstand gebracht hatte. Schon seit einigen Monaten war er Anfällen von hemmungslosem Jähzorn unterworfen gewesen, jetzt brach er ganz plötzlich zusammen. Am 27. September kapitulierte Bulgarien, wodurch die deutschen Erdölzufuhren aus Rumänien in Frage gestellt wurden. Am 28. September erklärte Ludendorff Hindenburg, der einzige Weg, einen Zusammenbruch im Felde zu vermeiden, sei, unverzüglich um einen Waffenstillstand auf Grund der vierzehn Punkte des Präsidenten Wilson nachzusuchen – die er, wie sich später herausstellte, nie voll begriffen hatte. Zusammen gingen die beiden Generäle am nächsten Tage zu ihrem Herrn und gaben – im Gegensatz zu den prahlerischen Voraussagen, die sie ihm so oft gemacht hatten – zu, daß sie den Krieg verloren hätten. Ein Waffenstillstand müsse sofort abgeschlossen werden. Der Kaiser behandelte die beiden mit mehr Rücksichtnahme, als er von ihnen öfters empfangen hatte, er hörte ihnen ohne Überraschung und ohne Erregung zu. Dreizehn Jahre vorher hatte er dem Zaren in ähnlicher Situation geraten:

»Nationale Ehre ist eine sehr gute Sache an sich, aber nur in dem Falle, wenn das ganze Volk selbst beschließt, sie mit allen denkbaren Mitteln aufrechtzuerhalten. Aber wenn der Wille eines Volkes zeigt, daß es genug hat, und daß *tout est perdu fors l'honneur* seine Auffassung ist, ist es dann nicht vernünftig, daß auch sein Herrscher dann – zweifellos mit schwerem Herzen – die Konsequenzen zieht und Frieden schließt?«[92]

Jetzt war Nicky tot, und Willy hatte seine eigene Krisis zu meistern. Er sagte zu seiner Umgebung, es sei ihm lieber, wenn er den Tatsachen früher hätte ins Gesicht sehen können. Die Armee sei offenbar erschöpft. Bayerische und sogar sächsische Divisionen ergäben sich geschlossen. Der Krieg sei vorbei, aber auf eine ganz andere Weise, als man erwartet habe. Hintze wurde beauftragt, die notwendigen Schritte einzuleiten. Wilhelm gab auf eine Frage zu, daß das deutsche Volk sich sehr tapfer benommen habe, aber seine Politiker hätten schlimm versagt.

Das Versagen lag aber in der Tat nicht so sehr bei den Politikern oder selbst bei den Soldaten als vielmehr bei einem System, einer Weltanschauung. So oft hatte das deutsche Volk gesehen, wie sein begeistertes Streben durch das Fehlen von »Blut und Eisen« in der Zeit vor Bismarck vereitelt wurde, daß es einer unkritischen Bewunderung der Gewalt verfallen war. Das zu bekommen, wozu sie sich berechtigt fühlten, sahen die Deutschen nur noch als Sache genügender Entschlossenheit an. Die Tugenden der Männlichkeit, des Selbstvertrauens, des Mutes und der Disziplin wurden bis zur Verzerrung übersteigert wie Krebszellen. Das Ergebnis war, daß die Nation zum großen Teil die Fähigkeit objektiver Einschätzung des eigenen wie anderer Völker verlor. Die Deutschen ließen sich ihren phänomenalen Erfolg zu Kopfe steigen. Viele der Mängel, die in dieser Geschichte erwähnt worden sind – die übertriebenen Qualitäten, die von einem Kaiser verlangt wurden, die Vormachtstellung der Soldaten über die Zivilisten, die Fehleinschätzung der deutschen Stärke, der Größenwahn hinsichtlich der Kriegsziele –, das waren alles Symptome dieser grundlegenden kulturellen Krankheit. Tatsächlich war das Urteilsvermögen der verachteten Zivilisten – und speziell der verleumdeten Sozialisten – gewöhnlich besser als das der herrschenden Oberschicht. Aber so überzeugt war diese herrschende Schicht von ihrer überlegenen Weisheit, daß viele ihrer Mitglieder buchstäblich tot und der Rest diskreditiert sein mußten, bevor sich eine andere Sicht politisch durchzusetzen vermochte. Die Folge war, daß das System der parlamentarisch verantwortlichen Regierung seine Karriere in Deutschland mit allen Begleiterscheinungen des Unglücks und Versagens begann; aus solchen Begleiterscheinungen erklären sich manche der in der Folge eintretenden Übel.

Jetzt aber war der schicksalsschwere Augenblick gekommen; das alte System konnte nicht weitergehen. Zunächst einmal hatte die siegreiche Entente seine Abschaffung zu einem ihrer Hauptziele gemacht. In dem gleichen Atemzug, in dem er Wilhelm gesagt hatte, daß man um einen Waffenstillstand bitten müsse, hatte aber auch Ludendorff Hertling erklärt, daß eine »Änderung der Regierung oder ihre Umbildung auf einer breiteren Basis« notwendig geworden sei. Die Mehrheitsparteien des

Reichstages hatten mit steigender Ungeduld auf die vor vierzehn Monaten versprochenen Wandlungen gedrängt, und Hintze erklärte, eine Revolution von oben sei der einzige Weg, um einer Revolution von unten vorzubeugen. An dem gleichen Tage, an dem der Kaiser den Befehl gab, um einen Waffenstillstand nachzusuchen, erließ er eine Kaiserliche Botschaft, in der es hieß, er wünsche, daß das deutsche Volk wirksamer als bisher an der Bestimmung der Geschicke des Vaterlandes mitarbeite. »Es ist daher mein Wille, daß Männer, die von dem Vertrauen des Volkes getragen sind, in weiterem Umfange teilnehmen an den Rechten und Pflichten der Regierung.« Aber höfliche Phrasen konnten nicht über die Tatsache hinwegtäuschen, daß die innere Niederlage mit der äußeren Hand in Hand ging. Wilhelm litt unter einem bösen Ischiasanfall und mußte am Stock gehen. Er sah aus wie ein gebrochener, plötzlich gealterter Mann. Hertling wollte mit der neuen Entwicklung nichts zu tun haben. Er sah voraus, daß eine parlamentarische Regierung eine zentralistische Tendenz haben mußte, und wollte nicht bei der Minderung der bayerischen »Reservatrechte« mitwirken. Ein neuer Kanzler mußte gefunden werden, wobei Ludendorff nicht mitwirkte. Er trat in seinem Bestreben, einen feindlichen Durchbruch durch Verhandlungen über einen Waffenstillstand abzuwehren, auf der Stelle. Er stürmte in das Zimmer, in dem der Kaiser mit Hertling beriet, mit der »ganz gehorsamsten« Frage, »ob neuer Reichskanzler und neue Regierung noch immer nicht ernannt sind?« Des Kaisers Antwort war kurz und bündig: »Ich kann doch nicht zaubern!«[93] Berg andererseits versuchte sich wichtig zu machen mit Vorschlägen, wer und wer nicht ernannt werden solle, und fand sich als Ergebnis seiner Prahlereien unter den aus dem Dienst Entlassenen.

Erster demokratischer Kanzler des Deutschen Reiches wurde Prinz Max, Thronfolger des Großherzogtums Baden, in dem schon seit geraumer Zeit eine Koalition von Nationalliberalen und Sozialdemokraten regiert hatte. Schon einige Wochen vorher hatte der Prinz dem Kaiser seine Dienste angeboten mit einem Programm, das auf Friedensverhandlungen abzielte, sobald die Westfront stabilisiert sein würde, aber nicht so weit ging, ein volles parlamentarisches System vorzuschlagen. Damals war das Angebot abgelehnt worden, als es nun akzeptiert wurde, war es für seine Durchführung zu spät. Prinz Max sprang deshalb nur widerstrebend in die Bresche: Er habe gedacht, er sollte fünf Minuten, bevor die Stunde schlug, ankommen, sei aber fünf Minuten danach angekommen.[94] Er hoffte noch, wenigstens freie Hand bei der Zusammenstellung seiner Regierungsmannschaft zu haben, und sprach sich energisch gegen einen übereilten Appell an die Alliierten aus. Aber ehe er die Geschäfte wirklich hatte übernehmen können, wurden die Parteiführer zusammengerufen, um von einem Beauftragten der Obersten Heeresleitung, Major von dem Bussche, eine Mitteilung zu hören, die ähnlich abgefaßt war wie die, welche Hindenburg seinem kaiserlichen Herrn unterbreitet hatte. Der Krieg sei nicht mehr zu gewinnen. Um Deutschland weitere Opfer zu ersparen, sei dem Kaiser der Rat erteilt worden, den Kampf abzubrechen. Jeder Tag, der vergehe, verschlechtere die Lage und erhöhe die Gefahr, daß der Feind erkenne, wie schwach Deutschland sei. – Keiner der Abgeordneten hatte bis dahin eine Ahnung gehabt, wie die Dinge wirklich standen, und das Ergebnis dieser Eröffnungen war daher allgemeine Bestürzung. Selbst der Sozialdemokrat Ebert wurde leichenblaß und vermochte kein Wort zu sagen. Stresemann sah aus, als habe ihn jemand geschlagen, der Konservative von Waldow ging nervös auf und ab und meinte, man könne sich nur noch eine Kugel durch den Kopf schießen – was er jedoch nicht tat. Heydebrand – der Mann, der 1911 so heftig auf die Rede von Lloyd George reagiert hatte –, faßte die Lage zusammen in den Worten, die noch viele Jahre später ihren Widerhall fanden: »Wir sind belogen und betrogen.« Der Unabhängige Sozialdemokrat Haase dagegen stürzte auf einen Kollegen zu und sagte: »Jetzt haben wir sie!«[95] Es gab daher keine Gegenrede, als die Parteien darauf bestanden, daß die Mehrzahl der Kabinettsmitglieder aus ihren Reihen bestellt werden müsse, wobei die Sozialdemokraten ihre Beteiligung von einer Verfassungsänderung abhängig machten, welche die Verbindung zwischen einem Ministeramt und einem Sitz im Reichstag zuließ. Der Kanzler wurde dem Reichstag verantwortlich, und die oberste Gewalt über die Streitkräfte vom Kaiser auf die Minister übertragen.[96] Auf diese Weise kam die parlamentarische Regierungsform in Deutschland als ein von einem bankrotten Regime zugestandener Notbehelf, nicht als vom Volke durchgesetztes Recht zustande. Aber der in einer solchen Beurteilung liegende Hohn ist kaum gerechtfertigt. Hätte man auf der Einführung eines derartigen Regierungssystems zu einem früheren Zeitpunkt bestehen wollen, hätte man dazu der Möglichkeit bedurft, überlegene Gewalt mobil machen zu können. Daß der Stand der öffentlichen Meinung ein solches Vorgehen ausschloß, ist eine der Grundtatsachen der deutschen Geschichte. Was den Demokraten fehlte, war nicht so sehr die Bereitschaft, zu kämpfen, als die Fähigkeit, zu überzeugen.

Prinz Max hatte ebensowenig Glück in seinem Bemühen, die Oberste Heeresleitung zu bewegen, daß sie ihm Zeit zur Vorbereitung des Bodens lasse, bevor man offen um einen Waffenstillstand bitte. Hindenburg war von Ludendorff instruiert worden, er solle erklären, daß die Armee keine achtundvierzig Stunden mehr warten könne. Eine neue feindliche Offensive könne in jedem Augenblick eine Katastrophe heraufbeschwören. Der Kaiser unterstützte den Standpunkt Hindenburgs. »Die Oberste Heeresleitung hält einen Waffenstillstand für notwendig, und Du bist nicht geholt worden, um der Heeresleitung Schwierigkeiten zu machen.«[97] Als aber Prinz Max die Generäle fragte, ob sie bereit wären, Elsaß-Lothringen und die von Polen bewohnten Teile Polens preiszugeben – wie das in Wilsons Punkten acht und zehn gefordert wurde –, antwortete Ludendorff, sie seien wohl geneigt, die französischsprachigen Teile Lothringens abzutreten, aber irgendeine Übergabe von Gebieten im Osten komme gar nicht in Frage! Hindenburg sagte sogar, sollten sich die alliierten Bedingungen als zu demütigend erweisen, würde er für einen Kampf bis zum letzten Mann eintreten, was, wie ihm der Finanzminister sagte, kaum ein durchführbarer Vorschlag sei, wo es um 65 Millionen Menschen gehe.[98] Aber Ludendorff war noch in Panikstimmung, und das Waffenstillstandsgesuch ging nach Washington. Ob durch Abwarten irgend etwas gewonnen worden wäre, ist zweifelhaft. Die Alliierten waren zu diesem Zeitpunkt siegeszuversichtlich und entschlossen, daß, wenn einmal die Feindseligkeiten zum Stillstand kämen, sie nicht wieder aufgenommen werden könnten. Sie waren deshalb festen Willens, Waffenstillstandsbestimmungen aufzustellen, die Deutschland in ihre Gewalt bringen würden. Von Verhandlungen sollte keine Rede sein.

Die erste amerikanische Reaktion war eine Frage nach weiteren Informationen. Nahm die deutsche Regierung die vierzehn

Punkte uneingeschränkt an? War sie bereit, alle besetzten Gebiete zu räumen? Sprach sie im Namen des ganzen deutschen Volkes? Diese Punkte verursachten keine Schwierigkeiten. Aber die zweite amerikanische Note enthielt unverkennbare Zeichen, daß das Unheil im Zuge war. Zunächst einmal veranlaßte die Torpedierung des Dampfers »Leinster« auf der Fahrt von Dublin nach Holyhead, die sich nach dem Abgang des Gesuches um Waffenstillstand ereignet hatte, natürlich die Warnung, daß weitere Diskussionen ausgeschlossen seien, wenn solche Vorfälle nicht unverzüglich aufhörten. Darüber hinaus aber erinnerte die Note Deutschland daran, daß eine der Bedingungen, mit denen es sich einverstanden erklärt habe, »die Zerstörung jeglicher eigenmächtigen Gewalt irgendwo, die auf sich gestellt, insgeheim und nach eigener Wahl den Frieden in der Welt stören kann«, verlange. Die Gewalt, welche bisher die Geschicke des deutschen Volkes gelenkt habe, wurde nun als eine der so umschriebenen namhaft gemacht. Es liege im Bereich der freien Wahl des deutschen Volkes, das zu ändern, und es könne keinen Frieden geben, bis ein solcher Wechsel vorgenommen sei. In der Tat werde die Durchführung des Friedens zum großen Teil von der Genauigkeit und Angemessenheit der auf diesen grundlegenden Punkt bezüglichen Zusicherungen abhängen. Die dritte Note sprach sogar noch deutlicher. Die einzige Form des Waffenstillstandes, die den Alliierten annehmbar sei, setze voraus, daß sie eine Wiederaufnahme der Feindseligkeiten unmöglich mache. Und wenn es auch wahr sein möge, daß, wie die Deutschen jetzt behaupteten, ein weitreichender Wandel in ihrem Regierungssystem vorgenommen worden sei, welche Gewähr bestehe dafür, daß dieser Wandel von Dauer und die Autorität der neuen Regierung wirksam sein werde?

> »Es ist offenbar, daß das deutsche Volk nicht die Mittel und Wege hat, um die Ergebenheit der militärischen Gewalten des Reiches gegenüber dem Volkswillen zu erzwingen; daß die Macht des Königs von Preußen, die Politik des Reiches zu kontrollieren, noch unbeeinträchtigt ist; daß die bestimmte Initiative noch bei denen verbleibt, die die Herren Deutschlands gewesen sind . . . Die Nationen der Welt trauen nicht und können nicht trauen dem Wort jener, die bisher die Herren der deutschen Politik gewesen sind . . . Wenn die Regierung der Vereinigten Staaten sich jetzt mit den militärischen Her-

ren und den monarchischen Autokraten Deutschlands befassen muß, oder wenn es wahrscheinlich ist, daß sie sich später mit ihnen befassen muß . . . muß sie nicht Friedensverhandlungen, sondern Übergabe verlangen.«[99]

Um diese Zeit schrieb Prinz Ernst von Hohenlohe aus der Schweiz an Prinz Max von Baden, Wilhelm gelte als die Verkörperung aller wirklich begangenen und erfundenen Greueltaten und als der entschlossenste Gegner jeglicher Begrenzung der kaiserlichen Autorität.[100] Das Bild stimmte zwar nicht, aber es war nicht unverständlich, daß man es annahm. »Einer nur ist Herr im Reich, keinen anderen dulde ich.« – »Ich bin die *balance of power* in Europa, da die Reichsverfassung außenpolitische Entscheidungen mir überläßt.« – »Aus obigem geht hervor, daß Grey keine Ahnung hat, wer hier eigentlich der Herr ist und daß ich herrsche.«

Wie oft Wilhelm auch während des Krieges uneinig mit den Militärs und der äußersten Rechten gewesen sein mochte, hatte er doch seine abweichende Meinung nie offen zutage treten lassen. Der Reichstag schien seit über einem Jahr zu einer Verfassungsreform und einem Verständigungsfrieden bereit gewesen zu sein, war aber gleichfalls als machtlos erschienen; der Kaiser hatte ihm keine Unterstützung gegeben. Andere mochten ein höheres Maß an Schuld für die Lage tragen, in der sich Deutschland befand – aber hoher Rang bringt Verantwortlichkeiten mit sich, nicht nur Privilegien. Das alliierte Vorurteil gegenüber dem kaiserlichen Symbol hatte einen Sinn, da ein deutscher Kaiser – und mehr noch ein König von Preußen – ein so wesentlicher Teil des deutschen Herrschaftssystems war, daß sein Verschwinden ein klares Zeichen sein würde, daß die Macht der alten herrschenden Schicht gebrochen war.

Die Alliierten hatten auch ihre Gründe, wenn sie die Echtheit der deutschen Bekehrung anzweifelten. Tatsächlich spielte Max von Baden in diesen Wochen die Rolle eines ehrlichen, sozial gesinnten Mannes; aber weder seine Geburt noch das über seine Ansichten damals verfügbare Beweismaterial erwiesen ihn unmittelbar als einen unermüdlichen Vorkämpfer der Freiheit des Volkes. Gerade um diese Zeit veröffentlichte eine französische Zeitung einen Brief, in dem Prinz Max vor zehn Monaten sich abfällig über blassen Parlamentarismus und demokratische Schlagworte ausgesprochen und die Friedensresolution von

1917 als ein unerfreuliches Ergebnis der Furcht und der Berliner Hundstage beschrieben hatte. Die Stellvertreter des Reichskanzlers waren noch die gleichen wie unter Hertling, der Kriegsminister immer noch ein General. Die von Leuten wie Erzberger – der Minister in dem Kabinett des Prinzen war – unternommenen Versuche, einen Einklang zwischen der Friedensresolution und dem Brest-Litowsker-Frieden zu konstruieren, prallten heftig zurück auf den guten Ruf und die Glaubwürdigkeit der Deutschen. Und in ihrem Mißtrauen, daß das Verlangen nach einem Waffenstillstand vielleicht nur ein Versuch sei, eine militärische Atempause zu gewinnen, kamen die Alliierten der Mentalität der deutschen Obersten Heeresleitung unbequem nahe.

Sowie er die zweite Wilson-Note gelesen hatte, begriff Wilhelm, was sie bedeutete. Endlich habe der heuchlerische Wilson die Maske abgeworfen. Worauf es dem Präsidenten ankomme, sei der Sturz des Hohenzollernhauses und die Abschaffung der Monarchie. Dona war wütend über den Parvenü jenseits des Atlantiks, der es wage, ein Fürstenhaus demütigen zu wollen, das auf Jahrhunderte des Dienstes an Volk und Vaterland zurückblicken könne.[101] Ihr Mann sagte zu dem Bayerischen Gesandten Graf Lerchenfeld, er wisse, daß viele Leute wünschten, er solle gehen, aber »ein Nachkomme Friedrichs des Großen danke nicht ab«.[102] Er hatte verächtlich vom Zaren gesprochen, weil dieser bereit gewesen war, seinen Thron aufzugeben. Obgleich mehr und mehr verantwortliche Leute in Deutschland zu der Überzeugung gelangten, daß die Abdankung sich als unvermeidlich erweisen werde, weigerten die Gruppen, die sie unvermeidlich gemacht hatten, sich immer noch, sie in Betracht zu ziehen. Die den Agrariern nahestehende konservative *Deutsche Tageszeitung* schrieb, die Alliierten müßten das deutsche Volk des niedrigsten Verrates für fähig halten, wenn sie erwarteten, es werde die Dynastie im Stich lassen, die im Laufe einer glorreichen Geschichte der Architekt seiner Größe gewesen sei.[103]

Es wurde offen behauptet, wenn der Kaiser gehe, werde die Armee zusammenbrechen. Ludendorff hatte inzwischen seinen Mut wiedergewonnen, seine Angst vor einer plötzlichen Katastrophe hatte sich gelegt, und er redete von neuen Offensiven im nächsten Frühjahr. Die wahre Bedeutung dessen, was er über seinen Kaiser und sein Heer gebracht hatte, begann ihm aufzudämmern, und er prallte zurück vor der Aussicht auf eine Übergabe mit Schrecken. Die dritte amerikanische Note veranlaßte die Heeresleitung abzuleugnen, daß sie jemals auf einen sofortigen Waffenstillstand gedrängt habe, obgleich Max vorsichtig genug gewesen war, sich dieses Drängen schriftlich geben zu lassen. Ungeachtet dieser nachweisbaren Unwahrheit richtete die Heeresleitung an alle Armeeoberbefehlshaber ein Telegramm zur Bekanntgabe an die Truppen, in dem Wilsons Bedingungen als »für uns Soldaten unannehmbar« bezeichnet wurden und das befahl, »den Widerstand mit äußersten Kräften fortzusetzen«. Die Weiterleitung des Befehles wurde auf Veranlassung der Regierung aufgehalten, aber bevor dies erfolgt war, hatte ein als Soldat der Telegraphentruppe dienendes Mitglied der Unabhängigen Sozialdemokratischen Partei es fertiggebracht, den Text seiner Parteiführung in Berlin zu übermitteln.

Das verfassungsändernde Gesetz, das die Streitkräfte der ministeriellen Kontrolle unterstellen sollte, wurde gerade in diesem Augenblick im Reichstag diskutiert. Das Vorgehen der Obersten Heeresleitung wirkte daher als eine offene Herausforderung des neuen Systems und als gerade das, was, wenn es unangefochten durchging, die Alliierten überzeugen mußte, daß die neue Regierung nicht die Autorität besaß, die sie für sich in Anspruch nahm. Prinz Max ging sofort zum Kaiser und kündigte ihm an, das Kabinett werde zurücktreten, wenn nicht Ludendorff entlassen werde. Die gleiche Waffe, welche die Heeresleitung angewandt hatte, um Bethmann, Valentini und Kühlmann zu stürzen, wurde nun gegen sie selbst gerichtet; denn jetzt, nachdem sie ihr Versagen hatte offen zugeben müssen, wurde sie entbehrlich.

> »Seit Wochen arbeite ich mit allen Kräften daran«, sagte der Kaiser, »alle Teile des Volkes zu einer Einheitsfront zusammenzuschweißen. Jetzt droht das ganze Gebäude zusammenzustürzen. Es ist doch ein unmöglicher Zustand, daß solche Kundgebungen ohne mein und des Kanzlers Einverständnis hinausgehen. Ich sehe keinen anderen Ausweg, als der Forderung des Kanzlers zu entsprechen.«[104]

Am 26. Oktober wurden Hindenburg und Ludendorff zum Kaiser in Berlin berufen, und dieser sprach zu Ludendorff mit einer Schärfe, die den General veranlaßte, um seine Entlassung zu bitten, die sofort genehmigt wurde. Hindenburgs Abschiedsgesuch wurde dagegen abgelehnt, weil Prinz Max befürchtete, sein Abgang könne der Moral des Heeres den letzten Stoß versetzen. »Die Operation ist vollzogen«, sagte Wilhelm, »Ich habe die siamesischen Zwillinge voneinander getrennt.«[105] Ludendorffs Nachfolger als Erster Generalquartiermeister wurde Groener, der Jahre zuvor Wilhelms Wohlwollen gefunden hatte, weil er ihn über das Feldeisenbahnwesen im Bilde hielt, und der sich in der Zwischenzeit als ein Verwaltungsgenie bei der Organisation der Munitionsfabrikation und bei der Ausbeutung der Ukraine erwiesen hatte.

Am 27. Oktober schrieb Kaiser Karl und unterrichtete Wilhelm, daß Österreich sich entschlossen habe, unverzüglich die Feindseligkeiten einzustellen und Frieden zu schließen. Diese Nachricht veranlaßte Max von Badens Kabinett zu der Entscheidung, daß den amerikanischen Forderungen nachzukommen sei, und dem Kaiser blieb nichts anderes übrig, als zuzustimmen. In Deutschland entwickelten sich Zustände, welche die Voraussetzungen unterhöhlten, auf denen die Politik des Reichskanzlers aufgebaut war. Das deutsche Volk hatte mit erstaunlicher Zähigkeit gegenüber widrigen Lebensbedingungen vier Jahre lang ausgehalten. Es war aber die Hoffnung gewesen, ihr Vaterland groß zu machen, die die Deutschen hochgehalten hatte. Nachdem nun aber die Aussicht auf Erfolg fast ohne Vorwarnung geschwunden war, fragten sie sich nicht ohne Grund, warum sie noch länger Kälte, Krankheit und Hunger ertragen sollten. Der Sozialdemokrat Scheidemann, der nun Reichsminister war, faßte ihre Gedanken in Worte – die siebenundzwanzig Jahre später noch vertrauter werden sollten: »Besser ein Ende mit Schrekken als Schrecken ohne Ende!« Ebenso wie in Rußland war das eine, was die Mehrheit des Volkes ersehnte, Frieden. Die Parteien der äußersten Linken, unterstützt und aufgehetzt von der russischen Botschaft, zögerten nicht, einen sicheren Frieden zu versprechen in der Hoffnung, dadurch sich der Macht zu versichern. Ein Kampf bis zum Tode als Alternative zur Kapitulation erschien niemandem anziehend. Mit der Frage des Friedens ging aber die der Abdankung Hand in Hand. Denn obwohl die Alliierten sich nicht genauer über die in den amerikanischen Noten festgelegten Prinzipien ausließen – des Kaisers Name kam im Text des Waffenstillstandes nicht vor –, begann das Wort umzulaufen: »Wenn der Kaiser geht, kriegen wir einen anständigen Frieden.« Minister, die mit ihren Erwägungen über die Möglichkeit der Abdankung schon am 6. Oktober begonnen hatten, kamen ziemlich rasch zu der gleichen Schlußfolgerung. Die einzige Hoffnung für die Erhaltung des Thrones schien in der Abdankung von Kaiser und Kronprinz zugunsten eines der Söhne des Kronprinzen zu bestehen. Wäre das geschehen, dann wären die Aussichten auf die Unterstützung weiter Kreise – einschließlich der Mehrheitssozialisten – für eine konstitutionelle Monarchie mit einem Regenten gut gewesen. Aber die Unabhängigen Sozialdemokraten arbeiteten energisch für eine Republik, und wenn das Volk sich zu dem Glauben bekehrte, daß das der schnelle Weg zum Frieden sei, so war anzunehmen, daß es sich für ihn entscheiden werde.

Max als Prinz und als Verwandter scheint Hemmungen gehabt zu haben, dieses Thema anzuschneiden, selbst wenn er nicht im kritischen Augenblick durch eine schwere Grippe überwältigt worden wäre. Während er lässig in der Unterrichtung Wilhelms über die allgemeine Situation gewesen zu sein scheint, schickte er die Briefe, die er aus dem Ausland empfing, an ihn weiter und benutzte verschiedene Mittelsmänner, um darauf zu drängen, daß, je länger die Abdankung verzögert, um so geringer die Aussicht auf Rettung der Monarchie werde. Wilhelm verstand den Wink rascher, als er daraus die gewünschten Schlüsse zog. Er war schwer beleidigt darüber, daß das Kabinett sich weigerte, einen Brief und einen Erlaß zu veröffentlichen, die er ihm am 28. Oktober übersandte und in denen er seine volle Unterstützung für das Ministerium und die Verfassungsänderungen zum Ausdruck brachte. Am Abend des 29. Oktober gab er dem Zureden Donas und von Bergs, der immer noch im Hintergrund tätig war, nach und verschwand – wie sich herausstellte für immer – aus Berlin und ging zurück nach Spa.[106] Seine Umgebung nahm an, daß er im Hauptquartier gegen Druck auf die Abdankung sicher sein werde, weil Hindenburg ihr niemals zustimmen würde. Die Regierung des Prinzen Max, sagte er bei seiner Ankunft in Spa, versuche, ihn »rauszuschmeißen«. In Berlin würde es ihm schwerer werden, Widerstand zu leisten, als inmitten seiner Generäle.[107] Diese Flucht dürfte nicht nur nicht der Monarchie dienlich gewesen sein, sie könnte ihr eher den letzten Stoß versetzt haben. Denn wäre Wilhelm in Berlin geblieben, den Ratschlägen seiner zivilen Minister ausgesetzt und unter dem Einfluß der Entwicklung in der Hauptstadt, hätte er vielleicht noch rechtzeitig abgedankt, um der Proklamierung der Republik zuvorzukommen.

Andererseits hätte er in die Hände der Revolutionäre fallen können, wäre dann wohl nicht aus Deutschland entkommen und hätte nur wenig Aussicht gehabt, dem alliierten Verlangen nach seiner Auslieferung zu entgehen.

Scheidemann hatte schon Prinz Max ersucht, die Frage der Abdankung dem Kabinett zu unterbreiten, aber zugestimmt, sich zurückzuhalten, während neue Bemühungen um einen freiwilligen Abgang im Gange waren. Die Suche nach Sendboten zu diesem Zweck ging fort, aber mit einer Ausnahme brachten es alle fertig, sich um die Aufgabe zu drücken. Am 31. Oktober kam die Angelegenheit im Kabinett zur Sprache. Vier Mitglieder hielten die Abdankung für wünschenswert, zwei andere – darunter Erzberger – meinten, man solle es den Alliierten überlassen, sie zu erzwingen. Der Kriegsminister befürchtete ungünstige Auswirkungen auf die Moral des Heeres. Schließlich erklärte sich der preußische Innenminister Dr. Drews bereit, nach Spa zu fahren, wo er am 1. November dem Kaiser über das zunehmende Verlangen nach seinem Abgang berichtete und auf die Folgen hinwies, die eine Verzögerung haben könnte. Wilhelm selber beschrieb die Unterredung zwei Tage später in einem Brief an einen Freund:

> »Dann habe ich mir den Mann gekauft, ihn angefahren – so – und gesagt: ›Was? Sie als preußischer Beamter, Untertan, der Sie Ihrem König den Eid der Treue geschworen haben, Sie wagen es, Sie unterstehen sich, vor mich hinzutreten mit solch einem Angebot!‹ Sie hätten bloß sehen sollen, wie der Mann zusammengefahren ist. Das hatte er nicht erwartet – einen tiefen Diener machte er gleich vor mir. ›Also gut, es sei‹, sagte ich, ›wie stellen Sie sich eigentlich das Weitere vor? Sie sind ja Verwaltungsbeamter etc. Meine Söhne haben mir in die Hand versprochen, daß keiner meine Stelle annimmt. Also mit mir tritt das ganze Haus Hohenzollern zurück.‹ Den Schreck hätten Sie sehen sollen, das hatte er nämlich wieder nicht erwartet. Er und die ganze kluge Regierung in Berlin auch nicht. Und wer soll dann die Regentschaft für das 12jährige Kind übernehmen? Meinen Enkel? Etwa der Reichskanzler? Ich habe von München die Nachricht, die denken gar nicht daran, ihn anzuerkennen. Also was wird? Also was wird? . . . ›Chaos‹, sagt er und macht wieder einen Diener. Sehen Sie, man muß

solche Wirrköpfe nur fragen, dann kommt die ganze Verworrenheit und Hohlköpfigkeit heraus. ›Na also‹, sage ich, ›nun werde ich Ihnen sagen, wie das Chaos aussieht. Ich danke ab. Alle Dynastien stürzen nach, das Heer hat keinen Führer, die Front löst sich auf und flutet über den Rhein. Die Untreuen rotten sich zusammen, hängen, morden, plündern, und die Feinde helfen ihnen dabei. Und darum: Ich denke gar nicht daran abzudanken. Der König von Preußen darf Deutschland nicht untreu werden etc. Ich denke gar nicht daran, wegen der paar 100 Juden und der 1000 Arbeiter den Thron zu verlassen. Das sagen Sie Ihren Herren in Berlin!‹ – Als er gehen wollte, rief ich den Feldmarschall und den Gen.Quartiermeister. Hindenburg hat ihm deutlich dasselbe gesagt, und dann Groener, der ein Württemberger ist, also Süddeutscher, ein kleiner, gemütlicher Mann; was soll ich Ihnen sagen, der fährt den Drews an wie eine Wildkatze, er brüllt ihn an . . . Mag ich nun regiert haben wie ich will, gut oder schlecht, davon jetzt einmal ganz abgesehen – das meiste war natürlich schlecht. Aber ich habe nun doch einmal 60 Jahre und davon 30 Jahre auf dem Thron. Eins muß man mir doch lassen . . . die Erfahrung! Wer soll an meine Stelle treten? Etwa der famose Max von Baden? . . .«[108]

Am nächsten Tage sah der Kaiser Hintze, der als Staatssekretär des Auswärtigen mit dem Ausscheiden Hertlings auch abgegangen und Vertreter des Auswärtigen Amtes im Großen Hauptquartier geworden war. Mit ihm sprach Wilhelm über Pläne, das Heer zurück nach Deutschland zu führen. Man werde ja bald sehen, ob England eine Hand leihen werde, um den Bolschewismus zu zerschmettern. Hintze wies vorsichtig darauf hin, daß es wünschenswert sei, wenn sich der Oberste Kriegsherr der kämpfenden Truppe zeige. Hintze war anschließend drei Tage abwesend, aber bei einem Zusammentreffen nach seiner Rückkehr erzählte Wilhelm eingehend von der Begeisterung, mit der er »an der Front« empfangen worden sei – obgleich man ihn tatsächlich nicht weiter als bis zu Lagern an den Nachschublinien hatte vorgehen lassen. Aber eines Abends waren einige Bomben in der Nähe des kaiserlichen Zuges heruntergekommen und hatten im Speisewagen eine Unterhaltung über den Tod ausgelöst. Wilhelm hatte abfällig über Leute gesprochen, die den Tod fürchteten, und hatte dann, in seinen Sessel zurückgelehnt, anscheinend sein Gedächtnis anstrengend, begonnen zu rezitieren:

»Der Feige stirbt schon vielmal, eh er stirbt,
Die Tapfern kosten einmal nur den Tod.
Von allen Wundern, die ich je gehört,
Scheint mir das größte, daß sich Menschen fürchten,
Da sie doch seh'n, der Tod, das Schicksal aller,
Kommt, wann er kommen soll.«[109]

Als der Kaiser nach Spa zurückkam, fand er schlechte Nachrichten vor.[110] Nicht nur, daß die Engländer am 4. November erneut durchgebrochen waren. Groener sagte dem Kanzler, die Deutschen würden bald mit einer weißen Fahne über die Front gehen müssen. Schlimmer noch: Am 30. Oktober war ein – ohne Kenntnis der Regierung – erteilter Befehl an die Flotte zum Auslaufen von den Mannschaften mit Befehlsverweigerung beantwortet worden. Die darauf folgenden Kriegsgerichte führten zu einem Aufstand, in dessen Verlauf am 4. November meuternde Matrosen die Stadt Kiel besetzten. Der Aufstand griff rasch auf andere Häfen und von dort auf ganz Deutschland über. So proklamierte am 7. November Kurt Eisner in München eine Arbeiterrepublik. Wie sich im weiteren Ablauf der Ereignisse herausstellte, war die Zahl der Leute, die eine radikale Umformung der gesellschaftlichen Ordnung anstrebten, sehr gering. Aber solange sie Frieden zu versprechen vermochten und die Regierung nichts tat, um ihn zu erreichen, strömten ihnen kriegsmüde Arbeiter, Soldaten und Bauern zu. Diejenigen Offiziere, die davon redeten, daß der Tod einer unehrenhaften Kapitulation vorzuziehen sei, hatten Schwierigkeiten mit ihren Mannschaften. In der Tat hätte die im Hauptquartier herrschende Meinung nicht verfehlter sein können. Des Kaisers weiterer Verbleib dort, nicht seine Abdankung, bedrohte die Moral der Truppe. Daher erklärten am 7. November dem Prinzen Max seine sozialistischen Minister, wenn Wilhelm nicht innerhalb vierundzwanzig Stunden abgetreten sei, würden sie gehen. Prinz Max berichtete hierüber nach Spa und bot seinen eigenen Rücktritt an. Gleichzeitig machte er den Kompromißvorschlag, der Kaiser solle seine Absicht bekanntgeben, unmittelbar nach Abschluß des Waffenstillstandes, über den die Verhandlungen gerade um diese Zeit anfingen, abzudanken. Aber Wilhelm weigerte sich und verkündete seine Absicht, bei seinen Truppen zu bleiben. Er gab Befehl, einen Plan für den Rückmarsch des Heeres nach Deutschland zur Wiederherstellung der Ordnung auszuarbeiten.

Die Welt, wie er sie kannte, löste sich rings um ihn auf, die Welt der Disziplin und Ehrerbietung, die äußeren Zeichen einer Treue und Selbstlosigkeit, auf der das Deutsche Reich erbaut war und auf die zu zählen sich seine Herrscher gewöhnt hatten. Einer der schwersten Vorwürfe gegen die Kultur, die da zusammenbrach, war, daß sie die Bereitwilligkeit der kleinen Leute, ihre eigenen Interessen dem Gemeinwohl unterzuordnen, zu sehr als selbstverständlich betrachtet und Verrat an diesen Leuten geübt hatte, indem sie deren Treue für verfehlte Zwecke mißbrauchte. Gewiß war Wilhelm sich seiner Verantwortlichkeit für die Wohlfahrt seiner Untertanen bewußt; seine unveröffentlicht gebliebene Proklamation vom 28. Oktober hatte mit den Worten geendet: »Das Kaiseramt ist Dienst am Volke.« Aber wie viele der Leute, die an der Macht sind, hatte er erwartet, daß seine Untertanen seine Ansicht darüber, was gut für sie sei, teilen würden. Er hatte es sich erlaubt, in einer Traumwelt zu leben, in der Dinge, die zeitbedingt waren, für ihn ewig währten. Die harte Wirklichkeit erschütterte seine Illusionen zwar, aber dieser Prozeß war noch keineswegs vollständig. Daß sich die Zivilbevölkerung gegen ihn wandte, bestärkte ihn nur in seinen Ansichten über die Sozialdemokraten. Aber es mußte ihm erst aufgehen, daß letzten Endes eine Armee auch nur aus menschlichen Wesen in Uniform besteht und daß die Bande der Disziplin eher psychologischer als materieller Natur sind. Um den 8. November war diese häßliche Tatsache fast allen Mitgliedern des Hauptquartiers aufgegangen. Nur der Feldmarschall, der einzige Mann, dessen Wort ausschlaggebend sein würde, mußte noch überzeugt werden.

Der Mann, der Hindenburgs Bekehrung bewirkte, war der »gemütliche kleine Schwabe« Groener. Seit seinem Gespräch mit Minister Drews war der General – der Ende Oktober gerade aus dem besetzten Teil Rußlands zurückgekehrt war – sowohl an der Front wie in Berlin gewesen. Was er an beiden Stellen gesehen hatte, überzeugte ihn davon, daß die Lage unhaltbar sei. Die Truppen in Deutschland waren nicht bereit, die Revolution zu bekämpfen, die Fronttruppen nicht mehr zum Kampf gegen den Feind bereit. Arbeiter- und Soldatenräte wurden rasch überall gebildet und beherrschten die Verbindungslinien. Es war nur noch Nachschub für wenige Tage verfügbar. Der österreichische Zusammenbruch hatte die ganze Südostfront ihrer Verteidigungsmöglichkeit beraubt. Über einen Waffenstillstand wurde verhandelt, aber die volle Strenge der Bedingungen war noch unbekannt. Die Widerstandsmöglichkeiten waren erschöpft. Groener selber hatte, noch bevor er nach Berlin reiste, den Rat gegeben, der Kaiser solle an die Front gehen und dort, wenn möglich, den Tod suchen. Aber die kaiserliche Umgebung war über diesen Gedanken entsetzt gewesen, und Hindenburg hatte die damit verbundenen Risiken mißbilligt. Ernster war ihm und wahrscheinlicher die Gefangennahme durch den Feind oder durch meuternde Truppen als der Tod erschienen. Für einen solchen Abgang wäre jedenfalls auch der Zeitpunkt verpaßt gewesen. Die Kämpfe waren so gut wie beendet. Die Idee, mit der Armee zurück nach Deutschland zu marschieren und dort die Ordnung wiederherzustellen, kam nicht in Frage. Abgesehen von militärischen und logistischen Schwierigkeiten, wären die Truppen nicht marschiert, um in der Heimat zu kämpfen. Allmählich sah Hindenburg ein, daß der Kaiser zur Abdankung veranlaßt werden und sich zurückziehen müsse. Vor allen Dingen sollte er vor dem Schicksal, das der Zar erlitten hatte, bewahrt werden. Und doch stießen die wiederholten Telefonanrufe aus Berlin, die mit zunehmender Schärfe die Notwendigkeit der Abdankung betonten, auf kompromißlose Weigerungen. Der Kaiser mußte davon überzeugt werden, daß er auf seine Armee nicht mehr rechnen könne, jene Armee, von der er bei seinem Regierungsantritt gesagt hatte: »So gehören wir zusammen . . ., und so wollen wir unauflöslich fest zusammenhalten, möge nach Gottes Willen Friede oder Sturm sein.« In jener Nacht gingen von Spa Anrufe an eine Auswahl von Offizieren in Kommandostellen längs der ganzen Front heraus mit dem Befehl, sich am folgenden Morgen im Großen Hauptquartier zu melden. In der gleichen Nacht stattete ein holländischer General Spa einen Besuch ab.

Der 9. November war ein rauher, feuchter Herbsttag. Um die Villa, in der der Kaiser seit seiner Rückkehr aus Berlin wohnte, hing dichter Nebel. Wasser tropfte von den Bäumen, und die letzten Blätter des Jahres sanken leise herab. Wilhelm stand früh auf und sah die Papiere durch, die während der Nacht eingetroffen waren. Darunter befand sich ein Telegramm des Prinzen Max des Inhalts, daß, falls es nicht zur Abdankung komme, das

Reich sich ohne einen Kanzler, ohne eine Regierung, ohne eine feste Parlamentsmehrheit, völlig unfähig zu Verhandlungen, finden werde. Als der Kaiser dieses Telegramm gelesen hatte, notierte er darauf: »tut es jetzt schon.«[111] Das war die letzte Marginalie seiner Regierungszeit.

Nach dem Frühstück ging er wie gewöhnlich in den Park mit seinem Adjutanten, mit dem er sich über die Revolutionsgefahr unterhielt. Er sprach die Hoffnung aus, daß die Feinde schließlich doch die Gefahr erkennen würden, die der ganzen europäischen Kultur drohe, wenn Deutschland den Bolschewiken ausgeliefert werde. Er sah sich im Geist schon als den Führer eines weißen Kreuzzuges. Durch rasches militärisches Zugreifen könnten die unmittelbaren Schwierigkeiten überwunden werden. Bald darauf empfing er die Nachricht, daß Hindenburg und Groener in der Villa angekommen seien. Sie wurden in einem Zimmer mit Ausblick auf den Garten empfangen, das nur unzulänglich durch ein Holzfeuer geheizt war. An das Kaminsims gelehnt, von Kälte und Sorge zitternd, ersuchte der Kaiser den Feldmarschall um seinen Bericht. Aber zum ersten Male überwältigte die Bewegung diesen felsenfesten Charakter. Er bat um die Erlaubnis, zurücktreten zu dürfen. Er finde es nicht mit seinem Eid als preußischer Offizier vereinbar, das auszusprechen, was seinem König gesagt werden müsse. Groener übernahm die undankbare Aufgabe, in die Bresche zu springen, und erläuterte die Tatsachen im einzelnen. Sie ergaben das Gesamtbild, daß es unmöglich sei, sich länger auf die Armee zu verlassen, die nicht bereit sei, weiterzukämpfen. Als der Kaiser verwirrt um sich blickte, sah er, daß General Graf von der Schulenburg, des Kronprinzen Generalstabschef, offenbar mit dem Gesagten nicht einverstanden war. Schulenburg war einer der Offiziere, die von Frontkommandos nach Spa berufen worden waren.[112] Nach seiner Ansicht befragt, widersprach Schulenburg der Meinung Groeners über die Fronttruppen. Viele von ihnen seien zuverlässig, viele andere würden auf eine feste Führung ansprechen. Es würde nicht viele Tage dauern, eine zuverlässige Streitmacht zusammenzubringen, die die Verbindungslinien wieder unter Kontrolle bekommen könnte. Da brach der weißhaarige Generaloberst von Plessen, Wilhelms Generaladjutant, los mit den Worten, der Kaiser könne nicht einfach stillschweigend vor der Revolution kapitulieren. Es müsse sofort eine Expedition gegen

Aachen und Verviers, wo nach Berichten revolutionäre Gruppen bereits die Verbindungen nach der Heimat unterbrochen hatten, unternommen werden. Groener erklärte, es sei für solche Maßnahmen zu spät. Die Armee sei so unzuverlässig, daß der Befehl zum Kampf gegen die Heimatfront Blutvergießen in ihren eigenen Reihen verursachen würde.

Darauf trat Wilhelm den Rückzug an. Er wünsche nicht, verantwortlich für einen Bürgerkrieg zu sein. Er würde warten bis zum Waffenstillstand und dann seine Truppen nach Deutschland zurückführen. Es fiel Groener zu, diese letzte Illusion zu erschüttern. »Unter seinen Generälen wird das Heer in Ruhe und Ordnung in die Heimat zurückmarschieren, aber nicht unter der Führung Eurer Majestät!« Des Kaisers Augen blitzten, er ging auf Groener zu und sagte mit aller Schärfe: »Exzellenz, diese Erklärung verlange ich von Ihnen schriftlich. Schwarz auf weiß will ich die Meldung aller kommandierenden Generäle haben, daß das Heer nicht mehr hinter seinem Obersten Kriegsherrn steht. – Hat mir das Heer nicht den Fahneneid geschworen?« Diese Frage hatte Drews zum Schweigen gebracht, aber jetzt erhielt Wilhelm eine realistische Antwort: »Der Fahneneid ist doch jetzt nur noch eine Fiktion.«[113]

Schulenburg griff nochmals protestierend ein, aber Groener beantwortete die Aufforderung, Erklärungen über die Widersprüche in den beiderseitigen Auffassungen abzugeben, nur kurz; er habe andere Informationen als Schulenburg.

In diesem Augenblick rief Prinz Max aus Berlin an – das Telefon war tatsächlich den ganzen Morgen fast pausenlos in Betrieb gewesen. Dort war die Revolution ausgebrochen, die Arbeiter hatten die Fabriken verlassen und marschierten zum Stadtzentrum. Die Soldaten fraternisierten mit der Masse. Nur eine sofortige Abdankung könne die Situation retten. Aber Wilhelm war nicht gewillt, einen Bericht als zutreffend zu betrachten, der ihm wie das Ergebnis einer Panik erschien. Er verlangte die Ansicht des Oberkommandierenden in den Marken zu hören. Dann ging er mit seinen Generälen in den Garten hinaus. Man stand in Gruppen zwischen den Beeten mit verdorrten Blumen.

Der Verbindungsoffizier des Auswärtigen Amtes, von Grünau, trat hinzu. Am Vorabend hatte der Kanzler ihn beauftragt, Wilhelm klarzumachen, daß, falls es zu einem Bürgerkriegsausbruch am Vorabend des Waffenstillstandes kommen sollte, die

Schuld dem Manne aufgebürdet werden würde, der so hartnäkkig an seinem Thron festgehalten habe, während er, wenn er unverzüglich zurücktrete, sich die Dankbarkeit seines Volkes verdienen werde. Dies war die erste Gelegenheit für Grünau, die Botschaft zu übermitteln. In seiner Antwort bekräftigte Wilhelm seinen Wunsch, einen Bürgerkrieg zu vermeiden. Er sei aber überzeugt, daß eine Abdankung zur Proklamierung der Republik führen werde, und das werde Deutschland seinen Feinden machtlos gegenüberstellen. Die demokratische Regierung habe im letzten Monat nichts getan, um den gegen Monarch und Monarchie gerichteten geistigen Strömungen entgegenzuwirken. Und doch habe er bereitwillig allen Reformplänen und den daraus folgenden Personalveränderungen zugestimmt. Aber die auf diese Weise zustande gekommene Regierung habe sich vor den Wagen der Sozialisten spannen lassen, deren Losung »absolute Gewalt« sei. Er sei bereit abzudanken, wenn dies der Wille des deutschen Volkes sei. Er habe lange genug regiert, um zu sehen, wie undankbar eines Monarchen Aufgabe sei. Er habe nicht die Absicht, sich an die Macht anzuklammern. Er habe seine Pflicht getan, indem er seinen Posten nicht verlassen und sich geweigert habe, seinem Volk und seiner Armee untreu zu werden. Jetzt sei es an anderen zu zeigen, ob sie es besser machen könnten.

Der Kronprinz kam nach einer langen, kalten Fahrt an. Er fand seinen Vater in leidenschaftlicher Erregung, mit erregtem Ausdruck, das abgemagerte, graugelbliche Gesicht zitternd. Fortgesetzt kamen Nachrichten aus Berlin an, eine immer düsterer als die andere. Von Plessen regte an, Wilhelm solle als Kaiser, aber nicht als König von Preußen abdanken. Die Tatsache, daß ein solcher Schritt verfassungsmäßiger Unsinn war und wahrscheinlich die Lage nur entflammt, nicht beruhigt haben würde, verhinderte nicht, daß er eifrig aufgegriffen wurde. Andere Deutsche sollten tun, was sie wollten, preußische Soldaten würden treu zu ihrem König stehen. Dann kam Oberst Heye an, den man vorzeitig von der Befragung der zum Hauptquartier geholten Frontoffiziere abgerufen hatte. Diese waren zunächst gefragt worden, ob für den Kaiser die Aussicht bestehe, die Kontrolle über Deutschland an der Spitze seiner Truppen wiederzugewinnen. Auf diese Frage hatte nur einer mit Ja geantwortet, dreiundzwanzig mit Nein, während fünfzehn sich nicht in der Lage gefühlt hatten, eine klare Antwort zu geben. Die Auswahl der Befragten ist als nicht repräsentativ verurteilt worden und die Frage als suggestiv, aber unter den gegebenen Verhältnissen war es ein nicht unvernünftiger Weg, um ein zuverlässiges Urteil in kurzer Zeit zu erreichen. Heye zog dieses Resümee:

»Gegen die Feinde marschiert sie (die Truppe) jetzt nicht, auch nicht mit Eurer Majestät an der Spitze. Sie marschiert auch nicht gegen den Bolschewismus, sie will einzig und allein bald Waffenstillstand haben, jede Stunde früher ist deshalb wichtig. Die Armee marschiert unter ihren Generälen allein geordnet nach Hause; sie ist noch fest in der Hand ihrer Führer; aber wenn Eure Majestät mit ihr marschieren, so ist ihr das recht und eine Freude. Nur kämpfen will die Armee nicht mehr, weder nach außen, noch nach innen.«[114]

Es folgte ein langes Schweigen. Hintze kam aus dem Haus mit dem Bericht, in Berlin sei die Lage nun so alarmierend, daß der Thron nicht zu retten sein werde, wenn sich der Kaiser nicht zu sofortiger Abdankung entschließe. Der Kaiser, mit festzusammengepreßten, farblosen Lippen und fahlem Gesicht, nickte kurz und suchte Hindenburgs Augen. Aber der Feldmarschall konnte ihm keinen Trost bieten. Hintze wurde beauftragt, dem Kanzler mitzuteilen, daß Wilhelm bereit sei, auf den Kaiserthron zu verzichten, wenn dies der einzige Weg sei, um einen Bürgerkrieg abzuwenden, daß er aber König von Preußen bleibe und seine Armee nicht verlassen werde. Schulenburg drängte darauf, daß eine so bedeutsame Erklärung nicht dem Gedächtnis überlassen bleiben dürfe, und dementsprechend wurde ein Redaktionsausschuß bestellt, um eine schriftliche Fassung zu entwerfen, während die übrigen hineingingen zu einem improvisierten Mittagessen »in dem weißen hellen Raume, um die Tafel, auf der frische Blumen standen und um die doch nur Qual und verzweifelte Sorge saßen«.

Hintze brachte den Entwurf zur Unterzeichnung, dann ging er zum Telefon und begann den Text Berlin vorzulesen, nur um sich sagen zu lassen, daß ein derart mit Einschränkungen versehenes Dokument nutzlos sei. Er bestand aber darauf, seine Lesung zu beenden, hatte das aber kaum getan, als man begann, ihm ein anderes Dokument vorzulesen. Prinz Max hatte auf Grund der früheren Antworten auf seine verschiedenen Botschaften die förmliche Abdankung nur noch als eine Frage von

Minuten angesehen, und in der Überzeugung, daß Eile geboten sei, um elf Uhr dreißig aus eigenem Ermessen dem Wolffschen Telegraphenbüro eine Mitteilung zugehen lassen, die die Abdankung sowohl des Kaisers wie des Kronprinzen ankündigte. Kaum hatte er das getan, als die Sozialdemokraten in der Reichskanzlei erschienen und forderten, er solle das Kanzleramt an Ebert abgeben.

Wilhelms Wut hatte keine Grenzen. Er vergab das Max niemals. »Verrat, schamloser Verrat!« rief er aus. »Ich bleibe König von Preußen und danke als solcher nicht ab! Ebenso bleibe ich bei der Truppe!« Mit fieberhafter Hand füllte er ein Telegrammformular nach dem anderen mit Protestbotschaften aus. Hintze, Plessen und Schulenburg wurden beauftragt, zu Hindenburg zu gehen – der in sein eigenes Quartier zurückgekehrt war – und ihm von der Ankündigung des Prinzen Max und von des Kaisers Reaktion darauf zu berichten. Der Kronprinz fuhr zurück in sein eigenes Hauptquartier in der Überzeugung, sein Vater werde in Spa bleiben. – Von den Stufen des Reichstagsgebäudes hatte um die gleiche Zeit Scheidemann gerade die Republik proklamiert.

Als aber die Delegation, die zu Hindenburg geschickt worden war, zu einer Überprüfung der Lage schritt, kam sie zu der Entscheidung, daß die Berliner Erklärung angenommen werden müsse, wenigstens einstweilen. Gewiß müsse ein Protest gegen die Methode, mit der diese Entscheidung erreicht worden war, zu Protokoll genommen werden, aber jeder Versuch, ihn zu publizieren, wurde für unklug erachtet. Und Wilhelm mußte angeraten werden, sich dem Zugriff unzuverlässiger Truppen durch Verlassen des Landes, am besten nach Holland, zu entziehen. Um 5 Uhr nachmittags kehrte Hindenburg widerstrebend in die Villa des Kaisers zurück, um diese Entscheidungen seinem Herrn mitzuteilen. Ziemlich genau um die gleiche Zeit trat Karl Liebknecht auf den Balkon des Berliner Schlosses, wehte mit einer roten Fahne und erfüllte damit die Prophezeiung Posadowskys an Bülow (siehe S. 330).

Wilhelm kochte noch vor Wut über die Art und Weise, wie man ihn vergewaltigt hatte. Die zurückkehrende Abordnung wurde mit den Worten begrüßt: »Mein Gott! Sind Sie schon wieder da?« Mit Groener zu sprechen, lehnte er ab: »Ihnen habe ich nichts mehr zu sagen. Sie sind württembergischer General.«[115] Aber Hindenburg konnte er nicht beiseite schieben. »Ich kann es nicht verantworten, daß Eure Majestät von meuternden Truppen nach Berlin geschleppt werden und der revolutionären Regierung als Gefangener ausgeliefert werden. Deshalb muß ich Eurer Majestät raten, abzudanken und nach Holland zu gehen.« Hintze bat um Erlaubnis, Verhandlungen mit den Holländern aufnehmen zu dürfen. Der Kaiser wandte sich wütend ihm zu und fragte, ob man ihn nicht für fähig halte, bei seinen Truppen zu bleiben. Aber das war nur ein Seitenstoß eines leidenschaftlichen Temperamentes, das sich an das Unvermeidliche gewöhnen mußte, und einige Minuten später erhielt Hintze die notwendige Erlaubnis.

Die nächsten Besucher waren Admiral Scheer in seiner Eigenschaft als Chef des Admiralstabes, in Begleitung von zwei weiteren Admiralen. Ihnen mußte Hindenburg auf des Kaisers Befehl wiederholen, was er diesem gesagt hatte. Scheer kündigte sein Einverständnis damit an und fügte hinzu, man könne sich nicht länger auf die Marine verlassen. »Ich habe keine Marine mehr, Herr Admiral. Die Flotte hat mich völlig im Stich gelassen.« Danach ging Wilhelm in sein Arbeitszimmer. Wahrscheinlich schrieb er um diese Zeit seinen Brief an den Kronprinzen:[116]

»Lieber Junge,
Da der F(eld) M(arschall) mir meine Sicherheit hier nicht mehr gewährleisten kann und auch für die Zuverlässigkeit der Truppen keine Bürgschaft übernehmen will, so habe ich mich entschlossen, nach schwerem inneren Kampfe das zusammengebrochene Heer zu verlassen. Berlin ist total verloren in der Hand der Sozialisten, und sind dort schon zwei Regierungen gebildet, eine von Ebert als Reichskanzler, eine daneben von den Unabhängigen. Bis zum Abmarsch der Truppen in die Heimat empfehle ich, auf Deinem Posten auszuharren und die Truppen zusammenzuhalten! So Gott will auf Wiedersehen! Gen. von Marschall wird Dir weiteres mitteilen.
Dein tiefgebeugter Vater
Wilhelm«

Es folgten fünf Stunden der Unentschlossenheit. Nachdem er seinen Adjutanten gesagt hatte, er werde in Spa bleiben, sandte Wilhelm Plessen zu Hindenburg, um diesem mitzuteilen, er habe sich entschlossen, am folgenden Tage nach Holland abzu-

Der Kaiser als Gutsherr auf Doorn

Der Kaiser bei der Besichtigung von Ausgrabungen auf Korfu, 1911

Frühsport auf der »Hohenzollern« im Mittelmeer
– Das Kreuz bezeichnet den Kaiser –

reisen. Er verließ dann die Villa, um wie üblich das Abendessen im Hofzug einzunehmen. Als er dort eintraf, wurde ihm eine Botschaft von seinem Sohn Eitel Friedrich aus Berlin übergeben, daß trotz allem, was während des Tages passierte, Dona wohlauf und unverzagt sei. »Sehen Sie«, sagte Wilhelm zu seiner Umgebung, »Meine Frau hält aus, und mich will man überreden, nach Holland überzutreten! Das tue ich nicht, das wäre, als wenn ein Kapitän sein sinkendes Schiff verlassen würde.« Aber wenige Minuten später sagte von Plessen dem Stabe, die Entscheidung zur Abreise bleibe bestehen. Jedoch während des Diners schien wieder der Entschluß zum Bleiben gefaßt worden zu sein. Dann rief aber gegen zehn Uhr abends Grünau an, um im Namen Hindenburgs und Hintzes über die sich rasch verschlimmernde Situation zu berichten. Aufstandsbewegungen in Aachen und Eupen drohten sich auf Spa auszudehnen, wohin meuternde Truppen auf dem Marsche sein sollten. Sowohl der Weg zur Front wie der nach Deutschland seien blockiert. Der einzige Weg, der noch offenstehe, sei der nordwärts nach Holland, und auch der könne möglicherweise bald versperrt werden. Der Kaiser dachte einen Augenblick nach, ehe er seinen Entschluß faßte: »Gut also, wenn es sein muß! Aber nicht vor morgen früh!« Und damit ging er zu Bett.

Die Einzelheiten der Reise sind in ein gewisses Dunkel gehüllt, was sich wahrscheinlich daraus erklärt, daß, um die Gefahr von Eingriffen zu vermindern, bewußt irreführende Mitteilungen ausgegeben wurden. Die Abfahrt war auf fünf Uhr morgens festgesetzt worden, tatsächlich glitt der Zug um vier Uhr dreißig aus dem Bahnhof. Die direkte Entfernung zur holländischen Grenze war nicht viel mehr als dreißig Kilometer, aber die Bahnlinie machte Umwege. Um zwei Uhr nachts war des Kaisers Fahrer geweckt worden und hatte Befehl erhalten, den kaiserlichen Kraftwagen nach Entfernung seiner Insignien für eine lange Reise fertigzumachen. Ein Konvoi von zehn Automobilen verließ Spa um die gleiche Zeit wie der Zug, aber nachdem er eine nicht sehr lange Strecke gefahren war, begegnete ihm ein einzelner Wagen, in dem sich Wilhelm und drei Offiziere befanden. Sie schlossen sich der übrigen Gesellschaft an. Die Kavalkade traf um zehn Minuten nach sieben Uhr morgens in Eysden, südlich von Maastricht, ein. Es war ein trüber Sonntagmorgen. Der Stab hatte sich zurückgezogen und den Kaiser während der Fahrt seinen eigenen Gedanken überlassen.[117] Siebenundzwanzig Jahre früher hatte sich Wilhelm im Weißen Saal des Berliner Schlosses erhoben, um bei einem großen militärischen Festessen eine Rede zu halten. Irgend jemand hatte ihm damals eine alarmierende Nachricht über russische Truppenbewegungen mitgeteilt, und er hielt deshalb einen festen Ton für angebracht. Es ist nicht anzunehmen, daß er sich jener Rede erinnerte, als er in der Morgendämmerung dieses Novembertages an der holländischen Grenze warten mußte, aber der Kontrast zwischen den beiden Gelegenheiten läßt vielleicht einen guten Rückschluß zu auf die Gedanken, die ihm durch den Kopf gegangen sein müssen, als er sich vor die nackte Wahrheit gestellt sah.

> »Der Soldat und die Armee, nicht Parlamentsmajoritäten und -beschlüsse haben das Deutsche Reich zusammengeschmiedet. Mein Vertrauen beruht auf der Armee. Ernste Zeiten sind es, in denen wir leben, und schlimme stehen uns vielleicht in den nächsten Jahren bevor . . . Was auch immer kommen möge, wir wollen unsere Fahnen und Traditionen hochhalten, eingedenk der Worte und Thaten Albrecht Achilles', welcher gesagt hat: ›Ich kenne keinen reputierlicheren Ort zu sterben, als in der Mitte meiner Feinde.‹ Dies ist auch Meine Herzensmeinung, darauf beruht Meine unerschütterliche Zuversicht, auf der Treue, dem Mute und der Hingebung Meiner Armee.«[118]

In den Wochen, die dem Waffenstillstand voraufgingen, hatten sich die Verhältnisse grundsätzlich gewandelt, und die deutsche Oberschicht befand sich in der den deutschen Demokraten so wohlvertrauten Lage, nämlich die Nation nicht hinter sich zu haben. Diese ungewohnte Erfahrung erfüllte sie mit enttäuschter Wut. Sowohl zu dieser Zeit wie später pflegten sie zu sagen, wenn nur mehr Leute den Kopf oben behalten und entschlossene Führerschaft bewiesen hätten, hätte der Zusammenbruch vermieden und ein »anständiger« Friede erreicht werden können. Sie hätten sich nicht ärger täuschen können. Im Herbst 1918 war Deutschland militärisch besiegt. Wenn die Ordnung im Inneren hätte aufrechterhalten werden können, hätte es vielleicht noch bis zum Frühjahr weiterkämpfen können, aber das Beispiel von 1945 zeigt, daß es dann doch überwältigt worden wäre, besonders nachdem seine Erdölzufuhren abgeschnitten waren. Sobald einmal die Mittelmächte begannen zusammenzubrechen, waren die Alliierten entschlossen, auf Waffenstillstandsbedingungen zu bestehen, die einer vollen Kapitulation gleichkamen. Vielleicht wäre ein Ablauf der Ereignisse von Vorteil gewesen, der klar bewiesen hätte, daß das deutsche Heer im Felde besiegt war, und der vielleicht zu einer alliierten Invasion Deutschlands geführt hätte. Aber der Gedanke, daß die Zivilisten die Armee im Stich gelassen hätten, ebenso wie der Gedanke, daß die Armee aufgab, bevor sie geschlagen war, sind zwei weitere Symptome einer verzerrten Weltsicht, die schon als der letzte Grund der Katastrophe aufgezeigt worden ist.

Lebensabend in Doorn

Die Ankunft des Häufleins am Grenzposten kann für die niederländische Regierung kaum eine vollständige Überraschung bedeutet haben; denn gewisse Fühlungnahmen hatten schon mehrere Tage zuvor begonnen. Trotz alledem war man im Haag noch unvorbereitet. Wilhelm und sein Gefolge mußten sechs Stunden in dem nackten Warteraum zubringen.[1] Als diese Wartezeit vorüber war, traf Wilhelms Sonderzug ein, und darin wurden alle untergebracht, während die Suche nach einem dauerhafteren Quartier vor sich ging. Am nächsten Tage kam eine Gesellschaft aus dem Haag an, darunter der deutsche Gesandte Friedrich Rosen. Ihm sagte Wilhelm: »Ich bin ein gebrochener Mann. Was kann ich je im Leben wieder anfangen? Für mich gibt es keine Hoffnung mehr. Es bleibt mir nichts anderes übrig, als zu verzweifeln.« Dann kam die Nachricht, daß Graf Bentinck, der wie Wilhelm ein Ritter des Johanniterordens war, sich erboten hatte, den Kaiser in Schloß Amerongen aufzunehmen. »Wer ist dieser Bentinck? Ich glaube, ich kenne ihn nicht«, meinte Wilhelm. Die Ankunft einer so großen Gesellschaft unter solchen Begleitumständen ging natürlich nicht ohne Peinlichkeiten ab, aber Wilhelms durch lange Erfahrung erworbene Kunst, eine zwanglose Atmosphäre zu schaffen, ließ ihn nicht im Stich. Als der Wagen bei strömendem Regen durch das Portal fuhr, wandte er sich an seinen Gastgeber mit den Worten: »Und jetzt geben Sie mir eine Tasse richtigen, guten englischen Tee.«[2]

Am achtundzwanzigsten November traf Dona nach einer mühsamen Reise von Berlin ein, und am gleichen Tage klärte Wilhelm die Situation durch die Unterzeichnung einer formellen Abdankungsurkunde, mit der er alle seine Diener, Militärs und Zivilisten von ihrem Treueid entband. Der Kronprinz, der Holland am zwölften November erreicht hatte, verzichtete gleichfalls auf seine Rechte.

In Artikel 27 des Versailler Vertrages wurde Wilhelm schwerer

Verbrechen gegen die internationale Moral und die Unverletzlichkeit von Verträgen angeklagt. Am vierten Juni 1919 beschloß der Oberste Rat der Alliierten in Paris, daß er vor Gericht gestellt werden solle. Im Januar 1920 forderten die Alliierten die niederländische Regierung auf, den Angeklagten auszuliefern. Das lehnte die Haager Regierung entschlossen und wiederholt ab. Sie verlangte von Wilhelm aber das Versprechen, sich aller politischen Betätigung zu enthalten. Diese Zusage gab er willig und hielt sich getreulich an sie. Der schlimmste Schrecken des Exils war ein Überfall von ein paar unbefugten amerikanischen Offizieren in übelster Wildwestmanier. Die Entscheidung der niederländischen Regierung befreite die Verbannten von einer schweren Sorgenlast, nachdem Dona mehrmals mitten in der Nacht mit der Angstvorstellung und dem Schrei aufgewacht war: »Sie kommen und holen ihn!« Jetzt war es auch möglich, Vorsorge für die Zukunft zu treffen. Die Gesellschaft konnte natürlich nicht ewig in Amerongen bleiben. Im Frühjahr 1920 erwarb Wilhelm daher Haus Doorn, etwa sechs Kilometer westlich von Amerongen, ein aus dem 14. Jahrhundert stammendes, gegen Ende des 18. Jahrhunderts gründlich umgebautes Haus. Am Garteneingang wurde ein Torgebäude errichtet, in dem das Gefolge Unterkunft fand. In Doorn ließ Wilhelm sich nieder, Möbel, Bücher und die Bilder seiner Ahnen kamen aus Deutschland, und so verbrachte er dort die verbleibenden einundzwanzig Jahre seines Lebens als ein von den Geschäften zurückgezogener Landedelmann.

Dona aber sollte nicht mehr lange bei ihm sein. Der Ausgang des Krieges hatte schwer ihr Herz angegriffen. Schon im Sommer 1918 hatten sich bei ihr Herzbeschwerden eingestellt, und als sie Wilhelm bei seinem letzten Besuch in Potsdam gesehen hatte, hatte sie den Eindruck einer völlig gebrochenen Frau gemacht.[3] Persönlicher Kummer war zu dem Mißgeschick im öffentlichen Leben hinzugekommen. Es hatte sie aus der Fassung gebracht, daß 1913 die Frau ihres Sohnes Eitel Friedrich mit einem anderen Mann davongelaufen war[4], und 1920 hatte ihr Sohn Joachim Selbstmord begangen. Sie hatte sich an das Leben in Doorn gewöhnt, aber wenn sie durch die Zimmer ging und mit müden Augen auf die alten Möbel und Erinnerungsstücke aus vergangenen Zeiten blickte, dann war die Sehnsucht nach Potsdam, nach dem Neuen Palais, das ihr die wahre Heimat war, groß.[5] Im Februar 1921 feierten sie und Wilhelm ihren vierzigsten Hochzeitstag. Am elften April des gleichen Jahres starb sie. Kurz vor ihrem Tode sagte sie der Gräfin Brockdorff, die die ganzen vierzig Jahre lang ihre Oberhofmeisterin gewesen war, Wilhelm müsse möglichst bald wieder heiraten. Er und seine fünf Söhne salutierten in voller Uniform, als der Sarg in den Zug getragen wurde, der ihre sterblichen Überreste zur Beisetzung nach Deutschland brachte. Die Erlaubnis, dem Sarg bis an die deutsche Grenze das Geleit zu geben, hatte die niederländische Regierung Wilhelm verweigert. Es heißt, er sei einem Zusammenbruch nahe gewesen, als der Zug aus dem Bahnhof fuhr.[6]

Wilhelm hatte inzwischen begonnen, an seiner Rechtfertigung zu arbeiten. Das erste Ergebnis waren vergleichende historische Tafeln, die nachweisen sollten, daß weder er noch seine Regierung Schuld an dem Ausbruch des Krieges trugen. Er sandte einen Abdruck an Hindenburg, der in seiner Antwort sagte, er wisse, daß Wilhelm sich während seiner ganzen Regierungszeit nach Kräften um die Erhaltung des Friedens bemüht habe. Der Feldmarschall fügte hinzu, er verstehe, wie hart es für »Euer Majestät« sein müsse, von der tätigen Mitarbeit für das Vaterland ausgeschlossen zu sein. Wilhelm griff diesen Satz auf und benutzte die Gelegenheit, Hindenburg daran zu erinnern, daß er die schwierige und betrübliche Entscheidung, ins Exil zu gehen, nur auf Grund der dringenden Erklärungen des Feldmarschalls getroffen habe.[7] Hindenburg ließ sich ein Jahr Zeit, ehe er antwortete, übernahm dann aber in aller Form die Verantwortung für die Entscheidung, daß der Kaiser habe nach Holland gehen müssen. Er gab korrekterweise als seinen Grund dafür die Gefahr, daß sein kaiserlicher Herr von meuternden Truppen hätte gefangengenommen und an die Feinde im eigenen Lande oder im Auslande ausgeliefert werden können. Nach Wilhelms eigener Leseart war sein Ziel die Vermeidung eines Bürgerkrieges in Deutschland und die Sicherung besserer Friedensbedingungen für Deutschland gewesen. Er wartete mit seiner Antwort an Hindenburg nur zwei Monate, aber er gestaltete sie nicht allzu gnädig. Er hatte zu lange warten müssen, bis die verantwortlichen Leute bereit waren einzugestehen, daß sie die Abreise einem widerstrebenden Herrn aufgezwungen hatten. Er sei überzeugt davon, daß Hindenburg loyal eine schwierige Pflicht erfüllt habe, als er seinem Kaiser und König den Rat gab, den er auf Grund wohlerwogener Beurteilung der Lage geglaubt habe geben zu sollen. Ob diese Lagebeurteilung die richtige gewesen sei, könne erst endgültig entschieden werden, wenn einmal alle Tatsachen über jene unglücklichen Tage bekannt sein würden.[8]

Während des Jahres 1922 erhielt Wilhelm mit seiner Post einen von Respekt und Sympathie getragenen Brief von einem Kind, dem vielleicht jemand die Hand geführt haben mag. In seiner Antwort lud er den jungen Bewunderer zu einem Besuch in Doorn ein. Als Begleitung kam auch die Mutter, Prinzessin Hermine, eine Witwe von fünfunddreißig Jahren. Sie war eine geborene Prinzessin Reuss und war mit einem Prinzen Schönaich-Carolath verheiratet gewesen. Sie gefiel dem verwitweten Kaiser, und am dritten November 1922 heirateten die beiden. Um diese Zeit war Wilhelms jüngstes Kind, die Herzogin von Braunschweig, selbst dreißig, und die Ankunft jüngerer Stiefkinder trug gemeinsam mit den Besuchen seiner Enkel dazu bei, seinem Leben neues Interesse und neuen Frohsinn zu verleihen. Er behandelte seine Stief- und Enkelkinder freundlicher, als er gegen seine Söhne in deren Jugend gewesen war, konnte allerdings gelegentlich auch streng sein, er erntete aber ein großes Maß an Zuneigung.

Mit dem Journalisten Rosen als *ghost writer* begann er, seine Erinnerungen an seine Regierungszeit zu schreiben, die 1922 erschienen.* Das Buch kam heraus, noch bevor eine Anzahl anderer Memoiren erschienen waren, und natürlich erheblich früher als die großen Aktenpublikationen. Es war deshalb möglich, über eine Reihe von Episoden hinwegzugleiten, ohne zu den wirklich strittigen Punkten ernsthaft Stellung zu nehmen. Aber auch abgesehen davon, war es kein so gutes Buch, wie es hätte sein können. Es verließ sich zuviel auf das Gedächtnis des Verfassers, das nicht zuverlässiger war als das der meisten Menschen, und so war der Bericht über des Autors Tun und Lassen weder eingehend und genau noch überzeugend. Ein weiterer, seiner Jugend gewidmeter Band** beabsichtigte weniger eine Rechtfertigung und war infolgedessen ein interessanteres Buch. 1924 erschienen auch »Erinnerungen an Korfu«, die Dona gewidmet waren. Dieses Buch erweckt den Eindruck, daß, wenn auch die

* Ereignisse und Gestalten, 1878–1918.[9]
** »Aus meinem Leben, 1859–1888«.

glücklichen Tage nunmehr unerreichbar waren, die Erinnerung daran nicht so kummervoll war, wie sie nach Dantes Darstellung hätte sein müssen.

Im Jahre 1928 veröffentlichte Sir Frederick Ponsonby, ein Patenkind der Kaiserin Friedrich, in England deren Briefe an die Königin Viktoria, die er unmittelbar vor dem Tode der Kaiserin im Jahre 1901, als er sie im Gefolge König Eduards in Friedrichshof bei Kronberg besuchte, in ihrem Auftrage aus Deutschland herausgeschmuggelt hatte. Das Urheberrecht an diesen Briefen gehörte unzweifelhaft nicht dem Herausgeber, sondern Wilhelm, und dieser dachte zunächst daran, eine einstweilige Verfügung zu erwirken und das Buch aus dem Handel zurückzuziehen. Nach der *Act of Settlement* von 1701, welche die Bedingungen, unter denen der Kurfürst von Hannover 1714 König von England wurde, regelte, hätte er als britischer Staatsangehöriger prozessieren können, er folgte dann aber besserem Rat; als die deutsche Ausgabe herauskam, begann sie mit einem Essay, in dem Wilhelm seine Sicht skizzierte. Er tat das mit einem anerkennenswerten Grad von Verständnis und Zurückhaltung.[9]

Im Jahre 1929 veröffentlichte Wilhelm eine Serie von kurzen Aufsätzen über seine Vorfahren*, die hauptsächlich amüsante Anekdoten und kaum ernsthaft kritische Betrachtungen enthalten. Danach wurden seine Studien eklektischer. 1933 begründete er in Doorn eine Forschungsgemeinschaft, die alljährlich eine Konferenz abhielt, bei der Vorträge von Persönlichkeiten gehalten wurden, die für sich in Anspruch nahmen, über ihre Themen mit Autorität sprechen zu können. Das Konferenzthema im Jahre 1934 hieß »Deutung der Symbolik der alten Kulturen«, zu dem Wilhelm einen Beitrag »Die chinesische Monade – ihre Geschichte und Deutung« leistete. »Streiflichter auf die Geschichte des Hakenkreuzes« wäre ein geeigneter Untertitel dafür gewesen. 1936 folgten »Studien zur Gorgo«, die dem Kaiser Friedrich gewidmet waren, von der 1911 auf Korfu entdeckten Statue ausgingen und ihr Thema durch einen Wirrwarr von archäologischen Theorien zu einem Abschluß verfolgten, bei dem wiederum die Swastika eine Rolle spielte. Reiche Männer mit der Neigung zu intellektuellen Steckenpferden, die nicht genug zu tun haben, werden mit zunehmendem Alter leicht ver-

* »Meine Vorfahren«

schroben, und der frühere Kaiser war in dieser Hinsicht keine Ausnahme. Aber die Dinge, mit denen er sich beschäftigte, waren ganz unschuldig, und wenn nichts dabei herauskam, war das vielleicht kein Nachteil.

Im übrigen verlief das Leben als Landedelmann recht angenehm. Ein Bart milderte die Schärfe seiner Züge, und das weißgewordene Haar verlieh ihm eine patriarchalische Erscheinung. Der Mann, der früher ständig umhergereist war, verließ seinen Besitz nur noch selten und ging auch dann nur in die nähere Umgebung. Die Tage verliefen nach einer festen Routine. Er sägte Holz – eine Angewohnheit aus der Kriegszeit –, erledigte seine Korrespondenz, überwachte seinen Besitz, entwickelte einen Rosengarten, der nach seinem Tode wieder verschwand, und ein Arboretum, das noch besteht. Er vermochte sich sogar eine Stunde täglich auf ein ernstes Buch zu konzentrieren, was ihm Dr. Renvers empfohlen hatte. Es kamen viele Besucher aus Deutschland und aus anderen Ländern, obwohl er sich weigerte, Engländer zu empfangen, bis die britischen Besatzungstruppen im Jahre 1929 aus dem Rheinland abgezogen waren. Es gab wie immer viel zu erzählen. Wenn er da nach dem Tee auf der Terrasse saß oder vom Fenster seines Arbeitszimmers hinausblickte auf den Rasen und die Buchengruppen, den Schloßgraben mit den Schwänen, auf die Hirsche, die im Parkästen, und auf die Grabsteine seiner Lieblingshunde, muß er das Gefühl gehabt haben, wenn nicht heim, so doch in die Heimat seiner mütterlichen Vorfahren gekommen zu sein. Hatte er nicht einmal gesagt, lieber als alles andere möchte er ein englischer Landedelmann sein? Jetzt war ihm dieser Wunsch beinahe erfüllt. Die Spannung zwischen seinen deutschen und seinen englischen Instinkten hatte nachgelassen, und er war sowohl psychologisch wie geographisch auf halbem Wege zur Ruhe gekommen. Die fieberhafte Energie und der Druck der Geschäfte waren vorbei, und er hatte keinen Grund und auch keine Gelegenheit mehr, in der Öffentlichkeit den Mund aufzumachen. Es war ein Leben ohne einen rechten Zweck, aber eines, in das er gut hineinpaßte.

Er hatte natürlich immer noch einen Groll gegen die Welt, die ihn so jämmerlich mißverstanden hatte. Seinem eingewurzelten Glauben, daß er recht gehabt habe und nicht die anderen, kam die Tatsache zu Hilfe, daß die gegen ihn in jenen Tagen erhobenen Anklagen so plump formuliert waren, daß die Erwiderung leicht war. Er war in der Lage, die Ungerechtigkeit von Versailles und der alliierten Reparationspolitik anzuprangern, die Bosheit der Bolschewisten und die Unzulänglichkeit der Weimarer Republik zu beklagen, den Emporkömmling Hitler zu verachten, offenbar ohne sich klarzumachen, daß er dazu beigetragen hatte, die Vorbedingungen zu schaffen, unter denen diese Phänomene sich ereignen konnten. Das ist der Vorwurf, den man der ruhigen Würde entgegenstellen muß, mit der er sein Los hinnahm, der einzige Grund, sich zu fragen, ob nach allem, was geschehen war, die Flucht 1918 die angemessenste Lösung war. Wilhelm schrieb einmal an einen englischen Freund: »Als England im Begriff stand, den ungerechten Krieg gegen mich und mein Land, auf den es viele Jahre hingearbeitet hatte, zu verlieren, führte es Amerika in den Kampf und bestach den umstürzlerischen Teil meines Volkes mit Geld zur Erhebung gegen seinen Herrscher.«[10] Isoliert bis zum Ende in einer Welt ganz für sich, brachte er es niemals fertig, in Fühlung mit der Wirklichkeit zu kommen. Auch in dieser Beziehung erwies er sich als typisch für viele seiner ehemaligen Untertanen.

Im Jahre 1931 bat ihn sein Enkel Louis Ferdinand um Rat hinsichtlich der politischen Strömungen in Deutschland. Er antwortete, Hitler sei der Führer einer starken Bewegung, welche die Energie der deutschen Nation verkörpere. Er könne nicht sagen, was daraus werden würde, und er finde die Bewegung auch nicht in jeder Hinsicht erfreulich, er sei aber überzeugt, daß nur nationale Kräfte Deutschland wieder vorwärtsbringen könnten. Daher erlaubte er auch seinen Söhnen Oskar und August Wilhelm, sich eine Zeitlang nationalsozialistisch zu betätigen. Andererseits verbot er dem Kronprinzen, sich 1932 als Gegenkandidat zu Hindenburg für das Amt des Reichspräsidenten aufstellen zu lassen. Seine Frau Hermine hielt Hitler für den Retter Deutschlands und vertraute ihm völlig. Seit 1933 waren Wilhelm und seine Familie hinsichtlich der Verwendung der ihnen auf Grund eines 1926 mit der preußischen Regierung abgeschlossenen Abkommens aus dem ehemaligen Königlichen Besitz zufließenden Einnahmen – speziell was deren Überweisung ins Ausland anbetraf – auf die Zustimmung der nationalsozialistischen Behörden, in erster Linie Görings in seiner Eigenschaft als preußischer Ministerpräsident, angewiesen. Das mag wohl der Grund dafür sein, daß sie sich aller öffentlichen Kritik am Dritten Reich enthielten.

Aber sobald die Nationalsozialisten fest im Sattel saßen, wandten sie sich gegen ihre Vorgänger. Im Januar 1935 wurde eine öffentliche Feier an Wilhelms Geburtstag durch die Polizei aufgelöst; als einen Monat später der Kronprinz an Hitler die Bitte richtete, er möge seinem Vater die Rückkehr nach Deutschland erlauben, war die Antwort eine strikte Ablehnung. Die Judenverfolgungen im Jahre 1938 entsetzten den Kaiser im Exil. »Zum ersten Male schäme ich mich, ein Deutscher zu sein.«[11]

Im Jahre 1938 machte er auch noch einmal einen Streifzug in die englische Geschichte. Anfang Oktober dieses Jahres erhielt Königin Mary zu ihrem Erstaunen einen mit Tintenstift geschriebenen Brief, in dem es hieß:

»Darf ich, mit dankbarem Herzen von krank machender Sorge durch das Eingreifen des Himmels erlöst, meinen wärmsten, aufrichtigsten Dank an Gott den Herrn mit dem Deinen und dem des deutschen und des britischen Volkes vereinen dafür, daß Er uns vor der fürchterlichsten Katastrophe errettete, indem er den verantwortlichen Staatsmännern half, den Frieden zu erhalten! Ich habe nicht den geringsten Zweifel, daß Mr. N. Chamberlain vom Himmel inspiriert und von Gott geführt war, der Mitleid mit seinen Kindern auf Erden hatte, und deshalb seine (Chamberlains) Mission mit so erlösendem Erfolge krönte. Gott segne ihn. Ich küsse Deine Hand in respektvoller Ergebenheit wie immer.«[12]

Dieses Dokument ist wunderbar charakteristisch. Die Unsicherheit seines Urteilsvermögens verließ ihn bis zum Ende nicht. Der Brief wurde bestätigt, und vier Monate später folgten königliche Glückwunschtelegramme zu seinem achtzigsten Geburtstag. An diesem Tage stattete auch Kronprinz Ruprecht von Bayern seinen einzigen Besuch in Doorn ab. Mit ihm kam der nun neunundachtzigjährige Mackensen. Die beiden waren die letzten Überlebenden von Wilhelms Feldmarschällen. Den Offizieren und Reserveoffizieren der deutschen Wehrmacht wurde es verboten, Glückwünsche nach Doorn zu senden.

Im November 1939 fand die britische Regierung Zeit, sich den Kopf darüber zu zerbrechen, was ihrer früheren *bête noire* im Falle einer deutschen Invasion in Holland passieren würde. Der Gesandte im Haag wurde beauftragt, darauf zu drängen, daß Wilhelm vorher nach Dänemark oder Schweden geleitet werde. Aber diese Bemühungen hatten kein Ergebnis, und am zehnten

Mai 1940 fragte Churchill Lord Halifax, ob man den Kaiser verständigen sollte, daß er »mit Hochachtung und Würde« empfangen würde, falls er den Wunsch haben sollte, in England Zuflucht zu suchen. König Georg war einverstanden, und das Angebot wurde auf privatem Wege übermittelt, aber höflich abgelehnt.[13] Desgleichen auch die Idee, nach Deutschland zurückzukehren. »Alte Bäume«, sagte er, »kann man nicht mehr verpflanzen.«[14] Einen Monat später aber sandte er Hitler einen Glückwunsch anläßlich der Besetzung von Paris. Der Erfolg des Dritten Reiches, wo das Zweite gescheitert war, erweckte zum letzten Male die »studentische Plötzlichkeit«, was wie in alten Tagen in Form eines Telegrammes Ausdruck fand. Er wurde nun wirklich alt und litt zeitweise unter Magenbeschwerden. Am dritten Juni 1941 entwickelte sich ein Blutpfropf in der Lunge; Wilhelm fiel in ein Koma, aus dem er nicht mehr erwachte, und starb am folgenden Morgen um elf Uhr dreißig in Gegenwart seiner Frau, seiner Tochter und dreier Enkel. Hitler bot ein Staatsbegräbnis in Berlin an, aber Wilhelm hatte Verfügungen hinterlassen, wonach er, falls er nicht zu Lebzeiten nach Deutschland zurückkehren könne, in dem auf der Besitzung in Doorn gelegenen Mausoleum beigesetzt zu werden wünschte. Den Trauergottesdienst hielt der Dompfarrer aus Berlin ab, der alljährlich nach Doorn gekommen war, um an Wilhelms Geburtstag zu predigen. Mackensen kam wiederum an der Spitze der Vertreter der alten Ordnung, unter denen sich auch Admiral Canaris, Chef der Abwehr und einer der führenden Männer der Verschwörung, die zum zwanzigsten Juli 1944 führte, befand. Ein früherer Adjutant Mackensens kommandierte ein Ehrenbataillon, das aus den drei Zweigen der Wehrmacht gebildet war. Der »Führer« war durch den Reichskommissar in Holland, Seyss-Inquart, vertreten.[15] Nach der von Goebbels verfügten Sprachregelung brachten die deutschen Zeitungen die Nachricht vom Tode Wilhelms mit einspaltigen Schlagzeilen auf der unteren Hälfte der ersten Seite. »Wilhelm II. ist der Repräsentant eines Systems, das versagte. Man mag ihm zugestehen, daß er das Beste wollte. Aber in dieser Welt kommt es nicht auf die Absicht, sondern auf den Erfolg an.«[16]

Sechs Jahre später starb Wilhelms Witwe in russischer Internierung.

Macht und Moral

Das Blutbad, das sich zwischen 1914 und 1918 abspielte, wird in England bis auf diesen Tag noch manchmal als »des Kaisers Krieg« bezeichnet. Der Ausdruck spiegelt ziemlich getreu die Ansichten wider, die über Wilhelm II. bei seinen angelsächsischen Zeitgenossen herrschten. Für sie war er ein böser Mann, der mit Überlegung ein Verbrechen gegen die Menschheit angestiftet hatte. Die vorhergehenden Kapitel haben gezeigt, daß dieses Urteil übertrieben war und sich auf eine allzu vereinfachte Lesart der Tatsachen stützte. Aber die Frage der »Kriegsschuld« Deutschlands, wenn nicht Wilhelms, ist grundlegend für jedes Studium der Periode und erfordert eine leidenschaftslose Analyse.

Das Schauspiel der Tötung von 13 Millionen Menschen erregte die Gefühle und das Gewissen der ganzen Welt bis auf den Grund und zwang die Historiker, sich die Frage zu stellen, welche Weichen falsch gestellt gewesen waren, wer die Schuld trug.[1] Ein moderner Krieg ist eine zu komplizierte Sache, als daß eine klare, gerade Antwort auf solche Fragen möglich wäre. Die einzige Antwort, die zugleich kurz und wahr ist, heißt, daß das System in die Irre gegangen und das menschliche Denken auf falscher Fährte war. Der Krieg 1914–18 erwies die Hohlheit der in den vorhergehenden Jahrhunderten entwickelten Annahme, daß es möglich sein würde, die wirtschaftliche von der politischen Entwicklung zu scheiden. Im gleichen Maß, in dem Verbindungen über weite Entfernungen erleichtert wurden und die Produktionstechnik sich verbesserte, verwandelte sich der internationale Güteraustausch von einem Luxus zu einer unentbehrlichen Vorbedingung für Leistungsfähigkeit. Es entstand eine Gesellschaft von untereinander abhängigen Nationen, der es an den politischen Einrichtungen fehlte, die ihr hätten Recht und Ordnung geben können. Die Menschen hatten sich um die äußerst schwierige Aufgabe, solche Einrichtungen zu entwickeln, herumgedrückt mit Hilfe der bequemen Fiktion, daß Politik und Wirtschaft getrennte Dinge seien.

Je mehr die technische Entwicklung den Menschen Schritt für Schritt bisher unvorstellbare Möglichkeiten des Profites und des Wohlstandes enthüllte, um so unwiderstehlicher wurde für die menschliche Natur die Versuchung, diese Möglichkeiten zu verfolgen. Es ist sinnlos, anzunehmen, daß die Menschen sich hätten zügeln und sagen können: »Wir wollen die sich uns bietenden Hilfsquellen nicht eher entwickeln, als wir das in Frieden tun können« – selbst wenn man ihnen die Einsicht zugetraut hätte, was bei ihrer Entscheidung auf dem Spiele stand. Es ist ja nicht so, daß die Überwindung staatlicher Souveränitäten, die mit der Erreichung einer internationalen Ordnung verbunden sein mußte, eine einfache Sache gewesen wäre, selbst wenn man ihre Notwendigkeit erkannt hätte. Ebenso sinnlos ist die Erwartung, daß die Menschen eine strikte Teilung der politischen von der wirtschaftlichen Sphäre hätten innehalten können. Selbst wenn man die sozialen Rückwirkungen der Wirtschaft außer Betracht läßt, mußten diejenigen, die ihre Ziele durch wirtschaftliche Tätigkeit allein nicht zu erreichen vermochten, zwangsläufig nach Hilfe aus allen möglichen Quellen suchen, auch aus der mächtigsten von allen, der vereinbarten Organisation zur Verwirklichung gemeinsamer Vorsätze, die man Regierung nennt. In dem Maß, in dem Streit unter den Mitgliedern autonomer Einheiten der Normalzustand wurde, wuchs für die Regierenden dieser Einheiten die Versuchung, immer dann Gewalt anzuwenden, wenn Gefahr zu bestehen schien, daß die Absichten ihrer Bürger vereitelt werden könnten.

In den Zusammenstößen, die sich daraus ergaben, schien der Sieg der Seite zuzufallen, die am erfolgreichsten in der Konzentrierung der Hilfsquellen der ganzen Gemeinschaft auf den Streit war. In einem Zeitalter, in dem der Fortschritt so viel der Vervollkommnung der Organisation verdankte, war es natürlich, daß der Krieg immer totaler wurde. In einem Zeitalter, das seine Leistungsfähigkeit durch die Erfindung von Maschinen stetig steigerte, war es auch unvermeidlich, daß der Krieg mechanisiert wurde. Es konnte nicht lange dauern, bevor in der Praxis demonstriert wurde, was in einer Welt voneinander abhängiger souveräner Staaten passieren mußte, nachdem einmal Maschinengewehr und brisanter Sprengstoff erfunden waren. Der Mensch schien der Überwindung seiner ewigen Probleme – Hunger und Seuchen – nur nahe gekommen zu sein, um Auge in Auge dem Gespenst gegenseitiger Massenvernichtung gegenüberzustehen. Sollten die Normen zivilisierten Verhaltens aufrechterhalten werden, war die Schaffung einer internationalen Autorität dringend geboten.

Wir sollten es uns aber überlegen, ob wir frühere Generationen nach Kriterien beurteilen dürfen, um deren Durchsetzung wir selber noch kämpfen. Jahrhundertelang wurde der Krieg als eine Selbstverständlichkeit hingenommen. Er war das letzte Mittel zur Durchsetzung der unvermeidlichen und immer wiederkehrenden Wandlungen im Stärkeverhältnis der Staaten. Für Martin Luther war der Krieg von Gott verordnet und so notwendig wie Essen und Trinken. »Der Friede«, sagte Clausewitz, »ist die Schneedecke des Winters, unter welcher die Kräfte der Erhebung schlummern und sich langsam entwickeln; der Krieg ist die Glut des Sommers, der sie schnell entfaltet und zur Reife bringt.«[2] Hegel und Ranke sahen im Krieg eine »sittliche Bewährungsprobe der Völker«.[3] Treitschke sagte: »Wer an dies unendliche Werden, an die ewige Jugend unseres Geschlechtes glaubt, der muß auch die unabänderliche Notwendigkeit des Krieges erkennen.«[4]

Der ältere Moltke meinte, ewiger Friede sei kein sehr angenehmer Traum, und Waldersee schrieb einmal, als ein Krieg in Aussicht zu stehen schien, sicher würden eine große Zahl von Menschen getötet werden, er sei aber nicht geneigt, den Tod als ein Mißgeschick für das Individuum zu betrachten.[5] Weber schrieb 1914: »Wir mußten ein Machtstaat sein und mußten, um mitzusprechen bei der Entscheidung über die Zukunft der Erde, es auf diesen Krieg ankommen lassen.«[6] Der Kaiser bezeichnete 1918 den Krieg als »eine Maßregel Gottes zur Erziehung des Menschen« – fügte allerdings hinzu, solche Maßregeln seien Gott nicht immer gelungen.[7] Das sind alles Zitate von Deutschen. Es ist aber anzunehmen, daß bis in die jüngste Vergangenheit auch anderswo die Leute nicht anders gedacht haben.

Es besteht auch kein Grund zu der Annahme, daß die Leidenschaften, die Kriege veranlassen, ihren Charakter in neuerer Zeit geändert hätten. Wo gibt es Beweise, daß der Drang des Menschen zur Gewalttätigkeit heute größer wäre als in der Vergangenheit? Die Gelegenheiten, diesem Drang zu frönen, haben sich geändert, ebenso wie die technischen Werkzeuge, die dabei verwandt werden können. Aber deren gesteigerte Vernichtungskraft vergrößert nicht notwendigerweise die moralische Verwerflichkeit des Wunsches nach Gewaltanwendung. In welchem Sinne ist es »böser«, zweihundert Menschen mit einem Maschinengewehr töten zu wollen, als wenn man einen einzigen Menschen mit eigener Hand erdrosseln will? Wenn wir es heute für verwerflicher halten, könnte das nicht daran liegen, daß größere Einsicht und weiterreichende Erfahrung unser Denken über das, was »moralisch« ist, gewandelt haben?

Denn unsere Ansichten über die Moral, und insbesondere über die Moral staatlichen Handelns, werden offenbar beeinflußt durch unsere Lebensumstände und sind infolgedessen Wandlungen unterworfen. Die Erkenntnis der Folgen, die sich in der modernen Welt aus dem Souveränitätsanspruch für individuelle Staaten ergeben können, hat uns zu einer Überprüfung der Rolle der Moral in den zwischenstaatlichen Beziehungen veranlaßt. Zunächst einmal brachte das Schauspiel des Ersten Weltkrieges mit schmerzlicher Schärfe die schwierige Problematik des Verhältnisses zwischen dem Pflichtgefühl der Menschen gegenüber dem Staat und der nationalen Gemeinschaft mit ihrem Pflichtgefühl gegenüber der Menschheit zutage. Soweit Menschen bis dahin über ihr eigenes Land hinausgeblickt hatten, war ihnen die Übereinstimmung zwischen beiden Pflichten als selbstverständlich erschienen. Eine solche Annahme kann auf die Ermutigung des souveränen Staates rechnen, einer Institution, deren Begierde nach Loyalität unersättlich ist. Der Erfolg ihrer Führer beruht eben in hohem Maß auf dem Grad bereitwilliger Mitarbeit der Staatsbürger. So kann man von ihnen nicht erwarten, sie sollten die Idee ermutigen, daß noch andere, möglicherweise zur Staatstreue in Widerspruch stehende Pflichten die Gefolgschaft dieses Bürgers beanspruchen. Der Verdacht, die Ziele der eigenen nationalen Gemeinschaft könnten in Widerspruch zum Wohle der Menschheit stehen, erzeugt so viel Entrüstung bei den Durchschnittsmenschen und so große seelische Not bei den Empfindsamen, daß die Versuchung ungeheuer groß ist, anzunehmen, beide Bestrebungen seien im Einklang und man diene, wenn man sein Bestes für die Nation tue, zugleich der Menschheit. Vielleicht sieht es so aus, als hätten die Angelsachsen mit besonderem Geschick sich diese Auffassung zu eigen zu machen und zu verbreiten verstanden. Aber ihre Gegner sind auch nicht dadurch aufgefallen, daß sie der Versuchung hätten widerstehen können. Ein so aufrechter und christlich gesinnter Mann wie Friedrich Naumann meinte: Das Bekenntnis zur Nationalität und zur Menschwerdung sind für uns zwei Seiten ein und derselben Sache.[8] Deutsche Historiker um 1900 haben, so sagt man, gedacht, Deutschland vertrete eine große berechtigte Idee für alle: keine Weiterentwicklung an Kultur ohne eine reiche Vielfalt freier Staaten in der Welt.[9] Aber diese Vielfalt könne sich nur frei entfalten, wenn einmal die Vormachtstellung Großbritanniens gebrochen und die *balance of power* über Europa hinaus auf die Welt ausgewertet sein würde. »Erst dann wird jedes Volk den freien Atemraum haben, den es braucht«, schrieb Friedrich Meinecke 1916.[10] Man sieht, indem Deutschland die Vorherrschaft Englands zu brechen suchte, nahm es für sich in Anspruch, der Menschheit einen supranationalen Dienst zu erweisen. Eines der kuriosesten und rührendsten Schauspiele des Ersten Weltkrieges war die ehrliche Überzeugung rechtschaffener Männer auf beiden Seiten, daß ein Gott, dessen Universalität alle zugaben, mehr auf ihrer Seite als auf der ihrer Gegner stehe.

»Die Geschichte«, sagt Sir Eyre Crowe, »ist geneigt, das Tun von Staaten nach seinen allgemeinen Ergebnissen zu beurteilen, unter nur schwacher Berücksichtigung des ethischen Charakters der angewandten Mittel.«[11] Wieweit ist es möglich, sich von verbreiteten Kollektivurteilen zu distanzieren und zu sagen, daß es absolute moralische Normen gibt, nach denen das Verhalten der Menschen in ihrem kollektiven genau wie in ihrem persönlichen Tun beurteilt werden muß? Eine ehrliche Antwort auf diese Frage muß in Betracht ziehen, was dabei vielleicht das Bedeutendste unter den Faktoren unserer Ansichten über die internationale Moral ist, nämlich den Unterschied zwischen den Normen eines nach Ausdehnung strebenden Landes – eines Herausforderers – und denen eines satten Landes – eines Besitzenden.

Ein zeitgenössischer deutscher Historiker, Ludwig Dehio, hat gesagt, »es entspricht allerdings dem Wesen der jüngeren, aufstrebenden Macht, den älteren *beati possidentes* gegenüber, bald instinktiv, bald planmäßig Raum zu gewinnen«[12], womit er um den Kern der Frage herumging, warum denn eigentlich Expansion immer nur im Sinne territorialen Zuwachses zu verstehen sei. Die Besitzenden sind naturgemäß geneigt, alle Versuche, die bestehende Ordnung zu stören, als schändlich anzusehen. Nur von wenigen Leuten kann man erwarten, daß sie so viel Aufgeschlossenheit aufbringen wie Winston Churchill, der 1914 schrieb:

»Wir haben alles, was wir an Territorien gebrauchen, und unser Anspruch, im unbelästigten Genuß weiter und herrlicher Besitzungen, die in der Hauptsache mit Gewalt erworben wurden und großenteils durch Machtanwendung gehalten werden, belassen zu werden, scheint häufig anderen Leuten weniger vernünftig als uns selber.«[13]

Der Vorteil, die moralische Entrüstung auf der eigenen Seite zu haben, erklärt nur zu gut die erregbare, grelle Betonung, die dem Wort Angreifer eigen geworden ist. Der Charakter des modernen Krieges läßt es natürlicher erscheinen als je zuvor, daß die Angegriffenen das Gefühl haben, die Seite, die mit dem Töten anfing, sei verrucht. Dem Fafnir muß Siegfried eines mutwilligen Aktes unprovozierter Aggression schuldig erschienen sein.

Viele halten das Streben nach allgemeiner Annahme der Herrschaft des Rechtes für den wesentlichen Schritt zur Errichtung einer internationalen Ordnung. Die Rechtfertigung der Anklage gegen Wilhelm II., er habe einen äußerst schweren Verstoß gegen die internationale Moral begangen, war, daß die Invasion Belgiens den unprovozierten Bruch eines Vertrages bedeutete, dessen Innehaltung Deutschland – über fünfzig Jahre vorher – versprochen habe, und daß Beziehungen zwischen Staaten unmöglich würden, wenn man den Versprechungen ihrer Regierungen nicht trauen könne. Aber das ist der Standpunkt des Besitzenden. Denn die Errichtung der Herrschaft des Rechtes genügt für sich allein noch nicht, wissen wir doch aus der Erfahrung innerhalb der Staaten, daß das Recht nicht auf die Dauer bestehen kann, wenn es sich nicht wechselnden Zuständen anzupassen vermag und wenn es nicht von einem Sinn für Billigkeit beherrscht wird. Verträge erhalten den Status quo und können nur mit Zustimmung aller Beteiligten abgeändert werden. Mit der ist aber nicht von seiten derjenigen zu rechnen, die durch die Änderungen etwas einbüßen würden. Nach Expansion strebende Staaten verlangen zwangsläufig, daß souveräne Staaten nicht durch die Herrschaft des Rechtes eingeengt werden dürfen und daß Krieg nicht als Verbrechen zu betrachten ist, sofern nicht gleichzeitig wirksame Mittel gefunden werden, um das

Problem friedlicher Änderungen zu lösen. Die friedliche Gesellschaft darf keine stagnierende Gesellschaft sein. Es muß Raum für Wachstum dasein.

War also Deutschland zum Einfall in Belgien berechtigt?

Nach den bis dahin geltenden Spielregeln bestand kein sehr großer Unterschied zwischen dem deutschen Vorgehen und dem zahlloser Vorgänger. Wie sollte sich Deutschland ausdehnen außer durch Krieg? England konnte kaum erwarten, daß mit dem Augenblick, in dem es selbst saturiert war, die Weltkarte für immer festgelegt sein würde. Hätte Deutschland den Krieg gewonnen, hätte man hinterher kaum viel von seinem »Verbrechen« gehört. Die Entrüstung über Deutschland war eher die gedankenlose Reaktion auf etwas, was unbequem oder sogar widerwärtig war, als das wohlerwogene Urteil der Geschichte. Immerhin, wenn Männer wie Edward Grey, Robert Cecil und Woodrow Wilson gegen Deutschlands Vorgehen als ein unmoralisches protestierten, muß ihnen zugute gehalten werden, daß sie eine höhere Stufe der Einsicht in die Probleme der menschlichen Beziehungen erreicht hatten als irgend jemand auf der anderen Seite. Theodore Roosevelt hat das gut ausgedrückt, als er schon 1911 schrieb:

> »Deutschland hat die Arroganz einer sehr starken Macht, die noch fast unberührt ist von jenem schwachen Streben nach internationaler Billigkeit, das ein oder zwei andere starke Mächte, ganz besonders England und Amerika, wenigstens zu empfinden anfangen.«[14]

Zugegebenermaßen war es für Engländer und Amerikaner als Bürger saturierter Staaten leichter, zu solcher Einsicht zu gelangen. Insofern als ihr Weltbild nur eine unzulängliche Maschinerie für Veränderungen des Bestehenden vorsah, mißachteten sie eine lebenswichtige Seite des Problems – obgleich die kolonialen Abmachungen, über die 1914 verhandelt wurde, als ein Schritt in dieser Richtung angesehen werden können. Im Gegensatz dazu hatten aber Männer auf der deutschen Seite wie Gustav Stresemann und Max Weber es noch nicht fertiggebracht, die aus dem neunzehnten Jahrhundert stammende Auffassung zu überwinden, nach der der souveräne Nationalstaat in einer Welt ähnlicher Staaten eine völlig angemessene Lösung des Organisationsproblems der Menschheit darstellte. Die Ansichten des Kaisers und der deutschen Oberschicht zu dem Thema sind in diesem Buch erschöpfend beleuchtet worden, besonders in ihrer Stellung zu den Haager Friedenskonferenzen. Bismarck mag nach 1870 Deutschland als einen saturierten Staat angesehen haben, aber die nachfolgende Generation war noch viel zu tief befangen in dem Bemühen, die Weltposition ihres eigenen Nationalstaates fest zu begründen, als daß sie die Einwände begriffen hätte, die der Annahme solcher Staaten als das letzte Wort entgegenstanden. Sie leistete keinen Beitrag zu dem äußerst schwierigen Prozeß, etwas in der Natur einer weltweiten öffentlichen Meinung hervorzubringen, die sowohl für die Aufrechterhaltung des Rechtes wie für seine Abänderung mobilisiert werden kann. Statt dessen mißachteten die Deutschen dieser Generation die ganze Problematik. Sie waren nicht gerade böse, aber ihnen fehlte die Einsicht, ihre Umgebung hatte sie mit Scheuklappen versehen.

Es ist gewiß, daß dieser Mangel an Gefühl für die Konsequenzen, die das Bestehen auf unbegrenzter Freiheit des Nationalstaates nach sich ziehen mußte, bei der deutschen Führung auf diese selbst zurückfiel. Denn der Einfall in Belgien verhalf Deutschlands Gegnern zu einem machtvollen Appell an die Gefühle der Öffentlichkeit in ihren eigenen Ländern und bei den Neutralen. Es war die Sache Belgiens, die die Gewissen der angelsächsischen Welt die Uniform anziehen hieß. Die Grausamkeiten, die deutsche Truppen unzweifelhaft in Belgien und sonstwo begingen – obgleich sie sicherlich durch Gerüchte übertrieben wurden –, hatten die gleiche Wirkung, eine Wirkung, die die von ihnen erwarteten militärischen Vorteile überwog.[15] Wäre der Krieg ausgebrochen, indem Deutschland im Osten intervenierte, um Österreich gegen einen russischen Angriff zu helfen, wäre die Begeisterung des englischen Publikums geringer, wären die Chancen der mit Deutschland Sympathisierenden unter dem nicht festgelegten Teil der Öffentlichkeit größer gewesen. Aber wenn man argumentiert, daß das deutsche »Verbrechen« mindestens ein Fehler gewesen sei, bedeutet das eine veränderte Position: Die Invasion Belgiens wird nicht mehr als Unrecht verurteilt, sondern als unklug kritisiert. Wenn die Anklage der Bosheit nicht mehr unbestreitbar gegen die Führer des wilhelminischen Deutschlands erhoben werden kann, wie steht es dann mit der Anklage der Unzulänglichkeit?

Soviel man sich über die Frage von Recht und Unrecht bezüglich der Kriegsursachen streiten mag, niemand kann bestreiten, daß Deutschland den Krieg verlor. Geschah dies, weil vielversprechende Siegesaussichten durch schlechte militärische Führung verspielt wurden, oder verwickelte die Führung, die politische sowohl wie die militärische, ihr Land in einen Kampf, bei dem keine Aussicht auf einen Sieg bestand?

Die drei Wendepunkte während des Krieges waren die Marneschlacht, die Erklärung des Unterseebootkrieges im Jahre 1917 und der Friede von Brest-Litowsk mit seinen Rückwirkungen auf die Offensive im Westen im Jahre 1918. Von dem ersten dieser Wendepunkte hat Professor Ritter gesagt:

»Der große Schlieffenplan war überhaupt kein sicheres Siegesrezept. Er war ein kühnes, ja überkühnes Wagnis, dessen Gelingen von vielen Glücksfällen abhing. Zu einem Siegesrezept gehört ein Überschuß von Erfolgschancen, wenn es Vertrauen erwecken soll – ein Überschuß, der durch die üblichen ›Friktionen‹ der praktischen Kriegführung sehr rasch aufgezehrt zu werden pflegt. Der Schlieffenplan besaß ein deutliches Defizit an solchen Chancen: er erscheint in Schlieffens eigenen Worten als ›ein Unternehmen, für das wir zu schwach sind‹.«[16]

Etwa auf ähnliche Weise hätte möglicherweise der Angriff, den Tirpitz auf die britische Flotte machen wollte, den Krieg »an einem Nachmittag« siegreich beenden können. Aber er wäre ein enormes Glücksspiel gegen alle Wahrscheinlichkeiten gewesen mit schweren Strafpunkten im Verlustfall. Auf jeden Fall läßt die Erfahrung von 1940 es zweifelhaft erscheinen, ob ein deutscher Sieg in Frankreich – 1914 oder 1918 – den Krieg beendet haben würde. Hätte Deutschland 1918 die Besetzung Rußlands aufgegeben, wären wohl mehr Divisionen für den Westen frei geworden, dafür wäre aber die Gefahr der Aushungerung Deutschlands gestiegen.

Es ist nicht zu bestreiten, daß eine klügere Verteilung der Hilfsquellen und mehr Mäßigung im rechten Augenblick für Deutschland günstigere Ergebnisse hätte zeitigen können. Aber es ist schwer zu sehen, wie irgendeine Leistung, abgesehen von einem Sieg über Großbritannien durch eine Invasion oder durch Aushungern – und manche würden sagen, dazu noch die Besiegung Amerikas –, Deutschland einen vollen Sieg hätte bringen können. Im besten Falle wäre der Ausgang ein Remis gewesen, und obgleich ein Kompromißfrieden von dauerhafter Kraft ersprießlichere Folgen hätte haben können als ein klarer Sieg der einen oder der anderen Seite, so hätte er sich wahrscheinlich doch als nur ein vorübergehender Waffenstillstand erwiesen, der nach ein paar unbehaglichen Jahren durch Erneuerung der Feindseligkeiten gebrochen worden wäre – die Serie von Punischen Kriegen, die der Kaiser in einem Stadium ins Auge gefaßt hatte. Auf jeden Fall hätte keine von beiden Seiten, wie in Kapitel X gezeigt worden ist, einen Kompromißfrieden ohne schwere innere Erschütterungen abschließen können. Die Einstellung, die Deutschland in den Krieg führte, ließ ihm nur die Wahl zwischen Sieg und sozialem Umsturz. Die Wurzeln dieser Einstellung gehen so tief, daß, wenn man einmal annimmt, die deutsche herrschende Schicht wäre fähig gewesen, einen Kompromiß zu schließen, man ihr ebensogut die Fähigkeit zutrauen müßte zu einer Handlungsweise, die den Krieg ganz vermieden hätte. Deutschland verlor den Krieg nicht durch Zufall oder weil es Pech gehabt hätte.

Hauptsächlich kann man Deutschland den Vorwurf machen, daß es seine ehrgeizigen Ziele weiter steckte, als seine Fähigkeiten reichten. Die Folgeerscheinungen in Gestalt sozialer und materieller Verheerungen waren ebensogroß wie die Verluste an Menschenleben und die Vergeudung von Hilfsquellen, die andernfalls zu Aufbauzwecken hätten verwendet werden können. Als Ergebnis war nicht nur Deutschland, sondern ganz West- und Mitteleuropa geschwächt. Als Hitler das Werk vollendete, das unter Wilhelm II. begonnen hatte, war das Gleichgewicht der Kräfte in Europa tatsächlich zerstört, aber das Ergebnis war, wenigstens zunächst, das Entstehen eines Machtvakuums. Obgleich England zu den Siegermächten gehörte, war seine Stellung als Macht ersten Ranges früher geschwächt, als das sonst wahrscheinlich geschehen wäre. Das Endergebnis war der beschleunigte Niedergang des europäischen Einflusses auf die übrigen Kontinente. Die beherrschende Stellung Amerikas und Chinas, die Wilhelm voraussah, wurde in keineswegs unbedeutendem Maßstab durch das Vorgehen seiner eigenen Regierung gefördert. Selbst wenn moralische Betrachtungen ausgeschlossen sind, ist das eine schwerwiegende Anklage. Was führte Deutschland auf Irrwege?

Die erste Antwort auf diese Frage muß sein, daß die deutsche Führung ihre eigenen Hilfsquellen über-, die anderer Völker unterschätzte. Das hat Bethmann Hollweg im Reichstag im Jahre 1916 offen ausgesprochen:

»Seit Anfang des Krieges sind wir dem Fehler nicht entgangen, die Kraft unserer Feinde zu unterschätzen. Wir haben diesen Fehler aus der Friedenszeit übernommen. Bei der staunenswerten Entwicklung unseres Volkes in den letzten zwanzig Jahren erlagen weite Schichten der Versuchung, unsere gewiß gewaltigen Kräfte im Verhältnis zu den Kräften der übrigen Welt zu überschätzen.«[17]

Aber dieser Fehler hing auch zusammen mit dem bereits erwähnten Mangel an Erkenntnis der praktischen Auswirkungen moralischer Faktoren. Diese *inconscience* steht ihrerseits in Verbindung mit der Anbetung der Stärke, auf die als ein Charakterzug der deutschen und speziell der preußischen Gesellschaft hingewiesen worden ist. Die Enttäuschungen und die anderen Faktoren, die hierzu führten, liegen weit zurück in der Geschichte und bedürfen jetzt keiner weiteren Analyse.

Die zweite Antwort – schlechte Organisation – mag auf den ersten Blick Erstaunen erregen. Das scheint doch das letzte zu sein, was man den Deutschen vorwerfen könnte! Hatte nicht Houston Stewart Chamberlain, als er Wilhelm erzählte, politische Freiheit für die Massen habe sich als ein Fehlschlag erwiesen, auf die gute Organisation als die Tugend hingewiesen, dank derer Deutschland »alles, absolut alles« werde erreichen können?[18] In Wahrheit aber wurde zwar das Leben im Kleinen und Unwesentlichen gründlichen Studien unterworfen und sorgfältig, wenn auch vielleicht ohne genügende Elastizität, organisiert. An der Spitze aber gab es keine Organisation, und alles blieb mehr oder minder dem Zufall überlassen. Das war übertriebenem Respekt vor überalterten Anschauungen von der Monarchie und der Tatsache zuzuschreiben, daß die verfassungsmäßigen Einrichtungen von einem eigenwilligen Genie geschaffen worden waren, so wie es ihm paßte. Die Folge war völlige Unzulänglichkeit bei der Feststellung und Überprüfung der Probleme, der Vorsorge für ihre Diskussion im Lichte aller sachdienlichen Tatsachen und der Sicherstellung klarer und rechtzeitiger Entscheidungen. Besonders unbefriedigend waren die Vorkehrungen für die Verbindung zwischen Entscheidungen militärischer und politischer Natur, die unter einem übertriebenen Respekt vor der Militärkaste zu leiden hatten.

Drittens legte die deutsche Führungsschicht einen ausgesprochenen Mangel an Einfühlungsvermögen, die Unfähigkeit, die Reaktionen anderer abzuschätzen und vorauszusagen, an den Tag. Man kann nicht sagen, daß sie die öffentliche Meinung für unwichtig gehalten hätte. Der offizielle Apparat für die Beeinflussung der Presse war beispielsweise wahrscheinlich höher entwickelt als in England. Aber die öffentliche Meinung war etwas, was man zu beeinflussen suchte, sie war jedoch nicht erwünscht als kritische Macht. Die herrschenden Schichten waren viel zu sehr mit ihren eigenen Interessen beschäftigt, und es fehlte ihnen die verständnisvolle Sympathie für die anderen Volksschichten. Gefühle wie Mitleid, Barmherzigkeit und Wohltätigkeit könnten, so fürchtete man, die Kampfbereitschaft des starken Mannes schwächen. Das bezog sich sowohl auf die inneren wie auf die auswärtigen Angelegenheiten. Ein Berliner Stadtverordneter drückte das, als eine Schildwache einen betrunkenen Arbeiter niedergeschossen hatte, mit den Worten aus: »In den Kreisen, die für die Instruktion maßgebend sind, scheint man von der Theorie des praktischen Christentums keine Ahnung zu haben.«[19] Die Beherrscher Deutschlands vermochten zu selten, sich in die Seele der Menschen hineinzuversetzen, die sie regierten, ihre Interessen und Beweggründe zu begreifen, oder sich ein Bild davon zu machen, was man von ihnen erwarten konnte, was sie tun und was sie ertragen könnten, wo die Grenzen ihrer Treue und ihrer Selbstbeherrschung lagen. Die Oberschicht war so versessen darauf, den unter ihr stehenden Bevölkerungsklassen einzutrichtern, was sie zu denken hätten, und so entrüstet, wenn man feststellen mußte, daß sie in Wirklichkeit ganz anders dachten, daß sie, ohne es selbst zu merken, ihre eigene Handlungsweise auf Theorien statt auf Tatsachen stützte. Dogmen wurden aufrechterhalten, weil sie mit den Vorurteilen ihrer Erfinder harmonierten.

Damit hing die Entschlossenheit einer besitzenden Klasse eng zusammen, um jeden Preis an veralteten Privilegien festzuhalten, ohne zu begreifen, daß Positionen auf die Dauer nur zu halten sind, wenn man sich ständig dem Wandel der Zeiten anpaßt. Im Grunde herrschte eine – nicht auf Deutschland beschränkte – Verwirrung hinsichtlich des Begriffes »Demokratie« und der sozialen Tragweite der Industrialisierung. Zu viele Leute erwarteten, gleichzeitig die persönlichen Beziehungen der Feudalzeit und den materiellen Reichtum des industriellen Zeitalters genießen zu können. Sie glaubten, man könne, sofern man die Einführung der mit der Massenproduktion nun einmal verbundenen politischen Formen verhinderte, damit auch alle sozialen Berichtigungen vermeiden. Als Ergebnis dieser Weigerung, eine Position aufzugeben, die auf lange Sicht nicht zu verteidigen war, ergab sich eine Verzerrung der innenpolitischen Entwicklung in Deutschland, und der Klassenkampf wurde angefacht. Zugleich wuchs dadurch der Anreiz zu außenpolitischen Abenteuern als Mittel zur Ablenkung und als entscheidender Grund, weshalb sich Deutschland politische Reformen »nicht leisten könne«.

Alle diese Schwächen der deutschen oberen Schichten berechtigen in ihrer Gesamtheit zu dem Vorwurf schlechten politischen Urteilsvermögens und einer verzerrten Werteskala. Die sich ergebende Situation läßt sich nicht mit einer einzelnen Ursache erklären. Zunächst einmal wäre zu sagen, daß man politisches Urteilsvermögen am wahrscheinlichsten wohl bei Politikern findet. Wenn man Beamte zu Ministern macht, bringt man nicht nur Leute an die Macht, die durch andere Eigenschaften als politisches Verständnis ausgezeichnet sind, man verhindert auch die Parteiführer, die ernüchternden Erfahrungen zu machen, die sich ergeben, wenn man seine politischen Ideen in die Praxis umsetzen muß. Ferner versagten in Deutschland drei Institutionen, die in vielen anderen Ländern eine gesunde Kritik an der amtlichen Politik erzeugen. Die Presse neigte zu finanzieller Abhängigkeit von der Regierung, die Lutherische Kirche hielt sich ihrer Tradition entsprechend aus der Politik heraus, und die Professoren überboten einander in Lobpreisungen der Vorzüge der bestehenden Ordnung. Das aber sind alles Aspekte der grundlegenden Tatsache, daß der deutsche Mittelstand, als er die wirtschaftliche und soziale Reife erreichte, insofern versagte, als er versäumte, auch die politische Macht zu ergreifen und sein eigenes Schicksal und das des Landes selbst in die Hand zu nehmen. Statt dessen sah sich der Mittelstand einer unnachgiebigen Herrenschicht gegenüber, ließ sich hypnotisieren durch den Erfolg der antiliberalen Kräfte bei der Einigung Deutschlands, war fasziniert von der großen Persönlichkeit Bismarcks und besessen von einem Angstkomplex vor dem Proletariat. Alle diese Faktoren wirkten zusammen, um das Bürgertum die Ideale des preußischen Adels übernehmen zu lassen ausgerechnet zu der Zeit, als diesen Idealen die gültige wirtschaftliche Grundlage durch die Entwicklung entzogen wurde. Sie ließen sich der bestehenden Kultur assimilieren, anstatt dieser neue, realistische Werte aufzupfropfen.* Die preußischen Ideale stellten hohe Ansprüche an die menschliche Natur, und die Sorge, diesen nicht gerecht werden zu können, führte zu ihrer Übertreibung. Wenn man sagt, daß Leute übertreiben, ist das nur eine andere Ausdrucksweise für die Feststellung, daß ihre Maßstäbe nicht stimmen.

Es ist nun einmal so, daß die durch den Durchbruch der Technik verursachten wirtschaftlichen Wandlungen alle Länder, die sie durchmachten, vor ungeheure Probleme innerer sozialer Anpassung gestellt haben, während gleichzeitig die Länder in ihrer Gesamtheit sich den Problemen der internationalen Beziehungen gegenübersahen, und naturgemäß ergab sich eine Wechselwirkung zwischen den beiden Problemkreisen. Eine erfolgreiche Lösung bedingte Ideenreichtum und Breite des Verständnisses. »Wo keine Weissagung ist, wird das Volk wild und wüst.« Kompliziert wird die Sache noch durch das heutige Tempo der Wandlungen, das bewirkt, daß das im zweiten Lebensjahrzehnt erworbene Weltbild bereits veraltet ist, wenn man die Fünfzig erreicht. Und doch beruht die Leistungsfähigkeit jeder Gesellschaft zum guten Teile darauf, inwieweit ihre intellektuellen Werkzeuge auf der Höhe der Zeit sind und den Realitäten entsprechen. Das erlegt den Mitgliedern der modernen Gesellschaft und besonders deren Elite die Pflicht auf, sich offenzuhalten für neue Ideen und sich die Fähigkeit zur Betrachtung der zeitgenössischen Szene unbeeinflußt von Gemütserregungen, Eigennutz und Furcht zu bewahren. Vorliebe für Altvertrautes kann uns leicht blind machen für die Tatsache, daß kein wirksamer Widerstand gegen die Kräfte möglich ist, die die liebgewordene Umgebung und für uns vorteilhafte Einrichtungen wegfegen – wir sind rascher bereit, die Notwendigkeit von Änderungen anzuerken-

* Dies ist ein Buch über Deutschland. Daher richtet sich diese Kritik gegen den deutschen Mittelstand. Der steht mit seinem fehlerhaften Verhalten aber nicht allein. Viele Schwierigkeiten, mit denen Großbritannien heute zu kämpfen hat, kommen daher, daß der britische Mittelstand im 19. Jahrhundert sich zu leicht die Ziele und die Haltung seines Landadels zu eigen machte.

nen, die für uns zusätzliche Vorteile bringen. So manche Führungsschichten haben es an den geistigen Fähigkeiten fehlen lassen, die nötig gewesen wären, um die notwendigen Anpassungen ohne Krampf durchzuführen. Ins Auge fallen in dieser Hinsicht die Herrenschichten der Kaiserreiche der Romanows, der Habsburger und der Hohenzollern. Die verschiedenartigen Gründe für ihr Versagen sind tief in der Geschichte begründet, und es steht denen, deren Geschichte anders verlaufen ist, nicht zu, leichtfertig verdammende Urteile abzugeben. Die Folgen dieses Versagens aber bilden zum guten Teil den Hintergrund unseres täglichen Lebens.

Die letzte Frage ist, wieweit Wilhelm die Schuld für die Fehler, die unter seiner Herrschaft begangen wurden, beizumessen ist.

Das übliche Bild, zu dessen Gestaltung er so viel beigetragen hat, ist weitgehend irreführend. Die Besprechung der wichtigsten Episoden auf den vorhergehenden Seiten hat erkennen lassen, daß Wilhelm bei der Gestaltung der Politik eine geringere Rolle gespielt hat, als ihm zugestanden oder die Öffentlichkeit vermutet hätte. Gewiß, Bismarcks Sturz war sein Tun, aber in den Streitigkeiten, die der Verabschiedung des Kanzlers vorausgingen, muß man in vielen Punkten dem Kaiser recht geben, und auf alle Fälle griff er dem natürlichen Ablauf der Dinge nur um einige Jahre vor. Was die Nichterneuerung des Rückversicherungsvertrages, die Marokkokrise von 1905/6 und die Agadirepisode anbetrifft, so war Wilhelm etwas wider Willen mitschuldig an dem, was andere Leute taten. Das könnte sogar für das Krüger-Telegramm zutreffen. In den Verhandlungen über ein englisch-deutsches Bündnis, in der Bosnienkrise der Jahre 1908/9, bei den Schritten, die zum Kriege führten, und der Entscheidung zum unumschränkten Unterseebootkrieg wirkte er williger mit, aber die Verantwortung für die Einleitung der Politik lag auch in diesen Fällen bei anderen. Die einzige größere politische Entscheidung in Deutschland, für die die Hauptverantwortung dem Kaiser zugeschrieben werden muß, betrifft den Flottenbau. Das ist sicher eine schwere Belastung. Aber selbst wenn man das annimmt, so war wahrscheinlich eine Bewegung in dieser Richtung in der deutschen Entwicklung gegeben. Wenn Deutschland eine Großmacht werden wollte, dann hielt man es für nötig, sich von der Haltung anderer Mächte unabhängig zu machen. Die größte Schwäche Deutschlands war seine Verwundbarkeit durch eine Blockade seiner überseeischen Verbindungen, und der nächstliegende Weg, dem abzuhelfen, war der Besitz einer starken Flotte. Durch den Bau einer solchen Flotte führte Wilhelm nur das Streben vieler seiner Untertanen seiner logischen Erfüllung entgegen. Was weder er noch sie richtig in Betracht zogen, war die Frage, wieweit ein Land unabhängig von anderen sein kann, ohne eine Vorherrschaft über sie zu erlangen, wann ein solches Streben nach Vorherrschaft Widerstand auslösen muß und inwieweit daher Deutschland eine Chance hatte, seine Ziele zu erreichen. Die Wünsche der deutschen Flottenbauer liefen dem Sinn für die Realitäten davon.

Dieser große Irrtum deutet auf das Hauptteil, das die Geschichte über Wilhelm II. fällen muß. Sein Einfluß auf das politische Geschehen war beunruhigend, wo er hätte auf Stetigkeit hinwirken sollen; anstatt seinen Ministern behilflich zu sein bei der Feststellung und Verfolgung der Ziele, auf die es wirklich ankam, behinderte er das kühle, objektive Studium der deutschen Probleme. Er trug durch sein Beispiel und seinen Einfluß wesentlich bei zu jener falschen Bewertung und ungesunden Beurteilung der jeweiligen Lage, die wir als Deutschlands grundlegende Schwäche erkannt haben. In der Stellung, die er einnahm, hätte er vieles tun können, um den in seiner Umgebung wirkenden Tendenzen entgegenzuwirken, statt dessen verlieh er ihnen gesteigerten Nachdruck. Während er für sich eine Führerrolle in Anspruch nahm, folgte er tatsächlich anderen und ließ sich durch seine Umgebung formen, anstatt sie durch seine Persönlichkeit zu prägen. Er hätte es sehr ungern gehört, aber er war ein bourgeoiser Monarch nach den Begriffen des deutschen Bürgertums. Er verkörperte die Schwächen des deutschen Mittelstandes, übernahm kritiklos die Traditionen der preußischen Großgrundbesitzer und suchte sie in einer Situation in die Tat umzusetzen, der sie nicht mehr angemessen waren. Aus Angst, nicht das Maß zu erreichen, das man von ihm erwartete, verfiel er in Übertreibung.

Wilhelms II. Geschichte zeigt deutlich, daß gute Absichten und Intelligenz nicht genügen, um einen Herrscher zu machen. Energie, die nicht von auf Stetigkeit hinwirkenden Eigenschaften begleitet wird, ist eher eine Gefahr als ein Vorzug. Die Wirkung von Charme kann irreführend wirken, weil sie nicht andauert. Der Staatsmann braucht darüber hinaus die Fähigkeit, die Dinge, auf die es ankommt, von denen zu unterscheiden, bei denen es nur so aussieht, und die Zähigkeit, einen stetigen Kurs zu verfolgen, ohne sich durch vorübergehende Aufregungen ablenken zu lassen. Er braucht jenen kühlen gesunden Menschenverstand, den man, wenn er durch Erfahrung ausgereift ist, als Weisheit bezeichnet. Aber das sind alles Kennzeichen einer ausgeglichenen Persönlichkeit, und das war, wie wir wissen, etwas, das Wilhelm niemals erreicht hat. Seine Nervosität und sein Ungestüm verdammten ihn dazu, von den Kräften getrieben zu werden, die ihn umgaben. Die schlichte Wahrheit ist, daß Kaiser Wilhelm trotz all seiner unzweifelhaften Begabungen nicht der großen Stellung gewachsen war, die ihm das Schicksal zugewiesen hatte. An seiner Wiege hatte ein böswilliger Elf gestanden, und keine gütige Fee hatte dessen Fluch unschädlich gemacht.

Aber wieweit kann man ihn verurteilen? Er war, wie der erwähnte elsässische Politiker es so treffend ausgedrückt hatte, »e Produkt von sine Milieu«, und der Charakter dieses Milieus war durch den vorhergehenden Ablauf der deutschen Geschichte geformt worden. Je mehr man sein Erbteil von seinen Vorfahren und seine Umgebung prüft, um so mehr ist man geneigt, mit Amonasro auszurufen:

O! Tu non sei colpevole, era voler del fato.

Ist es vernünftig zu erwarten, daß Wilhelm hätte anders sein können, als er war? Sollte man nicht vielmehr das System verurteilen, unter dem es möglich war, daß ein so schwerer Posten einem Menschen zufiel, der so wenig Aussicht hatte, ihn ehrlich auszufüllen?

Der Leser dieses Buches dürfte bemerkt haben, daß zwei Themen darin immer wiederkehren. Das eine ist der tiefverwurzelte Charakter der Kräfte, die das kollektive Handeln des deutschen Volkes und seiner Herrscher bestimmten. Es gibt eine Anzahl von Dingen, von denen man sich nicht vorstellen kann, daß sie sich wesentlich anders abgespielt hätten – es sei denn, man setzte so viele andere Veränderungen in der Welt voraus, daß dadurch die ganze Betrachtung zu einer müßigen Spekulation würde. Bei einer Anzahl anderer Gelegenheiten ist dagegen die Aufmerksamkeit bewußt auf die veränderten Konsequenzen gelenkt worden, die sich aus einer verhältnismäßig geringfügigen Änderung des Verhaltens hätten ergeben können. Sich auf den einen Aspekt zu konzentrieren, ohne des anderen zu gedenken, führt zu einer falschen Deutung der Geschichte.

Niemand würde heute den Einfluß von Erbe und Umgebung ableugnen, und als Ergebnis neuerer naturwissenschaftlicher Entdeckungen wird Nachdruck auf Aspekte dieser Einflüsse gelegt, die früher unbemerkt geblieben waren. Wollte man aber diese beiden Kräfte als völlig entscheidend betrachten, würde das unser Bewußtsein der freien Wahl und alle Ideen über die moralische Verantwortlichkeit für unsinnig erklären.[20] Denn wie könnte man einen Menschen für das, was er tut, preisen oder verdammen, wenn der Weg seines Handelns durch Gene, Isothermen oder durch Kulturschablonen vorausbestimmt ist? Unsere Gene und unsere Kulturschablonen sind ihrerseits das geballte Ergebnis unzähliger Auswahlen und Entscheidungen unserer Eltern und unserer Vorfahren, unserer Pastoren und unserer Herren und derjenigen, die über uns heute Autorität haben oder sie in vergangenen Jahren hatten. Wir können uns den Konsequenzen all dieser Auswahlen und Entscheidungen nicht entziehen: Geschehenes läßt sich nicht ungeschehen machen. Unsere eigene Entscheidungsfreiheit ist durch diese Tatsache weitgehend beschränkt. Aber wenn wir zugeben, daß wir weitgehend der Vorbestimmung unterworfen sind, leugnen wir damit nicht jegliche freie Entscheidung ab. Bismarck selber hat sich »der Zeiten ohnmächtiger Sohn« genannt, aber gleich hinzugefügt: »deswegen muß man doch auf dem Platze, wohin uns Gott gestellt hat, seine volle Schuldigkeit tun.«[21] Wir müssen uns immer bewußt sein, daß unsere Wahl und unsere Entscheidungen dazu beitragen werden, die Entscheidungsfreiheit künftiger Generationen zu umschreiben. Im einzelnen gesehen, mögen sie trivial erscheinen, aber in ihrer Gesamtheit und in Verbindung mit denen anderer Leute werden sie zum Schicksal. Die Tatsache, daß wir begreifen können, warum jemand sich in einem bestimmten Sinne entschieden hat, macht seine Entscheidung nicht weise, es beweist auch nicht, daß er keine Alternative hatte. Wir werden, wenn wir vernünftig sind, uns überlegen, daß wir Glück gehabt haben würden, wenn wir es besser gemacht hätten, aber das Mitleid, das unser gemeinsames Menschsein von uns fordert, darf uns nicht abschrecken, ein Urteil zu fällen; denn nur so können wir aus der Erfahrung lernen. Auch darf deshalb das vernünftige Verstehen der Einflüsse, die ihn zu dem Manne machten, der er war, Kaiser Wilhelm II. von sachlichen Vorwürfen nicht freisprechen.

Quellenverzeichnis

Einführung für den deutschen Leser

Vergleiche auch F. L. Carsten: The Origins of Prussia, Oxford 1954, und G. Mann: Deutsche Geschichte des 19. und 20. Jahrhunderts, Frankfurt/M. 1958,
und K. E. Born: Staat und Sozialpolitik seit Bismarcks Sturz, in Historische Forschungen, Bd. I, Wiesbaden 1957.

1 A. J. P. Taylor: The Course of German History. A survey of the development of Germany since 1815, London 1951, S. 18.
2 Fürst B. v. Bülow: Denkwürdigkeiten, 4 Bde., Berlin 1930/31, Bd. 1, S. 60.
3 Rede bei Berta Krupps Hochzeit am 15. X. 1906.
4 Rede in Erfurt am 14. IX. 1891.
5 G. Ritter: Staatskunst und Kriegshandwerk. Das Problem des »Militarismus« in Deutschland, 3 Bde., München 1960–64, Bd. I, S. 71.
6 Siehe E. Troeltsch: Naturrecht und Humanität in der Weltpolitik. Vortrag bei der Deutschen Hochschule für Politik, Berlin 1923.
7 G. Ritter: Staatskunst . . ., a.a.O., Bd. I, S. 266.
8 T. Heuss: Friedrich Naumann. Der Mann, das Werk, die Zeit, 2. Aufl. Stuttgart/Tübingen 1949, S. 360.
9 Siehe W. W. Rostow: The Process of Economic Growth, Oxford 1953.
10 Fürst O. v. Bismarck: Die gesammelten Werke (Friedrichsruher Ausgabe), 15 Bde., Berlin 1924–35, Bd. 13, S. 329.
11 E. Marcks: Kaiser Wilhelm I., 8. Aufl. München/Leipzig 1918, S. 179.
12 E. Eyck: Bismarck. Leben und Werk, 3 Bde., Erlenbach-Zürich 1941–44, Bd. I, S. 362.
13 Bismarck: Werke a.a.O., Bd. 13, S. 390.
14 E. Eyck: Bismarck und das Deutsche Reich, Erlenbach-Zürich/Stuttgart 1955, S. 344.
15 H. Heffter: Die deutsche Selbstverwaltung im 19. Jahrhundert. Geschichte der Ideen und Institutionen, Stuttgart 1950, S. 469.
16 Prinz A. zu Hohenlohe-Schillingsfürst: Aus meinem Leben, Frankfurt/M. 1925, S. 271 f.
Spitzemberg: Das Tagebuch der Baronin Spitzemberg, geb. Freiin v. Varnbüler. Aufzeichnungen aus der Hofgesellschaft des Hohenzollernreiches. Ausgewählt und herausgegeben von R.Vierhaus, 3. Aufl. Göttingen 1963, S. 239.
17 R. J. Sontag: Germany and England, Background of Conflict 1848–1894, New York/London 1938, S. 108.

18 G. A. Craig: The Politics of the Prussian Army 1640–1945, Oxford 1955, S. 233.
19 P. R. Anderson: The Background of Anti-English Feeling in Germany 1890–1902, Washington 1939, S. 75.
20 E. Eyck: Bismarck und das Deutsche Reich, a.a.O., S. 346.

Hintergrund der deutsch-englischen Beziehungen

1 W. W. Rostow: The Process . . ., a.a.O., S. 32. Rostow meint, der britische »take-off« habe zwischen 1783 und 1802 stattgefunden, der deutsche von 1850–70. Vergleiche aber Anhang I, Tafel 5e, die (auf Grund des allerdings riskanten Verfahrens, zwei verschiedene Indices zu kombinieren) den Schluß erlaubt, daß Deutschland im Jahre 1860 im Verhältnis zu 1914 ein Produktionsniveau erreichte, das dem Großbritanniens im Jahre 1829 entsprach. Das deutet auf einen etwas früheren Termin für den Beginn der deutschen Industrialisierung.
2 W. W. Rostow: The Process . . ., a.a.O., S. 31.
3 L. T. C. Rolt: George and Robert Stephenson, London 1960, S. 235.
4 A. Cairncross: Home and Foreign Investment 1870–1913, Cambridge 1953, S. 1.
5 W. O. Henderson: The Zollverein, Cambridge 1939, S. 143.
6 R. J. S. Hoffmann: Great Britain and the German Trade Rivalry 1875 bis 1914, S. 115, 127, 131.
7 J. A. H. Imlah: Economic Elements in the »Pax Britannica«. Studies in British foreign trade in the nineteenth century, Harvard/Cambridge (Mass.) 1958.
8 R. J. S. Hoffmann: Great Britain . . ., a.a.O., S. 45–50, 90–92.
9 Konsulatsberichte, zitiert ebda., S. 82–87.
10 Correspondence with the Chambers of Commerce 1884, S. 15 (Memorandum von James Bryce).
11 R. J. Sontag: Germany and England, a.a.O., S. 40.
12 Hawgood: The Evolution of Germany, London 1955, S. 181.
13 M. E. Townsend: The Rise and Fall of Germany's Colonial Empire 1884 bis 1914, New York 1930, S. 40 (Macht und Ende des deutschen Kolonialreiches, Leipzig 1933).
14 ebda., S. 34.
15 R. J. Sontag: Germany and England, a.a.O., S. 331.
16 A. J. P. Taylor: Germany's First Bid for Colonies 1884–85, London 1938.
17 E. Eyck: Bismarck und das Deutsche Reich, a.a.O., S. 348.
18 M. E. Townsend: The Rise and Fall . . ., a.a.O., S. 91.
19 R. J. Sontag: Germany and England, a.a.O., S. 193–200.
20 M. E. Townsend: The Rise and Fall . . ., a.a.O., S. 107.
21 Rennel Rodd: Social and Diplomatic Memories, London 1925, S. 63–66.
22 R. J. Sontag: Germany and England, a.a.O., S. 94.
23 M. E. Townsend: The Rise and Fall . . ., a.a.O., S. 115.

Die Familie

Außer den zitierten Quellen hat der Verfasser in diesem Kapitel auch benutzt: W. Richter: Kaiser Friedrich III., Zürich 1938, und R. Fulford: The Prince Consort, London 1949.

1 Bülow: Denkwürdigkeiten, a.a.O., Bd. I, S. 18.
2 H. Eulenberg: Die Hohenzollern, Berlin 1928, S. 298; V. Valentini: Geschichte der deutschen Revolution 1848–1849, 2 Bde., Berlin 1930/31, Bd. I, S. 28–37.
3 F. Eyck: Prinzgemahl Albert v. England, Stuttgart 1960, S. 84.
4 G. A. Craig: Politics . . ., a.a.O., S. 88.
5 H. Eulenberg: Die Hohenzollern, a.a.O., S. 311.
6 A. zu Hohenlohe: Aus meinem Leben, a.a.O., S. 348f.
7 H. Kohn: Wege und Irrwege. Vom Geist des deutschen Bürgertums, Düsseldorf 1962, S. 204.
8 H. v. Reischach: Unter drei Kaisern, Berlin 1925, S. 82.
9 E. Eyck: Bismarck, Leben und Werk, a.a.O., Bd. 3, S. 502.
10 Wilhelm II.: Meine Vorfahren, Berlin 1919, S. 209.
11 E. Ludwig: Kaiser Wilhelm II., Berlin 1926, S. 29.
12 E. C. Conte Corti: Wenn . . ., Sendung und Schicksal einer Kaiserin, Graz/Wien/Köln 1954, S. 270f.
13 ebda., S. 88.
14 Letters of the Prince Consort 1831–1861, hrsg. von K. Jagow, 1938, S. 242.
15 F. Eyck: Prinzgemahl Albert v. England, a.a.O., S. 302 (Brief des Prinzgemahls an König Wilhelm vom I. V. 1861).
16 ebda., S. 303 (Brief an König Leopold v. Belgien vom 4. VII. 1861).
17 Letters of Queen Victoria, hrsg. von A. C. Benson, Viscount Esher, G. E. Buckle u. a., 3 Serien mit je 3 Bänden, London 1907–32, 1. Serie Bd. 3, S. 462.
18 Erwähnt in einer Ausstellung über den Prinzgemahl im British Museum in London im Dezember 1961.
19 F. Ponsonby (Hrsg.): Letters of the Empress Frederick, London 1928, S. 250.
20 Letters of Queen Victoria, a.a.O., 3. Serie, Bd. I, S. 417.
21 H. G. Nicolson: George the Fifth. His life and reign, London 1952, S. 40.
22 H. v. Reischach: Unter drei Kaisern, a.a.O., S. 139ff. (Rede Wilhelms II. vom 25. 1. 1902).
23 R. Barkeley: The Empress Frederick, daughter of Queen Victoria, London 1956, S. 12. (Die Ksrn. Friedrich, Mutter Ws. II., Dordrecht 1959.)
24 F. Ponsonby (Hrsg.): Letters . . ., a.a.O., S. 7.
25 R. Barkeley: The Empress Frederick, a.a.O., S. 46.
26 S. Lee: King Edward VII, A Biography, 2 Bde., London 1925–27, Bd. I, S. 40.
27 F. Ponsonby (Hrsg.): Letters . . ., a.a.O. S. 86.
28 E. C. Conte Corti: Wenn . . ., a.a.O., S. 350–52. (Sir M. Grant-Duff.)

29 Bülow: Denkwürdigkeiten, a.a.O., Bd. I, S. 535ff.; F. Ponsonby (Hrsg.): Letters . . ., a.a.O., S. 425f.
30 F. Ponsonby (Hrsg.): Letters . . ., a.a.O., S. 426.
31 Rennell Rodd: Social and Diplomatic Memories, a.a.O., Bd. I, S. 49.
32 Bülow: Denkwürdigkeiten, a.a.O., Bd. I, S. 340.
33 F. v. Holstein: Lebensbekenntnis in Briefen an eine Frau, hrsg. von H. v. Rogge, Berlin 1932, S. 308.
34 Wilhelm II.: Nachwort zur deutschen Ausgabe von F. Ponsonby (Hrsg.): Letters . . . (Briefe der Kaiserin Friedrich, 1936).
35 R. Lucius von Ballhausen: Bismarck – Erinnerungen des Staatsministers Frhr. L. v. B., I. 3. Aufl., Stuttgart/Berlin 1920, S. 396; J. v. Kürenberg: War alles falsch? Das Leben Kaiser Wilhelms II., Bonn 1951, S. 35.
36 A. Maurois: King Edward and His Times, London 1949, S. 62.
37 Bülow: Denkwürdigkeiten, a.a.O., Bd. I, S. 309.
38 A. Graf v. Waldersee: Denkwürdigkeiten des Generalfeldmarschalls Alfred Graf v. Waldersee. Hrsg. v. H. O. Meisner, 2 Bde., Stuttgart/Berlin 1922, Bd. I, S. 20.
39 F. Ponsonby (Hrsg.): Letters . . ., a.a.O., S. 26.
40 E. C. Conte Corti: Wenn . . ., a.a.O., S. 201f.
41 F. Ponsonby (Hrsg.): Letters . . ., a.a.O., S. 48.
42 E. Eyck: Bismarck und das Deutsche Reich, a.a.O., S. 123.
43 E. C. Conte Corti: Wenn . . ., a.a.O., S. 235.
44 Letters of Queen Victoria, a.a.O., 2. Serie, Bd. I, S. 274.
45 E. C. Conte Corti: Wenn . . ., a.a.O., S. 208f.
46 F. Ponsonby (Hrsg.): Letters . . ., a.a.O., S. 426.
47 Rede Wilhelms II. in Aachen am 18. X. 1911.
48 Die Geheimen Papiere Friedrich von Holsteins, hrsg. v. N. Rich und M. H. Fisher; dt. Ausg. v. W. Frauendienst, 4 Bde., Göttingen/Berlin/Frankfurt/M. 1956–63; Bd. 2, S. 43.
49 Kaiser Friedrich III.: Das Kriegstagebuch von 1870/71, hrsg. v. H. O. Meisner, Berlin/Leipzig 1926, S. 303.
50 E. F. Benson: The Kaiser and His English Relations, London 1936, S. 10.
51 F. Ponsonby (Hrsg.): Letters . . ., a.a.O., S. 191, 368.
52 ebda., S. 151–153.
53 ebda., S. 160, 190.
54 W. F. Monypenny und G. E. Buckle: The Life of Benjamin Disraeli, Earl of Beaconsfield, 6 Bde., London 1910–20, Bd. 2, S. 1089f.
55 Die Diplomatischen Akten des Auswärtigen Amtes 1871–1914. Die Große Politik der europäischen Kabinette 1871–1914. Im Auftrag des Auswärtigen Amtes hrsg. von J. Lepsius, A. Mendelssohn-Bartholdy und F. Thimme; 40 Bde., Berlin 1922–27, Bd. 21, Dokument Nr. 7125.
56 ebda., Bd. 33, Dokument Nr. 12490; J. Stürgkh: Im Deutschen Großen Hauptquartier, Leipzig 1921, S. 232.
57 Bismarck: Werke, a.a.O., Bd. 14 Teil I, S. 465.

Kindheit und Jugendjahre

1 Die wichtigste Quelle für die Vorfahren des Kaisers ist Wilhelm Karl Prinz v. Isenburg: Die Ahnen der deutschen Kaiser, Könige und ihrer Gemahlinnen, 1932. Vom gleichen Autor: Stammtafeln zur Geschichte der europäischen Staaten. 2. Aufl. 1953–57.
Bei näherer Analyse würde sich ergeben, daß in fast jeder zweiten Generation wenigstens eine Person unter den Vorfahren als englisch angesehen werden könnte. Die siebente Generation ist bewußt herausgegriffen, um die Frage aufzuwerfen, inwiefern man sagen kann, daß der Kaiser englisches Blut in seinen Adern hatte.
2 J. W. Wheeler-Bennett: Three Episodes in the Life of Kaiser Wilhelm II, London 1955, S. 2–4; H. W. H. Fischer: The Private Lives of William II and his Consort. A Secret History of the Court of Berlin, London 1904, S. 1–10; E. F. Benson: Daughters of Queen Victoria, London 1939, S. 50. Nach einem Bericht wurde die Verletzung durch die Hebamme bei dem Bemühen, das Neugeborene zum Atmen zu bringen, verursacht.
3 Daisy Princess of Pless: The private Diaries of Daisy Princess of Pless 1873–1914. Hrsg. v. D. Chapman-Huston, London 1950, S. 260.
4 R. v. Kühlmann: Lebenserinnerungen, Heidelberg 1948, S. 227; J. F. Gore: King George V, A Personal Memoir, London 1941, S. 29; M. Gräfin v. Keller, Vierzig Jahre im Dienst der Kaiserin. (Ein Kulturbild aus den Jahren 1881–1921), Leipzig 1935, S. 34.
5 New York Times vom 5. VI. 1941.
6 F. Ponsonby (Hrsg.): Letten . . ., a.a.O., S. 20–24.
7 W. P. Frith: A Victorian Canvas, hrsg. v. N. Wallis, 8. XI. 1863.
8 Die Große Politik der europäischen Kabinette 1871–1914, a.a.O., Bd. 28, Dokument Nr. 10388.
9 Wilhelm II.: Meine Vorfahren, a.a.O., S. 188.
10 F. Ponsonby (Hrsg.): Letters . . ., a.a.O., S. 123.
11 E. C. Conte Corti: Wenn . . ., a.a.O., S. 222 (Brief vom 27. 1. 1865).
12 Mrs. Rosslyn Weymss: Memoirs and Letters of Sir Robert Morier, 2 Bde., London 1911, Bd. 2, S. 97; W. Richter (Kaiser Friedrich III., S. 296) sagt, Hinzpeter sei ein Antiliberaler gewesen, der seine Vorliebe für den Absolutismus nicht verborgen habe. A. J. Smith (A View of the Spree, S. 76) dagegen meint, »Old Hinz« sei politisch ein Liberaler gewesen, der offen vorausgesagt habe, letzten Endes würden die Sozialdemokraten triumphieren. Beide Autoren führten keine Beweise für die Behauptungen an.
13 Artikel über Hinzpeter in Biographisches Jahrbuch und Deutscher Nekrolog XII (1907).
14 H. S. Chamberlain: Briefe 1882–1924, München 1928, Bd. 2, S. 141.
15 P. Bigelow: Seventy Summers, 2 Bde., London 1925, Bd. I, S. 70.
16 Der Kaiser zur Hochzeit des Prinzen August Wilhelm am 20. X. 1908.
17 K. F. Nowak: Kaiser and Chancellor. The Opening Years of the Reign of the Emperor William II, London 1930, (das dritte deutsche Kaiserreich, Bd. I Berlin 1929) S. 13.

18 R. Graf von Zedlitz-Trützschler: Zwölf Jahre am deutschen Kaiserhof, Stuttgart/Berlin/Leipzig 1923, S. 7; Bülow: Denkwürdigkeiten, a.a.O., Bd. I, S. 104f.
19 Rede des Kaisers in Stargard am 30. VIII. 1911.
20 H. L. von Schweinitz: Denkwürdigkeiten des Botschafters General von Schweinitz, 2 Bde., Berlin 1927, Bd. I, S. 305.
21 J. v. Kürenberg: War alles falsch?, a.a.O., S. 416.
22 E. C. Conte Corti: Wenn . . ., a.a.O., S. 322f.
23 E. Ludwig: Kaiser Wilhelm II., a.a.O., S. 18; J. Hohlfeld (Hrsg.): Dokumente der Deutschen Politik und Geschichte von 1848 bis zur Gegenwart, 7 Bde. und Kommentarbd, Berlin/München 1951ff.,Bd. 2: Das Zeitalter Wilhelms II. 1890–1918, S. 10.
24 Der Bathorden rangiert hinter dem höchsten englischen Orden, dem Order of the Garter, dem Hosenbandorden.
25 S. Lee: King Edward VII, a.a.O., Bd. I, S. 474, zitiert Briefe von Dr. Benjamin Jowett.
26 E. Eyck: Bismarck. Leben und Werk, a.a.O., Bd. 3, S. 557.
27 F. Ponsonby (Hrsg.): Letters . . ., a.a.O., S. 179.
28 E. Ludwig: Kaiser Wilhelm II., a.a.O., S. 20.
29 J. v. Kürenberg: War alles falsch?, a.a.O., S. 47.
30 E. C. Conte Corti: Wenn . . ., a.a.O., S. 259.
31 F. Ponsonby (Hrsg.): Letters . . ., a.a.O., S. 119f.
32 ebda, S. 133.
33 A. Dorpalen: Empress Augusta Viktoria and the Fall of the German Monarchy, in: American Historical Review 58 (1952), S. 20.
34 E. C. Conte Corti: Wenn . . ., a.a.O., S. 355.
35 H. Helfritz: Wilhelm II. als Kaiser und König, Zürich 1954, S. 333.
36 A. N. Davis: The Kaiser I Knew, London 1918, S. 333.
37 R. Fulford: Royal Dukes. The father and uncles of Queen Victoria, London 1933, S. 159.
38 The British Documents on the Origins of the War 1898–1914, hrsg. von G. P. Gooch und H. Temperley, II Bde., London 1926–38, Bd. 3, S. 435.
39 H. Helfritz: Wilhelm II., a.a.O., S. 333.
40 M. Princess Radziwill: This was Germany. An observer at the Court of Berlin. Letters of Princess Marie to General di Robiland 1908–1915, hrsg. von C. Spencer, London 1937, S. 109–111. (Deutsche Ausgabe: Fürstin Marie Radziwill: Briefe vom deutschen Kaiserhof 1889–1915, Berlin 1963.)
41 Die Große Politik der europäischen Kabinette 1871–1914, a.a.O., Bd. 12, Dokument Nr. 3228.
42 Bülow: Denkwürdigkeiten, a.a.O., Bd. I, S. 149; R. Graf von Zedlitz-Trützschler: Zwölf Jahre . . ., a.a.O., S. 47; A. Topham: Memories of the Kaiser's Court, London 1914, S. 80.
43 Bülow: Denkwürdigkeiten, a.a.O., Bd. I, S. 83; Die Geheimen Papiere Friedrich von Holsteins, a.a.O., Bd. 3, S. 251.
44 W. Schröder (Hrsg.): Das persönliche Regiment. Reden und sonstige öffentliche Äußerungen Wilhelms II., München 1907, S. 149.

45 Letters of Queen Victoria, a.a.O., 3. Serie, Bd. I, S. 485.
46 T. Roosevelt: The Letters of Theodore Roosevelt, hrsg. von E. E. Morison, J. M. Blum und J. J. Buckley, 8 Bde., Cambridge/Mass. 1951, Bd. 7, S. 396.
47 Daisy Princess of Pless: The private Diaries, a.a.O., S. 263.
48 ebda., S. 256.
49 V. Chirol: Fifty Years in a Changing World. London 1927, S. 276.
50 Daisy Princess of Pless: The private Diaries, a.a.O., S. 256.
51 A. zu Hohenlohe: Aus meinem Leben, a.a.O., S. 344.
52 A. J. Smith (A View of the Spree, S. 63), berichtet, die Heirat sei Wilhelm von der Gräfin Waldersee anläßlich eines Besuches, den er ihr und ihrem Mann im Jahre oder um das Jahr 1880 in Hannover abgestattet habe, vorgeschlagen worden, also als der Prinz gerade 21 geworden war. Gegen diese Geschichte erheben sich aber verschiedene Bedenken, deren sich Smith nicht bewußt geworden zu sein scheint: 1. fehlt jede Erwähnung von anderer Seite; 2. scheinen die Waldersees so geneigt zu übertriebenen Behauptungen gewesen zu sein, daß ihre Darstellung, die Smith nicht im einzelnen wiedergibt, mit Vorbehalt zu bewerten ist; 3. scheint sie im Widerspruch zu dem zu stehen, was in den von Ponsonby herausgegebenen Letters of the Empress Frederick, S. 411, gesagt ist; 4. erwähnt General Graf Waldersee in seinen Tagebüchern keinen Besuch Wilhelms bei ihm in Hannover, spricht von ihm vielmehr unter dem 6. XII. 1882 so, als habe er ihn erst kurz vorher kennengelernt; 5. die Zeitrechnung ist nach Smiths Bericht widerspruchsvoll. Wilhelm war am 21. XI. 1880 21 Jahre geworden. Seine Verlobung fand am 14. XI. 1880 statt. Am 21. XI. 1880 bezieht sich der General darauf und meint, niemand sei sich bewußt gewesen, daß sie schon fast ein Jahr vorher beschlossen worden sei. Das deutet auf den Besuch in Hannover, wenn überhaupt, schon vor 1880 und darauf, daß die Waldersees vertrauliche Informationen über die Verlobung gehabt haben.
53 F. Ponsonby (Hrsg.): Letters . . ., a.a.O., S. 174–83.
54 M. Princess Radziwill: This was Germany, a.a.O., S. 16.
55 Daisy Princess of Pless: The private Diaries, a.a.O., S. 160.
56 A. Graf v. Waldersee: Denkwürdigkeiten . . ., a.a.O., Bd. 2, S. 10.
57 E. Eyck, Bismarck. Leben und Werk, a.a.O., Bd. 3, S. 506.
58 A. Dorpalen: Empress Augusta Viktoria . . ., a.a.O.; Bülow: Denkwürdigkeiten, Bd. I, S. 248f; E. Ludwig: Kaiser Wilhelm II., a.a.O., S. 163.
59 A. Dorpalen, ebda.
60 Bismarck: Gedanken und Erinnerungen, zitiert nach der Cotta-Edition Stuttgart/Berlin 1919, S. 672; Daisy Princess of Pless: The private Diaries, a.a.O., S. 225, 265 und 369.
61 M. Princess Radziwill: This was Germany, a.a.O., S. 30.
62 M. Gräfin v. Keller: Vierzig Jahre im Dienst der Kaiserin. (Ein Kulturbild aus den Jahren 1881–1921), Leipzig 1935, S. 151.
63 F. v. Holstein: Lebensbekenntnis . . ., a.a.O., S. 216; J. v. Kürenberg: War alles falsch?, a.a.O., S. 223.

64 M. Gräfin v. Keller: Vierzig Jahre . . ., a.a.O., S. 22; A. J. Smith: A View of the Spree, S. 67.
65 Princess Marie Louise: My Memoirs of Six Reigns (Penguin Edn.), S. 54.
66 J. v. Kürenberg: War alles falsch?, a.a.O., S. 62.
67 Spitzemberg: Tagebuch . . ., a.a.O., S. 483f.
68 K. F. Nowak: Kaiser and Chancellor . . ., a.a.O., S. 50.
69 A. Graf v. Waldersee: Denkwürdigkeiten, a.a.O., Bd. I, S. 220; G. A. Craig: The Politics . . ., a.a.O., S. 230.
70 A. J. Smith (A View of the Spree, S. 82) erklärt, die in Zeitschriften erschienenen finsteren Geschichten und Andeutungen, wonach die Gräfin Waldersee des Kaisers Geliebte gewesen sein soll, hätten nach dem vorliegenden Beweismaterial eine tatsächliche Begründung. Dies ist unzweifelhaft eine Sache, in der es sehr schwer sein dürfte, zureichendes Beweismaterial aufzutreiben. Smiths Behauptung würde erheblich glaubwürdiger sein, wenn er wenigstens irgendwie erläuterte, worauf sie sich stützt. Da das meiste andere Beweismaterial (bzw. der Mangel an solchem Material) in die entgegengesetzte Richtung deutet und da die Waldersees, wie man weiß, sich amerikanischer Korrespondenten in Berlin bedienten, um sich vorzuschieben, muß man bis auf weiteres den Fall als nicht bewiesen betrachten. Man würde weniger Vorbehalte gegen Smiths Urteil haben, wenn seine Kenntnis der Periode in den Einzelheiten besser wäre. Aber er glaubt beispielsweise, daß Bismarck zur Zeit seiner Entlassung in Friedrichsruh gewesen sei und weiß nichts von dem Brief, den Königin Victoria nach dem Krüger-Telegramm an den Kaiser richtete.
71 A. Graf v. Waldersee: Denkwürdigkeiten . . ., a.a.O., Bd. I, S. 238/40; Die Geheimen Papiere Friedrich von Holsteins, a.a.O., Bd. 2, S. 302/4.
72 Die Geheimen Papiere Friedrich von Holsteins, a.a.O., Bd. I, S. 136.
73 Rennell Rodd: Social and Diplomatic Memoirs, a.a.O., Bd. I, S. 110.
74 H. L. v. Schweinitz: Denkwürdigkeiten . . ., a.a.O., Bd. 2, S. 134.
75 F. Ponsonby (Hrsg.): Letters . . ., a.a.O., S. 214–15.
76 Die Geheimen Papiere Friedrich von Holsteins, a.a.O., Bd. 2, S. 103.
77 E. C. Conte Corti: Wenn . . ., a.a.O., S. 366f.; Die Geheimen Papiere Friedrich von Holsteins, a.a.O., Bd. 2, S. 37.
78 Die Geheimen Papiere Friedrich von Holsteins, a.a.O., Bd. 2, S. 232.
79 Bülow: Denkwürdigkeiten, a.a.O., Bd. I, S. 472.
80 P. Fürst zu Eulenburg-Hertefeld: Aus 50 Jahren. Tagebücher und Briefe aus dem Nachlaß des Fürsten, hrsg. von J. Haller, 2. Aufl. Berlin 1925, S. 176.
81 E. C. Conte Corti: Wenn . . ., a.a.O., S. 81f.
82 S. Lee: King Edward VII, a.a.O., Bd. 2, S. 117.
83 F. Ponsonby (Hrsg.): Letters . . ., a.a.O., S. 101.
84 Economist, 30. IV. 1962; A. J. Smith: A View of the Spree, S. 70.
85 Lee: King Edward VII, a.a.O., Bd. 2, S. 237, 544.
86 E. F. Benson: The Kaiser . . ., a.a.O., S. 40.
87 S. Lee: King Edward VII, a.a.O., Bd. I, S. 478.

88 Wilhelm II.: Aus meinem Leben 1859–1888, 3. Aufl. Berlin 1927, S. 289f.
89 S. Lee: King Edward VII, a.a.O., Bd. I, S. 485f., zitiert Krasny Archiv.
90 E. C. Conte Corti: Alexander of Battenberg, S. 129ff. (deutsch: Alexander von Battenberg. Sein Kampf mit den Zaren und Bismarck, Wien 1920).
91 E. C. Conte Corti: Wenn . . ., a.a.O., S. 377f.
92 Die Geheimen Papiere Friedrich von Holsteins, a.a.O., Bd. 2, S. 279f.; E. C. Conte Corti: Wenn . . ., a.a.O., S. 382f.
93 E. C. Conte Corti: Alexander of Battenberg . . ., a.a.O., S. 122.
94 E. Eyck: Bismarck. Leben und Werk, a.a.O., Bd. 3, S. 447; Die Geheimen Papiere Friedrich von Holsteins, a.a.O., Bd. 2, S. 329.
95 Die Geheimen Papiere Friedrich von Holsteins, a.a.O., Bd. 2, S. 269f.; E. C. Conte Corti: Alexander of Battenberg . . .., a.a.O., S. 126.
96 So in F. Ponsonby (Hrsg.): Letters . . ., a.a.O., S. 209: E. C. Conte Corti: Alexander of Battenberg . . ., a.a.O., S. 236, zitiert: »deinen barbarischen asiatisch-artigen tyrannischen Vetter«.
97 E. C. Conte Corti: Alexander of Battenberg . . ., a.a.O., S. 222–223 (engl. Ausg.); Die Große Politik der europäischen Kabinette 1871–1914, a.a.O., Bd. 5, Dokument Nr. 982.

Machtantritt

1 Zitiert in A. O. Meyer: Bismarcks Glaube, München 1936, S. 7.
2 E. Eyck: Bismarck. Leben und Werk, a.a.O., Bd. 3, S. 464.
3 Die Große Politik der europäischen Kabinette 1871–1914, a.a.O., Bd. 6, Dokument Nr. 1163.
4 Bülow: Denkwürdigkeiten, a.a.O., Bd. I, S. 397; G. A. Craig: Deutsche Staatskunst von Bismarck bis Adenauer, Düsseldorf 1961, S. 23.
5 J. Haller: Aus dem Leben des Fürsten Philipp zu Eulenburg-Hertefeld, Berlin 1924, S. 38.
6 R. J. Sontag: Germany and England, . . ., a.a.O., S. 218.
7 Die Geheimen Papiere Friedrich von Holsteins, a.a.O., Bd. 3, S. 197.
8 Die Quellen für die Krankheit des Kronprinzen sind gesammelt und besprochen in R. S. Stevenson: Morell Mackenzie, und in H. J. Wolf: Die Krankheit Friedrichs III. und ihre Wirkung auf die deutsche und englische Öffentlichkeit, Berlin 1958. Als Gerüchte von Syphilis in der französischen Presse erschienen, forderte der Kronprinz Mackenzie auf, diese zu dementieren. Aber eine spätere Äußerung Mackenzies gegenüber einem Freunde läßt erkennen, daß er selbst keineswegs von dem Dementi überzeugt war.
9 Aida, 2. Akt. Obwohl diese Oper im Hinblick auf die Eröffnung des Suezkanals in Auftrag gegeben worden war, wurde sie erst zwei Jahre später fertig.
10 Wilhelm II.: Nachwort zur deutschen Ausgabe von F. Ponsonby (Hrsg.): Letters . . .: Briefe der Kaiserin Friedrich, a.a.O., S. 494ff.
11 F. Ponsonby (Hrsg.): Letters . . ., a.a.O., S. 256–257.

12 Diese Geschichte wurde zu jener Zeit von Feinden der Kaiserin weit verbreitet und könnte als zweifelhaft beurteilt werden, wenn sie nicht mit Glaubwürdigkeit in Holsteins Geheimpapieren bestätigt würde; Die Geheimen Papiere Friedrich von Holsteins, a.a.O., Bd. 3, S. 206f.
13 P. Fürst zu Eulenburg-Hertefeld: Aus 50 Jahren ..., a.a.O., S. 147.
14 Die Große Politik der europäischen Kabinette 1871–1914, a.a.O., Bd. 4, Dokument Nr. 930. Originalzitat: »La politique allemande procède ainsi sur une route forcément préscrite par la Situation politique de l'Europe et dont ni les antipathies, ni les sympathies d'un Monarque ou d'un ministre dirigeant pourraient la faire dévier.«
15 Rennell Rodd: Social and Diplomatic Memories, a.a.O., Bd. I, S. 123.
16 A. Ponsonby: Henry Ponsonby, Queen Victoria's Private Secretary. His Life from his Letters, London 1942, S. 291f.
17 Bismarck: Gedanken und Erinnerungen, a.a.O., S. 584.
18 W. Frank: Hofprediger Adolf Stöcker und die christlich-soziale Bewegung. 2. Aufl. Hamburg 1935, S. 167.
19 F. Ponsonby (Hrsg.): Letters ..., a.a.O., S. 271.
20 K. E. Born: Staat und Sozialpolitik seit Bismarcks Sturz, in: Historische Forschungen, Bd. 1, Wiesbaden 1957, S. 57.
21 Die Geheimen Papiere Friedrich von Holsteins, a.a.O., Bd. 2, S. 89ff.
22 ebda., Bd. 2, S. 409.
23 Näheres über die Korrespondenz siehe Bismarck: Gedanken und Erinnerungen, a.a.O., S. 586–599.
24 W.Schröder (Hrsg.): Das persönliche Regiment. Reden und sonstige öffentliche Äußerungen Wilhelms II., München 1907, S. III; C. Fürst zu Hohenlohe-Schillingsfürst: Denkwürdigkeiten der Reichskanzlerzeit. Hrsg. von K. A. Müller, Stuttgart/Berlin 1931, S. 236.
25 J. Bühler: Vom Bismarck-Reich zum geteilten Deutschland. Deutsche Geschichte seit 1871, Berlin 1960 (zugleich Bd. VI der Deutschen Geschichte von J. Bühler), S. 136.
26 P. zu Eulenburg: Aus 50 Jahren ..., a.a.O., S. 146. Es gibt verschiedene Versionen über das, was der Kaiser über Rußland gesagt haben soll. Vgl. Bismarck: Gedanken und Erinnerungen, a.a.O., S. 551 und E. C. Conte Corti: Alexander of Battenberg ..., a.a.O., S. 275 (engl. Ausg.).
27 G. G. Cecil: Life of Robert Marquis of Salisbury, 4 Bde., London 1921 bis 32, Bd. 4, S. 96.
28 Letters of Queen Victoria, a.a.O., 3. Serie Bd. I, S. 390.
29 E. Eyck: Bismarck. Leben und Werk, a.a.O., Bd. 3, S. 513, 530.
30 F. Ponsonby (Hrsg.): Letters ..., a.a.O., S. 293–302.
31 E. Eyck: Bismarck. Leben und Werk, a.a.O., Bd. 3, S. 520.
32 E. C. Conte Corti: Alexander of Battenberg ..., a.a.O., S. 288 (engl. Ausg.).
33 F. Ponsonby (Hrsg.): Letters ..., a.a.O., S. 293–302.
34 H. Bolitho (Hrsg.): Further Letters of Queen Victoria from the archives of the House of Brandenburg-Prussia, London/New Haven (Conn.) 1938, S. 268.

35 F. Ponsonby (Hrsg.): Letters . . ., a.a.O., S. 321.
36 ebda., S. 311.
37 E. Howard: Theatre of Life, 2 Bde., London 1935/36, Bd. I, S. 332f.
38 F. Ponsonby (Hrsg.): Letters . . ., a.a.O., Vorwort des Hrsg.
39 E. Ludwig: Kaiser Wilhelm II., a.a.O., S. 69.
40 R. v. Zedlitz-Trützschler: Zwölf Jahre . . ., a.a.O., S. 104.
41 R. Barkeley: The Empress Frederick, . . ., a.a.O., S. 280.
42 E. Feder (Hrsg.): Bismarcks Großes Spiel. Die geheimen Tagebücher Ludwig Bambergers, Frankfurt/M. 1933, S. 416.
43 A. Ponsonby: Henry Ponsonby, . . ., a.a.O., S. 110f.
44 F. Ponsonby (Hrsg.): Letters . . ., a.a.O., S. 337.
45 A. Ponsonby: Henry Ponsonby, . . ., a.a.O., S. 110f.
46 F. Ponsonby(Hrsg.): Letters . . ., a.a.O., S. 324.
47 Letters of Queen Victoria, a.a.O., 3. Serie Bd. I, S. 145; vgl. auch E. F. Benson: The Kaiser and His English Relations, a.a.O., S. 71.
48 Letters of Queen Victoria, a.a.O., 3. Serie Bd. I, S. 429.
49 A. L. Kennedy: Salisbury 1830–1903, a portrait of a statesman, London 1953, S. 336.
50 Letters of Queen Victoria, a.a.O., 3. Serie Bd. I, S. 440.
51 A. L. Kennedy: Salisbury . . ., a.a.O., S. 389.
52 Letters of Queen Victoria, a.a.O., 3. Serie Bd. I, S. 443.
53 ebda., S. 467.
54 S. Lee: King Edward VII, a.a.O., S. 654–58.
55 A. Graf v.Waldersee: Aus dem Briefwechsel des Generalfeldmarschalls Alfred Grafen v. Waldersee 1886–1891, hrsg. von H. O. Meisner, Stuttgart/Berlin/Leipzig 1928, S. 207, 219.
56 G. G. Cecil: Life of Lord Salisbury, a.a.O., Bd. 4, S. 367.
57 E. Ludwig: Kaiser Wilhelm II., a.a.O., S. 92.
58 Bülow: Denkwürdigkeiten, a.a.O., Bd. I, S. 251.
59 A. Graf v. Waldersee: Denkwürdigkeiten . . ., a.a.O., Bd. 2, S. 35; A. Graf v. Waldersee: Aus dem Briefwechsel . . ., a.a.O., S. 224.
60 W. Schüssler: Kaiser Wilhelm II., Schicksal und Schuld, in: Persönlichkeit und Geschichte, Bd. 26/27, Göttingen 1962, S. 84.
61 F. Ponsonby (Hrsg.): Letters . . ., S. 363.
62 A. Graf v. Waldersee: Denkwürdigkeiten . . ., a.a.O., Bd. 2, S. 25.
63 Bismarck: Gedanken und Erinnerungen, S. 612.
64 E. Schiffer: Ein Leben für den Liberalismus, Berlin 1951, S. 146.
65 G. G. Cecil: Life of Lord Salisbury, a.a.O., Bd. 4, S. 124.
66 K. F. Nowak: Kaiser and Chancellor . . .., a.a.O., S. 182.
67 Bismarck: Werke, a.a.O., Bd. 14 Teil I, S. 469.
68 G. P. Gooch: Studies in Diplomacy and Statecraft, London 1942, S. 88.
69 Die Große Politik der europäischen Kabinette 1871–1914, a.a.O., Bd. 4, Dokumente Nr. 943–945.
70 Es gibt eine Reihe ins einzelne gehender chronologischer Berichte über Bismarcks Sturz. Unter den neueren sind J. A. Nichols: Germany after Bismarck; E. Eyck: Bismarck, Leben und Werk, a.a.O., Bd. 3, S. 543ff., sowie

A. J. P. Taylor: Bismarck. Mensch und Staatsmann, München 1952, S. 222ff. Bismarcks eigene Darstellung findet sich in Gedanken und Erinnerungen, a.a.O., S. 615–669, die des Kaisers in Deutsche Rundschau (Januar 1919) 58, S. 100–107. Siehe auch K.E.Born: Staat und Sozialpolitik . . ., a.a.O., S. 7–32.

71 Es scheinen gewisse Zweifel zu bestehen, daß Bismarck tatsächlich sich im Ministerrat so ausgedrückt hat oder nur später behauptet hat, er habe das getan. Jedenfalls stellen diese Worte zusammenfassend die Linie dar, die er vertrat.

72 Siehe den Bericht in J. v. Kürenberg: War alles falsch?, . . ., a.a.O., S. 104f., der sich auf das zu stützen scheint, was der Kaiser dem Verfasser in Doorn erzählt hat.

73 Bismarck: Werke, a.a.O., Bd. 12, S. 329; E. Ludwig: Kaiser Wilhelm II., a.a.O., S. 73.

74 Die Große Politik der europäischen Kabinette 1871–1914, a.a.O., Bd. 6, Dokument Nr. 1360, Anmerkung.

75 Letters of Queen Victoria, a.a.O., 3. Serie Bd. I, S. 591.

76 Fünf Quellen für diese Geschichte sind bei E. Eyck: Bismarek, Leben und Werk, a.a.O., Bd. 3, S. 587 vermerkt. Vgl. auch Princess Marie Louise: My Memoirs . . ., a.a.O., S. 75, die die Geschichte direkt von der Kaiserin Friedrich gehört haben will.

77 J. Haller: Aus dem Leben . . ., a.a.O., S. 53ff.

78 W. Schröder (Hrsg.): Das persönliche Regiment . . ., a.a.O., S. 92.

79 Spitzemberg: Das Tagebuch der Baronin Spitzemberg . . ., a.a.O., S. 407; E. Ludwig: Bismarck, Geschichte eines Kämpfers, Berlin 1926, S. 485, 595.

80 F. v. Holstein: Lebensbekenntnis . . ., a.a.O., S. 223.

81 A. Graf v. Waldersee: Aus dem Briefwechsel . . ., a.a.O., S. 338.

82 Die Geheimen Papiere Friedrich von Holsteins, a.a.O., Bd. 2, S. 393.

83 A. v. Tirpitz: Erinnerungen, Leipzig 1919, S. 38.

84 Bismarck: Gedanken und Erinnerungen, a.a.O., S. 600.

85 H. Helfritz: Wilhelm II. als Kaiser und König, a.a.O., S. 141.

86 G. A. Craig: Deutsche Staatskunst . . ., a.a.O., S. 24f.

87 H. L. v. Schweinitz: Denkwürdigkeiten . . ., a.a.O., Bd. 2, S. 404f.

88 ebda., Bd. 2, S. 405/7.

89 Marquess of Crewe: Lord Rosebery, 2 Bde., London 1931, Bd. 2, S. 673.

Der neue Herr

1 R. v. Kühlmalnn: Lebenserinnerungen a.a.O., S. 229; W. Schröder (Hrsg.): Das persönliche Regiment . . ., a.a.O., S. 191.

2 C. zu Hohenlohe: Denkwürdigkeiten des Fürsten C. zu Hohenlohe-Schillingsfürst, 2 Bde., hrsg. von F.Curtius, Stuttgart/Leipzig 1907, Bd. 2, S. 406.

3 A. v. Hohenlohe: Aus meinem Leben, a.a.O., S. 359; E. Schiffer: Ein Leben für den Liberalismus, a.a.O., S. 9.

4 A. Topham: Memories of the Fatherland, London 1916, S. 149.
5 ebda., S. 150; Diaries of Theodor Herzl, S. 267: Herzls Ansichten über Wilhelms II. Charakter waren so überspannt, daß man seine Erregung über des Kaisers Augen am besten cum grano salis aufnimmt.
6 A. N. Davis: The Kaiser I knew, S. 205.
7 J. Pope-Hennessy: Queen Mary 1867–1953, London 1959, S. 288.
8 A. N. Davis: The Kaiser I knew, S. 24.
9 A. Maurois: King Edward . . ., a.a.O., S. 268.
10 Die Geheimen Papiere Friedrich von Holsteins, a.a.O., Bd. 3, S. 251; A. N. Davis: The Kaiser I knew, S. 48.
11 Princess Marie Louise: My Memoirs . . ., a.a.O., S. 73.
12 H. v. Treschkow: Von Fürsten und anderen Sterblichen. Erinnerungen eines Kriminalkommissars, Berlin 1922, S. 146; A. N. Davis: The Kaiser I knew, S. 55.
13 Persönliche Mitteilung von Sir J. Wheeler-Bennett an den Autor; W. Schröder (Hrsg.): Das persönliche Regiment . . ., a.a.O., S. 19ff.
14 J. Amery: Life of Joseph Chamberlain (Bd. 4 des Werkes J. L. Garvin: Life of Joseph Chamberlain, 5 Bde., London 1932ff.), S. 198; W. Rathenau: Der Kaiser. Eine Betrachtung, 55.–57. Aufl. Berlin 1923, S. 27; C. z. Hohenlohe: Denkwürdigkeiten . . ., a.a.O., Bd. 2, S. 411; persönliche Mitteilung von Sir J. Wheeler-Bennett an den Autor.
15 R. v. Zedlitz-Trützschler: Zwölf Jahre . . ., a.a.O., S. 192; Princess Marie Louise: My Memoirs . . ., a.a.O., S. 68.
16 Daisy Princess of Pless: The private Diaries, a.a.O., S. 262.
17 M. Princess Radziwill: This was Germany . . ., a.a.O., S. 30.
18 R. Fulford: The Prince Consort, London 1949, S. 17.
19 B. Pares: A History of Russia, 5. Aufl. London 1955, S. 278.
20 R. v. Zedlitz-Trützschler: Zwölf Jahre . . ., a.a.O., S. 61.
21 G. A. Craig: The Politics . . ., a.a.O., S. 239; Daisy Princess of Pless: The private Diaries, a.a.O., S. 259.
22 F. v. Holstein: Lebensbekenntnis . . ., a.a.O., S. 258.
23 Die Geheimen Papiere Friedrich von Holsteins, a.a.O., Bd. 3, S. 225.
24 J. Pope-Hennessy: Queen Mary . . ., a.a.O., S. 288f.
25 Die Geheimen Papiere Friedrich von Holsteins, a.a.O., Bd. 3, S. 591.
26 L. de Hegermann-Lindencrone: The Sunny Side of Diplomatic Life 1875–1912, New York/London 1914, S. 315.
27 Bülow: Denkwürdigkeiten, a.a.O., Bd. I, S. 5.
28 A. Topham: Memories of the Fatherland, a.a.O., S. 129–135.
29 J. F. Gore: King George V, . . ., a.a.O., S. 61.
30 F. v. Holstein, Lebensbekenntnis . . ., a.a.O., S. 236.
31 A. Topham: Memories of the Fatherland, a.a.O., S. 129–135.
32 L. de Hegermann-Lindencrone: The Sunny Side . . ., a.a.O., S. 315.
33 R. v. Zedlitz-Trützschler: Zwölf Jahre . . ., a.a.O., S. 211.
34 Daisy Princess of Pless: The private Diaries, a.a.O., S. 199.
35 The British Documents on the Origins of the War 1898 – 1914, a.a.O., Bd. 3, S. 433.

36 R. v. Zedlitz-Trützschler: Zwölf Jahre . . ., a.a.O., S. 150f.
37 L. de Hegermann-Lindencrone: The Sunny Side . . ., a.a.O., S. 299.
38 E. Schiffer: Ein Leben für den Liberalismus, a.a.O., S. 41.
39 G. A. v. Müller: Regierte der Kaiser? Kriegstagebücher, Aufzeichnungen und Briefe des Chefs des Marine-Kabinetts, Admiral G. A. v. Müller 1914–18, hrsg. v. W. Görlitz, Göttingen 1959, 20. 9. 1915.
40 R. v. Kühlmann: Lebenserinnerungen, a.a.O., S. 497f.
41 G. A. v. Müller: Regierte der Kaiser? . . ., a.a.O., 20. 8. 1918.
42 R. v. Kühlmann: Lebenserinnerungen, a.a.O., S. 233, 279.
43 W. Goetz (Hrsg.): Briefe Wilhelms II. an den Zaren, Berlin o. J., S. 86ff.
44 D. S. McDiarmid: Life of Lieut. General Sir James Moncrieff Grierson, London 1923, S. 123 und 129.
45 W. Schröder (Hrsg.): Das persönliche Regiment . . ., a.a.O., S. 173.
46 G. A. v. Müller: Regierte der Kaiser? . . ., a.a.O., 29. 9. 1917.
47 New York Herald Tribune, 5. 6. 1941.
48 H. Helfritz: Wilhelm II . . ., a.a.O., S. 357.
49 Bülow: Denkwürdigkeiten, a.a.O., Bd. I, S. 550.
50 W. Schröder (Hrsg.): Das persönliche Regiment . . ., a.a.O., S. 193.
51 R. v. Valentini: Kaiser und Kabinettschef. Nach eigenen Aufzeichnungen und dem Briefwechsel. Dargestellt von B. Schwertfeger, Oldenburg 1931, S. 117.
52 A. Topham: Memories of the Fatherland, a.a.O., S. 168.
53 Die Geheimen Papiere Friedrich von Holsteins, a.a.O., Bd. 4, S. 7; Bd. 3, S. 342.
54 Graf Lerchenfeld in: Akten zur staatlichen Sozialpolitik in Deutschland 1890–1914. Hrsg. von P. Rassow und K. E. Born, in: Historische Forschungen Bd. 3, Wiesbaden 1959, S. 138.
55 Bülow: Denkwürdigkeiten . . ., a.a.O., Bd. I, S. 5.
56 ebda., Bd. 2, S. 33; A. v. Tirpitz: Erinnerungen, a.a.O., S. 133.
57 Sir F. Maurice: Haldane 1856–1928. The Life of Viscount Haldane of Cloan, London 1937–39, S. 193.
58 A. Topham: Memories of the Fatherland, a.a.O., S. 167.
59 P. Rassow und K. E. Born (Hrsg.): Akten zur staatlichen Sozialpolitik . . ., a.a.O., S. 140.
60 S. Lee: King Edward VII, a.a.O., Bd. 2, S. 152.
61 J. A. Nichols: Germany after Bismarck. The Caprivi Era 1890–1894, Cambridge/Mass. 1958, S. 118.
62 ebda., S. 315.
63 Bülow: Denkwürdigkeiten, a.a.O., Bd. I, S. 454.
64 R. v. Kühlmann: Lebenserinnerungen, a.a.O., S. 553.
65 Sir E. Goschen in: The British Documents . . ., a.a.O., Bd. 4, S. 437.
66 A. zu Hohenlohe: Aus meinem Leben, a.a.O., S. 342.
67 ebda., S. 337.
68 Die Geheimen Papiere Friedrich von Holsteins, a.a.O., Bd. 3, S. 548.
69 The British Documents . . ., a.a.O., Bd. 3, S. 434; Die Geheimen Papiere Friedrich von Holsteins, a.a.O., Bd. 4, S. 8.

70 Mehrmals bei Spitzemberg: Das Tagebuch der Baronin Spitzemberg, ..., a.a.O. erwähnt.
71 Die Geheimen Papiere Friedrich von Holsteins, a.a.O., Bd. 4, S. 8.
72 F. Ponsonby (Hrsg.): Letters ..., a.a.O., S. 328.
73 The British Documents ..., a.a.O., Bd. 3, S. 391; G. A. v. Müller: Regierte der Kaiser? ..., a.a.O., 24. 5. 1915; E. Schiffer: Ein Leben für den Liberalismus, a.a.O., S. 117.
74 Bülow: Denkwürdigkeiten, a.a.O., Bd. I, S. 242 und 607.
75 G. A. v. Müller: Regierte der Kaiser? ..., a.a.O., 14. 6. 1917; R. A. Kann: Emperor William II and Archduke Francis Ferdinand in Their Correspondance, in: American Historical Review Bd. 57 (1951/52), S. 330; The British Documents ..., a.a.O., Bd. 3, S. 391.
76 Bülow: Denkwürdigkeiten, a.a.O., Bd. 2, S. 481.
77 J. Haller: Aus dem Leben ..., a.a.O., S. 59.
78 J. v. Kürenberg: War alles falsch? ..., a.a.O., S. 147; Die Geheimen Papiere Friedrich von Holsteins, a.a.O., Bd. 4, S. 9f.
79 K. F. Nowak: Kaiser and Chancellor ..., a.a.O., S. 110; Spitzemberg: Das Tagebuch der Baronin Spitzemberg ..., a.a.O., S. 362.
80 Die Geheimen Papiere Friedrich von Holsteins, a.a.O., Bd. 4, S. 9f.
81 The British Documents ..., a.a.O., Bd. 3, S. 436.
82 E. Eyck: Das persönliche Regiment Wilhelms II. Politische Geschichte des deutschen Kaiserreiches von 1890–1914, Erlenbach-Zürich 1948, S. 84.
83 Die Große Politik der europäischen Kabinette 1871–1914, a.a.O., Bd. 26, Dokument Nr. 9533.
84 A. Topham: Memories of the Fatherland, a.a.O., S. 167.
85 Bülow: Denkwürdigkeiten, a.a.O., Bd. I, S. 400.
86 E. Ludwig: Kaiser Wilhelm II., a.a.O., S. 161.
87 R. v. Zedlitz-Trützschler: Zwölf Jahre ..., a.a.O., S. 149.
88 Sir J. Wheeler-Bennett: Hindenburg, The Wooden Titan, London 1936, S. 103.
89 Die Große Politik der europäischen Kabinette 1871–1914, a.a.O., Bd. 23, Dokument Nr. 7877.
90 Bülow: Denkwürdigkeiten, a.a.O., Bd. 2, S. 171ff. und Bd. I, S. 5.
91 A. Graf v. Waldersee: Denkwürdigkeiten ..., a.a.O., Bd. 2, S. 18f.
92 Sir J. Wheeler-Bennett: Hindenburg, ..., a.a.O., S. 5.
93 Bülow: Denkwürdigkeiten, a.a.O., Bd. I, S. 5.
94 Rede Kaiser Wilhelms II. vom 12. 11. 1906.
95 A. Topham: Memories of the Kaiser's Court, a.a.O., S. 174.
96 H. v. Reischach: Unter drei Kaisern, a.a.O., S. 259.
97 A. v. Tirpitz: Erinnerungen, a.a.O., S. 135.
98 Die Geheimen Papiere Friedrich von Holsteins, a.a.O., Bd. 3, S. 315f.
99 J.Haller: Aus dem Leben ..., a.a.O., S. 257.
100 Die Geheimen Papiere Friedrich von Holsteins, a.a.O., Bd. I, S. 176 (engl. Ausg.); W. Hubatsch: Die Ära Tirpitz, Studien zur deutschen Marinepolitik 1890–1918, im: Göttinger Bausteine zur Geschichtswis-

senschaft Bd. 21, Göttingen/Berlin/Frankfurt/M. 1955, S. 69; C. zu Hohenlohe: Reichskanzlerzeit, a.a.O., S. 289.
101 K. Epstein: Matthias Erzberger and the dilemma of German democracy, Princeton N.J. 1959, S. 125. (M. E . . ., Berlin/Frankfurt/M. 1962)
102 O. Czernin: Im Weltkriege, Berlin/Wien 1919, S. 81.
103 A. v. Tirpitz: Erinnerungen, a.a.O., S. 63.
104 E. Schiffer: Ein Leben für den Liberalismus, a.a.O., S. 108.
105 R. v. Zedlitz-Trützschler: Zwölf Jahre . . ., a.a.O., S. 170.
106 Bülow: Denkwürdigkeiten, a.a.O., Bd. I, S. 542.
107 E. v. Vietsch: Wilhelm Solf. Botschafter zwischen den Zeiten, Tübingen 1961, S. 145.
108 A. Graf v. Waldersee: Aus dem Briefwechsel . . ., a.a.O., S. 319.
109 G. A. Craig: The Politics . . ., a.a.O., S. 240; R. v. Valentini: Kaiser und Kabinettschef . . ., a.a.O., S. 48–55.
110 A. v. Tirpitz: Erinnerungen, a.a.O., S. 135.
111 R. v. Zedlitz-Trützschler: Zwölf Jahre . . ., a.a.O., S. 9.
112 ebda., S. 222f.; E.Ludwig: Kaiser Wilhelm II., a.a.O., S. 92f.
113 A. zu Hohenlohe: Aus meinem Leben, a.a.O., S. 317; H. v. Treschkow: Von Fürsten . . ., a.a.O., S. 148.
114 R. v. Zedlitz-Trützschler: Zwölf Jahre . . ., a.a.O., S. 106; H.G.Zmarzlik: Bethmann Hollweg als Reichskanzler 1909–1914, in: Beiträge zur Geschichte des Parlamentarismus und der Politischen Parteien, Bd. 2, Düsseldorf 1957, S. 91.
115 R. v. Zedlitz-Trützschler: Zwölf Jahre . . ., a.a.O., S. 164.
116 Die Große Politik der europäischen Kabinette 1871–1914, a.a.O., Bd. 24, Dokument Nr. 8448; Bd. 32, Dokument Nr. 11383; Bd. 33, Dokument Nr. 12154.
117 R. v. Zedlitz-Trützschler: Zwölf Jahre . . ., a.a.O., S. 180.
118 ebda., S. 42f.
119 Boston Transcript, 1882, zitiert bei A. J. Smith: A View of the Spree, a.a.O., S. 73.
120 W. Schröder (Hrsg.): Das persönliche Regiment. . . ., a.a.O., S. 188; Rede Kaiser Wilhelms II. in Koblenz am 31. 8. 1897.
121 Bülow: Denkwürdigkeiten, a.a.O., Bd. 2, S. 75.
122 ebda., Bd. I, S. 267.
123 G. A. v. Müller: Regierte der Kaiser? . . ., a.a.O., 13. 8. 1917.
124 W. Goetz (Hrsg.): Briefe an den Zaren, S. 152f.
125 Rede Kaiser Wilhelms II. vor dem Brandenburger Provinziallandtag am 24. 11. 1892.
126 Rede Kaiser Wilhelms II. vor Abgeordneten am 6. 5. 1898.
127 Wilhelm II.: Ereignisse und Gestalten aus den Jahren 1878–1918, Leipzig/Berlin 1922, S. 183f; W. Schüssler: Kaiser Wilhelm II. . . ., a.a.O., S. 136.
128 The British Documents . . ., a.a.O., Bd. 3, S. 435.
129 Man hat versucht, diese Eintragung als gegenstandslos zu erklären mit der Begründung, daß es zwei Gästebücher gegeben habe und daß dem

Kaiser das falsche vorgelegt und als erstes gezeichnet worden sei. Der Prinzregent habe versucht, dem Kaiser die Belästigung mit dem zweiten Buche zu ersparen, und der Kaiser habe, als er das Dilemma durch die Eintragung, so wie sie dann vorlag, zu lösen suchte, seinen Ausspruch auf den Prinzregenten bezogen wissen wollen. Aber der Regent war nun einmal kein Rex, außerdem hatte Wilhelm die gleiche Bemerkung vierzehn Tage vorher gegenüber dem Reichstagsabgeordneten von Rauchhaupt geäußert. Vgl. auch W. Schröder (Hrsg.): Das persönliche Regiment . . .., a.a.O., S. 189.

130 Rede Kaiser Wilhelms II. in Düsseldorf am 4. 5. 1891.

131 Bülow: Denkwürdigkeiten, a.a.O., Bd. I, S. 316.

132 Rede Kaiser Wilhelms II. in Königsberg am 25. 8. 1910.

133 Telegramm Wilhelms II. an Hinzpeter vom 11. 6. 1899.

134 G. A. v. Müller: Regierte der Kaiser? . . ., a.a.O., 25. 6. 1915.

135 W. Goetz (Hrsg.): Briefe an den Zaren, S. 251.

136 R. v. Zedlitz-Trützschler: Zwölf Jahre . . ., a.a.O., S. 174.

137 T. Roosevelt: The Letters . . ., a.a.O., Bd. 7, S. 397.

138 W. Churchill: The Ex-Kaiser, in ders.: Great Contemporaries, 6. Aufl. 1938 (dt. Ausg. Amsterdam 1938).

139 Rede Wilhelms II. am 18. 4. 1891.

140 Rede Wilhelms II. am 23. 11. 1891. Der Text der Rede wurde vor der Veröffentlichung redigiert und es existieren drei verschiedene Fassungen.

141 W. Schröder (Hrsg.): Das persönliche Regiment . . ., a.a.O., S. 18f.

142 Die Große Politik der europäischen Kabinette 1871–1914, a.a.O., Bd. 19, Dokument Nr. 6104; N. F. Grant (Hrsg.): Briefe an den Zaren, S. 133.

143 Rede Wilhelms II. beim Stapellauf des Schlachtschiffes »Wittelsbach« am 3. 7. 1900.

144 Rede Wilhelms II. am 18. 10. 1899.

145 A. N. Davis: The Kaiser I knew, S. 144.

146 Rede Wilhelms II. vor dem Brandenburger Provinziallandtag am 24. 11. 1892.

147 Reden Wilhelms 11. am 14. 5. 1889 und 2. 9. 1895.

148 Rede Wilhelms II. am 26. 11. 1897. Die Worte »ausgerottet bis auf den letzten Stumpf« wurden in der vom Wolffschen Telegraphenbüro verbreiteten Fassung ausgelassen.

149 Die Geheimen Papiere Friedrich von Holsteins, a.a.O., Bd. 3, S. 589.

150 H. S. Chamberlain: Briefe . . ., a.a.O., Bd. 2, S. 188.

151 Die Große Politik der europäischen Kabinette 1871–1914, a.a.O., Bd. 19, Dokument Nr. 6280; Bd. 32, Dokumente Nr. 11 675 und 11 690.

152 Th. Fontane: Briefe an Friedländer, Heidelberg 1954, S. 309 (5. 4. 1897).

153 A. N. Davis: The Kaiser I knew, S. 50; P. Green: Life of K. Grahame, S. 291; R. H. Bruce Lockhart: Retreat from Glory, London 1934, S. 344; W. Schröder (Hrsg.): Das persönliche Regiment . . ., a.a.O., S. 159.

154 K. E. Born: Staat und Sozialpolitik seit Bismarcks Sturz, a.a.O., S. 135;

Spitzemberg: Das Tagebuch der Baronin Spitzemberg . . ., a.a.O., S. 349.
155 F. Frhr. v. Hiller von Gaertringen: Fürst Bülows Denkwürdigkeiten. Untersuchungen zu ihrer Entstehungsgeschichte und zu ihrer Kritik, in: Tübinger Studien zur Geschichte und Politik, Nr. 5, Tübingen 1956, S. 179.
156 M. Princess Radziwill: This was Germany . . ., a.a.O., S. 25.
157 J. v. Kürenberg: War alles falsch? . . ., a.a.O., S. 223.
158 C. zu Hohenlohe: Reichskanzlerzeit, a.a.O., S. 24; R. v. Kühlmann: Lebenserinnerungen, a.a.O., S. 509.
159 Rede Wilhelms II. am 18. 12. 1901.
160 Rede Wilhelms II. bei der Eröffnung des Pergamon-Museums am 18. 12. 1901.
161 A. N. Davis: The Kaiser I knew, S. 45.
162 H. S. Chamberlain: Briefe . . ., a.a.O., Bd. 2, S. 200.
163 W. Schüssler: Kaiser Wilhelm II., . . ., a.a.O., S. 138.
164 Rede Wilhelms II. am 12. 3. 1906.
165 H. S. Chamberlain: Briefe . . ., a.a.O., Bd. 2, S. 200.
166 H. Helfritz: Wilhelm II. als Kaiser und König, a.a.O., S. 264.
167 Rede Wilhelms II. in Bremen am 22. 3. 1905.
168 Rede Wilhelms II. in Berlin am 5. 3. 1890.
169 W. Schröder (Hrsg.): Das persönliche Regiment . . ., a.a.O., S. 197.
170 A. v. Tirpitz: Erinnerungen, a.a.O., S. 137.
171 P. Rassow und K. E. Born (Hrsg.): Akten zur staatlichen Sozialpolitik . . ., a.a.O., S. 138–141.
172 Die Große Politik der europäischen Kabinette 1871–1914, a.a.O., Bd. 20, Dokument Nr. 6376.
173 ebda., Bd. 31, Dokument Nr. 11 424.
174 ebda., Bd. 26, Dokument Nr. 9569.
175 ebda., Bd. 32, Dokument Nr. 11 704.
176 P. Rassow und K. E. Born (Hrsg.): Akten zur staatlichen Sozialpolitik . . ., a.a.O., S. 138–141.
177 G. A. v. Müller: Regierte der Kaiser? . . ., a.a.O., 14. 12. 1915.
178 Bemerkung Wilhelms II. zu Fürst Radolin, dem deutschen Botschafter in Paris, zitiert in: The British Documents . . ., a.a.O., Bd. 3, S. 438.
179 Bemerkung Wilhelms II. zu Sir E. Goschen in: The British Documents . . ., a.a.O., Bd. 6, S. 437.
180 Bülow: Denkwürdigkeiten, a.a.O., Bd. 1, S. 360.

Der neue Kurs

1 K. E. Born: Staat und Sozialpolitik seit Bismarcks Sturz, a.a.O., S. 92.
2 A. Graf v. Waldersee: Aus dem Briefwechsel . . ., a.a.O., S. 262–68, 388 ff.
3 F. v. Holstein: Lebensbekenntnis . . ., a.a.O., S. 207.
4 A. Graf v. Waldersee: Denkwürdigkeiten . . ., a.a.O., Bd. 2, S. 119 f.
5 J. A. Nichols: Germany after Bismarck . . ., a.a.O., S. 357.
6 Siehe die Aufsätze von G. W. Hallgarten in: Historische Zeitschrift (1954)

Bd. 177 und N. Rich in: ebda., (1958) Bd. 186: Eine Bemerkung über Friedrich v. Holsteins Aufenthalt in Amerika.

7 Bülow: Denkwürdigkeiten, a.a.O., Bd. 4, S. 386f.

8 Es ist oft behauptet worden, Holstein habe Bülow durch das Wissen um unbequeme Dinge über diesen in der Hand gehabt. Dies scheint sich hauptsächlich auf eine Erklärung Raschdaus in den »Süddeutschen Monatsheften« zu stützen, wonach Holstein ihm über Tatsachen sehr ernsten Charakters berichtet habe, welche Bülow einem rücksichtslosen Gegner auf Gnade und Ungnade ausgeliefert haben würden. Die Furcht, daß Holstein sich als ein solcher Gegner erweisen könnte, mag Bülows Verhalten ihm gegenüber erklären, aber eine ebenso gute Erklärung wäre die Wertschätzung Bülows für Holsteins unübertroffene Kenntnis der deutschen Diplomatie. Da die Geheimen Papiere Holsteins keinerlei Beweise, die die erste Annahme stützen würden, enthalten, kann man sie eher als eine Stützung der zweiten betrachten. Siehe auch J. Haller: Aus dem Leben . . ., a.a.O., S. 379ff. sowie: Die Geheimen Papiere Friedrich von Holsteins, a.a.O., Bd. 4, S. 115ff.

9 J. Haller: Aus dem Leben . . ., a.a.O., S. 170ff.; C. zu Hohenlohe: Reichskanzlerzeit, a.a.O., S. 309 und Die Geheimen Papiere Friedrich von Holsteins, a.a.O., Bd. 3, im allgemeinen.

10 D. R. Gillard: Salisbury's African Policy and the Heligoland Offer of 1890, in: English Historical Review (Okt. 1960) Bd. 75, S. 631ff.

11 Die Große Politik der europäischen Kabinette 1871–1914, a.a.O., Bd. 13, Dokument Nr. 3399.

12 M. S. Wertheimer: The Pan-German League 1890 – 1914, Studies in History Bd. 112 Nr. 2, New York 1924.

13 J. A. Nichols: Germany after Bismarck . . ., a.a.O., S. 305.

14 Rede Wilhelms II. vom 6. 9. 1894.

15 J. Haller: Aus dem Leben . . ., a.a.O., S. 83; J. A. Nichols: Germany after Bismarck . . ., a.a.O., S. 276.

16 K. E. Born: Staat und Sozialpolitik seit Bismarcks Sturz, a.a.O., S. 107.

17 Schulthess: Europäuscher Geschichtskalender Bd. 31 (1890), S. 164f.; J. A. Nichols: Germany after Bismarck . . ., a.a.O., S. 89; K. E. Born: Staat und Sozialpolitik seit Bismarcks Sturz, a.a.O., S. 107.

18 G. A. Craig: The Politics . . ., a.a.O., S. 236.

19 J. A. Nichols: Germany after Bismarck . . ., a.a.O., S. 192.

20 R. v. Zedlitz-Trützschler: Zwölf Jahre . . ., a.a.O., S. 46.

21 G. Ritter: Staatskunst . . ., a.a.O., Bd. 1, S. 182f.

22 F. v. Holstein: Lebensbekenntnis . . ., S. 164 Anmerkung.

23 Rede Wilhelms II. vom 20. 2. 1891.

24 J. Hohlfeld (Hrsg.): Dokumente der Deutschen Politik . . ., a.a.O., Bd. 2, S. 259ff.

25 J. A. Nichols: Germany after Bismarck . . ., a.a.O., S. 301.

26 G. A. v. Müller: Der Kaiser . . . Aufzeichnungen des Chefs des Marinekabinetts, hrsg. von W. Görlitz, Göttingen 1965, S. 17.

27 A. v. Tirpitz: Erinnerungen, a.a.O., S. 89.

28 W. Schüssler: Kaiser Wilhelm II., . . ., a.a.O., S. 28.
29 H. Rogge: Die Kladderadatschaffäre. Ein Beitrag zur inneren Geschichte des Wilhelminischen Rechts, in: Historische Zeitschrift Bd. 195 (1962) S. 90ff.
30 Die Geheimen Papiere Friedrich von Holsteins, a.a.O., Bd. 3, S. 419.
31 ebda., S. 386 Anmerkung.
32 E. Eyck: Das persönliche Regiment . . ., a.a.O., S. 84; E. Ludwig: Kaiser Wilhelm II., a.a.O., S. 155ff.
33 Spitzemberg: Das Tagebuch der Baronin Spitzemberg . . ., S. 386.
34 Letters of Queen Victoria, a.a.O., 3. Serie Bd. 2, S. 125.
35 E. F. Benson: The Kaiser and His English Relations, a.a.O., S. 91.
36 J. A. Nichols: Germany after Bismarck . . ., a.a.O., S. 315; H. Frhr. v. Ekkardstein: Lebenserinnerungen und politische Denkwürdigkeiten, 3 Bde., Leipzig 1919–21, Bd. 1, S. 207.
37 Princess Marie Louise: My Memoirs of Six Reigns, a.a.O., S. 118.
38 A. Ponsonby: Henry Ponsonby, . . ., a.a.O., S. 297.
39 J. A. Nichols: Germany after Bismarck . . ., a.a.O., S. 280ff.; J. Haller: Aus dem Leben . . ., a.a.O., S. 84ff.
40 T. A. Bayer: England und der neue Kurs 1890–1895, auf Grund unveröffentlichter Akten, Tübingen 1955, S. 15.
41 J. A. Nichols: Germany after Bismarck . . ., a.a.O., S. 278.
42 T. A. Bayer: England und der neue Kurs . . ., a.a.O., S. 54f.
43 Rosebery an Sir E. Malet, am 11. 1. 1893, zitiert bei T. A. Bayer: England und der neue Kurs . . ., a.a.O., S. 114. Der Satz heißt im Original: »The game of cutting off noses to spite faces is easily continued when once begun and goes on crescendo.«
44 R. J. Sontag: Germany and England, . . ., a.a.O., S. 288.
45 J. A. Nichols: Germany after Bismarck . . ., a.a.O., S. 323.
46 Die Große Politik der europäischen Kabinette 1871–1914, a.a.O., Bd. 9, Dokument Nr. 2152.
47 Wilhelm II.: Ereignisse und Gestalten . . ., a.a.O., S. 267.
48 J. A. Nichols: Germany after Bismarck . . ., a.a.O., S. 329.
49 ebda., S. 351.
50 J. Haller: Aus dem Leben . . ., a.a.O.,S. 154.
51 Die Geheimen Papiere Friedrich von Holsteins, a.a.O., Bd. 3, S. 428ff.; H. Rogge: Holstein und Hohenlohe, Stuttgart 1957, S. 411.
52 Spitzemberg: Die Tagebücher der Baronin Spitzemberg . . ., a.a.O., S. 382.
53 J. Bühler: Vom Bismarck-Reich zum geteilten Deutschland . . ., a.a.O., S. 197.

Die Wende

1 S. Gwynn (Hrsg.): The Letters and Friendships of Sir Cecil Spring-Rice, 1929, Bd. I, S. 182.
2 Spitzemberg: Die Tagebücher der Baronin Spitzemberg . . ., a.a.O., S. 477.
3 A. Graf v. Waldersee: Denkwürdigkeiten . . ., a.a.O., Bd. 2, S. 335.
4 C. zu Hohenlohe: Reichskanzlerzeit, a.a.O., S. 21; A. zu Hohenlohe: Aus meinem Leben, a.a.O., S. 352 ff.
5 C. zu Hohenlohe: Reichskanzlerzeit, a.a.O., S. 231.
6 ebda., S. 48.
7 ebda., S. 63.
8 ebda., S. 321; Die Geheimen Papiere Friedrich von Holsteins, a.a.O., Bd. 3, S. 426.
9 Bülow: Denkwürdigkeiten, a.a.O., Bd. 2, S. 86.
10 W. Goetz (Hrsg.): Briefe an den Zaren, a.a.O., S. 25 f.
11 Die Große Politik der europäischen Kabinette 1871-1914, a.a.O., Bd. 9, Dokument Nr. 2318.
12 ebda., Dokument Nr. 2251; E. Eyck: Das persönliche Regiment . . ., a.a.O., S. 118.
13 Die Große Politik der europäischen Kabinette 1871–1914, a.a.O., Bd. 10, Dokument Nr. 2385 u. 2391; Letters of Queen Victoria, 3. Serie Bd. 2, S. 547; Die Geheimen Papiere Friedrich von Holsteins, a.a.O., Bd. 3, S. 478 f.; E. F. Benson: The Kaiser and His English Relations, a.a.O., S. 123.
14 Letters of Queen Victoria, 3. Serie Bd. 2, S. 586.
15 W. Hallgarten: L'Essor et L'Echec de la Politique Boer de l'Allemagne, in: Revue Historique (1936), S. 512–529; P. R. Anderson: The Background . . ., a.a.O., S. 75.
16 Die Große Politik der europäischen Kabinette 1871–1914, a.a.O., Bd. 11, Dokument Nr. 2578.
17 W. Goetz (Hrsg.): Briefe an den Zaren, a.a.O., S. 27 f.; Rennell Rodd: Social and Diplomatic Memories, a.a.O., Bd. 1, S. 162.
18 Die Große Politik der europäischen Kabinette 1871–1914, a.a.O., Bd. 11, Dokument Nr. 2578.
19 ebda., Bd. 10, Dokument Nr. 2572.
20 F. v. Holstein: Lebensbekenntnis . . ., a.a.O., S. 175 ff.
21 G. A. Craig: The Politics . . ., a.a.O., S. 246–251.
22 Das Beweismaterial für die Krüger-Depesche wurde von F. Thimme in Europäische Gespräche 1924, S. 200–242, dargelegt und durch K. Lehmann unter dem Titel: Die Vorgeschichte der Krüger-Depesche in: Archiv für Politik und Geschichte (1925), Bd. 5, S. 159–177, sowie unter dem Titel: zu Kaiser Wilhelms Englandpolitik in: Historische Zeitschrift (1933), Bd. 147, S. 553–558 ergänzt. Fürst Hohenlohes Denkwürdigkeiten a. d. Reichskanzlerzeit, a.a.O., S. 151 und 613, ebenso wie Die Geheimen Papiere Friedrich von Holsteins, a.a.O., Bd. 1, S. 163, werfen wenig neues

Licht auf die Affäre. Dagegen enthält das Tagebuch der Baronin Spitzemberg unter dem 5. Januar 1896 einen Satz, wonach der Kaiser nicht ohne Schwierigkeiten wegen seiner englischen Sympathien zur Absendung des Telegramms veranlaßt worden sei. Das verdient Beachtung angesichts der Tatsache, daß die Baronin sich im allgemeinen auf Informationen aus gut unterrichteten Kreisen stützen konnte, ein unabhängiges Urteil hatte und dem Kaiser kritisch gegenüberstand. Ihr Tagebuch war auch nicht im Hinblick auf eine baldige Veröffentlichung verfaßt. Ihre Aufzeichnung kann deshalb als eine Bestätigung der andernfalls vielleicht mit Zweifel aufgenommenen Berichte Eckardsteins sowie derjenigen des Admirals Hoffmann (eines der anwesenden Admirale) und Holsteins betrachtet werden, die beide Marschall die Verantwortung gaben.

23 E. F. Benson: The Kaiser and His English Relations, a.a.O., S. 113; J. v. Kürenberg: War alles falsch? . . ., a.a.O., S. 130.

24 S. Lee: King Edward VII, a.a.O., Bd. 1, S. 724; Letters of Queen Victoria, 3. Serie Bd. 3, S. 7.

25 Belgian Documents on the Origins of War, S. 109.

26 F. Thimme in: Europäische Gespräche 1924, S. 223.

27 Letters of Queen Victoria, 3. Serie Bd. 3, S. 8f., 17.

28 M. Lutyens (Hrsg.): Lady Lytton's Court Diary 1895–1899, London 1960, S. 80.

29 E. Pakenham: Jameson's Raid, S. 99.

30 W. Richter: Kaiser Friedrich III., a.a.O., S. 130.

31 H. Helfritz: Wilhelm II. als Kaiser und König, a.a.O., S. 239.

32 W. Hubatsch: Der Admiralstab und die obersten Marinebehörden in Deutschland 1848–1945, Frankfurt/M. 1958, S. 82.

33 D. Geheimen Papiere Fr. v. Holsteins, a.a.O., Bd. 3, S. 527f.

34 C. zu Hohenlohe: Reichskanzlerzeit, a.a.O., S. 327.

35 G. Ritter: Staatskunst . . ., a.a.O., Bd. 2, S. 157.

36 ebda., S. 165 Anmerkung.

37 K. E. Born: Staat und Sozialpolitik seit Bismarcks Sturz, a.a.O., S. 133.

38 ebda., S. 140; Die Geheimen Papiere Friedrich von Holsteins, a.a.O., Bd. 3, S. 584ff.; C. zu Höhenlohe: Reichskanzlerzeit, a.a.O., S. 287.

39 Letters of Queen Victoria, 3. Serie Bd. 3, S. 138, 162, 198.

40 C. zu Hohenlohe: Reichskanzlerzeit, a.a.O., S. 306; E. Eyck: Das persönliche Regiment . . ., a.a.O., S. 170; Die Große Politik der europäischen Kabinette 1871–1914, a.a.O., Bd. 11, Dokumente Nr. 3169/70.

41 Diaries of Theodor Herzl, S. 238.

42 Spitzemberg: Das Tagebuch . . ., a.a.O., S. 372.

43 The British Documents . . ., a.a.O., Bd. 4, S. 198.

44 P. Rassow und K. E. Born (Hrsg.): Akten zur staatlichen Sozialpolitik . . ., a.a.O., S. 141ff.

45 ebda., S. 143; K. E. Born: Staat und Sozialpolitik seit Bismarcks Sturz, a.a.O., S. 143.

46 W. Churchill: World Crisis, 6 Bde., London 1923–31, Bd. 1, S. 114.

47 Eyre-Crowe Memorandum in: The British Documents . . ., a.a.O., Bd. 3, S. 407.
48 Admiral Knorr, zitiert in W. Hubatsch: Der Kulminationspunkt der Deutschen Marinepolitik im Jahre 1912, in: Historische Zeitschrift (1953) Bd. 176, S. 293; siehe auch R. v. Kühlmann: Lebenserinnerungen, a.a.O., S. 292 und E. Ludwig: Kaiser Wilhelm II, a.a.O., S. 246 (engl. Ausg.).
49 H. v. Eckardstein: Lebenserinnerungen . . ., a.a.O., Bd. 2, S. 168.
50 A. J. Marder: Fear God and dread nought. The Correspondence of Admiral of the Fleet Lord Fisher of Kilverstone, hrsg. von A. J. Marder, London 1952–59, S. 169.
51 W. Hubatsch: Die ÄraTirpitz . . ., a.a.O., S. 74.
52 D. S. McDiarmid: Life of Lieut General Sir James Moncrieff Grierson, a.a.O., S. 133.)
53 H. Helfritz: Wilhelm II. als Kaiser und König, a.a.O., S. 247.
54 A. v. Tirpitz: Erinnerungen, a.a.O., S. 97.
55 P. R. Anderson: The Background . . ., a.a.O., S. 165.
56 Rede Wilhelms II. vom 23. 9. 1898.
57 Rede Wilhelms II. vom 26. 2. 1897.
58 G. Ritter: Staatskunst . . ., a.a.O., Bd. 2, S. 127.
59 Antrittsvorlesung in Freiburg 1895.
60 E. Eyck: Das persönliche Regiment . . ., a.a.O., S. 219.
61 Letters of Queen Victoria, 3. Serie Bd. 3, S. 126f.
62 E. Eyck: Das persönliche Regiment . . ., a.a.O., S. 195.
63 R. J. S. Hoffmann: Great Britain and the German Trade Rivalry 1875 bis 1914, S. 287.
64 Die Große Politik der europäischen Kabinette 1871–1914, a.a.O., Bd. 13, Dokument Nr. 3413.
65 ebda., Bd. 14, Dokument Nr. 3690.
66 Rede Wilhelms II. vom 15. 12. 1897.
67 Die Große Politik der europäischen Kabinette 1871–1914, a.a.O., Bd. 14, Dokument Nr. 3739.
68 J. L. Garvin: Life of Joseph Chamberlain, 5 Bde., London 1932ff. Bd. 3, S. 95.
69 ebda., Bd. 3, S. 59. Danach wurden in allen Fällen die Besprechungen von den Deutschen angeregt, und die Initiative lag bei ihnen.
70 Wegen der deutschen Version der Verhandlungen von 1898 siehe Die Große Politik der europäischen Kabinette 1871 – 1914, a.a.O., Bd. 14, Dokumente Nr. 3782–3804 und Die Geheimen Papiere Friedrich von Holsteins, a.a.O., Bd. 4, S. 57ff.
71 B. E. Dugdale: Arthur James Balfour, First Earl of Balfour, 2 Bde., London 1936, Bd. 1, S. 258.
72 Die Große Politik der europäischen Kabinette 1871–1914, a.a.O., Bd. 14, Dokument Nr. 3789.
73 ebda., Dokument Nr. 3803.
74 W. Goetz (Hrsg.): Briefe an den Zaren, a.a.O., S. 50ff.; Die Große Poli-

tik der europäischen Kabinette 1871–1914, a.a.O., Bd. 13, Dokument Nr. 3396.
75 A. Moorhead: The White Nile, S. 337.
76 ebda., S. 340.
77 W. Goetz (Hrsg.): Briefe an den Zaren, a.a.O., S. 63ff.; Die Große Politik der europäischen Kabinette 1871–1914, a.a.O., Bd. 13, Dokument Nr. 3554; ebda., Bd. 14, Dokument Nr. 3926.
78 Die Große Politik ..., a.a.O., Bd. 15, Dokumente Nr. 4216, 4320.
79 ebda., Bd. 15, Dokument Nr. 4351.
80 ebda., Bd. 15, Dokument Nr. 4320.
81 W. Goetz (Hrsg.): Briefe an den Zaren, a.a.O., S. 63ff.
82 Diaries of Theodor Herzl, S. 282.
83 Nach A. J. Smith: A View of the Spree, S. 134, sei Wilhelm von Jerusalem nach Damaskus geritten, doch sei er mit der Eisenbahn von Damaskus nach Jerusalem zurückgekehrt. Da es eine Eisenbahn von Damaskus nach Jerusalem damals nicht gab und überhaupt niemals gegeben hat und da selbst die Hedschasbahn östlich des Jordan 1898 noch nicht gebaut war, ist es schwer vorstellbar, wie der Kaiser dieses Kunststück hätte fertigbringen können. Als er dann in Damaskus die Bahn bestieg, fuhr er natürlich nach Beirut.
84 J. Hohlfeld (Hrsg.): Dokumente der Deutschen Politik und Geschichte ..., a.a.O., Bd. 2, S. 102, 350.
85 B. E. Dugdale: Arthur James Balfour, ..., a.a.O., Bd. 1, S. 260.
86 Die Große Politik der europäischen Kabinette 1871–1914, a.a.O., Bd. 14, Dokument Nr. 3806.
87 B. E. Dugdale: Arthur James Balfour, ..., a.a.O., Bd. 1, S. 292.
88 Die Große Politik ..., a.a.O., Bd. 14, Dokument Nr. 3867.
89 A. L. Kennedy: Salisbury 1830–1903, ..., a.a.O., S. 318.
90 Bülow: Denkwürdigkeiten, a.a.O., Bd. 1, S. 274f.
91 Letters of Queen Victoria, 3. Serie Bd. 3, S. 358f.
92 S. Lee: King Edward VII ..., a.a.O., Bd. 1, S. 740.
93 Letters of Queen Victoria, 3. Serie Bd. 3, S. 340 und 358f.
94 S. Lee: King Edward VII ..., a.a.O., Bd. 1, S. 742.
95 Letters of Queen Victoria, 3. Serie Bd. 3, S. 375–79.
96 ebda., S. 379f.
97 ebda., S. 381f.
98 H. v. Eckardstein: Lebenserinnerungen ..., a.a.O., Bd. 2, S. 29f.
99 M. E. Townsend: The Rise and Fall ..., a.a.O., S. 200.
100 E. Eyck: Das persönliche Regiment ..., a.a.O., S. 237f.
101 Bülow: Denkwürdigkeiten, a.a.O., Bd. 1, S. 219f.
102 Die Große Politik der europäischen Kabinette 1871–1914, a.a.O., Bd. 15, Dokument Nr. 4195.
103 Bülow: Denkwürdigkeiten, a.a.O., Bd. 1, S. 398.
104 W. Hallgarten: L'Essor et L'Echec de la Politique Boer ..., a.a.O.
105 J. L. Garvin: Life of Joseph Chamberlain, a.a.O., Bd. 3, S. 521.
106 B. E. Dugdale: Arthur James Balfour, ..., a.a.O., Bd. 1, S. 291.

107 Bülow: Denkwürdigkeiten, a.a.O., Bd. 1, S. 335.
108 S. Lee: King Edward VII . . ., a.a.O., Bd. 1, S. 759.
109 Die Große Politik der europäischen Kabinette . . ., a.a.O., Bd. 15, Dokument Nr. 4469; The British Documents . . ., a.a.O., Bd. 3, S. 437.
110 Letters of Queen Victoria, a.a.O., 3. Serie Bd. 3, S. 508.
111 S. Lee: King Edward VII . . ., a.a.O., Bd. 1, S. 770.
112 Die Große Politik der europäischen Kabinette 1871–1914, a.a.O., Bd. 15, Dokument Nr. 4394.
113 E. Eyck: Das persönliche Regiment . . ., a.a.O., S. 259; A. v. Tirpitz: Erinnerungen, a.a.O., S. 104.
114 Bülow: Denkwürdigkeiten, a.a.O., Bd. 1, S. 359f. Der hier gegebene Text der Hunnenrede kombiniert die von der Nordwestdeutschen Zeitung gedruckte Version (hier in Kursivdruck wiedergegeben) mit der vom offiziellen Reichsanzeiger (in Normaldruck). Siehe W. Schröder (Hrsg.): Das persönliche Regiment . . ., a.a.O., S. 41ff.
115 Schulthess: Europäischer Geschichtskalender, Bd. 41 (1900), S. 212.
116 H. McAleavy in: History Today, Mai 1957.
117 Die Geheimen Papiere Friedrich von Holsteins, a.a.O., Bd. 4, S. 188.
118 C. zu Hohenlohe: Reichskanzlerzeit, a.a.O., S. 582.
119 E. Eyck: Das persönliche Regiment . . ., a.a.O., S. 275.
120 Jostock: Income andWealth, Serie 5, S. 95.
121 Siehe Anhang 1.
122 J. v. Kürenberg:War alles falsch? . . ., a.a.O., S. 188.
123 T. W. L. Lord Newton: Lord Lansdowne. A biography. London 1929, S. 197.
124 H. G. Nicolson: George the Fifth. His life and reign, London 1952, S. 182; R. Viscount Esher: Journals and Letters of Reginald, V. E., hrsg. von O. S. B. Brett, 4 Bde. Bd. 1, S. 281; Mitteilung von Sir J. Wheeler-Bennett an den Autor.
125 W. A. Wilcox und Charles E. Lee: Queen Victoria's Funeral Journey, in: Railway Magazine, März 1940, S. 136–140; über den deutschen kaiserlichen Hofzug siehe A. Topham: Memories of the Kaiser's Court, a.a.O.
126 Bülow: Denkwürdigkeiten, a.a.O., Bd. 1, S. 507.
127 Die Geheimen Papiere Friedrich von Holsteins, a.a.O., Bd. 4, S. 196.
128 Documents Diplomatiques Français 1871–1914. Hrsg. i. A. des Ministère des Affaires Etrangères von der Commission de publication des documents relatifs aux origines de la guerre de 1914, 3 Serien, Paris 1929ff., 2. Serie, Bd. 1, S. 86.
129 Die Große Politik der europäischen Kabinette 1871–1914, a.a.O., Bd. 17, Dokument Nr. 4987.
130 H. v. Eckardstein: Lebenserinnerungen . . ., a.a.O., Bd. 2, S. 298.
131 Für die Verhandlungen von 1901 im allgemeinen siehe Die Große Politik der europäischen Kabinette 1871–1914, a.a.O., Bd. 17, Dokumente Nr. 4982–5029; The British Documents . . ., Bd. 2, S. 82–96; J. L. Garvin: Life of Joseph Chamberlain, a.a.O., Bd. 3, Kapitel 57–59.

132 Die Große Politik der europäischen Kabinette 1871–1914, a.a.O., Bd. 17, Dokument Nr. 5023; bei dieser Gelegenheit händigte König Eduard dem Kaiser versehentlich die vertrauliche Aufzeichnung aus, die ihm vom englischen Auswärtigen Amt als Unterlage für die Besprechungen mitgegeben worden war. Darin war die geplante Eisenbahn nach Kuwait als »transkaspisch« anstatt als »anatolisch« bezeichnet, was den Kaiser zu sarkastischen Bemerkungen über die geographische Ignoranz des Foreign Office veranlaßte. Siehe T. W. L. Lord Newton: Lord Lansdowne . . ., a.a.O., S. 204.
133 Die Große Politik der europäischen Kabinette 1871–1914, a.a.O., Bd. 17, Dokumente Nr. 5020, 5029.
134 B. E. Dugdale: Arthur James Balfour, . . ., a.a.O., Bd. 1, S. 260.
135 H. v. Eckardstein: Lebenserinnerungen . . ., a.a.O., Bd. 2, S. 282.
136 The British Documents . . ., a.a.O., Bd. 2, S. 91.
137 Die Große Politik der europäischen Kabinette 1871–1914, a.a.O., Bd. 14, Dokument Nr. 3785; Die Geheimen Papiere Friedrich von Holsteins, a.a.O., Bd. 4, S. 60.
138 Die Große Politik der europäischen Kabinette 1871–1914, a.a.O., Bd. 17, Dokument Nr. 4985.
139 Bülow: Denkwürdigkeiten, a.a.O., Bd. 1, S. 510f.
140 Die Große Politik der europäischen Kabinette, a.a.O., Bd. 14, Dokumente Nr. 3790, 3799.
141 ebda., Bd. 9, Dokument Nr. 2161; Bd. 17, Dokumente Nr. 4980, 5373; vgl. auch Die Geheimen Papiere Friedrich von Holsteins, a.a.O., Bd. 4, S. 430.
142 K. Garvin: J. L. Garvin, 1948, S. 8.
143 Bismarck: Gedanken und Erinnerungen, a.a.O., S. 696.
144 Der Kaiser scheint Die Große Politik der europäischen Kabinette, a.a.O., Bd. 17, Dokumente Nr. 4994, 4997, 5005, 5006 sowie 5010 nicht zu Gesicht bekommen zu haben.
145 Die Große Politik der europäischen Kabinette, a.a.O., Bd. 16, Dokument Nr. 4793.
146 R. Niebuhr: The Irony of American History, London 1952, S. 98.

Ein Alptraum wird Wirklichkeit

1 The British Documents . . ., a.a.O., Bd. 3, S. 435.
2 H. G. Nicolson: George the Fifth . . ., a.a.O., S. 77f., 42.
3 T. Roosevelt: The Letters . . ., a.a.O., Bd. 7, S. 397.
4 S. Lee: King Edward VII . . ., a.a.O., Bd. 2, S. 147ff.
5 T. W. L. Lord Newton: Lord Lansdowne . . ., a.a.O., S. 330, 351.
6 ebda., S. 249.
7 Spitzemberg: Das Tagebuch der Baronin Spitzemberg . . ., a.a.O., S. 416.
8 The British Documents . . ., a.a.O., Bd. 6, S. 7.
9 Bülow: Denkwürdigkeiten, a.a.O., Bd. 1, S. 583.

10 Die Große Politik der europäischen Kabinette, a.a.O., Bd. 17, Dokument Nr. 5140.
11 T. W. L. Lord Newton: Lord Landsdowne . . ., a.a.O., S. 257.
12 Spitzemberg: Das Tagebuch der Baronin Spitzemberg . . ., a.a.O., S. 464; Bülow: Denkwürdigkeiten, a.a.O., Bd. 1, S. 558.
13 T. W. L. Lord Newton: Lord Landsdowne . . ., a.a.O., S. 277.
14 H. v. Eckardstein: Lebenserinnerungen . . ., a.a.O., Bd. 2, S. 377.
15 Die Große Politik der europäischen Kabinette, a.a.O., Bd. 17, Dokumente Nr. 5369–79.
16 The British Documents . . ., a.a.O., Bd. 2, S. 370.
17 Die Große Politik der europäischen Kabinette, a.a.O., Bd. 18, Dokument Nr. 5911.
18 A. Maurois: King Edward and His Times, a.a.O., S. 158.
19 W. Goetz (Hrsg.): Briefe an den Zaren, a.a.O., S. 97.)
20 F. v. Holstein: Lebensbekenntnis . . ., a.a.O., S. 239.
21 Die Große Politik der europäischen Kabinette, a.a.O., Bd. 20, Dokument Nr. 6383.
22 The British Documents . . ., a.a.O., Bd. 3 Anhang A.
23 A. J. Marder: From the Dreadnought to Scapa Flow. The Royal Navy in the Fisher Era 1904–19. 3 Bde., London 1961–66, Bd. 1, S. 107.
24 Siehe Marders erwähntes Werk; R. Viscount Esher: Journals and Letters . . ., a.a.O. und J. P. Mackintosh: The Role of the Committee of Imperial Defence before 1914, in: English Historical Review 77 (1962).
25 Die Große Politik der europäischen Kabinette, a.a.O., Bd. 20, Dokument Nr. 6378.
26 Rede Wilhelms II. vom 28. 4. 1904.
27 Die Große Politik der europäischen Kabinette, a.a.O., Bd. 20, Dokument Nr. 6513.
28 ebda., Bd. 20, Dokument Nr. 6375.
29 ebda., Bd. 21, Dokumente Nr. 6953, 7034; Die Geheimen Papiere Friedrich von Holsteins, a.a.O., Bd. 4, S. 349.
30 E. Eyck: Das persönliche Regiment . . ., a.a.O., S. 383.
31 R. v. Zedlitz-Trützschler: Zwölf Jahre . . ., a.a.O., S. 78; A. Maurois: King Edward and His Times, a.a.O., S. 161; W. Churchill: The Ex-Kaiser, a.a.O.
32 Spitzemberg: Das Tagebuch der Baronin Spitzemberg . . ., a.a.O., S. 437.
33 Die Große Politik der europäischen Kabinette . . ., a.a.O., Bd. 19, Dokument Nr. 5937.
34 ebda., Bd. 19, Dokument Nr. 5972; The British Documents . . ., a.a.O., Bd. 2, S. 232.
35 W. Goetz (Hrsg.): Briefe an den Zaren, a.a.O., S. 131f.
36 ebda., S. 143f. Welchen Gebrauch der Zar im November 1908 von diesen Schreiben machte, siehe bei H. G. Nicolson: Sir Arthur Nicolson, Bart. First Lord Carnock. A Study in the Old Diplomacy, London 1931, S.289.
37 W. Goetz (Hrsg.): Briefe an den Zaren, a.a.O., S. 153.

38 Bülow: Denkwürdigkeiten, a.a.O., Bd. 2, S. 69.
39 J. A. Spender: Life, Journalism and Politics. An autobiography, 2 Bde., London 1927, Bd. 2, S. 67f.
40 Die Große Politik der europäischen Kabinette . . ., a.a.O., Bd. 19, Dokument Nr. 6149.
41 S. Lee: King Edward VII . . ., a.a.O., Bd. 2, S. 327.
42 ebda., S. 329.
43 E. L. Woodward: Great Britain and the German Navy. On Anglo-German Relations 1898–1914, Oxford 1935, S. 94ff.
44 The British Documents . . ., a.a.O., Bd. 6, S. 118.
45 W. Hubatsch: Der Admiralstab . . ., a.a.O., S. 117.
46 Dem Verfasser von demjenigen erzählt, dem die Geschichte 1911 passierte.
47 Die Große Politik der europäischen Kabinette . . ., a.a.O., Bd. 19, Dokument Nr. 6157.
48 C. W. Porter: The Career of Théophile Delcassé, Philadelphia 1936, S. 178, 221ff.; The British Documents . . ., a.a.O., Bd. 2, S. 274f.
49 Das sagte Wilhelm II. 1906 zu Haldane. Siehe Sir F. Maurice: Haldane 1856–1928 . . ., a.a.O., S. 197 und The British Documents . . ., a.a.O., Bd. 3, S. 421.
50 Rheinisch-Westfälische Zeitung 11. 4. 1904, zitiert bei M. E. Townsend: The Rise and Fall . . ., a.a.O., S. 312.
51 Die Große Politik der europäischen Kabinette . . ., a.a.O., Bd. 17, Dokument Nr. 5035; Bd. 20, Dokument Nr. 6599.
52 W. Goetz: Kaiser Wilhelm II. und die deutsche Geschichtsschreibung, in: Historische Zeitschrift 179 (1955), S. 29; R. v. Kühlmann: Lebenserinnerungen, a.a.O., S. 225.
53 P. Rassow: Schlieffen und Holstein, in: Historische Zeitschrift 173 (1952), S. 297ff.; G. Ritter: Der Schlieffen-Plan. Kritik eines Mythos, München 1956, S. 102ff.; G. A. Craig: Deutsche Staatskunst . . ., a.a.O., S. 53; F. v. Holstein: Lebensbekenntnis . . ., a.a.O., S. 329
54 G. Ritter: Der Schlieffen-Plan . . ., a.a.O., S. 111.
55 Rede Wilhelms II. in Bremen am 22. 3. 1905.
56 Die Große Politik der europ. Kabinette . . ., a.a.O., Bd. 20, Dokumente Nr. 6564–89; R. v. Kühlmann: Lebenserinnerungen, a.a.O., S. 228ff.
57 Die Große Politik der europäischen Kabinette . . ., a.a.O., Bd. 19, Dokument Nr. 6237.
58 ebda., Bd. 20, Dokument Nr. 6589.
59 R. v. Valentini: Kaiser und Kabinettschef . . ., a.a.O., S. 81.
60 R. v. Zedlitz-Trützschler: Zwölf Jahre . . ., a.a.O., S. 130.
61 S. Lee: King Edward VII . . ., a.a.O., Bd. 2, S. 339f.
62 Die Große Politik der europäischen Kabinette . . ., a.a.O., Bd. 20, Dokument Nr. 6573; The British Documents . . ., a.a.O., Bd. 3, S. 76.
63 A. J. Marder: The Correspondence of Lord Fisher . . ., a.a.O., S. 55.
64 T. W. L. Lord Newton: Lord Lansdowne . . ., a.a.O., S. 342; C. W. Porter: The Career of Théophile Delcassé, a.a.O., S. 200ff.

65 Die Große Politik der europäischen Kabinette . . ., a.a.O., Bd.20, Kapitel 148.
66 W. Goetz (Hrsg.): Briefe an den Zaren, a.a.O., S. 179f.; F. M. Cornford: Microcosmographia Academica, 4.Aufl., Cambridge 1949.
67 Die Große Politik der europäischen Kabinette . . ., a.a.O., Bd. 19 Dokument Nr. 6193.
68 J. Haller: Aus dem Leben . . ., a.a.O., S. 379ff.
69 Die Große Politik der europäischen Kabinette . . ., a.a.O., Bd. 19, Dokument Nr. 6220.
70 ebda., Bd. 19, Dokument Nr. 6229.
71 ebda., Bd. 19, Dokument Nr. 6237; Bülow: Denkwürdigkeiten, a.a.O., Bd. 2, S. 146f.
72 Die Große Politik der europäischen Kabinette . . ., a.a.O., Bd. 19, Dokument Nr. 6255.
73 ebda., Bd. 19, Dokument Nr. 6093.
74 ebda., Bd. 19, Dokument Nr. 6047.
75 Siehe Die Große Politik der europäischen Kabinette . . ., a.a.O., Bd. 32, Dokumente Nr. 11801 und 12026 (1912); ebda., Bd. 32, Dokument Nr. 11704 (1910).
76 ebda., Bd. 21, Dokumente Nr. 6953, 7034.
77 R. v. Kühlmann: Lebenserinnerungen, a.a.O., S. 246–250.
78 Die Große Politik der europäischen Kabinette . . ., a.a.O., Bd. 21, Dokument Nr. 7252; ebda., Bd. 24, Dokument Nr. 8282.
79 R. Viscount Esher: Journals and Letters . . ., a.a.O., Bd. 3, S. 61.
80 Die Große Politik der europäischen Kabinette . . ., a.a.O., Bd. 20, Dokumente Nr. 6881, 6887; P. Rassow und K. E. Born (Hrsg.): Akten zur staatlichen Sozialpolitik . . ., a.a.O., S. 245; Bülow: Denkwürdigkeiten, a.a.O., Bd. 2, S. 262.
81 K. v. Einem: Erinnerungen eines alten Soldaten 1853–1933, Leipzig 1933, S. 114; R. v. Zedlitz-Trützschler: Zwölf Jahre . . ., a.a.O., S. 175; R. v. Kühlmann: Lebenserinnerungen, a.a.O., S. 251ff.
82 Die Große Politik der europäischen Kabinette . . ., a.a.O., Bd. 25, Dokument Nr. 8503.
83 H. G. Nicolson: Lord Carnock . . ., a.a.O., S. 189 – 94.
84 The British Documents . . ., a.a.O., Bd. 3, S. 436; F. v. Holstein: Lebensbekenntnis . . ., a.a.O., S. 246; H. Rogge: Holstein und Harden. Polt.-publizistisches Zussp. zw. Außenseiter d. W. Reichs, München 1959, S. 64f.
85 Die Große Politik der europäischen Kabinette . . ., a.a.O., Bd. 21, Dokumente Nr. 7139, 7154.
86 H. Rogge: Holstein und Harden . . ., a.a.O., S. 70.
87 H. v. Moltke: Erinnerungen – Briefe – Dokumente 1877–1916, hrsg. von E. v. Moltke, Stuttgart 1922, S. 304–308.
88 Die Große Politik der europäischen Kabinette . . ., a.a.O., Bd. 20, Dokument Nr. 7064.
89 ebda., Dokument Nr. 7082.
90 W. Goetz (Hrsg.): Briefe an den Zaren, a.a.O., S. 193.

91 T. W. L. Lord Newton: Lord Lansdowne . . ., a.a.O., S. 330.
92 S. Lee: King Edward VII . . ., a.a.O., Bd. 2, S. 336, 528.
93 T. Roosevelt: The Letters . . ., a.a.O., Bd. 7, S. 397.
94 H. v. Eckardstein: Lebenserinnerungen . . ., a.a.O., Bd. 1, S. 209; R. v. Zedlitz-Trützschler: Zwölf Jahre . . ., a.a.O., S. 133; W. Goetz (Hrsg.): Briefe an den Zaren, a.a.O., S. 197; Die Große Politik der europäischen Kabinette . . ., a.a.O., Bd. 21, Dokument Nr. 7180; Bülow: Denkwürdigkeiten, a.a.O., Bd. 2, S. 172; A. Maurois: King Edward and His Times, a.a.O., S. 202.
95 Sir F. Maurice: Haldane 1856–1928. The Life of Viscount Haldane of Cloan. 2 Bde., London 1937–39, S. 199f.; D.'Sommer: Haldane of Cloan. His life and times 1856–1928, London 1960, S. 180.
96 F. Fischer: Griff nach der Weltmacht. Die Kriegszielpolitik des Kaiserlichen Deutschland 1914/18, Düsseldorf 1961 (3.Aufl.1964), S.32.
97 R. Viscount Esher: Journals and Letters . . ., a.a.O., Bd. 2, S. 180, 186.
98 A. J. Marder: From the Dreadnought to Scapa Flow . . .., a.a.O., Bd. 1, S. 109.
99 R. Viscount Esher: Journals and Letters . . ., a.a.O., Bd. 2, S. 249.
100 A. J. Marder: From the Dreadnought to Scapa Flow . . .., a.a.O., Bd. 1, S. 114.
101 R. J. S. Hoffman: Great Britain and the German Trade Rivalry, a.a.O., S. 98–101; R. C. K. Ensor: England 1870–1914, Oxford 1936, S. 500 bis 505.
102 T. W. L. Lord Newton: Lord Lansdowne . . ., a.a.O., S. 254; Die Große Politik der europäischen Kabinette . . ., a.a.O., Bd. 21, Dokument Nr. 7223; Sir F. Maurice: Haldane 1856–1928 . . ., a.a.O., S. 215.
103 C. E. Schorske: German Social Democracy, the Development of the Great Schism, in: Harvard Historical Studies Bd. 65, Harvard/Cambridge, Mass. 1955, S. 12, 32; K. E. Born: Staat und Sozialpolitik . . ., a.a.O., S. 53f.
104 C. E. Schorske: German Social Democracy, . . ., a.a.O., S. 129f., zitiert aus Pachnicke: Liberalismus als Kulturpolitik.
105 T. Heuss: Friedrich Naumann . . ., a.a.O., S. 196.
106 K. E. Born: Staat und Sozialpolitik . . ., a.a.O., S. 64.
107 Bülow: Denkwürdigkeiten, a.a.O., Bd. 2, S. 122; Die Geheimen Papiere Friedrich von Holsteins, a.a.O., Bd. 4, S. 396.
108 K. Epstein: Matthias Erzberger . . ., a.a.O., S. 54–59.
109 K. E. Born: Staat und Sozialpolitik . . ., a.a.O., S. 206: W. Frank: Bernhard v. Bülow, in: Historische Zeitschrift Bd. 147 (1933), S. 365.
110 K. Epstein: Matthias Erzberger . . ., a.a.O., S. 56f.; J. Bühler: Vom Bismarck-Reich zum geteilten Deutschland . . ., a.a.O., S. 297; E. L. Woodward: Great Britain and the German Navy . . ., a.a.O., S. 152.
111 C. E. Schorske: German Social Democracy, . . ., a.a.O., S. 150.
112 Rede bei der Eröffnung des Preußischen Landtages am 20. 10. 1908.
113 H. F. Young: Maximilian Harden. Censor Germaniae. The critic in opposition from Bismarck to the rise of nazism. Den Haag 1959; H. Rogge:

Die Kladderadatsch-Affäre . . ., a.a.O., S. 120; ders.: Holstein und Harden, a.a.O., S. 385.

114 H. Rogge: Holstein und Harden, a.a.O., S. 59.

115 ebda., S. 72f.

116 H. v. Treschkow: Von Fürsten . . ., a.a.O., S. 115 und 164.

117 H. Helfritz: Wilhelm II. als Kaiser und König, a.a.O., S. 122.

118 H. Rogge: Holstein und Harden, a.a.O., S. 12; F. v. Holstein: Lebensbekenntnis . . ., a.a.O., S.208; H. v. Treschkow: Von Fürsten . . ., a.a.O., S. 190.

119 The British Documents . . ., a.a.O., Bd. 6, S. 62.

120 H. Rogge: Holstein und Harden, a.a.O., S. 233–37.

121 Bülow: Denkwürdigkeiten, a.a.O., Bd. 2, S. 305.

122 H. S. Chamberlain: Briefe . . ., a.a.O., Bd. 2, S. 226f.

123 S. Lee: King Edward VII . . ., a.a.O., Bd. 2, S. 548; Bülow: Denkwürdigkeiten, a.a.O., Bd. 2, S. 306ff.

124 S. Lee: King Edward VII . . ., a.a.O., Bd. 2, S. 546; M. v. Keller: Vierzig Jahre im Dienst der Kaiserin, a.a.O., S. 253.

125 R. Viscount Esher: Journals and Letters . . ., a.a.O., Bd. 2, S. 255.

126 Esher: Journals and Letters . . ., a.a.O., Bd. 2, S. 255; G. M. Trevelyan: Sir Edward Grey. Sein Leben und Werk, eine Grundlegung englischer Politik, Essen 1938 (engl. Ausg. London/New York/Toronto 1937, S. 151).

127 S. Lee: King Edward VII . . ., a.a.O., Bd. 2, S. 525.

128 R. Viscount Esher: Journals and Letters . . ., a.a.O., Bd. 2, S. 259.

129 H. S. Chamberlain: Briefe . . ., a.a.O., Bd. 2, S. 226f.

130 Die Große Politik der europäischen Kabinette . . ., a.a.O., Bd. 23, Dokument Nr. 7815.

131 ebda., Bd. 24, Dokument Nr. 8179.

132 E. L. Woodward: Great Britain and the German Navy . . ., a.a.O., S. 100–120; W. Hubatsch: Der Admiralstab . . ., a.a.O., S. 115.

133 A. J. Marder: The Correspondence of Lord Fisher . . ., a.a.O., S. 215.

134 R. Viscount Esher: Journals and Letters . . ., a.a.O., Bd. 2, S. 144.

135 W. Hubatsch: Der Admiralstab . . ., a.a.O., S. 122.

136 F. v. Holstein: Lebensbekenntnis . . ., a.a.O., S. 292.

137 Die Große Politik der europäischen Kabinette . . ., a.a.O., Bd. 21, Dokument Nr. 7024; Bd. 24, Dokument Nr. 8228.

138 Die Geschichte, wonach deutsche Seeoffiziere regelmäßig »auf den Tag« getrunken haben sollen, an dem sie England angreifen würden, scheint ihren Ursprung in einem von Blatchford im Clarion 1910 veröffentlichten Artikel genommen zu haben. Sie wurde durch Prinz Heinrich von Preußen lt. Die Große Politik der europäischen Kabinette . . ., a.a.O., Bd. 28, Dokument Nr. 10371 Anmerkung dementiert. E. Ludwig zitiert in: Kaiser Wilhelm II., a.a.O. auf S. 410 einen Befehl, den der Kaiser zu Beginn des Krieges erlassen haben soll, wonach die Flottenbefehlshaber »den Tag« mit Geduld abzuwarten hätten; es ist dem Verfasser aber nicht möglich gewesen, die Quelle für diese Behauptung zu finden.

139 Die Große Politik der europäischen Kabinette ..., a.a.O., Bd. 24, Dokument Nr. 8181.
140 W. E. Frhr. v. Schoen: The Memoirs of an Ambassador, London 1922, S. 101; M. Princess Radziwill: This was Germany, ..., a.a.O., S. 22ff.
141 R. Viscount Esher: Journals and Letters ..., a.a.O., Bd. 2, S. 286; T. W. L. Lord Newton: Lord Lansdowne ..., a.a.O., S. 367.
142 Die Große Politik der europäischen Kabinette ..., a.a.O., Bd. 24, Dokument Nr. 8187.
143 ebda., Bd. 24, Dokument Nr. 8193.
144 R. Viscount Esher: Journals and Letters ..., a.a.O., Bd. 2, S. 286, 289.
145 S. Lee: King Edward VII ..., a.a.O., Bd. 2, S. 606.
146 ebda., Bd. 2, S. 604.
147 Die Große Politik der europäischen Kabinette ..., a.a.O., Bd. 24, Dokument Nr. 8193.
148 J. A. Fisher: Memories, London 1919, S. 234; in B. W. Tuchman: August 1914, London 1962, S. 19 ist diese Episode ungenau dargestellt.
149 H. G. Nicolson: Lord Carnock ..., a.a.O., S. 273.
150 Prinz Gottfried v. Hohenlohe an Daisy, Princess of Pless: siehe Daisy, Princess of Pless: The private diaries ..., a.a.O., S. 159.
151 Die Große Politik der europäischen Kabinette ..., a.a.O., Bd. 24, Dokument Nr. 8217.
152 ebda., Bd. 24, Dokument Nr. 8219.
153 ebda., Bd. 24, Dokument Nr. 8226; The British Documents ..., a.a.O., Bd. 6, S. 124; Bülow: Denkwürdigkeiten, a.a.O., Bd. 2, S. 321f.
154 R. Viscount Esher: Journals and Letters ..., a.a.O., Bd. 2, S. 343.
155 H. Rothfels: Studien zur Annexionskrisis von 1908/09, in: Historische Zeitschrift Bd. 147 (1933), S. 326.
156 H. Übersberger: Österreich zwischen Rußland und Serbien. Zur südslawischen Frage und der Entstehung des Ersten Weltkrieges, Köln/Graz 1958, S. 20f.
157 S. Lee: King Edward VII ..., a.a.O., Bd. 2, S. 632.
158 Die Große Politik der europäischen Kabinette ..., a.a.O., Bd. 26, Dokument Nr. 8939.
159 Österreich-Ungarns Außenpolitik von der bosnischen Krise 1908 bis zum Kriegsausbruch 1914. Diplomatische Aktenstücke, bearbeitet von L. Bitter und H. Übersberger, 8 Bde., Wien/Leipzig 1930, Bd. 1, S. 345.
160 H. Rothfels: Studien zur Annexionskrisis ..., a.a.O., S. 337
161 Wegen des Artikels im Daily Telegraph siehe Hiller v. Gaertringen: Fürst Bülows Denkwürdigkeiten ..., a.a.O., sowie W. Schüssler: Die Daily-Telegraph-Affaire. Fürst Bülow, Kaiser Wilhelm und die Krise des Zweiten Reiches 1908, in: Göttinger Bausteine zur Geschichtswissenschaft Bd. 9, Göttingen 1952. Diese Lösung hier »Sah sich Bülow den Artikel an oder nicht?« ist hypothetisch, wie es alle Lösungen sein müssen, aber abgesehen davon, daß sie alle bekannten Tatsachen anführt, hat sie das für sich, daß es die Lösung ist, zu der die beiden Persönlichkeiten, die Bülow am besten kannten, Holstein (H. P. Bd. 1, S. 188ff.) und der Kai-

ser selbst neigten (Frhr. v. Schoen: The Memoirs ..., a.a.O., S. 108). Vgl. auch Bülow: Denkwürdigkeiten, Bd. 2, S. 338ff. – Das noch existierende Zeitungsexemplar, das Bülow am Morgen der Veröffentlichung an Stemrich sandte mit der Anfrage, ob der Text mit dem seinerzeit im Auswärtigen Amt überprüften Entwurf übereinstimme, ist ein beinahe schlüssiger Beweis dafür, daß Bülow diesen Entwurf tatsächlich nicht gelesen hatte. Daß das nur auf geschäftlicher Überlastung beruht hätte, ist schwer zu glauben. Schüssler behauptet, Bülow sei der ihm in dieser Beziehung vorgeworfenen Doppelzüngigkeit nicht fähig gewesen, aber sein Benehmen bei der Entlassung Holsteins und im Falle Harden macht einen in dieser Hinsicht skeptisch.

162 A. Topham: Memories of the Fatherland ..., a.a.O., S. 146.

163 Fürstenberg, zitiert bei W. Schüssler, Daily-Telegraph-Affaire, S. 62.

164 F. Frhr. v. Hiller v. Gaertringen: Fürst Bülows Denkwürdigkeiten ..., a.a.O., S. 173.

165 ebda., S. 182; R. A. Kann: Kaiser William and Archduke Franz Ferdinand in their correspondence, in American Historical Review Nr. 62 (1952), S. 324.

166 W. C. Mommsen: Max Weber und die deutsche Politik 1890–1920, Tübingen 1959, S. 167.

167 Dies wurde dem Verfasser von jemandem erzählt, der die Geschichte von dem erwähnten Minister v. Weizsäcker gehört hat.

168 W. Goetz (Hrsg.): Briefe an den Zaren, a.a.O., S. 245f.

169 G. A. Craig: The Politics ..., a.a.O., S. 290.

170 H. Übersberger: Österreich zwischen Rußland und Serbien ..., a.a.O. S. 38, zitiert Berchtolds Depesche in: Österreich-Ungarns Außenpolitik ..., a.a.O., Bd. 2, S. 135ff.

171 Die Große Politik der europäischen Kabinette ..., a.a.O., Bd. 26, Dokument Nr. 9451.

172 F. v. Holstein: Lebensbekenntnis ..., a.a.O., S. 335.

173 H. G. Nicolson: Lord Carnock ..., a.a.O., S. 301.

174 ebda., S. 305. War das deutsche Vorgehen ein Ultimatum oder die Intervention eines Freundes? Der Zar erklärte sich in seinem Brief an den Kaiser vom 22. März als »sehr beglückt darüber«, was kaum die Tonart ist, in der man über ein Ultimatum spricht, und Iswolski gab später im gleichen Jahre gegenüber dem britischen Botschafter in Wien zu, daß es kein Ultimatum gewesen sei (The British Documents ..., a.a.O., Bd. 5, S. 809). Andererseits prahlte A. v. Kiderlen-Wächter in: Der Staatsmann und Mensch. Briefwechsel und Nachlaß, hrsg. von E. Jäckh, 2 Bände, Stuttgart 1924, Bd. 2, S. 26, es sei eines gewesen. Die Antwort ist jedenfalls, daß die Deutschen glaubten, besonders schlau zu sein, indem sie ein Ultimatum erfanden, das man als eine freundschaftliche Intervention darstellen konnte. Was sie dabei nicht merkten, war, daß sie dadurch Iswolski in die Hände spielten.

175 B. Fürst v. Bülow: Denkwürdigkeiten. a.a.O., Bd. 2, S. 513.

176 S. Lee: King Edward VII ..., a.a.O., Bd. 2, S. 622.

177 R. Graf v. Zedlitz-Trützschler: Zwölf Jahre . . ., a.a.O., S. 218f.
178 M. Princess Radziwill: This was Germany . . ., a.a.O., S. 72. L. de Hegermann-Lindencrone: The Sunny Side . . ., a.a.O., S. 319, sagt, daß der Zwischenfall mit dem an der falschen Stelle haltenden Zuge sich 1908 beim Besuch des dänischen Königs zugetragen und daß an dem erwähnten Abend König Eduard und Königin Alexandra sich unmittelbar nach dem Abendessen, das sie an des Kaisers Tafel eingenommen hatten, in ihre Gemächer zurückgezogen hätten.
179 Die Große Politik der europäischen Kabinette . . ., a.a.O., Bd. 28, Dokument Nr. 10620.
180 R. A. Kann: Kaiser William . . ., a.a.O., S. 332.
181 B. Fürst v. Bülow: Denkwürdigkeiten, a.a.O., Bd. 2, S. 422f.
182 Spitzemberg: Das Tagebuch der Baronin Spitzemberg, . . ., a.a.O., S. 503.
183 Die Große Politik der europäischen Kabinette . . ., a.a.O., Bd. 31, Dokument Nr. 11410.
184 A. J. Marder: From the Dreadnought to Scapa Flow . . ., a.a.O., Bd. 1, S. 177; E. L. Woodward: Great Britain . . ., a.a.O.
185 A. J. Marder: The Correspondence of Lord Fisher . . ., a.a.O., S. 208.
186 C. E. Schorske: German Social Democracy, . . ., a.a.O., S. 147; K. Epstein: Matthias Erzberger . . ., a.a.O., S. 80ff.
187 R. A. Kann: Kaiser William . . ., a.a.O., S. 338.
188 T. Wolff: Through Two Decades, London/Toronto 1936, S. 47ff. (deutsche Ausgabe: Der Mensch durch zwei Jahrzehnte, Amsterdam 1936).
189 R. v. Valentini: Kaiser und Kabinettschef. . . ., a.a.O., S. 121f.; F. Frhr. v. Hiller v. Gaertringen: Fürst Bülows Denkwürdigkeiten., a.a.O., S.220.
190 B. Fürst v. Bülow: Denkwürdigkeiten . . ., a.a.O., Bd. 2, S. 512; H. Leip: Des Kaisers Reeder, München 1956, S. 251.
191 A. v. Tirpitz: Politische Dokumente v. A. v. T., 2 Bde., Hamburg/Stuttgart/Berlin 1924/26, Bd. 1, S. 157–60.
192 W. Hubatsch: Die Ära Tirpitz, . . ., a.a.O., S. 86.
193 Die Große Politik der europäischen Kabinette . . ., a.a.O., Bd. 28, Dokument Nr. 10294.
194 B. Fürst v. Bülow: Denkwürdigkeiten, a.a.O., Bd. 2, S. 512.
195 A. v. Tirpitz: Politische Dokumente . . ., a.a.O.

Die Schatten sinken

1 Bei Tuchmann, August 1914, wird wieder Bethmann Hollwegs und Jagows Mitgliedschaft wie die des Kaisers im Corps Borussia Bonn als Hauptursache für ihre Ernennungen genannt. F. Hartung dementiert in Deutsches Biographisches Jahrbuch 1921, S. 21, diese Geschichte kategorisch; Bethmann studierte nach dem ihm gewidmeten Artikel in der Neuen Deutschen Biographie an den Universitäten Straßburg, Leipzig und Berlin und niemals in Bonn. Jagow war zwar Bonner Borusse gewe-

sen, aber der Kaiser war nicht etwa für seine Ernennung zum Staatssekretär eingetreten, sondern hatte sich ihr widersetzt. Vgl. B. Fürst v. Bülow: Denkwürdigkeiten, a.a.O., Bd. 3, S. 34.

2 J. v. Kürenberg: War alles falsch? . . ., a.a.O., S. 257.

3 Spitzemberg: Das Tagebuch der Baronin Spitzemberg . . ., a.a.O., S. 414.

4 E. Schiffer: Ein Leben für den Liberalismus, a.a.O., S. 187–190.

5 H. G. Zmarzlik: Bethmann Hollweg als Reichskanzler 1909–1914, a.a.O., S. 7.

6 Spitzemberg: Das Tagebuch der Baronin Spitzemberg . . ., a.a.O., S. 518.

7 ebda., S. 535; R. B. Viscount Haldane: Before the War, London 1920, S. 59.

8 T. Heuss: Friedrich Naumann . . ., a.a.O., S. 289, 389.

9 E. L. Woodward: Great Britain and the German Navy. On Anglo-German relations 1898–1914. Oxford 1935.

10 H. G. Zmarzlik: Bethmann Hollweg als Reichskanzler 1909–1914, a.a.O., S. 26.

11 J. Haller: Aus dem Leben des Fürsten . . ., a.a.O., S. 367.

12 Gooch: Kiderlen-Wächter, the Man of Agadir, in: Studies in Diplomacy . . ., S. 129–161.

13 J. v. Kürenberg: War alles falsch? . . ., a.a.O., S. 173.

14 B. Fürst v. Bülow: Denkwürdigkeiten, a.a.O., Bd. 2, S. 415 f.

15 Spitzemberg: Das Tagebuch der Baronin Spitzemberg . . ., a.a.O., S. 527, 529; Gooch: Kiderlen-Wächter, . . ., a.a.O., S. 160 zitiert Rosen.

16 K. Epstein: Matthias Erzberger . . ., a.a.O., S. 6.

17 R. J. S. Hoffman: Great Britain . . ., a.a.O., S. 292.

18 J. Bühler: Vom Bismarck-Reich . . ., a.a.O., S. 323.

19 Die Große Politik der europäischen Kabinette . . ., a.a.O., Bd. 28, Dokument Nr. 10401.

20 W. Hubatsch: Die Ära Tirpitz, . . ., a.a.O., S. 87; E. L. Woodward: Great Britain . . ., a.a.O., S. 285.

21 R. Viscount Esher: Journals and Letters of Reginald, Viscount Esher, hrsg. von O. S. B. Brett, 4 Bde., 1935 ff., Bd. 3, S. 4.

22 Die Große Politik der europäischen Kabinette . . ., a.a.O., Bd. 28, Dokument Nr. 10388.

23 ebda., Dokument Nr. 10385.

24 Die Große Politik der europäischen Kabinette . . ., a.a.O., Bd. 27, Dokument Nr. 10152.

25 ebda., Dokumente Nr. 10152, 10171, 10173; H. G. Nicolson: Sir Arthur Nicolson, Bart. First Lord Carnock. A Study in the Old Diplomacy. London 1931, S. 356.

26 R. v. Valentini: Kaiser und Kabinettschef. . . ., a.a.O., S. 114.

27 Spitzemberg: Das Tagebuch der Baronin Spitzemberg . . ., a.a.O., S. 528; J. C. Barlow: The Agadir Crisis, Chapel Hill, University of North Carolina Press 1940, 194, S. 226.

28 Die Große Politik der europäischen Kabinette . . ., a.a.O., Bd. 24, Dokument Nr. 8282; M. E. Townsend: The Rise and Fall . . ., a.a.O., S. 320.

29 Die Große Politik der europäischen Kabinette ..., a.a.O., Bd. 24, Dokument Nr. 8457.
30 Bülow: Denkwürdigkeiten ..., a.a.O., Bd. 2, S. 409ff.; Die Große Politik der europäischen Kabinette ..., a.a.O., Bd. 24, Dokument Nr. 8371; R. Viscount Esher: Journals and Letters ..., a.a.O., Bd. 2, S. 359.
31 Die Große Politik der europäischen Kabinette ..., a.a.O., Bd. 29, Dokument Nr. 10485.
32 The British Documents ..., a.a.O., Bd. 7, S. 317.
33 Gooch: Kiderlen-Wächter ..., a.a.O., S. 50.
34 In diesen Sätzen wird versucht, Kaiser Wilhelms Bericht (in Ereignisse und Gestalten, S. 121) mit dem König Georgs (Nicolson: Georg V, S. 185f.) der Sache nach so gut wie möglich in Einklang zu bringen. Vgl. auch Die Große Politik der europäischen Kabinette ..., a.a.O., Bd. 24, Dokument Nr. 10562.
35 Gooch: Kiderlen-Wächter ..., a.a.O., S. 146.
36 Der Kaiser scheint zwischen dem 11. Juni und dem 10. Juli keine diplomatischen Papiere gesehen zu haben, abgesehen von einem kurzen beruhigenden Telegramm von Bethmann am 3. Juli (Die Große Politik der europäischen Kabinette ..., a.a.O., Bd. 24, Dokument Nr. 10576); siehe auch Spitzemberg: Das Tagebuch der Baronin Spitzemberg ..., a.a.O., S. 529.
37 W. Hubatsch: Der Admiralstab ..., a.a.O., S. 147.
38 F. Rosen: Aus einem diplomatischen Wanderleben, 2 Bände, Berlin 1931/32, Band 3/4 aus dem Nachlaß, Wiesbaden 1959; Bd. 1, S. 338–350.
39 A. J. Marder: From the Dreadnought to Scapa Flow. The Royal Navy in the Fisher Era 1904–19. 3 Bände, London 1961–66, Bd. 1, S. 115; Die Große Politik der europäischen Kabinette ..., a.a.O., Bd. 31, Dokument Nr. 11435.
40 Die Große Politik der europäischen Kabinette ..., a.a.O., Bd. 29, Dokument Nr. 10600.
41 ebda., Dokumente Nr. 10607–09.
42 Eine Anzahl von Briefen Kiderlens an Madame Jonina kamen in die Hände der Franzosen und sind in Caillaux: Agadir, wiedergegeben.
43 A. J. Marder: From the Dreadnought to Scapa Flow ..., a.a.O., Bd. 1, S. 242f.
44 J. P. Mackintosch: The Role of the Committee of Imperial Defence before 1914, in English Historical Review 77 (1962), S. 490ff.
45 Die Große Politik der europäischen Kabinette ..., a.a.O., Bd. 31, Dokument Nr. 11316.
46 A. J. Marder: From the Dreadnought to Scapa Flow ..., a.a.O., Bd. 1, S. 244; ders.: Correspondence of Lord Fisher, Bd. 2, S. 143; Lord Hankey: The Supreme Command 1914–1918, 2 Bände, London 1961, Bd. 1, S. 78.
47 Moltke: Erinnerungen ..., a.a.O., S. 362.
48 Die Große Politik der europäischen Kabinette ..., a.a.O., Bd. 29, Dokument Nr. 10694.
49 ebda., Dokument Nr. 10750.

50 M. E. Townsend: The Rise and Fall . . ., a.a.O., S. 325 ff.
51 T. v. Bethmann-Hollweg: Betrachtungen zum Weltkriege, 2 Bände, Berlin 1919–21, Bd. 1, S. 35 f.
52 Die Große Politik der europäischen Kabinette . . ., a.a.O., Bd. 29, Dokument Nr. 10 702; H. G. Zmarzlik: Bethmann-Hollweg als Reichskanzler 1909–1914, a.a.O., S. 135; Spitzemberg: Das Tagebuch der Baronin Spitzumberg . . ., a.a.O., S. 536.
53 D. Sommer: Haldane of Cloan. His life and times 1856–1928, London 1960, S. 255.
54 Die Große Politik der europäischen Kabinette . . ., a.a.O., Bd. 31, Dokument Nr. 11 307.
55 W. Hubatsch: in Historische Zeitschrift (1953) Bd. 176, S. 291; ders.: Die Ära Tirpitz, . . ., a.a.O., S. 96–102; Die Große Politik der europäischen Kabinette . . ., a.a.O., Bd. 29, Dokument Nr. 10 659.
56 W. Hubatsch: Die Ära Tirpitz, . . ., a.a.O., S. 91; A. J. Marder: From the Dreadnought to Scapa Flow . . ., a.a.O., Bd. 1, S. 274
57 W. Hubatsch: Die Ära Tirpitz, . . ., a.a.O., S. 91.
58 W. Widenmann: Marineattaché an der Kaiserlich-Deutschen Botschaft in London 1907–1912. In: Göttinger Beiträge für Gegenwartsfragen, Bd. 4, Göttingen 1952.
59 W. Hubatsch: Die Ära Tirpitz, . . ., a.a.O., S. 92.
60 Die Große Politik der europäischen Kabinette . . ., a.a.O., Bd. 31, Dokument Nr. 11 323.
61 Sir Lewis Namier bezeichnete in der »Quarterly Review« für Juli 1950 das von Kühlmann in seinen Erinnerungen (339 f.) gegebene Bild der Londoner Situation als übertrieben. Jedoch als Beweis dafür, daß Tyrrell nicht ganz einer Meinung mit Nicolson und Eyre Crowe war, siehe H. G. Nicolson: Lord Carnock . . ., a.a.O., S. 329.
62 Die Große Politik der europäischen Kabinette . . ., a.a.O., Bd. 31, Dokument Nr. 11 321.
63 The British Documents . . ., a.a.O., Bd. 6, S. 492.
64 Sir F. Maurice: Haldane 1856–1928 . . ., a.a.O., S. 291; D.Sommer: Haldane of Cloan . . ., a.a.O., S. 257.
65 The British Documents . . ., a.a.O., Bd. 6, S. 499.
66 W. Widenmann: Marineattaché . . ., a.a.O., S. 234. Diese Rede ist bei Woodward nur in einer Fußnote, vierzig Seiten entfernt von der Beschreibung von Haldanes Ankunft in Berlin erwähnt.
67 F. Fischer: Griff nach der Weltmacht. Die Kriegszielpolitik des Kaiserlichen Deutschland 1914/18, Düsseldorf 1961, 3. Aufl. 1964, S. 55; A. J. Marder: Correspondence of Lord Fisher, . . ., a.a.O., Bd. 1, S. 436.
68 Die Große Politik der europäischen Kabinette . . ., a.a.O., Bd. 39, Dokument Nr. 15 560.
69 A. v. Tirpitz: Politische Dokumente von A. v. Tirpitz, 2 Bände, Hamburg/Stuttgart/Berlin 1924–26, Bd. 1, S. 301.
70 Die Große Politik der europäischen Kabinette . . ., a.a.O., Bd.31, Dokument Nr. 11 344.

71 ebda., Dokumente Nr. 11 403, 11 410.
72 A. v. Tirpitz: Politische Dokumente . . ., a.a.O., Bd. 1, S. 324 ff.; G. Ritter: Staatskunst und Kriegshandwerk . . ., a.a.O., Bd. 2, S. 235; Süddeutsche Zeitung vom 24. 1. 1959; Die Große Politik der europäischen Kabinette . . ., a.a.O., Bd. 31, Dokument Nr. 11 422.
73 Die Große Politik der europäischen Kabinette . . ., a.a.O., Bd. 31, Dokument Nr. 11 337; A. v. Tirpitz: Politische Dokumente . . ., a.a.O., Bd. 1, S. 294; W. Widenmann: Marineattaché . . ., a.a.O., S. 261 f.
74 W. Widenmann: Marineattaché . . ., a.a.O., S. 278; B. Huldermann: Albert Ballin, 2. Aufl. Oldenburg i. O. /Berlin 1922, S. 212.
75 G. A. Craig: The Politics . . ., a.a.O., S. 298; A. v. Tirpitz: Erinnerungen, a.a.O., S. 201.
76 W. Hubatsch: Die Ära Tirpitz, . . ., a.a.O., S. 117.
77 A. J. Marder: From the Dreadnought to Scapa Flow . . ., a.a.O., Bd. 1, Kapitel 12; T. Heuss: Friedrich Naumann . . ., a.a.O., S. 302.
78 A. J. Marder: Correspondence of Lord Fisher, . . ., a.a.O., Bd. S. 72.
79 B. Huldermann: Albert Ballin, . . ., a.a.O., S. 245.
80 Siehe L. Dehio: Deutschland und die Weltpolitik im 20. Jahrhundert, München 1955.
81 W. Hubatsch: in Historische Zeitschrift Nr. 176, S. 303.
82 K. Epstein: Matthias Erzberger . . ., a.a.O., S.75 (deutsche Ausgabe S. 94).
83 C. E. Schorske: German Social Democracy, the Development of the Great Shism. in Harvard Historical Studies Bd. 65, Harvard/Cambridge Mass. 1955, S. 124.
84 Robert Michels: zitiert bei Schorske: German Social Democracy, . . ., a.a.O., S. 118.
85 J. Bühler:Vom Bismarck-Reich . . ., a.a.O., S. 319.
86 C. E. Schorske: German Social Democracy, . . ., a.a.O., S. 228–240.
87 K. E. Born: Staat und Sozialpolitik . . ., a.a.O., S. 246.
88 C. E. Schorske: German Social Democracy, . . ., a.a.O., S. 257–261.
89 A. Rosenberg: Die Entstehung der Deutschen Republik 1871–1918, Berlin 1928, S. 58 f.
90 K. Epstein: Matthias Erzberger . . ., a.a.O., S. 89.
91 H. G. Zmarzlik: Bethmann Hollweg als Reichskanzler 1909–1914, . . ., a.a.O., S. 37–40.
92 Die Große Politik der europäischen Kabinette . . ., a.a.O., Bd. 33, Dokument Nr. 12 225.
93 ebda., Dokument Nr. 12 321.
94 ebda., Dokument Nr. 12 339.
95 ebda., Dokument Nr. 12 349.
96 W. Schüssler: Kaiser Wilhelm II., . . ., a.a.O., S. 96.
97 G. Ritter: Staatskunst und Kriegshandwerk . . ., a.a.O., Bd. 2, S. 270 bis 280.
98 F. Fischer: Griff nach der Weltmacht . . ., a.a.O., S. 46 f.
99 Gooch: Kiderlen-Wächter, . . ., a.a.O., S. 55.
100 Die Große Politik der europäischen Kabinette . . ., a.a.O., Bd. 34, Dokument Nr. 13 282.

101 Gooch: Kiderlen-Wächter, . . ., a.a.O., S. 55.
102 G. A. Craig: The Politics . . ., a.a.O., S. 291.
103 J. Terraine: J. Mons, S. 33.
104 Gooch: Kiderlen-Wächter, . . ., a.a.O., S. 55.
105 Der Kaiser und Moltke dementierten die belgische Geschichte nach Kriegsausbruch, sie ist aber zu gut verbürgt, um als erfunden angesehen zu werden, es ist jedoch möglich, daß die den Deutschen zugeschriebenen Worte ungenau wiedergegeben wurden.
106 L. Albertini: The Origins of the War of 1914. 3 Bände London/New York/Toronto 1952–57, Bd. 1, S. 484; Feldmarschall Conrad (v. Hötzendorf): Aus meiner Dienstzeit 1906–1918, 4 Bände Wien/Berlin/Leipzig/München 1921–23, Bd. 3, S. 470; Österreich-Ungarns Außenpolitik von der bosnischen Krise 1908 bis zum Kriegsausbruch 1914. Diplomatische Aktenstücke, bearbeitet von L. Bittner und H. Übersberger, 8 Bände Wien/Leipzig 1930, Bd. 7, S. 512–515; Die Große Politik der europäischen Kabinette . . ., a.a.O., Bd. 36, Dokument Nr. 14161.
107 Conrad: Aus meiner Dienstzeit, Bd. 3, S. 670.
108 Die Große Politik der europäischen Kabinette . . ., a.a.O., Bd. 39, Dokument Nr. 15844.
109 ebda., Bd. 38, Dokument Nr. 15883.
110 T. v. Bethmann Hollweg: Betrachtungen . . ., a.a.O., Bd. 1, S. 91.
111 Die Deutschen Dokumente zum Kriegsausbruch 1914. Hrsg. i. A. des Auswärtigen Amtes. 4 Bände Berlin 1922. Bd. 1, Dokument Nr. 2.
112 Gooch: Kiderlen-Wächter, . . ., a.a.O., S. 56.
113 A. v. Tirpitz: Politische Dokumente . . ., a.a.O., Bd. 1, S. 403.
114 Die Große Politik der europäischen Kabinette 1871–1914 . . ., a.a.O., Bd. 31, Dokumente Nr. 11345, 11346.
115 Byron, Childe Harold's Pilgrimage, Canto 3.
116 G. A. v. Müller: Regierte der Kaiser? Kriegstagebücher, Aufzeichnungen und Briefe des Chefs des Marine-Kabinetts. Admiral G. A. v. Müller 1914–1918. Hrsg. v. W. Görlitz, Göttingen 1959, 28. 6. 1914, S. 30.
117 Die Deutschen Dokumente . . ., a.a.O., Bd. 1, Dokument Nr. 7.
118 G. Ritter: Der Anteil der Militärs an der Kriegskatastrophe von 1914, in Historische Zeitschrift Nr. 193 (1961) S. 72ff.
119 Die Deutschen Dokumente . . ., a.a.O., Bd. 1, Dokument Nr. 13.
120 L. Albertini: The Origins of the War . . ., a.a.O., Bd. 2, S. 51ff.; G. Ritter: Staatskunst und Kriegshandwerk . . ., a.a.O., Bd. 2, S. 282ff. H. Übersberger: Österreich zwischen Rußland und Serbien . . ., a.a.O., S. 239ff., Der hier gegebene Bericht über die Ereignisse bis zum 4. August stützt sich im allgemeinen auf die beiden erstgenannten Werke.
121 Die Deutschen Dokumente . . ., a.a.O., Bd.4, Anhang 4, Dokument Nr. 27.
122 L. Albertini: The Origins of the War . . ., a.a.O., Bd. 3, S. 81f.
123 Wilhelm II.: Ereignisse und Gestalten, S. 209f.; Die Deutschen Dokumente . . ., a.a.O., Bd. 4, Anhang 4, Dokument Nr. 2.

124 Die Deutschen Dokumente . . ., a.a.O., Bd. 1, Dokument Nr. 29.
125 ebda., Dokument Nr. 49.
126 ebda., Dokument Nr. 121.
127 Der Kaiser selber meint in seinen Erinnerungen, er habe den Text in einer norwegischen Zeitung gelesen, aber v. Müller hat wahrscheinlich recht, wenn er sagt, daß er durch den drahtlosen Nachrichtendienst von Norddeich übermittelt worden sei.
128 G. A. v. Müller: Regierte der Kaiser? . . ., a.a.O., 27. 7. 1914, S. 35.
129 Das dem österreichischen Gesandten in Belgrad überreichte Exemplar erreichte Wien erst am Nachmittag des 26. und mußte zunächst übersetzt und kopiert werden. Die Österreicher beeilten sich nicht mit der Übermittlung nach Berlin, aber die Behauptung, daß die Verzögerung absichtlich und böswillig war, scheint nicht begründet.
130 Die Deutschen Dokumente . . ., a.a.O., Bd. 1, Dokument Nr. 271.
131 Die Deutschen Dokumente . . ., a.a.O., Bd. 2, Dokument Nr. 399.
132 ebda., Dokument Nr. 401.
133 Die Zahlen sind entnommen aus Edmonds: Military Operations in France and Belgium 1914. London 1933, Bd. 1, Anhang 3 u. 6.
134 Die Geschichte, wonach der Kaiser nach der Unterzeichnung des Mobilmachungsbefehls den Anwesenden erklärt haben soll, sie würden dies eines Tages bereuen, scheint auf A. C. Gardner, The War Lords, einem 1915 erschienenen Buche, zu beruhen, in dem eine hochgestellte Persönlichkeit als Quelle erwähnt wird, und auf dem Buch von Admiral Mark Kerr: Land, Sea and Air, von 1927, in dem Fürstin Bülow als Quelle benannt wird. Beide Quellen erscheinen unzuverlässig, und General von Falkenhayn, der bei der Unterzeichnung anwesend war, erwähnt in seinem Tagebuch keine derartige Äußerung des Kaisers. (H. v. Zwehl: Erich v. Falkenhayn, General der Infanterie. Berlin 1926, S. 58.)
135 G. Ritter: Der Schlieffen-Plan. Kritik eines Mythos. München 1956, S. 91–96.
136 G. Ritter: Staatskunst und Kriegshandwerk . . ., a.a.O., Bd. 2, S. 271.
137 ebda., S. 251; B. W. Tuchman: August 1914, London 1962, S. 85.
138 L. Albertini: The Origins of the War of 1914 . . ., a.a.O., Bd. 3, S. 425.
139 Die Deutschen Dokumente . . ., a.a.O., Bd. 3, Dokument Nr. 584; L. Albertini: The Origins of the War of 1914 . . ., a.a.O., Bd. 3, S. 425.
140 Sir J. Wheeler-Bennett: Three Episodes . . ., a.a.O., S. 24.
141 Sir J. Wheeler-Bennett: Hindenburg . . ., a.a.O., S. 35; Bülow: Denkwürdigkeiten . . ., a.a.O., Bd. 1, S. 444f.
142 A. zu Hohenlohe: Aus meinem Leben, a.a.O., S. 338.
143 W. Rathenau: Der Kaiser . . ., a.a.O., S. 28.
144 L. Albertini: The Origins of theWar of 1914 . . ., a.a.O., Bd. 3, S. 479.
145 E. M. Princess Blücher v. Wahlstatt: An Englishwife in Berlin. A private memoir of events, politics and daily life in Germany throughout the war and the social revolution of 1918, London 1926, S. 14.

Wer Wind sät . . .

1 O. Hammann: Bilder aus der letzten Kaiserzeit, Berlin 1922, S. 129.
2 G. A. v. Müller: Regierte der Kaiser? . . ., a.a.O., 6. 11. 1914.
3 A. v. Tirpitz: Erinnerungen . . ., a.a.O., S. 243.
4 Paul Fechter, zitiert von E. Schiffer: Ein Leben . . ., a.a.O., S. 134.
5 M. Princess Radziwill: This was Germany . . ., a.a.O., S. 331.
6 G. A. v. Müller : Regierte der Kaiser? . . ., a.a.O., 10. 3. 1916.
7 ebda., 6. 8. 1914 und 1. 7. 1916.
8 ebda., 30. 4. 1917.
9 B. Huldermann: Albert Ballin, . . ., a.a.O., S. 377.
10 A. N. Davis: The Kaiser I Knew, a.a.O., S. 161. Alle anderen Zitate in diesem Absatz kommen von G. A. v. Müller.
11 Über den Seekrieg siehe S. W. Roskill: The Strategy of Sea Power, its Development and Application, S. 99–142.
12 Princess Blücher: An Englishwife in Berlin . . ., a.a.O., S. 137.
13 G. Ritter: Der Schlieffen-Plan . . ., a.a.O., S. 66.
14 Sir J. Wheeler-Bennett: Hindenburg . . ., a.a.O., S. 34.
15 K. Epstein: Matthias Erzberger . . ., a.a.O., S. 180.
16 ebda., S. 331 f.
17 F. Fischer: Griff nach der Weltmacht . . ., a.a.O., S. 102.
18 T. Heuss: Friedrich Naumann . . ., a.a.O., S. 333–342; A. J. P. Taylor: Aspects, S. 164.
19 Sir J. Wheeler-Bennett: Hindenburg . . ., a.a.O., S. 58.
20 Sir Arthur Wilson, zitiert bei A. J. Marder: From the Dreadnought to Scapa Flow . . ., a.a.O., Bd. 1, S. 332.
21 Die Zahl 29 ist entnommen aus: Der Krieg zur See 1914–1918, hrsg. vom Marinearchiv. Abteilung: Der Handelskrieg mit U-Booten, bearbeitet von A.Spindler, 5 Bände, Berlin 1932ff., Bd. 1, S. 158ff.; E. L. Woodward: Great Britain . . ., a.a.O., S. 453, sagt, Deutschland habe 1914 23 Unterseeboote, die nicht älter als sechs Jahre waren, besessen mit weiteren 14 und einer umgewissen Zahl anderer im Bau. J. Bühler: Vom Bismarck-Reich . . ., a.a.O., S. 421, sagt, nur 21 seien »verfügbar« gewesen. Marder gibt die Zahl 46 an, und K. Epstein: Matthias Erzberger . . ., a.a.O., S. 153ff. sagt, im Winter 1915/16 seien 50 dagewesen.
22 W. Hubatsch: Die Ära Tirpitz, . . ., a.a.O., S. 130.
23 ebda., S. 125.
24 G. A. v. Müller: Regierte der Kaiser? . . ., a.a.O., 5. 8. 1915.
25 J. Bühler: Vom Bismarck-Reich . . ., a.a.O., S. 427.
26 Sir J.Wheeler-Bennett: Hindenburg . . ., a.a.O., S. 71.
27 A. Dorpalen: Empress Augusta Viktoria . . ., a.a.O., S. 26.
28 W. Schüssler: Kaiser Wilhelm II., . . ., a.a.O., S. 106.
29 K. E. Birnbaum: Peace Moves and U-Boat Warfare. A Study of Imperial Germany's Policy towards the United States. Stockholm/ Uppsala 1958.
30 A. N. Davis: The Kaiser I Knew, a.a.O., S. 152.
31 K. E. Birnbaum: Peace Moves . . ., a.a.O., S. 248.

32 ebda., S. 368f.
33 ebda., S. 200.
34 ebda., S. 322; R. v. Valentini: Kaiser und Kabinettschef...., a.a.O., S. 145.
35 G. A. v. Müller: Regierte der Kaiser?..., a.a.O., 16. 1. 1917.
36 W. Churchill: World Crisis, 6 Bände, London 1923–31, Bd. 3, S. 213.
37 F. Fischer: Griff nach der Weltmacht..., a.a.O., S. 475.
38 ebda., S. 437.
39 G. A. v. Müller: Regierte der Kaiser?..., a.a.O., 17. 2. 1918.
40 F. Fischer: Griff nach der Weltmacht..., a.a.O., S. 448f.; K. Epstein: Matthias Erzberger..., a.a.O., S. 176f.
41 G. A. v. Müller: Regierte der Kaiser?..., a.a.O., 23. 4. 1917.
42 F. Fischer: Griff nach der Weltmacht..., a.a.O., S. 454.
43 ebda., S. 455.
44 ebda., S. 467.
45 Es scheint, als sei Erzberger der Text der Briefe vom deutschen Auswärtigen Amt gezeigt worden, nicht, wie vielfach vermutet wurde, von Kaiser Karl oder dem österreichischen Außenministerium. Siehe F. Fischer: Griff nach der Weltmacht..., a.a.O., S. 484.
46 F. Fischer: Griff nach der Weltmacht..., a.a.O., S. 488f.
47 ebda. S. 515.
48 W. Schüssler: Kaiser Wilhelm II.,..., a.a.O., S. 106.
49 G. A. v. Müller : Regierte der Kaiser ?..., a.a.O., 16. 7. 1917.
50 Siehe F. Fischer: Griff nach der Weltmacht..., a.a.O., S. 519 Anmerkung 26; G. A. v. Müller: Regierte der Kaiser?..., a.a.O., 16. 7. 1917. Tatsächlich scheint der Name Michaelis zuerst Freiherrn Magnus von Braun, der Pressechef beim Staatssekretär des Inneren, Helfferich, war, eingefallen zu sein. Fünfzehn Jahre später wurde von Braun Minister im Kabinett von Papen.
51 R. v. Valentini: Kaiser und Kabinettschef...., a.a.O., S. 164–170.
52 E. v. Vietsch: Wilhelm Solf...., a.a.O., S. 173.
53 F. Fischer: Griff nach der Weltmacht..., a.a.O., S. 523.
54 Sir J. Wheeler-Bennett: Hindenburg..., a.a.O., S. 112.
55 G. A. Craig: The Politics of the Prussian Army..., a.a.O., S. 339.
56 So sieht es nach G. A. v. Müller: Regierte der Kaiser?..., a.a.O., 29. 6. 1917, aus. Nach R. v. Kühlmann: Lebenserinnerungen, a.a.O., S. 483ff. soll der Kaiser, der immer ein Friedensfreund gewesen sei, sich so warm ausgesprochen haben, daß der Vatikan dadurch zur Vorlegung offener Vorschläge ermutigt worden sei.
57 Sir J. Wheeler-Bennett: Hindenburg..., a.a.O., S. 112ff.
58 R. v. Kühlmann: Lebenserinnerungen..., a.a.O., S. 501f.
59 K. Epstein: Matthias Erzberger..., a.a.O., S. 225–30; R. v. Valentini: Kaiser und Kabinettschef...., a.a.O., S. 211; T. Heuss: Friedrich Naumann..., a.a.O., S. 401f.; R. v. Kühlmann: Lebenserinnerungen..., a.a.O., S. 577.
60 F. Fischer: Griff nach der Weltmacht..., a.a.O., S. 560. Die grundle-

gende Proklamation der Vaterlandspartei findet sich bei J. Hohlfeld: Dokumente der Deutschen Politik . . ., Bd. 2, a.a.O., S. 357.
61 Sir J. Wheeler-Bennett: Brest-Litovsk. The Forgotten Peace, March 1918, London 1956, S. 109.
62 E. v. Vietsch:Wilhelm Solf . . ., a.a.O., S. 181.
63 O. Czernin: Im Weltkriege, . . ., a.a.O., S. 289 ff.
64 Sir J. Wheeler-Bennett: Hindenburg, . . ., a.a.O., S. 128.
65 R. v. Kühlmann: Lebenserinnerungen . . ., a.a.O., S. 526.
66 ebda., S. 538; J. Hohlfeld : Dokumente der Deutschen Politik . . ., a.a.O., Bd. 2, S. 372.
67 G. A. v. Müller: Regierte der Kaiser? . . ., a.a.O., 16. 1. 1918 und 17. 1. 1918.
68 ebda., 27. 2. 1918.
69 G. A. Craig: The Politics . . ., a.a.O., S. 336.
70 F. Fischer: Griff nach der Weltmacht . . ., a.a.O., S. 665; G. A. v. Miiller: Regierte der Kaiser? . . ., a.a.O., 25. 2. 1918.
71 Sir J. Wheeler-Bennett: Hindenburg, . . ., a.a.O., S. 137.
72 F. Fischer: Griff nach der Weltmacht . . ., a.a.O., S. 556, 558 ff.
73 Sir J. Wheeler-Bennett: Brest-Litovsk . . ., a.a.O., S. 198.
74 Sir J. Wheeler-Bennett: Hindenburg, . . ., a.a.O., S. 140 f.
75 Messages and Papers of Woodrow Wilson, Bd. 1, S. 421.
76 G. A. v. Müller: Regierte der Kaiser? . . ., a.a.O., 10. 3. 1916.
77 F. Fischer: Griff nach der Weltmacht . . ., a.a.O., S. 831.
78 ebda., S. 775 f.
79 ebda., S. 746.
80 ebda., S. 811.
81 ebda., S. 852.
82 P. F. Stubmann: Mein Feld ist die Welt. Albert Ballin, Hamburg 1960, S. 257.
83 F. Fischer: Griff nach der Weltmacht . . ., a.a.O., S. 832.
84 Sir J. Wheeler-Bennett: Hindenburg, . . ., a.a.O., S. Haff.; F. Fischer: Griff nach der Weltmacht . . ., a.a.O., S. 835.
85 A. Rosenberg: Die Entstehumg der Deutschen Republik . . ., a.a.O., S. 228 ff.
86 G. A. v. Müller: Regierte der Kaiser? . . ., a.a.O., 23. 7. 1918.
87 ebda., 11. 8. 1918; A. Niemann: Kaiser und Revolution. Die entscheidenden Ereignisse im Großen Hauptquartier, Berlin 1922. S. 43.
88 F. Fischer: Griff nach der Weltmacht . . ., a.a.O., S. 777.
89 G. A. v. Müller: Regierte der Kaiser? . . ., a.a.O., 24. 8. 1918.
90 B. Huldermann: Albert Ballin . . ., a.a.O., S. 375 f.
91 G. A. v. Müller: Regierte der Kaiser? . . ., a.a.O., 6. 9. 1918.
92 W. Goetz (Hrsg.): Briefe an den Zaren, a.a.O., S. 186.
93 K. Graf v. Hertling: Ein Jahr in der Reichskanzlei, Erinnerungen an die Kanzlerschaft meines Vaters, Freiburg 1919, S. 183; J. v. Kürenberg: War alles falsch? . . ., a.a.O., S. 355.
94 Sir J. Wheder-Bennett: Hindenburg, . . ., a.a.O., S. 164.

95 J. Bühler: Vom Bismarck-Reich . . ., a.a.O., S. 471.
96 K. Epstein: Matthias Erzberger . . ., a.a.O., S. 260ff.
97 Sir J. Wheeler-Bennett: Hindenburg, . . ., a.a.O., S. 165.
98 A. Rosenberg: Die Entstehung der Deutschen Republik . . ., a.a.O., S. 247.
99 Messages and Papers of Woodrow Wilson, Bd. 1, S. 538.
100 J. Bühler: Vom Bismarck-Reich . . ., a.a.O., S. 478.
101 M. Baumont: The Fall of The Kaiser, London 1931, S. 3f.
102 J. Bühler Vom Bismarck-Reich . . ., a.a.O., S. 477.
103 M. Baumont: The Fall of The Kaiser, a.a.O., S. 5.
104 A. Niemann: Kaiser und Revolution . . ., a.a.O., S. 113.
105 E. v. Vietsch: Wilhelm Solf. . . ., a.a.O., S. 378f.
106 A. Dorpalen: Empress Auguste Viktoria and . . ., a.a.O., S. 52, 35f.
107 M. Baumont: The Kaiser's Fall, a.a.O., S. 22, zitiert von Hintze.
108 E. Schiffer: Ein Leben . . ., a.a.O., S. 135ff.
109 A. Niemann: Kaiser umd Revolution . . ., a.a.O., S. 128; das Zitat stammt aus Julius Caesar von Shakespeare.
110 Die folgenden Absätze des Textes stützen sich im wesentlichen auf A. Niemann: Kaiser und Revolution . . ., a.a.O., auf M. Baumont: The Fall of The Kaiser, a.a.O. und auf Sir J. Wheeler-Bennett.
110 Telegramm Max v. Badens vom 8. November 1918, gedruckt in: Ursachen und Folgen. Vom deutschen Zusammenbruch 1918 und 1945 bis zur staatlichen Neuordnung Deutschlands in der Gegenwart, hrsg. v. H. Michaelis und E. Schraepler, Berlin 1958ff., Bd. 2, S. 567.
112 Von der Schulenburg wurde nach Spa von einem Major von Stülpnagel berufen. Dies dürfte Joachim von Stülpnagel gewesen sein, der im September zum Abteilungschef in der OHL ernannt worden war, nicht Heinrich von Stülpnagel, der deutsche Oberbefehlshaber in Frankreich im Jahre 1944, da dieser erst im Jahre 1925 zum Major befördert wurde.
113 A. Niemann: Kaiser und Revolution . . ., a.a.O., S. 135.
114 W. Schüssler: Kaiser Wilhelm II., . . ., a.a.O., S. 116.
115 Süddeutsche Zeitung, 24. 1. 1959.
116 Ursachen und Folgen . . ., a.a.O., Bd. 2, S. 574f.
117 Mitteilung von Sir J. Wheeler-Bennett.
118 Rede vom 18. 4. 1891; J. A. Nichols: Germany after Bismarck . . ., a.a.O., S. 119.

Lebensabend in Doorn

1 Es wird allgemein behauptet, der Kaiser habe seinen Degen beim überschreiten der holländischen Grenze der holländischen Grenzwache übergeben, aber dies wird von E. Schiffer, in: Ein Leben für den Liberalismus . . ., a.a.O., S. 78, der sich auf die Autorität des deutschen Gesandten im Haag stützt, in Abrede gestellt. Dieser erwähnt die Frage aber in seinen eigenen Erinnerungen (Rosen: Aus einem diplomatischen Wanderleben, Bd. 3, S. 218–220) nicht. Philipp Scheidemann behauptete in sei-

nen »Memoiren eines Sozialdemokraten« (2 Bände, Dresden 1928) Bd. 2, S. 257, König Georg V. habe die Königin der Niederlande ersucht, Kaiser Wilhelm Asyl zu gewähren. Aber dem Verfasser wurde von Sir Harold Nicolson erzählt, er habe in den Papieren oder Tagebüchern König Georgs nichts gefunden, was auf eine solche Initiative deutete.
2 Rosen: Aus einem diplomatischen Wanderleben, Bd. 3, S. 218–220; N. Bentinck: The Ex-Kaiser in Exile, London 1921, S. 14–16, 22–25.
3 G. A. v. Müller: Regierte der Kaiser? . . ., a.a.O., 2. 10. 1918.
4 M. Princess Radziwill: This was Germany . . ., a.a.O., S. 279.
5 Kronprinz Wilhelm: Erinnerungen, hrsg. von K. Rosner, Stuttgart/Berlin 1922, S. 200f.
6 New York Herald Tribune, 5. 6. 1941.
7 Sir J. Wheeler-Bennett: Hindenburg . . ., a.a.O., S. 241.
8 ebda., S. 243.
9 R. H. Bruce-Lockhart: Retreat from Glory, a.a.O., S. 339.
10 W. H. H. Waters: Potsdam and Doorn. Reminiscences of William II as Emperor of Germany and in Exile, London 1935, S. 97.
11 K. W. Jonas: The Life of Crown Prince William, London 1961, S. 175, 190 (deutsche Ausgabe: Der Kronprinz Wilhelm, Frankfurt/M. 1962).
12 J. Pope-Hennessy: Queen Mary, S. 592.
13 E. L. Woodward: British Foreign Policy in the Second World War, S. 44.
14 New York Herald Tribune, 4. 6. 1941.
15 New York Times, 5. 6. 1941.
16 K. W. Jonas: The Life of Crown Prince . . ., a.a.O., S. 285.

Macht und Moral

1 Die Verlustziffer ist entnommen aus C. R. M. F. Cruttwell: History of the Great War 1914–1918, 2. Auflage Oxford 1936, S. 630.
2 G. Ritter: Staatskunst und Kriegshandwerk . . ., a.a.O., Bd. 1, S. 69.
3 ebda., S. 129.
4 H. v. Treitschke: Historische und politische Aufsätze, 7. Auflage Leipzig 1915, Bd. 3, S. 470.
5 G. A. Craig: The Politics . . ., a.a.O., S. 268.
6 W. C. Mommsen: Max Weber und die deutsche Politik . . ., a.a.O., S. 209.
7 G. A. v. Müller: Regierte der Kaiser? . . ., a.a.O., 10. 2. 1918.
8 L. Dehio, Deutschland und die Weltpolitik . . ., a.a.O., S. 88.
9 ebda., 86f.
10 ebda., 58.
11 Eyre Crowe Memorandum, The British Documents . . ., a.a.O., Bd. 3, S. 405.
12 L. Dehio, Deutschland und die Weltpolitik . . ., a.a.O., S. 76.
13 Zitiert bei A. J. Marder: From the Dreadnought to Scapa Flow., Bd. 1, S. 322, aus dem Original, einem Dokument der Admiralität. Die Worte »die in der Hauptsache mit Gewalt erworben wurden und großenteils

durch Machtanwendung gehalten werden« sind in Churchills The World Crisis Bd. 1, S. 175 ausgelassen.

14 T. Roosevelt: The Letters of Theodore Roosevelt . . ., a.a.O., Bd. 7, S. 396.

15 Über einen Bericht über deutsche Grausamkeiten in Belgien aus neuester Zeit, siehe B. W. Tuchman: August 1914 . . ., a.a.O., S. 163ff.

16 G. Ritter: Der Schlieffenplan . . ., a.a.O., S. 68.

17 Zitiert bei F. Fischer: Griff nach der Weltmacht . . ., a.a.O., S. 99.

18 H. S. Chamberlain: Briefe 1882–1924, . . ., a.a.O., Bd. 2, S. 140.

19 W. Schröder: Das persönliche Regiment . . ., a.a.O., S. 18.

20 Siehe besonders Sir J. Berlin: Historical Inevitability, London 1954.

21 Spitzemberg: Das Tagebuch der Baronin Spitzemberg . . ., a.a.O., S. 524.

Motto auf S. 6. R. v. Zedlitz-Trützschler: Zwölf Jahre . . ., a.a.O., S. 244.

Das Vorstehende gilt dem Versuch einer Angabe der hauptsächlichen Quellen, auf denen dieses Buch beruht, und der gelegentlichen Interpretation von Diskussionspunkten. Ich habe mich jedoch über dreißig Jahre mit dieser Zeit beschäftigt, ohne mir ständig Seitenhinweise zu notieren. Es gibt demzufolge eine ganze Anzahl von Büchern, wie zum Beispiel Meineckes »Weltbürgertum und Nationalstaat« und Langers Buch über diplomatische Geschichte, die im folgenden nicht aufgeführt sind, denen ich jedoch Beträchtliches verdanke, ohne aber in der Lage zu sein, die genaue Stelle anzugeben.

Bildnachweis

STATISTISCHER ANHANG I

Ein statistischer Vergleich zwischen der Wirtschaft des Vereinigten Königreichs und des Deutschen Reichs, 1870–1914

(Anmerkung: Das letzte, worauf der Autor Anspruch erheben würde, wäre, Statistiker zu sein, und nur weil augenscheinlich eine bessere Arbeit von einem Experten fehlt, legte ich diese folgende Sammlung an. Die Genauigkeit der Zahlen wechselt beträchtlich, und einige der Tabellen können im besten Fall als Annäherung betrachtet werden.)

I Bodenfläche

V.K. 309 783 qkm
davon
England und Wales 146 114 qkm
Schottland 87 046 qkm

Deutschland (1870) 540 531 qkm

Kultivierte Bodenfläche

1893	V.K. 566 193,760 Hektar	Deutschland 1 707 244,000 Hektar
1914	V.K. 518 022,560 Hektar	Deutschland 1 838 358,720 Hektar

Quellen: »Accounts and Papers« No. 218 of 1914.

II Bevölkerung

a) *Gesamtbevölkerung* (in Millionen)

Datum	V.K.	England und Wales	Deutschland	
1871	31,8	22,7	41	
1880	35,2	26	45,2	
1891	38,1	29	49,4	
1901	41,9	32,5	56,3	(1900)
1911	45,3	36	64,9	
1913	46,0	—	66,8	

b) *Prozentzahl der Stadtbevölkerung*

1871	54,5	61,8	36,1	
1881	60,7	67,9	41,4	(1880)
1891	65,6	72	47	(1890)
1901	71,3	77	54,3	(1900)
1911	73,4	78,2	60	(1910)

c) *Bevölkerunsdichte pro qkm*

Datum	V.K.	England und Wales	Deutschland
1871	102	151	76
1881	113	172	83
1891	123	193	91
1901	135	216	104
1911	144	239	120

Quellen: Clapham: »Economic Development of France and Germany«. Cmd. 4954 of 1909.

Anmerkung: Englische und deutsche Stadtdefinitionen entsprechen sich nicht genau.

III Arbeitsstunden eines Arbeiters pro Jahr

Datum	V.K.	Deutschland
1877	2746	3300
1883	2738	3300
1890	2727	3250
1900	2715	3150
1905	2699	3075
1910	2734	3000
1912	2731	2970

Quellen: Colin Clark: »Conditions of Economic Progress« (dritte Auflage), S. 132ff.

IV Verkehr

a) *Entwicklung des Schienenweges* (in km)

Datum	V.K.	Deutschland (Grenzen von 1871)
1850	16894	9654
1870	39420	31375
1890	53097	69187
1910	61142	98149

Quellen: Clampham, S. 339.

b) *Schiffahrt,* Handelsschiffraum: Segler und Dampfer (in 1000 Tonnen)

Datum	V.K.	Deutschland
1870	5681	982
1900	9304	1942
1910–12	11700	3000

Quellen: E. J. Passant: »A Short History of Germany«, S. 75 und 114.

V Produktion

a) *Kohle* (in 1000 Tonnen)

Datum	V.K.	Deutschland (einschließlich Braunkohle)
1871	118 000	37 900
1880	149 000	59 100
1890	184 000	89 100
1900	228 000	149 300
1910	268 700	192 300
1913	292 000	279 000

b) *Stahl* (in 1000 Tonnen)

Datum	V.K.	Deutschland
1880	982 (1878)	1 548
1890	3 579	2 195
1900	4 901	6 260
1908	5 300	10 900
1913	6 903	18 654

c) *Index der industriellen Aktivität* (1913 = 100)

Datum	V.K.	Zunahme %	Deutschland	Zunahme %	Welt	Zunahme %
1871–75	49		20,5		22,4	
		2		7,3		9,8
1876–80	50		22		24, 6	
		14,6		21,8		23,6
1881–85	57,3		26,8		30,4	
		7,0		25		20,4
1886–90	61,3		33,5		36,8	
		5,4		20		15,8
1891–95	64,6		40,2		42,6	
		15,0		40,3		25,8
1896–1900	74,3		56,4		53,6	
		4,1		21,6		25
1901–05	77,3		68,8		67,0	
		7,5		17,4		19,2
1906–10	83,1		80,8		79,9	
		12,0		20,5		18,0
1911–13	93,1		97,4		94,3	

Quellen: »Industrialisme and Foreign Trade« (Leage of Nations, 1945).

d) *Index der Gesamtproduktion* (1913 = 100)

Datum	V.K.	Zunahme %	Deutschland	Zunahme %	Welt
1860	38,6		14,1		14,1
		32		24	
1870	52		17,4		19,0
		23		43	
1880	64		24,8		25,6
		16		64	
1890	74,2		40,5		43
		22		60	
1900	91,7		64,5		60,3
		10		37	
1910	100,5		88,4		87,6

Quellen: Für V.K.; W. G. Hoffmann: »British Industry« 1700–1950, Tabelle 54.
Für Deutschland und die Welt, P. Jostock, »Income and Wealth«, Serie V, S. 103.

Anmerkungen: Das V.K. erreichte 1829 14,1 % seiner Produktion von 1913!
Die Indices für beide Länder beruhen nicht auf identischen Basen, denn beim V.K. sind Bauwerke mit eingeschlossen.

e) *Tatsächliche Produktion pro Person pro Jahr* (in internationalen Einheiten)

Datum	V.K.	Deutschland
1876	684	580
1877–85	829	673
1885–93	877	776
1894–1903	842	820
1904–10	1001	847
1911–13	1017	881
1913	1019	930

Quellen: Colin Clark: »Conditions of Economic Progress« (zweite Auflage), S. 66, 101.

VI Nationaleinkommen (Jahresdurchschnitt)

Datum	Gesamteinkommen (in Millionen Mark) V.K.	Deutschland	Pro Kopf der Bevölkerung (Mark) V.K.	Deutschland
1871–75	23374	15171	701	364
1876–80	23065	16280	639	369
1880–85	24151	17557	672	381
1886–90	26605	20104	712	417
1891–95	28978	22638	742	445
1896–1900	33701	27028	823	497
1901–05	36912	31548	863	538
1906–10	41595	39919	936	635
1911–13	50491	47374	1107	716

Quellen: Für V.K.: Nationalprodukt zu Faktorkosten nach W. Ashworth »Economic History of England 1870–1939«, S. 188.
Für Deutschland: Nationaleinkommen nach W. G. Hoffmann und J. H. Müller »Das deutsche Volkseinkommen 1851–1957«, S. 30.

Anmerkungen: Alle oben aufgeführten Zahlen beruhen auf den jeweils gültigen Preisen. Der Preisindex des V.K. (1871 = 100) stieg bis 1873 auf 119 an, danach fiel er mehr oder weniger stetig bis auf 70 1896, danach begann er wieder anzusteigen. Der deutsche Preisindex (1913 = 100) stieg bis auf 103,4 1871–75 an, danach fiel er mehr oder weniger stetig bis auf 79,4 1896–1900, danach begann er erneut zu steigen.
Die Umrechnung von Mark in Pfund erfolgte auf der Basis 1 : 20,45.

VII Das gesamte Vermögen (in Millionen Pfund)

Datum	V.K.	Deutschland
1865	6114	—
1875	8548	—
1885	10037	—
1895	11393	10000
1908	—	16–17000
1914	14300	15000

Quellen: Für V.K.: Giffen's Zahlen wie angeführt in R. C. K. Ensor, »England 1870–1914«.
Für Deutschland: Helfferich: »Germany's Economic Progress and National Wealth 1888–1913« (für 1895 und 1914)
»The Times«, 14. September 1908 (für 1908)

VIII Aussenhandel

a) *Import und Export. Durchschnittszahlen über Zeiträume von 5 Jahren* (in Millionen Pfund; nach jeweiligem Marktwert)

	Import		Export		
Datum	V.K.	Deutschland	V.K.	Deutschland	
1870–74	290,6	—	234,8	113,7	(1872–74)
1875–79	319,5	—	201,5	132,3	
1880–84	343,6	151, 8	234,3	152,8	
1885–89	318,8	159,9	226,2	151,0	
1890–94	357,1	198,9	234,4	152,5	
1895–99	392,7	232,8	237,8	181,3	
1900–04	466,1	287	282,7	235,6	
1905–08	519,3	387,9	368,5	311,5	
1913	659,4	525,9	525,5	495,6	

b) *Import und Export pro Kopf der Bevölkerung*

	Import						Export					
Datum	V.K.			Deutschland			V.K.			Deutschland		
	£	s.	d.	£	s.	d.	£	s.	d.	£	s.	d.
1870–74	9	2	4	—			7	7	4	2	15	0
1875–79	9	10	1	—			6	0	0	3	1	5
1880–84	9	15	3	3	7	2	6	13	2	3	7	8
1885–89	8	14	2	3	7	7	6	3	8	3	3	10
1890–94	9	7	1	3	18	10	6	2	10	3	0	5
1895–99	9	16	5	4	6	6	5	18	11	3	7	5
1900–04	11	2	2	4	19	0	6	14	9	4	1	3
1905-08	11	16	8	6	5	5	8	7	11	5	0	8
1913	14	6	5	7	17	5	11	8	3	7	2	2

c) *Der Export in Prozent des Nationaleinkommens*

Datum	V.K.	Deutschland
1870–74	21,1	15,5
1875–79	17,8	16,6
1880–84	19,6	18,1
1885–89	18,1	15,9
1890–94	16,6	13,9
1895–99	15,3	14,3
1900–04	15,8	15,7
1905–08	18,6	17,1
1913	21,6	20,5

Quellen: British Command Paper No. 4954 of 1909.
Parliamentary Accounts and Papers No. 218 of 1914.
Satistik des Nationaleinkommens auf Tafel VI.

d) *Anteil am Welthandel*

Datum	Export von Industriegütern (in Millionen Pfund; Jahresdurchschnitt)			Prozent des Welthandels von Industriegütern		Zunahme des Exports von eigenen Industriegütern (1881–85 = 100)	
	Welthandel	V.K.	Deutschland	V.K.	Deutschland	V.K.	Deutschland
1881–85	2600	993	464	38,2	17,2	100	100
1886–90	2700	996	509	36,7	18,5	100	110
1891–95	2720	937	496	34,5	18,2	94	107
1896–1900	3230	1018	627	31,4	19,4	103	135
1901–05	3990	1172	800	29,4	20	118	172
1906–10	5400	1554	1110	28,8	20,6	157	237
1911–13	6920	1902	1478	27,3	21,5	192	318
1913	7450	2029	1615	27,2	21,7	204	349

Quelle: »Industrialization and Foreign Trade«, League of Nations, 1945, S. 157–158.

Anmerkungen: 1. Die Zahlen entsprechen dem jeweiligen Marktwert. Das Fallen der Preise in den Jahren von 1880 bis 1896 bedeutet, daß die Ausdehnung des Handelsvolumens in diesem Zeitraum zu knapp und danach zu hoch angesetzt ist.
2. Um 1880 war Deutschland bereits der zweitgrößte Exporteur von Industriegütern im Welthandel.

e) *Export von bestimmten Gebrauchsartikeln* (in 1000 Pfund; nach jeweiligem Marktwert)

V.K.	1885	1890	1895	1900	1905	1910
Chemikalien	6975	8948	8295	9272	14535	18572
Metall und Metallerzeugnisse	31726	45251	28907	45423	45800*	59700
Textilien	98325	108441	97897	101046	127578	155739
Maschinen	11074	16413	15215	19622	23268	29297
Kohle	10632	10019	15443	38606	26061	37812
Deutschland						
Chemikalien	11313	13734	16947	19881	27117	34829
Metall und Metallerzeugnisse	17813	21535	24083	39164	49644	61481*
Textilien	43932	53606	49953	54937	68629	66785
Maschinen	5791	8219	10090	17214	22089	40716
Öl	4758	7325	7453	14310	15325	—

Quelle: »Statesman's Year Book«

Anmerkungen: 1. Die deutschen Zollbestimmungen für verschiedene Güter der einzelnen Gruppen dürften mit den englischen nicht genau übereinstimmen, so daß die Zahlen nur als ungefähre Angaben und nicht als voll vergleichsfähig angesehen werden sollten.
2. * Veränderung der Basis, auf der die Zahlen der betreffenden Reihe errechnet sind.
3. Deutsche Zahlen für die Zeit vor 1885 stehen nicht zur Verfügung.
4. 1 Pfund entspricht 20,– Mark.

f) *Vergleich des Exports in verschiedene Gebiete* (in Millionen Pfund; nach jeweiligem Marktwert)

	Westeuropa (ausschl. V.K. und Deutschland)		Rußland und Osteuropa		Zentral- und Südamerika		Kanada Australien Südafrika Malaya		Hauptmärkte des Empire	
Datum	V.K.	Deutschland	V.K.	Deutschland	V.K.	Deutschland	V.K.	Deutschland	V.K.	Deutschland
1880	85	64								
1883					29	3				
1890	96	69	14	15	36	8				
1896							43	4,3		
1900	113	105	19	28	27	10				
1902										
1910	136	187	20	58						
1912					60	36				
1913							107,4	11,3	228	21,7

Quelle: R. J. S. Hoffmann: »Great Britain and the German Trade Rivalry 1875–1914«, S. 115–135 und 199–201.

g) *Prozentualer Anteil des V.K. (einschl. Irland) am Handel mit Ländern des Empire*

Datum	Import	Export	Export von eingeführten Gütern
1854–57	32,2	47,1	58,7
1877–79	44,7	45,4	53,9
1899–1901	56,4	48,8	50,1
1909–13	54,6	50,1	71,9

Quelle: W. Schlote: »British Overseas Trade from 1700's to 1930's«.

IX Investitionen

a) *Gesamtinvestitionen*

Helfferich, in seiner Veröffentlichung »Deutschlands Volkswohlstand 1888–1933«, sieht die Bildung des deutschen Kapitals in den Jahren 1896–1911 folgendermaßen:

1896–1902	5	Billionen Mark pro Jahr
1902–05	6	Billionen Mark pro Jahr
1905–08	7,5	Billionen Mark pro Jahr
1908–11	9,1	Billionen Mark pro Jahr

Colin Clark jedoch ist der Ansicht (»Conditions of Economic Progress«, S. 599), daß diese Zahlen zu reduzieren sind (so um 17% für die Jahre 1908–11), um dem Ansteigen der Grundstückspreise Rechnung zu tragen. Gemäß Clark betrugen die nationalinternen Investitionen in dieser Zeit durchschnittlich 5,1 Billionen Mark. Die englischen »Gesamtinvestitionen« betrugen nach Cairncross (»Home and Foreign Investment 1870–1914«) im gleichen Zeitraum durchschnittlich 217,5 Millionen Pfund = 4,4 Billionen Mark.

Dies sind die einzig verfügbaren Vergleichszahlen.

Bei einem angenommenen Mittelwert der Bevölkerungsstärke in diesem Zeitraum von 42,5 Millionen im V.K. und 58,8 Millionen in Deutschland wäre die Pro-Kopf-Zahl der Investitionen im Jahr 103,50 Mark im V.K. im Vergleich zu 86,70 Mark in Deutschland. Dagegen wurden in Deutschland 15,6% des Nationaleinkommens investiert (berechnet auf den Zeitraum von 1895–1909) und 13% im V.K.

b) *Investitionen im Ausland, Gesamtsummen* (in Billionen Mark)

Datum	V.K.	Deutschland
1883	—	5
1885	27+	—
1893	—	10—13
1895	33+	—
1905	41+	15—18
1909	47+ (60)	—
1914	80	22—25

Quelle: H. Feis: »Europe, The World's Banker«, S. 14 und 71.
Die englischen Zahlen basieren auf C. K. Hobson, »The Export of Capital«; sie werden von Feis als wesentlich zu niedrig angesehen. Die Alternativ-Zahl für England brachte der »Economist« vom 20. 11. 1909.

Anmerkungen: 1. 1913 stellten (nach einer Untersuchung des Bureau of Economic Research, New York, über »Kapitalbildung und Wirtschaftsentwicklung«) Auslandsinvestitionen 27% des englischen und 10% des deutschen Gesamtnationalvermögens dar. Auf der Basis der Zahlen für Gesamtnationalvermögen auf Tafel VII oben bedeutet dies eine gesamte Auslandsinvestition von rund 80 Billionen Mark für das V.K. und 30 Billionen Mark für Deutschland.

2. Nach Feis (S. 16 und 72) wurden nur ca. 4% des englischen jährlichen Nationaleinkommens in den achtziger Jahren aus dem Ausland gezogen; 1903 stieg diese Summe auf 7% und 1914 betrug sie nicht viel weniger als 10%. In Deutschland vermehrten die Einnahmen aus Auslandsinvestitionen das Nationaleinkommen um 3–4% bis 1900; danach begannen sie sich bis auf 3% zu verringern. Zwischen 1911 und 1914 betrugen sie nicht mehr als 2%.

c) *Verhältnis der für Auslandsinvestitionen aufgewandten Mittel*

Datum	Prozent der gesamten jährlichen Investitionen V.K.	Prozent der gesamten jährlichen Investitionen Deutschland	Prozent des für Auslandsinvestitionen aufgewandten Nationaleinkommens V.K.	Prozent des für Auslandsinvestitionen aufgewandten Nationaleinkommens Deutschland
1870–74	44,1	10–20	6,5	—
1875–79	26,9	—	2,5	—
1880–84	39,3	—	4,7	—
1885–89	53,8	10–20	6,45	5
1890–94	48	—	4,5	—
1895–99	24,5	—	2,6	—
1900–04	20,8	weniger als 10 (1900–13)	2,24	3 (1900–09)
1905–09	52,1		6,45	
1910–13	61,1		6,75	2

Quellen: Wie für Tafel VI und Feis: »Europe The World's Banker«, S. 61 und 72.

X Verteidigungsplanung

a) *Verhältnis der unter Waffen stehenden Bevölkerungsanteile*

Datum	V.K. Stärke der Armee	V.K. Stärke der Marine	V.K. Insgesamt	V.K. der Bevölkerung %	Deutschland Stärke der Armee	Deutschland Stärke der Marine	Deutschland Insgesamt	Deutschland der Bevölkerung %
1872	196600	60000	256600	0,81	403600	6500	410100	1
1880	198200	59000	257200	0,73	401650	7350	409000	0,9
1891	209000	97600	306600	0,8	511650	17000	528650	1,07
1901	773500	114900	888400	2,1	604100	31200	635300	1,16
1911	247000	128000	375000	0,83	622500	33500	656000	1,01
1914	247000	146000	393000	0,85	791000	73000	864000	1,3

Quelle: »Stateman's Year Book«

Anmerkungen: 1. In dieser Tabelle sind nach Möglichkeit englische und deutsche Soldaten berücksichtigt, die im Ausland dienten, nicht aber Angehörige anderer Staaten, die sich in englischem oder deutschem Dienst befanden.

2. Reservisten sind nur dann berücksichtigt, wenn Grund zu der Annahme bestand, daß sie voll im Dienst waren (in Südafrika im Jahr 1901).

b) *Verteidigungsaufwand in Prozenten des Nationaleinkommens*

Datum	V.K. Gesamtausgaben für Verteidigung, Jahresdurchschnitt in Millionen Mark	in % des National-einkommens	Deutschland Gesamtausgaben für Verteidigung, Jahresdurchschnitt in Millionen Mark	in % des National-einkommens
1871–75	503	2,16	340	2,24
1876-80	556	2,41	406	2,49
1881–85	620	2,57	416	2,36
1886–90	626	2,35	510	2,53
1891–95	664	2,29	586	2,59
1896–1900	820	2,3	637	2,4
1901–05	1966	5,33	848	2,69
1906–10	1220	2,93	1294	3,23
1911–13	1071	2,12	1468	3,1

Quelle: »Statesman's Year Book« in Verbindung mit Tafel VI. Soweit möglich, beruhen die Zahlen auf den jeweiligen Gesamtaufwendungen des Staatshaushalts.

STATISTISCHER ANHANG II

STÄRKE DER PARTEIEN IM REICHSTAG

Name der Partei	Anzahl der in folgenden Wahljahren erhaltenen Sitze:					
	1890	1893	1898	1903	1907	1912
Konservative	73	72	56	54	60	43
Freikonservative (Reichspartei)	20	28	23	21	24	14
Nationalliberale	42	53	46	51	54	45
Liberale Vereinigung (ab 1893 Freisinnige Vereinigung, ab 1910 Fortschrittliche Volkspartei)	66	13	12	9	14	42
Deutsche Fortschrittspartei (ab 1893 Freisinnige Vereinigung)	—	24	29	21	28	—
Deutsche Volkspartei	10	11	8	6	7	—
Zentrum	106	96	102	100	105	91
Welfen	11	7	9	6	1	5
Sozialdemokraten	35	44	56	81	43	110
Polen	16	19	14	16	20	18
Dänen	1	1	1	1	1	1
Elsaß-Lothringer	10	8	10	9	7	9
Christlich-soziale	5	16	13	11	16	3
Sonstige	2	5	18	11	17	16
Insgesamt	397	397	397	397	397	397

Quelle: W. Mommsen »Deutsche Parteiprogramme«, S. 790f.

DIE FAMILIE DES KAISERS

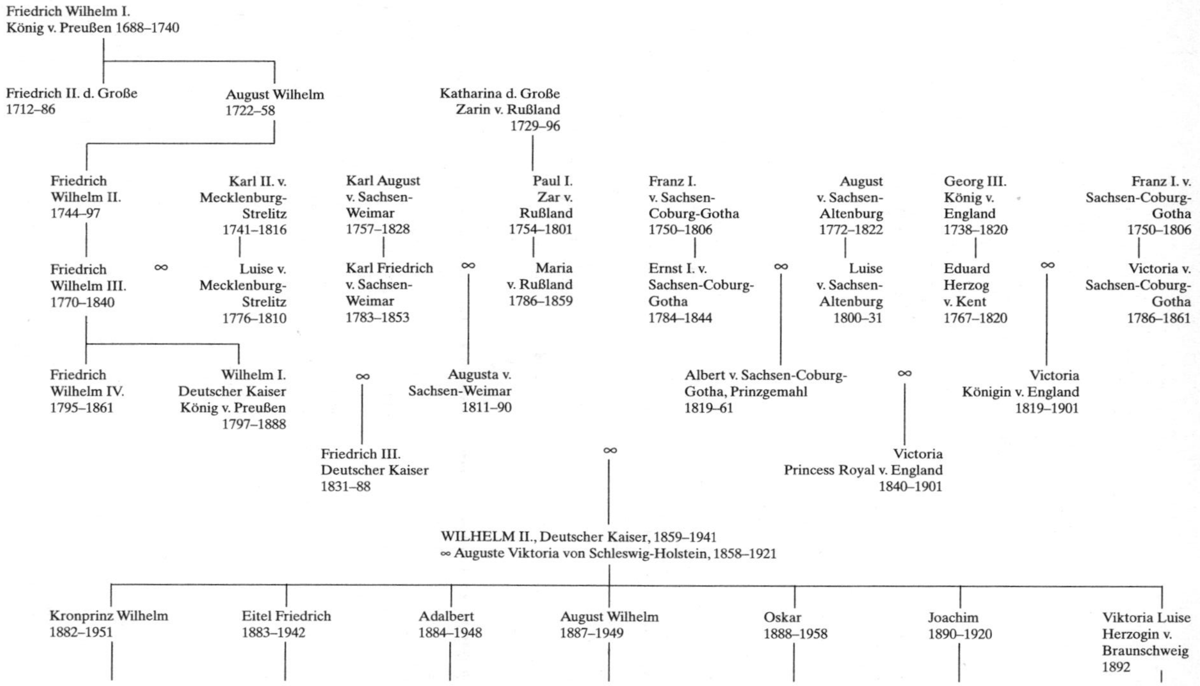

Personenregister

Bitte beachten Sie
die folgenden Seiten

Kurt Zeisler

Die »Langen Kerls«

Ullstein Buch 34968

Auch heute noch erscheinen die »Langen Kerls« als Sinnbild des preußischen Militärs schlechthin. Ihre Geschichte wird hier anhand von historischen Quellen nachgezeichnet. Der Autor gibt einen Einblick in den alles andere als beneidenswerten Alltag der preußischen Armee im 18. Jahrhundert.

Sachbuch

Wolfgang Venohr

Der Soldatenkönig

Ullstein Buch 34672

Treffender ist er nie geschildert worden: Friedrich Wilhelm I., der preußische Soldatenkönig und Vater Friedrichs des Großen, in dessen Schatten er bis heute zu Unrecht steht.

»... Es zeigt den zweiten preußischen König ... als Urheber einer ›pädagogischen Revolution‹. Venohr sieht einen ›Staatssozialisten‹ am Werke, dem es gelingt, alle Stände gleichermaßen zum Dienst für die Krone, also für den Staat, zu erziehen ...« (FAZ)

Sachbuch